马克思主义理论研究
和建设工程重点教材

外国史学史

（第二版）

《外国史学史》编写组

主　编　陈　恒

主要成员（以姓氏笔画为序）

李隆国　张忠祥　陈　新　洪庆明　徐善伟　梁民愫

彭　刚　韩　琦

本版修订组

主持人　陈　恒

修订组成员（以姓氏笔画为序）

李隆国　张忠祥　陈　新　洪庆明　徐善伟　梁民愫

彭　刚　韩　琦

高等教育出版社·北京

图书在版编目（CIP）数据

外国史学史／《外国史学史》编写组编. -- 2 版.
北京：高等教育出版社，2025.9. --（马克思主义理论
研究和建设工程重点教材）. -- ISBN 978-7-04-065238
-3

Ⅰ．K091

中国国家版本馆 CIP 数据核字第 2025U77F32 号

外国史学史
WAIGUO SHIXUESHI

责任编辑	马羚玮	封面设计	王 鹏	版式设计	童 丹	责任绘图	邓 超
责任校对	王 雨	责任印制	刘弘远				

出版发行	高等教育出版社	网　址	http://www.hep.edu.cn	
社　址	北京市西城区德外大街 4 号		http://www.hep.com.cn	
邮政编码	100120	网上订购	http://www.hepmall.com.cn	
印　刷	天津鑫丰华印务有限公司		http://www.hepmall.com	
开　本	787mm×1092mm　1/16		http://www.hepmall.cn	
印　张	31.5	版　次	2019 年 1 月第 1 版	
字　数	590 千字		2025 年 9 月第 2 版	
购书热线	010-58581118	印　次	2025 年 9 月第 1 次印刷	
咨询电话	400-810-0598	定　价	59.80 元	

本书如有缺页、倒页、脱页等质量问题，请到所购图书销售部门联系调换

版权所有　侵权必究

物 料 号　65238-00

目　录

绪论　史学、史学史与史学思想

一、历史、历史学与史学史

什么是历史？什么是历史学？这两个问题是相伴而生的。广义的历史是指人类过去发生的所有事情；狭义的历史是指记载下来的过去的事情。历史内容广泛，举凡铭文、碑刻、图像、雕塑、书籍、报纸、日记、档案、口述材料等，都是史学的取材范围。史学家使用这些内容构建连续的叙述，揭示往昔事件的内在因果关系和模式。简单说，历史就是我们人类过去的经历，由关于过去的真实事件所构成。历史学是通过探究人类活动所遗留下来的遗迹来重构"真实的故事"，再现"事实的场景"。人类对自身的过往经历天然有一种探究的欲望。"历史学之产生，是因为人类想认识自己，因为人类始终在关注生存的意义"，① 这就是人类历史能够存在的共同的基础。而对于人类过往经验的这种知识的探求、理解以及对具体的历史情况的解释，就是历史学。所以，一般所谓的历史，实际上指的就是我们经过历史学的研究而获得的历史知识和对社会发展规律的认知。

一切自然物都有其发生、发展的过程，大到天体的演变、地质的变迁，小到微生物的生灭。"我们仅仅知道一门唯一的科学，即历史科学。从两方面来考察历史，可以把它划分为自然史和人类史。但这两方面是不可分割的；只要有人存在，自然史和人类史就彼此相互制约。自然史，即所谓的自然科学，我们在这里不谈；我们需要研究的是人类史"。② 可见自然史不同于我们人类的历史，本书基本不会涉及。历史学所关注的是人的活动，尽管他们的活动必然会受到自然环境的限制。人们对于过往经历的关注、思考、鉴别和记录，亦即历史意识和历史知识的生成、发展和成熟，经过了由粗疏到精致的过程，中国如此，外国亦然。

一般来说，人类一切过往经历所留存的痕迹都可以成为历史学探究的对象；而实际上，以往的人类经历不可复现，我们所能研究的仅仅是遗存到现在的那些经历；再进一步说，在一切人类经验遗存之中，引起研究者兴趣的那一部分遗存才是真正的历史学研究对象，在引起研究者兴趣、成为研究对象之前，这些遗存严格说来还不是"历史"，而是跟其他自然物一样，属于自然界的一部分。历史知识的增长，一方面表现为我们对历史事实的认识不断深入，去伪存真；另一方面也表现为不断有新的对象引起我们的兴趣，我们对过往经历的知识越来越丰富，历史学也就不断发展起来了。

---

① ［美］乔伊斯·阿普尔比等：《历史的真相》，刘北成、薛绚译，中央编译出版社1999年版，第291页。
② 《马克思恩格斯文集》第一卷，人民出版社2009年版，第516页注释①，第516—519页。

　　"历史活动是群众的活动，随着历史活动的深入，必将是群众队伍的扩大"。①因此，历史学记录、研究的对象也必然是不断扩大的各种群众队伍，不仅要记录他们的各种行为，研究其行为背后的动机，而且要研究史学家记录各种群众的方式方法，探讨史学家的思想与观念，探究时代的变迁、历史发展的规律以及人们对历史本身的认识，可见历史学研究大致可以包括以下几个层面的含义：（1）研究历史本体，从时间上可分为史前史、古代史、中世纪史、近代史、现代史等，从研究内容上可分为专门史、性别史、区域史、国别史、民族史、世界史、全球史等；（2）研究历史上的各种历史著作、史学家、历史思想、历史流派等；（3）研究历史理论、历史哲学、历史认识论、历史方法论等；（4）研究人类对过去的感受在不同时代的发展，研究当下一代与先前一代之间的多重复杂关系；（5）研究文献学、校勘学、目录学、考据学、训诂学、诠释学等。这些研究都有自身的历史，研究其发展史便是史学史的任务了。

　　就西方历史学来说，在早期社会，人类历史的基础处于混沌状态，自然就会产生各种各样的神话、传说与史诗；到了中世纪，宗教主宰了社会生活，于是产生了众多以神学观为指导的历史著作；进入近代，自然科学变成了知识的至尊，西方历史学以贯彻实证主义精神、求得"科学"的一席之地为荣；在现代，不仅历史学的科学身份含混未定，就连"科学"自身的确定性地位也岌岌可危，人类需要重新反思历史知识的地位和价值。可见对历史的理解随着时代的变化而会有所不同，因此历史学这门学科产生、发展的过程也就值得研究。

　　史学著作出现后，读者自然会对之发表评论或感想，这也意味着史学史的诞生和发展。伴随历史著作的不断丰富，研究领域的不断扩展，著述风格与体裁的日益繁多，史学史逐渐成为史学的一个重要领域，一个重要分支学科。

　　希罗多德的研究成果"是为了保存人类的功业，使之不致由于年深日久而被人们遗忘，为了使希腊人和异邦人的那些值得赞叹的丰功伟绩不致失去它们的光彩，特别是为了把他们发生纷争的原因给记载下来"，这是早期史学思想的朴实表达。②修昔底德则更进一步推动了历史写作的发展，因为他提供了一个分析人类重大事件因果关系的典范。波里比阿对古希腊以至整个西方史学的贡献不仅在于他所写的《历史》，更重要的是他已经形成一套比较完整的史学理论和史学方法。在《历史》第12卷中，波里比阿总结了古希腊的史学成就，论述了历史研究和著述的目的、内容和方法。琉善在《论撰史》中认为，"理想史学家必须具备两种才能：一是政治眼光，一是表现才能。前者是天赋的才能，不可学得；后者是后天

① 《马克思恩格斯文集》第一卷，人民出版社2009年版，第287页。
② ［古希腊］希罗多德：《历史》，王以铸译，商务印书馆1997年版，第1页。

的修养，只要熟读典籍勤学苦练，便可以学到"。① 而他正是遵循这一原则评点古希腊史学家得失的。他们逐渐奠定了古代欧洲的人本史观，并开创了历史批判先河。

司马迁在《史记》中自谓《史记》是"罔罗天下放失旧闻，王迹所兴，原始察终，见盛观衰，论考之行事"，② 表达了历史学所述必有"考"的基本特征。唐代史学家刘知幾《史通》中的"史官建置"篇叙述了唐之前历朝历代史官沿革，书中"辨职"篇记载了唐代史官情况，并论述了史官设置之得失。可以说，这是中国最早的史学史著作。梁启超在《清议报》《新民丛报》上分别发表了《中国史叙论》（1901）、《新史学》（1902），前者是关于中国史的构想，后者是理论的批判，倡导"史界革命"，成为"新史学"到来的宣言。自此，中国史学家的史学意识在不断滋生、发展，提出很多有见地的理论问题，"成一家之言"。

史学史是研究史学产生、发展规律与特征的一门基础学科，它从历史学演进的角度研究历史编纂学、历史方法论、历史思想、历史哲学等内容，通过追溯各种历史学研究和著述形式的渊源、流派和成果及其在历史学发展中产生的影响，对各个时代的史学家及其成就作适当评价。因此，概言之，史学史就是有关史学家的故事、史学家文本的故事，可称之为史学学术史。所谓的史学学术史，一方面指的是史学史自身的发展，另一方面指的是史学史之史，即史学史研究史。

二、史学史的诞生、发展及史学思想的演变

历史学本身成为近代意义上的学科，时间较晚，因而近代意义上的史学史的出现则更晚。但有关历史是什么、历史学的性质、史学家的任务等诸如此类的问题，在古代和中世纪不断有人在探讨。亚里士多德在《诗学》里认为历史是描述已经发生的事情，是编年式的，处理的是特殊的、偶然的事情。哈利卡纳苏斯的狄奥尼修斯之《罗马古史》试图向希腊世界展示罗马统治的正当性，他认为，历史不仅是对过去的记录，更是道德教育的重要工具。普鲁塔克的《论希罗多德的恶意》用尖锐的评论指责希罗多德对忒拜、科林斯的不公正描写，可以说是西方世界研究单个史学家的最早作品。后来又有几位古代作家撰写了论历史的文章，但只有琉善的《论撰史》流传至今，他认为"历史只有一个任务或目的，那就是

---

① ［古罗马］琉善：《论撰史》，缪灵珠：《缪灵珠美学译文集》第一卷，中国人民大学出版社1998年版，第201页。

② 司马迁：《史记》卷一三〇《太史公自序》，中华书局1982年版，第3319页。

实用，而实用只有一个根源，那就是真实"。① 5 世纪，古罗马帝国时期的基督教哲学家奥古斯丁的《上帝之城》可说是中世纪的第一部历史哲学著作，影响着整个中世纪思想：上帝是万物的创造者，上帝之城是与上帝一起的永恒幸福，而尘世之城是最终的诅咒；人类的进步只是证明上帝意志的正确，历史进程不是人类的目的，而是上帝目的的实践，历史是线性发展的。这种神学史观在博叙埃（1627—1704）的《论世界史》（1681）里得到充分的表现，他是法国罗马天主教思想大师，人们认为该书开启了历史哲学的嚆矢。启蒙时代的伏尔泰对这种神学史观进行了猛烈的抨击，并撰写了《风俗论》，对后世的世界史研究产生很大影响。

以上勾勒的是与史学史相关的著述情况，不过类似今天意义的史学史于 16 世纪才出现。作为 16 世纪晚期欧洲最敏锐的知识分子法国人让·博丹撰写了流传甚广的《易于理解历史的方法》，此书的目的是引导读者抛弃某些陈腐的概念，如"四大帝国"历史分期法，可以把该书视为西方史学方法论的先驱之作。1599 年，法国史学家德·拉·波佩利尼叶尔（1541/1545—1608）的《完全历史概念下的史学史》一书，可以看作西方史学史的开山之作。在让·博丹、德·拉·波佩利尼叶尔等先行者之后，兰格勒特·杜·弗莱斯诺伊的《历史研究方法论》（1713）提供了一份许多历史著述的摘要，这份摘要是对附在让·博丹的《易于理解历史的方法》之后的阅读书目的扩充。②

西方第一个历史学博士学位是哥廷根大学于 1777 年授予的，历史学自此在知识体系中占有一席之地，直到 19 世纪成为一门学科，人们也才真正开始重视史学史的研究。近代史学家兰克把历史发展为一门"科学"，他的目标是重建过去独特时期的真实面貌，避免在过去的历史中注入现在的精神，因此，他强调研究原始档案文献的重要性。此后至 20 世纪初期陆续出版了大量史学史著作。

传统史学史在本质上是叙述式的，如富特（1876—1928）的《新历史编撰史》（1911）、《近代历史编撰史》（1914），古奇（1873—1968）的《19 世纪历史学与历史学家》（1913），绍特维尔（1874—1965）的《史学史导论》（1922），巴恩斯（1889—1968）的《历史著作史》（1937），汤普森（1869—1941）等人的《历史著作史》（1943），巴特菲尔德（1900—1979）的《论人类的过去》（1955），以及最近比较流行的布雷萨赫（1923—2016）的《历史编撰：古代、中世纪和近代》（2007 年第 3 版）等。尽管这些著作也包含批评性的注释，尤其是富特、巴恩斯两人的著作，但实际上，它们讨论的都是史学家个人及其著作。这在很大程度上已

---

① ［古罗马］琉善：《论撰史》，缪灵珠：《缪灵珠美学译文集》第一卷，中国人民大学出版社 1987 年版，第 191 页。

② ［美］唐纳德·R. 凯利：《多面的历史：从希罗多德到赫尔德的历史探询》，陈恒、宋立宏译，生活·读书·新知三联书店 2003 年版，第 476 页。

不能满足当今史学研究的需要。

史学思想史的出现弥补了这方面的不足，这是史学史编撰的另一条路径，也就是以一种更富有批判性和更具有分析能力的眼光重新审视历史编撰的史学史。努力寻求 19 世纪欧洲历史编撰中的"一种深层结构内容"的海登·怀特为这一领域的代表人物。① 怀特的《元史学》于 1973 年出版以后，就在学术界引发了广泛的讨论，学者们发表了大量的研究文章和评论，影响至今。怀特认为历史编撰是诗化性质的，以此为出发点，他否认历史学的科学性，认为历史学与自然科学是根本不同的。在他看来，史学自身的性质使得史学处于一种概念混乱状态，因而就其基本特征而言，史学不是科学而是艺术创作，所以叙事对史学来说是必不可少的。《元史学》一书就是用一套从其他学科借用的繁琐概念来阐明怀特观点的诗化过程。对于这种极端观点，赞成者有之，反对者有之，也有走中庸之道调和两派观点的。②

凯利的史学史三部曲《多面的历史》《历史的时运》《多向的历史》，从希罗多德一直讲述到 20 世纪史学的发展。这三部书正是上述两种极端观点相综合的产物。这既避免了平铺直叙所带来的走马观花，也避免了形而上所带来的玄秘深奥。诚如何兆武所说："《多面的历史》所论述的正是从古希腊的希罗多德下迄 18 世纪德国赫尔德的一系列西方历史学家对西方历史进程的理解或解释。"③ 2010 年出版的由张广智主编的六卷本《西方史学通史》大体也属于这一类型。

随着全球史的出现，全球史学史也出现了。早在 20 世纪 60 年代学术界就关注全球史学史了，比如西尔斯主编的《国际社会科学百科全书》（19 卷，1968）第 6 卷中关于"历史编纂"的综合性文章，该文涵盖了有关中东、南亚、东南亚、东亚的简明叙述。巴勒克拉夫（1908—1984）的《当代史导论》（1964）、《当代史学主要趋势》（1978）中也涉及非西方世界的历史写作。

全球史学史研究的主要内容是：（1）史学学术史，不仅论述史学史本身发展的历史，也研究史学史与社会环境之间的互动关系，注重史学形成的社会基础与文化基础，注重史学知识的传播与社会组织、知识分子之间的关系；（2）比较方法与全球视野，重视不同区域不同文化之间的史学互动，着重东西方比较研究，尤其是三大传统（西方传统、中国传统、阿拉伯传统）的比较研究，从而说明全球史学一些内在的本质特征；（3）注重传统与接受的关系，研究各种史学传统在内部的传承与外部的接受，非常注重非西方史学传统研究；（4）力图避免"西方中心论"，充分考虑西方以外的史学传统，不过于突出西方的分期概念，在大的时

---

① Hayden White, *Metahistory*, Baltimore: Johns Hopkins University Press, 1973, p. 14.
② 见陈启能、倪为国主编：《书写历史》，上海三联书店 2003 年版。
③ 何兆武：《对历史的反思》，［美］唐纳德·R. 凯利：《多面的历史：从希罗多德到赫尔德的历史探询》，陈恒、宋立宏译，生活·读书·新知三联书店 2003 年版，第 3 页。

间框架内处理国别史学史、地域史学史、专题史学史；等等。

全球史学史代表人物主要有伊格尔斯、吕森、劳埃德、富克斯、斯塔西提等人。其中最杰出的当属加拿大女王大学原校长沃尔夫教授，他早年主要研究近代早期英国文化史，后来专注史学史与史学思想研究，著述甚多，成为史学史研究的领军人物，为五卷本《牛津历史著作史》主编。

接下来回顾一下自古至今的史学思想演变。

生活在自然和社会当中的人类，为了把握自身的命运，或为了获取生存的确定感，几乎本能地要求认识自己所生活的环境。因此，勾勒描摹人类世界发展的路向及其动因在史学思想史上绵延不绝，贯穿古今。就历史思想与历史编撰而言，大体可以把史学分为三大传统，分别是以古希腊罗马希伯来为代表的西方传统、以儒家文化为代表的中国传统、以伊斯兰世界为代表的阿拉伯传统。当然还包括其他传统，如古代印度、非洲、沦为殖民地前的拉丁美洲等地区的史学传统，但限于篇幅就不加以论述了。

早在人类文明的童年时期，生活在西亚的犹太民族创造了人类文明中影响深远的文化成果，也就是后来的《旧约圣经》①。这部典籍"主要是一部历史著作，在三十九部中有十七部是很明显的历史；五位大'先知'和十二位小'先知'的著作，大部分也是历史"。② 其中在开篇的《创世记》③ 里，犹太人借着"全知全能"的神灵，对世界的形成，以及这个世界中的男人、女人、婚姻、家庭、罪恶、城市、贸易、农业、音乐、敬拜、语言和世界各民族的由来，给出了一套自己的解释。可以说，这是人类历史上第一次尝试构建文明发展通史的记录。尽管《旧约圣经》所叙述的大多数是神事而非人事——推动历史的是神的力量，但其中事实上浸透着犹太人看待文明的一种独特眼光，他们把过去（事件）—当前（事件）—未来（事件）整合到了一起，形成一条环环相接纵向发展的链条，并认为它们朝着一种特定的终极目标前进，这体现了犹太人对人类文明发展方式的认知逻辑，与西方古典世界把历史时间的展开视为一系列的循环往复迥然不同。

西方史学的另一个源头在古希腊。古希腊史学与后来的古罗马史学合称古典史学。以希罗多德、修昔底德为代表的历史叙事模式奠定了叙事性历史与科学性历史的基础；以李维、塔西佗为代表的历史模式，更加注重历史的道德教育功能，

---

① 其中希伯来《圣经》分为 24 卷，新教《圣经》分为 39 卷，虽然划分方式不同，但内容上基本一致。天主教和东正教版本的《旧约》则分别为 46 卷和 50 卷，除卷数划分的区别之外，也有内容上的不同。

② ［美］J. W. 汤普森：《历史著作史》上卷第 1 分册，谢德风译，商务印书馆 1996 年版，第 18 页。

③ 天主教《圣经》中所有的"记"汉语都翻译为"纪"，是当时的翻译者采取中国史书中的"本纪"之用法，强调《旧约圣经》的正典性。新教《圣经》则统一翻译为"记"，更侧重"记录""记载"的含义。

同时结合政治叙事，影响了后世欧洲历史编纂。罗马帝国末期兴起的基督教传承了犹太人创造的典籍和宏观的世界发展观，并适当地加以改进以适合自身的需要。圣保罗发展出一种类似历史哲学的思想，他将历史分为以亚当、摩西和基督三人为代表的三个时期，其终极的发展目标是"上帝使所有的人属于同一个种族，居住在整个地球表面上"。① 基督教的这种改造，"为中世纪那些世界通史准备好约束它们的框框"。② 基督教早期神学、哲学和政治思想的集大成者奥古斯丁的《上帝之城》，典型地反映了中世纪教会史学的世界史理论。③ 在该书的后 12 卷中，奥古斯丁系统地阐述了地上之城和上帝之城的起源、发展与最终归宿。他认为，人类历史的进程就是代表至善和永久和平的上帝之城与代表贪欲和争斗的地上之城之间持续不断的斗争，当新天新地来临之时，两城的对立终结，善人就此得永生，而恶人就此得永刑。这样，奥古斯丁对人类历史发展历程给出了一个线性的诠释，当中隐含着人类历史向至善发展的进步主义观念，上帝则是历史发展背后的绝对动力。显然，世界通史在这里成为教会史学为上帝服务的工具。

与西方世界有着密切联系的伊斯兰世界也有着自己独特的世界史观。伊本·赫勒敦是 14 世纪伊斯兰最杰出的学者，"使他出名的是他那部伟大著作《世界史》"。④ 他认为历史就是"人类社会或世界文明的记录；社会本质中所发生种种变迁的记录；人与人之间革命与暴乱，因此而造成了国家大小林立的记录；人们的各种活动与职业，不管是为了营生还是科学和手工艺的记录；以及一般来说，社会本质上本来就会经历的所有转变的记录"。⑤ 该书的第一部分是绪论，阐述发现历史真相的方法论；接着该书分别论述了文化对人类的影响，记述了阿拉伯人和其他民族从远古到他自己时代的历史，以及柏柏尔诸部落在北非建立的王国的历史。⑥ 赫勒敦是"第一位阐明人类生活中一切社会现象都应当是历史写作的对象这个主张的"，⑦ 他对阿拉伯人和北非历史的撰述至今仍然是史学家们了解这

① ［美］J. W. 汤普森：《历史著作史》上卷第 1 分册，谢德风译，商务印书馆 1996 年版，第 182 页。
② ［美］J. W. 汤普森：《历史著作史》上卷第 1 分册，谢德风译，商务印书馆 1996 年版，第 183 页。
③ ［古罗马］奥古斯丁：《上帝之城》，王晓朝译，人民出版社 2006 年版。
④ ［美］J. W. 汤普森：《历史著作史》上卷第 1 分册，谢德风译，商务印书馆 1996 年版，第 520 页。这里的"《世界史》"指赫勒敦的《历史绪论》。
⑤ 语出赫勒敦《历史绪论》，转引自［英］艾瑞克·霍布斯鲍姆：《论历史》，黄煜文译，中信出版社 2015 年版，第 x-xi 页。《历史绪论》是前述《世界史》的另一种译法。
⑥ Ibn Khaldun, The Muqaddimah: An Introduction to History, 3 vols., New York: Pantheon Books, 1958.
⑦ ［美］J. W. 汤普森：《历史著作史》上卷第 1 分册，谢德风译，商务印书馆 1996 年版，第 521 页。

段历史不可或缺的材料。英国史学家阿诺德·汤因比对赫勒敦的史学贡献不吝赞美之辞："作为史学理论家，直到 300 多年后维柯出现之前，任何时代或任何国家都没有堪与之比肩者。柏拉图、亚里士多德和奥古斯丁都不能与他等量齐观。"①

中世纪史学传统修正了古希腊史学观念，把一种超自然的力量嵌入历史之中。这种趋势一直持续到近代。到 14 世纪，这类著作已成为不断反复的形式主义著作。总的来说，中世纪史家缺乏使用原始材料的知识和能力。因此，作为知识体系的历史学在中世纪大学里并没有一席之地。这种情况在 14 世纪至 19 世纪之间发生了重大的变化，历史学在此期间进入大学，近代的历史意识由此起源。

15 世纪意大利对希腊罗马文学艺术的挚爱对这一时期的历史研究产生了很大的影响，这鼓励人们以世俗的、现实的方法来研究历史。布鲁尼（约 1370—1444）这位新近发现塔西佗著作的学者在研究罗马共和时代、帝国时代的历史时，认为可以根据罗马的经验来撰写佛罗伦萨的历史。到 16 世纪，马基雅维里和奎恰迪尼的著作都特别强调政治史，他们对国家及其统治者进行了政治分析。教会史与世俗史明显地区分开来了。

在 16 世纪，历史著作以人文主义者的著作为主。人文主义者所遵循的是古典传统而不是中世纪编年传统，他们模仿古典作家，擅长叙述。恺撒、塔西佗、李维、苏维托尼乌斯等人都是他们模仿的对象。

现代西方世界历史研究的许多特点在 18 世纪启蒙时代得到了发展，这些特点包括个人主义、理性主义和怀疑精神。随着对世俗理性的崇拜，人类越来越相信有能力把握自己的命运，衰落的观念已为进步的观念所取代——相信历史变化在不断地改进人类社会。意大利的维柯在《新科学》（1725）中特别强调人类社会的历史演进。像其文艺复兴前辈一样，维柯也发展出一种历史循环理论。② 维柯认为，埃及人所经历的神祇、英雄、人类这三个时代是每个民族都要经历的阶段。这三个时代有三种不同的自然本性、习俗、自然法、政体、语言、字母、法学、权威、理性等。③ 每一个阶段都代表着"从神秘神学"到"自然公平"的逐渐进步，随后经历"复归"阶段。

---

① *The New Encyclopedia Britannica*, 15th edition, vol. 6, London: Encyclopedia Britannica Inc., 1994, p. 222.

② 首先由维柯复活的循环史观，影响了西方世界很长时间，几代人之后仍旧可以看到这种影响。比如黑格尔的主题就是每个时代的发展都是由"有世界历史的民族"支配的，不论希腊人、罗马人，还是日耳曼人，都是如此。

③ ［意］维柯：《新科学》，朱光潜译，人民文学出版社 1986 年版，第 459 页。

  像维柯一样，德国哲学家康德也阐述了历史发展的哲学。① 康德《世界公民观点之下的普遍历史观念》（1784）一文是 18 世纪典型的为历史变化设计出的全面计划。康德认为："历史学是从事于叙述这些表现的；不管它们的原因可能是多么地隐蔽，但历史学却能使人希望：当它考察人类意志自由的作用的整体时，它可以揭示出它们有一种合乎规律的进程，并且就以这种方式而把从个别主体上看来显得是杂乱无章的东西，在全体的物种上却能够认为是人类原始的禀赋之不断前进的、虽则是漫长的发展。"② 康德相信进步的观念，也渴望发现历史计划——是什么让历史以其发展的方式来发展的。康德的观念一直影响到当今的社会理论家、史学家。

  由启蒙思想所激发的历史哲学观念最终使历史学与注重细节的古文物研究分野。法国的伏尔泰、英国的博林布鲁克子爵（1678—1751）各自表达了把历史当作纯文学的概念，把历史当作"通过例证进行教导的哲学"这一概念。读者阅读历史著作的兴趣在不断增加。启蒙时代伟大的史学家爱德华·吉本的《罗马帝国衰亡史》（1776—1788）为历史写作树立了一个典范。该书极富文采，又有很高的学术价值。这部范围广泛、学术性强的著作虽然遭受了批评，但取得了商业成功。吉本以一种清晰的叙述方式把那些有趣的人与事、跌宕起伏的事件、极具戏剧效果的细节呈现给读者。历史在这里不仅被当作故事，提供让人欢娱的叙述，而且被当作道德指南，是可以提供有益教训的源泉。

  德国史学家兰克是客观主义史学的鼻祖、著名的近代史学家，也是专业史学的肇始者、推动者。他的学术方法和教学方式（研讨班）对西方历史学产生了巨大影响。兰克把历史定义为绝对历史事实的过程，也就是说通过仔细的、系统的研究——收集事实、编排事实，可以发现绝对的历史事实。历史因此获得了"科学客观性"的桂冠，历史开始了科学化、专业化的进程，流派迭出，异彩纷呈。

  辉格史学这一概念是英国史学家巴特菲尔德（1900—1979）在《历史的辉格解释》（1931）一书中首先提出的，它源于英国的辉格党，该党支持议会权力，反

---

① 历史哲学是哲学的一个分支，是对历史和历史学问题的哲学反思。伏尔泰最早提出了这一概念。传统意义上的历史哲学是思辨的历史哲学，主要从宏观上研究历史的进程，主要目的是对这一进程提出全面的阐述，代表人物有康德、黑格尔、马克思等。到 20 世纪早期，历史哲学进入第二阶段，即批判的历史哲学，关注的对象转向历史学自身，研究历史知识是如何成为可能的，代表人物主要有狄尔泰、克罗齐、柯林武德等。20 世纪 70 年代之后，历史知识的叙述问题成为新的关注焦点，代表人物主要有海登·怀特、F. R. 安克斯密特等。

② ［德］康德：《历史理性批判文集》，何兆武译，商务印书馆 1990 年版，第 1 页。

对支持国王权力、贵族政治的托利党。① 这一术语被广泛地应用到历史研究的各个领域之中（比如科学史的研究），来批评任何持有特定目的、以英雄为基础的历史观。最著名的辉格派史学家是麦考莱（1800—1859），其名著《自詹姆士二世即位以来的英国史》开头便论述了由辉格派原则指导的英国历史研究方法。

自 20 世纪 30 年代年鉴学派形成起，法国的史学家越来越重视社会科学的作用，他们对历史学有着强烈的反思意识，也愿意从社会科学那里汲取养料；他们反对类似政治事件年表的传统历史记载方法；强调"总体史"，考虑影响日常生活和日常事件的潜在长期结构。"价值中立"的历史学的经验主义观念开始遭到质疑。

第二次世界大战以后的西方史学界发生了两次重大变化，一是自 20 世纪 50 年代中期以来的"新史学"挑战了以兰克为代表的传统史学，社会史逐渐取代政治史，成为史学研究的主流。这一时期的主要史学流派有：法国的年鉴学派、英国的马克思主义历史学派（或称"新社会史学派"）、美国的社会科学史学派（或称"克莱奥学派"）等。二是 20 世纪 70 年代以来，"文化史"大盛，在各国史学界有不同表现，法国的年鉴传统有新的变化，意大利出现"微观历史学"，德国兴起"日常生活史"。这一文化史的取向在 20 世纪 80 年代传入美国，为了区别以布克哈特（1818—1897）、赫伊津哈（1872—1945）等人为代表的古典的文化史，美国杰出的女史学家林·亨特首次将这种史学流派称为"新文化史"。② 需要特别注意的是，在新史学（政治史→社会史→新文化史）由涓涓细流到蔚然成势之后，传统的历史学并未结束，而是继续存在和发展。

最近几十年世界史研究的前沿领域当属全球史的研究，全球史的兴起与发展对整个世界历史研究产生了很大影响。简单说，全球史就是全球人类相互交往的历史，全球史并不仅仅是各类历史的总和，它是全球化的必然文化结果。假定全球史在历史研究这门学科中一直以来只占有一种比较边缘位置的话，那么在过去的几十年间，随着人们对这一领域的兴趣不断增加，这一研究已获得很大发展。许多学者就跨文化和有关社会系统和政治经济的各种变化出版了大量著作，不仅在大学，而且在中学水平的课程中有关全球史的内容也大量增加，并出版了大量

---

① 辉格党和托利党是 17 世纪末两个正在形成中的英国政党，辉格、托利是各自对对方的蔑称。"辉格"意为"马贼"，"托利"意为"不法之徒"。1679 年，议会就詹姆士公爵（即后来的詹姆士二世）是否有权继承英国王位展开激烈争论，赞成者被称为"托利"，反对者被称为"辉格"。后来双方各自以此自称。随着时间的推移，双方观点有所变化，辉格党不再完全否定君主制；托利党也不再坚决拥护君主制。结果是君主立宪制的建立。辉格党在 18 世纪前半期占优势，托利党在 18 世纪后半期占优势。大约在 19 世纪 30 年代，托利党改称保守党，辉格党改称自由党。

② Lynn Hunt, ed. , *The New Cultural History*, Berkeley, CA: University of California Press, 1989.

教科书，所有这一切都证明在历史学专业内部的全球史研究以及教学的重要性在不断增加。在某种意义上，这些发展表明一种复兴，因为全球史犹如希罗多德的著作一样古老，而希罗多德从 18 世纪到 20 世纪早期一直为西方知识分子所钟爱。① 它的主要特征可以简述为：首先，关注全球性的联系互动。全球史关注那些关系全球各个文明发展和彼此间交流连接的共性因素，如生态环境、文明交往、和平、安全、人口、疾病、食品、能源、犯罪等问题。其次，以平等的价值观审视和重构历史。"二战"后随着世界殖民体系的瓦解，非西方民族作为独立的主体出现在世界舞台，世界共同体范畴里的平等主义思潮也随之产生。再次，知识材料的积累在很大程度上为史学家寻找审视世界的新视野、新方法提供了必要的智识支持。最后，20 世纪中叶以来发生的一系列重大事件，如世界大战所带来的痛苦记忆、核毁灭的危机、去殖民化的实现、全球范围对种族歧视的批评、石油危机、国际组织的兴起、移民浪潮、多元文化的扩展等，激发了人文社会科学或这个时期不断推陈出新的理论思潮探索世界的兴趣。

三、学术史、跨文化比较视野下的史学史

史学史研究的是各种历史研究、史学思潮和著述形式的渊源、流派和成果及其在历史学发展中产生的影响。史学史既是史家与文本的故事，犹如哲学史、文学史、宗教史等，实际上也是一部学术发展史，在重要性方面可比肩文明史、文化史、思想史，是进一步深入研究历史与文化的必要基础。史学史的研究对象是人们（主要是历代史学家）对历史所作出的种种思考，从而在历史学发展的长河中，疏凿源流，辨识因果，探求原委，以寻取历史学自身发展的规律，这对于学生的基本素养与历史观的形成有着重要的影响。学习史学史，应在史学的流变中进行动态考察，从文明交流、文明互鉴出发，才有可能比较全面地把握其精神实质。

史学作为一门科学，呈现为一个系统的知识体系。史学史的编写，需要关注的是不同时期历史写作的异同。纵观中外史学，一方面，时间、变化、真实、效用是与历史相关的基本概念，也是史学史编写中的相同之处；另一方面，不同时代、不同地域、不同群体、不同史家的历史观会有不同的形式和特征，这是史学史编写中的相异之处。要想从总体上把握"外国史学史"的一致性和丰富性，就需要体验不同民族、不同地区、不同时代的异同，即找出史学共同的问题以及回答这些问题的不同表达。例如：每一位史学家如何看待时间？如何处理过去？如

---

① Jerry H. Bentley, *Shapes of World History in Twentieth-Century Scholarship*, Washington DC：American Historical Association, 1996, p. 1.

何通过历史写作的方式来回答现实提出的问题？怎样确认事实？怎样期待其作品实现其价值？围绕这些问题，可以在不同的历史情境中获得不同的解答。

既然史学史是一部学术史，就要考虑其内涵，即史学史研究的对象究竟包括哪些内容。传统的史学史研究的对象是史学家及其文本，既然历史学所关注的是人的活动，而人的活动包罗万象，不但有史学家笔下的历史，也有科学史家、宗教史家、考古史家、艺术史家、文学史家、哲学史家等不同领域学者笔下的历史，这些历史记述究竟应不应该包括在史学史的研究范围内？是研究者没有注意到这一现象吗？还是有别的原因？

也许是因为地域的范围太大，这样的学术谱系太庞杂了，从苏美尔到希腊，从希腊到罗马，从罗马到欧洲，从欧洲到世界，让人难以从宏观上梳理史学史的框架，难以确定史学史所包含的内容，难以确定史学史有哪些特征，等等。简单来说是因为世界差异性太大，语言种类太多，很难编出一本像"中国学术史"这样的书。因语言而造成的这种分野随着时间的推移会越来越大，比如西方古典文明实际上就是古代地中海文明，尽管赫梯文明、犹太文明、埃及文明等所谓的东方文明在古典时代与希腊文明、罗马文明是一体的，但在发展过程中逐渐出现了差异性，其分水岭应在 5 世纪，自此以后人们逐渐就把这些东方文明排斥在西方文明之外了。

史学史研究有着特别的重要性。通常认为史学史研究应包括史家、历史编纂学、史料学、史学思想等，无疑史学思想处于核心地位。从这个意义上来讲，史学史的研究也就是"学术史""学术思想史"的研究。柯林武德曾言，研究任何一个历史问题，须首先掌握这一个问题本身的历史。卡尔·贝克尔（1873—1945）也曾说，历史最有趣的一面既不是历史研究，也不是历史规律的研究，而是史学史的研究。可见，史学史是历史研究的基石，专门史学史更是每一个历史专题研究的指导门径。

当今历史研究已不再局限于对历史事实的探讨，史学史研究同样如此，因而需要一种更富批判性和更具分析能力的眼光重新审视往昔历史思想，以期真正达到"评判过去、教导现在、以利于未来"之境界。从这个意义上说，研究史学史的已不仅仅是史学家，而是关心人类命运的全部知识分子了。此外，历史学和其他学科一样，也面临着全球化的问题，全球化在本质上寻求的是共性，因而也就忽略了个性，这种个性表现在史学上就是民族性，也就是说全球化迫使史学家注重普遍史的研究。从时间上看，历史编撰的产生早于民族国家，但自民族国家产生以后，历史编撰与国家认同就紧密结合在一起了，史学为国家服务，国家资助史学，二者互为依存，携手共进。如果全球化仅仅涉及经济领域，那么史学是可以规避的，但全球化所带来的影响涉及方方面面，甚至出现了否认民族国家存在的倾向，因此也出现了否认民族史学存在的倾向。虽然这只是个别极端现象，但这种个别现象也折射出全球化的一个侧面，经济全球化的过程同时是话语全球化的过程，也会导致史学思想的全球化倾向，因而也就需要重新定义共性与个性，重新叙述地方史（民族史），重新叙述世界史（普遍史）。因而，解决这两者之间张力的最佳办法是进行历史思想的比较研究。

进行比较研究，首先要注意事物之间的可比性，在这里不考虑历史比较研究的具体类型，只从时间的可比性和内容的可比性方面来考察为什么中西史学思想比较研究在历史学领域富有很大的价值。

在哲学意义上，古代世界几大文明起源在时间上都是相同的，苏美尔文明、埃及文明、印度文明、中国文明和希腊文明在文明史上的地位不分高下，但是最近许多学者对中西比较情有独钟。剑桥大学古代哲学和科学教授劳埃德对中西古代文明有着独到见识，他近年来一直从事古希腊（主要是希腊化时代）和古代中国的比较研究，成果斐然。西方学界近年来所发表的这方面文章就更多了。荷兰博睿学术出版社也于2003年开始出版《东西史学》期刊。中国的中西史学比较研究可以说起始于1902年梁启超的《新史学》，后来者诸如胡适、何炳松、钱穆、柳诒徵、杜维运、汪荣祖、何兆武、朱本源、刘家和等都比较重视这方面的研究。20世纪80年代中国台湾学者汪荣祖就出版了中西史学比较研究巨著《史传通说》。近年来美国的伊格尔斯、王晴佳，德国的吕森等人也关注中西史学的比较研究。不厌其烦地在这里列举这些学者及其研究，只是想说明人们对中西史学思想比较研究的重视。

也许是中西思想的某种共性大于西方思想与苏美尔文明、埃及文明、印度文明的共性造成了这一局面，换句话说就是，这些文明的史学观念与中西史学观念有很大的差异。苏美尔王表可以追溯到公元前3千纪末期，揭示了传说中的历史，这一传说一直回溯到25万年前"王从苍天而降"的历史。埃及的历史记录可以追溯到公元前3千纪中期，始于著名的《帕勒摩石碑》，其中包含公元前4千纪的王表。在这些古老文明面前完全是"一群孩子"的古希腊人，不仅汲取了他们的字母文字，而且借鉴了天文、几何、历史等方面的知识。但古希腊人的高明之处在于他们增加了批评意识。基于此，有人极端地把这种王表式的历史称为"史"前史。印度历史非常悠久，但印度又"几乎没有历史可言"，它的年代记载是混乱的，有时相差几千年之久，这在人类历史上是绝无仅有的现象。其缘由可追溯至印度人的宗教观念，印度人在沉思冥想中把所有的问题都推给了彼岸世界，也许现实在他们那里是毫无价值可言的。这几种古老文明所缺少的批评意识、现实关怀恰恰是中西史学思想的相通之处。

中西史学对各自的知识界都产生了深远的影响，并在面对各种挑战时展现了极强的适应能力。比如 20 世纪的中国史学能够不断地、灵活地适应西方史学所带来的挑战，早在 1902 年，梁启超就扛起了"新史学"的大旗；而欧洲史学在本质上也并非完全是"西方"的，希腊史学在其幼年时期就深受东方史学的影响，在中世纪也受到伊斯兰史学的影响，这也体现了其自身的适应性。毫无疑问，研究中西史学接受外来影响的途径及其对自身史学所带来的进步性影响是有助于史学发展的。当然中西史学之间也存在一些显著的不同，如宗教在史学中所处的地位不同、史学与官方意识形态结合的程度不同等，都是在比较研究中西史学思想时要注意的。

既然史学成为中西文化交流的一个渠道，那么中西史学史的研究，在 20 世纪以来，就慢慢为史学家所重视，逐渐演变为独立的研究主题。20 世纪 20 年代在北京大学任史学系主任的朱希祖（1879—1944），就开始为学生讲授中国史学的传统，后撰成《中国史学通论》一书。他还延请留学美国的何炳松（1890—1946）为学生开设"史学方法论"，何炳松因而翻译鲁滨逊《新史学》作为教本，而《新史学》则成为"本世纪初的一部著名史学译著"。①

中西史学思想比较研究是必要的，但也是困难的。古往今来的不少史家喜好以自身文化进行历史解释，不了解也不愿了解其他民族的历史经验，把自己的结论当作超人类的，从而窒息了历史经验的多元化。可见，有必要进行比较研究。比较研究无外乎从哲学的与经验的两个层面展开。就前者而言，是"能否把'西方'和'中国'加以'同质化'和对立化。因为我们所面对的，不但是一个源远流长，而且也是多重层面的文化传统。譬如在中国，单以儒家的传统为例，就可明显地看出古典的儒学与产生于宋代以后的理学之间的差别。在西方的史学传统里，我将着重其历史哲学的方面，以求找出一个模式来与其他史学思想传统作比较"。② 这是一项崇高且难以企及的目标，也是努力的方向。

不少学者以为史学史研究为空中楼阁，对实际研究缺乏正面的功能与效用，史学史研究毕竟属于"第二序"，终究无法取代"第一序"的实证研究。是的，在 19 世纪，标榜"如实直书"的兰克学派，强调原始资料，注重考证等，从而被尊为"科学的历史学"而风行世界（到中国则成为傅斯年所谓的"史学即史料学"），成为 19 世纪西方史学发展的主流，对后世史学产生了重大的影响。不过，史学史发展到今天，已不属于某一具体学科领域的研究，而是涉及哲学、文学、艺术、科学、宗教、人类学等多个领域，需要各个领域的专家学者携手共进。在

---

① 谭其骧：《本世纪初的一部著名史学译著——〈新史学〉》，刘寅生、谢巍、何淑馨编：《何炳松纪念文集》，华东师范大学出版社 1990 年版，第 74 页。

② ［美］伊格尔斯、［美］王晴佳：《中西史学思想之比较——以西方历史哲学与儒学为中心》，《台大历史学报》2001 年第 21 期，第 21—35 页。

一定意义上，史学史是对人类文化的综合研究。这是现实，也是史学家追求的
目标。

四、学习史学史的意义

习近平指出："一个国家走向现代化，既要遵循现代化一般规律，更要符合本
国实际，具有本国特色。"中国不可能全盘照抄既有的现代化模式，中国学术亦是
如此，必须在多样化中有所取舍，这就需要我们借鉴人类既有的文明成就。中国
世界史研究应坚持以构建人类命运共同体理念和全球文明倡议为指导，以推动不
同文明交流互鉴为使命，积极发挥世界史研究在融通中外文化、增进文明交流中
的独特作用，为促进世界文明百花园姹紫嫣红、生机盎然，提供新动力、作出新
贡献。学习外国史学史是其中的一个重要路径。

马克思、恩格斯于 19 世纪 40 年代创立的历史唯物主义着重对一般规律的探
索，不是孤立地描述事件，而是对社会经济复杂过程的研究；关注的是社会经济
基础，重视生活的物质条件；强调人民群众对历史的创造作用；强调阶级结构和
阶级斗争对于历史研究的重要意义，从而避免了往昔狭隘的政治解释，拓展了历
史视野，为历史研究者提供了基本的研究理论与方法。

马克思说："我所得到的，并且一经得到就用于指导我的研究工作的总的结
果，可以简要地表述如下：人们在自己生活的社会生产中发生一定的、必然的、
不以他们的意志为转移的关系，即同他们的物质生产力的一定发展阶段相适合的
生产关系。这些生产关系的总和构成社会的经济结构，即有法律的和政治的上层
建筑竖立其上并有一定的社会意识形式与之相适应的现实基础。物质生活的生产
方式制约着整个社会生活、政治生活和精神生活的过程。不是人们的意识决定人
们的存在，相反，是人们的社会存在决定人们的意识。社会的物质生产力发展到
一定阶段，便同它们一直在其中运动的现存生产关系或财产关系（这只是生产关
系的法律用语）发生矛盾。于是这些关系便由生产力的发展形式变成生产力的桎
梏。那时社会革命的时代就到来了。随着经济基础的变更，全部庞大的上层建筑
也或慢或快地发生变革。在考察这些变革时，必须时刻把下面两者区别开来：一
种是生产的经济条件方面所发生的物质的、可以用自然科学的精确性指明的变革，
一种是人们借以意识到这个冲突并力求把它克服的那些法律的、政治的、宗教的、
艺术的或哲学的，简言之，意识形态的形式。我们判断一个人不能以他对自己的
看法为根据，同样，我们判断这样一个变革时代也不能以它的意识为根据；相反，
这个意识必须从物质生活的矛盾中，从社会生产力和生产关系之间的现存冲突中
去解释。无论哪一个社会形态，在它所能容纳的全部生产力发挥出来以前，是决
不会灭亡的；而新的更高的生产关系，在它的物质存在条件在旧社会的胎胞里成

熟以前，是决不会出现的。所以人类始终只提出自己能够解决的任务，因为只要仔细考察就可以发现，任务本身，只有在解决它的物质条件已经存在或者至少是在生成过程中的时候，才会产生。大体说来，亚细亚的、古希腊罗马的、封建的和现代资产阶级的生产方式可以看做是经济的社会形态演进的几个时代。资产阶级的生产关系是社会生产过程的最后一个对抗形式，这里所说的对抗，不是指个人的对抗，而是指从个人的社会生活条件中生长出来的对抗；但是，在资产阶级社会的胎胞里发展的生产力，同时又创造着解决这种对抗的物质条件。因此，人类社会的史前时期就以这种社会形态而告终。"① 这是有关历史唯物主义的经典论述，表现了社会结构是由生产力、生产关系、上层建筑三个因素构成的，并阐明了三者之间的关系，不但重视生产力对生产关系、经济基础对上层建筑的决定作用，也强调生产关系对生产力、上层建筑对经济基础的反作用。这一深刻思想超越了以往任何思想家的高度，使历史学发生了革命性的变化。马克思的《法兰西内战》《路易·波拿巴的雾月十八日》等著作就是全面呈现这种唯物史观的代表性史学作品。

　　20 世纪中国史学发展及其所取得的成就，在一定程度上是同吸收、借鉴外国史学的积极成果，尤其是马克思主义史学理论和方法方面的积极成果相关联的。从 1924 年李大钊出版《史学要论》到 1930 年郭沫若出版《中国古代社会研究》，标志着中国马克思主义史学的产生。新中国成立后，1952 年全国高等学校的院系进行了大规模调整，把民国时期的英美高校体系改造为苏式高校体系，史学研究也进入了富有自身特色的苏联模式时代。在这一时期，复旦大学的耿淡如（1898—1975）非常重视西方史学史的学科建设，他于 1961 年在《学术月刊》第10 期上发表《什么是史学史?》一文，就史学史的定义、研究对象与任务进行了系统的概述，认为这门年轻的学科没有进行过系统的研究，"需要建设一个新的史学史体系"。② 该文至今仍有参考价值。

　　研究外国史学史只有坚持马克思主义唯物史观，才能克服对西方史学成就或一概排斥，或盲目崇拜的倾向，也才能更好地吸收、借鉴外国史学的优秀传统。在外国史学史研究领域，史学家们积累了大量文献，却存在理论混乱的现象，有的史学家不能解释史学发展规律，有的甚至颠倒了历史真实，我们必须以唯物史观为指导，理论联系实际，建立自己的话语体系、学术体系、知识体系、学科体系，使中华优秀传统史学得到创造性转化、创新性发展。学习外国史学史，应在史学的流变中进行动态的考察，即在唯物史观指导下对史学家思想、某一作品、

---

① 《马克思恩格斯文集》第二卷，人民出版社 2009 年版，第 591—592 页。

② 耿淡如：《西方史学史散论》，张广智编，复旦大学出版社 2015 年版，第 175 页。

某个流派所作出的研究，既是历时性的，又是共时性的，纵横比较，上下连贯。唯有如此，方能顾及整体，全面考察，透过现象，洞察本质。

　　史学史的学习是学术传承的需要，也是体验人类优秀文化遗产的一种过程。对人类社会来说，记录历史是一种自然的、必要的行为：历史之于社会，正如记忆之于个人。以历史为基础的历史记忆建构了一种关于社会共同体的共同过去，它超越了其个体成员的寿命范围。历史记忆超越了个人直接经历的范围，让人想起了一种共同的过去，是公众用来建构集体认同和历史的最基本的参照内容之一。历史记忆是一种集体记忆，它假定过去的集体与现在的集体之间存在着一种连续性。这些假定的集体认同，使历史的连续性和统一性能够得以实现，并作为一种内部纽带将编年史所呈现的各种事件串联起来，但又超越了人物传记和传记所呈现的某个伟人的寿命范围。① 史学史是一座有无数房间和窗户的记忆大厦，每一个房间都是我们的记忆之宫，每一扇窗户都为我们提供一个观察往昔与异域的独特视角，对于我们自身的文化建设不乏启示意义。随着经济的发展和各种对外交往的增多，我国涉外联系遍及社会公共乃至私人生活的各个领域。这些对外的交往交流，要求人们熟悉外国的历史文化和行为价值，了解中国与世界的关系，而学习史学史是达到这一要求的一个重要的路径，可以使学习者更具有"世界眼光"，以适应社会的发展需求。

　　学习史学史是对其他民族优秀文化的借鉴、吸收过程。研究外国史学史有助于总结前人的研究成果，加强对其他民族优秀文化的吸收，有助于人类命运共同体的建设。阅读域外经典史学名著一方面可以让我们更真实、更全面、更深入地了解域外历史文化、价值观念、思想道德，另一方面也可以培育具有更加开阔的思维、更加完善的人格的人。"纵观人类历史，把人们隔离开来的往往不是千山万水，不是大海深壑，而是人们相互认知上的隔膜。莱布尼茨说，唯有相互交流我们各自的才能，才能共同点燃我们的智慧之灯。"② 读史不仅能让人们认识到文明的多样性、复杂性、丰富性，使人们能以兼容并包的思维看待世界和人生，而且可以从历史发展的多变中汲取有益的智慧，训练理性思考的能力。

　　学习外国史学史尤其是经典名著，除了可以明了中外历史学发展的不同路径，领会中外历史学发展差异的历史背景，还可以理解杰出史学家对和平的追求，对人类美好未来的向往。这是学习史学史的重要现实意义。"历史是最好的老师，它忠实记录下每一个国家走过的足迹，也给每一个国家未来的发展提供启示。从 1840 年鸦片战争到 1949 年新中国成立的 100 多年间，中国社会战火频

---

① ［英］杰拉德·德兰迪、［英］恩靳·伊辛主编：《历史社会学手册》，李霞、李恭忠译，中国人民大学出版社 2009 年版，第 592 页。

② 《习近平谈治国理政》，外文出版社 2014 年版，第 264 页。

频、兵燹不断，内部战乱和外敌入侵循环发生，给中国人民带来了不堪回首的苦难。仅日本军国主义发动的侵华战争，就造成了中国军民伤亡 3500 多万人的人间惨剧。这段悲惨的历史，给中国人留下了刻骨铭心的记忆。中国人历来讲求'己所不欲，勿施于人'。中国需要和平，就像人需要空气一样，就像万物生长需要阳光一样。只有坚持走和平发展道路，只有同世界各国一道维护世界和平，中国才能实现自己的目标，才能为世界作出更大贡献。"① 可见阅读历史不仅可以让人获得知识文化、经验教训，更重要的是会让人明白：人类历史实际上是一部多灾多难的历史，是一部人类尊严获得史，人们因此越来越认识到和平共处的重要性，并创造出诸如进步、和平、和谐、共享等观念。历史给人类所带来的最大遗产是不同民族、不同文化经过长期接触后逐渐形成的对人类命运共同体的认识。

学习研究史学史需要注意以下几个方面：

第一，必须在唯物史观的指导下研究史学史，自觉运用唯物辩证法，以批判的眼光来分析各种外国史学观点、学派、思潮、论著等。马克思一生中最重要的两个发现是剩余价值理论与唯物史观。正像达尔文发现有机界的发展规律一样，马克思发现了人类社会的发展规律。根据唯物史观，生产力、生产关系、上层建筑是组成社会结构的因素。唯物史观阐明了生产力对生产关系、经济基础对上层建筑的决定性作用，同时论述了生产关系对生产力、上层建筑对经济基础的反作用。"现代历史著述方面的一切真正进步，都是当历史学家从政治形式的外表深入到社会生活的深处时才取得的。"② 这样深邃的思想使历史学发生了革命性的转变。在研究史学史时必须坚持唯物史观，研究史学家所处的历史环境、时代背景等，这样才能透过纷繁芜杂的史学知识，充分吸收富有价值的史学观念和学养。

但随着时代的变迁，马克思主义史学也在发生变化，并不断丰富完善。就欧洲史学而言，自 20 世纪 30 年代以来，各类马克思主义史学家群体对社会史、历史唯物主义的发展作出了重要贡献。比如，在英国马克思主义史学家这个群体之中存在着大量风格迥异的成员，从事各个领域的历史研究，时间上则涵盖从古至今的各个时期。主要代表人物及其著作有：多布的《资本主义发展研究》（1946）引发了从封建主义到资本主义过渡的持久争论；希尔顿的《中世纪英格兰农奴制的衰落》（1969）对封建主义进行了深入的剖析，焦点是英国农民的经历；希尔的《天翻地覆》（1972）探究了英国革命以及从中衍生出的各种观念；汤普森的《英

---

① 《习近平谈治国理政》，外文出版社 2014 年版，第 266 页。
② 《马克思恩格斯全集》第十二卷，人民出版社 1962 年版，第 450 页。

国工人阶级的形成》（1963）论述了工人阶级力量的历史重要性、经验的重要性以及阶级过程本质的重要性；霍布斯鲍姆的《革命的年代》（1962）、《资本的年代》（1975）、《帝国的年代》（1987）等著作对社会变化、政治变化进行了广泛的探究。

第二，从史料学角度去研读原始文献与研究文献，总结经验，获得历史感。历史上所存留的文献材料浩如烟海，这是珍贵的人类文化遗产，史学史的重要任务之一便是要知道有关历史事件存在哪些原始材料。从材料类型来看，材料又分为文字材料和实物材料两种类型。史学家都非常关注这两种材料。从材料形态来看，又分为原始材料（一手文献）与研究材料（二手文献）。历史著述须以史料为基础，可以在此基础上进行推理。最直接的史料是事件发生时的目击者记录或同时人的记载或稍后形成的历史记载，这样的文献弥足珍贵，称为原始材料。后人的研究，称为研究材料。这只是一种简单的划分方法，因为有时两者之间的界限很难区别，而且研究材料也是它们所处时代的"原始"材料。[1] "这一大堆文字，历史学家的采石场，他们从其中获得必不可少的材料，挑选、剪裁、调整，用以建造他们已构思好草图的大厦。"[2]

对史料加以批判甄别有着重大的意义，人类历史上出现过不少著名的文献学家。早在希腊化时代，有不少亚历山大里亚图书馆馆长是著名的版本学家、目录学家；文艺复兴时代，崇尚古典文化的学者竭力收集古典作家的手抄本，进行详尽的辨伪校勘工作，对宗教改革、人文主义者都产生很大影响；博学时代的博兰（1596—1665）开创了博兰学派，产生了诸如法国马比荣这样的大学者，对史学研究有着极大的贡献。

第三，以比较的方法看待历史著作、历史人物、历史思想、历史流派等。诚如刘家和所言："我们必须研究中国史学史，也研究外国，尤其西方的史学史，经过比较，才能确切说明中国史学在世界史学的地位。因此，我们可以这样说，如果你不把外国，尤其西方史学史放在它应有的地位上，那你也就永远不能把中国史学史放在世界史学史中的应有地位上。悠久而宏富的中国史学的确可以使我们感到自豪，但是只有当我们放眼世界的时候，我们才能够在理性的高度上确认其真价值。"[3]

学习好外国史学史不是轻而易举的，不可能一蹴而就，但也并非高不可攀。外国史学史的内涵非常丰富，涉及史学著作、史学流派、史学思想等方方面面，

---

[1] ［英］约翰·H. 阿诺德：《历史之源》，李里峰译，译林出版社 2013 年版，第 61 页。

[2] 法国历史学家乔治·杜比（1919—1996）语。见［法］安托万·普罗斯特：《历史学十二讲》，王春华译，北京大学出版社 2012 年版，第 48—49 页。

[3] 刘家和：《序言》，宋瑞芝等主编：《西方史学史纲》，河南大学出版社 1989 年版，第 2 页。

在外延上又包含自人类诞生以来的各个方面的记述，涉及各个地区、国家与民族，头绪繁杂，内容丰富。研究外国史学史涉及语言、宗教、民族等问题，不能很好地掌握对方的语言文化，理解对方的民族感情，体验对方的宗教经验，就难以深入解释对方的史学编撰方法与史学思想。中国人研究外国史学史刚刚起步，又主要集中在西方史学史，西方世界以外的史学史研究几乎空白，这就决定了外国史学史研究的当下局面：起步晚，底子薄，积累少，不便于初学者深入研究。凡此种种问题，都会困扰着史学史研究者，但也说明这个学科有很大的前途，只要研究者脚踏实地，从掌握英语再到掌握研究对象的语言，慢慢体会研究对象的民族、宗教与文化，就会有所心得，取得成就。学习的过程就是获得新知的过程，这个过程不仅可以提升能力，而且能改变观念，甚至构建出一种崭新的历史观。

新时代的一个重要特征是文化自信、历史自信，因此推动当代中国人文社会科学繁荣兴盛，对高校而言、对学者而言，可谓责无旁贷。人文社会科学繁荣兴盛的一个必要条件是构建富于自身特色的学科体系、学术体系、话语体系，特别是使话语体系最终成为学科体系，这是时代的使命，更是学者的任务。因此，应将世界史和人类命运共同体结合起来研究，赋予世界史以更深刻的内涵，赋予人类命运共同体以更专业的表述，从而使两个领域各有所得、相互激发、共同进步，丰富话语体系内涵。学习外国史学史就是这些体系构建过程中的一个小小环节，这些涓涓细流必将汇成大海，在谋求本国学术发展中促进各国文明共同发展。

思考题

1. 什么是史学史，如何看待史学史在思想史、学术史中的地位？
2. 研究外国史学史为什么要以历史唯物主义作为指导思想？

第一章　历史学的起源及其早期发展形态

虽然历史学诞生于文字出现与文明诞生之后，但其源头是史前时代的口编口传史。此后历经结绳、图画、刻记，到神话、传说、史诗，再到文明产生后的大事记、年代记、王表，以及以大事记、年代记、王表为基础编纂而成的编年史与纪事这种基本形态的历史学，最后发展到成熟形态的历史编纂学。

最早的历史学诞生于古老的文明古国之中。各文明古国的历史学具有不同的形式与特点。古代中国与古希腊的历史学随着两个文明步入第一个繁荣期而出现，是在人类从神话思维到理性思维的转变过程中实现的。于是，历史学与文学、诗学等区别开来，形成了自己一套比较系统的历史编纂的理论、方法与形式。古代两河流域文明的历史记录尽管出现较早，却没有发展出一整套的历史学的理论与方法；古代埃及尽管有专职的巫史之类的官方记录者，但是其历史学一如其雕像一样呈现一种程式化特点；古代印度是一个没有史书的国度，其历史消融于宗教与神话的超历史意境之中；犹太人是一个重视时间与历史的民族，尽管其历史大都掩藏于圣史之中，但是其奠定在犹太教义之上的历史发展理论则是其历史学的一大特点。

第一节　历史学的起源

自从有了人类便有了人类的历史，几乎在同时，人们开始对自己的历史进行记忆、探索和总结。即是说，历史学是一门源远流长的学问。实际上，"我从哪里来"并不仅仅是刚刚有探寻意识的幼童所普遍提问和探索的一个问题，也是在人类文明的童年时期，人类所探索的一个问题。人类的历史意识就在这一探索的过程中产生了。对于历史学是怎样诞生的问题，在中国史学界，已有从宏观的全球视角作出的系统研究。① 由此，可以对历史学诞生这个问题作出比较系统的梳理。

而要对历史学的产生过程进行探讨，首先就要对历史学的内涵作一个大致的界定，也就是说历史学产生的主要标志是什么。原生形态的历史学大致应具备如下条件。

第一，有了比较完备的文字与历法体系。这是确保历史记录者将历史置于一

---

① 李永采、李岸冰：《论历史学的起源和早期历史记载的方式》，《史学理论研究》2006 年第 3 期。为了阐明历史学之诞生过程在世界文明中的普遍性特征，本节还引证了中国古代史及中国民族学资料。

定的时间序列并加以记载的首要条件。

第二，历史记载者对历史学之特性和目的有了一定的理性思考。首先，他们认识到历史学之本质特征在于真实性，并将这一特征视为历史学与诗歌等区别开来的一个首要条件。其次，有了初步的探求历史资料和历史现象之真伪的方法。再次，运用恰当的语言表述形式对所关注的历史事件的发生和发展过程有序地进行了记载。最后，强调历史学的道德训诫价值。

通过上述界定，我们知道，历史学是在人类步入文明社会之后才逐渐演变形成的。但是在文明产生之前，也就是在所谓的史前时代，则有一个漫长的史学原初萌芽形态及演变的过程。即是说，在史前时代，也有适合那个时代之要求，并满足人们之渴望的独特历史表述方式。

一、口编口传史——历史学的源头

当今史学界所流行的"口述史"实际上是人类最为古老的历史记忆与传播的主要形式之一。这已经基本上成为中外学术界大多数学者的一个共识。如尹达主编的《中国史学发展史》就认为："在文字产生以前，人类的历史仅仅是依靠口耳相传。"① 英国著名的口述史家保尔·汤普逊亦指出："实际上，口述史就像历史本身一样古老。它是第一种类型的历史。"② 李永采认为，口编口传史是"人类历史学的源头或最初的萌芽形态"。③

口编口传史大概随着现代人类的诞生而出现，并且独立地存在了很长时间，是史前时代人类记忆与传播历史的最主要方式。虽然后来出现了帮助记忆和传述的结绳和刻木等记事手段，但它们仍然主要依靠口耳相传而存在下去。即便人类进入文明社会之后，口述史仍然是历史记忆与传播的重要形式之一。如中国宋代说书人的"说史"，法国浪漫主义史学家米什莱所谈到的普遍存在的民间口头传说等，都是典型的口述史的表现形式。

原生形态的口编口传史虽然已经被无情的历史长河冲刷得只剩斑斑点点，但是仍然可以从古代文献中依稀窥见其原貌，亦可以从现代的民族学资料中找到现成的实例。如中国古籍记载：鲜卑人"统幽都之北，广漠之野，畜牧迁徙，射猎为业，淳朴为俗，简易为化，不为文字，刻木结绳而已。时事远近，人相传授，

---

① 尹达主编：《中国史学发展史》，中州古籍出版社1985年版，第6页。
② ［英］保尔·汤普逊：《过去的声音——口述史》，覃方明、渠东、张旅平译，辽宁教育出版社、牛津大学出版社2000年版，第25页。
③ 李永采、李岸冰：《论历史学的起源和早期历史记载的方式》，《史学理论研究》2006年第3期。

如史官之纪录焉"。① 这实际是中国古代史书中的一条民族学资料，所记内容是追述 5、6 世纪以前的事。这当中的"时事远近，人相传授"的历史内容，显然是先口编出来，然后才会由人们口传。原文提到"刻木结绳"，但没有提到它们与口编口传史事的关系。由此可见口编口传史是一种很原始的史学形态。

中国佤族直到新中国成立初期，还处于原始社会晚期农村公社产生不久的社会，这时佤族还有和其他部落大规模械斗、猎取人头的事发生。据调查记载，到新中国成立初，"由于佤族没有文字，历史事迹只靠口头流传。很多老人，特别是大魔巴（巫师。——引者），都能讲述很多传说。内容有人类起源、鬼神故事、祖先事迹、村寨历史和爱情故事等"。② 他们广为传诵的"司岗里"传说就是这样的一种口头流传故事，而魔巴则是"佤族历史的记录者和宣传者"③。当然，他们是通过讲述和传唱的方式进行历史记忆与传播的。④ 至今，在云南西盟佤族比较典型的几个村寨仍然有魔巴在传唱司岗里。⑤ 他们所讲述的历史涉及该族诞生后"迁徙的历史"或"祖祖辈辈的故事"。两者分别通过迁徙地点和代际（族谱）来进行记忆，其中所讲述的许多迁徙地点都是可考的。⑥ 而佤族部落的最高统治者，即首领，则拥有"解释历史"的权力。据另一记载，佤族部落首领已有世袭现象，佤族世袭部落首领的职责之一是"解释历史"。⑦ 上述佤族的情况就是口编口传史的一个典型。这种口编口传史相当纯粹，未见有结绳、编成诗歌等助记手段。由什么人口编无明确记载，但由老人、首领、巫师口传，由首领解释历史是明确的。上述"祖先事迹、村寨历史"会以真实的历史内容为主；老人、首领、巫师都会是历史的编者；鬼神故事当然是来自主观编造；人类或佤族的起源的基本内容想必也是传说和凭空编造的混合体，但其中夹杂一些古代生活的真实情况。

在今泰国西北部清迈府接近缅甸的深山密林中，居住着一支阿卡人。泰国人称他们为山区部落。阿卡人依山傍水组成村寨，村民总计有两万多人。在和他们邻近的缅甸、老挝境内，另有阿卡人十余万人。在中国云南的西双版纳，新中国成立前也生活着被称为阿卡人的少数民族，新中国成立后改称哈尼族。因傣语中

① 李延寿：《北史》卷一《魏本纪第一》，中华书局 1974 年版，第 1 页。
② 田继周、罗之基：《佤族》，民族出版社 1985 年版，第 78 页。
③ 左永平编著：《木鼓回归——佤族文化特质和当代价值研究》，云南大学出版社 2008 年版，第 48 页。
④ 高健：《讲、念、唱：佤族司岗里演述传统研究》，《民族文学研究》2021 年第 4 期。
⑤ 左永平编著：《木鼓回归——佤族文化特质和当代价值研究》，云南大学出版社 2008 年版，第 3 页。
⑥ 高健：《从开天辟地到"解放"来了——佤族司岗里神话的历史表述》，《民族文学研究》2017 年第 3 期。
⑦ 陈炯光：《从云南民族志看阶级的形成》，《思想战线》1977 年第 2 期，第 86 页。

"卡"是"奴隶"的意思，故新中国成立后按民意改称"哈"（意为"勇敢、强悍"）"尼"（意为"人"）。泰国这一支到现代还过着父系氏族后期初步转向农村公社时代的生活。他们的生产、生活以父系家庭为基本单位，春耕前烧荒、狩猎等，还组织几个家庭集体劳动，泥瓦匠、铁匠等以自己的劳作换取其他家庭为自己耕作（即相互换工），这是氏族共同劳动生产既已解体又还有部分遗存的情景。

阿卡人的语言属于藏缅语族。阿卡人没有文字和文字记载的历史，但他们把历史保存在口编口传的一万多行诗中。这些诗句，"几百年以来，由一代代的师徒不断地口头传诵下来。这些师徒被称为'贝玛'（Pimas）。'贝玛'的社会地位相当于教师或祭司"。[①] 这些诗句最初产生于什么时代，现在已无可考。千百年来，由于"不断增添着新内容"，所以全诗不分篇章。史诗的内容十分丰富，包括阿卡人迁徙的过程、生产和生活规则与传统、一系列箴言和多种教导，以及信仰等。因此，这些诗文被称为"阿卡赞"，本族人把它当作经典。背诵史诗对贝玛、头人和阿卡一般男子而言是一项很重要的能力。按背诵所记，贝玛和这些男子都能背出这之前60代的父系祖先的系谱。这些系谱是以"某某生某某"的形式背诵的。可惜，这些系谱的可靠性已几乎无法证实。

居住于我国西南边陲哀牢山一带的哈尼族人的记史情况可以对上述阿卡人的口编口传史作出印证。据调查者报道："据说，很早的时候，我（指调查者——引者）的祖先从青藏高原迁徙进云南，就落脚在这块美丽、神奇、与外部世界隔离的古老土地上。""我小时候，凡寨里家里发生的什么大事，便看见阿波（哈尼语，即阿爷）拎出珍藏的草绳往绳上结疙瘩。"这位少年并不明白其中的道理，问阿波，阿波嘿嘿地笑着说："这草绳的疙瘩呀，记着咱们哈尼人祖祖辈辈的大事哩！你长大了，也要像我一样……一代一代传下去。"有一次，这位少年捉了一只长腰身岩蜂，他知道岩蜂蜜配药对治疗阿波的哮喘病有奇效，即用放岩蜂飞回它的窝洞的办法，找到了峭壁上流出白色蜂蜜的崖洞。他急匆匆地跑回家，拿了"那些结满疙瘩的绳子"，爬峭壁割回了岩蜂的蜜块。他风风火火地跑回家向阿波报喜，却突然注意到其他绳子上的疙瘩还在，"唯独阿祖结的那根绳子上的疙瘩没有了"。这使阿波十分心痛，在他认错后，阿波还号啕大哭了一场。他考上大学时，阿波还要求他不要忘了草绳上所记的辛酸。[②]

将上述阿卡人和哈尼族人的口编口传史学进行比较，有两点明显相同，一是他们口编口传的历史内容，都是既有一族人的历史，又有一寨一家的历史，说明

---

① ［美］F. V. 格朗菲尔德：《泰国密林中的游迁者——阿卡人》，刘彭陶译，《民族研究译丛》1983 年第 5 辑，云南省民族研究所编印，第 12 页。本节引述均见此书。

② 上述记载，参见冯德胜：《结绳记事人的后代》，《光明日报》1989 年 12 月 31 日。

他们都十分重视历史；二是他们的历史都代代相传，经久不衰。又可见口口相传的人员存在差别，上述阿卡人口传历史的是专管背诵历史的贝玛师徒，而哈尼族人口传历史的是父子，但显然，二者都不排除有师徒、父子在传授。二者口编口传史的一个明显的区别是泰国阿卡人从其中发展出诗歌来帮助记忆，而哀牢山一带的哈尼族人则发展出结绳来帮助记忆。不过，二者都以口编口传史为主体和原生形态，帮助记忆的手段有重要性，但显然离不开主体，因而是相近形态和次生形态。

据日本古书载，日本人最初记述历史，也是口编口传的。《古语拾遗》一书说：

> 上古之世，未有文字，贵贱老少，口口相传，前言往行，存而不忘。①

这一记载十分清楚地表明了存在口传历史；原文缺口编一层，但除了源自口编，没有其他可能。因此可以说，这段话是口编口传史存在过的典型证据，并由此可推断出这是日本人的传统。以后，从5世纪开始，日本人开始用汉字作音符表达本族人的语言，借以记录历史、传说和歌谣。这种音符在日本历史上称为“万叶假名”。8世纪日本史官安万侣编撰的《古事记》一书，就是用“万叶假名”写成的。

从安万侣写作《古事记》一书的过程来看，8世纪日本已多有使用假名文字记史的办法，但仍存在口诵口传史的传统，并有具体确切的记述。646年大化改新后，天武天皇（673—686年在位）于674年下诏筹修国史，指出原有的《帝纪》（皇家族谱，又称《帝皇日继》）和《旧辞》（古老的民间历史传说、故事，又称《本辞》《先代旧辞》）“既违正实，多加虚伪”，故要求“削伪定实，欲流后叶”。这件事落在史官稗田阿礼的身上。按安万侣《古事记·序》记载：

> 时有舍人，姓稗田名阿礼，年是廿八，为人聪明，度目诵口，拂耳勒心。即敕语阿礼，令诵习帝皇日继，及先代旧辞。②

阿礼以口诵背出大量内容，作了记录，但编修国史的事当时没有完成。女帝元明天皇（707—715年在位）继承先帝遗意，诏令安万侣整理稗田阿礼口诵的《帝纪》《本辞》，以编纂国史。

《古事记》是一部包含若干历史内容的文学作品。文学部分包括民间故事和神

---

① ［日］斋部广成：《古语拾遗·序》。
② ［日］安万侣：《古事记·序》，邹有恒、吕元明译，人民文学出版社1979年版，第2页。

话，其中包括古歌谣 130 首。历史部分以日本天皇世系为中心，按所记年代可向前推算到公元前 660 年（"神武天皇"时代）。据研究，此书把天皇世系人为地向前多推算了约 600 年。从公元前 660 年到 3 世纪初期，虚构内容很多。从应神天皇（3 世纪）起，真实内容增加，但仍有不实之词。285 年应神天皇要朝鲜半岛国家进贡，百济国贡 1 人（合迩吉师）、《论语》10 卷、《千字文》1 卷，记的是史实。其他大体真实的历史内容，还包括一部分文字所记古代日本人生活的情况，3 世纪及以后的天皇世系，中日、朝日文化交流的一些情况等。此外，还记述了女性是太阳神（天照大神），以及创世神伊邪那岐命与伊邪那美命兄妹为婚，其子孙即日本人的祖先等内容。这些既是十足的神话，又是人们生活真实的一种曲折反映。兄妹为婚的血缘家庭已可断定是母系氏族以前存在过的婚俗。

以上这些都曾是稗田阿礼"口诵"的内容。这对《古语拾遗》所记历史"口口相传"是一个印证，同时两者相互印证。从这里已隐约可见，在母系氏族以前的原始人群血缘家庭时代，人们已经在口编口传历史了。否则，人们怎么能凭空编造出兄妹可以结婚等内容呢？

北美洲的印第安易洛魁联盟也有一套口编口传史，由信仰守护人（一种还参加生产劳动的兼职祭司）编记、背诵、讲述、传授，几百年代代相传。同时，易洛魁人已用一种近似结绳的贝珠带（以不同色彩的贝壳和不同的打结法结成带子，易洛魁人称之为"华姆普姆"）来记载历史，美国民族学家摩尔根称之为"易洛魁人唯一可以目睹的史册"。[①] 全联盟的贝珠带由奥奈达部族的一名酋长负责保管，这名酋长兼任历史"贝珠带守护人"。

易洛魁人有一个习俗，即凡是联盟酋长（开始 50 人，后为 48 人）去世，即予补选。补选的酋长产生后，即选定吉日举行隆重的就职仪式，同时为逝世的酋长举行追悼大会。在这一大会和其他全联盟大会上，会议的议题之一，就是由历史贝珠带守护人宣讲本联盟的历史。会期一般为 5 天，全联盟成员均可参加大会。开会时仪式有多项内容，有祭神、唱祷词等。讲授本联盟历史时酋长排成两排，站在（或坐在）会场中央，广大部落成员围立成一圈。历史贝珠带守护人手持贝珠带，在两排酋长当中，一边慢慢走动，一边宣讲贝珠带所记的历史内容。他所宣讲的内容比较笼统，大体包括最初两名部落酋长倡议、创立联盟的事迹，联盟组织和管理的章程、条规，联盟处理内外事务的突出成就和英雄业绩等。

易洛魁人的记史、编史、传史活动，是口编口传史的一种典型的形式，只是在纯粹口编口传以外，已发展出用"贝壳串珠"来帮助记忆。这里之所以说它

---

① ［美］路易斯·亨利·摩尔根：《古代社会（新译本）》上册，杨东莼、马雍、马巨译，商务印书馆 1997 年版，第 138 页。

"典型"，主要在于以下三点。（1）由易洛魁本联盟人自己口编的内容较为可靠，联盟内口传的人员、场合具体可信；（2）易洛魁人生活在母系氏族社会，作为"活化石"而按逻辑追寻古代的时间，应距今已8000至10000多年。从它去透视远古，正可找到一个没有任何助记的纯粹的口编口传史的形式。对此后的父系氏族时代而言，它又是史学必然要经历的一个阶段。因此，这一历史形式居于继往开来的支点地位；（3）这一"史"的形式在历史观方面也有典型意义。

印加人历史悠久，16世纪30年代为西班牙殖民者所征服。按美国人普雷斯科特著《秘鲁征服史》一书所记，印加人"每个主要的村社里都指定有编年史官，其任务就是记下村社里发生的最重要的事件。其他较高级的官员，通常是'智叟'，受权记下帝国的历史，并被选来记录当代印加王或其祖先的大事。这样记下的叙述只能口头相传；但是结绳文字可以帮助史官设法把事件编排，并唤起他的记忆。故事一旦铭记在头脑中，通常经常重复而深深印在脑海。'智叟'向他的学生们重述这些故事；历史就以这种方式一代一代传下来，一方面是口头相传，一方面是用一些任意制定的标记相传，在细节上有很多不一致的地方，但在总的事实轮廓上是一致的"。①

这段文字清楚地说明了15、16世纪的印加人的历史是以"口头相传"的方式进行记忆与传承。同时，当时的印加人已发展出结绳，用来"帮助编排和记忆"，并且设有结绳的专职保管人，称"基普卡玛尤斯"。"基普"，即印加语的结绳。从以上内容已可看出，印加人的记史、编史、传史和保管结绳，已形成一个相当复杂的体系。这一体系是一种正宗的编史、存史、传史的结构，它显然是经过长期发展逐步形成的。往前追溯其走过的历程，应不少于千年甚至几千年。而追溯其最原始的形态，应也只能是口编口传史，而多层设官、结绳及专人保管等，显然是较后发展起来的。

古罗马帝国著名史学家塔西佗的《日耳曼尼亚志》记载："歌谣是日耳曼人传述历史的唯一方式，在他们自古相传的歌谣中，颂赞着一位出生于大地的神祇隤士妥（Tuisto）和他的儿子曼奴斯（Mannus），他们被奉为全族的始祖。据说曼奴斯有三个儿子，滨海的印盖窝内斯人（Ingaevones）、中央部分的厄尔密诺内斯人（Herminones）和余下的伊斯泰内窝人（Istaevones）就是因他的三个儿子得名的（原注：依次相当于后来的撒克逊人和伦巴第人，阿勒曼尼人和斯瓦比亚人，法兰克人）。有一些人利用古代事迹的渺茫而任意附会，他们给曼奴斯添上许多儿子，从而多出了一些族名。"② 这段文字相当明确地说以歌谣"传述历史"，可见歌谣

---

① ［美］普雷斯科特：《秘鲁征服史》，周叶谦等译，商务印书馆1996年版，第107页。
② ［古罗马］塔西佗：《阿古利可拉传 日耳曼尼亚志》，马雍、傅正元译，商务印书馆1997年版，第56页。

是帮助口编口传史传播的一种形式。这当中必先有"口编",然后才能有口头"传述"。这可推定其最初是纯粹的口编口传史,后来加上节奏、音律以帮助记忆传述而成。

在今几内亚、马里一带,古代马林凯人的 12 个部族称为芒丁人,后来转变为12 个省,组成了芒丁国。芒丁国兴起于中古中期,最早的一位国王名松迪亚塔,他被称为善射弓手的祖先,为草原人的国父、征服多国的统帅。芒丁人有一个很有名的传统,就是他们设有专职编纂历史的人员,由他们专门口头编纂历史、讲述历史。这种历史专职人员称为"格里奥"。按几内亚学者吉·塔·尼亚奈的《松迪亚塔》一书记载:"一般说来,在古老的芒丁国每一个村庄里,都有一户世袭的格里奥,精通历史传说,并将它讲授给后代。"① 在各省,"诸侯"都有格里奥,作为省的史官。在全国,则以格里奥作为国王御用的顾问、史官和传话人。由于当时没有文字,各代历史大都靠口头传授。

这些史官被称为"存放语言的口袋","口袋里藏着千年万载历史的秘密"。② 有一名格里奥强调:"我的语言是纯洁的,在里面找不到丝毫谎言杂质,这是我父亲的语言,也是我祖父的语言。"③ 格里奥们要用好几年时间学习口述历史的艺术。有的格里奥为听取各地格里奥大师的教诲,周游全国各地,然后把"枯燥的历史事实编成趣味盎然的传说"。格里奥讲授的内容十分广泛。国王的格里奥要向国王讲述国王的历代祖先以及一些祖先的英雄事迹;讲述国家历年形成的法律,依靠格里奥的记忆力,"王国的大法才得以保存下来";④ 格里奥还讲述芒丁人的传统和风俗习惯。在民间,格里奥除讲述历史外,也讲述法律和祖先们的誓言等。格里奥作为史官,还担负其他任务,如维护和执行法律,调解民间纠纷,挑选优秀格里奥担任王子的教师等。

芒丁人的口编口传历史悠久,是相当纯粹的口编口传历史的又一个典型。可惜的是,目前还未见到芒丁人原始社会口编口传史的具体资料。但显然,这种口编口传史的传统,肯定来源于原始社会很古老的时代。上述语言口袋"藏着千年万载历史的秘密",可以说已强调了它的古老。此外,《松迪亚塔》一书所载格里

---

① [几内亚] 吉·塔·尼亚奈:《松迪亚塔》,李震环、丁世中译,上海译文出版社 1983 年版,序第 2 页。
② [几内亚] 吉·塔·尼亚奈:《松迪亚塔》,李震环、丁世中译,上海译文出版社 1983 年版,第 1 页。
③ [几内亚] 吉·塔·尼亚奈:《松迪亚塔》,李震环、丁世中译,上海译文出版社 1983 年版,第 2 页。
④ [几内亚] 吉·塔·尼亚奈:《松迪亚塔》,李震环、丁世中译,上海译文出版社 1983 年版,第 2 页。

奥马莫杜·库雅泰自称"我也知道黑人是怎样划分成部族的",也可说明这一点。①
芒丁国上述格里奥的传统,实际从远古时期兴盛到 17 世纪,此后格里奥的传统衰
落下去。

现居新西兰的毛利人相传是从美拉尼西亚的一些岛屿经海上迁徙来的。18 世
纪时,毛利人的社会处于父系氏族早期。直到这时,当一个部落要与另一部落联
系而派人访问后一部落时,都要由熟悉部落系谱的老人依次出来相见,通过双方
背诵部落的系谱,以确定部落间的血族亲属关系。来访一方的部落最年长的老人
先发言,具体内容是从迁徙的船只到达新西兰的时候说起,把祖先的名字一代一
代地背诵出来。如果正好是原来的两兄弟衍分出来的部落,来访一方的祖先是大
哥,要进一步说明本部落的起源怎样追溯到这位大哥。弟弟一方也要口述一遍本
部落与"大哥"一样的起源。②

总之,在文明与文字产生之前,人类在历史的记忆和传播方面并非无所作
为。口编口传史作为其主要的形式,不仅有专业人员负责其传述,而且内容几乎
无所不包:从采集狩猎、畜牧耕作、航海贸易,到各种会议、酋长就职、英雄业
绩、对外交往与谈判,再到人口繁衍、祖宗系谱、部族迁徙、节庆婚丧、祭神祭
祖、辟邪和驱邪仪式等,而所传述的也都是人类的业绩。口编口传史也反映了人
类最初的历史意识,那就是通过"口耳相传""人相传授"的方式,将"前言往
行""远近时事"加以记忆与传播,从而达到"存而不忘"并"传诸后世"的
目的。

二、结绳、图画与刻记记史——次生形态的历史记忆与传播形式

随着史前时代人类的不断进化、语言与思维能力的增强,以及社会形态的日
益复杂化,为满足交际的需要,人类发明了结绳、画图、刻记等辅助手段以帮助
记忆和传达思想,它们同时成为帮助记史和传史的重要辅助手段。于是一种附着
于口编口传史的次生形态的历史传述形式——结绳、图画和刻记记史也就出现了,
并且存在了很长时间。

(一) 结绳记事

大约在母系氏族阶段,人类就发明了结绳记事。结绳记事是一种用绳子打结
来表意的方法。人们通常用不同的颜色、粗细长短不一的绳子打成各种各样的结
来记录发生过的事。文献记载,中国古今有多个民族结绳记事,主要有汉、鲜卑、

① [几内亚] 吉·塔·尼亚奈:《松迪亚塔》,李震环、丁世中译,上海译文出版社 1983 年版,
第 1 页。
② [苏] C. A. 托卡列夫、[苏] C. Π. 托尔斯托夫主编:《澳大利亚和大洋洲各族人民》下
册,李毅夫等译,生活·读书·新知三联书店 1980 年版,第 916—917 页。

苗、瑶、高山、哈尼、独龙、景颇、纳西、藏、回等民族。外国有古波斯人、古希腊人、古澳大利亚人，非洲的阿比瑞斯人、吉布斯人，美洲印第安的易洛魁人、印加人、巴罗人以及夏威夷人、琉球人等，这些民族结绳记事的内容多种多样，具有较强的实际功用，重要的如记事、记收成、计赋税、记立法和执法、计金银储存、计交易（定物品、数量、交换日期）、计支出数量、计时（已往某事的年、月、日或约定以后的日子）等。在漫长的历史长河中，所有这些都有历史资料的价值，但距历史学形态仍然有一定距离。只有易洛魁人、印加人、阿卡人等的结绳记事，具有比较明确的帮助记史和传史的功能。

易洛魁人在口编口传史的基础上发展出了一种近似结绳的贝珠带（见图1-1）记史形式。在部落联盟首长就职仪式及其他部落联盟大会上，都有一个固定的项目，那就是贝珠带守护人手持贝珠带，宣讲本联盟的历史。

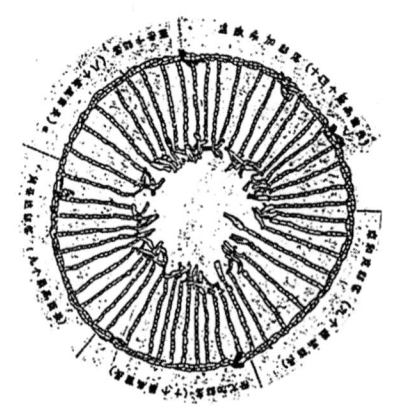

图1-1　易洛魁人帮助记史和传史的贝珠带[1]

印加人的结绳记事（被称为"基普"，见图1-2）则是已知具有记史功能的最典型形态。它通常在一根主绳上拴上若干小绳，小绳的颜色、结头的形状数目和结头距离主绳的远近则代表不同的意义。例如，褐色的表示马铃薯，白色的表示银，黄色的表示金，黑色的表示时间（经过多少黑夜），红色的表示士兵等。表示数字的结头，距主绳最远的是个位，上一列是十位，越接近主绳表示的数越大。"基普"的用途很广，包括记录收成、统计部队、登记向被征服部落征收的贡赋、纪年、记录重大事件等。[2]

《周易·系辞下》载："上古结绳而治，后世圣人易之以书契，百官以治，万

---

①　见苏联科学院米克鲁霍-马克来民族学研究所：《美洲印第安人》，史国纲译，生活·读书·新知三联书店1960年版，原为彩色图片，第115页。

②　Gary Urton, *Signs of Inka Khipu: Binary Coding in the Andean Knotted-String Records*, Austin: University of Texas Press, 2003, pp. 1-2.

民以察。"中国远古时代的结绳有记事、记誓约、记账目等功能，但其更重要的功能则是结绳以治民。因为结绳记事者大都兼有巫、史、法数职，由此他们的结绳既记史、讲史，又以占卜而使结绳成为法律规范的"象"，具有法制的功效。

图 1-2　印加人结绳记事[①]（左下角为计算板）

（二）图画记事

人类从远古时代（三四万年以前）到如今，都曾以多种绘画来记录自己的生产、生活及所接触的周围各种事物和形象。其中一些精心绘制、调色、保色的杰作，至今还保存在世界上许多山洞的岩壁、洞顶、山崖、地表和牛皮、鹿皮、羊皮等上面。西班牙阿塔米洞内岩画《受伤的野牛》（约 3 万年前）等图画，至今令人感叹。这些画既是史料，又是艺术品。其中有些编史的连篇画面，可认为属于历史之作。但其中远古的部分，因为已无口传，又无文字，我们很难说明其中社会关系、活动作用等。然而，晚近还是有些画作有文字记述，使我们可见画面并可作分析。下面，我们选择几例加以分析。

① Felipe Guamán Poma de Ayala, *The First Chronicle and Good Government: On the History of the World and the Incas up to 1615*, trans. and ed. by Roland Hamilton, Austin: University of Texas Press, 2009, p. 288.

以画记史的画作有多种。图1-3是一幅个人传记，属于编纂个人历史的作品。此图所画为印第安德拉瓦尔人部落的一名酋长的一生事迹，他名为温格莫德。画作中，左上角的1是龟，代表部落的图像；2所代表的是他个人的图腾或符号；3代表太阳，太阳右下10条横线，代表他参加过10次战斗；4、5、6、7代表他俘虏的人数，两种图形代表活人和已死者各5人；8、9、10代表他进攻过3个堡垒；11原无说明；12是23条斜线，代表他的部下为23人。

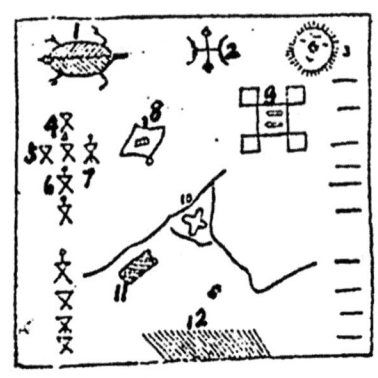

图1-3   印第安德拉瓦尔人部落一名酋长的传记画[①]

阿兹特克人是美洲印第安人中的一支，相传他们从一个海岛迁居于今墨西哥，后来地域日益扩大，发展为一个强大的部落联盟。1325年在特斯科科湖的岛上建城，成为联盟中心，称铁诺奇蒂特兰。14、15世纪阿兹特克人处于国家形成前夜（有的学者认为他们已建立国家）。16世纪阿兹特克人被西班牙征服，阿兹特克原有的绘画、石刻、文字记述等被大量破坏。现存图画和文字遗物很少，所画图、形、线、符有少量可译读为现代词语，但还不能通译。有的一幅画面既有图形（没有达到图画文字的水平），又有图画文字（其含义只有祭司等少数人能读），还有象形文字。但达到象形文字水平的只能表示日期、地方名称和某些人名，不能记述整个语句，只是象形文字萌芽。祭司既主持祭神，讲神话，同时观察天象，计算行星运转周期，制传历法，也掌管文字，讲述历史，还行医用药，进行手术。阿兹特克人已知一年有365天，每年18个月，每月20天，另加5天为节日。现存一幅阿兹特克人从海岛向陆上迁徙的历史记事，就是图画、图画文字、象形文字三者兼有，合并而成史书画卷。

阿兹特克人从海岛迁到图1-4所示终点，共经28年。图中右下角28个方形小图，每一方形表示一年，左上角小船右上方的小方块，也代表一年，这是已能

① John Lubbock, *The Origin of Civilizations and the Primitive Condition of Man-Mental and Condition of Savages*, New York: D. Appleton and Company, 1879, p. 38.

图 1-4　阿兹特克人早期迁徙史（图画及文字）[1]

认识的象形文字。迁徙历经三个阶段，图形表示第一阶段是 6 个部落，因有共同的神坛、首领、祭司而结合在一起，他们乘船渡海到了陆地，经一年（即左上方的一个小方块）走到了圣山，给圣山带来了祭品，高举着祈祷物。经过一段时间，迁徙的第二阶段开始，这时 6 个部落已衍化为 8 个部落。上下排列整齐的 8 个符号，中间图形不同，可能是表示部落的图画文字。8 个部落由 4 名僧侣带领向富饶的地方进发，到了墨西哥的中部，这里树身粗大，一人双臂搂不过来。又经过一段时间，迁徙进入第三阶段，经过 8 个部落代表的长期会议，4 个部落留在上述中部，另 4 个部落由祭司带领，越山前进，到了一个动植物繁茂、有蛇的地方。阿兹特克人有一个盛行的传说，即他们在迁徙时，战神辉齐罗波奇特利告诉他们，看到一只鹰站在仙人掌上啄食一条蛇的景象，就可选为定居的地方。后来他们果然见到上述情景，即在今墨西哥城（意为战神指定的地方）定居下来。此图后半部分有鸟（或为鹰）、有蛇，可能与以上传说有关，但不够清楚。[2]现在的解说对了解上述图意大致不差，但具体疑点还很多。然而，不管如何，

———————————

① ［苏］V. A. Istrin：《文字的发展》，杜松寿译，文字改革出版社 1966 年版，第 93 页。
② 以上解说参见 ［苏］V. A. Istrin：《文字的发展》，杜松寿译，文字改革出版社 1966 年版，第 90—93 页；George Clapp Vaillant，*Aztecs of Mexico：Origin，Rise and Fall of Aztec Nation*，New York：Doubleday，1944；［苏］A. B. 叶菲莫夫、［苏］托卡列夫 C. A. 主编：《拉丁美洲各族人民》上册，李毅夫等译，生活·读书·新知三联书店 1978 年版，第 109—113 页。

此图仍是历史学中一幅从图画记史向文字记史发展过渡的罕见作品，因而弥足珍贵。

(三) 刻记记事

帮助记史、传史的木刻和石刻比较多见。远古山洞岩刻、崖刻颇多，也如山洞岩画、崖画一样分布于世界各大洲，还有在一洞一地并存刻、画两类的情况。这当中有一些记史的刻品，因已和当初口编口传的内容脱节，复原较系统的社会历史内容难度很大，本书只就可说明主题的内容作一论述。

人类高度重视自己的劳作业绩，因此早已有石刻图形记史。而作为历史学萌芽初步发展的形态并且与结绳、图画记史大体同时代的石刻仍然有许多遗存，印第安人的石刻墓志就是一个重要的例子，如图 1-5。

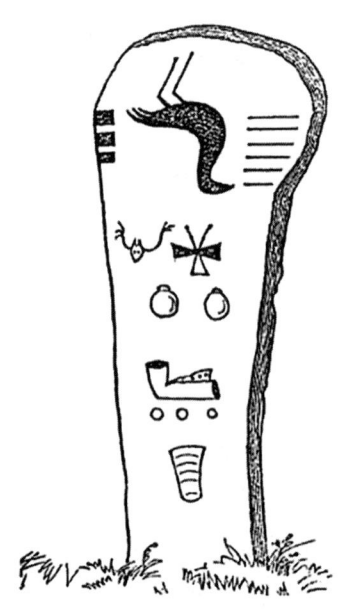

图 1-5　印第安人一名酋长的石刻图画墓志[1]

此图是印第安人一个部落酋长的石刻图画墓志，名为 Shinga-Ba-Was-Sin，1828年卒于苏必尔尔湖区。他的氏族图腾是鹤，石刻墓志画的鹤形头朝下，表明他已死去。鹤左边 3 条粗线，表示他参加过 3 次和平谈判的会议，右边 6 条横线，大概表示他立过 6 次战功。碑中下部的烟斗是希望和平的象征，斧头是战争的象征。此图内容虽简单，却是历史学个人传记的一个典型形态，比之口编口传个人传记是一个发展和进步，因为它发展出石刻图画，可以存之久远，并便于以物形寄托族人的哀思；但它又离不开口编口传史学的记述，否则无法说清图形的含义。在记

① John Lubbock, *The Origin of Civilizations and the Primitive Condition of Man-Mental and Social Condition of Savages*, New York: D. Appleton and Company, 1879, p. 35.

述印第安人历史的资料中，类似墓志图形还可见到一些。

相较于质地坚硬利于久存的石刻，记事木刻则消失殆尽，但仍然可以通过民族学资料来加以了解。据林惠祥《文化人类学》载，印第安阿尔贡金人（曾居于加拿大东部、美国东北部）"保存他们的神话和历史的方法是用 6 英寸长的木条，上绘纹捆扎成束，后来他们技术进步了，不用简单的木条而用木牌，上有烧痕绘纹及刻缺，其上并加以刻画而成的象征符号，其名为 walam olum"。①

李家瑞在《云南几个民族记事和表意的方法》一文中说："卡瓦族（西盟）有一种传代木刻，也是记事性质的木刻。他们每年第一次吃新米的时候，要召集全村老小一齐尝新，由年老的人口头传述本村历史，就拿出历代相传的一根木刻。木刻两侧都刻着许多刻口，每一刻口代表着一桩事件，刻口深大的表示重大事件；浅小的表示事件轻小。有时新发生一桩事件，也照样加刻上一个刻口。"② 讲述的老人重点指示刻口所记本村与外村的怨仇，说明怨仇已报或未报，并把其他事件加以口耳相传。

以上记史传史的图例，都以尚无文字为前提，一旦发明了文字，刻石、刻木和图画、图形帮助记史就逐步被文字记史代替。

三、神话、传说与史诗——口编口传史的流变

在史前时代的后期，神话、传说和史诗等开始兴盛起来。可以说，它们既是口编口传史的一种初步发展，又是一种流变。神话、传说和史诗带有史学的成分，但由于它们形态万千，已远不可一概而论。概括地说，神话、传说、史诗在性质上已不属于历史学形态，而分别属于不同的文学形态。然而，它们所包含的史学价值不容忽视。可以把它们的兴盛阶段归于口编口传史有所发展而又已发生质的流变的形态，神话、传说和史诗反映了人类在这一时期的历史意识。可以说，它们亦成为历史学的源头之一。

各民族大都经历了一个神话、传说和史诗的时代。一般来说，神话比传说产生得早，它所涉及的主要是天地开辟、人类起源的故事。如中国的盘古开天、女娲抟土造人的故事；古希腊这方面的神话也相当丰富，即便历史学也有其诞生的神话。

在漫长的历史发展过程中，人类对于自己生活的客观环境和自己本身的认识能力逐步提高，大约在国家形成时期，神话时代结束，传说时代开始。每一个民族都有自己传说中的历史。如中国黄帝、尧、舜、禹的传说，希伯来人关于亚伯

---

① 林惠祥：《文化人类学》，商务印书馆 1991 年版，第 365—366 页。
② 李家瑞：《云南几个民族记事和表意的方法》，《文物》1962 年第 1 期。

拉罕率领部族从乌尔迁到巴勒斯坦的传说，雅典关于忒修斯在阿提卡最初建城的传说，罗慕洛建立罗马城、"王政时代"开始的传说等。这些传说比神话更为严谨，也包含着更多的史实成分，而且这些口头传说在文字诞生后往往便被加以考实，并被编纂进历史书籍之中，从而成为史学发展史上的一个重要环节。舍此，历史就会有空白。如中国关于黄帝、尧、舜、禹的传说被司马迁整理加工后写入《史记·五帝本纪》，而现代史学仍然将其纳入历史记述中，只不过根据考古材料对之进行了科学的解释。当然，神话、传说除上述内容外，还涉及人类与自然斗争的故事、异族间斗争的故事和反映远古人类生活的故事。

史诗因文字诞生后不久就已出现，所以各民族流传下来的史诗相当多。如上古两河流域的《吉尔伽美什和阿伽》，主题是乌鲁克国吉尔伽美什在基什国王阿伽来攻时，拒行贵族会议投降阿伽的决议，按民众大会决议反抗而获胜；《吉尔伽美什史诗》描写乌鲁克国王、英雄吉尔伽美什反抗神权、命运，战胜恶魔的故事，其中还有人们遭遇洪水努力逃脱劫难的故事；古印度的《摩诃婆罗多》叙述王后婆罗多后裔俱卢、般度两族为争王权长期大战的故事；《罗摩衍那》叙述英雄罗摩战胜魔王罗婆那的过程；古希腊的《伊利亚特》《奥德赛》描写著名的特洛伊战争及随后奥德赛历经10年才回到本土的过程；古罗马的《埃涅阿斯纪》记述英雄埃涅阿斯历险到意大利建国的过程；中古英国的《贝奥武甫》，记述英雄贝奥武甫为丹麦民众战胜巨妖，为本国族人战胜火龙等故事。此外还有一些著名史诗，如法国的《罗兰之歌》、西班牙的《熙德之歌》、德国的《尼伯龙根之歌》和俄罗斯的《伊戈尔远征记》，等等。当然，以文字形式流传至今的史诗已是经过人们思想加工的产物，这些包含一定误传、编造、想象的故事内容，后世的人终于以文字把它们记述了下来，成了可以长久传承的文献。

概而言之，神话、传说与史诗具有如下特征。

首先，从内容上来说，神话、传说和史诗主要讲的是神与英雄的业绩，所反映的主题是神和英雄创造一切。这些神可称为人格化的神，因为他们都有人所具有的喜怒哀乐，也体现了勇敢与懦弱、善良与残忍、宽容与嫉妒等人所具有的品格，这在希腊神话中表现得尤为突出；或者是人的神化，即把人或人事用神的影子遮盖起来，如中国传说中的伏羲氏、神农氏等的伟大创造，而黄帝和蚩尤的战争等也都蒙上了浓重的神的色彩。黄帝调应龙用大水去淹蚩尤，风伯雨师则用大风阻止黄帝的进攻，黄帝将天女旱魃请了下来，把雨止住，应龙最终把蚩尤杀死。总之，神话、传说虽然也或多或少地包含了一些真实的成分，但总的来看则是对自然、对人类本身的活动进行了放大和幻想。神与英雄创造一切便是其主题。

其次，从传播方式上来说，这些神话、传说主要依靠口耳相传的方式传播并流传下来。至于前面谈到的史前民族所用的结绳和刻木等记事只不过起了辅助的作用，并没有成为主流。由于没有文字，为了便于记忆和传唱，这些神话传说往往采用韵文的形式，也就是用歌谣的形式加以传唱。

再次，从思维方式上来说，创造性的形象思维（即神话思维方式）在其中占主导地位。这也是由当时人类的思维能力决定的。面对种种难以解答的事物或事情，人们往往用隐喻、象征的形式，凭借想象或借助想象对之作出自己的阐释。因此，神话、传说和史诗所体现的是一种先民的历史思维。

最后，从时间断限来说，神话、传说和史诗所传述内容的时限已经延长，并作了划分历史阶段的尝试。它们往往上溯人类起源，近追祖宗世系，较口编口传的萌芽形态有了较大的扩展。同时，在神话、传说、史诗中，已有划分历史阶段的种种尝试。希腊人的神话和传说把人类的历史划分为四个时期，称第一至第四世纪，即"黄金""白银""青铜""黑铁"世纪。"黑铁"世纪即英雄时代，以充满争斗和战争为特点。世界上许多民族这时也有与希腊相似的划分。这样的划分体现了该时代的人类在观察历史时已经从总体出发，将其划分为几大阶段，并给各段以不同的质的规定性。从历史编纂学的方法来看，这的确是一大发展和进步，对人类宏观思维能力的提高大有裨益。

文明产生、文字出现之后，这些神话、传说和史诗也就被后人记载下来，如《荷马史诗》《吉尔伽美什史诗》等。如果说神话、传说是那个时代人类的历史学的话，那么以文字形式记载下来的这些史诗就是该时期的历史学著作。

四、大事记、年代记、王表——质朴的历史记载

文字的产生与世界上一些地区国家的形成大体是同时的，这些民族一般已发明了历法。所有这些都向发展历史学提出了新的要求，同时为用文字书写、准确纪年、专人记史编史存史传史创造了新的条件，促使历史学发展实现了质的飞跃，而这个飞跃的核心和实质，就是有了第一批有文字记载的信史，但也有编进想象、神话的年代记、王表等，不过总体来看，该时期出现的成批信史是主流。这些以文字记载的信史的重要形式就是大事记、年代记、王表。如中国现在已知最早的文字甲骨文及其后的金文，内容主要就是大事记，主要包括战争、国王的言行和祭祀占卜的事情。虽然时间、地点、人物及事件都包含其中，但事件的过程几乎没有，并且十分散乱，不成系统。再如，古希腊有许多墓志铭、宗教礼节、祝词、歌颂神的歌词，另外还有官员和僧侣的名单、统治家族的世袭表等。在古埃及，公元前3千纪的《帕勒摩石碑》就是一部年代记。古代两河流域的苏美尔人的王表，则记载了在该地区出现的各城市国家国王的名单。

大事记、年代记、王表虽然是按照一定的时间序列用文字记录下来的，但很

不系统，缺少过程。这些基本上是由兼任巫史的人记录下的当时的事件，无取舍，而且从中可以看出，神对人事仍然起着支配作用，人事也往往是在神的旨意下进行着，人事神事仍相互混杂。所以，它们只是一些原始质朴的历史记载，并为后人的历史编写提供了资料来源。

五、编年史与纪事——基本形态历史著述的出现

编年史与纪事是编纂者们在大事记、年代记、王表等的基础上加工编纂而形成的一种基本形态的历史著述。

在中国的西周末年和春秋时期，各诸侯国出现了所谓的"春秋"。据说，当时有"百国春秋"，但唯一流传下来的是鲁国《春秋》。它按照明确而连续的时间顺序进行编写，对史事的记载有取有舍，即经过搜集、整理，并按作者的意图进行剪裁，从而做到于纪事中寓褒贬，所谓"一字之褒，荣于华衮，一字之贬，严于斧钺"。[1] 但在系统性方面，它还远远不够，如记事过于简略，每条最多有40余字，最少仅有1字，因而缺乏对史事具体过程和情节的记述，系统性差。它仅对史实按年代作了排列，因而只是一种编年史的雏形。在《春秋》之后，史学家先后编纂出了《左传》《公羊传》《穀梁传》三传，通常以《左传》为其代表。《左传》编写的目的便是充实或增加《春秋》具体历史内容并作解释。《春秋》原文一年下只一句话，《左传》将之扩展为一二百字、七八百字，甚至两千字左右不等，内容比《春秋》详细得多；《春秋》原包括242年史事，《左传》下延13年（延至鲁哀公二十七年，前468年），包括255年史事；此外，《左传》还编了一些无经之传。相传《左传》为左丘明编著，稍后公羊高编著《公羊传》，穀梁赤编著《穀梁传》，后二者文字也比《春秋》长得多。三传编纂内容更详细，且基本属于信史，因而可称为编年史，同时是中国古代历史学基本形成的代表。

国家出现后一段时间（或短或长）出现编年史，是一个普遍现象。除了中国，公元前6世纪到前5世纪古希腊人先后编写了叙拉古、以弗所、米利都、科林斯、雅典等城邦国家的多部编年史，古罗马在公元前2世纪到1世纪也出现过一批编年史，等等。

在公元前6世纪至前5世纪早期，古希腊还出现了纪事。它们是散文纪事家依据大事记、年代记和自己的所见所闻编写而成的。在古希腊语中，这些散文纪事家被称为 logographoi。由于他们往往在节日于大庭广众之下朗诵自己的作品，旨在

---

[1] 文出自明末江西人程登吉编写的一本蒙学教材《幼学琼林》之卷四《文事》，原文为"荣于华衮，乃《春秋》一字之褒；严于斧钺，乃《春秋》一字之贬"。参见刘志伟、孔留根注释：《幼学琼林诵读本》，中华书局2013年版，第284页。

以古人的事迹来进行道德教育，所以他们类似于中国古代的说书家。最著名的散文纪事家是米利都人赫卡泰乌斯，其著作为《大地巡游记》和《系谱志》。在《系谱志》中，他申言："只有我认为是真实的东西，我才把它记载下来，由于希腊人的传统是错综复杂的，但在我看来，都是荒唐可笑的。"① 尽管散文纪事家喜欢有闻必录，但他们对史实是有取舍的，而且是按时间的先后顺序来记叙历史的，因此我们可以将他们的作品看作一种基本形态的历史学著述。

编年史、纪事与大事记、年代记的主要不同点在于：（1）在编写目的上，编写大事记、年代记是为了"勿忘"，为了当时实用，而编写编年史和纪事才开始真正系统地编纂历史；（2）在内容上，编年史和纪事比大事记、年代记更为详细，而且叙述了原因、过程、结果；（3）在方法上，大事记、年代记都只是简单的记述和排列，编年史与纪事已是对复杂的历史现象作选择、整理、编纂，再加上归纳和概论；（4）在观点上，有的年代记是寓褒贬于其中，但不明显，无说理的内容，而编年史与纪事一般公开阐述观点，并以事情过程的陈述和说理的内容来加强其观点。以上这些加上编年史与纪事往往由专职史官或优秀的历史学者编修，故编年史与纪事的诞生是基本形态的历史学著述形成的标志。

此后，比较成熟的历史学著述才出现，那就是希罗多德的《历史》和司马迁的《史记》。可以说，成熟形态的历史学著述出现于人类文明发展到比较成熟的时期（即西方学者所谓的古典时代），它是人类精神觉醒的产物之一。除了我们前述的历史学产生的条件，还有两个重要因素在其中发挥了重要作用。一是恰当的文字表述方式的出现，即散文取代诗歌（韵文）成为历史记述的文体。二是思维方式的转变，即从神化思维到理性思维的转变，亦即历史记载的中心和历史意识的对象转到了以人为中心的层面，历史记述和思考的是人类的业绩和成败。可见，历史意识是人类与生俱来的东西，但是成熟的历史编纂学的出现却经历了一个漫长的演变过程。

第二节　古代两河流域的史学

两河流域是人类最早进入文明社会的地区之一。而人类跨入文明社会后，随着文字出现并走向成熟，韵文体的诗就成为最早的一种文学形式，而史诗则是其中的翘楚，《吉尔伽美什和阿伽》就是典范之作。中国古代思想家孟子提出一个著

---

① 转引自张广智：《西方史学史》，复旦大学出版社 2000 年版，第 10 页。

名的历史学命题"《诗》亡然后《春秋》作"（《孟子·离娄下》），在诗盛行之后，以散文体记述的历史登上了大雅之堂。不过，在古代两河流域，最初的历史记载大多是简短明了的王表和年代记。

一、王表、年代记——世界史学史上最早的历史记录

在古代两河流域，最早出现的是类似流水账的、内容极为简短的王表和年代记。公元前3000年到前1000年，苏美尔城邦、巴比伦王国、亚述王国编成一批王表和年代记，都以楔形文字书写在泥板上，如《苏美尔王表》《王朝年代记》等，它们大都十分简略，主要记载各王朝诸王的名字、统治时间及其简要的事迹。其中《苏美尔王表》是迄今为止所发现的该区域最早的王表，大约在公元前3千纪末编纂而成。王表列举了统治者及其统治时间。全文可分为两个部分，第一部分包括洪水之前诸王及其统治时间，第二部分包括洪水后直到伊新王朝之间的19个王朝诸王的名字、统治时间及十分简要的事迹。摘录其中的基什第一王朝的部分记载如下：

> 洪水冲过。
> 洪水冲过后，
> 当王权自天而降，
> 王权在基什。
> 基什，伽……乌尔为王，王1200年；
> ……王960年。
> 帕拉吉那提姆王900年；
> 南基什里什玛王……年；
> 巴西那王……年；
> 布安乌姆王840年；
> 卡里布姆王960年；
> 卡鲁姆王840年；
> ……
>
> 谁是王？谁不是王？
> 伊吉吉为王；
> 南努为王；
> 伊米为王；
> 埃鲁鲁为王；

他们四人为王，王 3 年。①

《王朝年代记》也与王表相若。通过短短的《苏美尔王表》可以看出，编者仍然带有浓厚的神意历史意识，同时具有一种"王权神授"和王朝更替的历史观念，是神话思维向理性思维过渡的历史记述形式。尤其是王表将苏美尔城邦时代构想为一种王权政治，神授王权在一个朝代接着一个朝代进行更替，可见该时期人们的王权观念已经形成了。

二、编年史——成熟历史编纂的出现

王表之后，古代两河流域出现了按年代顺序编纂的编年史。与早期的王表和年代记相比，这些稍晚出现的以年代记为标题的编年史内容更为系统和详细，编著者对史实进行了有目的的选择、整理与编纂，甚至公开阐述自己的观点。自阿卡德王国之后，古代两河流域各王朝相继出现了大量的编年史著作，比较著名的有《萨尔贡年代记》《阿卡德的萨尔贡》《辛那赫里布年代记》《赫梯王穆尔希尔王家年代记》《迦勒底诸王年代记》《盖德年代记》《那波尼德-居鲁士年代记》等。选择其中一例以说明之。

大约撰写于公元前 14 世纪的《赫梯王穆尔希尔王家年代记》，不仅记述了赫梯国王穆尔希尔二世在位时所进行的对外征服及统治业绩，还通过对这些历史事件的记忆与回顾，阐明统治者治国理政的成败原因，这反映了编著者力图通过对历史的反思以探求其中的历史原因，从而达到以史为鉴之目的。由此可见，古代两河流域各种以"年代记"或"编年史"命名的历史学著述已经摆脱了王表和年代记那种单纯的"记忆"和"勿忘"之目的，而开始专注于重大历史事件（主要是统治者的活动）的系统记载、原因探求、鉴往知来这些更高层级的历史学目标，因此，编年史是两河流域比较成熟的历史学记载形式。

三、古希腊人眼中的西亚历史

古代地中海世界是一个古老文明的云集之地，古代两河流域文明、古埃及文明、古希腊罗马文明曾在这个舞台上发生过密切的交流。古希腊的许多作家也曾在西亚留下自己的足迹并在他们的著述中对西亚进行了记述，如希罗多德、色诺芬、克特西乌斯等，其中希罗多德的《历史》中有关西亚的记载最为丰富、详细，也展现了一位域外史学家对西亚的看法。

① ［美］Thorkild Jacobsen 编：《苏美尔王表》，郑殿华译，吴宇虹校，生活·读书·新知三联书店 1989 年版，第 4—8、32 页。

希罗多德亲身游历过西亚地区，所以他的记载有很多是通过考察、采访而获得的第一手资料。他有关西亚当地人的风俗民情、婚丧嫁娶、节日庆典、宗教礼仪、名胜古迹等的描述，展现了当时该地区各古老民族的生活状态，留下来大量的人类学资料。如他有关巴比伦人"拍卖新娘"的记载就反映了当地一种有趣的婚俗，而且希罗多德认为这是"他们的风俗中最好的"。① 希罗多德在《历史》中还记载了大流士一世在镇压高墨达政变之后与其拥护者探讨在波斯采用何种统治形式的故事。一些人主张停止独裁统治，建立民主政治，并认为"人民统治的优点首先在于它的最美好的声名，那就是，在法律面前人人平等"；一些人主张建立寡头政治，"选一批最优秀的人物，把政权交给他们"；而大流士则主张建立一个优秀人物的"独裁之治"，并认为这种统治方式是最好的统治方式，最后多数人支持最后一种统治方式。希罗多德的这则选择统治方式的记载在波斯古文献中完全没有相关记录，但希罗多德信誓旦旦地说，这些意见"在某些希腊人看起来是不可信的；但毫无疑问这些意见是发表了的"。② 可见，一方面，希罗多德所继承的古希腊散文纪事家的"有闻必录"的毛病仍然存在，这种"猎奇"的态度使得很多古代西亚的风习通过他的记载而为今人所知；另一方面，希罗多德的记载显然打上了深深的希腊人的烙印，呈现一种希腊人的东方想象，对于后来西方人的东方观产生了重大的影响。③ 同时，希罗多德这位域外史学家的西亚记载也增加了两河流域古史的另一种画面，体现了古希腊人的东方历史意识。

除了上述成熟的历史学著作，古代两河流域还流传下来大量的历史文献，如各种泥板或石板的王室铭文、神庙账目、成文法典等。但就纯历史学成就而言，古代两河流域还没有发现可以与古希腊或古代中国相媲美的历史学著作，他们并没有对历史学理论与方法进行专门的探讨，因此也反映了初始文明时代的人类历史意识与史学理论还处于相对薄弱的阶段。

第三节 古代埃及史学

古代埃及是世界史上最早进入文明社会的地区之一。但古埃及在地理上具有相对的封闭性，这使得它在历史上甚少遭受外族入侵，社会历史保持了相对的稳定。这种天然的地理和社会条件造就了一个追求秩序与和谐的古文明。一如其他

---

① 参见［古希腊］希罗多德：《历史》上，王以铸译，商务印书馆1997年版，第98—99页。
② 参见［古希腊］希罗多德：《历史》上，王以铸译，商务印书馆1997年版，第231—235页。
③ 有关这个问题，参见黄洋：《古代希腊罗马文明的"东方"想像》，《历史研究》2006年第1期。

古老民族，古代埃及人也创造了自己的神话与传说，构建了一个神的谱系以及神在人间的代理人——国王的英雄故事，其中弥漫着"君权神授"的观念，并且延续到了后来的文明社会，因此古代埃及的历史有着比较浓厚的"神意史观"的成分，并左右了古埃及人的历史阐释和历史意识。

一、年代记与王表——书吏的出现与官方历史记载的兴盛

在早王朝时代，文字体系与历法已经趋于成熟，相关的历史记载也随之出现，最早的则是国王的年代记和王表。与此同时，在该时期，众多专门从事国王业绩和大事记录的书吏（图 1-6）也随之出现。在属于早王朝时期的那尔迈调色板上就刻画有一位书吏手拿书记板站立于国王面前的画面。古代埃及的书吏类似于中国古代的史官，是御用的官方历史记录者。也正是这种书吏制度使得古埃及的历史记载源远流长，浩如烟海，但这也造成古代埃及史学千篇一律的程式化，导致书吏丧失独立人格而成为历史的"虔诚的伪造者"。

图 1-6 古埃及书吏凯伊像[1]

年代记最初是按照重大事件的纪年方法进行编纂，后来国家开始定期清查全国财产，由此年代记开始以清查的次数作为纪年，至古王国之后，才按照国王在位年代作为纪年方法。年代记和王表在古王国末期趋于定型并逐渐程式化。这种年代记实际上就是一种大事记。图 1-7 是一幅有关第一王朝时期国王丹的年代记。

最有名的是公元前 2600 年左右古代埃及第五王朝编成的一部年代记。它刻在一块岩石板上，原没有名称，近代学者称之为《上古埃及年代记》，因石刻后转藏于意

① Peter Der Manuelian ed., *Studies in Honor of William Kelly Simpson*, vol. I, Boston：Museum of Fine Arts, 1996, p. 62.

图 1-7　古埃及第一王朝国王丹的年代记①

大利西西里岛的帕勒摩城博物馆，故又称《帕勒摩石碑》。石刻已有破损，现可见关于前王朝、第一至第五王朝的部分内容。原文每一年下的记述都很简单，现摘引第二王朝国王（后世称"法老"）涅特里穆统治第八、第九两年的原文如下：

> 第 8 年：荷鲁斯祭。
>
> 　　　　第四次清查。
>
> 　　　　四肘，二指。
>
> 第 9 年：上埃及之王登极。
>
> 　　　　下埃及之王登极。
>
> 　　　　阿彼斯竞走。
>
> 　　　　四肘，一掌，二指。②

已发现的古代埃及的王表数量众多，如《阿卑多斯王表》《都灵王表》《卡尔那克王表》《萨卡拉王表》以及马涅托《埃及史》中的王表等。王表与年代记所记录的内容一样，十分简略，却为理清古代埃及的政治统治世系提供了重要的线索。

尽管年代记和王表是古代埃及文明初期主要的历史记载形式，并且一直延续不断，但是它们也仅仅是一种历史记录，算不上是真正的历史学著作。不过，它们反映了古代埃及人的历史意识及其所隐含的王权史观。

二、传记——王公贵族的颂歌

在古代埃及，自传体传记极为盛行，上自国王下至达官贵人，都争先恐后地

---

① 颜海英：《守望和谐：古埃及文明探秘》，云南人民出版社 1999 年版，第 111 页。

② 杨人楩主编：《古代埃及与古代两河流域》，日知选译，生活·读书·新知三联书店 1957 年版，第 5 页。

把自己的生平事迹刻于花岗岩或石灰石制成的石碑或墓壁上，为自己树碑立传，宣扬自己的丰功伟绩。自古王国直至新王国时期，历朝历代都出现了大量的自传体铭文，可谓长盛不衰。最初的自传体铭文通常比较简短，文字表述比较平实，而且有基本固定的记述程式，通常包括主人公的姓名、家庭出身、仕途升迁、各种财富来源和获得的各种荣誉。之后，这种自传体铭文的篇幅逐渐增加，内容也变得更为丰富和详尽，文笔也趋于华丽，溢美之词充斥其中。可以说，古代埃及的自传体铭文成为古代埃及史学一道美丽的风景线，从中可窥古代埃及历史诸方面的重要信息。①

迄今为止，史学家们所发现的最早的自传体铭文是古王国第三与第四王朝之交的《梅腾自传》，是在大臣梅腾位于萨卡拉的墓地发现的。该传记比较简要地记载了梅腾的公职升迁以及因继承或国王赏赐而获得的财产情况，整个记叙显得平实，没有夸张的修饰。

古王国时期最为重要的自传体铭文当属第六王朝的《大臣乌尼自传》。乌尼虽然出身寒微，却受到了国王的宠爱，获得国王的重用，官运也由此而亨通。铭文在叙述乌尼奉命率领大军五次远征亚细亚和巴勒斯坦并获得重要战绩时，还将一首凯旋战歌插入其中，以烘托气氛，颂扬其卓越战功。可见，从第六王朝开始，传记体铭文已经演变成一种比较翔实的叙述体的传记形式，并且采取了比较夸张的文学表现手法。无怪乎众多现代埃及学家将之称为"传记文学"了。

古王国时期另一自传名篇则是《赫尔胡夫自传》。赫尔胡夫是第六王朝国王的另一位宠臣，他在乌尼去世后被国王任命为上埃及总督，曾作为商旅队长对努比亚进行商业远征，以开拓埃及的经济与商业领地，从而留下了有关当时埃及与努比亚关系的珍贵资料。但《赫尔胡夫自传》的开头则是一大段祈祷词，用以颂扬其乐善好施的品德。这种自我标榜的颂词成为后来自传体铭文竞相效仿的范本，并且成为一种固定的程式。

新王国是古代埃及的帝国时期，其重要的活动就是对外军事扩张，而频仍的对外战争也造就了一批因战功而不断获得升迁的人物，该时期的自传体铭文也反映了这一特点。如《雅赫摩斯自传》就是一篇生动描述一位普通士兵如何升任将军的自传。雅赫摩斯原先不过是埃及庞大军队中的一名普通士兵，但由于他长期追随国王不断征战，并且在战斗中英勇无比，屡建战功，因此受到国王的宠爱，并步步高升至将军，多次获赏土地、黄金和战俘。

新王国时期也是一个因改革而促使建筑与艺术等走向欣欣向荣的时代，《伊涅

---

① 有关古埃及自传体铭文的具体情况，可参见令狐若明：《探索古埃及文明》第 3 章第 1 节，太白文艺出版社 2012 年版。

尼传》就反映了这种情况。伊涅尼是新王国初期一位著名的建筑师，他历经阿蒙霍特普一世至哈特舍普苏特的 5 代国王统治，其自传体铭文对此也有比较多的叙述。该铭文也叙述了他参与修建卡尔纳克神庙的故事，从而为研究这些神庙建筑提供了资料。

自传体铭文为后世了解古代埃及的经济、风俗习惯、军事活动、对外关系、宗教与道德等状况提供了大量宝贵的资料，而且这种自传体铭文无论从叙述形式、记载内容还是从其道德训诫之目的而言，都反映出它是一种比较成熟的历史学著述形式。但是，不论官方的记录还是这种自传体铭文，似乎都没有触及历史学的本质，即历史学的真实性问题。这种自传体铭文体现了古埃及人所信奉的宗教信条。众所周知，古代埃及人相信来世因果报应之说。在其来世观念中，人的任何部分，不论肉体还是灵魂，都永远不会消亡。死亡只能暂时把它们分离，但它们终究会在来世合而为一，从而获得再生或复活。但是如果一个人在生前犯有罪愆，则不能进入永恒世界。正是在这种宗教信念驱动下，这些自传往往有意地掩藏传主恶性，而多陈述其生前的高尚德行，所以自传体铭文的开首往往就是大段的自我夸赞和标榜的颂词，然后是炫耀传主的显赫地位、因赏赐获得的财产及各种丰功伟绩。这自然而然会导致自传体铭文的史学品性和价值的流失。

三、古代世界文化交流与系统历史著作的出现

尽管古代埃及相对闭塞，社会比较稳定，但是这也无法阻碍地中海世界其他文明与之交往交流，也正是在这种交往与交流中，西亚和古代希腊的作家留下了有关古代埃及的历史记载。曾经征服过埃及的亚述帝国的某些国王铭文中就有相关的记录。古代希腊著名史学家希罗多德在其《历史》中也有众多关于古代埃及风俗习惯、风土人情的记载，其中有关新王国时期的记载相对更为可靠。如他记载了法老尼科二世开凿尼罗河至红海间之运河、雇佣腓尼基水手绕航非洲的情况，尤以有关冈比西斯灭亡埃及的记载最为详细。另一位古希腊历史学家狄奥多罗斯也记载了新王国第二十四王朝国王波克霍利斯的改革，并认为雅典的梭伦改革曾借鉴波克霍利斯的债务奴隶制改革而废除了雅典的债务奴隶制。

亚历山大的东征使得整个地中海地区的三个文明成为一个有机体，建立起了亚历山大帝国，尽管帝国短命并分裂为三个希腊化王国，但是古代希腊与东方古国之间的文化交流有力地促进了古代埃及史学的发展，其中的一个重要成果便是托勒密王朝出现了古代埃及第一位史学家马涅托及其著名的通史性著作《埃及史》。

马涅托（约前 4 世纪末—约前 3 世纪初）是古代埃及托勒密王朝时期著名祭

司和史学家。据现代学者研究，他至少有八部著作：《埃及史》《狼星书》《圣书》《自然科学摘要》《论节日》《论古代礼仪和宗教》《论凯菲之制作》《希罗多德之批判》。而用古希腊文写成的《埃及史》一书则是他最为重要的历史学著作。可惜的是，该书仅有一些片段保存在后世史学家的著作中，这些片段成为今人研究古代埃及历史的重要文献资料。

马涅托被现代史学家尊为"古代埃及第一位史学家"，这当然是就其对古埃及历史学本身的贡献而言。首先，马涅托首次明确将古代埃及历史划分为 30 个王朝，比较系统而全面地叙述了各个王朝的重大事件，不仅奠定了现代埃及学界有关古代埃及历史分期的基础，而且其著作《埃及史》也是古代埃及第一部有自己体系的通史著作，其史学意义不言而喻。其次，马涅托在历史研究与撰写的过程中，对历史资料进行了鉴别与考证，这在古代埃及史学史上也是一个巨大的进步。作为一名祭司，马涅托有着得天独厚的资料搜集条件，而古代埃及延续不断的历史记载也使他能够搜集到足够的资料，神庙所保存的各种石碑铭文、纸草文书、年代记，以及各种传说、政府的各种档案等，都成为他撰写史学著作的史料来源。正是对这些资料的整理和鉴别，才使得他写出比较可信的通史著作，如通史中的王表及各王朝的记载等，只有经过严谨的考证，才能将之编列成为一个系统的序列。而且他的许多记载已经被现代的考古学等资料确证。《希罗多德之批判》则对希罗多德的相关错误记载进行了纠正。所有这些都说明，马涅托已经具有了某种程度的求真考实之精神。[1]

总之，浓厚的历史意识，延绵不绝的王朝历史，勤于笔耕的书吏，使得古代埃及史书不绝，也使得古代埃及人形成了一种治乱循环、王朝更替的循环史观，而王权神授、崇尚来世的宗教观念也使得古埃及的历史记载者们成为历史的"虔诚伪造者"。因此，与中国古代史学和古代希腊史学相比，古埃及史学仍然缺少一种求真的精神。

第四节 古代印度史学

严格说来，古代印度在阿拉伯人入侵之前几乎没有产生过历史学著作，甚至连质朴的历史记载——大事记、年代记、王表也没有出现，更不用说纪事这种历史学的雏形以及编年史这种比较成熟的历史学著作了。所以有些学者认为古代印

---

[1] 有关马涅托及其《埃及史》的研究，参见刘文鹏、崔宁：《马涅托及其〈埃及史〉》，《内蒙古民族大学学报（社会科学版）》2008 年第 5 期。

度是一个没有史书的国度。但是古代印度的史诗、神话传说、宗教著作提供了大量当时的政治、经济、社会、宗教生活及其制度规范和思想理念等方面的资料，如《吠陀经》《梵书》《奥义书》《摩诃婆罗多》《罗摩衍那》《往世书》《佛本生经》等。而古代波斯人、古代希腊人、古代中国高僧和阿拉伯人也写了诸多古印度的历史学著作。也正是在此基础上，并结合现代考古学成果，现代学者写出了一部又一部的印度历史学著作。

一、古代印度史学幼芽的萌发

古代印度最早的文明是哈拉巴文明，但其文字至今没有释读成功，所以无法确定它有无史学著述出现。后来的雅利安人传世的最早文献则是其宗教经典——吠陀诸经。尽管它们记载的是宗教知识与观念，但其中也保存了雅利安人迁入北印度、开发恒河流域以及社会政治制度之演进等历史知识。就这样，神话传说、宗教观念与历史知识缠绕在了一起，这使得现代的史学家借助数量有限的考古资料和碑铭石刻，再加上对这些文献资料进行艰难的爬梳剔抉而建构出的古代印度历史显得比较单薄。

不过，古代印度也曾萌发出史学的幼芽，那就是《摩诃婆罗多》和《罗摩衍那》这两部气势恢弘的古史诗。《摩诃婆罗多》意为"婆罗多族的长篇传说"或"伟大的婆罗多王后裔"，是一部长篇叙事史诗。它描写的是婆罗多王族后代班度和俱卢两族争夺王位的斗争。如同古代希腊史诗一样，发生在婆罗多族内部的这场战争，同样是英雄及其保护神之间的战争；如同《荷马史诗》培育了整个希腊民族一样，《摩诃婆罗多》也培育了整个印度族群的文化精神。《罗摩衍那》意为"罗摩的漫游"，它以罗摩和妻子悉多的悲欢离合为故事主线，表现了印度古代宫廷内部以及列国之间的斗争，其间还穿插了许多神话传说和小故事，故而篇幅宏大。

古代印度也出现过类似于古代希腊的盲诗人荷马及散文纪事家、中国古代的"史"一样的"记事者"，那就是苏多（sūta）。在其他的古代经典，尤其是叙事性的作品如《往世书》中，苏多被描绘为一位博闻强记、熟知往事的博学之人。有学者指出："在实际生活中，由于苏多通晓往世的英雄传说，尤其熟悉他所臣侍的国王及其先人的英雄事迹，所以常常在王者驱车奔赴战场的途中为他和战士们宣说这些故事以解除烦闷，鼓舞斗志，或者在节庆的场合为广大听众演唱以为娱乐，兼作教诲。"[1] 因此，苏多是一位类似于荷马的史诗家，也是一位类似于散文纪事

---

[1] 有关该问题的研究，参见葛维钧：《古代印度原应是有历史的》，《南亚研究》1990 年第 3 期。

家的"记事者"。

二、妨碍古代印度史学破茧成形的主因

刘家和在论及史学在古代中国、印度、希腊学术中的不同地位及其原因时谈道，古代印度的宗教经典和希腊的哲学讲的都是永恒不变的道理，所以在印度人看来，可变的东西没有价值，这导致印度没有史学。古代印度人主要关注生死轮回，人生活是为了以后上天国，而史学记载的是现实发生过的事，不涉及来世，所以在阿拉伯人进入印度以前印度没有史学。① 而中国另一位著名的印度学家葛维钧也深入细致地探讨了古代印度没有产生历史学的原因。他的主要观点与刘家和是一致的，那就是古代印度的宗教哲学妨碍了古代印度产生历史学。②

如前所述，成熟历史学诞生于人类精神觉醒的古典时代，古代希腊人和古代中国人都实现了从神话思维到理性思维的过渡，并各自发展出富有本民族特色的科学理性和实践理性，这促使两者不仅把历史与文学区别开来，也将记叙的对象从虚幻的神话人物和传说中的英雄转移到现实中的人及人事上来。但是古代印度人似乎没有完全跳脱出神话思维的窠臼，继续将神人杂糅在一起，通过一种直觉的方式去思考人和世界，从而创作出"神话般的历史"和"历史般的神话"。由此导致那些"在印度人的生活中留下极深印记，并具有鼓舞作用的人物和事件（西方术语指具有历史分量）不可避免地会形成神话，因为具有我们所指称的实存的'连续性'的任何事件进入了神话的领域。'神话'的真实性程度高于'历史'"。③

古代印度在发展过程中，成了一个宗教的国度，浓厚的宗教观念渗透到人们的灵魂与日常生活和思维之中。而宗教所阐述的人生观和世界观则深深地影响了古印度人的方方面面。这种宗教观念认为，人类及其世代生息的物质世界是虚幻的，唯一真实的则是最高本体——梵。人生的最高目标就是要达到梵我的同一。这样，真实的经验世界遭到否认，从而也就否认了参与现实世界和现实生活的必要性，并把出世解脱作为人生的最高境界，这自然把记叙现实世界之种种事迹的历史学抛却在外。可见，古代印度宗教资料繁多，但缺乏明确有序的时间纪年，没有真实可信的历史学著述，与古印度人精神觉醒时期所专注

① 参见刘家和：《史学、经学与思想——在世界史背景下对于中国古代历史文化的思考》，北京师范大学出版社 2005 年版，第 82—89 页。
② 参见葛维钧：《古代印度的宗教哲学妨碍了历史学的建立》，《南亚研究》1991 年第 1 期；葛维钧：《古代印度的宗教哲学妨碍了历史学的建立（续）》，《南亚研究》1991 年第 2 期。
③ ［法］路易·加迪等：《文化与时间》，郑乐平、胡建平译，顾晓明校，浙江人民出版社 1988 年版，第 90—91 页。

的事物密切相关。

三、古代希腊与古代中国有关印度的记载

起初，古代希腊人对于印度的认识主要来自波斯人，是道听途说而获知的，已知最早记述印度的是希罗多德。后来，随着亚历山大东征，希腊人对印度有了直接的认识。一些参与东征的将领在班师后就将亲见亲闻记录下来，其中最有名的是尼亚库斯的有关记述，只可惜原著已经佚失。亚历山大帝国瓦解后，塞琉古统治了印度的广大地区，并且与孔雀帝国建立了外交关系，派遣了驻孔雀的使节，即麦加斯提尼。麦加斯提尼撰写的《印度志》广泛记载了印度的地理状况、风土人情、政治统治、种姓制度等，可惜该著作亦已佚失。不过，上述著作的一些片段仍然保存在阿里安的《亚历山大远征记》和斯特拉波的《地理学》之中。他们的著作反映了古代希腊人眼中的印度。如阿里安认为，印度面积广大，河流众多，城市数都数不清。他大赞所有印度人都是自由民，没有一个奴隶，并认为这是印度很出色的一个特点。他还比较客观地描述了印度人的种姓制以及不同种姓的人互不通婚的规定。他赞扬印度人体形瘦高，称他们的动作比别的种族都更为轻灵。他称赞印度人不给死者建立纪念碑，而只记住逝者的高尚品德。他敬佩印度人正直的品德，因为印度人不像希腊人，他们没有一个人曾越出自己的国境去侵略别人。[①] 可见，古代希腊人对于印度人持尊敬态度。

古代中国与印度交流频繁，有关印度的记载也连绵不断，二十四史中有关印度的记载不胜枚举。尤其是佛教传入中国后，西去印度取经的中国高僧接连不断，他们也留下了有关印度的专门记载，其中法显的《佛国记》和玄奘的《大唐西域记》最为有名。他们在书中比较详细地记载了古代印度的政治、经济、文化、历史地理、风俗民情、宗教信仰等方面的情况，成为各国印度史学家研究古代印度历史不可或缺的历史文献。尤其是玄奘，他在《大唐西域记》中将自己每走一处的地理方位、国体民情、风俗习惯、气候物产、文化历史都写得清清楚楚，甚至连各个寺院所尊奉的乘和宗、僧众之数量等都十分仔细地录之于册。而且他们对古印度的记录是严格按照中国史学家的"求真"精神来撰写的。正如玄奘在成书之时进表于唐太宗所言："所闻所履百有二十八国。窃以章亥之所践籍，空陈广袤；夸父之所凌厉，无述土风；班超侯而未远，张骞望而非博；今所记述，有异前闻，虽未极大千之疆，颇穷葱外之境，皆存实录，匪敢雕华。谨具编裁，称为

---

① 参见［古希腊］阿里安：《亚历山大远征记》，李活译，商务印书馆1979年版，第8卷"印度"。

《大唐西域记》，凡一十二卷，缮写如别。"① 也正是依据《大唐西域记》的相关记载，印度学家相继发掘出鹿野苑、菩提伽耶、库什那迦、兰毗尼等众多佛教圣地和数不清的古迹，甚至现今印度的国家象征——阿育王柱的柱头，也是根据这部文献的相关详细记载而发掘出来的。有赖于该书，7世纪前后印度混沌不清的历史得以比较清晰地呈现于世。而上述考古发掘成果也证实了《大唐西域记》是一部信史。无怪乎印度著名史学家阿里慨叹："如果没有法显、玄奘和马欢的著作，重建印度史是完全不可能的。"②

第五节　古代犹太史学

犹太人重视时间与历史，尽管其历史大都掩藏于圣史之中，但是他们提出了一种奠定在犹太教义之上的历史发展理论——带有宗教目的性的历史发展观。

一、从口头传说到文字实录

古代犹太人亦经历了从口头传说到文字记叙之史学的发展过程。犹太王国建立之前的漫长历史时期，是犹太人的口头传说时代。有关闪米特人的传说、亚伯拉罕率领部族从乌尔迁到巴勒斯坦的传说、摩西的传说、士师的传说等在民间广泛流传。这些传说包含着众多的史实成分，并成为后世史学家编纂犹太古史的重要资料来源。

伴随着王国的建立，真正意义上的历史学得以创立。自公元前11世纪末至前8世纪后半期，犹太人将古老的传说加以整理，编纂成文，如《摩西五经》之雏形等。他们还撰写了一系列的史传和文集，如《以色列诸王记》《犹大列王记》《亚卫战记》《雅煞耳书》等。③ 由于是在王国早期，因此这些历史记载还未受到神学观念的过度浸淫，它们仍然保留了一定的世俗性，具有一定的实录特征。

① 慧立、彦悰：《大慈恩寺三藏法师传》卷六，孙毓棠、谢方点校，中华书局2000年版，第134—135页。
② 参见《玄奘与〈大唐西域记〉——校注〈大唐西域记〉前言》，玄奘、辩机：《大唐西域记校注》，季羡林等校注，中华书局1985年版，第137页。
③ 学术界对于其中的《亚卫战记》《雅煞耳书》存疑。

二、"依经附圣"之史学撰述传统的形成

随着公元前8世纪末至前6世纪中期犹太人历史上"申命运动"① 的来临，史学的神学化逐渐增强，于是一种"依经附圣"的史学撰述模式奠定下来，历史学因而成为按照既定的神学框架对纷繁复杂、变化万千的历史加以编纂的学问。

在这一时期，申命史学家广泛收集整理了各种口头传说和文字资料，并按照新的宗教理念对它们进行增补和编订，使之系统化与合理化。如他们增补了《摩西五经》和《申命记》，编订了《约书亚记》《士师记》《撒母耳记》《列王记》。正是在这一编史活动过程中，犹太人将历史变成了犹太神学的附庸。

尽管在希腊化时代，由于受到古代希腊史学观念的影响，一些犹太史学家也提倡真实的历史撰述，如著名犹太史学家约瑟夫斯甚至公开声言要"更为忠实、完整、准确地记叙历史事实"，② 但是神学史观支配下的历史阐释模式贯穿古代犹太史学的始终。

三、希伯来《圣经》——犹太人的宗教经典和历史学著作

古代犹太人是一个喜欢记忆历史和反思历史的民族，这种浓厚的历史意识深深地印刻在希伯来《圣经》中，因此，希伯来《圣经》并不仅仅是犹太人的宗教经典，也是犹太人的历史典籍。而这部经典也恰恰体现着犹太人的上述史学撰述传统。

剥开希伯来《圣经》的神话化和神化的成分，看到的是一个古老民族充满艰辛和曲折的经历，这是犹太民族的共同历史记忆。其中《创世记》《出埃及记》《民数记》所叙述的是万物之创始、人类初始之历史、犹太始祖的形迹、犹太人在埃及的苦难经历，以及犹太人在摩西带领下重返耶路撒冷的艰难历程；《约书亚记》《士师记》《撒母耳记》《列王记》叙述的是犹太人征服迦南、士师时代、统一王国时代、分裂时期、亚述和新巴比伦灭亡以色列和犹太王国之过程；《尼希

---

① 申命运动是犹太人历史上的一场历时长久、影响深远的宗教革新运动。始于公元前8世纪末，迄于公元前6世纪中叶。得名于犹太国王约西亚（前640—前609年在位）在公元前621年发起的一场宗教大革新运动。运动的指导方针得自一部当时发现的律法书（亦称约书），即申命的核心内容部分，相当于该书第11—26章，"申命"意谓"复述律法"，亦即"重申耶和华的诫命"。申命运动兴起的直接原因是北方的以色列国为亚述所灭、南国也危在旦夕的政治形势。空前严重的民族危机迫使犹太王国当权者不得不实行重大改革，力挽狂澜于既倒；而阿摩司、何西阿、弥迦、以赛亚等"先知"猛烈抨击各种形式的异神崇拜，在耶和华的名义下痛斥种种腐败现象，实质上要求全民族在耶和华的旗帜下紧密团结起来，从提高道德水准入手改变整个民族的精神素质。"先知"学说最显著的特征是强调耶和华上帝在犹太民族历史乃至全人类历史中的决定作用，这也正是申命运动组织者们的根本指导思想。

② Flavius Josephus, *The Jewish War*, trans. by William Whiston, commentary by Paul L. Maier, Grand Rapids, MI: Kregel Publications, 1999, preface, p. 2.

米－以斯拉记》记述的是波斯国王居鲁士允许犹太人返回耶路撒冷、第二圣殿之建立、尼希米进行宗教改革的过程；而《历代志》则是一部高度浓缩的古犹太民族的历史，它以世系表和年表的方式论列了远古史事、犹太民族之起源、以色列王国之兴衰，时间止于犹太人成为巴比伦人的囚俘。

希伯来《圣经》不仅记叙了富有传奇色彩的古犹太人的历史，更为犹太人提供了一种理解历史和阐释历史的理论体系。

四、古犹太人的历史观

犹太教是基督教、伊斯兰教等世界历史上诸多一神教的源泉。这种一神教开启了以神学理论阐释人类历史的历史本体论类型，构建了一种合乎宗教目的性的一元线性历史观。

古代希腊罗马与古代中国的思想家和史学家从人本观念出发，以理性思维方式将人类历史建构成一种循环往复的过程，这种循环的历史观念成为古代世界占主导地位的历史观念。犹太教等一神教则突破了这种历史观念，从而跳脱出了如环无端的循环过程，将未来纳入其中，从而将过去、现在、未来贯穿在了一起，开始将人类的历史看作上帝在人间施行其宏大计划的一个过程，即人类历史是按照上帝的安排而展开的从一个起点（上帝创造人类），历经艰难曲折，而到达一个终点（一个完美的世界）的过程。于是一种线性的时间观与历史发展观的雏形就建立起来。在人类历史的这一发展过程中，上帝是左右一切的决定性力量，是人类历史这一幕戏剧的编剧和导演。可见，西方哲学家所谓思辨的历史哲学的基本思路与构架就是由此发源而来的。

而犹太人在其宗教经典中所建构的神学历史观，就具有此种历史类型之框架，此即《创世记》所描绘的人类起源及各种族的繁衍生息并散居各地的过程，但它最终落脚到了上帝所挑选的拯救对象犹太民族的历史之上，并把该民族的历史建构成一部上帝救赎他们的历史。上帝成为犹太民族在经受苦难后获得新生的最终推手。犹太人的这种神学历史观后来被基督教神学家发扬光大，进而建构出一种基督教历史哲学。

思考题

1. 概述历史学起源的过程。
2. 如何理解孟子的"《诗》亡然后《春秋》作"之论题？
3. 论述上古世界各民族史学的特点。

第二章　古代希腊罗马的历史写作

古代希腊史学的源头在古代东方，西方史学的源头则在古代希腊，古代希腊史学与后来一脉相传的古罗马史学共同构成西方史学发展的第一个阶段——古典史学阶段。希腊人以求真的态度、怀疑的精神、批判的眼光和理性的分析，完成了由自发的历史意识向自觉的历史意识的过渡，并在西方史学史上率先确立了史学的理论和方法。希腊人"拥有能永远让我们感兴趣的秘诀。正如在诗歌、文学、艺术、哲学和数学上一样，在历史学领域，我们从古希腊人那里获得的教益难以胜数……古希腊人并非第一个记载人类事件的民族，他们却首先对事件进行了批判"。① 这一切起源于人类早期的口传文化。

第一节　古代希腊史学

口传文化（比如狩猎和采集文化）的记忆，缺乏任何外在的保存媒介，很少能传承两三代人以上。② 古代民族基本都是以史诗的形式来叙述他们的过去，讲述祖先的英勇业绩，以神话的方式思考历史。意大利思想家维柯把这种方式概括为"诗性智慧"。虽然史诗并不是每句话都真实可信，其中有许多抒情成分，但在一定程度上真实地反映了古代民族的日常生活、传统习俗、道德观念等。

一、从史诗到纪事

希腊最早的史迹，是靠《荷马史诗》流传下来的。史诗中充满了神话和文学的渲染，但其中也包含着诸多真实的历史成分，可以从中窥见公元前 12—前 9 世纪希腊人的社会状况。虽然史诗不是现代意义上的历史，但它所讲述的神话故事与英雄业绩则延续了民族记忆，对后世的希腊历史与文化产生了极大影响，其文化后裔拉丁人、日耳曼人等将其加以发扬光大，成为西方文化的一个重要源头。在这个意义上，"荷马是希腊的教育者"，③ 亦是西方的教育者。

公元前 7 世纪前后，《荷马史诗》传统开始衰落，抒发个人感情的方式取代了先前的宏大叙事以表达对自然、神祇和人生的看法，代表人物便是公元前 8 世纪的

---

① J. B. Bury, *The Ancient Historians*, London: Macmillan, 1909, p. 1.
② ［英］杰拉德·德兰迪、［英］恩靳·伊辛主编：《历史社会学手册》，李霞、李恭忠译，中国人民大学出版社 2009 年版，第 584 页。
③ ［古希腊］柏拉图：《理想国》，郭斌和、张竹明译，商务印书馆 1986 年版，第 406—407 页。

赫西俄德，他是古风时代第一位诗人，也是古希腊第一位有真名实姓、有背景可考的作家。他的《田功农时》（又译《工作与时日》）、《神谱》流传至今，虽为文学作品，但包含着史料价值。《田功农时》开头说"我将对你述说真实的事情"，这标志着以传说为题材的史诗不再流行，希腊人的历史意识有了革命性的进步，开始由过去的神话记忆向社会记忆转变。赫西俄德认为，人类社会的演进分为黄金时代、白银时代、青铜时代、英雄时代、黑铁时代，这体现了他对历史发展、变化的阶段性认识；他还认为，各个时代依次每况愈下，不断循环发生，这体现的是他的循环史观。

赫西俄德是古希腊史学从萌芽状态向形成中的史学过渡时期的人物，他身后的希腊社会发生了变化，这一时期的文学趣味也从对世袭贵族的关注转移到对知识分子的关注。随后，被称为"纪事家"的古希腊第一批史学家在小亚细亚出现了。

希腊史学起源于一群被称为"纪事家"的人，在希腊文化摇篮之地爱奥尼亚产生了真正意义上的史学派别——爱奥尼亚"纪事家"（讲故事的人）。史话是使用口传材料讲述的有关城镇、民族、神话传说、谱系、风俗与地方起源的故事。这种半真实、半故事性的散文体所包含的地理信息、文化信息可视为文化人类学的早期雏形。

第一批纪事家诞生于公元前6世纪晚期的小亚细亚。这场知识革命由米利都学派哲学家泰勒斯（约前624—约前547）开启，从而开启了西方历史上的"轴心时代"。人类意识到自我的存在及局限性，渴望得到拯救，因而希望通过反思得到拯救。在人类历史上，哲学家第一次出现在公众面前。哲学争论以说服其他派别为目的。这场知识革命以争论、分裂和极端混乱而结束；这种混乱产生了今日的各种思想范畴；人类的思想观念、行为方式、风俗习惯因此需要验证、怀疑、扬弃。泰勒斯开始探索世界本原，进行爱智的哲学思考。虽无史料可以证明哲学与史学这种时间前后关系是否存在联系，但我们相信这之间存在着某种思想传承，这些纪事家在自然哲学思想的影响下，都力图用批判的态度，写出一种与历史真相相符合的作品。

最早的两位纪事家卡德摩斯、狄奥尼修斯都是米利都人，不过最著名的则是他们的同乡赫卡泰乌斯。赫卡泰乌斯在《谱系》（约前490）中说："我把我所认为是真实的记录下来。在我看来，有关希腊人的那些充满矛盾的事情，仅值一笑了之。"可见赫卡泰乌斯在对传统的认识上，已具有明显的怀疑精神。事实上，以赫卡泰乌斯为代表的纪事家，是希罗多德的直接前辈。

属于纪事家的还有雅典的弗瑞西德斯。弗瑞西德斯活跃于公元前5世纪上半叶，著有10卷本的《历史》，主要涉及神话与谱系两部分内容。兰萨库斯的查隆、吕底亚的克桑托斯、莱斯博斯的赫兰尼库斯是希罗多德的同辈人，或者比希罗多德略早一些。不过，赫兰尼库斯的寿命长于希罗多德，博学多能，著述甚丰，涉及地方史、神话学、地理学等内容，影响很大，他为雅典撰写的《阿提卡志》因公元前 5 世纪的大事记不完善而被修昔底德诟病。[①] 遗憾的是，他们的作品都没有流传下来。

纪事家的著作可以分为以下几种类型：（1）神话论文，试图理性解释希腊神话并使之系统化，追寻神祇或英雄后裔的谱系；（2）地理著作，记载航海过程中所遇到的民族与地区以及内陆地区近邻情况；（3）异族记载，记载异族风俗与历史；（4）地方历史，特别是建城的历史；（5）编年作品，包括国王名录、祭司名录等名录基础上的年表。希罗多德就是混合了纪事家著述的各种形式，首先编撰了一种连贯历史。[②]

二、希罗多德

希罗多德（约前 484—约前 425）是古代希腊第一部伟大历史叙事著作《历史》的作者。有关希罗多德的生平几乎没有确定的信息，据说他大约于公元前 484 年出生在小亚细亚的哈利卡纳苏斯，家境殷实，受过很好的教育。小亚细亚位于东西方文化的交汇处，这一地区与邻近地区建立了密切的往来关系，不仅有政治、军事、商业、技术上的交流，更有语言、文学、艺术上的互渗，古代希腊的哲学、散文、历史学等都萌发于此。

希罗多德是古希腊第一位有完整作品流传于世的人，被罗马思想家西塞罗称为"史学之父"。希罗多德之于历史的重要性犹如荷马之于史诗。他与先前的诗人、哲学家看待世界的方法完全不同，因此创立了一种崭新的文学体裁：历史学。希罗多德式的历史探寻方法，关注过去与当前事件的因果关系，尽管带有明显的倾向性，但至今仍影响着史学界。

希罗多德曾到各地漫游，广泛游览埃及、小亚细亚、西亚、希腊半岛等地，足迹北至黑海北岸，南到埃及最南端，东达巴比伦，西到意大利的南部，几乎走遍了当时的地中海世界东部地区。东西与南北之间的跨度都有 2700 多公里。大约公元前 447 年，他移居雅典，与伯里克利、索福克勒斯等人交往甚密，参与了当时的文化活动。公元前 443 年，希罗多德迁居至由雅典人主导的位于意大利的殖民地图里伊，并终老于此。

---

① M. C. Howatson, ed., "Logographers," in *The Oxford Companion to Classical Literature* (3 ed.), Oxford: Oxford University Press, 2011.

② John Roberts, ed., "Logographers," in *Oxford Dictionary of the Classical World*, Oxford: Oxford University Press, 2007.

《历史》（即《希腊波斯战争史》）记载了波斯的兴起及随后的希波战争前期（前499—前479）的历史。亚历山大里亚语法学家把该书分为9卷，每卷有一个主题，分别冠以9位缪斯女神之名，后人一直沿用这种分卷方法。尽管希罗多德不熟悉东方语言，但他尽力创作出一部连续的、相当精确的有关希腊波斯战争史事的史著，试图揭示希腊人与波斯人之间的敌意是如何开始的。这部书的叙事起自吕底亚首都萨迪斯落入波斯人之手，第1卷至第5卷第28章叙述了埃及、巴比伦、波斯、小亚细亚和黑海北岸各地区的历史、地理、风俗等，第5卷第29章起记载了希波战争的经过，止于公元前479年塞斯托斯落入雅典人之手。

古代希腊历史上的特洛伊战争、希波战争、伯罗奔尼撒战争和亚历山大远征都对希腊文化产生了深远的影响，一些名著也因此出现。希罗多德生活于希波战争与伯罗奔尼撒战争之间，战胜波斯让雅典获得了自由，雅典进入黄金时代，在政治、经济、文化、艺术等方面取得了辉煌的成就，由他撰写的《历史》也在史学方面取得了很大的成就。

第一，希罗多德所创立的以史事为中心的记叙体裁，把历史的真实性和艺术性恰当地结合起来，构思宽广，结构统一，成为后来西方传统史学的正统体裁。希罗多德所著的《历史》，是以记述希腊与波斯冲突为核心内容的西方第一部史学名著，由众多的故事连串构成，叙述生动。作者不仅以流畅优雅、充满诗意的行文开创了西方"最早、最古老的'叙事史'这一类型"，[1] 而且展现了古代希腊人对世界永不满足的好奇心和探索精神，将目光投到他们所知的广阔世界。"无论如何，从现代的观点来看，希罗多德的著作在风格上都是首创的，其价值也从来没有像今天这样为人所欣赏——与其说对于那些值得记忆的军事行动的扣人心弦的叙述来说是如此，不如说对于那种地理（或神话地理）风俗、宗教礼仪、神话和人类起源问题周密的背景调查亦是如此，它建立了社会文化史的连续传统。"[2]

第二，就《历史》所涉及的范围，可以说它是有关当时西亚、北非和希腊的一部通史。在地理范围上，除希腊本土之外，还广泛地涉猎了吕底亚、米底、巴比伦、埃及、波斯、斯基泰等东方世界；在时间范围上，述及的历史涵盖各族人民记忆所及的时代；在记述内容上，除记述希波战争的原因和过程、雅典城邦的民主政治外，还以优美的文笔描述了希腊、北非和西亚地区的地理环境、民族分

① ［美］J. W. 汤普森：《历史著作史》上卷第1分册，谢德风译，商务印书馆1996年版，第34页。
② ［美］唐纳德·R. 凯利：《多面的历史：从希罗多德到赫尔德的历史探询》，陈恒、宋立宏译，生活·读书·新知三联书店2003年版，第50页。本书引用的部分外国文献的译文与原译文不完全一致，对其作了一些修改，使之符合约定俗成的译法，行文也更加通顺。

布、经济生活、历史往事、风土人情、宗教信仰、名胜古迹等。因此，《历史》堪称当时希腊人所知的"地中海世界通史"。

第三，《历史》一书内容丰富，叙述客观，追求独立批判和历史的真实性。《历史》不但讲述了希波战争的来龙去脉，而且记载了古代世界的地形地貌、山川分布、民族风情、逸闻趣事、名胜古迹等，涉及人类社会的方方面面，可以说是有关古代世界的百科全书。其历史批评的准则可以归纳为以下三点。（1）怀疑与日常经验相违背的超自然的事件和奇迹。但是其中并不包括神谕和梦示，在事实上也为征兆留下了广阔的空间；（2）如果遇到互相矛盾的证据或同一事情的不同说法时，保持开放的态度，聆听不同的说法。但是这并没有使他避免倾向于接受雅典的说法；（3）亲自考察。一手的口头资料要优于二手材料，不管口头的还是文字的。① 在绪论里，希罗多德也明确地表达了他为人类立言的抱负："在这里发表出来的，乃是哈利卡纳苏斯人希罗多德的研究成果，他所以要把这些研究成果发表出来，是为了保存人类的功业，使之不致由于年深日久而被人们遗忘，为了使希腊人和异邦人的那些值得赞叹的丰功伟绩不致失去它们的光彩，特别是为了把他们发生纷争的原因给记载下来。"② 这里希罗多德表达了几层含义：（1）记录希腊人和异邦人的丰功伟绩，以免遗忘，把异族与希腊人并列，体现了早期史学中的客观主义精神；（2）探究纷争的原因，这种纷争是人为造成的，而不是神意；（3）史学家的根本任务就是记录重大历史事件，保存人类的伟大成就。

第四，虽然希罗多德从不掩饰希腊世界是他认知的地理和文化中心的事实，但在描述异域文化细节时，他往往持开放态度，并与自己的社会进行比较。希罗多德的著作开篇即声称他将把希腊人和异族的伟大功绩都记录在案，希罗多德在一定程度上践行了这一原则，尽管他个人的偏向性也不时可见。在对待其他文明的态度上，尽管希罗多德在这里将东方各族称为异邦人，但这并不意味着他对东方各族文化持轻鄙的态度。相反，他记载了东方文明对希腊的种种影响，他认为每个民族的文化都是自身习惯的结果，因此应当彼此尊重。希罗多德的出生地哈利卡纳苏斯的希腊人有与当地人通婚的习俗，这种杂居和混合或许是希罗多德对他者文化抱有宽容态度的原因。

第五，希罗多德有着良好的判断力，运用批判方法，探寻历史知识。希罗多德在旅行的过程中，访问名胜古迹，观察风土人情，注意收集有关历史、地理、种族、神话、考古方面的材料，为他的历史叙述做准备。他对待不同材料的态度有所不同，对能判定材料为伪的采取否定态度，并说明其不可信的原因；不能判

---

① J. B. Bury, *Ancient Greek Historians*, London：Macmillan, 1909, pp. 69–70.

② ［古希腊］希罗多德：《历史》，王以铸译，商务印书馆 1997 年版，第 1 页。

定材料真伪的，则存疑，或采取诸说并存，以客观态度如实记录，并声明"我的职责是把我所听到的一切记录下来，虽然我并没有任何义务来相信每一件事情"。诚如柯林武德所说，希罗多德的《历史》具备了历史学的以下基本特征。（1）历史学作为一门科学乃是希腊人的发明这一事实，直到今天还在以历史学这个名称记载着。历史学是一个希腊名词，原意只是调查和探究。希罗多德用它作为自己著作的名称，从而"标志着一场文学革命"，从流行故事记录者转变为"发现"真理者。正是使用了这个名词及其含义，才使得希罗多德成为历史学之父。传说的笔录之转化为历史科学，并不是希腊思想中所固有的；它是公元前5世纪的发明，而希罗多德则是它的发明人。（2）同样清楚的是，历史学对希罗多德来说乃是人文主义的，与神话的或神权的都不相同。（3）正像希罗多德在序言中所说的，他的目的是描写人们的事迹。（4）历史学有助于人们增长有关人的知识，人乃是一个有理性的行动者，历史学的作用一部分是发现人做了什么事，一部分是发现他们为什么这样做，而史学家则要追究其中原由。①

希罗多德虽然尽力寻求历史事件发生的原因，但又往往用神意支配人类命运来说明历史，他在很大程度上把人事看作由神祇与命运决定的。希罗多德文笔流畅，叙事生动，亲切优雅，书中有相当多的部分是根据他亲身查访而写成的。但他仍然存在着有闻必录的毛病，又经常偏离主题，因此不免把一些不可信的故事或传说混淆在史实之中，记录荒诞不经的传说是典型的"希罗多德笔法"，古希腊的历史编纂学总是不能摆脱各种各样的道听途说。尽管存在很多荒诞无稽的地方，但《历史》仍旧是研究古代世界的重要文献。

希罗多德的《历史》是西方史学起源的标志，对后世影响很大。修昔底德只比希罗多德小20多岁，但二人的治史思想迥然不同。希罗多德为我们勾勒了一幅古代世界的丰富画卷，而修昔底德则为我们提供了一种分析人类冲突和权力的方法，这种方法至今仍在现代历史和政治思想中产生共鸣。

三、修昔底德

雅典人修昔底德（约前460—约前404）是古希腊伟大的历史学家，他的作品是对国家战争政策进行政治和道德分析的第一份记录。但后世对修昔底德生平的了解主要来自其著作中偶尔提及的材料，其他知之不多；和他同时代的作家几乎没有提到他，以后的古典作家的记载也是只言片语。5世纪的马塞利努斯所写的《修昔底德传》是有关修昔底德的第一篇传记，可惜大部分已佚，只有残篇存留于世。出生于富裕家庭的修昔底德生活在雅典由极盛逐渐走向衰落的时代，他受过

---

① ［英］柯林武德：《历史的观念》，何兆武、张文杰译，商务印书馆1997年版，第49—50页。

良好教育，熟悉雅典的政治生活，深谙雅典文化，这为他日后写作奠定了很好的基础。公元前 430 年，伯罗奔尼撒战争期间，修昔底德染上瘟疫，但幸免于难；公元前 425 年担任将军职务，公元前 424 年由于遭受所谓驰援不力的指控，被免去将军之职，遭到流放达 20 年之久。流放期间的修昔底德全力以赴广泛收集各方面的材料，并随着战事发展而详考整个战争的历程。战后，修昔底德才获得赦免并回到雅典，专心著述，并最终撰成名垂千古的《伯罗奔尼撒战争史》，堪称希腊世界的"内战记"。修昔底德记录了战争的起源、经过以及对参战各方的影响。

这是一场因以斯巴达为首的伯罗奔尼撒同盟与以雅典为首的雅典帝国之间的不和、猜忌、仇恨而发生的战争。修昔底德说："在这次战争刚刚爆发的时候，我就开始写我的历史著作，相信这次战争是一个伟大的战争，比过去曾经发生过的任何战争更有叙述的价值。我的这种信念是根据下列的事实得来的：双方都竭尽全力来准备；同时，我看见希腊世界中其余的国家不是参加了这一边，就是参加了那一边；就是那些现在还没有参加战争的国家，也正在准备参战。这是希腊人的历史中最大的一次骚动，同时也影响到大部分非希腊人的世界，可以说，影响到几乎整个人类。"① 修昔底德非常出色地完成了这一有着重要意义的任务，他的记录非常全面、深入、翔实，不仅记录了战争的各个层面，也阐释了战争时期的城邦状况与公民的思想、情感、信仰。

《伯罗奔尼撒战争史》始于雅典与斯巴达同盟之间的争斗——科西拉争端，全书把握战争的过程，又对细节详加考核，客观公正，记事分析皆得要领，推论合理。后世学者把该书分为 8 卷，第 1 卷表明作者所记述的战争是一场"伟大的战争"，介绍了记述历史的目的与方法；第 2 至第 5 卷记述的是公元前 431 年战争爆发后 10 年间的战事；第 6 至第 7 卷通过史实揭示雅典人的野心、傲慢与好战，并记述了他们终遭失败的命运；第 8 卷为未竟之作，讲述雅典海军的局部胜利、雅典内政，但只写到公元前 411 年就戛然而止，最后一句话也不是完整的，还有 6 年半多的战争史没有写。

修昔底德的著作以叙事可信见长，而且他将希腊哲学的逻辑方法应用于历史研究之中，对后世史学家产生了不可估量的影响。《伯罗奔尼撒战争史》是有关公元前 5 世纪希腊史的重要文献，这场战争的进程全仰仗修昔底德的记载才为后人所知。该书不仅论述了双方的战略战术及城邦间的错综复杂的关系，而且反映了这一时期的社会政治生活，更重要的是开创了撰史的新观念、新模式、新方法。

《伯罗奔尼撒战争史》逻辑结构紧凑，言辞机敏，生动流畅。修昔底德严格地

①　［古希腊］修昔底德：《伯罗奔尼撒战争史》上册，谢德风译，商务印书馆 1997 年版，第 2 页。

按照编年体记事（以冬夏交相更替纪时），让许多亲历者表达自己的观点，然后提出自己的见解与看法。芬利认为："毫无疑问，《伯罗奔尼撒战争史》中可能会有一些内容是之前创作的；修昔底德肯定记过一些笔记，而在完成这部著作时他肯定会用到这些笔记。但他绝不是将一些写于不同时期的东西胡乱地拼凑在一起，最后因为自己的突然离世而来不及进行整理。它应该是修昔底德根据此前的笔记，在某个时候一气呵成的。也许结尾部分有些突兀，还有几个地方不够完整，但总体而言，这部作品有着较强的整体性，这应该是在某个时候连续创作的结果。"①

修昔底德是一位致力于追求历史记录精准性的史学家，行文严谨，处处体现求真探索精神。他说："关于战争事件的叙述，我确定了一个原则：不要偶然听到一个故事就写下来，甚至也不单凭我自己的一般印象作为根据；我所描述的事件，不是我亲自看见的，就是我从那些亲自看见这些事情的人那里听到后，经过我仔细考核过了的。就是这样，真理还是不容易发现的：不同的目击者对于同一个事件有不同的说法，由于他们或者偏袒这一边，或者偏袒那一边，或者由于记忆的不完全。我这部历史著作很可能读起来不引人入胜，因为书中缺少虚构的故事。但是如果那些想要清楚地了解过去所发生的事件和将来也会发生的类似的事件（因为人性总是人性）的人，认为我的著作还有一点益处的话，那么，我就心满意足了。我的著作不是只想迎合群众一时的嗜好，而是想垂诸永远的。"②

修昔底德在运用史料方面坚持认真求实的态度，竭力去采访战斗者，查阅条约文献，观摩石刻记录，并以批判分析的态度加以取舍。他虽是地道的雅典人，但在著史时力图避免掺杂个人的感情。他的这一治史原则对后世史学也产生了很大的影响。和希罗多德一样，修昔底德的思考是受理性而非宗教指引的，不一样的是，修昔底德力求描述史实，对原始材料进行冷静客观的分析，而希罗多德则是有闻必录。就历史思想而言，修昔底德比希罗多德更加成熟，经验也更加直接，但修昔底德的视野则更加狭隘，满足于叙述他那一代的人与事。修昔底德认为严肃的历史是当代政治史，要熟悉这个民族的语言。希罗多德关注全部可知世界与传统，重视异族的文化与宗教；而修昔底德则关注雅典的政治、军事，强调训导，希望成为未来政治家的指南，"修昔底德希望自己的历史著作将是'垂诸久远的财富'，此时，他已经考虑到未来的读者"。③ 修昔底德被认为是西方史学史上第一位

① ［美］唐纳德·卡根：《伯罗奔尼撒战争的爆发》，曾德华译，华东师范大学出版社 2014 年版，第 2—3 页。

② ［古希腊］修昔底德：《伯罗奔尼撒战争史》上册，谢德风译，商务印书馆 1997 年版，第 17—18 页。

③ ［德］鲁道夫·普法伊费尔：《古典学术史（上卷）：自肇端诸源至希腊化时代末》，刘军译，北京大学出版社 2015 年版，第 35 页。

真正具有批判精神和求实态度的史学家，被誉为"求真的人"。

修昔底德发扬了由希罗多德开创的人本主义史观，他从不忘记历史的真正要素是人，而不仅仅是枯燥的政治与经济，世界在本质上是以人为中心的，人要对事情的结果负责；而希罗多德则认为历史是神力与人力相互作用的结果。当时的雅典已经经历了智者文化的洗礼，传统宗教观念受到很大冲击，理性思考成为主流。在历史观方面，修昔底德倾向于循环论。他认为"人性"不变，并强调两种性格之间的冲突，所以历史的发展也将会不断地重演。对修昔底德来说，伯罗奔尼撒战争意味着一场深刻的悲剧。在伯里克利英明领导下，雅典已经囊括了人类社会一切美好的事物。不幸的是，雅典人有致命的缺点，即永无休止的占有欲，从不满足，永远活跃。在伯里克利去世后，他们跟随毫无顾忌的领导者，进行鲁莽的冒险，以至于最终毁灭了他们自己；而行动缓慢、谨慎的斯巴达人，不因成功而兴奋，也不因不幸而绝望，只是安静地自信地生活着。修昔底德在书中将对准确性细致入微的关注和对宏观的道德眼光进行的详细说明结合得恰到好处。托马斯·霍布斯称之为"有史以来最富有政治性的史学家"。

修昔底德意识到战争对社会的破坏作用，人人都想自己如何摆脱战争，而不是考虑怎样为国家尽职尽责。旷日持久的战争造成大量人员伤亡，削弱了雅典经济，民众贫困不堪，政局动荡，破坏了希腊城邦社会的和谐稳定。喜剧作家阿里斯托芬坚决反对这场战争，他的《阿卡奈人》《和平》主题就是要求和平，嘲讽战争所暴露出来的尖锐分歧。公元前399年苏格拉底被处死，表明战后的希腊世界仍然充满着纷争与冲突。伯罗奔尼撒战争即使没有彻底毁灭雅典，也肯定冲击了雅典的文化观念。

修昔底德重视因果关系的系统分析，特别是经济因素在历史发展进程中的作用。修昔底德认为随着商业的发展，早期城市才会逐渐出现，他力图探讨事件的因果关系，避免以神意来说明历史，并能够注意到经济因素在历史进程中的作用，这在当时实属难得。在分析这场战争时，他不断指出经济资源对于维持战争的重要性，"同盟者所缴纳的金钱就是雅典的力量，战争的胜利全靠聪明的裁断和经济的资源"。[1] 修昔底德的《伯罗奔尼撒战争史》可能是西方史学传统中最具影响力的著作之一，因为它提供了一个从经济角度分析人类重大事件因果关系的典范。

《伯罗奔尼撒战争史》不仅是一部史学名著，也是一部文学经典、哲学巨著，作者试图赋予战争事件以超越他那个时代的价值，对后世产生了巨大影响。古罗马的撒路斯提乌斯、塔西佗、恺撒等人都极力效仿修昔底德的客观冷静叙述的笔

---

① ［古希腊］修昔底德：《伯罗奔尼撒战争史》，谢德风译，商务印书馆1997年版，第114—115页。

法。波里比阿注重历史事件的因果关系，强调历史的训诫作用也来自修昔底德。爱德华·吉本聚焦于战争与政治的《罗马帝国衰亡史》（1776—1789）亦是修昔底德式的。到19世纪，修昔底德被誉为"科学的史学家"，麦考莱称之为"人类艺术的完美状态"。兰克早年学习期间不断研习修昔底德的著作，他认为"任何人都不能傲慢地宣称，自己能成为比修昔底德还要伟大的史学家"。①

对于《伯罗奔尼撒战争史》，后人有不少续作，但完整流传下来的只有色诺芬的《希腊史》。马塞利努斯在《修昔底德传》中这样评论修昔底德的最后时光："（修昔底德）卒于色雷斯，时间在伯罗奔尼撒战争之后，当时他正在写战争中前21年发生的事情，但这场战争持续了27年，提奥庞普斯后来补齐了最后六年里发生的事情，色诺芬又紧接提奥庞普斯的叙述续写了他自己的《希腊史》。"② 芬利恰当地总结了修昔底德之后的希腊史学："修昔底德之后留存下来的历史著作屈指可数，而我们知道名字的写过这样或那样历史著作的作家就接近1000人，而所有证据无疑都表明，他们中没有一个在聪明才智和洞察力方面赶得上修昔底德。"③ 这样一来，古代希腊鼎盛时代的历史学就转移到第三位著名的史学家色诺芬这里了。

四、色诺芬

色诺芬（约前430—约前355），古希腊史学家，出生于雅典富裕家庭，著有多部描述希腊古典晚期的著作。第欧根尼的《明哲言行录》（2.48-59）记录了色诺芬的生平。斯特拉波（也译作斯特拉博）《地理学》则记载："哲学家苏格拉底当时在步兵中服役，因为他的马跑掉了，他在逃跑的时候看见格吕卢斯之子色诺芬从马上摔下来，躺在地上；苏格拉底扶着他的肩膀，保护着他走了很长的路程，直到停止逃跑为止。"④ 幸亏苏格拉底出手相助，色诺芬才幸免于难，他虽是苏格拉底的学生，但因与柏拉图同时代而被遮蔽了在哲学上的建树。不过，色诺芬是一位博学勤奋的作家，由于其著述题材多样，观念具有冲击力，言辞优美，古人把他喻为"阿提卡的缪斯""阿提卡的蜜蜂"。

色诺芬对雅典民主很少有好感，拥护斯巴达贵族政体。三十僭主期间，他待在雅典。民主政治恢复后，公元前401年，他受朋友之邀参与小居鲁士反对阿塔薛

---

① ［德］利奥波德·冯·兰克著，［德］斯特凡·约尔丹、［德］耶尔恩·吕森编：《历史上的各个时代——兰克史学文选之一》，杨培英译，北京大学出版社2010年版，第12页。

② Andrew Feldherr, Grant Hardy, *The Oxford History of Historical Writing*, vol. 1, Oxford: Oxford University Press, 2014, p. 174.

③ Moses I. Finley, *The Greek Historians: The Essence of Herodotus, Thucydides, Xenophon, Polybius*, New York: Chatto and Windus, 1959, p. 14.

④ ［古希腊］斯特拉博：《地理学》上，李铁匠译，上海三联书店2014年版，第596—597页（ix. ii. 7）。

西斯二世的远征。就像色诺芬在《长征记》中描述的，库纳克撒战役之后，色诺芬和斯巴达人克里索弗思带领希腊军队，即所谓的万人军，跨越安纳托利亚来到黑海边的特拉伯佐，从这里又到拜占庭的克里索波利斯，色诺芬在这里开始为色雷斯国王索瑟斯二世服务，色诺芬最终于公元前399年在帕迦马把他的军队交给斯巴达人提伯戎。

公元前396年，色诺芬参加斯巴达国王阿格西劳斯二世对小亚细亚的远征；公元前394年，他跟随国王来到希腊，与国王在科罗尼亚战役中并肩作战，战胜雅典人和底比斯人。色诺芬因参与小居鲁士战争、跟随斯巴达王作战所展现的亲斯巴达的倾向，而被雅典放逐。而斯巴达则在伊利斯境内给予色诺芬地产，他从此居住在斯巴达，这是他一生最平静的时期，过着乡村生活，耕作、打猎，并专心著述。色诺芬作品甚多，仅流传至今的就有十余种，内容涉及历史、政治、经济、军事、教育和艺术等领域，不仅在史学史，而且在文学史、思想史、哲学史、经济史，甚至科学史上都有一定的地位。

色诺芬的著作大致可以分为以下几种：（1）历史类，有《希腊史》《长征记》《阿格西劳斯传》等；（2）技术、教学类，有《论马术》《骑兵司令官指南》《狩猎指南》等，这几本著作可以说是古代希腊实用教科书的开端；（3）政治哲学类，有《斯巴达政体论》《居鲁士的教育》《雅典的收入》《论希腊僭主政治》等；（4）道德哲学类，有《回忆苏格拉底》《宴飨篇》《经济论》《申辩》等。写于公元前415年的《雅典政体论》，对雅典民主提出严厉批评，现在认为不是色诺芬的作品，作者被称为"伪色诺芬"，又称"老寡头"。

作为史学家的色诺芬，经历丰富，博闻强记，著述范围广泛，大大拓展了历史研究领域。虽然色诺芬的治学深度不如修昔底德，更缺乏修昔底德的客观求实态度，相信梦兆、预言，偏袒斯巴达，即便《经济论》涉及社会理论和古典时代雅典的妇女的地位与作用，[①] 价值也是有限的，但色诺芬著作都以新奇著称，主题论述的是个人经验，话题在本质上都是训导的，因而是后人研究这一时期的必备材料。

《希腊史》接《伯罗奔尼撒战争史》所结束的公元前411年写起，直到公元前362年门丁尼亚战役为止，全书分为7卷，时间跨度达半个世纪之久。该书可算是斯巴达霸权从顶峰到衰落的一份完整记录，弥足珍贵。色诺芬的作品明显倾向斯巴达，有时会掩盖他对事件描述的客观性，且有着浓厚的保守情绪，因此对史料有的取之太详，有的失之太略。在史观、叙事等方面，色诺芬逊于修昔底德，且

---

① "Xenophon," in *The Cambridge Dictionary of Philosophy*, Cambridge：Cambridge University Press, 1999.

常以神意、天命、预言等来解释历史事件。但他的《希腊史》仍是研究这一段希腊历史的主要文献。

作为雇佣兵的色诺芬，留下了丰富的军事史和政治史著述，《长征记》就是其中的代表作，在历史上的名气远远大于《希腊史》，尽管书中所记缺乏大多数希腊历史叙事的宏大主题，多是一些撤离细节，但毕竟提供了与众不同的远征严酷记载，记述了他个人的冒险经历。这次远征历时 15 个月，行程 6000 多公里，书中充满着行动、演说和对亚洲的描述，反映了古代地中海世界政治、军事、社会、地理、风俗等方面的情况，是研究古代地中海历史的重要史料。全书共 7 卷，第 1 卷记述组建雇佣军的经过；第 2 卷记述小居鲁士阵亡后雇佣军的状况；第 3 卷记述色诺芬临危挺身担任首领的经过；第 4 卷记述雇佣军途中遇土著作战的情况；第 5 卷记述雇佣军在黑海整编的情况；第 6 卷记述雇佣军进军拜占庭过程中分分合合的事情；第 7 卷记述雇佣军回到欧洲后的事情。色诺芬模仿修昔底德的风格，呈现的是简明叙述，很少游离主题。色诺芬观察敏锐，心智高深，他对雅典民族、文化、制度、风俗，以及美索不达米亚、亚美尼亚和小亚细亚的地理面貌进行了很好的描述。色诺芬的目的并不是研究人类文化，但在一定程度上他成了优秀的人类学家，其著作作为第一手资料十分珍贵。

色诺芬的《长征记》对于其他人探寻亚洲地理、民族等方面产生了影响。尤其是他激发了亚里士多德对波斯帝国的研究兴趣，这种兴趣又影响了亚里士多德的学生亚历山大，亚历山大就是以《长征记》作为波斯帝国民族与生活方式指南的。"此事震惊了世界，并鼓舞了后来希腊人入侵波斯王土。正如以后塞萨利人约森所拟议，斯巴达的阿格西劳斯所企图，马其顿的亚历山大所完成的大业，所有这些都是在这位年轻人的行动感召下进行的。"[①] 该书对后来的尼亚库斯的《印度志》也有影响。

作为哲学家的色诺芬，成就虽不如柏拉图，但他对哲学甚感兴趣，著有有关苏格拉底的几篇对话。大体来说色诺芬属于一位思想敏锐、理解力强的"社会思想家"，他关于道德和社会的各种观点影响久远。除柏拉图的作品外，色诺芬有关苏格拉底的对话是唯一完整存留的作品，这有助于完整理解苏格拉底对话题材的真实画面，使苏格拉底的思想和价值观得以延续。这些作品也为研究苏格拉底的追随者的思想与个性提供了珍贵的证据，诸如安替斯提尼、阿西比德等。色诺芬最有思想的著作是《回忆苏格拉底》，大概意欲对柏拉图《申辩篇》进行回应，记载了苏格拉底的自信及其对同辈人的影响。他有关苏格拉底性格的观察和对苏格拉底道德意义的论述为流传甚广的柏拉图观点提供了有益的补充与修正。色诺芬

① ［古希腊］色诺芬：《长征记》，崔金戎译，商务印书馆 1985 年版，第 4 页。

哲学著作引起很大的争议，多集中在他有关苏格拉底的记述是否真实可靠上。他笔下的苏格拉底在古代世界流传非常广泛，影响极大。两个多世纪后，一些学者开始怀疑色诺芬笔下的苏格拉底。有人认为色诺芬笔下的苏格拉底是历史上苏格拉底的最好文献来源，因为柏拉图太富有创造性，而不是一位优秀的史学家，阿里斯托芬为了达到戏剧的效果所呈现的苏格拉底是不真实的。有人则认为色诺芬笔下的苏格拉底是混乱的、误导的，因为他不具备哲学才能而无法理解真正的苏格拉底。在材料有限的情况下，这种"历史上的苏格拉底"与"哲学中的苏格拉底"之争会不断延续下去。

作为文学家的色诺芬，更关心文句的修饰和现实中的道德，而很少关心人类事务的复杂性。但他很勤奋，且文笔朴素而精练，是优秀的文体家，被称为"历史浪漫主义"领域的先驱。色诺芬因其阿提卡语言的简洁、叙事风格的简明而在古代世界深受欢迎，其作品广为流传，成为历史编撰学退化为修辞学分支的先兆。[1] 伯罗奔尼撒战争后，南部希腊逐渐衰落，北方兴起了马其顿，面对强大的马其顿，南部希腊出现以伊索克拉底（前436—前338）为代表的亲马其顿派，期待马其顿把他们从城邦之间的暴力中解放出来，而反马其顿派则以德谟斯梯尼（前384—前322）为代表，双方不断论战，促进了修辞学的发展。修辞学派追求推敲字句，力求生动有趣，有时罔顾事实，有悖史学的严谨与求真，这种风气也影响了当时的史学写作，色诺芬自然难免，后人也多在这方面诟病色诺芬。史学的修辞学派主要代表都是伊索克拉底的学生，主要有攸福洛斯（约前405—前330）、提奥庞普斯（约前378—前320）等。攸福洛斯著有《历史》（30卷，自远古到前340年），这是希腊世界第一部通史。提奥庞普斯是希腊世界第一位把书分卷的人，且每卷都有序言，对后世影响很大，被西西里的狄奥多罗斯在《历史文库》中大量引用。提奥庞普斯还著有《希腊史》《腓力传》。

现代学者苛求色诺芬，认为他与柏拉图相比，缺乏哲学思想的连续性；与修昔底德相比，缺乏客观求实的精神；与荷马相比，缺乏宏大主旨。总之，现代学者大都认为色诺芬存在这样那样的局限性。实际上，色诺芬的记述是一种较为客观冷静的批判。一方面，在本质上是行动派的色诺芬并不是也从没有想成为哲学家，他笔下所呈现的是作为老师的生活与伦理，而不是思想家的说教与伦理；另一方面，作为史学家的色诺芬，尽管与公元前5世纪伟大的史学家相比存在不足之处，但事实上他的著作对于相关的政治史、军事史有很高价值，他有描述时代危机的能力。作为文体风格的革新者，色诺芬近来不断得到重新评价，他的著作是

---

① ［美］威廉·麦克尼尔：《西方的兴起：人类共同体史》，孙岳等译，中信出版社2015年版，第305页。

构建公元前 4 世纪希腊政治史、经济史、社会史、文化史的重要资料来源。

人们常把希罗多德、修昔底德和色诺芬并列为古希腊三大史学家，同时代中国的《春秋》《左传》《国语》也陆续被编纂出来，呈现了东西方早期历史记叙的不同旨趣，奠定了东西方史学发展的根基。其实，能够同他们相提并论甚至在许多方面有时会超过他们的史学家就是波里比阿。波里比阿生活于希腊化时代末期，这个特殊的历史时代造就了他宽广的历史视野。波里比阿延续和发展了希罗多德和修昔底德开创的史学传统，并且在新的历史条件下将这一传统推向一个新的维度。

第二节　希腊化时代史学

希腊化时代史学按其发展大致可以分为希腊化初期（前 334—前 323）、希腊化盛期（前 323—前 168）和希腊罗马时期（前 168—前 30）三个阶段。每一阶段都独具特色：希腊化初期是希腊化史学兴起阶段，风云变幻的历史转变与色彩斑斓的时代革新，使得人们疲于奔命，还顾不上对历史进行严肃的思考，于是这一时期出现了大量的异域著述和个人传记；希腊化盛期，空前的东西方文化交流使得人们的视野与认识都大大提高，知识大量积累，需要加以分类并使之系统化，如把《荷马史诗》加以分卷，加之知识与政权越来越紧密相连，于是所谓的"博学史学""考据史学""地方志"大为盛行；到了希腊罗马史学融合时期，整个地中海世界都处于罗马的控制之下，出现了地中海世界的世界史。

一、希腊化时代的两种史学传统——提迈欧与波里比阿

与古典时期希腊史学相比，希腊化初期史学家（包括一些前 4 世纪后半期的史学家）的共同特色是：史学家一般不具备政治、军事等实际经验，而是专业学者。如著名演说家伊索克拉底的两个学生——提奥庞普斯和攸福洛斯就是如此。史学家兼修辞学家提奥庞普斯是马其顿国王腓力二世（前 359—前 336 年在位）及其子亚历山大的朋友，[①] 生于开俄斯，著有《希腊史》（12 卷）和《腓力传》（58 卷）。前者是续修昔底德的《伯罗奔尼撒战争史》，叙述公元前 411 年至公元前 394 年的史事；后者不是腓力二世的传记，而是腓力时代东部地中海世界的一部通史，讨论了政治、战争、地理、宗教、文化等，有亲马其顿倾向，但较为散漫。作者文辞华丽，属于所谓的"修辞史学"，被称为"希腊之麦考莱"。[②] 这些著作对于

① "Theopompus," in *The Columbia Encyclopedia*, New York: Columbia University Press, 2001.
② 张广智主著：《西方史学史》，复旦大学出版社 2000 年版，第 34 页。

理解马其顿崛起的历史非常重要，可惜大多散佚，今仅存片断。生于库迈的史学家欧弗洛斯深受伊索克拉底的"泛希腊"思想之影响，打破了城邦的界限，以主题排列，把斯巴达、雅典、底比斯和其他希腊城邦的历史熔于一炉，当作一个整体来叙述，著有一部综述性的《通史》（30卷）。《通史》以多里斯人大迁徙为题材，年代是从大迁徙一开始，直到公元前340年。他所创立的通史体例，在当时是个创新，他的历史著作常被古代史学家尤其是西西里的狄奥多罗斯引用。[1] 但是，欧弗洛斯的著作大部分已散佚，今仅存86节残篇。

这种不具备实际的政治、军事经验，只专其精的历史方法为西西里历史学派所继承。早期希腊史家所关注的是希腊本土和地中海东岸的历史，这是由希腊的地理位置决定的。希腊坐西朝东，西北地形陡峭，缺少港湾，东部地势平缓，良港密布，加之爱琴海众多的岛屿克服了航行给人们带来的恐惧，自然会使希腊人拥抱早熟的东方文明。因此希腊史家很少关注落后的地中海西部的历史。亚历山大的远征不仅使希腊史学精神进入埃及、犹太、波斯等东方国家，并在这些地区繁荣昌盛起来，而且也使得希腊史学在西西里这个具有特殊历史传统的地区呈现一种独特的风格。

公元前8—前6世纪希腊人在地中海、黑海沿岸所建立的一系列殖民地，与近代西方列强在海外的殖民地不同之处在于，它们在政治上基本独立，只是在宗教制度、风俗习惯上和母邦有联系，因而具备创新性，古老传统不占优势地位。这些殖民城邦经济上以工商业为主，农业处于次要地位，财富迅速积累，新人不断涌现，富有创新精神。西西里和大希腊的富裕在地中海世界闻名遐迩，使得这一地区的文学艺术也开始逐渐繁荣昌盛。希腊史学中的西西里学派就是在这种背景下产生的。

西西里学派最重要的史家是提迈欧（约前352—前256），他是塔洛门尼姆城僭主的儿子，后被僭主阿加多克利（前361—前289）放逐，在雅典居住期间（长达50年）跟随伊索克拉底的一个学生菲利斯库斯学习修辞学，在希洛二世（前270—前215）统治期间返回西西里。他在雅典撰写巨著《西西里史》（38卷），从远古时代一直写到公元前264年，他是第一位对公元前264年以前的罗马史进行全面总结的史学家。提迈欧不仅评述了西西里、意大利、利比亚发生的历史事件，收入了当地希腊人的凤敌迦太基的历史，记载了为过去史家所忽略的罗马史，甚至述及西班牙和山南高卢的历史和现状，还探讨了希腊和地中海世界全部相互关

---

[1] "Ephorus," in *The Columbia Encyclopedia*, New York：Columbia University Press, 2001. 狄奥多罗斯是公元前1世纪希腊历史学家，所著《历史文库》（*Bibliotheke Historike*, 40卷）是一部地中海世界的通史，保存下来的有15卷（第1—5、11—20卷），其余则仅有片断，在第11—16卷中引用了欧弗洛斯的著作。

系。附录则是庞大的大事年表。这是一部关于西部地中海的通史，因史料丰富，年代准确，颇受后代史家称颂，至少到公元 1 世纪在罗马仍有读者。提迈欧还著有阿加多克利、皮洛士两人的传记。

以提迈欧为代表的书斋型西西里史学家遭到了波里比阿的攻击。虽然波里比阿一方面赞扬提迈欧，但另一方面更猛烈地攻击提迈欧歪曲真理、不具备地理知识。这是因为提迈欧的史观有悖于波里比阿的史观，波里比阿认为，一位史学家应具备地理知识，包括战争艺术在内的实际政治知识，还应具备搜集、分类并消化书面史料的能力。在他看来，提迈欧只是"一位圈椅史学家"，他不像希罗多德那样四处旅行，视野开阔，也不像修昔底德那样曾指挥军队，经验丰富。波里比阿讥讽书斋史学家"就像照着模型和塞鼓起来的兽皮绘画动物的那些画家一样"。[1]

波里比阿的从政经历使他得以把哲学、文学特别是史学家的广泛知识综合在一起，历史上能有这种幸运经历的人是很少的，而波里比阿也没有意识到这种现实：希腊化时代是博学而不是行动的时代，是总结而不是原创的时代，是深入钻研并把知识分类的时代，是文法家、语言学家、书斋历史家的时代。[2] 一句话，希腊化时代是编撰者、分类者、注释者的时代。因而，这两种史学模式是难以调和的。但提迈欧也并非一无是处。哈利卡纳苏斯的狄奥尼修斯（活跃于前 1 世纪）和朗吉努斯（约活跃于 1 世纪）虽然都认为提迈欧枯燥无味，但他们都承认提迈欧在其他方面的能力：他搜集抄本，遍查史料，追本溯源；他使神话传说得以以最原初的状态保留下来，也因此获得了"Old Ragwoman"的雅号——意为古老妇女传说的搜集者。在年代编排上，提迈欧也是值得高度赞扬的，他提出以奥林匹亚为事件计时法，尽管他在日常生活历史叙述中并没有采用这一方法。

提迈欧去世之时，也正是地中海世界的转折点，地中海逐渐成为罗马的世界，罗马的扩张产生了一大批二流的史学家。这之后便是属于波里比阿的时代了。波里比阿（约前 200—约前 118）在历史著作的数量、质量以及对后世的影响上都超过以往许多史学家，他的《通史》（又译《历史》或《罗马史》）更是古典史学著作中最符合科学方法要求的，故被称作"史学家中的史学家"，德国著名史学家蒙森则称波里比阿为"罗马史领域中的太阳"。[3]

---

① ［美］J. W. 汤普森：《历史著作史》上卷第 1 分册，谢德风译，商务印书馆 1996 年版，第 70 页。

② ［美］J. W. 汤普森：《历史著作史》上卷第 1 分册，谢德风译，商务印书馆 1996 年版，第 70 页。

③ Naphtali Lewis, Meyer Reinhold, *Roman Civilization*; *Selected Readings I*: *The Republic*, New York: Columbia University Press, 1966, p. 12.

波里比阿是阿卡亚联盟领袖莱克塔斯之子，孩提时代随同父亲访问过埃及。① 公元前 180 年曾作为外交使节前往亚历山大里亚。公元前 168 年罗马人在皮德纳战胜马其顿之后，他作为阿卡亚联盟一千位贵族人质中的一员被遣送到罗马。到了意大利之后，其他人被分散到埃特鲁里亚各地，而波里比阿则在保鲁斯干预下待在罗马，成为保鲁斯的儿子西庇阿的家庭教师。波里比阿和西庇阿后成为好友，波里比阿也是西庇阿圈子的座上客。公元前 151 年，西庇阿带他去西班牙和非洲。公元前 150 年人质遣散。公元前 146 年，波里比阿再次去非洲，目睹了迦太基的毁灭。他曾参加大西洋的探险航行，然后返回希腊，在那里帮助罗马人建立马其顿行省。后来又访问过亚历山大里亚和萨迪斯。公元前 133 年目睹了努曼提亚被围攻与陷落。

波里比阿的著作，除著名的《通史》外，还包括菲勒普蒙②的传记、一本有关军事战术的书、努曼提亚被围攻的记录，以及一篇地球赤道地区的论文，③ 但大多已散佚。在西庇阿的庇护下，波里比阿从事通史的著述工作，创作出著名的《通史》。④ 该书在提迈欧的《历史》结束的地方，即公元前 264 年开始叙述第一次迦太基战争，主要叙述了公元前 220—前 146 年的地中海史事。在时间上采用奥林匹亚纪年法（从前 776 年开始），在空间上以罗马和西方、希腊和马其顿、亚洲、埃及为论述的对象。他的方法是实用的，他十分仔细地收集和评估第一手资料，访问目击证人，参观重要遗址，研究官方、私人记录，他也利用与西庇阿的关系调阅罗马官方文献来着重叙述政治史、军事史。该书以罗马在地中海世界的发展过程为主题，是一部以政治、军事为中心的实用断代史。他的史学方法和历史观以政治制度为主体，持有和逍遥学派相同的政体循环史观，以混合政体为最理想的政体，而罗马就做到了这一点，超越了历史。⑤ 波里比阿的这种政治史观，很能反映希腊化时代的政治思潮。他认为罗马的兴起在于其优越的君主、寡头和民主混合政体。他模仿修昔底德，力求详细、精确和毫无偏见地阐述真理；他不满足于罗列事实，经常在叙述历史事实时停下来讨论历史著述的目的（和修昔底德一样，他认为历史是政治行动的指导）、罗马国家的法则以及其他一些宏观问题。该书现只有 40 卷中的前 5 卷（叙述到前 216 年）被完整地保存下来，其他只以片段或引

---

① Michael Rice, "Polybius," in *Who's Who in Ancient Egypt*, London and New York：Routledge, 1999.

② 菲勒普蒙（前 252—前 183），希腊政治家和阿卡亚联盟将军。

③ John Hazel, "Polybius," in *Who's Who in the Roman World*, London and New York：Routledge, 2001.

④ W. R. Paton, *Loeb Classical Library*, 6 vols., Boston：Harvard University Press, 1954.

⑤ Carl J. Richard, *The Founders and the Classics：Greece, Rome, and the American Enlightenment*, Boston：Harvard University Press, 1994, p. 179.

用的形式被保存下来，如在李维、普鲁塔克的著作中存有这些片段。

波里比阿对古代希腊以至整个西方史学的贡献不仅在于他所写的《通史》，更重要的是他已经形成一套完整的史学理论和史学方法，树立了西方史学史的第一个典范。波里比阿在《通史》第 12 卷中总结了古代希腊的史学成就，论述了历史研究和著述的领域、方法、目的。这是历史上第一篇史学史和史学理论文章。他的史学理论是这样表述的：

> 同样地，政治史由三部分构成。第一是研究历史著作和整理其中的材料；第二是检查和绘制内陆和沿海的特征，如城市、战斗地点、河流和港口；第三是实际的政治经验。历史学也类似于医学，因为很多人被历史学的声望吸引，想成为历史学家，但那些提笔写书的人中，大多数人完全没有资格，而只是自满、傲慢和自我陶醉。他们渴望得到认可，就像专属药品的小贩一样，他们根据时代的发展来调整自己的叙述，试图以讨好的方式或以历史学家的身份谋生。
>
> 继续谈论这些人是没有意义的。然而，还有一些人，他们撰写历史的方法被广泛认为是合理的。他们就像医学理论家一样：他们花时间在图书馆，掌握了大量抽象的书本知识，然后说服自己有足够的能力来完成这项事业。外人可能认为这些人现在是合格的历史学家，但以我的思维方式，他们只掌握了三分之一的内容。可以肯定的是，对早期作品的研究有助于人们发现过去对一些地方、民族、宪法和战役所持的观点和想法，并为人们提供关于特定地方在过去时代所经历的危机和命运变化的信息。所有这些都是有用的知识，因为如果我们真正详细地研究过去，它自然会提醒我们注意未来的可能性。但是，如果像提迈欧那样，认为良好的书本研究就是写好近期事件的全部条件，那就太愚蠢了。这就像想象你只需要看看过去艺术家的作品就能成为一个优秀的、技术上专业的艺术家一样。①

从中可以看出，波里比阿是一位刻意追求精确性、具有强烈自我意识、批判意识的史学家。他的史学理论深化了人们对历史的认识。但由于他的文笔晦涩，故而其著作流传不广，佚失较多。

作为一种实践，波里比阿首先是用通史的眼光来看待历史和当时所知的世界的。他在《通史》中要写的不仅是罗马的历史，还是当时人们所知的"整

---

① Polybius, *The Histories*, trans. by Robin Waterfield, Oxford: Oxford University Press, 2010, p. 435.

个世界的历史"。地中海沿岸的国家和民族在他的著作中都占有应有的地位和比例。

波里比阿对后世的影响极大。文艺复兴时期，马基雅维里的《论李维》就深受波里比阿的影响。马基雅维里秉承了波里比阿的事件循环观念，通过这种循环，国家可以继续维持下去；马基雅维里也分享了波里比阿对罗马宪政的崇敬，这种宪政使罗马得以避免命运之轮。马基雅维里在《论李维》第 1 卷中还从波里比阿那里借用了一些其他观念。

二、多样的历史叙述

衡量一个时代的史学是否发达，是否触及该时代的日常生活，一个简单的方法就是观察这个时代的史学题材是否丰富。多样的史学题材说明这个时代对史学有着不同的要求。希腊化时代是东西方文明大交流、大融合的时代，也是人类观念急剧转变的时代。这一切都在这一时期丰富多彩的史学著述中得以体现。

（一）异域史学

古典史家也注意记述有关异域的历史，但到希腊化时代，随着人类视野的开阔，这种异域记述大大发展了，并呈现新的特征。著述范围大大扩展，希腊人的胸怀超越了地中海世界：中亚、印度、中国、大西洋已进入希腊人的视野；和先前相比，这一时期史家笔下的记载更加具体、真实了；从史家身份看，这一时期的史学出现了一种融合的态势，不但希腊史家进行异域著述，而且非希腊史家也用希腊语进行异域著述。人们的观念在交互影响，共同铸造着史学传统。

出生于克里特的尼阿库斯（约前 360—前 300）是这一时期第一位从事异域记述的人。他自小和亚历山大一起接受教育，后成为亚历山大麾下的将军。当亚历山大军队打到印度的五河流域时，将士们不愿再远征了。亚历山大只好打住，分路撤军。他命尼阿库斯在海达斯配河上建造舰队顺印度河而下，经波斯湾和印度洋返回波斯。尼阿库斯历经艰险，最后到达海德拉巴东北部 75 公里处的帕塔拉。公元前 324 年和亚历山大在苏萨会合。后来他把这次航海经历记录下来，名为《航海记》（已佚失）。尼阿库斯的著作可能由两部分构成：第一部分是记载印度边界、面积、河流、人口、等级制度、动物（特别是大象）、军队和风俗；第二部分是描述作者自己航海的经历。阿里安在《印度志》中引用过这一著作，斯特拉波也引用过这一著作。

比《航海记》更详细的是卡利斯提尼（约前 360—前 327）的《波斯志》和麦加斯提尼的《印度志》。

卡利斯提尼是亚里士多德的侄儿和学生，以才学闻名于世，经亚里士多德推荐，以史官的身份随亚历山大东征，在埃及时，曾研究尼罗河泛滥的原因；在巴比伦时，曾监修翻译《天文学日志》，后来天文学家卡利普斯（前 370—前 300）利用这一译本改革了希腊日历。卡利斯提尼后来撰成《亚历山大功绩》一书，书中多奉承之辞，把亚历山大比作宙斯，暗示亚历山大功绩可比拟于特洛伊远征。不过卡利斯提尼也认为，一方面亚历山大具有伟人的壮举，另一方面也有柔弱的性格。卡利斯提尼看到亚历山大提倡沿袭波斯衣着、语言、习俗以及匍匐礼拜等东方礼仪，认为这会给希腊自由世界带来危害，便直谏亚历山大，结果惹怒了亚历山大而被处决。卡利斯提尼著有《希腊史》《福西斯战争史》《波斯志》等作品，不过大多已佚失。① 存有较多片段的《波斯志》记述了亚历山大的用兵方略，描写了波斯的山川地形和政治概况，比较真实可靠。古代学者对卡利斯提尼的著作评价很高。波里比阿称他是古代最有学问的人之一；② 西塞罗和朗吉努斯都赞扬他的风格；琴塔斯·库图斯称他为"公众自由的战士"。中世纪有一部号称作者是卡利斯提尼的《亚历山大传奇》（现存最早的版本是 3 世纪的，人们一般称该书的作者为"伪卡利斯提尼"），有希腊文本和拉丁文本流行于世。但书中宣扬亚历山大是神灵宠爱的英雄，宙斯和阿喀琉斯的后代，对后世有着不良的影响，或许其作者就是神化亚历山大的始作俑者。③

印度对亚历山大以前的希腊人来说是遥远的地方，只有传闻而没有实地调查。希腊化时代的麦加斯提尼（前 350—前 290）则报道了印度的消息。他是一位活跃的政治人物，又是很有学识修养的史学家。塞琉古一世（约前 358—前 281）任命他为驻旃陀罗笈多王朝的宫廷使节（前 302—前 288）。旃陀罗笈多（前 321—前 297）就是中国史书中所说的月护王，曾统一恒河流域，是印度摩揭陀王国孔雀王朝的建立者。麦加斯提尼来到恒河流域，在摩揭陀王国的首都华氏城（今巴特那城）住了 4 年④，细心考察印度北部的自然地理、物产状况、政治沿革、民俗风情，著有《印度志》（4 卷）。尤其是他对华氏城繁荣富庶状况的描写，打开了希腊人的眼界。他是欧洲第一位了解到婆罗门教并提到印度种姓制度的人。《印度志》描述了喜马拉雅山脉的特征，还提到了斯里兰卡。《印度志》对后人的影响犹如后来 13 世纪意大利旅行家马可·波罗的《马可·波罗行纪》对西方的影响，激起了希腊人对东方的向往。史学家阿里安、地理学家斯特拉波就利用过麦加斯提

---

① *Britannica*，Ⅱ，15th edition，London：Encyclopedia Britannica Inc.，1994，p. 750.

② Polybius，*The Histories*，Ⅵ. 45，Boston：Harvard University Press. 波里比阿认为其他极有学问的人是欧弗洛斯、色诺芬和柏拉图。

③ *Britannica*，Ⅱ，15th edition，London：Encyclopedia Britannica Inc.，1994，p. 750.

④ 另一种说法是待了 8 年（前 306—前 298），见"Megasthenes"词条，*Crystal Reference Encyclopedia*，2001。有人认为住了十余年（前 302—前 291），这个数字或有夸张，见郭小凌：《西方史学史》，北京师范大学出版社 1995 年版，第 65 页。

尼的材料。不过斯特拉波和狄奥多罗斯都认为麦加斯提尼的著作可信度不大。近代发现据说是旃陀罗笈多时代的考底利亚所著一部梵文原本《政事论》，几乎在所有的细节上都证实了麦加斯提尼的记述，也证明了阿里安在写《亚历山大远征记》时是以麦加斯提尼的记述为依据的。[1] 可惜这部著作早已散佚，只能在其他引用过其著作的古典作家（如斯特拉波、狄奥多罗斯、阿里安）的著作中略见其梗概。希腊化时代所产生的这些有关印度的著作大多佚失。

希腊化时代的人们更加留意东方文献中关于希腊民族的记载，公元前 3 世纪，有两位非希腊人但用希腊语写作的史学家（如算上犹太史学家的话，就不止两位了），他们的著作更加深了希腊人对东方的认识。

生活在托勒密一世、二世时的埃及祭司马涅托约于公元前 241 年奉托勒密二世之命，撰写了一部从远古一直到公元前 323 年的《埃及史》，以便当地的希腊人了解埃及悠久的过去。[2] 他利用寺院档案材料，直接阅读象形文字，以当时希腊化世界通用的语言柯因内语撰写了这部历史学著作，在世时就获得了极大的名声。不幸的是，只有从美尼斯到尼克太尼波（前 340）的 30 个王朝的名称（直到目前还在通用的古埃及史分期法）和一些片段保存至今。

另一位生活在公元前 3 世纪的史学家柏洛萨斯是巴比伦祭司，他利用巴比伦贝尔神庙档案写了一部关于美索不达米亚创世神话和历史的著作《巴比伦史》（3卷），据说该书是献给安条克一世（前 281—前 261 年在位）的。该书起点为传说中的大洪水时代，第 1 卷讨论宇宙结构学和天文学，第 2、第 3 卷是从开天辟地到亚历山大时代的通史。[3] 不过此书已失传。公元前 1 世纪的学者亚历山大·普里赫斯特曾摘要了此书，后为普林尼、塞涅卡、约瑟夫斯、尤西比乌斯、阿波罗多罗斯、辛塞路斯等人引用。

（二）传记史学

由色诺芬等人开创的歌功颂德史学蔚为大观，成燎原之势，这是希腊化时代史学的一个重要的特征。富有文化修养的亚历山大武功文治卓著，他的个人魅力也吸引着人们为其歌功颂德，在亚历山大的宫廷中也有一批文人专门为他树碑立传，甚至将亚历山大视为传奇。

亚历山大建立了众多城市，庇护史学家，这在一定程度上也是为了传播他的威名。他的部将们写了众多回忆录，其中最早的一部声称亚历山大和一位亚马逊

---

[1] ［美］J. W. 汤普森：《历史著作史》上卷第 1 分册，谢德风译，商务印书馆 1996 年版，第 61—62 页。

[2] 郭小凌：《西方史学史》，北京师范大学出版社 1995 年版，第 65 页。

[3] ［美］J. W. 汤普森：《历史著作史》上卷第 1 分册，谢德风译，商务印书馆 1996 年版，第 66 页。

女王有染。他最亲密的战友托勒密宣称亚历山大在埃及沙漠行军时，前后有两条会说话的蛇一直引导亚历山大的行程。亚历山大或许也鼓励人们在钱币上虚构他战斗的场面，以抬高他的地位。这些神奇传说的一部分不久便见诸文字，但其中不乏自相矛盾之处。

伪卡利斯提尼（一般认为他可能是一位希腊化的埃及人）的《亚历山大传奇》显然是各种自相矛盾的材料的混合体。例如，伪卡利斯提尼说亚历山大不是腓力的儿子，而是埃及最后一任法老奈科坦尼布二世（前360—前343）一位巫师的儿子，他扮作阿蒙神，勾引了腓力的妻子奥林匹亚斯生下了亚历山大。① 有关亚历山大之死的叙述更具有戏剧般的魅力：作者希望亚历山大以一种神秘的方法消失，以便人们认为他已经升天了；垂死的亚历山大一心想跳进幼发拉底河，但被他的妻子罗克姗娜阻止；亚历山大在某种程度上成为一个骗子角色，他喜欢装作他自己的传令官，他在东道主大流士的宴席上偷盗杯子；在征服波斯帝国之前，亚历山大就横渡大海来到了西西里岛和非洲并接受来自罗马和迦太基使臣的归顺等。这些说法是亚历山大大帝传奇的一个重要特点：史实与虚构密切地结合在一起，真实的人与理想的人混合在一起，使人难辨真伪。

这种传记体裁很快就传遍了整个希腊化世界，并波及罗马世界。根据哈利卡纳苏斯的狄奥尼修斯的说法，皮洛士亲自撰写了回忆录。和皮洛士同时代的普洛克西诺斯也撰写过皮洛士的传记。亚加亚同盟（这个同盟是希腊被罗马征服以前最后的自由独立的同盟）的创立者阿拉图斯（前271—前213）就写过《自传》。自公元前1世纪的罗马史家奈波斯（前100—前25）开始用传记题材撰写历史以来，出现了罗马历史上著名的三大传记作家：塔西佗（《阿古利克拉传》）、苏维托尼乌斯（《罗马十二帝王传》）、普鲁塔克（《希腊罗马名人传》）。

值得注意的是，希腊化时代的传主的范围大大扩大了。政治家、军事家虽然仍是史学家们所钟爱的对象，但他们也编纂杰出文化人物的传记。比如狄凯尔库斯（约前326—前296）就为哲学家柏拉图、诗人荷马等人树碑立传。亚里士多德学派的阿里斯托辛鲁斯（约前360—？）、克莱尔库斯（约前340—前250）也为苏格拉底、柏拉图等哲人立传。甚至还出现了妓女传记。传记作者一般都着眼于表现人物的性格心理，揭示这些性格形成的原因。②

（三）考据史学

希腊化时代史学的成就不在于独创新的史学范型、提出更深刻的史学思想，而在于历史著作的整理修订。造成这种局面的原因是学术与政治的结合，政治深

① "Nectanebo Ⅱ," in *Who's Who in Ancient Egypt*, London and New York: Routledge, 1999.

② 郭小凌：《西方史学史》，北京师范大学出版社1995年版，第66页。

深影响着学术的发展。这时的思想遭到王权的禁锢，学者们也只好在考据中寄托微言义理了。

托勒密王朝非常重视学术事业，聘请各地学者，给予大量资助，还建有藏书丰富的图书馆，在学术研究上取得较突出成绩也在情理之中。当然，在政治上所有学者仍需对国王表示忠顺，若有批评反对就难脱严厉镇压。例如，托勒密二世曾下令将嘲笑其婚事的一个诗人淹死。① 这也就是为什么会在此时掀起一股浓厚的考古热和考据热。亚历山大里亚图书馆馆长都是大名鼎鼎的学者，他们对征集到的不同古代著作的抄本进行比较、核对，推出正确的文本，对作品进行评注，现存的古希腊的历史著作大多是经这里的学者整理、分卷后流传到外地去的。

博学者提奥夫拉斯图斯（前372—前287）曾师从柏拉图，后成为亚里士多德的密友，在亚里士多德死后继承了亚里士多德的图书，也成为逍遥派的领袖。作为一名科学家，提奥夫拉斯图斯著有《植物研究》（有关植物的分类，研究了地中海和大西洋沿岸的500多种植物，区分了双子叶植物和单子叶植物、被子植物和裸子植物）、《植物病因学》（有关植物生理学方面的著作）以及其他有关科学话题的10篇短文。② 作为史学家，他著有一部宗教史和一本颇为有名、文笔生动的《道德人物志》。该书在亚里士多德研究的基础上，描述了30种道德类型，如谄媚者、出怨言者、有小志的人等。该书似乎是普鲁塔克《希腊罗马名人传》的蓝本，对米南德的创作也有影响。另外，他还编纂了一套法律丛书，著有《论感觉的理解》等。

希腊化时代的学者、语法学家、批评家阿里斯塔克斯（前217—前145）③ 是一位学术事业的革新者、语言学的奠基者。据说他一生校勘、注释了800卷书籍④，如阿凯戊斯、阿克那里翁、赫西俄德、品达、埃斯库罗斯、索福克勒斯、希罗多德等人的著作，其中尤以校勘荷马的著作而为人所称赞，是他最先把《荷马史诗》分为各24卷本的《伊里亚特》《奥德赛》，为以后《荷马史诗》的批评奠定了基础。

（四）地方史学

希腊化时代史学的另外一项巨大成就是地方志的撰写，如前述西西里历史学

---

① 朱龙华：《世界历史》上古部分，北京大学出版社1991年版，第482页。

② Antony Flew and Stephen Priest, eds., *A Dictionary of Philosophy*, London: Market House Books Limited, 1983.

③ 不是天文学家萨莫斯的阿里斯塔克斯（前310—前230）。

④ "Aristarchus of Samothrace," in *The Columbia Encyclopedia*, New York: Columbia University Press, 2004.

派，在某种意义上也属地方史学。这类地方志的编撰流行于公元前 350 年—前 200 年，其特点是历史著作按年代排列，强调神话和各种宗教仪式的起源，文字简单，有别于正统的历史著作。由于这种形式的历史著作产生于全希腊考古和历史遗迹最多的阿提卡（包括雅典在内的希腊中东部地区），以至于希腊化时代的史学家把阿提得斯（阿提卡神话传说中一位公主的名字）当作（阿提卡）地方史的代称，而阿提卡地方志编纂家①也成为地方史学家的代名词。

第一位阿提卡史家克利德莫斯（？—前 378）也是地方史学的创立者。苏格拉底的学生麦加拉的安德洛兴是著名的阿提卡史家。菲罗科鲁斯被认为是最伟大的阿提卡史家，他曾编写了一部《阿提卡史》（17 卷），其中 2 卷叙述神话时期，4 卷叙述古典时期，11 卷叙述公元前 319—前 260 年的情况。另一位地方史家是阿加塔卡斯，著有《论亚细亚》《欧罗巴志》《红海》等。

这些地方史家的著作作为史事提要，有较高价值，所以他们保存的古代文献对于古典注释家和文法家都很有用。② 亚里士多德的《雅典政制》的主要材料就来自阿提卡史家的历史著述。

这一时期也出现了进行专题研究的史家。如希腊神话收集者阿波罗多罗斯，他是一位全能、多产的作家，③ 曾在雅典、亚历山大里亚、帕加马等地生活。他著有《神话宝库》，现在人们见到的这本著作是 1 世纪依据原本浓缩而成。他也写了历史（《编年史》，自特洛伊陷落开始叙述的希腊史）、宗教（《论神》）类著作，进行了地理、语源学等方面的专题研究。④

三、影响至今的史学特色

希腊化时代的史学，在前人成就的基础上向前迈进了一步，也出现了许多新的特点，这些特点对未来的西方史学产生了很大影响。比如，这时的史学家开始注意探讨人与自然之间的关系。希腊史学自开始之日就把记载和解释的内容同自然环境密切结合起来，亚历山大的远征更拓展了希腊史家对人与自然之间关系的认识，因此也出现了像凯尔库斯（约前 350—前 285）的《希腊生活》这样的著作（已佚失）。凯尔库斯是亚里士多德的学生，他运用老师的初步生物进化思想解释人类文化的产生与发展。他认为人类在不停地进化，不断地增强征服自然的能力，

---

① 该词由德国古典学家维拉莫威兹（1848—1931）的弟子费利克斯·雅克比（1876—1959）首创。

② ［美］J. W. 汤普森：《历史著作史》上卷第 1 分册，谢德风译，商务印书馆 1996 年版，第 67—68 页。

③ 见 1911 年版《不列颠百科全书》网络版 "Apollodorus" 词条。

④ "Apollodorus," in *Who's Who in Classical Mythology*, London：Routledge, 2002.

但社会在退化，出现了战争之类的邪恶。这本著作实际上是西方史学史上第一部专门的社会文化史。① 再如，波里比阿也把地理、气候问题当作解释历史的基本原则。波里比阿认为社会是不断经过成长、衰退、消亡这一循环的，低下的出生率会造成社会的衰落，因此，他警告罗马贵族注意人口的不断下降。西西里的狄奥多洛斯（前 90—前 30）也注意环境问题，他注意到尼罗河的源头以及它的神秘泛滥，这一切都影响着埃及人的意识。② 而斯特拉波则是这方面的集大成者，他是把地理和气候作为历史研究基础的推动者。

希腊化时代的史家不仅仅停留在访问目击者记录证词的方法上，而是进行编纂，从以前史家的著作中摘录出所需要的材料，进行必要的考证、判断，然后按照自己的史学观念撰写成书。换言之，这时的史学丧失了先前的原创性，出现了学术化的倾向，即历史从创作走向编纂，人人都要成为博古通今的学问家，历史学成为学术研究事业了。③ 希腊化时代史学的专业性具体表现为以下五个方面：对文献版本的编辑与注释；搜集各个城邦、地区、圣殿、神祇、公共机构的早期传统；对纪念碑、铭刻进行系统的复制与描述；编辑内容丰富的人物传记；编辑年表等。④

第三节   罗马共和时期史学

古代罗马是一个以罗马城为基础的文明。传说公元前 753 年，罗慕洛和勒莫斯这对双胞胎建立了罗马城。而考古和历史记载表明，公元前 2000—前 1000 年，拉丁姆和奥斯坎部落移民并定居在亚平宁半岛上，公元前 900—前 500 年，伊达拉里亚人入侵半岛，并征服了这些部落，自那时起，就以人口较多的罗马城来命名这个国家。根据传统说法，罗马早期历史被称为王政时代（前 754—前 510），先后有 7 个王统治罗马；约公元前 510 年，最后一个王伊达拉里亚人高傲者塔克文被推翻后，罗马进入共和时代（前 510—前 31），这个时代又可划分为早、中、晚三个时期；屋大维成为独裁者后，罗马进入了帝国时代（前 31—476），一直延续到 476 年西罗马帝国灭亡，又可分为早期帝国、晚期帝国两个

---

① 郭小凌：《西方史学史》，北京师范大学出版社 1995 年版，第 65—66 页。

② ［美］唐纳德·R. 凯利：《多面的历史：从希罗多德到赫尔德的历史探询》，陈恒、宋立宏译，生活·读书·新知三联书店 2003 年版，第 64—65 页。

③ 布雷萨赫就认为希腊化时代的历史学是学术研究。

④ Arnaldo Momigliano, *The Classical Foundations of Modern Historiography*, Oakland, CA: University of California Press, 1990, p. 67.

时期。

一、罗马史学渊源——早期希腊语史学家

罗马人在很长一段时间内都相信，他们的城邦从根本上起源于东方。罗马文明在起始阶段并没有辉煌灿烂的文化，仍旧受伊达拉里亚的影响。伊达拉里亚人是史前意大利原住民的后裔，他们和希腊人保持着活跃的贸易往来。伊达拉里亚人通过这个渠道吸收了很多希腊文化，如希腊字母、希腊神话等。伊达拉里亚人后来又把这些东西传给罗马人。公元前264年，罗马人从一个希腊城邦掠走2000尊塑像，将之置于罗马广场。①

随着希腊人对罗马人的影响日益增强，富裕的罗马人开始学习希腊语，翻译希腊著作，并进行写作。比如被称为"罗马戏剧之父"的李维乌斯·安德罗尼库斯（约前280—前204）在公元前240年左右就把《奥德赛》翻译成拉丁语，并改编希腊戏剧，在罗马最早上演喜剧与悲剧。首先书写罗马历史的是希腊人，就像希罗多德对东方民族感兴趣一样。古代罗马史学是在古代东方文明、伊达拉里亚文化和希腊文化基础上发展起来的，不过罗马史学最终形成了自身的特色，并取得了很大的成就。

罗马史学兴起较晚，早期体裁是祭司笔下的年代记，早期的史家也被称为编年史家。自王政时代到公元前3世纪中期，罗马没有产生过一位史学家，虽然早在公元前5世纪就有祭司为编制历法而编制的"编年记事"（档案），一开始比较简单，只需要记某年所发生的最大事件，到公元前3世纪才开始有较为详细的编年史，用王名、执政官纪年。这些编年史基本都佚失了，只有后世作家零星引用而存留下来的片段，但这些编年史毕竟不是历史著作。

公元前3世纪罗马世界的重大事件是第二次布匿战争（前218—前201），在第二次布匿战争结束以前，"罗马是在创造历史，积累历史资料。但在这五百年间，罗马并没有一位历史家。然后突然之间，史学精神迸发。写作上这种现象尽管看来很奇特，但它与其说是出于爱国情绪，还不如说是由于希腊写作的影响，罗马人是在大希腊（南意大利）和西西里二地开始接触希腊写作的影响"。② 此时罗马才出现了真正的史学家，这标志着罗马史学的诞生。对罗马人而言，历史是一种重要的文艺形式。最早的史学家有皮克托、老加图等，到共和国晚期，出现了恺撒、撒路斯提乌斯等人的历史著作。

最早用拉丁文诗歌记载罗马历史的是格奈乌斯·奈维乌斯、昆图斯·恩尼乌

---

① ［美］米夏埃尔·比尔冈：《古代罗马帝国》，郭子龙译，商务印书馆2015年版，第135页。
② ［美］J. W. 汤普森：《历史著作史》下卷，孙秉莹、谢德风译，商务印书馆1992年版，第99—100页。

斯。奈维乌斯生平不详，曾参加第一次布匿战争，他因经常在剧本中尖锐批评当权者而入狱，在狱中删除了那些嘲讽话语后被释放，但他与权贵者的斗争并没有结束，最后被流放出罗马。奈维乌斯最先翻译或改编希腊剧本，后来则首创了以罗马题材为中心的罗马戏剧，其诗歌创作范围极广，但只有残篇流传下来。他最重要的作品是史诗《布匿战争》，史诗自罗马、迦太基建立的远古传说开始，一直到第一次布匿战争，语言简明扼要，富于气势，奈维乌斯开创了罗马民族史诗，成为罗马民族文学的奠基者。

恩尼乌斯写过戏剧、史诗，是一位百科全书式的作家，但他的戏剧作品已佚失，恩尼乌斯著有《编年史》（18卷），但保存下来的也只有600行，全书叙述罗马人丰功伟绩，从特洛伊毁灭开始叙述，一直到第三次马其顿战争。后来的西塞罗很尊重他，称之为"我们最伟大的诗人"。一向对古代诗人持蔑视态度的贺拉斯也认为恩尼乌斯的著作"丰富了祖辈的语言"，称赞他"智慧、坚毅，是第二个荷马"。①

奈维乌斯和恩尼乌斯的史诗虽然具备了一些历史因素，但毕竟不是真正的历史。最早用散文记录罗马历史的是皮克托、阿里门图等人，他们用希腊语进行写作，一方面是因为当时的拉丁文还没有形成一种写作体裁，另一方面是史学家冀图向希腊人宣传罗马人的伟大。

史学家莫米利亚诺说："如果你们和我一样阅读而且偶尔还写写历史的话，那么我们的这个习惯是从一位罗马人那里学来的，这位罗马人在大约公元前215至前200年间决定以希腊人的方式撰写历史。"② 这位罗马人就是皮克托，他以希罗多德和修昔底德为榜样，用自己的方式把诗意的想象和祖先的虔诚转变为历史的写作。

费边·皮克托（也译作匹克托，约活跃于前200年）出身罗马名门——著名的费边望族，祖先有多人曾任执政官，他以道德纯洁著称。皮克托参加过对高卢和利古利亚人的战争以及第二次布匿战争，公元前216年坎尼战役惨败后被派往德尔斐求过神谕。他是罗马最早的史学家，用希腊语撰写《罗马史》（后被翻译为拉丁文），从神话传说开始写起，写到他所参与的布匿战争，略古详今，所述比较真实，他用王名、执政官名纪年，因此，该书又被称为《编年史》。可惜该书已经失传，但后世史家诸如波里比阿、哈利卡纳苏斯的狄奥尼修斯、李维等都引用过皮克托的著作。

皮克托之后，出现了很多类似的编年史家，他们的著作也都是用希腊语写

---

① 转引自王焕生：《古罗马文学史》，中央编译出版社2008年版，第73页。

② ［意］莫米利亚诺：《现代史学的古典基础》，冯洁音译，华东师范大学出版社2009年版，第117页。

的，西塞罗称他们"只是不作任何修饰地留下了有关时间、人物、地点和发生的事件的史志"，"还不理解用什么美化语言——因为这些手段是不久前才被引进来的，——只求所言能够让人明白，并认为语言唯一值得称赞的特点是简明"。① 在所有编年史家中，老加图的地位是最重要的。第一部以韵文形式用拉丁语写成的历史著作，作者正是老加图。

老加图（前234—前149）是公元前2世纪罗马十分有影响力的人物之一，既是军人，又是政治家，最后担任监察官，有"监察官加图"之称，为拉丁文学奠基人之一，也被李维称为"罗马史学的鼻祖"。以节俭、苛刻著称的老加图是贵族派中的极端保守派分子，奉行"罗马至上"原则，反对希腊文化对罗马的影响（尽管晚年也学习研究希腊语与希腊文学），被后世视为罗马传统美德的代表人物。② 因曾孙加图也是公元前1世纪罗马历史上的重要人物，故对二人有老加图、小加图之称，以示区别。

《罗马历史源流》是老加图专门为其子撰写的史书，自罗马建城起记述直到其生活的时代，是第一部以拉丁语写成的历史著作，不仅记载了罗马城的历史，而且记述了意大利其他一些城市的历史，成为后世罗马史的范例。全书7卷，前3卷叙述罗马和其他城邦的起源，后4卷叙述第一次布匿战争、第二次布匿战争的经过以及作者生活时代的事件，但仅有残篇存留于世。其著作的"失传是学术上的一大灾难，这一损失比众人惋惜的李维佚书的损失更加重大。……每卷前面还有一篇特别序言，这种写作手法后来曾被萨拉斯特借用"。③ 《农业志》是现存最早的一部拉丁散文著作，是老加图仅存的作品，为罗马第一部关于农业的专著，是研究罗马共和时期农业经济的重要史料。

老加图认为罗马人民集体的重要性要大于个人的重要性；他重视历史的"垂训"作用，认为可以通过历史塑造青年人的品格，因此书中充斥着名人轶事、智者格言，有《加图名言录》流传于世，在中世纪影响很大；他也承认早期罗马历史中有希腊的影响，并试图调和希腊史上的奥林匹亚纪年法（从前776年开始）

---

① ［古罗马］西塞罗：《论演说家》第2卷第12章第53—54节。转引自王焕生：《古罗马文学史》，中央编译出版社2008年版，第102页。

② 老加图在给儿子的一纸家书中写道："我要谈谈希腊人，给他们应得的评价，我儿马库斯，并告诉你我在雅典所发现的真相：读读他们的文学确实很好，但完整深入地学习极不可取。我希望你深知，那个民族是最没有价值和无可救药的。"Pliny, N. H. xxxix, 7, 14. 转引自［美］哈罗德·N. 福勒：《罗马文学史》，黄公夏译，大象出版社2013年版，第39页。

③ ［美］J. W. 汤普森：《历史著作史》上卷第1分册，谢德风译，商务印书馆1996年版，第92页。

和罗马史从建城（前753）起纪年的惯例，从而对比较年代学做出贡献。① 自此以后，人们以老加图为榜样，再也没有任何人梦想以希腊文进行写作了，有两种写法成为罗马史学的显著特色：限制题目的范围，放弃过于广泛的一般论述；探索有效的文学表达方式。这两个目标都在第一位伟大的罗马史家撒路斯提乌斯的著作中达到顶峰。②

和老加图同时代的赫米纳、盖里乌斯也是用拉丁文记述罗马史的，赫米纳是第一位用拉丁散文撰写编年史的史学家，被称为最早的编年史家，即"老编年史家"。属于这一派的还有皮索，他曾任执政官，写作思想受老加图影响把古代理想化，他的编年史对后来的瓦罗、西塞罗、李维、狄奥尼修斯等人产生影响。

这之后则是"小编年史家"群体时代，属于这一行列的史学家有夸德里伽利乌斯、安替阿斯、马凯尔、图贝罗等。由于受修辞学的影响，小编年史家的作品通俗易懂，故事性强，有不少臆想成分，失去了老编年史家先前的那种求实的精神。

罗马的扩张促进了与希腊的文化交流，尽管罗马人看不起希腊军事上的软弱，却从希腊的文学艺术作品中寻找灵感，并逐渐发展出自身的特色。史学也是如此。罗马人最关心的是军队的强大、对外的武力、国家的管理，并注意伦理道德方面的垂训，一言以蔽之，关注的是罗马的永恒性，在史学上很早就表现为编年史的发达、民族史的兴盛及史学的垂训作用，这些特征一直影响着后来罗马史学的发展。

"第一部用拉丁文写作的历史著作是出自加图之手的《罗马历史源流》，它又促成了一部对官方记录进行整理的《大祭司大事记》的面世，后者于公元前130年以后刊发，凡80卷，按年代顺序记载了自传说时代起，迄至公元前130年前后的罗马历史。这种方法为之后的史家所继承，如撒路斯提乌斯、塔西佗和阿米阿努斯·马塞利努斯。"③ "在匹克托之后，在共和国的最后两个世纪里，约16位史家撰写编年史，这些史书最后一部在规模和风格上都是巅峰之作，却也是仅有的一部存世的大部头史籍，这就是李维所著的142卷的罗马史。从匹克托到李维，这17部历史构成了罗马民族的历史，涵盖了从王政时代到共和国末期的罗马

---

① ［美］唐纳德·R. 凯利：《多面的历史：从希罗多德到赫尔德的历史探询》，陈恒、宋立宏译，生活·读书·新知三联书店2003年版，第95页。

② ［美］J. W. 汤普森：《历史著作史》上卷第1分册，谢德风译，商务印书馆1996年版，第93—94页。

③ ［英］莱斯莉·阿德金斯、［英］罗伊·阿德金斯：《探寻古罗马文明》，张楠、王悦、范秀琳译，商务印书馆2008年版，第392页。

历史。"① 不过，需要注意的是，虽然罗马编年史很发达，但这并不意味着其他历史体裁不存在、不活跃，也不意味着罗马史学缺乏批判意识，只是强调编年史是早期罗马史学的一个重要特征，对后世影响较大而已。

史诗讲述英雄的行为与功绩，在古代世界非常发达，公元前3世纪安德罗尼库斯把荷马的《奥德赛》翻译到罗马世界，这之后奈维乌斯的《布匿战争》史诗、恩尼乌斯的《编年史》都使之获得进一步发展，并影响到后来的维吉尔的《埃涅阿斯纪》。这一切对当时的史学编撰思想产生很大的影响。

虽然当下已不要求史学家对其笔下人物进行道德评判，但这并不意味着道德垂训不是历史的合法组成部分，历史的垂训功能始终存在，古代罗马尤盛。阿克顿曾宣称："道德准则的恒久性是历史之所以威严、神圣、有用的秘密所在。"从罗马史学的奠基者老加图到罗马三大史学家李维、撒路斯提乌斯、塔西佗，从波里比阿到普鲁塔克，他们的笔下无不充满着忧患意识、危机意识，这一切又是通过道德垂训表达出来的。在罗马人看来，"历史"应该既是"有用的"又是"教化的"。"有用的"在于它使政治家意识到了前人在法律、对外政策方面的创举和军事功绩；"教化的"在于它为罗马人提供了行为规范，从而有助于领导者做到正直，为人表率。

二、瓦罗、撒路斯提乌斯与恺撒

瓦罗（前116—前27），生于富裕之家，在罗马、雅典接受教育，为古罗马博学家，拥有诗人、讽刺作家、法学家、地理学家、文法家等头衔，曾服务于庞培、恺撒。瓦罗深受恺撒赏识，并受恺撒委任主持公共图书馆。瓦罗在"后三头"期间遭受迫害，退出公共视野，专心著述，作品甚多，据估计有74种，达620卷之多，但甚少存留于世，昆体良认为瓦罗是罗马最有学问的人，奥古斯丁感叹瓦罗的阅读能力和写作能力。主要著作有《图像集》《论拉丁语》《农业志》《论神事》等。

《论拉丁语》（25卷，只有第5—10卷传世）写于作者晚年，它包括对语源学、形态学、文法学、古代词汇、个人表达与集体用法间冲突问题的探究，书中包含诸如罗马宗教颂歌、十二铜表法等重要史料。老普林尼写《自然史》时，引用了其中大量材料。《农业志》是瓦罗完整流传下来的一部著作，以对话形式写作，全书共3卷，讨论了禽类养殖、狩猎、渔业等农业专门知识。《论神事》因为遭到早期基督教教父的攻击而只有残篇存留于世，奥古斯丁的《上帝之城》就有

---

① B. W. Frier, *Libri Annales Pontificum Maximorum*: *The Origins of the Annalistic Tradition*, Rome: American Academy in Rome, 1979, p. 201. 转引自吴晓群：《西方史学通史》第二卷，复旦大学出版社2011年版，第154页。

所提及。

撒路斯提乌斯（前 86—前 35），罗马史学家、政治家，出生于阿米特努，在罗马政治上属于"新人"，公元前 52 年成为保民官，公元前 50 年被驱逐出元老院，表面是因为其生活不检点，实际是因为他加入了恺撒的队伍，与西塞罗积怨甚深，不断相互攻讦。他服务于恺撒的非洲战役，把庞培的党羽彻底消灭，后被任命为努米底亚总督。撒路斯提乌斯在非洲任期内到处强取豪夺，大发横财，使用所获得财富在奎里奈尔山上建造了著名的花园，名扬罗马世界，这里后来也成为皇帝涅尔瓦、苇伯芗、奥勒良等人的帝国行宫。他一回到罗马就受到勒索控告，后因恺撒的影响而没有被定罪。公元前 44 年，恺撒遇刺后，撒路斯提乌斯退出政坛，专心致志撰写以事件为主题的史著《喀提林阴谋》（约前 43）、《朱古达战争》（约前 41）。

《喀提林阴谋》记述喀提林阴谋暴动反对元老院的史实，喀提林几次竞选执政官都未成功，便以废除债务、分配土地为口号，鼓动平民反对元老院，并密谋起义，阴谋败露后，最终遭到以西塞罗为首的贵族镇压而身亡，再现了罗马共和晚期的政治腐败。

《朱古达战争》则记述公元前 2 世纪罗马用兵非洲努米底亚，与国王朱古达作战的经过，这场不大的战争由于前方将领收受贿赂，竟拖延 5 年之久（前 111—前 105），暴露了罗马社会的奢靡与腐败，揭示了海外军事征服与国内政治腐败之间的关系，以致撒路斯提乌斯感慨道："和谐可以使小国变成伟大的国家，而内部的倾轧却会使最强大的国家削弱。"①

撒路斯提乌斯还著有《历史》，共 5 卷，涵盖的时间范围是公元前 78—前 67年，作品直至他去世也没有完成，只有一些残篇存留于世。他在这里再一次刻画了国家的衰落和对庞培的谴责。

撒路斯提乌斯是罗马世界最先撰写历史专论的史学家，在限定的时间与事件内记述来龙去脉。他模仿修昔底德和老加图的风格，语言精炼、古朴隽永；其作品也展现了突出的人物性格与有震撼力的演讲词，用词典雅并经常借用希腊语。他这种简明的、警语式的风格影响了后来的罗马史学家，特别是塔西佗。但是，撒路斯提乌斯缺乏修昔底德的深沉与客观，他的叙述时常充满陈词滥调和不加鉴别的道德评判，有时论述也带有偏见。

撒路斯提乌斯认为："撰写历史是一件难事，因为：首先，你所写下的必须与事实准确地吻合；其次，如若你允许自己批评别人做的错事，大多数读者会认为

---

① ［古罗马］撒路斯提乌斯：《喀提林阴谋 朱古达战争》，王以铸、崔妙因译，商务印书馆
  1995 年版，第 224 页。

你这样做是出于恶意、甚或嫉妒。"① 他笔下的人物形象生动，栩栩如生，让人过目难忘，有很多模仿者，当然也招来了很多批判，比如行文经常脱离主题并时常被演说打断，在年代与地理记载方面也有很多不精确的地方，以致塞内加抱怨其行文"观点断裂、语句于不期处割裂、简短到不明其详"。② 尽管弱于细节，但撒路斯提乌斯的著作呈现了一种缜密的历史方法，以及对因果关系的探寻，其简洁明了的风格也是塔西佗的先导。撒路斯提乌斯与李维、塔西佗并称为罗马三大史学家。

公元前 1 世纪有三位重要的拉丁史家，他们分别是尤里乌斯·恺撒（前 100—前 44）、李维和撒路斯提乌斯。如果说李维体现的是专业史家形象的话，那么，恺撒则是戎马倥偬的将帅史家。恺撒既是卓越的军事家、政治家、演说家，又是杰出的史学家、散文家、诗人，能把人文才华和军政才能如此完美结合在一起的人，恐怕不多，就此而言，恺撒的重要性远远超出罗马历史上的任何人物。

恺撒出身于一个古老的贵族家庭，苏拉独裁时期曾遭受元老贵族派的迫害，他通过援助穷苦平民，与元老贵族派进行斗争，从而在平民中赢得声望，公元前 69 年当选为财政官，公元前 60 年与庞培、克拉苏结成"三头同盟"，公元前 59 年担任执政官，后又出任高卢总督，虏获大量财富，其间曾两度入侵不列颠。公元前 53 年克拉苏阵亡，势力不断增长的恺撒与元老院的关系越来越紧张。公元前 52 年，庞培与元老院结盟镇压民主派，并在公元前 49 年令恺撒解散军队，恺撒并没有接受命令，而是继续向罗马进军。公元前 45 年内战结束，恺撒"被用各种不同的身份表现出来；有时戴着橡树的冠冕，当作祖国的救星，因为以前那些性命被人挽救了的人常用这种冠冕以酬谢他们的救命恩人的。他被宣称为祖国之父，被选为终身独裁官"，并被宣布为"神圣不可侵犯"，③他的雕像被放置在神庙里，肖像被刻在硬币上。随后，他进行了一系列改革。恺撒的历史学著作主要有《高卢战记》《内战记》，叙述了他征服高卢、远征不列颠的事迹，以及他与先前的同盟者庞培之间的战事。此外，恺撒还著有《格言集》《论类比》《反加图》等，可惜已经佚失。

《高卢战记》是恺撒为了反击政敌而编撰的，是一部政治宣传书，也是一部帝王之书。全书共计 8 卷，前 7 卷恺撒亲自撰写，第 8 卷是他去世后由希尔提乌斯（约前 90—前 43）代笔续写的，基本是一卷记载一年的战史。恺撒手法巧妙，以第三人称记述，期冀达到树立良好形象、进行自我辩护的目的。"恺撒计划用他这

① ［美］唐纳德·R. 凯利：《多面的历史：从希罗多德到赫尔德的历史探询》，陈恒、宋立宏译，生活·读书·新知三联书店 2003 年版，第 96 页。
② 刘津瑜：《罗马史研究入门》，北京大学出版社 2014 年版，第 68 页。
③ ［古罗马］阿庇安：《罗马史》下卷，谢德风译，商务印书馆 2009 年版，第 189—190 页。

部书影响舆论，在指控他的人面前替自己辩护，说明征服高卢并不意味着只不过是为自己飞黄腾达、攫取更大的权力的野心而铺设的一块跳板，而是高卢那方面强加在罗马身上的一次战争，因此，它是一次必要的、爱国主义的战争。此外，恺撒写这本书是有意使他的敌人知道他有一支强大且忠于自己的军队作他的后盾。因此，全部《高卢战记》都浸透着一种意向，其用心和影响我们必须充分注意。"① 尽管书中充斥着"仁慈善良""公正无私"之类让人惊异的自吹自擂，以显示其优秀品质，失之偏颇，但该书仍旧是有关共和国末期的重要史料。恺撒善于用文字来扩大自己的影响力，他用拉丁语把战事描述得绘声绘色，让人很难不信服。从那时候起，他声名鹊起，一代又一代的罗马人为之着迷，他的《高卢战记》语言通俗易懂，叙述生动有趣，是拉丁文学中的精品，至今仍旧作为拉丁文教本而广受欢迎。

《内战记》在年代上紧接着《高卢战记》，主要记述了公元前49年恺撒跨越卢比孔河，进军罗马，打败庞培及其党羽的经过。恺撒编撰该书也是为自己辩解，声称内战是为了保护平民，有不少夸大其实之处，史料价值逊于《高卢战记》，影响力也不及《高卢战记》。该书共计6卷，前3卷由恺撒撰写，后3卷也是由希尔提乌斯代笔的。

恺撒认为他无须把政敌处死，而是改变行政制度就能够赢得政敌，但元老们认为恺撒的专制制度否定了共和自由，他们感到恢复共和国再也不可能了，公元前44年3月15日，卡西约和布鲁图斯刺杀了恺撒，企图恢复共和制，但这种行为实际上只是引发了另一场内战。罗马历史逐渐转入帝国时代。

第四节　罗马帝国时期史学

奥古斯都时代是罗马文化的"黄金时代"，维吉尔和贺拉斯都受益于他的赞助，文学在他的统治下蓬勃发展，史学自然也不例外。生活在奥古斯都时代的史学家生动地表现了那时的紧张与不安。李维的《罗马史》自罗马起源一直写到自己所处的时代。该书虽然只有部分存留于世，但仍体现了罗马作为地中海霸主所倡导的一系列道德规范、爱国教训，以及如何战胜敌人成为强国。

克劳狄与尼禄时代涌现了另一批才华作家，如小塞涅卡、老普林尼、小普林尼、马提亚尔等，这个时期被称为"白银时代"。古罗马史学在弗拉维王朝时期失

---

① ［美］J. W. 汤普森：《历史著作史》上卷第1分册，谢德风译，商务印书馆1996年版，第101页。

落，在五贤帝时代再次复兴，出现了尤维纳尔、阿庇安、塔西佗、苏维托尼乌斯、普鲁塔克等史学家。3 世纪，罗马文化衰落，基督教的兴起催生了基督教史家，这将在下一章论述。

一、李维

提图斯·李维（前 59—17）出生于富饶的帕多瓦（今威尼斯附近），他生活在罗马文化黄金时代，今人对其生平知之甚少，从其文字风格中可以推断他的家族显赫，有一定地位，受过很好教育，研习修辞学和哲学。李维一生基本都是在罗马度过的，经历了从共和到帝制的转变，没有担任过任何公职，但受屋大维青睐，并且成为屋大维之孙——日后成为罗马皇帝的克劳狄的老师。据说李维写过哲学、修辞学等方面的著作，但已失传，但这些都无法与他皓首穷经撰写的卷帙浩繁的历史巨著《建城以来史》相比。

李维开始撰写《建城以来史》（简称《罗马史》）时三十出头，此后便把一生献给了这部宏伟巨著，他以雄辩之笔撰写的《罗马史》长达 142 卷，自公元前 753 年罗马建城开始叙述，第 1 卷写于公元前 29—前 25 年，终卷以公元前 9 年的德鲁苏斯之死结束，李维可能打算写到奥古斯都去世为止，但并没有实现。每卷之间的划分出自李维之手，但 10 卷一部的编排则是后人所为。这部著作一直完整地保存到 6 世纪，到 12 世纪才再现于世，不过已经是残篇了。现仅存 35 卷（第 1—10 卷，叙述公元前 754—前 293 年的史实；第 21—45 卷，记载公元前 218—前 167 年的史实，其中第 41、43—45 卷还有残损），由于 10 卷组成一部，因此传世的多半是完整的 10 卷，而失传的也是如此。如果李维的作品全部失传，那么就算波里比阿、狄奥尼修斯与普鲁塔克可以弥补一部分漏洞，欧洲以后的文化损失也将难以估计。[①] 现存文本主要归功于意大利人文主义者彼特拉克，他在 14 世纪把第一部、第三部、第四部等卷合并在一起。现存著作叙事结束于公元前 167 年。一些佚失的内容可借助古人所做的摘要、选录等而知其大概，近几十年又发现了一些相关的纸草残篇。

李维的《建城以来史》是以优美的拉丁语撰写的第一部严格意义上的完整罗马史，是"一部从开头以来的完整的罗马历史的宏伟构思"。[②] 李维说："我想写

---

① ［英］约翰·布罗：《历史的历史：从远古到 20 世纪的历史书写》，黄煜文译，广西师范大学出版社 2012 年版，第 118 页。布罗继续叙述：理查德·萨瑟恩爵士（Sir Richard Southern）在《中古时代的形成》（*The Making of the Middle Ages*，1953）中提到，1040 年左右，克吕尼（Cluny）修道院的修士根据图书馆的藏书，列了一张书单作为个人研读之用。可以想见绝大多数都是教父作品或《圣经》评释、圣人传记、教会史或修道院戒律。在 64 名修士中只有一个例外，这个人选择了李维。看来有人希望可以知道更多的有关李维的事。

② ［英］柯林武德：《历史的观念》，何兆武、张文杰译，商务印书馆 1997 年版，第 72 页。

一部罗马人民的历史。从罗马城的建立到我自己的时代。"这种通史体例在当时属于首创，是西方史学史写作中通史体例的嚆矢。共和时期的罗马史家只是记述了罗马史的某些片段，而李维则把罗马历史的发展当作一个整体来叙述。当时的地中海世界业已具备这一巨著问世的条件：罗马霸业已经扩展到整个地中海世界；奥古斯都的"罗马和平"不但让人们对未来充满希望，而且也愿意回首历史；在罗马扩张过程中不断与周边民族、地区产生各种交流，这些民族、地区的历史自然成为罗马人关心的话题，这也为撰写那时的世界史提供了土壤。李维以公元前49 年恺撒与庞培分裂为标志，将罗马史分为两大时期，按时间顺序进行叙述，略古详今。

李维著述的目的是宣扬罗马人的光荣，激发爱国热情，宣传共和制度，鞭挞当下腐败。李维受斯多噶思想的影响，认为历史的兴衰与人们的道德相从，从而借用了希腊人的垂训史观，通过"范例"来垂训后世，历史的作用是奖善惩恶，让英雄人物起着道德楷模作用，历史就应该灌输道德，提倡爱国。李维特别强调道德史观，试图特别突出可作为人类楷模的各种行为规范，绝非单纯地描述事件。"在认识往事时，尤其有利而有益的在于：你可以注意到载于昭昭史册中各种例子的教训，从中为你和你的国家吸取你所应当仿效的东西，从中吸取你所应当避免的开端恶劣与结局不光彩的东西。"① 李维的垂训不是抽象的，而是通过历史事例，再现历史人物的道德范例，激励后人，因而他的笔下充满英雄人物的道德故事。

李维拥有明显的共和主义思想倾向，他浓墨重彩地讴歌共和国的高尚道德和伟大业绩，认为祖国的命运比个人的命运更加重要，早期罗马英雄愿为祖国和同胞奉献自己的生命，他本人生活的时代则不然。罗马美德造就了永恒罗马，然而他生活时代的罗马被罗马成功后所带来财富与安逸所颠覆，自豪与悲观充斥着李维的作品，他怀念昔日的共和制度，讴歌布鲁图斯、庞培。塔西佗说："以雄辩和坦率而享最高盛名的李维说了这样恭维庞培的话，以致奥古斯都称他为'庞培派'，然而这并没有在他们的友谊中间引起裂痕。"②

罗马人认为历史是一门艺术，是雄辩术，须讲究辞藻，李维也不例外。他的拉丁文富有文采，享有盛名，其创作时代是拉丁文学的巅峰时代，因而文中有不少诗歌的韵味，使得叙述不显沉闷，对后世产生很大影响，尤其是自文艺复兴以来西方教育中最重要的语言学习是拉丁语而不是希腊语，李维著作成为必读作品。

李维的著作在当时就被奉为圭臬，影响很大，与维吉尔并列。据小普林尼记载，当时有一位加的斯的居民不远千里来到罗马只是为了见李维一面，如愿以偿

---

① ［古罗马］李维：《建城以来史》前言·卷一，穆启乐等译，上海人民出版社 2005 年版，第21 页。

② ［古罗马］塔西佗：《编年史》，王以铸、崔妙因译，商务印书馆 1981 年版，第 225 页。

后就立即返回家乡，对罗马其他景物却视而不见。李维对人性的深刻洞见，对善良与崇高的讴歌，对罗马伟人与制度的崇拜等，使得他对后世产生极大的影响。塔西佗认为李维"笔法雄辩，切中肯綮"；但丁称李维为"杰出的史学家"；弗朗西斯·培根认为李维"为行为举止提供了楷模"。

马基雅维里的《论李维》对李维的著作进行了评论，法国思想家泰纳的教师资格考试撰写的就是有关李维的论文，艾因哈德的《查理大帝记》就是模仿李维的，奎恰迪尼的《意大利史》（1561）、格劳秀斯的《战争与和平法》（1625）、麦考莱的《古罗马叙事诗》（1842）都从李维那里获得了营养。

如果说波里比阿是首位古代地中海世界侧重文献研究史学家的话，李维则把这种写作模式彻底发扬光大。他熟读前人的著作，对前人的著作有一定的批判意识，"对这种远古的问题，即使把或然之事当作真实，我也感到足够了。像这种宜于点缀戏剧的神奇性而难以令人置信的叙述，是既不值得肯定，也不值得反驳的"。① 对待诸如罗穆洛和勒莫斯、卢克莱西亚之类的传奇故事，大体上倾向于接受。李维的著作充满神意，记载了大量神迹，认为正是由于罗马人宗教信仰虔诚，罗马才能多次转危为安，成为地中海世界的霸主。李维著述基本可信，但他的目的是写一部充满文学魅力的史书，加上他没有亲身考察过战场、行军路线、铭文、石刻等，只是借用前人的史著来进行写作，而且材料来源复杂，取舍没有一定标准，当史料涉及罗马与对手的纷争时，李维会偏袒罗马。这些都是李维著述中的不足之处。

和李维同时的有两位比较有名的史学家，他们是西西里的狄奥多罗斯和哈利卡纳苏斯的狄奥尼修斯。

西西里的狄奥多罗斯生活在公元前1世纪。从他的名字可以看出他生于西西里，用希腊文写作。所著45卷的《历史文库》只有15卷存留于世，内容涉及希腊化时代及希腊化世界与罗马世界的相互关系，是一本当时意义上的世界史，从神话时代写到恺撒征服高卢。

哈利卡纳苏斯的狄奥尼修斯是连接希腊化世界与罗马的另一座桥梁。他精通修辞，在恺撒结束高卢战争时来到罗马，学习拉丁语，为他的《罗马古事纪》（20卷，仅第1—9卷和其后2卷的部分章节保存下来）一书收集材料。该书是自神话起源开始叙述一直讲到第一次迦太基战争开始之间的罗马史。

二、塔西佗

如果说李维的《罗马史》是罗马史坛上第一座丰碑的话，那么其后的塔西佗

---

① 吴于廑主编：《外国史学名著选》上，商务印书馆1986年版，第167页。

则又把罗马史学大大推进了一步。塔西佗（约56—约120）是古代罗马史学家、传记作家、民族志学者，这么伟大的史学家却没有简略的传记流传，以致后人难以了解他的基本生平，甚至出生地都不能确认。约略知道的是，塔西佗出身于比较富裕的骑士等级家庭，受过比较好的教育，公元77年娶阿古利可拉的女儿为妻，97年，在涅尔瓦时代被任命为执政官，后来又被任命为亚洲总督。在弗拉维王朝、安敦尼王朝时代是元老，是图密善暴政统治时代的目击者。他是小普林尼的朋友，小普林尼有11封信是写给他的，二人被同时代的人公认为文坛双璧。塔西佗著有《演说对话》《阿古利可拉传》《日耳曼尼亚志》《历史》《编年史》等，前三部基本完整保留下来，后两部有很多内容佚失。如果《历史》《编年史》能完整保存下来的话，合在一起就是一部有关1世纪罗马帝国历史的巨著，因而存世部分的史料价值越发显得弥足珍贵。

《演说对话》是塔西佗的第一部著作，他模仿西塞罗的风格，认为演说术在罗马帝国衰落的原因是人们的言论自由受到限制，这在一定程度上表现了塔西佗的雄辩。但该书与作者后来的文风截然不同，因而这部著作的作者究竟是谁，长久以来颇有争议，不过现在多认为塔西佗为该书的作者。

《阿古利可拉传》是一部记述塔西佗岳父阿古利可拉在不列颠军功与业绩的传记，展现了阿古利可拉身上的美德，以此反衬罗马官场的黑暗与社会道德的堕落。但又有很大篇幅记录了不列颠的历史、地理等方面的信息，成为研究罗马时代不列颠的重要史料。

《日耳曼尼亚志》是有关古代日耳曼诸部族最早的一部著作，记述了罗马人所接触到的这个民族的部落、社会、道德、经济等方面的信息，叙述鲜明生动，文字简洁含蓄，他"对蛮族人美德的勾画与他在古今之间做的对比一样，都是要凸显公元2世纪罗马社会的堕落状况，虽然这种勾画有理想化之嫌，事实上可能也有过时之处"。[①] 恩格斯撰写《家庭、私有制和国家的起源》《论古代日耳曼人的历史》时就参考了该书。

《历史》大约完成于109年，共12卷，但只有第1—4卷及第5卷开始部分存留于世，保存下来的内容接近原书的1/3，记述69—96年从尼禄之死到图密善之死的罗马帝国史事，采用当时流行的编年体。

《编年史》大体写于115—117年，是塔西佗最后一部著作，也是他最精彩的作品。该书记述14年奥古斯都之死到69年间罗马帝国初期的史事，讨论了由共和向帝国过渡的原因这一重要话题。全书究竟多少卷，至今没有定论，只保存第1—

---

① ［美］罗纳德·R.凯利：《多面的历史：从希罗多德到赫尔德的历史探询》，陈恒、宋立宏译，生活·读书·新知三联书店2003年版，第109页。

4卷、第5卷的开头部分（从奥古斯都去世到29年）、第6卷部分（到提比略去世为止）、第11—15卷和第16卷前半部分（47—66年的史实）。

塔西佗参考了许多希腊、罗马史家撰写的文献，其中有老普林尼，他曾写有与日耳曼人战争的历史；还有罗德岛的波塞冬尼乌斯，他公元前1世纪就生活在这里。塔西佗的岳父，罗马将军阿古利可拉任不列颠的总督，在《阿古利可拉传》中，塔西佗描述了不列颠人的风俗与生活习惯，对罗马探险者围绕不列颠群岛的探险进行了有趣的描述，这些探险几乎到了极北之地。《日耳曼尼亚志》对日耳曼部落进行了更加全面的、更加详细的文字记述（恺撒也有记载），考古学已经证明了塔西佗的很多记载是正确的，虽然也有一些不客观之处，但终究保存了很多珍贵的材料。罗马人视日耳曼人为"蛮族"，塔西佗明显地回应了这种观念。《日耳曼尼亚志》并没有贬低日耳曼人，对他们的地理环境特征作了详细的记载，记载了他们的土地、风俗、制度、生活方式等。与其说这两部著作记载了罗马人征服不列颠人和日耳曼人的历史，不如说是以含蓄的形式在讴歌阿古利可拉的个人品德与日耳曼部落的道德品质，例如对他人的忠诚、坚强和自我牺牲等。[1] 这与腐败的、奢侈的、不道德的罗马人形成了鲜明的对比，告诫罗马人当时的世界已是金玉其外败絮其中，腐败已经彻底腐蚀了罗马人的品质。

塔西佗擅长性格分析，特别是对诸如提比略这样的皇帝的内心世界作出了出色独到的心理分析，塔西佗也展现了对集体行为的描写能力。塔西佗敏锐地注意到元首制时期皇帝滥用权力，反对专制的塔西佗通过他的措辞强力嘲讽，进行鞭挞，留给后人很多警句，如"叛徒遭人人恨，哪怕是他们投靠的人""国家最腐败时，法律也最繁多""人类存在，罪恶存在"。诸如此类警句不可能不激发读者的兴趣，无形之中也让读者接受塔西佗的历史观念。塔西佗向往昔日的共和制，那时的罗马人还一同劳作，不自私，也不贪恋权力，而塔西佗生活的时代的一切都是不平等的产物，也是财富增加的产物。塔西佗反对皇帝的骄奢淫逸、独断专横，蔑视元老的阿谀奉承、趋炎附势，崇拜古老的共和制，维护先前的宗教信仰，"世界的格局改变了，浑厚淳朴的罗马古风业已荡然无存。政治上的平等已经成为陈旧过时的观念，所有的人的眼睛都在望着皇帝的敕令"。[2]

这种道德说教在于批判当时的罗马，那时的罗马已经失去了古老共和时代的活力，这种观点在其两部长篇历史著作《历史》《编年史》中得到加强。《演说对话》中的那种雄辩气势为《历史》中那些精雕细琢的、富有个性的道德说教风格

---

① "Tacitus," in *Science in the Ancient World : An Encyclopedia*, Santa Barbara, CA: American Bibliographical Center-Cio Press, 2004.

② ［古罗马］塔西佗：《编年史》，王以铸、崔妙因译，商务印书馆1981年版，第5页。

所代替。"在塔西佗的时代，心理分析和警句式的简洁开始流行起来；此外，他还受到当时修辞学派趋势的影响。虽然塔西佗是个优秀的修辞学学者，但是他在使用修辞技巧时极为谨慎，只有在为制造某种特定效果的时候才会用到。然而在对战争的记述中，他牺牲了准确性以换取文风。他叙述战争的动机完全不是出于军事上的目的，而是出于修辞上的兴趣。"①

塔西佗以历史的眼光对专制制度和帝王思想进行了尖锐的批判，他的文字意在鞭挞，发泄对专制制度的不满，但他意识到，从共和到帝制已经是不可逆转的趋势，不过对未来还是抱有希望："在这个时代，道德并没有沦丧到连一点崇高的典范都见不到的地步。母亲陪同自己的孩子们一同逃跑，妻子跟着自己的丈夫一道被流放……一些著名的人物以刚毅不屈的精神迎接他们不可避免的死亡，他们在临死时的气概可以与古人的光辉的死亡并列而无愧。"②

塔西佗的著作为后世描述了罗马帝国初期的绚丽画卷，其文学价值不逊色于史学价值，但他的语言风格简洁、含蓄，给读者带来阅读上的困难。塔西佗和罗马讽刺诗人尤维纳尔是同时代人，他们代表着古典拉丁文学最后的辉煌；他们都在罗马文明状态下对伦理道德抱有极大的关怀，塔西佗推崇共和时代简朴的美德，尽管他认为帝国是政治的必需。塔西佗的文风以简洁著称，对后世影响很大，是16—19世纪的英国教育的重要组成部分。

人们通常认为塔西佗是一位客观的思想家，这并不完全符合事实。塔西佗信仰罗马的多神教与万神殿的神灵，很显然，斯多噶和伊壁鸠鲁的怀疑主义还没有引起塔西佗足够的怀疑精神。像许多史学家一样，塔西佗记录神迹、奇迹、征兆和预言。塔西佗的《历史》叙述了一个有关未来皇帝韦伯芗的事件，韦伯芗接到来自神祇的明确信息，甚至让盲人复明。

塔西佗在世时并没有获得很高声誉，这与彼时趋炎附势又高压的社会大环境有一定关系，人们不愿意阅读严肃著作，只有他的朋友小普林尼表示赞赏。到了中世纪，人们几乎遗忘了塔西佗，直到文艺复兴时代他才受到注意。伏尔泰、孟德斯鸠等人都把塔西佗的著作当作反对专制制度的楷模，塔西佗因而在法国大革命时期备受推崇，普希金也视塔西佗的作品为"惩罚暴君的鞭子"。

随着罗马帝国的延续，"史学家们开始越来越使自己满足于可怜无补的编辑工作，以一种毫无批判的精神来积累他们从早期的著作中所找到的材料并且毫无目的地加以排比"。③ 塔西佗是罗马黄金时代著名的史学家，与他同时的另一位史学

---

① J. B. Bury, *Ancient Greek Historians*, New York: Dover Publications Inc., 1909, p. 228.
② ［古罗马］塔西佗：《历史》，王以铸、崔妙因译，商务印书馆 1981 年版，第 3—4 页。
③ ［英］柯林武德：《历史的观念》，何兆武、张文杰译，商务印书馆 1997 年版，第 78 页。

家是苏维托尼乌斯。

三、从苏维托尼乌斯到阿米阿努斯·马塞利努斯

苏维托尼乌斯（约69—约122）的生活年代比塔西佗略晚，也是小普林尼的朋友，曾担任哈德良皇帝的秘书，为哈德良时代最重要的史学家，勤于笔耕，且体裁多样，著有《罗马十二帝王传》《罗马志》《语法问题种种》《风俗和习惯》《希腊节日》等，但只有《罗马十二帝王传》基本完整流传下来，唯"恺撒传"开头部分有缺失。

《罗马十二帝王传》记载了自恺撒到图密善12位皇帝的生平，作者认为一个人的性格可以从一些微小的、不重要的细节中看出。由于苏维托尼乌斯曾是皇帝的秘书，获得材料比较方便，各种信息来源较为广泛，不仅有各种公众文献，还有皇帝的亲笔信，但他缺乏批判性眼光，"如是与其笔下皇帝有关的材料，凡带亲私或敌意的都会加以过滤，随后尽自己所能予以编撰，不特别用心于诸皇帝人格发展的轨迹，甚至也没有严格按编年体顺序排列一切内容。书中很少给出明确日期，整本作品看起来更像是史料的堆积而非真正的历史"。[①] 可见，一方面，该书不是严格意义的历史著作，而是有一定想象成分在内的文学传记；另一方面，在帝国专制时代，皇帝个人的性格与心理对历史发展造成了很大影响，从而使史学家关注个体传记，罗马史学思想已经发生了变化。苏维托尼乌斯的《罗马十二帝王传》和普鲁塔克的《希腊罗马名人传》一起构成了西方史学史中传记体的另一个源头。

苏维托尼乌斯之后，古代意大利本土的史学逐渐衰落，此时的罗马帝国东部，即希腊语地区不断涌现史学家。普鲁塔克、阿庇安等人即是其中著名的代表人物。

普鲁塔克（约46—约120），罗马帝国早期传记作家、史学家、道德哲学家，少时游学雅典，学习哲学、修辞、医学、数学等，在小亚细亚、埃及、希腊、意大利等地广泛游学，与罗马上层社会有交往，见过皇帝图拉真、哈德良。著述甚丰，达227篇，传世的有用希腊语写就的《希腊罗马名人传》《道德论集》等。[②]

普鲁塔克生活于罗马帝国早期，各行省在帝国中的作用越来越大，意大利本土的重要性在逐渐降低，行省文化不断高涨，尤其在具有悠久文化传统的希腊、西亚等地区更是如此。2世纪以希腊为代表的东部行省的文化高涨，被称为"希腊文化复兴"，出现了诸如普鲁塔克、琉善这样杰出的作家。希腊语成为一种风尚，

---

① ［美］哈罗德·N. 福勒：《罗马文学史》，黄公夏译，大象出版社2013年版，第250页。
② Simon Hornblower, Antony Spawforth, *The Oxford Companion to Classical Civilization*, 2nd, Oxford: Oxford University Press, 2014, p. 602.

人们用希腊语进行写作，甚至皇帝奥勒留、朱利安也用希腊语写作。

《希腊罗马名人传》共计50篇，其中有46篇以类相从，是从希腊、罗马各选择一位人物的对照传记，先叙述个人情况，然后进行比照，最后是总结性的合论；其余4篇则为一人一传。普鲁塔克为了实现道德教化，把整体古代世界视为选题范围，内容极其广泛。"他的《希腊罗马名人传》就那种将希腊史与罗马史联系起来看的传统做法提出了一种新的观点，此种观点告诉我们：希腊史、罗马史，其中的任何一方应解读为另一方的镜像，由此，就如何感知罗马以及罗马人如何感知自身，普鲁塔克为我们提出了具有原创性的看法。"①

《道德论集》内容非常广泛，由60多篇文章和语录组成，涉及政治、科学、宗教、历史、文学、艺术、伦理等方面的讨论，书中有很多引文，让后人得以管窥那些已经佚失的著作，对后世产生很大影响，蒙田的《随笔集》、培根的《论说文集》都有《道德论集》的烙印。

普鲁塔克的思想深受毕达哥拉斯、柏拉图、亚里士多德以及斯多噶主义的影响，在伦理道德方面采取中庸之道，认为人的生活应受节制、克己、仁义等因素制约，不能为富不仁。普鲁塔克行文总抱有很多道德寄托，与其说他是在写名人的历史，不如说是在进行道德说教："我把历史当作一面镜子来使用，努力以某种方式安排我的人生，使之与其中描述的各种美德相适应。"②

恺撒以第三人称不带感情地进行叙述，而普鲁塔克善于通过轶闻趣事来描述人物的性格与行为，人物形象栩栩如生，给读者留下深刻印象，但略于社会背景介绍，易夸大个人在历史上的作用，因而自文艺复兴时代以来，《希腊罗马名人传》深受西方读者欢迎。维拉莫维兹说道："普鲁塔克的《希腊罗马名人传》是文艺复兴与法国大革命这几百年间最受欢迎的读物。普鲁塔克无疑是一位拥有伟大学识之人，但是他写作的材料完全来源于之前史学家和亚历山大里亚的编撰者们，除了令人陶醉的描述，普鲁塔克的贡献在于留下了一个道德家的说教和图拉真时代的政治气候。当然，普鲁塔克几乎算不上是一位史学家，即便对古代人而言也是如此。然而，这一事实是经过了19世纪的许多工作之后才被人们逐渐认识到的。"③ 以现代的标准来看，普鲁塔克确实不是严谨的史学家，取材比较随意，但他有生花之笔，对后世影响很大。莎士比亚的很多剧本都取材于普鲁塔克，有的

---

① Andrew Feldherr, Grant Hardy, *The Oxford History of Historical Writing*, vol. 1, Oxford: Oxford University Press, 2014, p. 326.

② 转引自刘家和主编：《中西古代历史、史学与理论比较研究》，北京师范大学出版社2013年版，第313页。

③ Ulrich von Wilamowitz-Moellendorff, *Greek Historical Writing and Apollo*, Oxford: Oxford University Press, 1908, p. 4.

甚至逐字逐句引用，因此即使只读过莎士比亚的著作，对普鲁塔克的著作也会有亲和感，尤其是莎士比亚笔下的布鲁图斯、安东尼等人物。

阿庇安（约95—165）是出生于亚历山大里亚的希腊人，后定居罗马，并获得罗马公民权，生活在罗马帝国由盛转衰时期，用希腊语撰写自王政时代迄图拉真时代的《罗马史》24卷。前21卷自王政时代叙述到奥古斯都时代元首制的兴起，第22卷描述了帝国的状况。阿庇安是罗马的热情崇拜者，他认为罗马人的毅力、耐心、节制等美德是罗马成功的原因。但其著作只有11卷完整传世，即战史6卷、内战史5卷。内战史是最有价值的部分，几乎包含了内战时期的全部事件。

阿庇安以事件为主题按照民族或国家分类叙述，犹如中国的"纪事本末体"。"因此，他的《罗马史》是由一套各自独立的历史专著组成的丛书。他没有批判能力，年代编排也粗心大意，没有指明他的史料来源（这一点只能根据他写的东西本身推断）。尽管如此，阿庇安的著作还是极有价值的，因为我们能够用他的书核对其他史家对同样事件的记载。"①

阿庇安注重从经济角度来解释历史事件的来龙去脉，他认为土地改革是罗马史上的重要政策之一，这是因为大小土地拥有者之间利益冲突导致罗马社会的基本矛盾，恩格斯指出："在关于罗马共和国内部斗争的古代史料中，只有阿庇安一人清楚而明确地告诉我们，这一斗争归根到底是为什么进行的，即为土地所有权进行的。"② 阿庇安重视奴隶起义这样的重大历史事件，把斯巴达克斯起义纳入内战的叙述之中（罗马内战指公民之间的战争，而与奴隶无关），这种超越阶级分野的态度，在古代世界是非常难能可贵的，马克思称阿庇安的著作是"一部很有价值的书"。③

卡西乌斯·迪奥（约155—235）也是用希腊语写作的史学家，他出生于比提尼亚的尼西亚，图密善时期曾为元老，约229年返回尼西亚。他著有《罗马史》，80卷，叙述自埃涅阿斯登陆意大利至亚历山大·赛维鲁（202—235）统治时期的罗马史。其中，第36—54卷（前68—前10）完整传世，第55—60卷（前9—46）仅存摘要，第17卷和第79—80卷（217—220）有残篇存世，12世纪的拜占庭史家辑有摘要。

出生于小亚细亚的比提尼亚的阿里安（96—175）是普鲁塔克之后另一位重要的传记作家，他曾去罗马学习哲学，由于图密善皇帝驱逐哲学家，遂出逃，后来遇到哈德良皇帝，获得赏识，步入仕途，任执政官，约130—137年任卡帕多西亚

① ［美］J. W. 汤普森：《历史著作史》上卷第1分册，谢德风译，商务印书馆1996年版，第161—162页。
② 《马克思恩格斯文集》第四卷，人民出版社2009年版，第308页。
③ 《马克思恩格斯全集》第三十卷，人民出版社1975年版，第159页。

总督。大约在 2 世纪早期离职后开始著述，涉及题材非常广泛，包括哲学、历史、地形学、人种学以及军事方面，著有《演说辞》《气象学》《比提尼亚史》《帕提亚战争史》等，但大多已经佚失，只有《亚历山大远征记》（7 卷）传世。

亚历山大是亚里士多德的学生，具有高度的文化修养。在东征过程中，他不仅每日手不释卷，还随身带了一批希腊学者，其中包括史学家。其人格魅力和惊人的武功文治是历史记载的绝好素材。这批御用文人学者于是围绕他和他的事业写作出相当多的文章。

历史上有关亚历山大的记录大致有三个来源：第一，主要来源于一些军事回忆录；第二，来源于卡利斯提尼和克莱塔库斯的通俗记载，并由狄奥多罗斯充分整理，目的在于歌颂亚历山大，内容是第一种来源与各式各样传闻记述、流行故事的混合物；第三，来源于马其顿贵族反对亚历山大亚洲政策的反亚历山大传统。依据这三类关于亚历山大的记载，可以把历史上的亚历山大形象分为"历史""传奇"两大派。历史派的素材主要来源于第一类，真实的成分较多，但也有一定的传奇色彩；传奇派的素材主要来源于后两者，虚构的成分较多，缺乏必要的历史真实性。

阿里安的《亚历山大远征记》是现存有关亚历山大最重要的材料，主要是因为阿里安忽略了克莱塔库斯的那本非常流行的《亚历山大史》，而使用了其他材料。尽管阿里安的著作写于亚历山大身后 500 年，但对现代读者而言，阿里安的著作或许是研究亚历山大的最重要的材料了。阿里安充分利用分析的方法，清晰地辨别了他的材料来源以及这些材料的重要性，意图尽量得出亚历山大的真实生平，因此，阿里安给现代史学家所带来的益处也就最显而易见。[①] 阿里安在序言里这样解释："我认为托勒密和阿里斯托布鲁斯二人的记述较为可靠。因为阿里斯托布鲁斯曾随国王亚历山大转战各地，托勒密则不但有同样经历，而且他本人也是个国王。对他来说，撒谎比别人更不光彩。"[②] 阿里安这段话给后人留下深刻的印象，几乎所有的人都认为阿里安选择的材料更为准确：托勒密和阿里斯托布鲁斯是事件的目击者。

罗马帝国统治时期犹太人中有一位著名的史学家弗拉维·约瑟夫斯（约 37—100），他于 64 年游历罗马，66 年犹太起义前返回耶路撒冷，被俘后预言苇伯芗会成为皇帝，被赦免。耶路撒冷陷落后，随平定起义的提图斯前往罗马定居并获得

---

① 不过，阿里安在使用托勒密和阿里斯托布鲁斯的材料时也经常偏离主题，他解释说："至于别人撰述中那些我认为值得记下而且并非完全不可靠的材料，我也采用了，作为流传下来的关于亚历山大的史料的一部分。"Arr. Anab. 1。译文见李活译《亚历山大远征记》，商务印书馆 1979 年版，第 12 页。

② ［古希腊］阿里安：《亚历山大远征记》，李活译，商务印书馆 1979 年版，第 11—12 页。

公民权。此后，约瑟夫斯专心于历史著述，著有《犹太古史》《犹太战争史》《驳阿庇安》《自传》等，除《犹太战争史》用阿拉米语写作外，其余著作均用希腊语写成，是古代世界少有的几位多产史家之一。

《犹太古史》（20 卷）自创世写起，一直写到 66 年犹太起义前夕，是第一次对早期犹太历史进行系统记述的作品。前半部分取材于《旧约》，史料价值值得商榷；后半部分有关希腊化时代、罗马统治时期的记述，作者大量引述了同时代很多人的记录，较为真实可靠。《犹太战争史》为 7 卷，前 2 卷记述自公元前 170 年安条克四世占领耶路撒冷、取缔犹太教到起义前夕的各种事件，后 5 卷记载了起义的经过，很多内容来自作者的亲身经历，有很大史料价值。66 年，恺撒利亚的犹太人与希腊人发生冲突，罗马人偏袒希腊人导致犹太人起义，犹太人攻占耶路撒冷，罗马派苇伯芗镇压，70 年，罗马军队占领耶路撒冷，城中居民大部分被屠杀或卖为奴隶，犹太人失去家园。

《驳阿庇安》是一部捍卫犹太人的著作，主要针对亚历山大里亚的希腊学者阿庇安而作，这篇文章展示了约瑟夫斯的才华，成为希腊语檄文的典范。作者认为埃及人一直以来歪曲、污蔑犹太人的形象，埃及人是犹太人的死敌，必须加以抨击：崇拜食人野兽的埃及人根本不配称为人，[1] 如果人类都去信奉埃及宗教，那么世界上的人口早就被猛兽吃光了。[2]《自传》大约写于 100 年，主要是作者为自己在犹太起义中的表现以及后来的背叛行为进行辩护。

希腊语言和文化持久的活力影响了罗马文化的新趋势。如果说普鲁塔克用希腊语撰写名人传记进行道德教化，那么琉善则用希腊语撰写讽刺对话嘲笑那些古板与迷信的人。汤普森称之为这一时期"唯一一位在思想上有防腐本领的作家"。[3]

琉善（约 117—180），生于萨莫撒塔，当过律师、教师，在帝国各地游历演说，现存 80 多卷散文，种类繁多，涉及对话、随笔、书信、演说等。其中《论撰史》是古代世界对史学理论难得的系统叙述。

琉善生活在歌舞升平的所谓安敦尼王朝（96—192）盛世，这时的罗马帝国领土扩张达到最大范围，罗马史学自奥古斯都时代就开始的歌功颂德、阿谀奉承之风越演越烈，越来越失去历史求真的本质，有人"把历史分为欣赏的历史和实用的历史两大类，认为历史可以采用歌颂的方法，因为这既可以欣赏，又使读者感到愉快。然而，这种论调是最荒谬不过的了……这种分类就大错特错，历史只有

---

① Josephus, *Against Apion*, 2. 67, Boston：Harvard University Press, 1926.

② Josephus, *Against Apion*, 2. 139, Boston：Harvard University Press, 1926.

③ ［美］J. W. 汤普森：《历史著作史》上卷第 1 分册，谢德风译，商务印书馆 1996 年版，第 177 页。

一个任务或目的，那就是实用，而实用只有一个根源，那就是真实。历史中可欣赏的成分无疑是外加的东西，不是历史的本质，这正如美貌之于战士"，"历史如果只是夸夸其谈，就连欣赏的价值也没有了，如果是歌功颂德的浮夸，就加倍地使人反感，因为它既是浮夸又是阿谀"，"凡是斤斤追求眼前利益的史学家，都应当被视为阿谀者；而历史科学久已证明：阿谀与历史水火不相容"，"修昔底德是我们崇高的典范：……他分清了好史家和劣史家的界限：史家的作品应该成为千秋百世的财产，而不应徒为目前钓名沽誉；他们应该把信史留给后人，而不应向今人哗众取宠"。①

阿米阿努斯·马塞利努斯（约330—395），生于安条克希腊人贵族之家，是当时最后一位用拉丁文写作的伟大史家。早年从军，在高卢、色雷斯等地服役，参加过朱利安皇帝的波斯战役，游历过埃及，后隐居罗马从事写作。生活在基督教统治下，却以非基督教的立场在罗马用拉丁文撰写历史，对基督教并不抱偏见。著有《罗马史》，涵盖96—378年的史实，31卷，仅存14—31卷（353—378年的史实），在时间上续写了塔西佗的著作，也是塔西佗求真精神的衣钵传人，阿米阿努斯落笔严谨，没有虚妄之词，书中记述的很多是他亲历的事件，因而特别有价值。他认为历史要有年代顺序，要有一手和二手的证据。"我竭尽全力去寻求真理"，他写道："按事件发生的年代顺序描述它们，这些事件要么是我亲眼所见，要么是我通过对当事人详尽访谈得来的。"② 他的著作记载了4世纪匈奴西迁、日耳曼部落大迁徙以及罗马帝国衰落的情况，书中充满了有关帝国各地及其人民的有趣信息，他对其中绝大部分人持更为同情的态度。甚至地震、天蚀之类的科学问题亦是其著作的组成部分。他对这类问题的关注非常引人注目，他可能无意为之，因为他本人宣称，历史应聚焦于重大、突出的事件，忽略小事、常事。③

西方世界的拉丁史学随着阿米阿努斯·马塞利努斯的去世也宣告结束。古典史学逐渐逝去，伴随而起的是中世纪基督教史学。

第五节 古代希腊罗马史学遗产

古代希腊罗马是一个遥远的世界，但不是一个消失的世界，它的行为、经验、

---

① ［古罗马］琉善：《论撰史》，缪灵珠：《缪灵珠美学译文集》第一卷，中国人民大学出版社1987年版，第191、203、204页。
② ［美］罗纳德·R. 凯利：《多面的历史：从希罗多德到赫尔德的历史探询》，陈恒、宋立宏译，生活·读书·新知三联书店2003年版，第112页。
③ Daniel Woolf, *A Global History of History*, Cambridge: Cambridge University Press, 2011, p. 51.

思想并没有消失，仍然充满新鲜的、充沛的、欢乐的、希望的血液，仍然在不断延续的西方文明内"呼吸"与"燃烧"，西方世界仍不断从中获取不竭的新启示、新成果。古代希腊罗马文明是塑造"西方文明"的原材料，古代希腊罗马世界是西方文明的基础，更是西方文明中的前进动力，也是人类文明的主要组成部分。作为文明基础的古代希腊罗马史学也给西方世界带来了丰富的遗产。

一、修辞与历史

亚里士多德说修辞是一种"可用的说服手段"，就此而言，古代世界的事件叙述采用了各种说服手段。史前社会的事件记载凭借口传，人类的记忆开始于口传传统，为了长久保存人类的业绩，必须借助于其他物质手段，如图画、雕刻等，文字的发明使这种记载更加灵活多样，人类通过语言相互联系，通过语言来建构自己的世界，尤其是历史世界。以字符为元素构成的文字符号系统加上语法、文法，构成了复杂多变的文本，这使得人类的表达更加丰富多样，这种"文字革命"使古典史学得以兴起，这也是文体从诗歌向散文转变的过程。修辞是散文的基本表现手段，对历史著述产生了很大的影响，古典史家中擅长运用修辞的非修昔底德莫属，在他身上历史与修辞完美地结合起来。

《荷马史诗》就有不少很有感召力的演说，从中可以一窥那时的修辞意识与技巧。尽管史诗以诗歌形式呈现，但随处可见各种演说，荷马让那些演说家"插上了翅膀的言词"。希腊戏剧也是如此，出场者十分注意台词的修辞效果。公民大会的争执、法庭的控辩以及早期希腊哲学中的辩证关系都是推动修辞发展的重要因素。

就文体而言，散文要晚于韵文，韵文便于抒情，散文便于表达。公元前 6 世纪之前的希腊文本全部是用韵文书写的，之后才逐渐过渡到散文，公元前 5 世纪之后，除戏剧外几乎所有的文本都采用散文体，历史也不例外。

据记载，在叙拉古，为解决法律争执、政治争执，西西里人库拉科斯（活跃于前 467 年）、提西阿斯（活跃于前 467 年）开始在公共辩论中提供训练，一般把他们当作修辞学科的奠基者。[①] 公元前 427 年，高尔吉亚（约前 483—前 376）来到雅典开办第一所修辞学校，受业者有伯里克利、伊索克拉底、修昔底德等。

叙事是历史的本质，没有叙事，就没有历史。散文的出现为历史叙事提供了便利条件，而修辞学的发展则使历史叙述与历史分析更为完善、合理与丰满。希罗多德《历史》的表现手法深受早期修辞学的影响，在叙述各种争执时，常借用

---

① Richard L. Enos，"Rhetoric," in *Philosophy of Education：An Encyclopedia*. London and New York：Routledge，1996.

一些修辞手段。而将修辞学方法与历史学写作进行广泛而完美结合的，当属修昔底德。当时的散文文体在修辞上已达到相当的高度，修辞学的影响在修昔底德的历史写作中无所不在。第一，修昔底德在写作中大量借鉴了修辞学的方法，修辞学的训练使他的叙述和分析更具生动性和严密性，形成了独特的语言风格。第二，在《伯罗奔尼撒战争史》中修昔底德使用了 30 多篇演说辞穿插行文，占全书的近 1/4 篇幅，这些采用了各种修辞手法的精彩的演说辞，不仅本身具有很高的文学价值，而且同史书的整个叙述有机地结合在一起，成为修昔底德历史写作的一个重要特点。① 修昔底德说："在这部历史著作中，我利用了一些现成的演说词，有些是在战争开始之前发表的；有些是在战争时期发表的。我亲自听到的演说词中的确实词句，我很难记得了，从各种来源告诉我的人也觉得有同样的困难；所以我的方法是这样的：一方面尽量保持实际上所用词句的一般意义；同时使演说者说出我认为每个场合所要求他们说出的话语来。"②

修辞是使用语言的艺术，目的在于说服。修辞起源于希腊，在整个古代世界都很盛行，精通修辞是演说者的最基本训练。公元前 4 世纪是古代希腊散文与修辞学的黄金时代，除涌现许多著名演说家与修辞学家外，人们还对修辞学的理论和方法进行了概括与总结，如柏拉图的《高尔吉亚篇》《斐德罗篇》，亚里士多德的《诗学》《修辞学》等。亚里士多德区分了三种不同的说服模式——逻辑的、情感的、人格的，都是在发明、编排、风格的范畴内修正修辞创作的结果。后来的罗马也承袭了希腊的修辞学传统，以西塞罗、昆体良为主要代表，并日臻完善，达到顶峰。修辞与逻辑、语法一起，形成了"三艺"。

二、求真的希腊史学

历史须真，这是史学家的追求，历史的真相虽然不可能完整还原，但接近真相则是历史学家的最高理想。古典史学的本质特征是对历史真相的追求。还原事实、恢复真相、发现原因、探求因果，不仅是优秀的古希腊史家所力求达到的目标、所遵循的专业规范，也是评判他人史学著作的首要标准。在古希腊文里，"历史"这个词的含义最初即指通过考问、探究而求得的知识。

古代地中海世界汇聚着众多民族。一些民族没有保存记录，因此也就没有可供后人追忆、研究的历史；另一些民族比如苏美尔人、埃及人、赫梯人和亚述人等虽然流传下来了文字材料（其中有些材料可以追溯到公元前 3 千纪、前 2 千纪），但这些文字材料大多缺乏批判意识，缺乏求真意识，不是真正意义上的历史。

---

① 周兵：《西方古典修辞学与史学——以修昔底德为例》，《史学理论研究》2004 年第 3 期。
② ［古希腊］修昔底德：《伯罗奔尼撒战争史》上册，谢德风译，商务印书馆 1997 年版，第 17 页。

往昔事件的记录与解释开始于口口相传的传说，《荷马史诗》实际就是口传史。虽然它并非史学著作，荷马也不是严格意义上的史学家，但他笔下的人物深藏历史意识：有一种强烈的动力驱使他们想把辉煌留给后代，因此阿喀琉斯要唱颂英雄业绩。诗人本人也深知要把现在的人与他所描述的世界的人进行比较。

古希腊最早的一批史学家是公元前 6 世纪在爱奥尼亚出现的那些纪事家,[1] 就是讲故事的人。这些纪事家像早期自然科学哲学家一样，认为通过自己的调查（historia，希腊语含义就是"通过探询发现知识"）就可以为人们提供一份关于人类活动的可靠叙述。其中最著名的纪事家是米利都的赫卡泰乌斯，他宣称知识的独立性："我写的东西在我看来是真实的，因为在我看来许多希腊人的传说是荒谬的。"[2] 这种精神为希罗多德、修昔底德所继承。他们发动了一场"知识革命"，以理性解释过去，对现象进行理解。

作为希腊史学传统的奠基者，希罗多德对历史编撰的贡献是不容置疑的：首先，他对材料进行批判以区别历史时间；其次，他介绍帝国延续的观念，这就为直到 19 世纪欧洲的世界史提供了基本框架；最后，他认为所有民族都有自己的独立历史，并建立了要依靠各自民族材料来撰写各个民族历史的原则。尽管希罗多德的实践并不总是等同于他的原则，但他的《历史》一直是整个古代世界历史编撰的范式。[3] 修昔底德熟知希罗多德，他们之间也有相似性，比如他们在演说辞方面都模仿了荷马，但他们之间的差异远远大于相似：希罗多德叙述风格平易、流畅而有说服力；修昔底德叙述风格"粗糙、造作而令人反感"。[4] 希罗多德关注的是社会与文化，视野广阔；而修昔底德关注的内容范围较窄，基本上是战争和政治。

然而，修昔底德之后的希腊史学主流是那些见多识广、云游四方作家的著作，比如被放逐的雅典人色诺芬的著作。他的《希腊史》虽然关注的是伯罗奔尼撒半岛，但他的视野是广阔的，他笔下的希腊史不能被称为地方史。虽然他从修昔底德那里汲取养料，但他的宗教观念和他游离主题的叙述手法让人想到希罗多德的著作。《长征记》表现了他作为一个社会史学家的天赋。

修昔底德的影响从没有消失。卡里斯提尼讨论了修昔底德的演说。欧弗洛斯

---

① M. C. Howatson and Ian Chilvers eds. , "Logographers," in *The Concise Oxford Companion to Classical Literature*, Oxford: Oxford University Press, 1996.

② John Roberts, ed. , "Hecataeus," *Oxford Dictionary of the Classical World*, Oxford: Oxford University Press, 2007.

③ Stanley M. Burstein, "Herodotus," in William H. McNeill ed. , *Berkshire Encyclopedia of World History*, vol. 3, Great Barrington, MA: Berkshire Publishing Group, 2005, p. 900.

④ ［英］柯林武德：《历史的观念》，何兆武、张文杰译，商务印书馆 1997 年版，第 63 页。

的通史在古代世界非常流行，他主要是利用公元前 5 世纪的修昔底德、奥克西林库斯史学家、卡里斯提尼等人的著作。欧弗洛斯是通过西西里的狄奥多罗斯的著作传到我们这里的。欧弗洛斯对西西里有详细的记载，但很难确定他在多大程度上影响了提迈欧，提迈欧是希腊理解地中海西部世界的一个重要人物。另一位修昔底德的继承者、模仿者（模仿修昔底德的葬礼演说）是提奥庞培斯，他撰写了马其顿国王腓力二世的历史。

从这一时期史学专业化的趋势来看，表现在希罗多德、修昔底德身上的求真、探索精神确实衰落了。但波里比阿是例外，他把希腊史学的优良传统传输给了罗马世界。

三、实用的罗马史学

历史不仅仅是记忆的简单复制，对罗马过去的记述深深植根于罗马的现状，因此，罗马史学家通常比希腊史学家更加关注公众，他们渴望在公共生活中帮助当代读者、激发当代读者，往昔时常被塑造为当代事件的训例，或者以当代术语重新解释。可见，罗马人渴望集体记忆甚于个人经验。他们重视罗马建城史，把大量笔墨花在开端和当代事件上，而有关这两者之间的历史的叙述则极其简单，这一特点在罗马第一位史学家皮克托的著作中体现得最为明显。波里比阿、狄奥尼修斯和李维都引用他的著作。[①] 另一方面，罗马盛行的是编年史，记录的主要内容是一系列的征兆、官员的列表、军事的胜利等。

撒路斯提乌斯的《喀提林阴谋》《朱古达战争》则摒弃了编年形式，发展出了历史专论，使用两个有趣的历史事件来阐述主题的广泛意义。恺撒遇刺后撒路斯提乌斯退出公共生活，专心著述，研究共和国的衰落，他把这归结于道德的瓦解。他强调斯多噶派的学说，认为灾难是奢侈与野心的结果。他的分析高度浓缩，结构巧妙，并形成了适当的风格：简洁、警世、粗放、跌宕。

同时，恺撒写出了另一种形式的专题著作《高卢战记》，不过这类"随笔"形式不在主流之列。波利奥（前 76—4）撰写了恺撒与庞培之间的内战以及这之前的内战，叙述时间起于公元前 60 年。他尖锐、独立的分析影响了晚期希腊史学家阿里安、普鲁塔克的观念。

但波利奥的史著在罗马的影响微乎其微，这在很大程度上是因为李维 142 卷的《罗马史》一直影响着这一领域。李维以更加恰当的方式处理了过去与现在：这部历史书很大篇幅叙述的是当代之前的事件，就像李维在序言中所说的，部分是因为衰落相对来说是近来的事情，而最好的民族榜样是能够在先前几个世纪里找到

---

① *Encyclopædia Britannica*, 15th edition, London: Encyclopedia Britannica Inc., 1994.

的。然而，李维是一位民族沙文主义者，他的分析带有许多罗马人的偏见。在他看来，罗马人是个"天命所归"的民族。地中海世界被罗马统一，实乃历史发展的必然结果。①

在罗马帝国早期元首政治的高压之下，史学家们明白他们应该自我调整以适应新世界，适应罗马人在新世界所取得的成就。于是，帝国的历史学总是处于沦为给帝国人物书写传记的危险之中。这种情况自帕特尔库鲁斯（前19—30）以来就非常明显，从2世纪起，传记这一形式就一直影响着历史学领域。帕特尔库鲁斯关注的人物是恺撒、奥古斯都、提比略，他对新世界的狂热与克度斯（？—25）对旧世界的眷恋形成鲜明的对比，而克度斯最终为此付出了生命的代价；②而老塞涅卡则以更加安全的方式应对着从共和向元首政治的转变。

塔西佗是拉丁史学家，也是以拉丁文写作的文学家，他对历史文献的娴熟处理给读者留下了深刻印象。现代学者一直在认真研究塔西佗的著作，以期借此重构罗马帝国早期的历史。塔西佗在许多方面都是非常传统的：保持编年史的形式；选择相对比较近的事件；不仅撰写皇帝和宫廷，而且撰写元老和将军。但塔西佗是一位有自觉意识和文学风格的历史学家，他以雄壮的风格进行写作，绚烂、锐利的修辞和动人的分析令人赞叹，擅长诗化罗马传统并严肃地加以使用，他的思想和表达方法使他的著作广博高深。他的风格就像他的思想一样避免了虚假的空洞。他的著作语言简明，句子跌宕起伏。希腊史学已定义了描述历史的方法：能以朴实的语言分析事件，能以人物个性设置场景，能提供人类行为的戏剧魅力。塔西佗熟知这些技巧，并综合利用这些技巧来为他的政治解释服务；他把早期罗马史学家撒路斯提乌斯当作楷模进行研究。③

塔西佗的著作虽然没有能为早期帝国史学概况提供一份详细的材料，其政治观念在统治圈内也不流行，但他受到广泛欢迎，他的著作直到4世纪还被模仿。阿米阿努斯·马塞利努斯继承了塔西佗的风格，他是罗马帝国最后一位伟大的拉丁史学家。④

罗马史学虽然偏重于政治实用与社会功利，但也向我们展示了情感发展与内心世界，在李维、恺撒等人的著作里，我们能读到一种表达心灵的能力，一种内

---

① 郭圣铭：《西方史学史概要》，上海人民出版社1983年版，第45页。

② 据说克度斯称恺撒的谋杀者卡西戊斯为"最后的罗马人"，罗马皇帝提比略因此起诉他时，他自杀了。克度斯著有1世纪的《罗马史》，已佚失。

③ *Encyclopædia Britannica*, 15th edition, London：Encyclopedia Britannica Inc., 1994.

④ John Roberts, ed., "Roman historiography," *Oxford Dictionary of the Classical World*, Oxford：Oxford University Press, 2007.

心的深刻反思。

四、古典人文主义

"人文主义"一词产生于19世纪，虽然在古典时期没有"人文主义"的概念，却初步显示出"人文主义"的思想与观念。在古典人文主义者看来，人类是经验的中心和主体；人类经验十分重要，因为经验和经验的结果（知识）能够被证实；对经验的认知是一种能力与品质，这使得人类不会屈从于时代；从而赋予了人类生活以尊严；等等。古典史学正是人文主义的，"它是人类历史的叙述，是人的事迹、人的目的、人的成功与失败的历史。毫无疑问，它承认有一种神的作用；但是这种作用的功能是严格受限制的。显示在历史中的神意是很少出现的；在最优秀的史学家的笔下几乎是一点都没有出现，而且要出现也只是作为支持和赞助人类意志的一种意志，并使人能够在反之将会失败的地方得到成功"。①

希腊人的宗教观念在本质上是人本的。他们对神畏而不敬，把神看作和他们相似的存在，即所谓"神人同形同性"，把自己的欢乐、烦恼、痛苦、悲伤、希望、想象编织到神话故事中。色诺芬尼曾戏谑地讲道："人认为，神也是生出来的，会说话，有形体，穿戴和人相同。假如牛、马和狮子都有手，而且像人一样能画画、雕像，它们就会各自照着自己的模样，马画出或雕出马形的神像，狮子画出或雕出狮子样的神像。"②《荷马史诗》实际上也是对人的歌颂，把无限的希望都寄托在人世间。普罗泰戈拉更是发出了"人是万物尺度"的感慨。毫无疑问，人是希腊思想的主流。"希腊人文主义经验若有何与众不同，那就是，在时至今日的记载中，希腊人最为专注和坚定地实践了人类崇拜。"③

希罗多德写道："在这里发表出来的，乃是哈利卡尔那索斯人希罗多德的研究成果，他所以要把这些成果发表出来，是为了保存人类的功业，使之不致由于年深日久而被人们遗忘。"④ 希罗多德在这里明确告诉读者，他记述的主体是人，探究的是人事；他已经从记神事发展到记人事，把人类历史从神人合一状态中分离出来；否定神的决定作用，承认人的世俗力量，歌颂人的伟大；反对神化自然现象，探求自然现象背后的真正的原因。从而体现悲天悯人的人文关怀。

---

① ［英］柯林武德：《历史的观念》，何兆武、张文杰译，商务印书馆1997年版，第78页。

② 裔昭印主编：《世界文化史》，华东师范大学出版社2000年版，第99页。

③ ［英］阿诺德·汤因比：《希腊精神：一部文明史》，乔戈译，商务印书馆2015年版，第10页。

④ ［古希腊］希罗多德：《历史》，王以铸译，商务印书馆1959年版，第1页。

　　与希罗多德的人本思想相比，修昔底德则更加彻底，他的《伯罗奔尼撒战争史》没有给神留下什么空间，认为伯罗奔尼撒战争的根本原因是人性无限的欲望，"将来也会发生的类似的事件……人性总是人性"；他在总结科西拉革命的结果时又说，"在各城邦中，这种革命常常引起许多灾殃——只要人性不变，这种灾殃现在发生了，将来永远也会发生的，尽管残酷的程度或有不同；依照不同的情况，而有大同小异之分"；① 他相信人的潜力与创造，"须知城邦就是人，而不是城墙也不是没有人的船舰"。②

　　从摆脱神意到注重人事，从否定神的决定作用到承认人的世俗力量，从反对神化自然现象到探索求真，从朴素的表达到对史家自身修养的重视，人文主义理念无不体现在古典史学著述中。发轫于古希腊史学的这种人文主义深深影响了以后的西方世界，尤其是文艺复兴时期以后的西方史学。这中间则属于基督教世界了，而这也与古典世界有着不可分割的关系。

五、古代地中海世界的人类历史

　　希罗多德被认为是第一个具有宽广眼光的史学家，所著《历史》是西方最早的一部"地中海世界史"。作者视野所及，不仅仅是希腊人的方寸之地，而是当时人们所知的广阔世界。他笔下的世界，除希腊本土外，还包括西亚、北非、黑海沿岸、地中海沿岸、意大利等许多地方，笔锋所指遍及亚非欧很多地区与民族。而且他对各民族基本能做到一视同仁，不抱偏见，认为各民族都有自己的特点，不应彼此歧视。所以，他虽然称赞希腊文化，但也尊重那些异族文化。正如史学家狄奥尼修斯所说："希罗多德把历史提高到更高和更值得尊重的阶段：他决定写关于不是一个国家，不是一个民族的事情，但是他在自己的叙述中把许许多多的、各种各样的故事，欧罗巴和亚细亚的都结合到一起。"《历史》一书包罗万象，诸如经济生活、政治制度、地理环境、民族分布、风土人情、宗教信仰、名胜古迹等，无所不包，堪称一部有关古代地中海世界的小型百科全书，具有目光远大、胸襟开阔、通贯古今等特点，对后来西方史学的发展产生了深远的影响。

　　但是，希罗多德眼中的世界历史是他所叙述的主题——希腊波斯战争史的背景。首先，他认为这场战争是对当时具有深远影响的"世界"战争，而要了解这场战争的意义，就必须记述它的舞台——"世界历史"；其次，希罗多德心目中的世界只是一个地理意义上的世界，促使他把各地区的历史都结合到一起来撰写的，

① ［古希腊］修昔底德：《伯罗奔尼撒战争史》，谢德风译，商务印书馆 1997 年版，第 18、237 页。
② ［古希腊］修昔底德：《伯罗奔尼撒战争史》，谢德风译，商务印书馆 1997 年版，第 556 页。

仅仅是一种地理上的统一性观念。这种统一性的认识并不是一种历史的认识，即他还没有认识到历史发展的统一性，所以他撰写的只是地理统一性的世界史，而非历史统一性的世界史。因此，希罗多德的"世界史意识"是非自觉的。希腊古典时代是城邦时代，没有世界的观念，因此也没有真正意义上的世界史。随着希腊化时代的到来和城邦制的没落，世界历史开始出现。"世界历史"的意义和关键其实不在于"世界"的呈现，而在于揭示其相互间的"联系"。

亚历山大帝国的建立在客观上促进了希腊和东方各民族之间的经济往来和文化交流，希腊人对世界的认识由地理上的观念上升到历史上的观念，把整个世界作为一个统一的历史单位，这是希腊化时代史学的一大杰出成就。在随后罗马征服世界的过程中，人们就更加强了这一自觉认识：人类的历史是统一的。这种观念的突出代表就是波里比阿。

希腊人在史学上的探索精神和开阔视野，在波里比阿那里再次得到延续。他跟随罗马军队东征西讨的经历，使他对罗马世界所及的广袤地理范围有所了解，并能够观察到随着罗马历次征战的进展，世界已逐渐联系为一个整体，"在这之前，世界上发生的事情几乎都是零散的，因为每一件事情从开始到结束，都是针对世界上发生的那个地方的。但从那时起，历史就像一个整体，因为在意大利、利比亚、亚洲和希腊发生的事情都是相互关联的，一切都趋向于一个单一结果。"[1]他认为自己做的是一件直到当时还没有人做过的事，而他是第一个把历史学设想为一种具有普遍价值的思想形式的人。在他看来，分析个别的历史事件作用甚微，只有把它们联系起来，并放在世界通史中来考察，才能显示其意义。在这里我们无疑会注意到这样一种史学思想：所谓的"世界历史"的关键并不在于它是否谈论了"世界"，而在于它是否在这"世界"之中建立起各个部分之间的联系。他说："当涉及获得一个全面的视角时，部分历史或多或少是无用的，是不可靠的。相反，只有将所有部分联系起来并相互比较，看到它们的相似之处和不同之处——只有这样的概述才能使人从历史中获得好处和乐趣。"[2]通过考察发生在世界各地的事件，便可以看到人类社会走向统一的过程，他渴望在叙述罗马兴起的过程中涵盖整个世界。[3]"波里比阿没有用他自己的作品来描述一个特定的事件、一场战争，或者众多战役，或者像希腊或波斯这样的一个单一的民族，他第一次

---

① Polybius, *The Histories*, trans. by Robin Waterfield, New York: Oxford University Press, 2010. p. 4.

② Polybius, *The Histories*, trans. by Robin Waterfield, New York: Oxford University Press, 2010. pp. 4-5.

③ ［美］罗纳德·R. 凯利：《多面的历史：从希罗多德到赫尔德的历史探询》，陈恒、宋立宏译，生活·读书·新知三联书店 2003 年版，第 55 页。

用一种'整体'的视角来撰写一部世界史，在这样的模式之下，运气造就了特定的事件，正因为这样，他的这部著作不同于之前的历史著作。希罗多德的历史是亚洲和欧洲之间神话冲突的延续过程；修昔底德的历史用过去描写了希腊历史内部发展的一个阶段；波里比阿的历史描写了一个形成期的世界，试图根据过去的经验预见将来的发展。"① 因此，他要为人们写一部"系统的历史"。因为在他看来，只有这样才能对罗马崛起为世界强权作出充分的研究。② 波里比阿指责那些仅通过历史教育和坐在图书馆里撰写历史的学者缺乏对世界整体的了解和认识，"我们这个时代没有其他人试图写一部通史"。③ 虽然波里比阿以追述罗马统一为首要目的，他的目光主要是罗马世界所及的地理范围，但这就是他那个时代人们眼中的世界。而且，他内心的动机非常明确，即撰写一部世界史，透视一个彼此相互关联的世界，"因而他被学界视为撰述世界性历史的创始者"。"此后，在西方古典史家中，继续尝试写世界史的还有波息多尼阿、狄奥多洛斯等人。"④

波息多尼阿（约前135—前51）续波里比阿之《历史》，上起自公元前144年，下迄公元前82年。狄奥多罗斯撰《历史文库》（40卷，现存第1—5卷以及第11、第20卷的片段），记述北非、两河流域、黑海沿岸、阿拉伯、希腊、罗马等地的整个古代世界的历史，但中心是希腊史。同狄奥多罗斯一样，尼古拉（前1世纪）也著有《世界史》，不过是编选各家的记载而已，也非独创之作。由此可见，后来的这些撰述不是以作者的生活地区为中心的目光狭隘的著作，而是通史意义上的历史著作，虽然其中一些是缺乏融会贯通的、不可与波里比阿著作比拟的史料汇编。⑤古典世界真正能体现波里比阿精神的通史著作要到罗马帝国时代才出现——李维的《罗马史》、阿庇安的《罗马史》、阿米阿努斯·马塞利努斯的《罗马史》是其中杰出的代表，⑥ 不过，这已是另一个话题了。

希腊罗马史学的成就和彼时的文学、艺术、哲学等成就交相辉映，构成了此后两千多年的西方文明的重要因素，不但奠定了西方史学发展的基础，而且激发

---

① ［美］沃格林：《希腊化、罗马和早期基督教》，谢华育译，华东师范大学出版社2007年版，第157—158页。

② *The New Encyclopedia Britannica*, 15th edition, vol. 9, London：Encyclopedia Britannica Inc.，1994, p. 576.

③ Polybius, *The Histories*, trans. by Robin Waterfield, New York：Oxford University Press, 2010. p. 5.

④ 张广智主著：《西方史学史》，复旦大学出版社2000年版，第67页。

⑤ 如狄奥多罗斯的《历史文库》，此书在时间上虽起自远古，但由于作者缺乏把握各事物之间的联系的能力，未能做到融会贯通，故它不是真正意义上的通史性著作，而是割裂各国编年史编撰而成的世界编年史。

⑥ 有关论述见［美］王晴佳：《西方的历史观念——从古希腊到现代》，华东师范大学出版社2002年版，第36页。

了后人的文学想象力，也成为后来者思考的理论源泉。

思考题

1. 如何看待希罗多德在史学史中的地位？
2. 思考亚历山大东征后希腊化时代史学的特征。
3. 论述罗马帝国时期史学在西方文化传统中的地位。
4. 希腊罗马史学给后世保存了很多珍贵精神财富，我们如何看待这份遗产？

第三章　中古西欧的历史写作

一般认为，中古西欧史始于 476 年，这一年罗马开始不再有皇帝。这是按照政治史的标准来划分的。另外一种更为流行的划分方法，则是将中古西欧史的开始设定于 4 世纪初，也就是以 313 年君士坦丁（306—337 年在位）与李奇尼（308—324 年在位）等罗马皇帝宽容基督教，基督教获得自由传播的合法性为开端。这是从宗教史的角度来划分的。目前，随着"古代晚期"研究的兴起，中古史的起点后移，大约以 6 世纪初为起点，而将 8 世纪作为中古史的决定性开端。这个时候，异族王国开始稳定。

因为中古史自身概念的特性，所以其起讫时间并不能由自身来判定，而是在古代史和近代史划定时间范围之后，剩余的中间部分就是中古史的时间范围。因此，中古史的终点也有多种可能性。从政治上讲，一般认为罗马帝国的最终消亡，即君士坦丁堡于 1453 年被奥斯曼土耳其人攻陷，宣告罗马帝国灭亡，标志着中古史的结束。另外两种流行的看法，则分别以 14 世纪文艺复兴和 16 世纪宗教改革的开始，为中古史结束的标志。

本章仍然以文艺复兴为界，大致以 1500 年为中古史的结束。中古西欧史学的研究对象以 500—1500 年间的拉丁史学为主，兼及少量方言史学名作。为了交代基督教史学的兴起，需要略向前延伸 200 年，因此，也包括一些著名的希腊文基督教史学著述。

长期以来，中古史学作为古典史学与近代史学的中间期，被部分学者视为史学发展过程中的停滞时期，史学沦为神学的婢女。近年来，中古史学的独特性开始受到重视，中古史学作品、体裁和作者的独特创造性逐渐得到揭示。历史学家并不否认中古史学受到神学的指导，但是，也充分意识到中古基督教神学随着时间而发展，因地区不同而各异。与此相应，大多数中古史家都或多或少地对基督教神学有着不同的理解，而基督教神学对其写作的影响也存在细微的差别。更为重要的是，中古西欧史学家也需要针对各自特定的现实需要，回应读者的期盼，调整自己的写作方式和写作内容，比较合理地满足时人了解历史的诉求。

第一节　基督教史学的兴起

所谓基督教史学，是指在基督教教义的指导下，为了论证基督教信仰，尤其是上帝对于历史的主宰，由基督教教士、修士，乃至平信徒写作的历史作品。其所述内容主要为上帝的奇迹和人类的灾难，多从上帝创世开始讲述，迄于当下。基督教史学有各种类型。如果按照写作内容，可以分为圣史与俗史两大类型。圣史侧重于反映基督教信仰发展的历史，重点描述围绕教义、礼拜仪式的发展而产生的各种争议。圣史理所当然地以基督教会为中心，以教士、修士和圣徒为主角，主要包括基督教教会史、圣徒传等。俗史则以平信徒为中心，以帝王将相为主角，包括王国史、王侯传记等，实际上俗史就是基督教社会的历史。

一、基督教史学主要体裁的初创

在中古早期，圣史是历史写作的主要内容，基督教教士与修士是历史写作的绝对主体。自 4 世纪圣史创立后，逐渐扩散，侵入传统的古典史学地盘，进入俗史的写作之中。6 世纪之后，圣史与俗史逐渐交织在一起，难分彼此，而且圣史由配角变成主角，挤占了大部分俗史的地盘。但俗史未曾消逝，并随着 8 世纪加洛林王朝的崛起以及"罗马帝国传统"在欧洲西部地区的复兴，而获得长足的发展，重新获得部分具有天赋的史家的青睐，并成为加洛林宫廷史学的流行题材。然而，各种地方教会史大量兴起，使得圣史的主体地位未受影响。12 世纪之后，俗史逐渐壮大，不仅越来越多的平信徒写作历史，他们关注的对象也主要是帝王将相的治理活动；而且教会史也越来越多地涉及教会地产的记录和管理，内容日益世俗化。文艺复兴之后，俗史的写作开始逐渐淡化基督教神学的指导色彩，获得独立的写作范式。到 18 世纪，俗史从圣史的笼罩下彻底独立。

4 世纪一般被视为基督教史学与非基督教史学争雄的时代。然而，在竞争的同时，它们也各有擅长，互为补充。如果说非基督教史学以帝王将相为主要书写对象的话，那么基督教史学则是以主教和圣徒为核心的。如果说前者关注"纵横权谲之谋""地形厄塞""谋臣奇策"的话，那么后者更为关注"奇迹与灾难"。而且二者都越来越受到希腊文化的影响。阿米阿努斯·马塞利努斯就声称自己"按照希腊人的方式"撰史，而基督教史学家尤西比乌斯（约 260—339）则用希腊文写作。

恺撒利亚的尤西比乌斯（又译优西比乌），为了纪念他的导师潘菲利鲁斯，又名潘菲利鲁斯·尤西比乌斯。315 年他出任恺撒利亚主教，339 年 5 月 30 日去世。在写作大量神学作品的同时，尤西比乌斯编撰了好几部影响深远的历史作品。

基督教史学起源于犹太史学，1 世纪的犹太史家约瑟夫斯也被尊为基督教的著名史家之一。基督教史家和犹太教史家都共同遵照《旧约》中的《列王记》《年代记》等，依据新的形势需要进行创新，写作历史。对尤西比乌斯而言，他创作《教会史》的目的就是见证基督教会的胜利，即基督教会得到君士坦丁皇帝父子的宽容。君士坦丁皇帝的家庭教师拉克坦提乌斯（活跃于 3 世纪末 4 世纪初）写作的《迫害者之死》也是出于这一目的，而描述的侧重点有所不同。前者偏重于描述教会的应对，后者以罗马历代皇帝的政策为中心。尤西比乌斯创作的另一部影响深远的历史作品《编年史》，则是为了证明基督教的历史最为深远悠久，为此用基督教编年体系亚伯拉罕纪年法一统人类历史。而《耶路撒冷殉道者列传》则是为了勉励受到迫害的基督徒，塑造了一大批基督徒视死如归的光荣形象。这批传记虽然单独流传，但随后被尤西比乌斯删削之后纳入《教会史》并插入第九卷中。在去世前几年，尤西比乌斯起草了纪念君士坦丁登基30周年的《君士坦丁颂》，随后发展为《君士坦丁传》。

尤西比乌斯《教会史》开创了基督教圣史的范例，成为此后千余年间基督教史学的主流体裁之一。它讲述"圣使徒统绪的传承以及从我们救主所处的时代直到我们自己所处的时代的事情；教会历史上发生的重要事件；几处最著名基督徒群体的杰出领袖；历世历代藉着口传或书写宣扬上帝之道的人；如下一些人的名字、数目和所处时代：这些人喜欢标新立异，不仅已走入错误极端，而且自称是知识的源头（这是误称），他们如同饿狼般残忍掳掠基督的羊群；整个犹太民族在密谋杀害我们救主后的命运。异教徒对圣道的攻击行径和努力捍卫圣道之人的英勇事迹，其中有些人为之饱受折磨甚至付出生命；我们自己所处时代的殉道事迹及满有恩典的拯救"。① 简而言之，圣史讲述的就是主教谱系、正统教会对异端的反击、殉道者的历史，以及教会历史上的大事。

尤西比乌斯的《教会史》成书后，很快就流行开来，续编者甚众。现存至少4种5世纪早期的续编本。第一位著名的续编者是教会作家阿奎利亚的茹菲努斯（约345—412），他先将《教会史》译为拉丁文，压缩为9卷，并补写了第10和第11卷，续写至提奥多西皇帝去世（395）。当5世纪初哥特人入侵意大利北部之时，茹菲努斯应主教克洛马修之请，翻译这部教会史，以便给遭受战争和瘟疫威胁的市民们提供安慰。"当哥特人在阿拉里克的率领下入侵意大利，瘟疫广泛传播，人畜遭殃之时，您希望对您牧养的民众有所补救，使得他们能够怀抱更加美好的憧憬。因此您命我将学识渊博的恺撒利亚的尤西比乌斯的《教会史》译成拉丁语。或许听众们在听诵的时候，专注于过去的记忆，而忘却眼前的痛苦。"②

茹菲努斯写作的真正目的，大概不仅仅是让听众忘却眼前的痛苦，也是给自己带来慰藉。因为当时圣哲罗姆正式与他划清界限，并发表了长篇文章《驳茹菲努斯书》。在此影响下，罗马的基督徒知识分子对茹菲努斯展开了文化围剿。他被

---

① ［古罗马］优西比乌：《教会史》，瞿旭彤译，生活·读书·新知三联书店2009年版，第19—20页。

② *The Church History of Rufinus of Aquileia: Books 10 and 11*, trans. by Philip R. Amidon, Washington, D. C.: The Catholic University of Americd Press, 2016, p. 19.

迫离开罗马，投奔阿奎利亚主教克洛马修。为了以古证今，他翻译《教会史》，并加以续写。长期以来，对于其译笔忠实性，人们多有批评之辞。而近来观点则从新的角度偏向于肯定，认为他与时俱进，翻译之时多有修订。这部编年史后来被人缩编，流布甚广。

5世纪初，君士坦丁堡的律师苏格拉底（约380—450）用希腊文续写了尤西比乌斯的《教会史》。"潘菲利鲁斯·尤西比乌斯写作了10卷本《教会史》，叙述至大迫害结束。出于修辞的需要，他的《君士坦丁传》也很少论及阿里乌斯，其目的是颂扬皇帝，而非准确地叙述史事。我准备详细地描述此后的教会史，续接他的作品。我并不是为了炫耀文辞，而是收集文献和掌故，以君士坦丁皈依为始点。"[1] 10卷本《教会史》从君士坦丁所见的著名天空幻影"凭此而胜"开始，叙述至小提奥多西皇帝第17次出任执政官，即439年。叙述终结的时候，苏格拉底似乎意犹未尽而又颇含哲理地说："这个时候教会就是如此繁盛，我们祈祷各地教会、城市和民族都生活于和平之中，以致史学家觉得没有可写之必要。哦，敬爱的圣人提奥多尔，如果派系分子都保持安静，我又如何能用七卷的分量完成您交代的写史任务呢？"[2]

教会史与古典史学的主题非常不同。教会史家反映教会的发展壮大，而古典史家反映王国兴衰和帝王将相的功业。但是描述不同主题时，二者所采取的方式非常类似，都是描述斗争。只不过古典史家以战争为对象，而教会史家聚焦于教派冲突，尤其是教会与所谓"异教徒"、所谓"正统教会"与"异端"之间的斗争。这里显示了史学史进程中巨大的延续性。

可能因为是律师，苏格拉底续写的《教会史》满篇充斥着各种文书，特别彰显基督教史家喜欢引用文献资料的习惯。史学史家一般认为，与古典史家相比，基督教教会史家更偏好于使用文书资料。历史记载，不外乎"言"与"行"。古典史家笔下的"言"，多为演说辞，盈篇累牍。这些"言"多半为史家基于史事的发展，依据场景的需要，遵守演说撰写原则而杜撰的。教会史家笔下的"言"，多来自书信和布道辞。因此，教会史保留了大量教会人士的书信和作品的内容。从引用文献的角度而言，中古基督教史学无疑是迈向现代史学之路上重要的里程碑之一。

与苏格拉底关系密切的另一位续写者是索左门（约400—450）。对于自己的作品，他有非常清晰而简要的说明："我的《教会史》从皇储克里斯波和君士坦丁第三次出任执政官（323）开始，至您（小提奥多西皇帝）第17次出任执政官

---

① A. C. Zenos trans., *Ecclesiastical History of Socrates Scholasticus*, in Nicene and Post-Nicene Fathers, New York: The Christian Literature Company, 1890, p. 1.

② Socrates of Constantinople, *The Ecclesiastical History of Socrates*, London: Henry G. Bohn, 1853. p. 387.

（439）止。分为 9 卷：第 1—2 卷写君士坦丁统治时期；第 3—4 卷为其诸子时代；第 5—6 卷为朱利安、约维安、瓦伦提尼和瓦伦斯时期；第 7—8 卷为格拉提安和瓦伦提尼时期，直到您神圣的祖父提奥多西登基，以及您的父亲阿尔卡迪乌斯与叔父霍诺留共同统御罗马世界的统治时期；第 9 卷则是关于您的统治时期。"①

以前，学者们倾向于认为索左门抄袭了苏格拉底，因为苏格拉底的作品先完成。目前则强调他们各自的不同侧重点和贡献。尤其是索左门对于修道主义的热情及相关描述，对神学争论派系之间对错不妄言的态度，都受到了充分的肯定。

与此同时，还有吉鲁士主教提奥多利特续写的 5 卷本《教会史》，自 324 年叙述至 429 年。"巴勒斯坦的尤西比乌斯的《教会史》从使徒时代叙述至君士坦丁的统治时期，我将从他搁笔之处开始撰写。"与前面两位律师不同，提奥多利特不仅是位主教，而且参与到当时关于基督性质的神学大争议之中，因此提奥多利特的教会史侧重教会历史上的神学主张和教义讨论。这 3 部几乎同时完成的续编本，在 6 世纪被意大利的著名学者卡西奥多努斯（约 490—585）命人汇编为一册，定名为《圣史三编摘录》，成为中古西欧流传广泛的教会史经典作品。

阿奎丹的教士苏尔皮奇乌斯·塞维鲁（约 363—420）的《编年史》其实也是教会史。不过与尤西比乌斯略微不同的是，他主要依靠《旧约》文本，从世界被创造开始讲起，而不是从亚伯拉罕开始。而且耶稣受难这一重大宗教事件，在他的作品中反而没有受到重视。他说："希律王第 33 年，基督降生于萨比努斯和茹菲努斯出任执政官之年的 12 月 25 日。但是我不准备涉及那些在'福音书'和《使徒行传》中说过的事情，因为本书的精简性不足以表达如此重大的事情。我接着讲别的。"② 这部编年史一直写至 4 世纪晚期，以针对百基拉"异端"分子的司法斗争为终篇。塞维鲁在书中明确表达了自己对宗教斗争的厌恶，以及对基督教会世界的慨叹。他说："总而言之，大批人顽固而邪恶地反对少数明哲之士，而上帝之民，以及人世间的一切好东西，都在遭受嘲弄和攻击。"

由于基督教徒争辩说，以《旧约》和《新约》为载体的基督教历史，比非基督教徒的历史更为悠久，所以他们特别关注历史纪年，以及年代换算之学。尤西比乌斯在前贤工作的基础之上，广泛收集资料，纠合基督教历史叙述和列国史记，编成两卷本《编年史》。第 1 卷摘录各国古代编年史，并与《圣经》的论述进行比较。第 2 卷是表格，从亚伯拉罕出生（亚述王尼努斯统治第 42 年）开始，逐年编排，直到当下。遇到重要的王国兴起，就增加一栏，王国消失，该栏随之消失。

---

① C. D. Hartranft trans., *Ecclesiastical History of Sozomen*, in Nicene and Post-Nicene Fathers, New York: The Christian Literature Company, 1890, pp. 388-389.

② *The Sacred History of Sulpitius Severus*, trans. by Philip Schaff, in Nicene and Post-Nicene Fathers, New York: The Christian Literature Company, 1894, p. 110.

前后包括 19 个王国或城邦。为了方便统计，避免给读者带来混乱，每 10 年一计算。"为避免年数繁多带来混乱，我们将所有年数每 10 年一计，依次集中各族历史数据，互相比对，以便轻松展现，在希腊人的或者'蛮族'的某个年代，希伯来人的先知、列王和祭司都是谁，以及那些所谓的诸神、建城的英雄们、名哲学家、名诗人、王侯和著作等身的作家们。凡是古人认为值得记忆的任何内容，我们都简要而集中地让它们各安其位。"① 其实尤西比乌斯的《编年史》就是以表格的方式，提供了精简版的世界史。其主要功能是满足人们计时的需要，计算人类历史的年代，将各国历史大事的年代进行换算，从而建立起世界历史的年代坐标体系。

与阿非利加所用的上帝创世纪年法不同，尤西比乌斯所用的一以贯之的纪年法是亚伯拉罕纪年法，即亚伯拉罕出生之后多少年。他并不像罗马史家那样使用罗马建城作为系年基点，而是用宗教事件。尤西比乌斯《编年史》的第 2 卷后来由哲罗姆译为拉丁文，并适当删改、续写至 378 年，成为此后历史年代学的基石。随后这部作品被改变形式，由表格变为叙事，以《圣经》所述历史为主线，兼采其他古代王国史，不断续写，成为西方中古时期影响最大的历史作品和流行的体裁之一。

尤西比乌斯所著《耶路撒冷殉道者列传》，并不是最早的圣徒传记，它主要记录"热爱上帝和救世主耶稣基督胜过他们自己的神圣殉道士们，为了宗教而投身战斗，由于殉道而得荣耀，宁可惨死而不愿苟活，以便将彰显善功的胜利归于上帝，因为他们在天堂与上帝同行、交谈，为圣父、圣子和圣灵增添荣耀和尊严"。之所以要记录他们的事迹，是因为"我们需要他们的祈祷，而且如同《使徒行传》所教导的那样，通过纪念圣徒而同甘共苦……因此，让我们讲述神圣信仰的各种表征，以免遗忘，而且总是回忆他们伟大的善功"。而最终目的是传播和坚定信仰："我希望能够记录我所见证过的殉道者，也能容许我成为他们中的一员，耶路撒冷的人民应该为他们骄傲。为了所有人的福祉和得到教导，我将讲述这些斗士们所从事的斗争。"②

在尤西比乌斯的"殉道者列传"之前，还有以单个殉道者为对象的"殉道者传"。现存最早的此类作品是由彭休斯于 3 世纪中期撰写的《居普良传》。作者以华丽的修辞手法，表彰殉道者迦太基主教居普良的德行。文章更接近于诔辞，缺

---

① Rudolf Helm, ed., *Eusebius Werke: Die Chronik des Hieronymus*, Leipzig: J. C. Hinrichssche Buchhandlung, 1913, p. 18.《编年史》原文已佚，通过哲罗姆的拉丁文译本和续编本可以知道第 2 卷的大致情况；由亚美尼亚译本，可以基本窥知第 1 卷的原貌。

② Eusebius of Caesaria, *The History of the Martyrs in Palestine*, trans. by William Cureton, New York: The Christian Literature Company, 1894, p. 2.

乏具体内容，用雄辩代替事实，可能是这部早期传记没有太多历史影响的重要原因。其实，这部传记的护教色彩极浓，试图解释为什么居普良没有早点殉道。对传主德行有亏的争议，是刺激传记创作的主要动因。

"殉道者传"后来演变为"圣徒传"，记录圣徒称圣的过程，以及圣徒生前死后上帝借他之手所展现的各种奇迹。圣徒传是中古历史作品中数量最多的一类作品。圣徒传没有统一的格式，基于不同时期、不同地域的特定需要，不断有新的圣徒被树立起来，为此有新的圣徒传；而且旧的圣徒也需要与时俱进，改变形象，圣徒传得以不断被重写。

真正的圣徒传，从4世纪中期开始获得经典表达形式——《圣安东尼传》。据说，约365年，亚历山大里亚主教阿纳塔修依据自己的见闻，写作了此传。他自称是应外地兄弟之请而作，其目的在于："知晓他（圣安东尼）是如何开始苦行的，此前是做什么的，又是如何去世的，关于他的传闻又是否真实。因为你想以他的热情仿效他的生活。"[1]

在中古西欧，4世纪末的《圣马丁传》的影响同样深远。在作者苏尔皮奇乌斯·塞维鲁的笔下，圣马丁是个非同寻常的主教，不仅保持着修道士的习惯，甚至尽量保持修道士的衣着方式，导致都尔城的一部分居民强烈反对他担任主教。与远遁沙漠的圣安东尼不一样，圣马丁结合了修士与主教的双重身份，是在俗而又脱俗的基督徒典范，代表了此后流行的主教形象。

当尤西比乌斯起草《君士坦丁皇帝颂》时，君士坦丁还没有接受洗礼。尤西比乌斯模仿当时流行的帝王将相颂词体裁，代表基督教主教参与君士坦丁登基30周年的庆典活动，与其他利益集团的文人相唱和。他借助于基督教颂扬上帝功德的方式，模仿帝王颂这种流行文体，草拟颂词，献给宽容、庇佑基督教的著名皇帝君士坦丁。337年君士坦丁去世之后，尤西比乌斯又模仿诔辞的写作格式，加以发展，最终完成了《君士坦丁传》这部基督教平信徒传记的典范之作。

作品以君士坦丁诸子的荣耀和君士坦丁之死开篇。尤西比乌斯指出，献给死者的画像、碑铭和颂词并不能使死者经受住时间的考验，将其记忆长留于人间。因为传统的理念只能表达可朽之物，而非不朽的灵魂。君士坦丁的死则不然，"所有罗马帝王中唯一的上帝之友，是全人类良好生活的清晰典范。正是君士坦丁所礼拜的上帝，君士坦丁在统治之初、之中和之末，用其明显的裁决加以维护，将他树立为人类良好生活的榜样"。[2] 通过以"死"颂"生"的方式，尤西比乌斯将

[1] Mary E. Keenan trans., "The Life of ST. Anthony," in Roy J. Deferrari. ed., *EaHy Christian Biographies*, Washington, D. C: The Catholic University of America Press, 1952, p. 133.

[2] Averil Cameron and Stuart G. Hall, *Eusebius: Life of Constantine, Introduction, Translation and Commentary*, Oxford: Clarendon Press, 1999. pp. 68-69.

基督教君王比拟为耶稣再世，倍加颂扬其功德与恩德。在他的笔下，君士坦丁之死，不过是肉身之没，其精神抑或灵魂则获得了永生。因此肉身之"死"，实为灵魂之"永生"。基督徒并不特别哀悼死亡，而是通过描述死亡来歌颂灵魂得救，获得永生。

如果说《君士坦丁传》是一部基督徒传记，那么拉克坦提乌斯的《迫害者之死》则是通过诅咒迫害基督徒的历代皇帝，提供了另一类统治者的历史形象。拉克坦提乌斯被誉为"基督教会的西塞罗"，以雄辩著称于当时。他本人因为博学鸿词被戴克里先皇帝聘为修辞教师。但是，由于信仰立场不同，拉克坦提乌斯在作品中称戴克里先是个"胆小鬼"，虽然，他并不将戴克里先视为迫害的罪魁祸首。《迫害者之死》从基督徒的立场，备述各种迫害基督徒政策出台的前因后果，并一一罗列那些施加迫害的帝王的惨死结局。他们自然都是遭到了上帝的报复，因此人人皆不得好死。"我觉得发表这篇东西是有意义的，希望后来者能够认识到，通过剪除和彻底摧毁他的敌人，上帝展示了其至高无上的权能。在我的讲述中这是显而易见的，我从最初的迫害者们讲起，讲述神裁如何惩罚他们，并报复他们。"①

帝国宗教政策的改变带来了巨大的文化冲突，基督教之外的宗教团体开始奋起反抗，基督教思想家更是加紧围剿"异教"思想。在这种宗教文化氛围中，出现了描述皈依基督教为人生之必然的自传性作品——《忏悔录》。《忏悔录》的作者奥古斯丁将一切人生活动的目的都归结为上帝，从而充满感情地、细腻地追溯自己从降生到最终皈依的过程，并思考未来。《忏悔录》提供了人生转型的经典性表达。

应该说，作为自传，《忏悔录》并不是以作者自己的行为为表述对象，而是描述自己的思想历程。在中古早期，更多的自传是作为传记与历史的补充而出现的。例如，都尔主教格雷戈里在提供历代都尔主教列传的时候，在最后附上自己、现任都尔主教的传记；又如贾罗修道院的比德修士，在《英吉利教会史》的结尾，提供自己的个人简短传记。

基督教徒的朝圣活动也刺激了游记体裁的兴起。在 4 世纪，最著名的朝圣作品是埃格丽雅的《朝圣路》，记叙作者自君士坦丁堡至耶路撒冷的朝圣之路，和进一步到埃及的朝圣经历。作品还描述了若干圣地独特的宗教仪式。这部作品也以描绘心路历程而著称。另一部类似的同时期作品为《波尔多人朝圣记》，以记录道里日程为主，介绍所经之地的各种地点和建筑物，以便与《圣经》所载相印证。此

---

① Lactantius, *The Minor Works*: *The Death of the Persecutors*, trans. by Siscer Mary F. McDonald, Washington D. C.: The Catholic University of America Press, 1965. p. 138.

类作品，在中古时期非常流行。

二、罗马帝国衰亡与基督教史学的应对

作为起源于民间的宗教组织，早期的基督教会对于世俗的政治生活并没有太多的思考和规定。但后来基督教成为国教，同时也面临着其他宗教团体的攻击或反击，这迫使基督教会开始思考罗马帝国的命运，尤其是要思考如何看待罗马帝国的衰落，应对普遍弥漫的今不如昔的情绪。410 年，哥特人攻陷罗马为千年未有之变局，帝国的知识分子深受震撼。远在巴勒斯坦的哲罗姆如此写道："哦！突然带来了潘马修斯、马尔切拉的死讯和罗马遭围城的消息。兄弟姐妹们都入睡了，但是我日夜发呆，精神沮丧，除了国家福祉我一无所思。我似乎与被囚的圣徒们同命运，在我想好之前不敢开口，我充满期待，在希望和绝望中徘徊，为其他人的不幸而备受煎熬。当全世界的光明熄灭，或者说当罗马帝国被斩首之后，更准确地说，整个世界因为一座城市而灭亡，我无话可说，我自卑，我不想说什么好听的话，但是我的悲伤在涌动，我的心灵在燃烧，当我思考的时候，火被点亮。"①

面对这种局势，奥古斯丁开始撰写《上帝之城》，从异族攻陷罗马说起。他指出罗马沦陷是罗马人的罪孽生活所致，上帝并没有要靠罗马沦陷来矫正罗马人，但在这一事件中展示了自己的仁慈。由于信仰基督教，这不仅使得异族减轻了对罗马的破坏程度，大多数罗马人也得以苟全性命；而且对基督徒而言，死亡不是什么特别的事情，贞女受辱无损于她的灵魂。不仅如此，在历史上，虔敬上帝之人与他们的敌人在现实灾难面前的遭遇，一直就如此平等，没有什么太大的差别。"因为两座城在现世常混合在一起，直至最后的审判时才分开。"而且，敌人能改正，从而转化为将来的朋友，成为上帝之城的居民。因此世人之间的差别更主要在于末日审判之后的命运。虽然现实世界的命运没有什么太大的区别，如何面对这些命运的态度却大为不同。与外教之人不同的是，虔诚的基督徒总以信仰和上帝为唯一的追求和安慰。为了说明这一观点，奥古斯丁"要说二城的来源、发展及终结"。

晚年奥古斯丁曾对长达 22 卷的《上帝之城》做出概括。"最初五卷，辩驳以为要使人间的事顺利，当敬拜许多外教人所恭敬的邪神，因为忽略了这种敬礼，就灾祸连天。以后五卷，是为辩驳主张人间各时各地，常有灾祸，只有大小不同而已，而敬拜祭祀邪神，对身后生命是有益的。所以前十卷，是为辩驳反对天主教的以上两种意见。……后十二卷中，前四卷论天主城及世间城的起源，以后四

---

① St. Jerome, "Prefaces to Jeremiah and Ezekiel," in *Principal Works of Jerome*, trans. by W. H. Fremantle, New York: The Christian Literature Company, 1893, p. 1083.

卷论二城的发展，最后四卷论二城的归宿。"①

《上帝之城》虽然繁复，但是有其一以贯之的主旨：提出新的立场，由此新立场而对全部历史有了新的评价，也有了新的解释。这个新立场就是：欲望是现实统治的驱动力，但这种欲望不是虔诚的基督徒应该追求的东西，甚至恰恰相反，好的基督徒应该控制这种欲望。人世间不过是人生的逆旅，世界历史不过是一部灾难史；人的永恒归宿在另外一个世界，追求彼岸世界才是头等重要的大事，也是人的最终追求。因此，对历史而言，虽然奥古斯丁提供了繁复的历史评述，但是他的主旨是"破"，而不是"立"。《上帝之城》彻底破除了古典史学那套"功业"观，即以成败论英雄的主流历史评价标准。从此帝王将相失去了对历史评价的绝对掌控。帝王将相甚至都不再是历史书写的主要对象，教会人士取而代之。而教会倡导的评价历史人物的标准——宗教虔诚，成为主流评价尺度。从这个角度而言，西方史学史由此发生转折。

正当奥古斯丁写作《上帝之城》而又长期无法完成的时候，来自西班牙的教士奥罗修（约385—420）为躲避异族的攻击，前来寻求庇护。奥古斯丁就将从灾难的角度系统总结历史进程的任务托付给他。奥罗修在《反异教徒历史七书》中对此有明确的交代："我谨遵您，赐福教父奥古斯丁的吩咐，我将尽力乐意完成……您吩咐我从所有历史和编年史记载中收集变幻人间的所有大战、瘟疫、悲惨的饥荒、可怕的地震、罕见的洪水、令人恐惧的火灾、电闪雷鸣、大规模的杀戮和自相残杀以及悲惨的不幸，尽可能系统而简要地加以论述。"②

奥罗修以《圣经》为依托，先讲述了人类历史地理的由来，而后以罗马建城为纪年体系，系统评述人类历史。与奥古斯丁不同，他并没有过多地论述《圣经》中的史事。在论述的过程中，他也大大发展了奥古斯丁的上帝的仁慈使得灾难减轻的观点，从而以耶稣诞生为界，将人类历史区分为两段。前一段为困难史，后一段为上帝格外仁慈，赐予人类建立罗马帝国，使得天下承平，灾难减轻，人类生活得到改善。虽然奥罗修更加肯定罗马帝国作为人间帝国的积极作用，帝国的命运也是依靠皇帝的个人素质，但是他指出，皇帝乃至帝国的命运最终依赖于皇帝的信仰，从而将世俗政治的发展置于基督教会的掌控之中。通过他的史学实践，历史写作与历史评说最终脱离了皇权的掌控，而转入基督教会手中。5 世纪晚期，

---

① ［古罗马］圣奥古斯丁：《天主之城》，吴宗文译，吉林出版集团有限责任公司 2010 年版，"圣奥古斯丁对《天主之城》，在校对时的话"，第 1—2 页。这是天主教士的译本，其他中译本包括王晓朝译本：《上帝之城》（人民出版社 2006 年版）和吴飞译本：《上帝之城：驳异教徒》（上海三联书店 2007 年版）。

② Roy J. Deferrari trans, *The Seven Books of History Against the Pagans*, Washington, D. C.: The Catholic University of America Press, 1964.

西罗马帝国消失，加速了这一史学史进程的发展。

第二节 中古早期基督教史学

虽然中古西欧史学源自古代的基督教史学，但其真正开始是在 5 世纪末西部罗马帝国消失之后。

一、异族王国的建立与进入史学叙事

西罗马帝国的消失，与异族入侵密切相关。476 年，在废黜皇帝小奥古斯都（475—476 年在位）之后，异族将领奥多亚克（约 433—493）称意大利王，并派遣使节到君士坦丁堡，将帝王仪仗送还，表示一个皇帝在君士坦丁堡统治帝国足矣。西罗马帝国宣告灭亡。其西部疆土在这个时候由各异族和罗马军阀分割占有。汪达尔人占据北非，西哥特人占据西班牙和高卢南部，勃艮第人占据罗讷河谷，盎格鲁-撒克逊人占据不列颠，法兰克人占据卢瓦河以北地区，从不列颠迁徙过来的部分不列颠人占据布列塔尼。493 年，东哥特人击败奥多亚克，其王提奥多里克（约 435—526）遣使到君士坦丁堡，迎回皇帝仪仗。但是，他本人一直没有称帝，只是用婚姻网络将整个帝国西部联结起来。

533 年，东罗马帝国皇帝查士丁尼发动再征服运动，先后收复了北非、意大利和西班牙沿海地区。随后伦巴第人入侵意大利，法兰克人统一高卢。7 世纪，阿拉伯人兴起，向西征伐，先后控制小亚细亚南部、埃及和北非，8 世纪初吞并西班牙。与此同时，加洛林法兰克王朝兴起，控制了除西班牙之外的西欧、南欧和中欧大陆部分。800 年，查理曼在罗马加冕称罗马皇帝。此时，阿拉伯帝国、东罗马帝国和加洛林帝国三强鼎立，伊斯兰教、东正教和天主教三教争胜。

从西欧来讲，这种政治局势的变动，就是从罗马帝国到异族王国再到法兰克帝国的转化，与此相应，基督教史学非常及时地反映了这一历史大变动。如果说古代罗马人以语言定文野，基督教徒则以信仰区分自我与他者。自从 4 世纪基督教会不断正统化，教会史的内容也就变成了"正统信仰"与"异端"之间的斗争。而俗史，则变成了异族王国如何皈依天主教，以及如何与天主教会发生关系的历史。宗教信仰之间的冲突，甚至比此前的文明与野蛮之分更加激烈。天主教教会人士饱含宗教感情，按照宗教虔诚与否，热情地进行赞美或无情地展开批评，使得历史呈现为黑白分明的世界。

到北非建立王国的汪达尔人，虽然于 435 年得到了帝国的正式承认，但汪达尔王盖斯里克（约 428—477 年在位）还是于 455 年左右攻陷罗马，迎娶帝国公主为妻，从而获得了罗马皇室的血统。虽然如此，汪达尔人在历史上却最终以破坏者的典型形象而出现，即所谓"汪达尔主义"和"汪达尔分子"。究其根源，在于 5 世纪晚期写成的史书——《汪达尔人迫害史》的塑造。作为反映北非从罗马帝国到异族王国这一历史变动的史书，作者完全从基督教正统的立场出发，猛烈抨击汪达尔人对于天主教徒的残酷迫害。这位迦太基的神父、后来的维塔主教维克多，血泪控诉汪达尔征服者的残酷迫害，表达了对汪达尔人信奉的阿里乌斯教派的极端仇视。

维克多首先从此世和来世的角度对比了历史书写的两种不同追求。"但是那些人热衷于迷恋于此世，追求虚荣，以便传之于久远。但是您，令人敬佩地以不同的追求来写作历史。他们是为了此世的荣耀，而您则是为了在来世闪光。"然后交代自己的写作意图："以简要的方式，揭示汪达尔人蹂躏下的非洲地区。"① 接下来按照时间的先后顺序，讲述自 429 年汪达尔人入侵非洲后 60 年间的历史，尤其详细叙述财富如何从天主教会转入汪达尔人手中。

一般认为，维克多写作这部历史著作是为了请求君士坦丁堡皇帝的支援，以便获得同情。但其实还有一个目的，就是纪念迫害的停止。因为作者谴责了最后的迫害君王汗纳里克（477—484 年在位）及其宗教顾问尼卡西乌斯，吁请上帝中止这种迫害。这一表述，应该是现实迫害中止的一种颠倒的反映。而且，作者能够在汪达尔王国境内自由地、肆意地抨击阿里乌斯教派和汪达尔人，也应该以迫害结束、宗教宽容开始为现实前提。但是，书中还是透露了作者所代表的迦太基天主教徒对于异族统治者的极端仇视，尤其是因为在财产争夺战中失败而伴生的宗教仇、民族恨。

如果说维克多笔下的异族是野蛮无理、残暴成性的形象，那么在约达尼斯的笔下，则颇为不同。约达尼斯的《哥特史》约完成于 560 年的君士坦丁堡。该书围绕哥特人的两支王室世系，讲述哥特人起源，哥特人如何为罗马人提供服务，以及先后两次攻陷罗马，分别占据西班牙和意大利的历程。据作者自己说，他大体上依托于大学问家卡西奥多努斯 12 卷本的《哥特史》，加以删减，但也增加了许多来自希腊文、拉丁文的史料，并补充了自己的见闻。通过追述哥特人 2030 年的悠久历史，以起源始，至被查士丁尼征服告终，约达尼斯试图褒美哥特民族，并推奖哥特族与罗马人之间的民族和解："我们讲完了阿马利家族的高贵谱系和勇士们的事迹。这个伟大的种族向一个更伟大的帝王和更强有力的领袖投诚，但是其英明永存，因为战无不胜的查士丁尼皇帝及其执政官贝利撒留获得了'汪达尔

---

① John Moorhead trans. , *Victor of Vita*: *History of the Vandal Persecution*, Livepool: Liverpool University Press, 1992, pp. 1-2, 89.

人的、非洲人的和哥特人的征服者'称号。读者诸君应知我不过是撷取了先辈们的作品之花，加以编织而已。请不要误以为我在为本族人的利益而向壁虚构。我言不尽他们的故事，也道不完他们和他们的征服者的美名。"①

而中古早期最为知名的异族王国史则是都尔主教格雷戈里（约 538—594）的《历史十书》。虽然格雷戈里在作品的结尾处郑重声明，要求后人不得删改他的作品。但是很遗憾，在他过世之后不久，删节本就出现了。一位不知名的编者选取了《历史十书》的前 6 卷，基本上删去了所有标题中带有教会字眼或者教会人物的章节，使得这部书成为一部"法兰克人史"。到 10 世纪以后，《历史十书》甚至正式获得了这个书名，沿用至今，而原来的书名竟至默默无闻。

格雷戈里按照时间顺序，从上帝创世开始，摘录尤西比乌斯、奥罗修和塞维鲁等人的作品，简要叙述罗马皇帝史至 5 世纪中期，然后续之以法兰克王室的渊源。他说："把圣徒们的奇迹般的事业和人们的灾难按照时间顺序兼收并蓄地加以叙述。我认为，假使我把受福的人们的快乐生活夹杂在不幸的人们的悲惨遭遇中间来叙述，读者将不致认为这是毫无道理，因为这并不是出于作者的粗心大意，而是遵循了事件发生的过程。……以这种方式从事编撰，以便对世纪的顺序和迄至今日的年代计算易于看到全貌。"②

7 世纪中叶，有作者采用编年史体例，删削格雷戈里的《历史十书》，并续写至 642 年，是为《弗莱德加编年史》，该编年史不断被人续编，叙事至 768 年。另有《法兰克人史书》，也大体依托于格雷戈里的史书，从法兰克人的起源，叙述至 721 年。8 世纪还流传下来几部叙述法兰克人起源的短篇作品，如《弗里吉亚的达勒斯所述法兰克人起源史》，简略地讲述了法兰克人与罗马人的最初关系。这些作品都认为，作为罗马人的"兄弟"，法兰克人源自特洛伊人，因为不满罗马帝国政府的税收，故反叛自立。他们不仅为法兰克墨洛温王室（约 480—751）建立起久远的历史谱系，使之融入古典历史叙事之中；而且更追溯其渊源及于亚当，从而使得法兰克"蛮族"成为基督教大家庭中流传有序的一个支脉。法兰克人的历史也就顺理成章地融入基督教世界历史之中。

真正模仿格雷戈里的作品是丽雪主教弗里库尔夫（活跃于 820—850 年）的《编年史上下编》。此书凡 12 卷，内容庞杂，俗史与教会史杂糅。上编献给赫利扎卡尔，涵盖的时间段与《旧约》相对应，叙述至耶稣诞生，凡 7 卷；下编献给秃

① Jordanes, *On the Origin and History of the Goths*, trans. by Charles C. Mierow, Princeton：Princeton University Press, 1915, pp. 315–316. 也可参见 ［拜占庭］约达尼斯：《哥特史》，罗三洋译，商务印书馆 2012 年版。

② ［法兰克］都尔教会主教格雷戈里：《法兰克人史》，寿纪瑜、戚国淦译，商务印书馆 1981 年版，第 42—43 页。尽管书名不太妥帖，但是这个译本仍为高质量的译本。

头查理的母亲朱迪丝，用于教育未来的皇帝秃头查理。作品叙事至 607 年，凡 5 卷。与格雷戈里不同，弗里库尔夫主要依靠宫廷图书馆的藏书进行写作。而同时期的史家埃卡贝尔特的《法兰克列王简史》则是为加洛林王朝歌功颂德，抹黑墨洛温王朝的典型作品，从法兰克人起源于特洛伊一直叙述至 826 年。

在西哥特人最终于 6 世纪末皈依天主教之后，大学问家塞维利亚的伊西多尔（约 560—636）写作了包含西班牙地区诸族王国的历史《哥特、汪达尔和苏维汇人史》，以极为简练的笔墨，叙述了这些民族两百余年的历史。但重点在于表彰天主教国王们的功绩。这部历史旨在将哥特族融入古典历史叙事之中。西班牙和意大利的哥特史写作，都强调了民族和解的重要性，是罗马帝国晚期历史写作的延伸和发展。

吉尔达（活跃于 6 世纪前半期）则从宗教的角度，以道德批评家的身份，描述了不列颠人的苦难史——《不列颠被征服和灭亡史》。这部书后来为修士比德（约 673—732）所用，写作其《英吉利教会史》的相关章节。比德作为修士，7 岁之后就在修道院中勤奋学习，虔诚祈祷。他只关心盎格鲁-撒克逊人的宗教史，其书中论及国王和俗务，亦多为与基督教会密切相关者。《英吉利教会史》以描述不列颠地理开篇，应该是受到了伊西多尔的《哥特史》和奥罗修的《反异教徒历史七书》的影响。作品随后以罗马人征服不列颠开始记事，而以赞美作者搁笔之时的英吉利教会之繁盛而告终。作者说道，值其时也，"出现了令人愉快的和睦和安宁的景象，许多诺森伯利亚人，包括贵族和平民，都刀枪入库，急于使自己和自己的子女削发并起誓成为修士而不愿再从事征战了"。作者祈祷："让人间在主的永恒中欢欣雀跃；由于不列颠有信仰天主的欢乐，让众海岛感到欣喜并为缅怀神圣的主而唱起赞美诗吧！"①

二、历史纪年法与编年史的发展

在写作过程中，比德使用了公元纪年法的前身——基督纪年法。教会史兴起后，用宗教事件纪年开始流行。如约瑟夫斯的世界纪年法，依据《圣经》，以世界被上帝创造为始点，进行系年。这种方式在中古早期最为流行。比德另外两部版本流传更为繁多、影响也更为深远的历史作品《大编年纪》和《小编年纪》，都使用了这种纪年方法。虽然他将创世系于耶稣诞生之前 3952 年，颇不同于继承尤西比乌斯和奥罗修的计算方法的格雷戈里，后者所定之数为耶稣诞生之前 5200 年。另一种流行的纪年方式是耶稣受难纪年法。这种纪年方法在 5 世纪阿奎丹的普洛斯

---

① ［英］比德：《英吉利教会史》，陈维振、周清民译，商务印书馆 1991 年版，第 377—378 页。比德的巨大影响力很快就彰显出来，8 世纪在诺森伯里亚地区就有 19 种续写作品。在欧洲大陆，则更为繁多。

佩鲁（约390—463）的《编年史备要》中得到系统应用。这种纪年方式的另一名称为"复活节纪年法"，据蒙森的点校本所载，6世纪初卡西奥多努斯的《编年史》便采取该纪年法，定公元3年为纪年起点。

复活节纪年法其实就是基督纪年法的雏形，6世纪初的修士小个子狄奥尼修斯在编订复活节表的时候，以基督诞生为推算起点。卡西奥多努斯与狄奥尼修斯彼此熟识，互表钦佩，他们的尝试创造了新的历史纪年方式。在高卢，阿奎丹的维克多于457年编制的复活节表最为知名。但其中没有历史记事。现存最早用复活节表记事的抄本，是6世纪意大利地区的《坎帕尼亚复活节表》，自464年开始，至512年，有零散的历史记事，后被人续编至613年。8世纪初，加洛林先祖在赠地文书中使用过基督纪年，借以取代当时通行的墨洛温王名纪年法。此时的高卢教会发表宗教会议文件的时候，也在使用基督纪年法。但是，将基督纪年用于历史叙事，比德的贡献最为突出。在《英吉利教会史》的末尾，比德编制了大事年表，将基督纪年法作为历史叙事的纪年方法，系统运用。在加洛林王朝（约751—987），用基督纪年成为编年史和年代记的重要标志之一。

采用基督纪年，是基督教会影响拉丁文历史书写的结果。同样是受这一影响，在欧洲东部，流行的是世界纪年法。世界纪年法能够更好地叙说地中海东部地区悠久的古代历史，而基督纪年法对几乎没有古代史事记载的异族王国更为便利一些。基督纪年法使得中古史家笔下的人类历史最终以基督降生为界，区分为古代与现代，抑或"前恩典时代"与"恩典时代"。基督教时间坐标，在基督教空间坐标建立（以奥罗修的《反异教徒历史七书》为代表）之后300余年，最终形成，它们共同构筑起较为完备的基督教时空体系。

其他异族史，还有助祭保罗（约720—799）的《伦巴第人史》，续接他的《罗马史》，描述伦巴第人控制意大利的历史，但也追溯该族久远的起源和迁徙过程，叙事至744年。保罗将伦巴第人的历史视为罗马历史的正统传承。后来贝尔嘉莫的安德烈（活跃于875年左右）续接其作，撰写《伦巴第人史》，叙事至877年。

在中古早期，历史写作体裁沿袭古代传统，为"史志"与"编年"二体角力。二者的异同，用大学问家伊西多尔的话来说："史志也与编年史有别，史志是记录作者生活的时代，编年史则是我们所不曾经历的那些年岁。由此，撒路斯提乌斯用史志，而李维、尤西比乌斯和哲罗姆用编年史和史志来编史。"[1] 一方面，史志是当代史，而编年史是古代史；另一方面，二者可以熔于一炉，构成古今通史，

---

[1]　W. L. Lindsay, ed., *Isidori Hispalensis Episcopi Etymologiarum Sive Originum Libri XX*, Tomus I, Oxford: Clarendon Press, 1957, Lib. I. XLI.

为编年史之一种。从功能来说，史志与编年史的融合已经达到了这样的程度，以至可以互称。虽然严格说来，史志重在叙事，而编年史则满足计时的需要。

史志类体裁的代表作，前有异族王国史，后有倪萨德（约790—845）的4卷本《史志》。该书描写他本人参与其中的虔诚者路易（814—841年在位）的3个儿子为了王国继承问题而发生的内战。从路易登基开始，讲到他如何分国，如何因为幼子秃头查理的出生而改变已有的分国计划，引起秃头查理的同父异母兄弟们的不满，导致他们叛乱。因此从主题来看，这部史志继承了古典史志传统，描述作者自己参与的战争史。这部作品与艾因哈德的《查理大帝传》典型地反映了加洛林文艺复兴在史学领域的成果。

但是在中古早期，编年史是史家的首选体裁，这些作品或续写尤西比乌斯和哲罗姆的《编年史》，或继续塞维利亚的伊西多尔和贾罗修道院的比德的编年史。如续接哲罗姆的《452年编年史》，因续写至452年而得名；《511年编年史》续接《452年编年史》，叙事至511年。西班牙的伊达利乌（约400—469）的编年史（叙事至468年）、卡西奥多努斯的《编年史》（叙事至519年）、大法官马尔塞利努（？—约534）的《编年史》（叙事至534年）、阿旺什的马略（约532—596）的《编年史》（续接普洛斯佩鲁，叙事至581年）、塞维利亚的伊西多尔的大小两部编年史都很有名。

此后是著名的《法兰克王家年代记》（叙事至829年）、亨克马尔（802—882）代表西法兰克王国所作的续编本《圣伯丁年代记》（叙事至882年）和代表东法兰克王国立场的续编本《富尔达修道院编年史》（叙事至900年）。而在皇帝控制的中部地区，赫基诺（？—915）的《编年史》，叙事至906年，后来被人续写至967年。虽然处在中部地区，但同情秃头查理的维恩主教艾多（约800—875）的编年史写至870年（有续写者分别续写至879、885和1032年）。圣雷米修道院的里谢尔（活跃于990年左右）续接前辈弗洛德瓦尔德的作品，叙事至991年。更有诗人萨克索用诗体写作了5卷本的《查理大帝纪功编年史》，自772年查理出征撒克逊地区开始记述，歌颂他使得撒克逊人皈依天主教，成为撒克逊人的使徒。弗勒里的埃蒙（活跃于10世纪晚期）写作了《法兰克人史》（叙事至654年），基本上只是摘抄前人的作品，此书后来被人多次续编，成为中古时期最为流行的史书之一。

活跃于980年前后的圣安德烈修道院的僧侣本尼迪克特写作了反映当时罗马教廷腐败现象的编年史。在同期的不列颠，则有著名的《盎格鲁-撒克逊编年史》（最晚的版本叙事至1154年）。在西班牙有伊本·库提亚（？—977）所著的《安达卢西亚征服史》，自伊斯兰教历138年叙事至伊斯兰教历316年（750/751—929），对9世纪科尔多瓦的生活提供了宝贵史料。在意大利则有《卡普亚编年史》，比较生动地描述了卡普亚伯爵的历史，叙事至 1000 年。《贝内文托、萨莱诺、卡普亚和那不勒斯王公编年史》则是一份重要的统治者名录，收录年代下限为 943 年。

6 世纪非洲作家富尔根提乌的《世界年代记》14 卷，则因文学技巧而比较独特。他在第 1 卷中不使用"A"字母，第 2 卷不使用"B"字母，依次类推，完成作品。[①]

以上为其荦荦大端者。而小编年史或年代纪则更为繁多。仅贝茨 1826 年编订的《加洛林时期年代记和编年史》便收入了 37 部这样的小编年史。简短者不过数行而已，如《阿曼达修道院年代记》，自 687 年至 723 年，凡 15 条记录，105 个字。这些微型编年史非常形象地显示了编年史的计时功能。《阿曼达修道院年代记》按照时间顺序连续标注了 36 个年代，但其中仅 15 年有文字记录。记录止于 720 年，但后面还分别标注了 721、722 和 723 年。

这些计时色彩强烈的微型编年史的流行，不仅与复活节推算表有渊源，而且大概与世界末日之感密切相关。如都尔主教格雷戈里所言："通过对于前人的编年史或历史的摘录，从而清楚地说明，自从开始有世界以来，所经历的岁月已有多久，这对于那些当世界末日临近时感到心惊胆战的人，是会有好处的。"[②] 依据格雷戈里的计算，世界被造于耶稣诞生之前 5200 年左右，时人一般认为世界历史的总年限应该为 6000 年，而加洛林王朝于 751 年正式肇建，800 年查理曼加冕称帝正是世界应该终结之年。都灵主教克劳迪（约 780—约 827）所作《编年史简编》，特地调和拉丁文版《圣经》与七十子译本《圣经》之间年代计算方面的矛盾，他提出的算法为创世至耶稣受难为 3986 年。

通过不同的算法，可以推测各编年史之间的承续关系。从写本来看，加洛林王朝的许多编年史，都与比德的编年史合编在一起，似乎受到比德的很大影响。但是，如果核对其纪年算法，则发现与比德所赞成的年数出入较大，而与格雷戈里以来的高卢计算传统基本上一致。所以，比德的影响似乎被史学史家们有所夸大。至少从年代计算而言，大陆地区的编年史并没有受到不列颠、爱尔兰作家们的巨大影响。高卢地区有其独特的历史纪年传统，乃至历史写作传统。

三、俗人传记

在加洛林王朝后期，编年史与史志体之间的区分越来越不严格。到 12 世纪的时候，有史家提出，历史作品可以分为三类体裁：年代记、编年史和史志。其区

---

① Graeme Dunphy, ed. , *Encyclopedia of the Medieval Chronicle*, 2 vols. , Leiden：Brill, 2010.
② ［法兰克］都尔教会主教格雷戈里：《法兰克人史》，寿纪瑜、戚国淦译，商务印书馆 1981 年版，第 5 页。

分标准比较单一，就是叙事之繁简。从年代记到史志，叙事越来越繁复。而中古早期以历史叙述对象的时间属性来区分体裁的标准退居次要地位，在文艺复兴之后才再次引起关注。

与比德的教会史传统不同，7 世纪以后高卢地区的编年史，许多都以世俗政治军事为主要内容，俗史色彩更为浓厚。而成书于宫廷的编年史，更聚焦于帝王将相。如《法兰克王家年代记》，完全以加洛林王朝历代国王为主线，其编年史似乎就是列王事迹的汇编，将一个个国王传记拼接起来，有些类似于中国古代正史中的帝王本纪。

《法兰克王家年代记》的传记色彩，在帝王更迭之时，表现得最为明显。D 本（9 世纪）在 768 年条增加一行："查理大帝和他的兄弟卡洛曼的事迹从此开始。"该本于 814 年条用红笔添加："我主查理曼和杰出的法兰克帝王的事迹至此结束。"又用红、蓝笔注明："查理曼皇帝之子皇帝路易的事迹开始。"而 9 世纪末，由不列颠的舍伯恩主教艾塞尔（？—909）编订的《阿尔弗雷德王传》则完全是按照编年的顺序，几乎逐年列出国王的年岁，记录其生平。由于该书现存中古写本全部被毁，而作者大量抄录《盎格鲁-撒克逊编年史》的内容，所以有史家怀疑这部传记的真实性和原始性。但如果联系到阿尔弗雷德的父亲长期在西法兰克王国宫廷避难，而阿尔弗雷德本人延聘了不少大陆学者，尤其是来自兰斯大主教区的教士和修士，那么《阿尔弗雷德王传》的体例似乎也并不那么孑然孤立了，可以被视为对《法兰克王家年代记》中传记色彩的一种发展。这种体例在中古盛期成为帝王纪传的常态。廷臣艾因哈德编写的《查理大帝传》，与这一变化似乎格格不入。

艾因哈德的《查理大帝传》还在刻意模仿古代罗马帝国的皇帝传记，分类叙事。"我将先写他在国内和国外的业绩，然后写他的习惯和兴趣，最后写国家的行政管理和他的统治的结束。"艾因哈德选择这种叙事方式有其深刻的史学史思考，他想将查理曼纳入罗马帝国历代帝王系列之中。虽然他本人与查理曼时相过从，但是，他笔下的查理曼的体貌特征，却是苏维托尼乌斯的《罗马十二帝王传》中诸帝身体部位的理想拼盘。艾因哈德以这种奇妙的处理方式，以典型化的文学手法塑造出理想化的神圣罗马帝国缔造者的光辉形象："当代最崇高、最伟大的国王"和他那"后人难以效法的赫赫功业。"以报答其知遇之恩："使我在他的生前和死后感戴不已。"①

艾因哈德模仿古典传记体裁，而其指导思想是基督教式的。与古典传记家记

---

① 本部分相关引文均出自［法兰克］艾因哈德、［法兰克］圣高尔修道院僧侣：《查理大帝传》，戚国淦译，商务印书馆 1979 年版，第 8 页。

载帝王缺陷的习惯不同，艾因哈德只收录查理曼一生的丰功伟绩，替他巧妙掩饰缺陷，文过饰非，明显受到流行的圣徒传的强大影响。从这个角度而言，9世纪晚期圣高尔修道院的修士结巴诺特克写作的《查理大帝传》是艾因哈德作品的必要发展和补充。他彻底抛弃传记的古典外衣，完全采取圣徒传的写作模式，更加直接地迎合当时读者的需要。可惜在写作过程中，恩主胖子查理被废，作者就此搁笔，未能最终完篇。这部传记分类记叙"掌管各国命运和时间更序的全能的世界主宰……凭借卓越的查理的双手……"[①] 所行的奇迹般的故事。

其他帝王传记，包括天象学家（9世纪）的《皇帝路易传》，也是糅合了编年体例和圣徒传体例。大概也是在虔诚者路易的授意之下，圣德尼修道院派人写作了《迭戈贝尔特王传》（约成书于830—835年），将该修道院的第一位主要庇护君王描写为受到列位圣徒庇护、灵魂永生的天堂居民。圣徒柳特普兰德（？—约970）的《奥托传》，重点讲述奥托一世在意大利的活动。洛兹维特（活跃于935—973）的《奥托事迹颂》则是诗歌体裁的传记，为962年奥托称帝而作。

此外，西哥特王国的朱利安（约644—690）写作的《汪巴传》，讲述这位西哥特王从登基到被废黜的经历。而10世纪末的《罗达谱牒》则提供了加洛林时代比利牛斯山脉两侧诸多王公的谱系，也包括自查理曼以来的加洛林列王谱系。

学者列传是古代希腊罗马颇为流行的一种传记体裁，也被熟悉古典文化的教父圣哲罗姆仿效，哲罗姆写作了《名人传》，记录100位基督教会博学之士，包括《新约》的那些作者们。5世纪马赛的格纳迪乌斯（？—约496）续接其书，收入百位学者名流。7世纪的大学者塞维利亚的伊西多尔再次续接哲罗姆，写作《名人传》，收入自4世纪以来的33位基督徒学问家。

四、圣徒传

圣徒传是中古历史传记之大宗，数量最多。如果按照传主的身份，圣徒传可分为平信徒传和神职人员传（包括教士和修士）。平信徒传描述帝王将相，内容大体为传主的生平事迹。如关于克洛维妻子生平的《克洛提尔德传》，统治整个墨洛温王国的迭戈贝尔特王的传记——《迭戈贝尔特王传》。在《克洛提尔德传》开篇，作者首先提到女性的圣洁程度有等差。圣贞女在天堂将获得百倍的回报，而神圣的寡妇和虔诚的妻子们分别获得60倍和30倍的回报。随后作者说明自己的记

---

① ［法兰克］艾因哈德、［法兰克］圣高尔修道院僧侣：《查理大帝传》，戚国淦译，商务印书馆1979年版，第38页。

载内容："我将描述她那高贵的世系,她的双亲是谁,如何看重天国,如何行善,如何结束生命,去往天国。"①

如果传主是神职人员,那么内容多为他们如何进入教会或者修院,以及此后所行之奇迹。如6世纪初成书的《圣葛诺斐法传》讲述传主最初如何被圣日耳曼提点,得知自己已蒙上帝宠邀,必将成为基督的新娘,于是乎克服家庭阻力,成为修女。尔后按类列举传主所行之奇迹,包括"残障期间如何显圣","以祈祷拒匈人于城外"等。最后作者点题:"让我们这些信奉三位一体的人们不停地祈祷,请求上帝的忠仆葛诺斐法向上帝请求,不仅赦免我们所犯之罪,也为将来所犯之过担保,为我们提供灵与肉的滋养,以便通过三位一体,歌颂圣徒和我主耶稣基督,荣耀、品位、王国和权力永远属于他。阿门!"②

如果按照体裁,圣徒传又可以分为纪念名录和叙事性圣徒传。纪念名录主要为教堂仪式之用。在日历上记录圣徒的纪念日期,一般就是圣徒去世的日子,有时包含简短的传记资料。例如,9世纪成书的乌斯瓦尔都的《圣徒纪念名录》和1583年由教皇格雷戈里十三世下令编纂的《罗马圣徒纪念名录》。

叙事性圣徒传包括生平传记、遗骨发现记和奇迹故事录。圣徒生平传讲述圣徒在世之时的个人经历,内容以蒙上帝恩典,假其手施行各种奇迹为主。又可细分为专传和列传。专传以单个圣徒为传主,而列传则包括一系列圣徒。中古早期的专传有上文所说的《圣葛诺斐法传》、塞维鲁的《圣马丁传》等。

中古早期最著名的圣徒传作家也是我们非常熟悉的都尔主教格雷戈里。他不仅将圣徒的奇迹故事大量录入《历史十书》之中,还创作了《殉道者圣尤利安传》《圣忏悔者列传》1卷(收录近百位圣徒)和《教父列传》1卷(收录20位教父的传记)等。格雷戈里将圣徒分类处理,不同的圣徒,德行不同,如他的外祖父朗格勒主教圣格雷戈里,就是以上帝之灵战胜自我肉体的杰出斗士。当妻子去世之后,朗格勒主教格雷戈里辞去法官职务,成为主教。虽然身份变了,但是德行不变,谦卑自制。"将自己当作自己的迫害者,摧毁自身的罪恶,然后像证道的殉道者那样获胜,完成合法的战斗……当他将自己从元老等级贬低到如此谦卑之状时,抛弃所有世俗的关爱,将自己奉献给他心中的上帝,以这种方式,有福的格雷戈里寻觅着他的荣耀。"③

---

① Jo A. McNamara etc. ed. , *Sainted Women of the Dark Ages*, Durham: Duke University Press, 1992, p. 41.

② Jo A. McNamara etc. ed. , *Sainted Women of the Dark Ages*, Durham: Duke University Press, 1992, pp. 17–37.

③ Edward James trans. , *Gregory of Tours: Life of the Fathers*, Liverpool: Liverpool University Press, 1985, p. 43.

遗骨发现记在整个中古时期都非常流行。都尔主教格雷戈里的《殉道圣徒列传》1卷就是讲述各种圣徒遗物及其流传的作品。"为了教导上帝的教会，增进对于完美信仰的认识，通过教学经学而写作和言说。我想发表不为人知的圣徒奇迹，而不想坠入异教陷阱。我不说农神的逃逸、朱诺的愤怒、朱庇特的淫荡、海神的攻击、风神的权杖或者是埃涅阿斯所经历的战争、海难和建国。也不说什么丘比特的使命、对阿斯卡尼俄斯的爱恋，以及黛朵的婚礼、眼泪和可怕的毁灭，入口晦暗的冥王法庭，冥府看门狗的3只脑袋；也不费辞于安喀塞斯的话语、奥德修斯的狡黠、阿喀琉斯的狡猾或者希农的欺骗。我不讲拉奥孔的建议、赫克琉斯的力量或者双面神的较量、放逐和致命死亡。我也不描述欧门尼德斯的形状或者各种怪物，以及维吉尔编造的其他神话。既然指出了他们都是虚妄，我来说说'福音书'中的神圣奇迹。"接下来，在讲述象征耶稣降生之星如何能够被俗人在一口圣母玛利亚汲过水的水井中看到的故事之后，他说："我碰到过一些人，他们说亲自看见过这颗星。最近我的助祭说，他和5个人去看了，但是只有两人看见了星星。"[1]

格雷戈里的叙述是极富有修辞技巧的。他先用一系列贬义词提及读者耳熟能详的古典故事，然后话锋一转，落脚于"福音书"、时人信奉的"经书"，说明自己的叙述源自权威性神圣经典。随后从读者最为熟悉的耶稣降生故事开始讲述。通过自己的助祭的证词，说明这个神圣的故事虽然发生于500多年前，但还一直存有遗迹，今人皆可见证。

《查理大帝传》的作者之一艾因哈德也留下了一部著名的圣徒遗骨发现记《圣马塞利努斯和圣彼得遗骨迁徙录》，讲述自己如何为新落成的、位于米歇尔施塔特的教堂获取圣徒遗骨的故事。他专门派人到罗马去获取圣徒遗骨，最终通过贿赂，他的使者托人于夜间潜入墓园偷盗圣骨，巧妙伪装，长途跋涉运回北方。他之所以将这个故事记录下来，是因为他认为此事有补于道德人心。"在我看来，那些记录义人善士生平事迹的作家只是希望通过笔下的事例激励读者弥补过失，并礼赞万能的上帝。他们这么做，不仅不是因为妒忌，相反是因为充满爱，希望大家能够改善。既然他们动笔的原因与我并无二致，为何我不加以仿效呢？因此，出于同样的考虑，我的这几卷书，记录了圣徒马塞利努斯和圣彼得的遗骨迁徙，以及上帝为拯救信众而借此显现的奇迹。我决定出版这些书，以供礼敬上帝的信众阅读。这样一来，不仅对信众有益，而且使得读者借此礼敬造物

[1] Bruno Krusch, ed., "Gregorii Episcopi Turonensis Liber in Gloria Martyrum," in *Minacula et opera minora*, Monumenta Germaniae Historica (MGH.), Hannover: Hahn, 1885, pp. 487-488.

主，于我亦为一件美事。"① 似乎因为有爱，为了信仰，不择手段地获取圣骨，也成为一件值得褒奖的善功。

至于奇迹故事录，也是为满足信众的需要而整理成编的。都尔主教格雷戈里写作了《圣马丁奇迹录》4卷，记录在圣徒墓地所发生的那些奇迹。对于写作的理由，他作了详细的交代："为了教诲后代，我将尽我所能地回忆他在当代所行的这些奇迹。如果不是三番五次被梦境催促，我是不会如此尝试的。当我梦见自己和母亲及诸多受惠于圣马丁的奇迹的人在一起的时候，母亲对我说：'你为何如此怠懒，不将所见记录下来呢？'我回答道：'我文字拙劣，不敢草率从事，而是多么希望塞维鲁、保利努斯重生，或者我的朋友福尔图纳图斯动笔啊。'母亲说：'你难道不知道，由于民众的水平低下，浅白的说法更能被人理解？因此，不要拖延，如果你保持沉默，才是真正的犯罪。'因此，我决定接受她的建议。结果令我既悲且惧。悲的是那些奇迹未被记录，惧的是无知如我者得拿起笔来。然而，蒙上天的恩典，我开始叙述。上帝既能在顽石中凿出泉水满足饥渴的民众，也会让我的文字如此这般地流淌。确实，他能让驴开口说话，也就能让文盲如我者张嘴讲述奇迹。而我为何要惧怕呢？在传道之时，我主挑选的不是那些雄辩家，而是渔夫；不是那些哲学家，而是农夫，去摧毁俗学。因此，多谢您的祈祷！我坚信，即使我的笨嘴拙舌不能使得篇卷雅致，伟大主教也能以其奇迹使本篇流芳百世。"② 作为史学家，格雷戈里一点都不"土"。他的文字可能简单一些，也可能知识有些局限于经学，但是，其雄辩色彩丝毫不逊于任何古典作家，而且要远比他们自信。

五、神职人员传记

奇迹是圣徒的"专利"，在普通教士的生平中，奇迹尤其罕见，更为常见的是日常管理教会的琐事。《罗马教皇列传》是6世纪开始被整理成篇的历代教皇传记，此后代有续编，一直延续到中古结束之时。书首为两通伪造的圣哲罗姆与教皇达马苏斯一世的往来信函，说明教皇委托圣哲罗姆写作《罗马教皇列传》，随后以圣彼得传开始正文。其格式比较一致，一般为教皇名、哪里人氏、姓氏、任职期限、做了什么任命、建造活动以及教堂物件方面的赠予。也间有该教皇的简短语录和作品，最后要交代安葬之所，及其死后教职的空缺期限。行文比较简洁，例如著名的教皇大格雷戈里的传记如下：

---

① Paul E. Dutton trans. "The Translation and Miracles of the Blessed Martyrs, Marcellinus and Peter," in idem ed., *Charlemagne's Courtier: The Complete Einhard*, Peterborough, Canada: Broadview Press, 1998, pp. 69-91.

② Bruno Krusch, ed., "Gregorrii Episcopi Turonensis Liber in Gloria Martyrum," in *Minacula et opera minora*, MGH., Hannover: Hahn, 1885, pp. 585-586.

格雷戈里，罗马人，姓郭尔丁，在位 13 年 6 个月零 10 天。写作了 40 篇教谕文，《约伯记》注疏 35 卷、《以西结书》注疏 20 卷、《牧灵守则》、《对话录》4 卷，以及许多其他作品，不具列。那时，拉文纳节度使罗曼努斯来到罗马，前往拉文纳从伦巴第人手中夺取了苏特里及其他许多城市。圣格雷戈里派遣梅里图斯、奥古斯丁、约翰和其他高僧去给英吉利人传教。他增加了"将我们的日子置于您的和平中"等吟诵段落。给圣彼得祭台搭建四柱银质龛罩，用紫袍覆盖使徒遗体，饰以纯金，重 100 磅。他规定可以在这个祭台做弥撒。对圣保罗祭台也如此办理。他将苏布拉的哥特人教堂奉献给殉道者圣亚加大，还将自己的房舍建立为修道院。他葬于圣彼得教堂的密室中。做过两次任命，一次在大斋节，一次在 9 月，凡 29 位神父、5 位主祭、各地主教 62 名。主教职位空缺 5 个月零 18 天。①

这篇教皇传反映了列传作者的关注点——教堂，围绕它产生了讨论教义的作品、传教、教堂建设、仪式革新、教职任命等内容。这些事情与教士们的日常宗教生活息息相关。传记也涉及俗务，即拉文纳节度使到罗马一事。收复失地与恢复罗马天主教会有关系，传中所列举的城市，原本为阿里乌斯派教会控制区，现在转变为受罗马天主教会的掌控。这一记录也与随后的记叙——到不列颠传教首尾衔接。

《罗马教皇列传》虽然算不上最早的主教列传，但应该是最早单独成篇的传世列传。一个世纪之前，在《历史十书》的末尾部分，都尔主教格雷戈里就提供了该城历代主教的传记，甚至包括他本人在内。而我们最为熟悉的中古早期神职人员列传，要数比德的《修道院长列传》。该书逐一记录了他所在修道院历任（凡四届）院长的事迹。与《罗马教皇列传》和《都尔历代主教列传》相比，比德的笔下更加彰显一种矛盾和紧张关系。作为修士，应当全身心追求属灵的事务；但是作为院长，又须从事管理修院的日常事务，二者存在矛盾。例如，切奥尔弗里德院长临终前要辞职，以便"在死前能有一段时间从世俗的烦恼中摆脱出来，能自由地单独过安宁生活"，去罗马朝圣。临行前他说："赐予那些可能犯了罪的人以宽恕和祝愿的恩惠，请求所有人为他祈祷，并请求他们与他言归于好，如果他曾过分严厉地批评过什么人的话。"②

其他教士列传还有助祭保罗的《梅斯主教列传》。9 世纪拉文纳教会的安涅卢

---

① Raymond Davis trans. , *The Book of Pontiffs*: *The Ancient Biographies of the First Ninety Roman Bishops to AD. 715*, Liverpool: Liverpool University Press, 2000, p. 63.

② ［英］比德：《修道院长列传》，《英吉利教会史》，陈维振、周清民译，商务印书馆 1991 年版，第 400—401 页。

斯仿效《罗马教皇列传》，起草《拉文纳主教列传》，试图证明拉文纳主教独立于教皇的管辖之外。兰斯的弗洛德瓦尔德的《兰斯教会史》也非常著名。《枫特奈尔修道院长列传》（约成书于 823—845 年）的体例也是仿效《罗马教皇列传》，但是在受赠物中多了一项内容，即土地。圣高尔修道院的修士拉特帕特（？—890）的《圣高尔修道院》以圣徒传的笔触讲述该院高僧所行之奇迹。10 世纪下半叶修道士弗尔昆（约 935—990）写作了两部修道院长列传，一部是《圣伯丁修道院长列传》，另一部是《洛比修道院长列传》。为了维护修道院大批地产的权益，《圣伯丁修道院长列传》收录了大量赠地文书。9 世纪意大利《法尔法修道院重建小史》，简单地列举历代修道院长的建筑活动，一直叙述至第 40 任院长希尔德里克去世，即 857 年。其他单篇教士传、圣徒传，则数量浩繁，不具列。

中古早期，古典史家所强调的历史写作与传记写作之间的差别变得模糊起来。尤西比乌斯不仅起草了《巴勒斯坦殉道者列传》，还将其缩写纳入《教会史》中。都尔主教格雷戈里的《历史十书》则明确地将圣徒传纳入历史书写中。每当圣徒辞世的时候，他都会讲述该圣徒的某些奇迹，这些奇迹多关涉世俗军政事务。在讲述终结之时，他往往会说，如果要详细了解更多的奇迹，请参见关于该圣徒的专门性传记，依稀在坚守传记与历史之间的体裁分别。

古典传记强调通过生活琐细来刻画人物性格，而将军国大事留给史志体史书。在基督教话语体系之下，军国大事反而变得不那么重要，而个人品行变得更为重要。传记与历史写作之间的传统分野得以消解。传记写作的指导思想与历史写作并无二致，写作重点趋同，随着基督纪年体系的推广，传记在按类编排的同时，越来越按照时间顺序叙述，传记与历史写作难分彼此。《加洛林王家年代纪》不过是帝王传记的汇编，而《阿尔弗雷德王传》则与编年史几乎雷同。在中古早期，俗人传记与编年史二体角力的结果是各自体裁独立，写作方式则互相借鉴，日益趋同。而圣徒传则更多地保留了古典传记依类叙事、刻画性格及教谕性的特征。

第三节　中古后期史学

中古西欧史学演变缓慢，大体可以 1000 年为界分为前后两期。在中古后期，随着更多的政治中心的兴起，史学作品也日益繁多。

一、宫廷史学

9 世纪末，加洛林帝国趋于瓦解。查理三世死后，缺乏嫡系继承人，帝国分裂，各地竞相拥立新王。"这就带来了大战乱，不是因为法兰克人缺乏适合统治王国的门第高贵、富有勇气和智慧的领袖，而是因为他们之中无人能够超迈侪辈、号令天下，因而无法获得独尊的机会。"① 政治分裂使得"中央"派（或者更为恰当的提法是"宫廷派"）的历史叙事遭受严重挑战，甚至难以为继。宫廷派史家除了那些身在宫廷之中的神职人员，还包括众多王室修道院的修士。

上述引文的作者普鲁姆的赫基诺公开承认，他不敢随意说话，以免得罪地方实力派。"与上述案件相关和过去这些年中发生的许多事情，我只记录了很少一部分，因为对当代事情要少说为妙，如果我们毫不客气地秉笔直书，毫无疑问，会引起某些健在者的憎恨和不快。假如我们不讲真话，不如实记录，我们就会成为骗子和阿谀奉承之辈，因为事情是众所周知的。因此，就留待后人详加记载吧。但是，为了表明我们并非不置一词，我们就简明扼要地记录其中的一些事情。"② 而结巴诺特克本来满怀信心地为胖子查理写作《查理大帝传》，但胖子查理一死，他就马上搁笔，以致作品在一句话的中途完结。他的担心并非多余，因为在作品中，他的立场非常明确："当陛下您最圣明的祖考逝世的时候，某些权贵人物……狂妄自大得和那些说'我们与大卫无分，与以扫的儿子无涉'的话的人完全相像。可以说，这些有权势的人完全无视查理最高贵的子孙，每一个人都想把统治王国的权力夺到自己手里，为他们自己戴上王冠。"③ 这些话当然会得罪地方诸侯。

宫廷派史学的式微使得 10 世纪后半叶和 11 世纪初期特别缺乏宏大叙述性文本，这一时期的重大政治事件的总体面貌因此显得有些模糊，以致这一历史时期被称为黑暗时代中最为黑暗者。总体而言，这一时期，东法兰克地区的宫廷派史学在细节的繁复方面甚至超过了加洛林时期的宫廷派历史作品。为赫基诺所忌讳的权贵们逐渐积累实力，成长为新的君王，从而形成了新的宫廷，兴建了新的修道院，设立了新的主教区，在此基础上形成了新的宫廷派史学。有名的宫廷派史家包括阿达尔伯特（？—981）、提特马尔（975—1018）、赫尔曼（1013—1054）、贝尔托尔德（？—1088）、贝尔诺尔德（？—1100）等。

而奎德林堡修院的女修士写作了奥托王朝的"官方史书"。该修道院的创始人为亨利一世（876—936）的遗孀玛蒂尔达（约895—968）。这个修道院所在的奎德

---

① Simon MacLean trans. , *History and Politics in Late Carolingian and Ottonian Europe*：*The Chronicle of Regino of Prüm and Adalbert of Magdeburg*, Manchester：Manchester University Press，2009，p. 199.

② Simon MacLean trans. , *History and Politics in Late Carolingian and Ottonian Europe*：*The Chronicle of Regino of Prüm and Adalbert of Magdeburg*, Manchester：Manchester University Press，2009，p. 199.

③ ［法兰克］艾因哈德、［法兰克］圣高尔修道院僧侣：《查理大帝传》，［英］A. J. 格兰特英译、戚国淦译，商务印书馆 1979 年版，第 86 页。

林堡市与皇室的关系如此密切，以致被称为奥托帝国的第一首府。与其他宫廷派大历史类似，这部编年史也是从上帝创世开始叙述，自 993 年开始，在摘录其他史书之外，作者亲身经历的见闻开始出现于笔端。从 1008 年起，则主要是作者的见闻了，以该修道院的事情开始该年的记叙，讲述贝尔特拉蒂斯院长前去罗马的圣彼得和保罗大教堂，为自己和玛蒂尔达祈福。《编年史》的地理观照范围十分广泛，从摩泽尔河畔的特里尔，到波罗的海的立陶宛，可谓各地信息云集于此。所述内容涵盖主教去世、继承人接替、国王的行踪、权贵的生死。而且作者将这些人间的变故与天象、气候变化联系起来，加上国王的情绪，提供了天地人三维交织的复杂而深刻的历史画面。作者的叙述至 1025 年突然中断，应该是奥托王朝终结的缘故。

同一时期梅泽堡的主教提特马尔的《编年史》，也是一部著名的宫廷派史学作品。提特马尔出身于贵族之家，与皇室有着较为疏远的血亲关系，幼年的时候在奎德林堡接受教育。而梅泽堡也属于马格德堡大主教区，在地理上属于皇室的核心地区。提特马尔担任主教的时候，皇帝亨利经常在那里庆贺复活节。《编年史》从这个城市的起源讲起，交代完城市名称的由来之后，跳至亨利一世统治时期，讲述奥托王朝的政治史。该书对历代皇帝多有称颂，对反抗他们的贵族则多有贬斥。但是，作者不能不慨叹帝国的衰落。在行文的末尾，他说："皇帝（在战后）没有任何收获，也没有给对手多少伤害。他的忠实战士狄特里希在告别他之后回家的途中，被某位斯蒂芬攻击。尽管狄特里希第一次胜利了，但又遭遇到第二次攻击，并受到沉重打击，仅带着少数护卫逃脱。请上帝不要让他第三次遭到攻击吧！皇帝得知此事后，在施瓦本召集会议，讨论国务。随后焦虑地沿莱茵河而下。哦！帝国的支柱、他的大部分助手都死了，而且身边多有表面忠诚而实际上吃里扒外的叛臣。他不能自由地统治，也不能清除他们的傲慢和枉法行为。"[1]

其他一些宫廷派编年史，如《希尔德海姆年代记》《兰贝尔特年代记》，则尽量保持《法兰克王家年代记》的格式体例，以纪年开始，记录国王庆贺宗教节日的行止所在，然后是军国大事，而以人事变更，尤其是主教和院长的更迭列于每年记事之末尾。这些编年史多非常简明扼要，一如《法兰克王家年代记》。如《希尔德海姆年代记》第 1010 年："王（亨利一世）第 9 年，第 8 小纪，基督第 1010 年，在博尔德庆贺圣诞节，在雷根斯堡庆贺复活节。乌特勒支主教安斯弗里德去

---

[1] David A. Warner trans. , *Ottonian Germany*: *The Chronicon of Thietmar of Merseburg*, Manchester: Manchester University Press, 2001, p. 385.

世，由阿德尔博尔德继任。"①

二、地方史的兴起

这一时期，地方史也逐渐兴起，且硕果累累，尤其是各地教会史、修院史和圣徒传。10 世纪之后的中古编年史和历史有 2000 多部，其中绝大部分为此类地方史。如描写巴黎人抵抗诺曼人入侵的历史作品《巴黎战纪》，以 3 卷本韵文叙述885 年至 896 年秋的漫长战争。意大利卡西诺山修道院修士艾尔肯佩尔特（活跃于880 年左右）写作了《小史》，与助祭保罗的《伦巴第人史》相区别。《小史》讲述 787 年之后的史事，重点则是 889 年萨勒诺公国的创立。12 世纪的海登海姆的阿德尔贝尔特写作了本修道院的院史，等等。

与中古早期的地方教会史相比，加洛林之后的此类历史作品，一般来说篇幅有了较大的增加，信息更加丰富，内容更为翔实。这是因为，随着教会财产的增加，教会日益卷入社会生活之中，对俗史的关注程度随之增长。而且经历加洛林文艺复兴，教会和修道院的图书收藏、教育设施都有了很大的提高，教会积累了大批资料。如主教和院长的信件、各种赠地文书以及藏书。据推算，加洛林时期共有图书 5 万册，现存写本 7000 余部。图书资料的增加，使得书信、赠地文书乃至图书目录都进入地方教会史的书写中。中古后期的教会史家虽然不像古典史家那样通过旅行收集大量的一手资料，与中古早期的前辈们一样局限于地方教会的范围，坐在教堂之中、修道院之内，但是也能掌握大量的地方性资料。这些史家相信历史不仅包含苦难，也值得记忆。英格兰王国的史学家伊德梅尔（1060—1128?）在其作品《当代史》中说，"将我亲眼所见、所闻，简要论述，加以记录"，这是因为"当代之人投身于各种事务之时，需要调查历史，以便得到安慰，获得支持"，因此作者"为了后人之益研究当代事迹，传递记录，笔之于书，是非常伟大之事"。②

弗洛德瓦尔德的《兰斯教会史》是此类作品的代表之一。他从兰斯建城开始叙述，然后是教会的肇建、历代主教的简要介绍，第 1 卷的重点人物当然是圣雷米，一共 14 节。其中专辟一节抄录圣雷米的遗嘱，包括他的财产清单。第 2 卷以圣雷米的继承者开篇，而以里格贝尔特主教为叙述重点，凡 6 节。第 3 卷记述的是全书的核心人物——亨克马尔，凡 30 节，历数其主要活动，尤其详细介绍了其作品和书信。该卷对于每封书信都给出了提要，对于某些重要的书信，则全文照录，

① "Annales Hildesheimenses," in Georg H. Pertz, ed., MGH, Scriptorum tomus Ⅲ, Hannover: Hahn, p. 92.

② Martin Rule, ed., Eadmeri historia novorum in Anglia et opuscula duo de vita Sancti Anselmi et quibusdam miraculis ejus, Cambridge: Cambridge University Press, 2012, p. 1.

如第 16 章致秃头查理（823—877）驳戈特沙尔克（约 808—867）之前定论的长信。第 4 卷基本上为当代史，收录了福尔孔主教的大量书信，以及发生在兰斯附近的政治事件，尤其是诺曼人的破坏活动，而以介绍当地各个教堂和修院的领袖以及在那里发生的奇迹故事而告终。

教会越来越关心它们拥有的资产，在编撰地方教会历史的时候，逐渐加入大量赠地文书。如一部成书于 12 世纪后期的修道院编年史所载："为了留给后人一些记忆，我们收集前辈们的口传或者文书。以前还未曾清晰地表述过我们修道院广泛的地产，包括其位置、岁入、特权、习俗、性质，以及在诉讼和协商中需要加以确认和改进的其他事项，都需要从头加以彻底地梳理，尽管我们能力有限。"[1] 成书于 12 世纪的《伊利修道院史》，凡 3 卷。第 1 卷讲述修道院的早期圣徒埃塞尔思里思的各种功德、奇迹及其后继院长；第 2 卷逐一交代各院长之更迭，尤其是各地地产的由来，各种建筑物之兴建；第 3 卷则重点叙述修道院与伊利主教的权力斗争史。[2]

当教会越来越关心其资产，它们就会与其他人发生越来越多的法律纠纷。为了捍卫自己的权利，教会不仅需要借助于文书，也"需要"伪造文书。而历史书写往往能够为伪造的文书提供佐证，通过交代赠地文书的发生背景，或者历史故事，使得文书变得历史悠久，渊源有自。例如，《盎格鲁-撒克逊编年史》的 E 本为彼得伯勒修道院所藏。12 世纪初，该院修士在抄录该编年史的时候，加入了强调该院特权的一些关键性伪造文书，如该院被奉献时国王的赠地文书和教皇授予其教皇特使之权的书信。前者见于 656 年条下："我，伍尔夫希尔，今天慨然赠给圣彼得和塞克斯伍尔夫院长，以及修道院的众修道士我王国所属的下述土地、水流、池塘、沼泽、堰，以及位于这些地带的全部土地，从而除院长及众修道士之外，没有人在那里享有所有权。赠礼如下：从米兹汉姆斯特德到诺斯伯勒，再到……"[3] 在 675 年条下，录入了教皇阿加托的书信，认可彼得伯勒修道院的无上特权："国王、主教、伯爵或任何人不在彼处享有任何权威，或租赋，或捐税，或军役……我还希望该修道院院长被认为是罗马派驻全岛的使节……"在 777 年条下，又录入了一份赠地文书，等等。

除了传统的地方教会史，也有越来越多反映地方政治势力的历史作品，尤其是在 11 世纪之后。最为著名的描述对象是北欧海盗。诺曼人作为外来入侵者，从邪恶的（即异教的）强盗转变成卫道的诸侯，自然成为史家乐于书写的对象。最早的作品为杜朵（约 965—1043）的《诺曼人史》。此书大致成书于 1015 年之前，

---

[1] Mark A. Lower trans. , *The Chronicle of Battle Abbey*, London：John Russell Smith, 1851. p. 1.

[2] J. F. Weather trans. , *Liber Eliensis*, Woodbridge, The Boydell Press, 2005.

[3] 《盎格鲁-撒克逊编年史》，寿纪瑜译，商务印书馆 2004 年版，第 32 页。

是应诺曼底公爵理查一世之请而作。作为公爵的宫廷牧师，杜朵对他的恩主进行了热情的歌颂，而谴责了南下的另一支诺曼人。为了证明诺曼人是历史悠久的民族，他大胆地将丹麦人等同于古代文献中大量出现的大夏人。对于诺曼人占据诺曼底这一事件，作者将海盗头领、诺曼底公国的奠基人罗诺进行美化，比拟于《圣经》中的以色列人。罗诺受到神启，寻找上帝赐予之地。进驻诺曼底之后，他为了捍卫这块神赐之地而奋起自卫，英勇地抗击法兰克伯爵们的军队。"我们给法兰克人造孽了么？他们为什么要欺负我们？凭什么他们攻击我们？是他们在制造事端，错在他们，而不是我们这些自卫者；是他们胆大妄为，而非我们。因此，不要管后果如何，我们都得进行反击。来吧，让我们攻占他们的城池和村镇。作为自卫，以眼还眼，惩罚邪恶！"①

1066 年，诺曼底公爵威廉（1035—1087 年在位）更是发动了入侵英格兰、争夺英格兰王位的战争，史称"诺曼征服"。这一次胜利，最终实现了诺曼人百余年的目标，征服了英格兰。1071 年，公爵资助的瑞米耶日修道院修士威廉，续接圣康坦的杜朵，写作历史。不过他的作品标题从杜朵的《诺曼人史》改为《诺曼底公爵列传》。尽管威廉与杜朵写作的内容和时段不同，但是，两位作者的历史写作目的内在相通，旨在为公爵侵占领地辩护。杜朵的叙事针对的是刚刚皈依的基督教异族听众，因此，夹杂着非基督教的奇幻故事。而威廉则面对深受克吕尼改革运动之益的基督徒，他要洗白公爵家族的异教史，叙述列位公爵虔诚敬天的故事，将他们打扮成"一心向往天国"的"虔诚的、战无不胜的、正统的国王"。而且，威廉通过揭示诺曼底与英格兰之间的密切联系，尤其是英格兰王室与公爵家族的血缘纽带，为征服者威廉夺取英格兰王国辩护，而最终以天下太平，臣服于威廉公爵的统治而搁笔。

稍晚，普瓦提埃的威廉（约 1020—1090），原为诺曼底公爵威廉手下的一名骑士，后来退隐到普瓦提埃当修士。他写作了歌颂威廉一世的《诺曼底公爵和英格兰王威廉传》，提供了诺曼征服的许多军事细节，如哈罗德被箭射中眼睛倒地。描写这一征服过程的图画史，则见于著名的贝叶挂毯。

12 世纪，好几位作者续写诺曼底公爵列传，如奥多里克·维塔利斯（1075—约 1143）将这部历史扩充为世界史，而以全体诺曼人的事迹作为叙述对象。虽然他成功地将诺曼人的历史纳入世界历史进程，但是，大概由于正在进行的玛蒂尔达王后与斯蒂芬国王之间的持久内战，他的世界观是悲观的，认为世界末日不远矣。稍晚，罗伯特（约 1100—1186）也续写了杜朵和瑞米耶日修道院修士威廉的

---

① Felice Lifshitz, ed., *Viking Normandy: Dudo of St. Quentin's Gesta Normannorum*, ch. 11. in ORB Online Library.

作品，为诺曼底公爵家族增加了更为丰富的家庭谱系。

其实，南下的诺曼人中也不乏开疆拓土的成功者，如罗伯特·吉斯卡尔（约1025—1085），他甚至被教皇敕封为公爵。在占据通向东方的大港口巴里之后，吉斯卡尔继续东进，攻打拜占庭帝国。1084 年他曾应著名的格雷戈里七世（1073—1085 年在位）教皇召请，前往罗马解围。罗伯特自然也成为史家歌颂的对象。阿普利亚的威廉（活跃于 11 世纪末）在罗伯特去世之后，草拟了长篇史诗《罗伯特事迹颂》。从献辞来看，是受到罗伯特之子罗杰尔的请求而作，但是，他也利用教皇乌尔班二世（1088—1099 年在位）发动十字军的演说，将自己的写作说成应教皇的召请。因此，作者无意中透露了教会发动十字军运动的目的，即并非仅仅针对非基督教徒，也包括希腊人和拜占庭东正教徒。

除了卡西诺山的修士阿玛图斯写作的《诺曼人史》，马拉特拉的杰弗里于 1090 年左右写作了记录罗杰尔一世（约 1031—1101）兄弟的编年史，从离开诺曼底一直讲到他们征服西西里。杰弗里自称受伯爵的委托草拟史书。他辩解说，作为北方人，初来乍到，要求学者们不要因此妒忌，并誉议他的作品。如果所记录的事情不符合实际，请大家不要责怪他本人，而要归咎于那些向他提供信息的人。[1] 西西里王国的开创者罗杰尔二世就更成为众多史家的关注重点了，包括圣主修道院院长亚历山大、贝内文托的法尔克、萨勒诺大主教罗姆瓦尔德。

三、传记体裁的新发展

除编年史外，一些功成名就的王侯也成为传记的描述对象。在中古早期，神职人员是传记的绝对主角。在加洛林王朝，借助于复兴罗马帝国文化，皇帝率先进入传记，成为传主。10 世纪以降，贵族俗人开始成为传主。例如克吕尼修道院创始人之一奥多为吉拉尔德写作的传记。为这样一位名不见经传的贵族写作传记，与为帝王写作传记自然不同，尤其是作者没有亲自见过传主，而是依靠传闻来撰写。这给作者提出了严峻的挑战，迫使作者在历史写作方面进行更为深入的思考。他说："许多人怀疑有关吉拉尔德的事迹是否真实。"由于传主已经作古，于是作者利用一次出访的机会，来到吉拉尔德的家乡，召集了 4 位主要证人和其他人，仔细询问，最终发现其圣洁毋庸置疑。"由于在我们这个时代，大家对慈善心不在焉，世界末日近在眼前……上帝通过他来证明神恩眷顾……将他树立为贵族们的榜样，通过仿效他，以免大家在末日审判之时遭受惩罚。我在合适的时候，加入了一些对贵族们的忠告……许多人请求我拿起笔来。当我以言辞拙劣为由加以推

---

[1]　Geoffrey Malaterra, *The Deeds of Count Roger of Calabria & Sicily & of Duke Robert Guiscard and of his Brother Duke Robert Guiscard*, trans. by Kenneth B. Wolf, Ann Arbor, MI: The University of Michigan Press, 2005, p. 41.

脱之时，他们说这种事情就应该用这种无文之笔，我也觉得华丽的笔墨不适合一位位卑之人。我相信那些证人的话，他们并没有讲太多的奇迹故事，而是一种有德行的生活和许多为上帝喜悦的善事……尽管都是有福之人，但吉拉尔德不属于约伯、大卫和托拜厄斯那一类型之人。上帝甚至通过吉拉尔德行了奇迹，考虑到这些因素，我认为吉拉尔德是位圣徒。"①

当俗人能够称圣的时候，神职人员也越来越多地卷入军事和政治斗争之中，甚至拿起武器，率领佣从，伴王出征。教俗贵族的趋同化，使得神职人员越来越关心世俗的军事和政治事务，利用他们所受到的教育，为王国的治理服务。实际的需要使得古代希腊罗马的政治和伦理观念在加洛林文艺复兴、奥托文艺复兴之后进一步扩散开来，俗人入传，为帝王将相作传的观念广为流布。一系列帝王将相的传记出现于史家的笔端。如为皇后玛蒂尔达创作的两部传记。而在 1046 年左右完成的《康拉德传》则是代表这一趋势的经典作品。一如艾因哈德，《康拉德传》的作者威珀（约 1000—1046?）的写作动机是赞美皇帝康拉德（1027—1039年在位）及其子、在位皇帝亨利三世（1039—1056 年在位）。但是，他所用的说服技巧远较艾因哈德要系统且深入。他首先说明历史记录的重要性，然后比较古代非基督教徒和当代天主教王侯："对基督教王侯的战绩保持沉默，大声传播'异教'暴君们的战绩是不可容忍的。去阅读高傲者塔克文……而完全忽略我们的诸位查理、三位奥托、皇帝亨利二世、康拉德二世、更伟大的亨利三世的父亲，以及这位亨利皇帝的战绩，不是什么好事。"

虽然书写有风险，或夸大或冒失，但是写作的目的是劝善改恶，属于宗教许可，值得从事，既有益于王国，又有补于后人。在说明自己的书写范围包括父子两位国王，史料可靠之后，威珀更借鉴古典史家的说法，鼓励后人续写自己的作品。"如果我在亨利皇帝之前去世，书没有写完，我请求后人继续我的工作，不要拒绝我的秃笔，不要无视我的文字。如果工作未完，就应该有人来完成。"②

对上述传记的作者而言，创作任务主要是如何歌颂传主。但是对为皇帝亨利四世（1056—1106）作传的匿名作者而言，就需要考虑如何平息争议，通过揭示皇帝与权贵的斗争，来为已故皇帝辩护，进而歌颂。拿起笔来，作者不由悲从心来，"泪洒书稿，字迹因之模糊；手所写者，为眼泪冲刷殆净"。虽然自己的悲伤会使得乐见皇帝之死者愤怒，但是，悲伤也能激发力量，使人忘记恐惧。因此作者以排偶方式，历数各种人、各地区对已故皇帝的悲悼。

---

① "The Life of St. Gerald of Aurillac," in *St. Odo of Cluny*, trans. by Dom Gerard Sitwell, London：Sheed and Ward, 1958, pp. 91-93.

② T. E. Mommsen and K. F. Morrison trans., *Imperial Lives and Letters of the Eleventh Century*, New York：Columbia University Press, 2000, pp. 53-54.

在详细诉说皇帝对穷人的关怀之后，作者生动地描述了皇帝处理政务的方式，尤其是他那两种极端的表情和态度：对旁人目光犀利，对密友和颜悦色，因此威名远播，四方来朝。就在不经意间，作者委婉地提到皇帝的残酷一面，说他为了帝国的长治久安不得不进行打击和报复："他不仅压制那些压迫穷人的人，而且剥夺那些剥削者，他沉重地打击那些叛逆者，以至于报复及于后人。"正是这一点，使得作者踌躇不已，不知是否应该继续自己的叙述，因为帝国业已分崩离析。"这里是豺狼当道，那里是鬣狗环视，何去何从？说还是保持沉默？下笔复迟疑，写了又放弃，记录后又擦去，我无所适从。"① 作者最终决定拿起笔来，但是请求读者不要公开传播；即便不慎泄露，也请不要透露作者为谁。

如果说《亨利四世》是俗人传，那么亨利四世的对手教皇格雷戈里七世的传记《教皇格雷戈里七世传》则是典型的圣徒传。作者从格雷戈里七世的名字说到各种征兆，认为他将要火烧人间的贪欲，反抗邪恶的亨利四世的压迫，及其不洁的教士追随他们。甚至将他比附为圣徒以利亚和教皇格雷戈里一世。

这两篇传记更为明显地揭示了中古传记的一个写作动机：辩护。由此，中古传记具有单面化的色彩，有鲜明的立场，并带有强烈的价值判断，为传主辩护、解脱罪责；指责对手；传记所展现的是一个黑白分明的人际交往圈。

四、十字军运动与历史记载

尽管教皇格雷戈里七世在流放中去世，但是教皇与皇帝之间的这场斗争，以教皇的最终胜利收场。胜利后的教皇开始充分利用这种新的统治权威，号令西欧的神职人员和信众。教皇乌尔班二世发动了著名的十字军运动，号召教俗贵族向南、向东武装朝圣，夺回失地和圣地。此后一个多世纪中，十字军运动成为动员欧洲信众的一个重要政治军事活动。大批教俗贵族参与，长距离、长时间地离开故土，征战于域外乃至海外，使得十字军运动成为中古中后期基督教史学的热门话题之一。

最初讲述十字军进展的是书信体裁，尤其是 1099 年由占领耶路撒冷的比萨大主教戈弗雷公爵向教皇帕斯卡尔汇报的长信，讲述十字军如何抵达东方，如何攻占安条克，如何站稳脚跟，并进而占领耶路撒冷。在这封信中，戈弗雷公爵表达了关于十字军历史叙述的基调：上帝通过十字军显示了他的伟大仁慈。"请您愉快而感恩地在上帝面前加倍地祈祷和祈求吧，因为在我们手中，上帝展示了他许诺

---

① T. E. Mommsen and K. F. Morrison trans, *Imperial Lives and Letters of the Eleventh Century*, New York: Columbia University Press, 2000, p. 101.

给古人的仁慈。"① 十字军运动成为媲美《旧约》故事的新传奇。

1099 年第一次十字军东征的胜利，刺激了参与其中的教士书写历史。12 世纪初，埃克哈德（？—1126）就称自己在东方读到过一本讲述十字军运动的小册子。有些史家甚至认为这本小册子就是传世的《法兰克人和耶路撒冷人的事迹》（作于1100 年左右）。这部小册子似乎集合了不同讲述者的故事，叙述者一会儿是第三人称，一会儿突然改变为第一人称，语言简洁，叙述虽然琐细，但不失条理，以《圣经》引文开篇，从乌尔班二世的号召开始说起。该书将君士坦丁堡的皇帝视为邪恶之人，也将人群分为基督徒、非基督徒和异端。该书也提到十字军的名称由来。

与上述小册子的简略相比，富尔歇（约 1059—1127）的《编年史》则要详细得多。同样以乌尔班二世的布道开篇，富尔歇根据自己当时在场所记录的稿本为依据，提供了一个详细的布道辞版本。乌尔班二世号召："不是我，而是主在激励你们，基督的使者们劝勉所有人，骑士和农夫、富人和穷人，去努力帮助东方的基督教兄弟们尽早将那邪恶的种族驱逐出去……当春暖花开的时候，任何人都不要阻挠那些参加远征的人，让他们准备钱财和路上的开支，勇敢地走上主指引的道路。"② 富尔歇的作品，一如这篇布道辞，充满了黑白二元化色彩。乌尔班要求内部和平，一致对外。而富尔歇的作品，正是运用充满修辞的笔触，将这种精神贯彻到其历史叙述之中，谱写一曲"我们的人"如何战胜非基督教徒、夺回耶路撒冷的长征。"拔出宝剑，我们的人冲进城里，不放过任何人，哪怕是祈求怜悯者。敌人大批地倒下，如同腐烂的果实，从摇晃的枝头纷纷坠下；又如橡子，被风摇落。大屠杀之后，他们闯进住宅，夺取一切物品。如此的彻底，以致无论谁闯进去过，别人再进去的话，将无法找到任何东西。"③

在作者看来，这种行为方式不仅不该受到指责，反倒值得歌颂。"尽管我不敢将之与以色列或马卡比或其他上帝选民的胜利相提并论，但是，我还是认真记叙，因为这场朝圣毫不逊色，上帝的奇迹也显而易见。事实上，法兰克人可与以色列人和马卡比人媲美。在后两类人的土地上，我们看见或者听见法兰克人被杀，被钉上十字架，被剥皮，受箭创，被分尸，遭受着各种方式的殉道。但是他们毫不

---

① Edward Peters, ed., *The First Crusade*, Philadelphia: University of Pennsylvania Press, 1998, 2nd ed., p. 293.

② "Chronicle of Fulcher of Chartres," in Edward Peters, ed., *The First Crusade*, Philadelphia: University of Pennsylvania Press, 1998, 2nd ed., p. 53.

③ Edward Peters, ed., *The First Crusade*, Philadelphia: University of Pennsylvania Press, 1998, 2nd ed., pp. 91-92.

畏惧，而且出于对上帝的爱，面对凶手的刀剑，许多人慷慨赴义。"①

此外，作为参与者，还有彭提乌斯和雷蒙德创作的《耶路撒冷法兰克人史》（作于 1099 年）、彼得的《耶路撒冷朝圣记》（约作于 1106 年），拉尔夫写作过十字军领袖唐克里德的传记。也有一些未曾参加十字军的教士们写作十字军史，如阿尔贝尔特的《十字军史》、罗伯特的《十字军史》（作于 1107 年左右）、巴尔德里克的《十字军史》（作于 1107 年之后），尤其是吉贝尔特。他们虽然没有参加过十字军，但是，更注意将十字军的历史与西欧当地的历史结合起来，迎合西欧读者对十字军的想象。吉贝尔特声称自己写作的目的只是满足自我的需要，包括获得精神报酬，即通过赞美上帝而得到精神慰藉。因此，"我不考虑其他人的观点，心境平静地接受任何攻击"。但是，他的书稿标题——《上帝通过法兰克人所行之事迹》，最为恰当地表达了当时人对于这次运动的感受。他之所以改写前人的小册子，是因为小册子过于简单，不适合学者阅读，而且与所述"神圣主题的高贵"不协调。因此，他并不以自己未曾亲身经历为讳，而是理直气壮地声称："上帝会告诉我所发生事情的真相，并赐予遣词造句的能力。"②

上述作品基本上局限于第一次十字军本身的进程。而埃克哈德则将这次运动纳入其世界编年史中。他说："我已经摘录了各种编年史中值得追忆之事，从创世以来，以迄于当下。作为对上帝的奉献，对于这次战争的描述不会是狗尾续貂。"③

十字军运动引发了大规模的跨文化接触与交流。许多基督徒第一次近距离地观察到穆斯林。有关十字军的历史书写，也会更多地提及穆斯林及其文化。经过学者们的长期研究，大体存在三种不同的态度。

第一种态度是抹黑穆斯林。第二种态度则与之截然相反，试图承认穆斯林的美德，并将其基督教化。体现这两种态度的最为典型的例子是有关撒拉丁的描述。作为十字军最为强劲的对手，撒拉丁有时遭到全面的抹黑，例如说他出身卑贱，不择手段地踩着恩人的尸首和鲜血往上爬，是忘恩负义之徒。然而也有很多作品将撒拉丁描写为一名杰出的骑士，甚至认为他原本就被基督教领主封授为骑士了。有的作者甚至虚构了撒拉丁临终之前希望皈依基督教的故事。第三种态度是同情或称赞穆斯林。十字军运动使得许多基督教徒与穆斯林经历了改宗，长期的杂居也使得基督徒同情穆斯林的生活方式。有些作者甚至将穆斯林作为理想的他者，

① Edward Peters, ed., *The First Crusade*, Philadelphia: University of Pennsylvania Press, 1998, 2nd ed., p. 48.
② Guibert of Nogent, *The Deeds of God Through the Franks*, trans. by Robert Levine, Woodbridge: Boydell, 1997, p. 24.
③ Matthew L. King, *We're on a Misson from God: A Translation, Commentary, and Essay Concerning the Hierosolymita by Ekkehard of Aura*.

用来规训基督徒。

这三种态度并不能囊括全部十字军叙事中的穆斯林形象，也并不一定能够反映历史事实。基于当时的历史背景，这些故事应运而生，但历史真实远比历史叙事要复杂具体，也更带有感情色彩。

五、长篇编年史的流行

第一次十字军东征的胜利，不仅为历史写作提供了新的主题和内容，在开阔史家们视野的同时，带来了东方文化的强大影响，史家在更大范围内思考基督教世界历史。经过几代史家的努力，在神圣罗马帝国境内的弗莱辛主教奥托于 12 世纪中期完成了中古时期最为著名的史学作品之一——《编年史》，又被称为《双城史》。奥托（约 1114—1158）出身于帝国皇室，是亨利四世的外孙，早年求学于巴黎，深受亚里士多德哲学的影响，也曾加入西妥会。当选为弗莱辛主教之后，于 1147 年与同母异父兄弟康拉德三世（1138—1152 年在位）参加十字军东征。从《编年史》的献词来看，《编年史》完成于作者生命终结前不久。

《编年史》是献给弗里德里克一世（1152—1190 年在位）的，以便君王了解过去君王的事迹，从而更好地在通过武力保卫王国的同时，通过法律和政令来统治王国。全书分为 8 卷。第 1 卷讲述第一个王国的历史，即巴比伦王国，第 2 卷讲述米底王国（即波斯帝国）和希腊帝国（即马其顿帝国），第 3 卷开始讲述罗马帝国，第 4 卷讲述基督教罗马帝国，第 5 卷讲述西罗马帝国灭亡之后的历史，第 6 卷从皇帝罗退尔一世始，第 7 卷自第一次十字军东征开始，收笔于西妥会的虔诚和苦行。此后是罗马皇帝世系表和罗马教皇谱系。第 8 卷属于历史理论方面的探讨，讨论双城的未来。

奥托没有明确采用当时观察世界历史的六个时代理论。六个时代对应于上帝创造世界之六日，分别以大洪水、亚伯拉罕、摩西、以色列人建神殿、巴比伦之囚和耶稣降生为区分点。六个时代也可以形象地隐喻为人生的六个阶段：婴儿、儿童、少年、青年、壮年和老年。耶稣诞生以来为第六个时代，为世界的老年期，或为"当代"。尽管他与当时其他虔诚的神职人员一样，认为世界末日为期不远，因此以第 8 卷专门加以探讨。但是，他用来观察历史的线索，还是帝国的演化。

奥托在当时流行的四大帝国递进的历史理论之上，加以改造，形成俗史的帝国演化理论。从圣史的角度，人类历史是从双城演化为一城的过程。自君士坦丁尤其是提奥多西一世（379—395 年在位）之后，非基督徒的势力不值一提，故从基督徒与非基督徒的双城转化为一城。而俗史，则是自东向西演化，从巴比伦帝国兴起到罗马帝国兴起。"第一个和第四个帝国分别是强大的巴比伦帝国和罗马帝国，一个在东方、一个在西部。波斯帝国和希腊帝国是过渡性的。"①　罗马帝国是人类历史上的最后一个世俗政权，然而，其名虽不变，其实一直处于变动之中。其权柄先是从罗马转移到希腊，再从希腊转移至法兰克人手中。

在奥托看来，帝权转移至为重要，因为这种转移不仅意味着人类历史的演化，更意味着基督教世界历史的实现。世俗帝国不仅兴衰无定，而且总体来说，在罗马帝国之时最为强盛，此后，则逐渐衰败。作者正是通过展现这种衰败之理，引导读者心向天国的永恒。因此，奥托的世界历史观其实是消极性的。与他仿效的奥古斯丁一样，奥托并不认为历史自身有什么特别的价值，只有用来解释经义之时，才需要认真研究历史。"历史只有与《圣经》中深刻的和神秘的论述相合"才有意义。他如此花费精力编写历史，不过是为了说明世事皆为虚幻，人间王国的历史如同命运之轮，芸芸众生，命运难测，乃至朝为王侯，夕为阶下囚。因此，历史证明了基督教的正统说教，此生不可留恋，向往天国才是历史指明的"康庄大道"。

这种态度导致历史研究附属于神学。威尔士学者吉拉尔德以历史写作而著称，尽管坚持写作乡土历史，也认为书写威尔士、爱尔兰的历史特别有价值。但他还是觉得自己不过是在练笔，为写作神学类作品做准备。"有些人严厉地责备我说，来自上苍的天赋不应浪费到这些琐细的话题上，也不应用来无谓地表彰王侯。这些人出于无知，缺乏教育，既不会对此感兴趣，也不会赏赐文学活动。他们还说，一切来自上帝的天赋，都应该被用来彰显天国，歌颂其荣耀以及我们的天赋之源。如果尽我们所能地赞美他，一切天赋之源，一切真诚的努力都会因此得到大方的回报。……从这些琐细的尝试中，会得出一些成功的经验可供我去处理更加重要的话题。尽管有些事情更值得我们去关注，但是其他事情也不能完全被忽视，我相信，通过此类练习，不成熟的心灵不致荒废堕落。……我愿年轻的时候打下良好的基础，以便在成熟的时候，写出更加完美而神圣的内容。"②

因此，尽管奥托富有深刻的政治洞察力，也善于总结历史经验，但是在书中他并不屑于多谈，只是在不经意间透露一下自己的历史见识。例如，他发现自加洛林王朝以来的历史是政权衰落史，"政府衰落而教会变得如此强大以致能够审判国王"。对于当时的政治局势，他洞若观火："我说过，一旦教会之剑干预王冠，国必分裂；只要萨克森人欲图叛乱，则必有谋逆之举。"③　奥托敏锐地将战争一分

① Charles C. Mierow trans., *The Two Cities: A Chronicle of Universal History to the Year 1146 A.D.*, New York: Columbia Unviersity Press, 1928, p. 167.
② Gerald of Wales, *The Description of Wales*, trans. by Lewis Thorpe, Oxford: Oxford University Press, 1997, "First Preface".
③ Charles C. Mierow trans., *The Two Cities: A Chronicle of Universal History to the Year 1146 A.D.*, New York: Columbia University Press, 1928, p. 364.

为二，内战和"圣战"，前者是邪恶的，后者是值得褒奖的。这一认识被此后的史家充分地加以利用。

12—13 世纪，各种十字军运动如火如荼地开展，"圣战"成功地将文治武功与宗教虔诚再次紧密地联系在一起。为了进行"圣战"，帝王将相们纠合各种资源，积极治理王国，从而使得政治军事活动成为一种宗教虔诚的新表现。神圣罗马帝国皇帝弗里德里克·巴巴罗萨、法兰克王路易九世就是其杰出代表。弗里德里克一世不仅参加十字军东征，而且将查理曼封圣。路易九世多次参加十字军东征，并因此被封圣。为了反映这一新形势，在关注人生、探讨终极关怀的同时，史学家们开始越来越多地记录社会生活或者说俗史。

13 世纪由英国圣阿尔班修道院几代修士接力编订，最终由马修·巴黎（约1200—1259）完成了鸿篇巨制《大编年史》。"他勤勉地编写《编年史》直到生命终结。它全面记录了教会老爷们和世俗老爷们的事迹，以及各种逸闻趣事，留给了后人记录历史的鸿篇巨制。"[①] 马修不再将罗马教皇当作宗教虔诚的代名词，而是视为某种经济利益的最高代表，为了金钱，教皇可以做出任何事情来。在他细腻的文笔下，一切政治、军事和司法活动似乎都在围绕着经济利益而展开。

同一时期，法国圣德尼修道院的修士开始编定《大编年史》，此后代有接续，一直延续至 15 世纪初期。这部篇幅浩大的法语编年史，源自路易九世的敕命：从拉丁文作品收集，用法语编写法兰克王室的编年史，以便俗人能够读懂。作者们将法兰西王国的历史，按照长眠于该修道院的法兰西列王的顺序重新加以编订，从而将法兰西的修道院、宗教追求、俗史和不识拉丁文的俗人读者有机地联络起来。路易九世本人也因为封圣程序中所需大量资料，刺激后人编写了他的传记，尤其是他的侍从茹安维尔（约 1124—1317）所撰写的《圣路易传》。

13 世纪末，意大利南部的修士萨林伯纳则典型地展示了单个修士史家如何写作历史。他不再像前辈史家那样自谦文笔不好，而是指责前人言之无文。"抄录至此，多为废话，言辞粗鄙无文，许多处不合语法，尽管勉强维持了正常的纪年次序。因此，我都作了必要的增、删和校正。"这是因为，书写历史乃是装点教会的最好方式。在书中，他还是关注"圣战"、内战和各地教会领袖的更迭，尤其是罗马教皇。对于教皇，他并非一味赞颂，而是尽可能地有褒有贬。例如，英诺森三世的评述重点是 1215 年拉特兰宗教会议，"他改革宗教仪式，与时俱进，但是许多人说还有一些不妥之处，确实如此……在英诺森任职期间，教会兴旺发达，盖过罗马帝国和其他王侯。但他本人就是罗马帝国和教会不和的根源，因为他与皇

---

① Suzanne Lewis, *The Art of Matthew Paris in the Chronica Majora*, Berkeley: University of California Press, 1987, p. 6.

帝奥托四世和弗里德里克二世的关系太过于亲密，他竟然称弗里德里克二世为教会之子。而这位弗里德里克是个邪恶之徒、裂教者、异端和享乐分子，他糟蹋了全世界，因为他在意大利城邦之间挑拨是非，导致今天还有恶果"。① 这充分体现了史家鉴往知来、以史为鉴的洞察力。该书资料丰富，观察细腻，文笔雅洁，彰显了13世纪史学家的强大写作能力。这些资料多来自个人见闻，所以，他非常喜欢表明自己与各路英豪的密切关系。

作为教士史家的作品，14世纪的傅华萨（约1337—1410）的《编年史》也特别具有代表性。他广泛游历，收集见闻，并依托于前贤的历史作品加以修订，经过长期的努力，最终完成巨著。作为侍从，傅华萨原本写作诗歌体，但后来逐渐服膺真实，遂改为散文体。他写作的主题是战争，即英、法和西班牙之间的战争，而不是"圣战"。在《编年史》第2卷中他有意识地写作世界战争史，"包括法国、英国、苏格兰、西班牙、弗兰德斯、意大利和世界其他地区的战事"。他写作的目的，是"传其名声，激励勇士们做得更好；而且通过上帝的帮助，给读者带来愉悦和教益"。②

六、中古史学体裁向近代的嬗变

就这样，编年史从满足计时，考察基督教世界史，发展到全面记录社会生活，乃至专门的战争史。中古后期的历史写作，为适应社会变迁的需要，逐渐在旧的体裁之中发展出许多新的内容。等级君主制的兴起，王权的强化，公共服务的扩张，教会财富的进一步增长，以及教会通过宗教仪式日益深入地影响人们的日常生活，这些都为历史写作提供了深厚的现实土壤。而大学的兴起和发展，教育的推广，使得越来越多的群体和地方通过撰写历史而"拥有了历史"。在这种史学繁荣的进程中，中古史学悄悄地向近代史学嬗变。圣徒传，原本非常严肃的主题，此时则日益采取老百姓喜闻乐见的形式了。成书于13世纪后期的《黄金传奇》，由热那亚主教雅科布汇编而成，是中古中晚期最为流行的圣徒传。里面很少有早期圣徒传的苦行描述和苦修过程，更多关注的是圣徒如何行奇迹的故事。

而朝圣游记继续得到青睐。有名的作者如伍斯特郡商人赛伍尔夫、神圣罗马帝国的威尔布兰德和约翰。从此类作品中又发展出各种游记，如前述威尔士的杰拉德所著《爱尔兰地志》和《威尔士志》。东西方之间的交往也催生了一大批游记。罗马教会和西欧帝王先后派遣了一些使节出访蒙古王庭。这些使者或者通过

---

① Joseph L. Baird etc. trans. *The Chronicle of Salimbene de Adam*, New York: Medieval & Renaissance Texts & Studies, 1986, pp. 4-5.

② Thomas Johnes trans. , *The Chronicles of England, France, Spain, and the Adjoining Countries*, London: H. G. Bohn, 1849, p. 4.

书信汇报自己的工作，或者通过专门作品记录传教经历和见闻。前者如 14 世纪初到中国传教的传教士孟高维诺的书信；后者如《柏朗嘉宾蒙古行纪》《鲁布鲁克东行纪》，14 世纪鄂多立克口述的《鄂多立克东游录》。此类游记不仅为了广见闻，更重要的是通过介绍对象国家和地区的历史，为特定的外交政策做宣传。加之这些人多半不懂对象国的语言，其叙述的可靠性从一开始就存在较大争议。柏朗嘉宾在《柏朗嘉宾蒙古行纪》开篇就说："我们很谨慎地为了您们自身的利益而记录下的这一切……祈望不要以此而称我们为江湖骗子，因为我们告诉您们的事物全是我们亲眼目睹，或者是由那些可信之士所证实了的情况。当然，如果因为好心不得好报，反遭人咒骂，那未免有些过分无情了。"① 商人马可·波罗口述的《马可·波罗行记》则影响最为深远。

与文化交流活动同时发生的，还有基督教的传播。这些活动，都有专门的史书加以记载。如 12 世纪赫尔摩尔德的《斯拉夫编年史》就是这位边城牧师留下的作品。再如反映撒克逊人征服波罗的海据点的亨利·里沃尼亚的《编年史》、稍晚的续作《里瓦地区编年史》，以及阿诺德·吕贝克的《斯拉夫人编年史》。这些作品续接中古早期的写作传统，但更加强调特定主教的宗教权威和势力。

从圣骨发现记和迁移录中发展出各种博古类作品。中古晚期，薄伽丘、彼特拉克、波吉奥·布拉奇奥利尼等人收集古籍，比昂多、斯里阿克等人收集地中海地区的古代碑铭，瓦萨里等人收集古代的雕刻、绘画，哈雷等人收集古代动植物化石。通过书信与游记，在斯里阿克的笔下，经商、访古、访友与外交巧妙地交织起来。在比昂多的《意大利之光》中，地理、古迹、历史记载、历史事件与名人掌故融汇于行文，它们共同展现了意大利文化复兴和繁盛的景象。

地方教会史逐渐发展出城市史，因为每个主教区都是以城市为中心的。在中古后期，城市共和国繁荣的意大利涌现了大量此类作品。而以佛罗伦萨最有代表性。维兰尼（约 1276—1348）的《编年史》似乎是从中世纪的编年史过渡为新的城市编年史的最好例证，虽然他的作品中还保留了大量的《圣经》知识、奇迹传说和世界视野。作品从创世讲起，将意大利各城市的起源分别追溯至诺亚的后裔和特洛伊的出逃英雄。但是，他用方言写作，为了使读者得到教益和愉悦而创作，书中也包含宝贵的市政管理的资料和经验。

中古后期，自传开始成为专门的历史写作体裁。吉贝尔特于 11 世纪写作的自传影响深远。其自传凡 3 卷，分别是生平、所执掌修道院的历史以及琅城的起义。这部作品很明显是模仿奥古斯丁的《忏悔录》，但是，由于时代迥异，主题大相径

---

① 《柏朗嘉宾蒙古行纪　鲁布鲁克东行纪》，耿升、何高济译，中华书局 1985 年版，第 23—24 页。

庭。如果说奥古斯丁是通过忏悔指明皈依天主是人生的必由之路，那么吉贝尔特则关注日常生活中的错失，自己的内心如何得到安慰，重蒙圣恩。阿贝拉尔（约1079—1142）所著《痛史》则更为著名。

日记也是随着中古后期商业扩张而出现的新体裁。在意大利的佛罗伦萨，有许多市民开始写作日记。据统计，现存自 14 世纪至 16 世纪的日记有 100 多部。这些日记主要是作者经商的记录，但也包括对自己财产的统计情况。皮迪的日记提到，1412 年去找自己的亲戚讨还祖产时，他请求查阅父亲的家庭文书和记录，在对方回答不知道之后，他说"我只好借助于我祖父的那些文书了"。① 这些日记显然并非要公布供人阅读。

为适应中古后期读者的新需求，反映新兴的社会活动，这时期的史学家们或者通过旧瓶装新酒，或者发展新体裁，推动历史创作的繁荣，史家辈出，史学作品丰富多样。在这个过程中，中古史学在传承中不断自我突破，不仅实现着自我更新，也在开创新的史学道路和方向。最初中古史家多为教会人士，非常强调圣史，强调圣史与俗史分流。此后圣史干预俗史，基督教神学思想指导俗史写作。7世纪俗史开始独立出现，在加洛林王朝出现了大规模的宫廷史学创作活动，俗人传、王国编年史等多种体裁角力，涌现了一批作者。随着加洛林王朝的瓦解，地方教会史大发展。11 世纪之后，地方王侯与地方教会并驾齐驱，成为史家关注的两大主题。13 世纪之后，俗史壮大，各种中古史学体裁逐渐容纳越来越多反映日常社会生活的内容，走向文艺复兴史学。

中古拉丁欧洲的史学深受基督教影响，认为历史有起点也有终点。起点是上帝创造世界，终点是耶稣第二次降临之时，随着耶稣的第二次降临发生末日审判，世界历史宣告终结。末日审判之后将是死者的复活，他们或享永福或受永罚。带着这种基督教历史观，中古拉丁史学具有强烈的末世论色彩。尽管历史学家并不知道世界末日何时来到，但他们往往期盼它能早点到来。由于历史的发展目的是世界末日，所以带着这种意识写作的历史学家也格外强调世俗功名的短暂性和不可靠性，鼓励读者蔑视世俗功名，克制肉体的欲望，向往天国那永恒的生命，从而过上理想的基督徒生活。

对于基督教史家来说，历史写作的根本目的是证明上帝主宰着人类及其历史。历史的变动和发展源自神意，历史叙述的重要目的是给上帝干预历史提供见证。大体说来，世俗的成功是偶然的，并不真正值得人们留恋，虽然它也是上帝给予虔诚的基督徒的褒奖，然而这种成功必须从神恩赐予的角度来理解。不论其世俗

---

① G. Brucker, ed., *Two Memoirs of Renaissance Florence*, New York：Harper & Row Publishers, 1967, pp. 19-20.

成败，虔诚的基督徒会享永福，而不敬的基督徒最终会受到惩罚。灾难才是人世的常态，遭遇灾难大多是因为信众不够虔诚，为此上帝假手于敌人施以责罚，以便受难者得到提醒，厉行忏悔，改过自新，重新获得上帝的恩典。

在今天看来，中古拉丁基督教史学一方面带有过于浓厚的基督教色彩；另一面，基督教史家往往不以世俗成败论英雄，在世俗成败之外还有精神虔诚方面的评价标准。基督教史家认可的虔诚的王侯会将大量财富奉献给教会，以便救济穷人，而非用于扩军备战，因而他们大多不是世俗意义上的成功者。这种评价标准摆脱了庸俗实用主义的限制，为读者提供了一种新的解读视角。

思考题

1. 以实例说明奇迹故事、世界末日感对于中古历史写作的意义。
2. 请阐述中古西欧史学对古典史学的继承和发展。
3. 从比较的角度，通过具体的事例说明中西中古史书对帝王的描写。

第四章 拜占庭与阿拉伯历史写作

人类文明是在渐次扩大的交汇融通中逐步成长起来的。拜占庭帝国和阿拉伯文明，因存在特定时空因素——处于东西方文明中间地带和历史大时代转换时期，所以它们的文化发展较为显著地体现了相应的特点，它们的史学撰述与演进自然概莫能外。

在拜占庭帝国（330—1453）长达千余年的存续时间里，各种体裁的史学著作层出不穷，其中既有追随古希腊撰史风格的历史作品，也有编年史、教会史和人物传记，它们构成了西方史学史重要的一环。拜占庭史学上承古代希腊罗马史学之余绪，融汇帝国政治与神学微妙平衡的现实，形成了自身独特的魅力，并为中世纪晚期文艺复兴的到来存续了宝贵的文化因子。

中古伊斯兰史学起源于圣训学，最早研究历史的穆斯林皆为造诣极深的圣训学家，最初的历史著作主要是追寻阿拉伯人的历史，考证"圣训"中提及的诸多内容，如阿拉伯人的谱系、查希里叶时代的传说、"先知"穆罕默德的生平、历次"圣战"的始末，这是伊斯兰史学的"黎明时期"。阿拔斯王朝建立以后，伊斯兰史学不再只是考证"圣训"，而是逐渐成为独立的学科。然而，在阿拔斯王朝初期，史学家的视野依旧局限于阿拉伯人的范围。自9世纪下半期开始，史学家的视野逐渐从阿拉伯人的历史扩展到其他穆斯林民族的历史，直至探寻伊斯兰世界周边地区各民族的历史，伊斯兰史学进入鼎盛的"正午时期"，名家辈出，著述体裁多样。绵长深厚的史学撰述传统为历史哲学的兴起准备了条件，伊本·赫勒敦是伊斯兰史学历经数百年发展之后的集大成者，他在历史哲学方面独树一帜，被后来的西方学者誉为"中世纪最伟大的史学家"。

第一节 拜占庭史学的发展演变

拜占庭帝国于4世纪在罗马帝国晚期的动荡与变局中诞生，直至1453年奥斯曼土耳其军队攻克首都君士坦丁堡宣告灭亡。按照学术界流行的看法，拜占庭帝国千年的历史发展脉络可分为早、中、晚三个阶段。① 330年到610年的早期阶段是奠基的时代，611年到1056年的中期是革除积弊并趋于强盛的时代，1057年到1453年的晚期则是由盛转衰危机的时代。历史书写与当代现实存在着密不可分的

---

① 陈志强：《拜占庭帝国通史》，上海社会科学院出版社2013年版，第30页。

联系，拜占庭帝国的这种历史演进轨迹必然会对拜占庭史学撰述产生深刻的影响。

一、早期：古典之风续存与教会史学兴起

拜占庭帝国早期是从晚期古典时代向拜占庭时代过渡的阶段，帝国的史学撰述较为鲜明地反映了这一时代鼎革的特征。一方面，古典遗风在史学家当中仍有强大的影响力；另一方面，教会史学应运而起。在此阶段，各种体裁和叙事风格的历史作品层出不穷，具有代表性的史家代有人出，拜占庭史学撰述呈现一片色彩缤纷的景象。

尤西比乌斯是君士坦丁大帝修建罗马帝国东都之后第一位伟大的史学家。如本书第三章提到，他所著的《教会史》创立了基督教圣史的范例。此外，他的 10 卷本《编年史》详细记录了古代西亚和北非地区各王朝的统治谱系，以及他生活时代的教俗大事年表。该书是研究地中海世界古代历史的重要资料，也奠定了中世纪编年史撰述的基本框架。《君士坦丁传》则详述了这位雄才大略的君主完成帝国统一大业的功绩。

6 世纪初的史学家佐西莫斯伯爵，无论其个人经历还是撰史风格，都较为典型地反映了历史大时代过渡的特点，他曾任国库律师，是位顽固的非基督教徒。他所著的《新历史》计有 6 卷，叙事风格简练明晰。第 1 卷大略以奥古斯都时代开始，简明快速地按次序缕述了各代罗马帝王的统治。在其余 5 卷里，他详细记述了自戴克里先以降各代帝王的统治历史，直至 410 年西哥特国王阿拉里克再次围攻罗马城为止。作为一名非基督教徒，佐西莫斯撰史的目的是攻击基督教徒。在他看来，罗马帝国皇帝们支持基督教而摒弃罗马正统国教的牺牲精神，是帝国衰亡的原因。因此，佐西莫斯也被认为是"最后一位异教史家"。

在中世纪初期，还有一系列希腊史学家相继续写断代史，如色雷斯潘尼安的普里斯库斯撰写的 8 卷本《历史》，所涵时间始于 433 年，止于 474 年。他的著作在风格和遣词造句上模仿古典史学传统，现仅有片段存留下来，但在拜占庭帝国曾拥有很大的影响力，其中最有趣味的内容是 449 年他陪同出访匈奴王阿提拉的经历。5 世纪晚期，小亚细亚费拉德尔菲亚的马尔库斯又将普里斯库斯的《历史》续至 480 年。在断代史大行其道的同时，通史写作传统并未成为绝响。埃珀弗奈厄的尤斯塔修斯所作的《编年汇要》从特洛伊陷落一直写到 502 年他去世为止。

6 世纪中叶前后查士丁尼统治期间（527—565），拜占庭帝国的锐意革新与国家振兴，为世俗历史写作提供了"新的力量和新的尊严"。恺撒利亚的普罗柯比（约 500—565，又译普洛科皮乌斯）是其中的杰出代表。他出身上层富裕家庭，青少年时代接受了良好的教育。作为法律顾问和秘书，普罗柯比曾长期追随贝利撒留将军南征北战，见证了远征波斯以及在北非对汪达尔人和在西西里对东哥特人

的战争，广博而丰富的阅历极大地提升了他的洞察力。542 年，普罗柯比定居首都君士坦丁堡并着手撰写《战争史》。该书共 8 卷，前 7 卷于 550 年完成，其中第 1—2 卷是波斯战争史，第 3—4 卷是汪达尔战争史，第 5—7 卷是哥特战争史，554 年又补写了第 8 卷，作为"前 7 卷的一个综合补充和结束"，记述的历史时间也便延续到这一年。① 他开宗明义地交代了撰写这部著作的目的，即让查士丁尼的赫赫武功传之后世，他说，恺撒利亚的普罗柯比写出了罗马人的皇帝查士丁尼"对东方与西方的异族所进行的战争的历史"，目的是让时间的长河不至因缺乏记录而湮没那些异常重要的功绩。②

令人惊异的是，就在 550 年完成《战争史》第 7 卷之后，普罗柯比又撰写了一部《秘史》。在该书中，普罗柯比一反《战争史》的颂扬姿态，大肆揭露皇帝查士丁尼及其宫廷的专制、贪婪、伪善和残酷。这表明，作为上层贵族，普罗柯比在内心对君权专制下的腐败和贵族地位的没落怀有不满。但是，到 560 年或更后，他又撰写了《论建筑》，记述查士丁尼时代的宏伟建筑和公共工程，书中充满对皇帝的歌功颂德之辞。如此自相矛盾的现象表明，"在那种专制高压的黑暗年代，人们为了生存而不得不保持两副或多副面孔，因而人性的这种扭曲又是可以理解的"。③

阿加提阿斯 5 卷本的《君士坦丁时代的战争史》，在时间上接续了普罗柯比的著作，记述了 552 年到 558 年拜占庭与波斯之间的战争，同时利用萨珊王朝皇家档案描述了波斯帝国尤其是萨珊王朝的历史。禁卫军官麦南德的著作，接续阿加提阿斯的事业，从 558 年一直讲述到 582 年提比略二世皇帝去世。其中残存下来的片段对了解俄罗斯南部和亚洲边界地区蛮族部落的地理与种族情况十分重要。④ 在通史方面，米利都的赫西基乌斯所著的 6 卷本《世界史》，从公元前 2000 年亚述帝国的创立一直记述到 518 年，其中还有很长的篇幅专门讲述君士坦丁堡的起源。他的世界史展现了宏阔的眼光，可以说是拜占庭地处东西方文明交汇地带的结晶，他的撰述方式影响了后来的拜占庭历史叙事风格。

二、中期：史学撰述从萧条到繁荣

中期阶段的拜占庭帝国经历了一个由乱而治的过程。7—9 世纪，拜占庭对外

---

① 参见《关于普洛科皮乌斯——人和作品》，［拜占庭］普洛科皮乌斯：《普洛科皮乌斯战争史》上，王以铸、崔妙因译，商务印书馆 2010 年版，第 20 页。

② ［拜占庭］普洛科皮乌斯（普罗柯比）：《战争史》上，王以铸、崔妙因译，商务印书馆 2010 年版，第 1 页。

③ 参见《关于普洛科皮乌斯——人和作品》，［拜占庭］普洛科皮乌斯：《普洛科皮乌斯战争史》上，王以铸、崔妙因译，商务印书馆 2010 年版，第 21 页。

④ ［美］J. W. 汤普森：《历史著作史》上卷第 1 分册，谢德风译，商务印书馆 1996 年版，第 433 页。

与波斯和阿拉伯人发生了连绵不断的战争，对内经历了破坏圣像运动和制度的改革调整，到马其顿王朝时代终于步入较为稳定强盛的"黄金时代"。俗话说"盛世修史"，在拜占庭帝国同样如此，因为盛世不仅为史学撰述提供了安定的环境，也让文化活动能够得到良好的经济支撑。因此，帝国的史学撰述活动，也相应地表现为从相对沉寂走向繁荣的过程。

7—8 世纪拜占庭深陷于战争和政治动荡之中，文化创造活动也随之陷入低谷，可称为"历史作品"的著作很少，只是在破坏圣像时期的史学家忏悔者狄奥芬尼的编年史和大主教尼斯福鲁斯的历史作品中，可以找到一些编年史作家留下来的痕迹。①

尽管 9 世纪拜占庭文化仍非"富于创造"的时代，但文化活动重新趋于活跃的迹象是显著的。狄奥芬尼的世界大事编年记录了 284—813 年的历史，尼斯福鲁斯编撰的世界史年表则从伊甸园时代一直记录到他生活的年代。他们的著作经过后人的续编和增补，本来面目已变得难以辨识，却将已经失传的 7、8 世纪拜占庭历史著作部分地保存了下来。君士坦丁堡大主教弗提乌斯是这个时代杰出的代表。弗提乌斯学识渊博，拥有良好的判断力，一生著述颇丰，其中《群书摘要》最为知名和重要。他在该书中记录了 280 部作品的内容摘要、节选和评注，对后来黑暗时代的拜占庭人来说，这部著作是了解自己文学历史的宝库。

递及马其顿时代（867—1056），在中央集权强大和政治相对稳定的情形下，拜占庭史学在 10 世纪又进入一个新的发展时期。王朝最高统治者亲身参与或积极推动文化创造活动。君士坦丁七世在宫廷里组织文人学者收集整理古代典籍，编纂百科全书。他撰写了具有重要史料价值的《宫廷礼仪》《论帝国行政》，以及歌颂其祖父统治成就的《瓦西里一世》等书籍；组织编纂了《历史摘编》《农业丛书》《斯维达辞典》等，他的这些工作对保存古代史学家的著作以及古典时期的语言文学有着重要意义。《论帝国行政》不仅追溯了 817 年以来拜占庭帝国国内的历史、政治和组织，而且调查了周边国家的地理和历史状况，提出了应对周边国家的策略原则。因此，该书对于后世学者研究 10 世纪拜占庭内政外交及其周边国家具有特别重大的意义。

马其顿时代史学的繁荣最直观的表现是，杰出的史家与史著接踵而来。助祭利奥的《历史》讲述了皇帝尼斯福鲁斯二世和约翰一世在西里西亚和叙利亚对伊斯兰教徒的胜利，以及他们与保加利亚人和俄罗斯人的战争，叙述起于罗曼努斯二世登基的 959 年，终于约翰一世去世的 975 年。尽管利奥缺乏地理学和古代历史

---

① 徐家玲：《拜占庭文明》，人民出版社 2006 年版，第 470 页。

知识，但他出于"将人间事务从遗忘的深渊中拯救出来"的目的，[1] 秉笔直书，为后人了解那个激荡时代留下了珍贵的记录。普塞罗斯是这个时期拜占庭最杰出的学者之一，他的《编年纪事》在时间上接续了利奥的著作，从巴西尔二世掌权的976 年一直写到1077 年，共涵括14 位皇帝和女皇的统治。与当时大多数史学作品不同，《编年纪事》更注重对人物而非政治军事事件的描绘，里面包含了大量自传性内容，讲述作者自己在政治和思想上的发展变化。

11 世纪晚期，拜占庭重陷于内忧外患之中，处于由盛至衰的转折关头。尽管这标志着帝国的历史步入晚期阶段，但中期繁盛的文学脉息仍在延续，表明冲击尚未颠覆帝国的根本。史学创作真正衰微是在1204 年十字军攻占首都君士坦丁堡之后。科穆宁王朝公主安娜·科穆宁是这个转折时期最卓越的历史作家，她不仅有机会从拜占庭精英阶层的重要人物那里搜集到信息，而且具有广博的学识和卓越的才华。她最著名的作品是歌颂其父统治岁月的《阿列克西亚德》，该书讲述了阿列克西一世统治下的政治、外交和战争，其中关于第一次十字军东征的描述尤为珍贵，是当今唯一可见的事件目击者的陈述。尽管她因深深卷入宫廷政治争斗，立场有时不免偏颇，但其著作是今天我们了解11 世纪末12 世纪初拜占庭政治史最主要的材料来源。与安娜公主同时代的史学家还有西纳莫斯、塞德雷诺斯和佐纳拉斯，他们的作品多为没什么新意的编年史，其价值只在于保存了过去历史著作的一些节录。[2]

三、晚期：国家衰败与史学凋零

1204 年第四次十字军东征攻陷君士坦丁堡至1453 年，是拜占庭帝国漫长而痛苦的覆亡过程。在史学方面，正如史学史专家汤普森一针见血指出的那样，这个时期拜占庭的历史撰述反映了"黄金角所有物事的普遍衰落"，与过去的繁荣景象不可同日而语。[3]

战败的拜占庭人在小亚细亚的尼西亚建立了"尼西亚帝国"（1204—1261）。这里成为许多流亡的拜占庭知识分子的聚集之地，拉斯卡利斯王朝的皇帝们也重视文化发展，从而促成了一定程度的文化复兴。乔治·阿克罗波利塔是王朝著名的政治家和作家，其著作《编年纪事》记录了1204 年至1261 年拜占庭的历史，他的文风古朴清新，为拉斯卡利斯王朝历史留下了珍贵的材料。另一位作家帕西

---

[1] *The History of Leo the Deacon: Byzantine Military Expansion in the Tenth Century*, introduction, translation, and annotations by Alice-Mary Talbot and Denis F. Sullivan, Washington, DC.: Dumbarton Oaks Research Library and Collection, 2005, p. 11.

[2] ［美］J. W. 汤普森：《历史著作史》上卷第 1 分册，谢德风译，商务印书馆 1996 年版，第 445 页。

[3] ［美］J. W. 汤普森：《历史著作史》上卷第 2 分册，谢德风译，商务印书馆 1996 年版，第 631 页。

米尔撰写的拜占庭史，计 13 卷，所记述的时间段是 1255 年到 1310 年。

14 世纪的主要史学家有约翰六世和格列戈拉斯。约翰六世 1354 年被迫退位后，在修道院里撰写了 4 卷本的自传体史书，讲述了 1320—1357 年自己经历的种种大事，揭示了国家衰落时代拜占庭所面临的内外危机。为替自己辩护或遮掩，书中不乏成见或对事实的歪曲。格列戈拉斯是当时拜占庭最博学的文人，精通神学、史学和哲学，他一生著述颇丰，其中最主要的著作是 38 卷本的《拜占庭史》，涵盖的时间从 1204 年到 1359 年，与皇帝约翰六世的著作互为补充和印证。

从 14 世纪 50 年代到 15 世纪 20 年代，拜占庭历史撰述罕见地经历了漫长的低谷。在帝国的最后时光，来自土耳其人的大举进攻吸引了拜占庭文人学者们的注意。约翰·卡纳努斯记述了 1422 年的君士坦丁堡之围。有关此次围攻的历史记载很少，他作为事件的目击者，不仅描写了奥斯曼土耳其人的凶残和对农村地区的破坏，而且将首都最终得以保全归之于圣母的神秘干预，为我们了解这个时期拜占庭社会政治状况和精英阶层心理提供了重要的史料依据。

土耳其人对拜占庭的征服催生出 4 位希腊史学家，即卡尔科孔迪勒斯、杜卡斯、弗兰兹和克里多布鲁斯。卡尔科孔迪勒斯出身于雅典显贵家庭，在目睹君士坦丁堡陷落后，他写下了自己最重要的历史作品《历史见证》，讲述了 1298—1453 年拜占庭帝国的衰亡史。尽管土耳其人的进攻占据了大部分内容，但该书也提及了西欧国家的文化习俗。卡尔科孔迪勒斯崇尚希罗多德，追求叙述的客观性，但仿古的语言风格使他的著作中相当一部分令人难以卒读。杜卡斯撰述的历史，首章是自亚当以来的编年纪事。他从 1389 年残酷的科索沃之战开始，详细地记述了土耳其军队的节节胜利，直至 1462 年希腊莱斯博斯岛的陷落。弗兰兹是拜占庭巴列奥略王朝的廷臣，亲身经历了 1453 年君士坦丁堡的陷落，被俘赎身后进入修道院，开始撰述历史。其 4 卷本《编年史》记录了 1258 年至 1476 年的历史，对 1402 年之后的事件讲得尤其详细。由于他在帝国末年身居要位，多次承担重大的国家使命，是许多事件的目击者，因此他的著作是帝国晚期历史可信的权威之作。

第二节　拜占庭史学的主要特点

在拜占庭帝国千余年历史上，史学著述如缕不绝，几乎没有间断地记述了帝国历史的兴衰变化，为后世留下了丰富的文化遗产。[①] 这不仅在中古欧洲绝无仅

---

① 17—19 世纪，法德两国学者先后将拜占庭帝国遗留下来的历史著述整理集编为两套大型丛书《拜占庭历史文献大全》（*Corpus Scriptorum Historiae Byzantinae*）。

有，在世界范围内也属罕见。之所以如此，是因为拜占庭帝国所处的空间与时间使各种要素辐辏。在时间上，它承袭了希腊和罗马文明的余绪；在空间上，它横跨欧亚大陆，周边国家与种族多样。从帝国的具体历史情境来说，拜占庭帝国发轫于罗马帝国的东西分治，尽管6世纪之后与帝国西部渐行渐远，但未经异族冲击带来的巨大震荡和变动，在漫长的中世纪有着不同于西欧的政治社会体制，基督教固然成为国教，在社会和思想文化领域占据着主导性的地位，但以皇帝为中心的中央集权政府体系一直保持着强大的力量。职是之故，相对于神学史观一统天下的西欧中世纪史学，拜占庭史学具有自己的特征。

一、古典风格与神学史观交融

君士坦丁堡是罗马帝国建立在东方的一个新中心，君士坦丁大帝欲将这里变成第二个罗马，在新都复制了罗马的法律和政府体系。但与正统国教传统久远的罗马相比，拜占庭帝国是由一个信仰基督教的皇帝统治着的，国家与教会逐渐融为不可分割的一体；它处于被希腊文化包围的环境之中，希腊化世界的文化拥有很强的影响力。质言之，罗马帝国的皇权传统、以东正教为标志的基督教信仰和希腊文化，"是拜占庭政府、宗教和文学基本的方向性发展动力"。①

拜占庭历史发展的这种特征，体现在史学方面，首先就是文人撰史具有较为鲜明的古典传统烙印。拜占庭社会具有重视教育的良好风气，在条件许可的情况下，每个家庭都给孩子提供教育的机会，而古典知识的传授和教育是拜占庭教育中的重要内容。自小就开始接受扎实系统的希腊语言、逻辑、修辞、哲学和科学训练的拜占庭文人，欣赏伟大的希腊古典时代，崇尚学问，在文学创作中竞相模仿古典风格，继承了古希腊先辈们考究的文风传统。这一特点在拜占庭的史学撰述中自始至终都有非常显著的反映，"这些历史家都意识到他们是一个崇高的传统的继承者，他们尽可能紧跟古希腊作品的榜样。有些模仿希罗多德或修昔底德，有些模仿色诺芬或波里比阿"。② 譬如普罗柯比的《战争史》，在题材和文风上都是修昔底德式的。他不仅在一开始便像修昔底德一样交代了自己的写作意图和处理方法，而且在文笔和代撰演说词等写作形式上模仿修昔底德。皇家出身的安娜·科穆宁公主在宫廷里受到了良好的教育，是拜占庭文化繁荣时代崇尚古典风气的代表。她在作品里刻意模仿希罗多德、色诺芬等古希腊史学家的风格，大量使用古旧的词句，让作品晦涩难懂。直到帝国晚期乃至帝国衰亡之后，对古典风格的推崇和模仿仍大量存在于拜占庭史学家的著作中，如卡尔科孔迪勒斯和杜卡

---

① ［英］N. H. 拜尼斯主编：《拜占庭：东罗马文明概论》，陈志强等译，大象出版社 2012 年版，第 3 页。
② ［美］J. W. 汤普森：《历史著作史》上卷第 1 分册，谢德风译，商务印书馆 1996 年版，第 430 页。

斯都将自己与修昔底德等量齐观。①

其次，作为国教的东正教是维系拜占庭统一不可或缺的社会和精神要素。如果说古典史学在体裁风格上为文人撰史提供了榜样，那么基督教神学史观则渗透在修道院编年史的精神内核当中。这主要表现在以下两方面。其一，所有的编年史都以上帝造人为开端，描述世界文明和民族的兴衰，包括已经逝去的帝国历史轨迹。因为按照基督教的原则，拯救世界需要一种对之进行说明的世界史。拜占庭第一位编年史作家约翰·马拉拉斯所作的 18 卷《编年史》，就是从创世纪一直写到他生活的 564 年。这部著作用当时的口头语言写成，读者对象是僧侣和平民而非学者，曾流行一时，但它是一系列编年史的杂凑，将神话传说、《圣经》故事和真实历史胡乱地掺杂在一起，缺乏史料价值。继后的《帕斯卡尔编年史》同样是从亚当时代一直记录到 629 年。其二，也是更为重要的，许多编年史学家时常将神意视为历史发展的决定因素。如约翰·卡纳努斯认为 1422 年君士坦丁堡在土耳其人的围攻下得以保全，是圣母干预的结果。杜卡斯认为 1453 年君士坦丁堡被奥斯曼土耳其人攻陷，是因为拜占庭人违背了上帝的旨意，犯下了种种罪行，上帝借土耳其人之手对拜占庭人实施惩戒。这种思维方式和解释体系实际上符合拜占庭神学的一般精神，即肯定上帝决定作用的同时强调上帝与凡人之间的互动，虔诚的信徒需要通过自己的表现来符合上帝的要求，只有这样才能得到神的垂怜与赐福，否则上帝将会对违背者施以惩罚。要言之，在许多拜占庭编年史学家眼里，历史是出自上帝计划的结果，它有自己的目的，帝国只是实现神意的代表。②

但值得指出的是，与西欧中世纪编年史不同，拜占庭史学家在撰述历史的时候，除援引《圣经》的内容之外，还大量使用古典作品作为史料来源，写作风格也受到古典作品的影响，内容也经常涉及大量的世俗事务，如编年史家佐纳拉斯的作品，就利用了希罗多德、色诺芬、普鲁塔克和卡西乌斯的著作，世俗历史在其中占有很大比重。概言之，拜占庭史学无论在时间上还是在空间上，都较为鲜明地体现了它起承转合的历史地位。一方面，它存续了西方古典主义文化，为后来的西方文艺复兴保存了宝贵的智识资源；另一方面，它体现了罗马帝国晚期以降逐渐崛起的基督教与世俗王权并立的混杂特征，而非像西欧那样进入基督教权力一统天下的局面。

二、体裁的多样与现世的目光

体裁的多样性是拜占庭史学的又一个特点，除前述的叙事体历史和编年史之

① V. Christides, "Review: The Fall of the Byzantine Empire: A Chronicle by George Sphrantzes, 1401–1477," *Renaissance Quarterly*, vol. 35, no. 3 (Autumn, 1982), p. 460.
② ［英］N. H. 拜尼斯：《拜占庭：东罗马文明概论》，陈志强等译，大象出版社 2012 年版，第 15 页。

外，当时流传下来的圣徒传或人物传记也具有很强的史料价值。锡苏波利斯的西里尔的《巴勒斯坦修士传》，通过记述巴勒斯坦几位最著名的修士生活，全面地呈现了 400—550 年该地区修道院生活的发展演变，是拜占庭治下巴勒斯坦修士生活状况的主要资料来源。意大利南部修道制度创建者罗萨诺为尼鲁斯创作的传记，记载了这位圣徒的苦修生活。尼鲁斯住在洞穴里，与劫掠的萨拉森人谈判，抵制拜占庭官员的勒索。该传记为观察 10 世纪意大利南部教俗生活提供了丰富的信息。约翰·卡米尼阿特斯的《塞萨洛尼基陷落记》，以细腻的笔触描述了 904 年萨拉森海盗对该城骇人听闻的洗劫，从中可见城市的繁荣景象以及周围非希腊语民族的情况。另外还有一些皇帝传记流传了下来，但拜占庭传记文学中占主导地位的是圣徒传记。

稍微细心地留意一下拜占庭史学千余年的发展脉络不难发现，拜占庭史家在撰述历史时都略古而详今，将记录的重心放在逝去不远的或自己生活的时代。叙事体的历史就是如此，如普罗柯比、阿加提阿斯、助祭利奥、公主安娜等所著的历史，可以说都是他们的当代史。即便编年体的通史作品亦复如是，如杜卡斯的世界通史，以极简的篇幅叙述了创世纪以降的历史事件，叙述的重点是国家命运处于生死存亡关头的 14 世纪之后的历史。在内容上，与中世纪西欧史学相比，拜占庭史学家并没有将历史解释为一种遵照神意演进的过程，而是更多地关心世俗的事务，叙事体历史尤其如此，对外战争与王朝政治是其中最引人瞩目的主题。许多作品还涉及当时的地理、风土人情和社会事件，散发着浓郁的人间气息。

拜占庭史学之所以呈现上述特点，其原因在于：在知识方面，如前所述，古典学术传统对拜占庭文人有着强大的影响，无形中左右着他们的目光和旨趣。更重要的因素在现实层面，即拜占庭的教会权力从未超越过国家，皇帝是权力的唯一来源，教会主教会议的决定要得到皇权的批准才能生效。[1] 在皇权专制体制之下，国家通常是文化事业最重要的发起者与组织者。主要原因有二：其一是它有动机，需要让王朝及统治者的荣耀能广为人知并传之后世；其二是它有条件，拥有赞助和支持学术事业所需的权力、财力和组织能力。早在君士坦丁时代，在帝国的庇护之下，首都君士坦丁堡已是文风初兴，学习古希腊语，搜集抄写古籍文献，研究古代哲学和戏剧，钻研古代文法和修辞已蔚然成风，[2] 皇帝塞奥多西二世在位时组织编纂了著名的《塞奥多西法典》。查士丁尼时代政治和文化工程的代表——卷帙浩繁的《罗马民法大全》，是国家强大的一个显著标识，普罗柯比撰写《战争史》，显然是为这位皇帝统治的文治武功歌功颂德。在国家力量较强和社会

---

① [英] N. H. 拜尼斯：《拜占庭：东罗马文明概论》，陈志强、郑玮、孙鹏译，大象出版社 2012 年版，第 7 页。

② 陈志强：《拜占庭史研究入门》，北京大学出版社 2012 年版，第 17 页。

稳定的马其顿时代，宫廷积极参与或支持文化活动，史学创作也相应地处于高峰。

此外，拜占庭帝国绵延不断的史学撰述传统表明，一个国家或民族文化的发展繁荣和进步，与不同文明的相互交流和借鉴是密不可分的，古今皆然。拜占庭帝国在地理位置上处于东西和南北的要冲地带，以交流或对抗的方式与周边各国各民族频繁地接触。这种历史发展赋予了拜占庭史学另一个特点，即较为宏阔的视野。拜占庭史学作品涉及的地理范围涵盖了欧洲、北非和中西亚的广大地区，为那些尚未书写自己历史的民族留下了珍贵的记录，其中斯拉夫人受益最大。

第三节　中古阿拉伯史学的成长

历史撰述活动素来与社会、政治和文化发展水平密切相关，中古阿拉伯史学的成长历程非常鲜明地反映了这一点。我们可根据它的发展阶段，将该历程分为"黎明时期""近午时期"和"正午时期"。[①] 伊斯兰教兴起之前，生活在汉志地区的阿拉伯人极少有书写和著述活动，因为在以亲缘关系为纽带的游牧部落社会不需要，稀薄的人口和低下的经济水平也不允许开展这样的活动。口头传播是前伊斯兰时期阿拉伯人最合适的传播方式，诗歌尤其是赞美诗是口头传唱的最高形式。[②] 7、8 世纪，阿拉伯人进一步向外扩张，抵达埃及、波斯和两河流域等原先文明高度发展的地区，必须建立行政官僚体制以便有效地施行统治。行政官僚制帝国的建立及其保留记录的习惯，为历史撰述的出现提供了动力，书写成为口述传统的补充并取而代之。因此，从 8 世纪中期到 9 世纪上半期，学术知识呈爆炸性增长，以阿拉伯人的经注、圣训研究为开端的伊斯兰史学也应运而生。

一、阿拉伯史学的"黎明时期"

7、8 世纪，随着阿拉伯人大举对外扩张，尤其是倭马亚王朝掌握政权之后，阿拉伯人意识到，为了管理日趋复杂的国家，进行文献记录势在必行。王朝建立者哈里发穆阿维叶命令精通各种语言的侍臣为他译读各国历史文献，如亚历山大、恺撒、汉尼拔等英雄人物的轶事，希腊、罗马、波斯各国统治政策，以及兵书和有关战略、战术的文献，他十分重视这些文献，特派专人管理。[③] 但在伊斯兰纪元最初的百余年时间里，像汉志时代一样，口头传播在阿拉伯文化中仍然占据着主

---

① 该分期概念由艾哈迈德·爱敏在《阿拉伯-伊斯兰文化史》中提出。
② Chase F. Robinson, *Islamic Historiography*, Cambridge：Cambridge University Press, 2003, p. 8.
③ 纳忠：《阿拉伯通史》上，商务印书馆 1997 年版，第 368 页。

导地位。《古兰经》和"先知"穆罕默德的言行并未辑录成书，只限于口授心传，历史撰述更是没有提上日程，当时的学问主要指《古兰经》的讲解和注释、圣训的研究和历史掌故的传播。

首先在经注方面，一些历史悠久的民族在改奉伊斯兰教之后，将本民族的历史引入伊斯兰社会。如犹太教徒在改宗后，将自己熟悉的新旧约历史传说讲给穆斯林听，甚至用以注释《古兰经》。基督教徒、波斯人改奉伊斯兰教后都同样为之。这些来自外部民族的历史传说，由此构成穆斯林历史资料的一部分，成为后世史学撰述者考证伊斯兰历史的源泉之一。

其次是圣训研究。圣训指"先知"穆罕默德的言行训示，以及他逝世后圣门弟子所传述的"先知"言行。圣训最初或口头流传，或零星地刻在皮革和动物骨头上。圣训涉及许多重要的历史事实，如"先知"穆罕默德在麦加的事迹、在麦地那的生活以及亲身参加历次战役的经过，等等。这些资料成为后来传记和战史的基本史料。[①] 倭马亚王朝时代，帝国版图扩张，民族构成复杂，政治宗教纷争迭起，一些人伪造圣训以达到自己的目的，致使圣训鱼目混珠真假难辨。在这种情况下，圣训的搜集整理与鉴定工作起步了。鉴别圣训从"传述线索"入手，研究传述者的时代背景，考察传述者的生平及同时代人物情况。因此，研究圣训的过程也就是研究历史的过程。

最后是历史故事的传播。在早期伊斯兰社会，人群常聚的清真寺是故事讲述活动的中心，故事讲述者向群众讲述阿拉伯各部族以及各国的历史或神话。在倭马亚王朝的政治斗争中，故事讲述者甚至成为舆论争夺的工具。当时有许多故事讲述者活跃在各地的清真寺，如法学家、圣训学家阿尔瓦·伊本·祖拜尔（642—712）就曾在麦加和麦地那的清真寺向人们讲述历史故事；瓦赫布·穆奈比在萨那向人们讲述创世之初的传说和历代"先知"的故事。据传祖拜尔甚至撰写了《圣战记》，穆奈比编纂了《故事集》和《古代也门诸王的历史故事》，许多史学家因此将伊斯兰史学传统追溯到他们这里。但也有史学家认为，尽管他们传述的故事对后来的历史撰述者影响很大，但是他们并没有文字材料直接存留下来，将他们置于伊斯兰史学谱系的开端，目前尚缺乏确凿的佐证，比他们稍晚的祖赫里（670—742）亦复如是。祖赫里看上去曾涉身整合与构建"先知"穆罕默德传记的宏大事业，他曾说道："每个人都为（先知）故事贡献了一部分，有人对故事记得多些，有人记得少些，我把他们告诉我的故事连缀起来献给你们。"尽管从他的话里我们似乎看到成文传记正在压倒口头传说，但与祖拜尔等一样，祖赫里本人并

---

① ［埃及］艾哈迈德·爱敏：《阿拉伯-伊斯兰文化史》第 1 册，纳忠译，商务印书馆 1982 年版，第 168 页。

没有任何著作流传下来，只是后世史学家伊本·伊斯哈格《先知传记》记述了他的言论，且伊斯哈格流传下来的著作又经过了后人屡屡删减和编辑。①

综上所述，如果说阿拔斯王朝（750—1258）之前是阿拉伯-伊斯兰文明的"黎明时期"，那么史学作为文明不可或缺的一个组成部分，阿拉伯-伊斯兰史学此时也类似地处于蓄势待发的阶段。

二、阿拔斯王朝与史学撰述的兴起

阿拉伯-伊斯兰史学在阿拔斯王朝得到了迅猛的发展，王朝的政治、文化和技术变革为它的茁壮成长提供了强大的动力，8世纪后半期是一个重要的转折点。原因在于，"从政治体制、经济发展、社会制度，以至'百年翻译运动'，灿烂的学术成就和丰富多彩的艺术文化生活，都发生于阿拔斯王朝时期"。② 首先，阿拔斯王朝是作为革命者取得政权的，面临着挥之不去的反对派别以及前朝政治军事精英的疑虑，需要借助历史从文化上建立自身的权威，赋予政权合法性，因此大力资助文人从事学术文化活动。其次，世界多样文明的传播融会发挥了不可忽视的作用。阿拔斯王朝初期，持续百年的"翻译运动"将大量的波斯、印度典籍译为阿拉伯文，其中多半是文学和历史著作，从而为阿拉伯-伊斯兰史学的发展奠定了基础。再次，各种文化机构如学校、图书馆、天文台等的兴起，促进了整个社会的文化进步，尤其是8世纪后半期造纸业在伊拉克地区的出现，极大地降低了写作材料的成本。最后，社会经济的发展不仅为哈里发提供了财力基础，也为文化艺术的繁荣提供了良好的环境，尤其是首都巴格达的发展吸引了大批有才华有雄心的年轻人前来寻求上升的机会，如释奴后代伊本·伊斯哈格（704—767）就是在这里获取了名声和财富，成为阿拔斯王朝前期伟大的史学家。

伊斯哈格祖籍波斯，生长在麦地那，曾在麦地那和亚历山大跟从众多学者学习，同时搜集了大量的圣训和"先知"的生平资料，并以此为根据撰写了《圣战史》。《圣战史》内容共有三部分："序幕"以传说资料为基础，记述伊斯兰教产生之前自亚当至易卜拉欣等众"先知"和古代阿拉伯各部落的历史；"起因"以"先知"穆罕默德创教为中心，讲述"先知"的身世和在麦加传教的经历；"圣战"则叙述了"先知"在麦地那的情况。该书不仅是"先知"穆罕默德生平的重要史料来源，也为早期阿拉伯-伊斯兰教历史留下了珍贵的记录。伊斯哈格还写过其他几部著作，但都没有存留下来。

---

① Chase F. Robinson, *Islamic Historiography*, Cambridge：Cambridge University Press, 2003, p. 25.
② 纳忠：《阿拉伯通史》上，商务印书馆1997年版，第579页。

伊本·希沙姆（？—834）的《先知穆罕默德传》，是对伊斯哈格著作进行较大的删改、校订和增补而成的。希沙姆的删改原则是："本书以易卜拉欣之子伊斯马仪为开篇，将涉及上自伊斯马仪下至'先知'穆罕默德的直系宗嗣的历史。为了概括起见，对伊斯马仪的其他子孙一概不提。关于'先知'穆罕默德的生平，伊本·伊斯哈格虽有记载的内容，但'先知'穆罕默德没有提及，或《古兰经》中没有提到，或与本书无关的注释、证据，或那些不为诗人所知的诗，以及一些有争议的事或未经证实的传述等，一概弃之不用。除此之外，我将详加传述或引用。"由于伊本·伊斯哈格的原著已经失传，所以希沙姆的《先知穆罕默德传》成为最早的一部穆罕默德传记。而且，希沙姆收集了麦地那时期的历史事件和重要文献，较之伊斯哈格，他的著作更为翔实，也更为可信，是后来历代学者编写和研究"先知"穆罕默德生平的主要依据。

与希沙姆差不多同时代的穆罕默德·本·欧默尔·瓦基迪（747—823）生于麦地那，后移居巴格达。他在"圣战"、传记和伊斯兰历史等方面都拥有丰富的知识，但对蒙昧时期的历史则不甚了了。瓦基迪较为典型地反映了交流传播对于文化创造和发展繁荣的重要意义，他的"圣战史、圣门弟子和再传弟子的传记、先知的生平及先知在世时和去世后的重大历史事件的史料，以及教法、各派的圣训等，随着驼队传播到各地"，[①]但流传下来的仅有《圣战史》《叙利亚的征服》《埃及的征服》《波斯的征服》《非洲的征服》等。瓦基迪的《圣战史》大部分内容都是"先知"在麦地那的活动。在史料方面，他比伊斯哈格更注重教法和圣训，时常从零散的记载中甚至根据口头流传选取圣训；另外，他对历史事件年代的考订要比以前的史学家更为精确。

伊本·赛阿德（784—845）是瓦基迪的弟子兼书记官，负责记录瓦基迪的著作、谈话和指示。后来他以此为基础，撰写了8卷本的《人物传记》。该书第1、第2卷专门叙述"先知"穆罕默德的生平和战史，第3—7卷记述了直传弟子和再传弟子的事迹，第8卷则是伊斯兰众妇女的传记。赛阿德的贡献是对材料进行整理和编排，有时也作些增补。

上述诸位史学家，是阿拔斯王朝前期最著名的"先知"传记和"圣战"史学家。但在7、8世纪对外扩张带来的历史巨变中，除传记之外，还有其他许多重要的史事或传说成为这个时代史学家记述的对象。

三、阿拔斯王朝前期的其他史学类型

阿拔斯王朝前期伊斯兰史学撰述的勃兴主要反映在两方面。一是记述对象不

---

① 转引自［埃及］艾哈迈德·爱敏：《阿拉伯-伊斯兰文化史》第3册，向培科、史希同、朱凯译，商务印书馆1991年版，第331页。

止于"先知"传和"圣战"史，还包括其他民族的历史、人物传记、历史故事乃至宗族系谱等。二是多产的作家辈出，如艾布·马赫纳夫（？—774）和赛义夫·本·欧马尔（？—796）就是对伊斯兰史学传统作出巨大贡献的两位史学家，据信他们分别撰述过40部和30部著作。比他们稍后的另一位史学家迈达因尼（752—830/850）则更为惊人，写过的书多达200余本。

先谈谈宗族系谱学。系谱研究是伊斯兰史学家关注的一个重要主题，在内容和创作形式上都服务于历史撰述。宗谱世系研究兴起的动因在于：一是国家建立财税分配体系，需要有部落谱系的完整记录，以便向各部族征收赋税，分配津贴、居住区和土地；二是部族之间的纷争促使人们重视追溯和构建自己部落的谱系，以便彰显本部落的功业和历史。宗谱世系信息可以在诗歌尤其是论战性诗文、家族和部族资料以及军队登记册当中找到。第一批系谱学家出现在倭马亚王朝，他们的目光还主要局限在某个特定的部落系谱上。直至8世纪后半期，随着文化的发展，同时关注多个部落世系的系谱学家方才出现。

穆罕默德·伊本·萨依布·凯勒比（？—763）是研究系谱、文献和历史的专家，他除参考论战性诗文之外，还向各个部落最博学的系谱学家请教，搜集部落的宗谱世系。尽管圣训学家批评他立场偏颇，但他作为系谱学家的能力为大家所公认。其子希沙姆·伊本·凯勒比（？—819）继承了父亲的事业，精通系谱学、阿拉伯历史、战争史和各国历史，其著作《系谱大全》就是对他父亲著作的扩展。在历史研究方面，希沙姆·凯勒比讨论了古代诸"先知"及前伊斯兰时代的阿拉伯半岛史、阿拉伯各部落征战史、波斯史和伊斯兰教史。广袤的西亚地区悠久而碰撞频仍的文明，为他的撰述提供了质料和视野。希沙姆·凯勒比广泛地利用各个方面的材料，如撰写波斯史时，他借助从波斯语翻译过来的文献，也借助马赫纳夫等人的著作。总的说来，希沙姆·凯勒比对史料具有良好的判断力，以今天的目光来看不够严肃之处是，他时常将民间传说或传奇故事作为史料。

倭马亚王朝时期圣训学家伊本·祖拜尔的后裔穆萨布·祖拜里（卒于847—850年间），撰写了《系谱全书》《古莱西族系谱》。后一部著作一直存留到近世，对麦加部族古莱氏的世系传承作了详细的交代。库法的海什姆·伊本·阿迪（？—821）是将历史与系谱研究结合起来的另一位代表，他按照系谱学的框架撰写人物传记，按编年体编写历史事件，缺点是不够精确和严谨。

接下来再看看这个时期多产的伊斯兰史学家。马赫纳夫生活在今天伊拉克境内的库法，与伊斯哈格差不多是同时代人，同属伊斯兰史学肇兴之后的第一批史学家。其著作包括《征服叙利亚》《征服伊拉克》《骆驼之战》《绥芬之战》《阿里遇难》《侯赛因之死》等，每部书记述一个主题，看上去像专题研究。在史料方面，马赫纳夫既注重独立探访得到的第一手材料，主要是他自己所属部落的传说，也利用其他作家的著作。在叙事风格方面，马赫纳夫注重细节描述，其著作充满演说词和对话，有时还夹杂着诗歌，生动地展现事件的图景，引人入胜，这表明中古时代人们晚间聚会夜谈的传统对历史撰述的影响。在观点上，马赫纳夫陈述的是伊拉克地区对历史事件的看法和立场，出于部落的自豪感，他褒伊拉克而贬叙利亚，拥护阿里而反倭马亚家族。① 马赫纳夫的著述是 10 世纪著名的伊斯兰史学家塔巴里重要的资料来源，因此尽管原书没有存留下来，但通过塔巴里的引用为后世所知。赛义夫著有《各地征服史与反叛》《骆驼之战》等，也是通过塔巴里的应用而流传至今。与马赫纳夫类似，赛义夫也主要取材于自己的部落传说，呈现的基本上是伊拉克地区民众对历史事件的看法。他的文笔雄劲激昂，但为人所诟病的是史料并不准确。

迈达因尼知识渊博，是一位非常高产的学者，他的著作涉猎广泛，包括阿拉伯文学、诗歌、地理学和动物学等，但主要还是历史题材，涵盖"先知"传记、部落历史、内外战争、哈里发传记，以及诗人和贵族妇女生平等各个方面。他的出现，是阿拔斯朝史学爆炸性成长的一个颇有代表性的例证。迈达因尼注重史料收集和史事陈述，不在其中添加任何自己的评论，作品被后世伊斯兰史学家大量引用。有学者评述"他的传述均真实可靠"，"谁要了解蒙昧时代的历史，谁就应看艾布·欧拜德的著作；谁想知道伊斯兰的历史，谁就应从麦（迈）达因尼的著作中去寻找"。②

马赫纳夫、赛义夫和迈达因尼等人的著作大都缺乏条理，材料不系统，缺乏论证，这些特点反映了史学初兴时期的特征。对史料加以系统的归纳和分析，推出更成熟的史学著作尚需等待下一代史学家。

第四节　"正午时期"的阿拉伯史学与史学家

200 余年的发展，尤其是波澜壮阔的"翻译运动"促成的多文化融汇，为阿拉伯-伊斯兰文化的繁荣奠定了坚实的基础。经济社会的发展以及哈里发国家对文化教育的支持资助，也为文化创造提供了必要条件。从 9 世纪中叶到 12 世纪，阿拉伯-伊斯兰文化迎来了鼎盛的"正午时期"。在史学领域，历史已成为一个系统的学科，而非像以前那样零散破碎。一大批杰出的史学家涌现，如拜拉祖里、塔巴里、马苏第等。史学著作浩如烟海，仅大辞书《古籍释疑》中列举评介的史籍即

---

① Abd Al-Aziz Duri, *The Rise of Historical Writing among the Arabs*, trans. by Lawrence I. Conrad, Princeton：Princeton University Press, 2014, pp. 44-45.

② 转引自［埃及］艾哈迈德·爱敏：《阿拉伯-伊斯兰文化史》第 3 册，向培科、史希同、朱凯译，商务印书馆 1991 年版，第 340 页。

达 1300 余种，而各书注释和简本尚不包括在内。① 与此同时，另外一个新的现象也对史学的繁荣产生了影响。自 9 世纪末开始，巴格达哈里发的集权统治日益衰微，众多割据政权纷纷独立，使伊斯兰世界出现了多个政治、经济和文化中心，如西班牙的科尔多瓦和埃及的开罗，都成为当时学术文化的重镇，为史学的繁荣增添了新的力量。

一、史学繁荣时代的史学名家与名著

9 世纪中期至阿拔斯王朝灭亡的 400 年间，以伊拉克为中心的伊斯兰东部世界涌现了大量杰出的史学家，如拜拉祖里（820—892）、塔巴里（839—923）、马苏第（？—约 957）和伊本·米斯凯维（930—1030）等。

拜拉祖里祖籍波斯，一生大部分时间在巴格达度过。他所著的《各地的征服》一书，采用编年体的形式，记述麦地那哈里发时代和倭马亚时代阿拉伯人征服亚非各地的军事活动，其中对征服叙利亚记述最为详尽。该书兼及征服期间哈里发国家的经济社会状况和各个省区的历史，为后世保存了对非穆斯林征收人头税的详细记载。拜拉祖里是连贯综合地记述各省征服过程的第一人。在他之前，编写历史的人都是采取专论的形式，这为他将征服各城市和各地方的许多故事合并成一个整体提供了知识基础。拜拉祖里的另一著作《贵族的谱系》，采用传记体的形式，以丰富的史料记载了"先知"穆罕默德的宗谱、生平、圣迹、品德和生活状况，以及主要的阿拉伯部族的世系和历史变迁，旁及有关倭马亚王朝政治、经济、社会、宗教状况以及哈里发的事迹，并提供了哈瓦利吉派活动的丰富史料。

塔巴里是经注学家、圣训学家、教法学家，也是伊斯兰历史上第一位编年史家。塔巴里自幼熟读《古兰经》，长期游历伊朗、伊拉克、叙利亚、埃及和阿拉伯半岛各地，深谙古代这些国家的历史文化和典章制度。他共著书百余种，留传后世者仅十余种。塔巴里的著作以《塔巴里古兰经注》和《历代先知与君王史》两部巨著为代表。《塔巴里古兰经注》是一部最完备的《古兰经》注，全书达 30 册。《历代先知与君王史》卷帙浩繁，是伊斯兰世界的第一部规模宏大的通史巨著，也是用阿拉伯文写作的第一部世界史著作。原稿长达 6 万余页，现存的版本分为 13 册，7500 余页。

《历代先知与君王史》首先以解释"何为时间"为引子，引证《古兰经》和圣训，兼及犹太教、基督教和祆教等对人类历史时间的不同主张，阐释宇宙的开始。全书共由上下两编组成：上编从创世开始，自阿丹和易卜拉欣等传说时代诸

---

① 纳忠：《阿拉伯通史》下，商务印书馆 1999 年版，第 372 页。

位"先知"的生平经历，至查希里叶时代的阿拉伯人以及波斯人、罗马人、犹太人诸民族的古代历史；下编自"先知"穆罕默德的生平经历开始，记述哈里发国家的演变过程，至914年结束。所记涵盖政治、军事、经济、典章制度、人物、宗教、文化教育、风土民俗等内容。后来的伊斯兰史学家也基本沿袭这个体系编写历史。

《历代先知与君王史》独辟蹊径，突破伊斯兰初期阿拉伯历史家的时代局限和狭隘的宗族观念，改变前辈仅仅着眼于阿拉伯各部族的谱录世系、"先知"穆罕默德生平和历次"圣战"始末的编纂传统，重视各民族存亡兴衰的历史，将当时穆斯林所知的世界视作一个整体，以考证翔实的史料和归纳的方法编史，是阿拉伯史学界最负盛名的编年通史，为伊斯兰史学的发展树立了划时代的里程碑。塔巴里堪称阿拉伯史学泰斗，长于驾驭史实的脉络，善于鉴别史料的真伪。《历代先知与君王史》一书采用追溯传述线索的传统方法，详细考证各种史料，去伪存真，是伊斯兰编年史的典范。他的文笔优美典雅，流畅可诵，在阿拉伯文学史上亦占有重要地位。

尽管塔巴里的《历代先知与君王史》以取材精细审慎著称，但他受波斯古籍和希伯来传说的影响极深，而波斯古籍和希伯来传说充斥着荒诞不经的神话。塔巴里曾付出极大精力去考证史实。但由于时代的局限，加之塔巴里又是第一个编撰编年通史的阿拉伯史学家，他借以考证史料真伪的文献是非常有限的，因此《历代先知与君王史》不可避免地出现一些不够确切的记载。

马苏第生于巴格达，曾四处游历求学，足迹遍及叙利亚、埃及、巴勒斯坦、阿塞拜疆、伊朗、中亚、南亚和东非诸地。他所到之处，必访寻历史遗迹，考察当地风俗民情，搜罗有关旧闻轶事，实地考察和校订史料，对当地的历史、地理、政治、社会、宗教、文物、典章、风俗、习尚，乃至山川流水、泉源岛屿、珍禽异兽、植物矿藏，无不有精辟而翔实的记载。因此，马苏第既是伟大的历史学家，又是杰出的地理学家。他的学术活动和研究成果堪称阿拉伯历史地理学的杰出范例，伊斯兰学者将之誉为"史学的伊玛目"，西方学者则将之称作"阿拉伯世界的希罗多德和普林尼"。马苏第的著作非常丰富，但流传下来的仅有《黄金草原与珠玑宝藏》和《提醒与监督》两部著作。

米斯凯维是波斯哲学家和史学家。他平生留下约20部著作，兴趣涉及炼金术和诗歌，但最主要的贡献是在历史学和伦理学方面。他在《民族的殷鉴》一书里提出，每个民族的历史，对我们来说都是可以借鉴的经验教训，为此他不惜笔墨地介绍某小国的国王。在他翻译的《永恒的智慧》一书里，他用故事劝诫当政者戒贪、公正，并选用了各个民族的哲理格言。他希望借此帮助位高权重的君主和大臣，同时完善自己的人格。

从上述这些史学家和史著中可以看出，历史学在这个时期取得了长足的进步，但不足之处是：这个时期大多数历史著作不是叙事，而是以编年体写成的；帝王史和战争史占据了主导地位，缺少对社会与民众生活的记述。

二、历史地理学的兴起

阿拉伯国家经过东征西讨，发展成为一个版图辽阔的大帝国，其疆域东起印度河流域，西临大西洋，横跨亚非欧三洲，伊斯兰教也就随着阿拉伯人的扩张，传遍了整个阿拉伯世界。在这样一个国土广袤的国家里，或因伊斯兰教传教士四处布道，或因按教规每个穆斯林在一生中要尽可能前往麦加朝觐一次，或因阿拉伯商人的对外商业竞争，或因各地间的学术交流的发展，或因统治阶级要员们频繁的外交活动，地理方面的资料变得十分重要。而众多的旅行者在经过了若干年乃至几十年的漫游活动后，也写出了不少作品，详述他们所到之处的山川地理、风土人情、古迹名胜等，这就使得阿拉伯的地理学成为非常发达的一门学科。伊斯兰历史地理学从 8 世纪中叶开始发展起来，9—11 世纪发展到鼎盛阶段。历史地理学在认识和研究世界，以及收集资料和考证方面具有重要的学术价值，并且对伊斯兰历史观和方法论产生了巨大影响。

9 世纪阿拉伯商人苏莱曼由波斯湾东游至中国，归国后写成《东游记》，这是阿拉伯人最早记载中国与印度沿海地区的著作，具有相当的史料价值。伊本·瓦迪哈·叶耳孤比是 10 世纪阿拉伯的史学家和地理学家，他写作了《世界史概要》，还写作了阿拉伯历史上第一部历史地理学著作《地方志》，该书是依据文献资料和旅行者的口述材料写成，重点放在记述人文地理、经济统计资料、税收和地形地貌等方面，地理范围涵盖今伊拉克、伊朗、印度、中国、土耳其、叙利亚、埃及、努比亚等地。《世界史概要》与《地方志》相互补充，构成一幅相对完整的历史画卷。伊本·胡尔达兹比赫（820—912）的《道里邦国志》，包含许多游记资料，还利用了阿拉伯帝国各省税收的统计资料，以及波斯史料中关于前伊斯兰时期的历史记载。该书记述的范围几乎囊括了整个旧大陆的文明世界，东面记有倭国（日本）、新罗（朝鲜）、麻逸（今菲律宾的民都洛岛）、香料群岛（今印度尼西亚的马鲁古群岛）和中国；西面记有法兰克、安达卢西亚（西班牙）和比勒陀尼亚（不列颠群岛）。作者在书中详细记述了各地之间的路程、各地的商货及其质量和价格、商路上的食宿条件、海港与海上航程等情形，并详细介绍了犹太、罗斯、穆斯林商人在国际贸易中的积极作用，还记载了阿拔斯王朝土地税的征收、行政区的划分、民族的迁徙与分布、农田水利的兴废等情形，追述了波斯萨珊王朝及罗马帝国的情形。海姆丹尼（893—945）著有《阿拉伯半岛志》，概述了半岛各地的历史沿革、自然地理、区域划分、历史古迹和风土人情，他的另一本著作《花冠》对于研究中古阿拉伯社会和伊斯兰教史也很有价值。

述及阿拉伯世界的历史地理学，不得不再次提到马苏第的《黄金草原与珠玑宝藏》。该书仅有 4 卷本的摘要流传至今。第 1 卷包括远古时代，记述埃及、巴比伦、亚述、巴勒斯坦、印度、中国、希腊、罗马、拜占庭的历史和宗教，所录的部分史料弥足珍贵，多采自后来佚失了的东方各国古籍，也有部分直接得自作者在各地采访的记录，为别的史籍所没有。第 2 卷记述伊斯兰教诞生前夕的阿拉伯半岛及其周边地区的历史，以及"先知"穆罕默德生平经历和麦地那哈里发国家的兴衰。第 3 卷记述倭马亚王朝和阿拔斯王朝初期的历史。第 4 卷记述的历史始于马蒙即位，止于 947 年。

《黄金草原与珠玑宝藏》在伊斯兰世界首创纪事本末的编纂体例，虽然通篇形似零散琐碎，有如满盘珠玑，作者却慧眼独识，读者可于零散中窥见全貌，在琐碎中看到整体。马苏第善于用精炼生动的笔触，写下看起来很寻常实际上却很重要的史实。更为重要的是，《黄金草原与珠玑宝藏》是中世纪公认的两种地理百科全书之一。诸如风向的变化、潮汐的规律、日月星宿的运行、山川流水的变异、埃及金字塔的奥秘、也门大水坝的坍塌等在当时其他史籍中不可多见的地理学资料，在《黄金草原与珠玑宝藏》中也多有记载。《黄金草原与珠玑宝藏》除记述阿拉伯世界的历史之外，还把眼光投向世界各地，记叙了阿拉伯帝国境外的历史与地理，以及阿拉伯帝国建立之前的犹太、印度、希腊和罗马的历史，并分门别类地记述了马苏第游历过的各个地区的山川地理、气候交通、婚丧习俗、宗教礼仪、社会经济、风土人情和制度沿革，从而使这部长达 132 卷的鸿篇巨制具有了百科全书的性质。该书第 1 卷还提及中国唐朝末年的黄巢起义攻陷广州之事："叛军因此得以迅速向广州城进军，该城人口由穆斯林、基督徒、犹太教徒、祆教徒和中国人组成，被铁桶般地围住。皇帝的军队向黄巢进攻，他将之击溃，并纵容自己的军队大肆劫掠；其兵员数量随后空前增多，他以武力占领了该城，屠杀了数量惊人的居民。"①

麦格迪西（约 946—1000）是阿拔斯王朝的旅行家、地理学家，著有《各地知识的最佳分类》（一译《国家知识大全》），提供了关于 10 世纪阿拉伯国家各地区的人口、民族、宗教、经济和社会生活的珍贵资料。比鲁尼（973—1048）的《古代遗迹》一书，是一部年代对照表，作者以历史批判的精神调查研究了古代东方的古迹。作为波斯人，他除了尽他所知地记述了古代波斯的历史，还举出粟特和花剌子模古代方言的例子，用这些方言列举月份和每月 30 天的名字，以及黄道十二宫、七大行星和二十八宿的名称。他还写了一部《印度志》，该著详述了印度的

---

① MaÇoudi, *Les prairies d'or*, Tome Ⅰ, Paris: L'Imprimerie Impériale, p. 303.

宗教、哲学、文学、地理、天文学、习俗、法律和占星术，是今天了解 11 世纪印度历史和社会的重要资料来源。比鲁尼可能是第一个从社会学视角系统阐述印度各种宗教的学者。什叶派学者纳绥尔·霍斯鲁（1004—1087）著有《旅行记事》，记述了游历阿拉伯半岛、埃及、伊拉克、巴勒斯坦、波斯、中亚和苏丹各地名城的所见所闻，记述了各地什叶派的宗教活动。伊本·祖拜尔（1145—1217）著有《朝觐途记》，记述了他从西班牙的格拉纳达到麦加朝觐沿途所经各地的见闻，对圣地麦加、麦地那及巴格达、开罗等城市的历史、清真寺、宗教学校、文化古迹、宗教活动和社会生活记述尤详。雅古特（1179—1229）是中世纪伊斯兰世界著名的史学家和地理学家。他有两部伟大的历史辞书类著作，一部是《地名辞典》，另一部是《文学家辞典》。《地名辞典》是一部名副其实的百科全书，不仅集当代地理学之大成，而且包含历史学、人种志和自然科学方面的许多宝贵材料。

历史地理学在阿拉伯世界的发展和繁荣较为显著地反映了不同文明间的沟通在人类知识和智慧增进中的巨大作用。位居欧亚之间的阿拉伯历史地理学的兴盛弥补了以各类人物传记和编年体通史为代表的政治军事史的局限，伊斯兰史学进入新的发展阶段。历史地理学的发展扩大了历史学研究的范围，把经济、行政管理、商业贸易、民族分布与迁徙、山川物产、风土人情、社会习俗、文化交流等都囊括到历史学研究的范畴中，把历史记述的对象推及人类生活的各个方面，使历史记述在宗教和教育的职能之外，又具备了记录（保存）、认知和服务等职能。伊斯兰历史地理学的发展还开创了一种新的写作体例——记叙体，历史地理学家运用这种体例记录了许多正史著作不曾记载的史实和资料，引导人们从不同的侧面去认识世界，了解大千世界各个层面的知识。伊斯兰历史地理学家具有恢宏的视野，上溯远古，下至当代，涉及的地域包括除北极以外的整个欧洲，除西伯利亚以外的亚洲，南至撒哈拉沙漠以南的非洲。他们所记述的世界大大超过了希腊人所知道的世界范围，也超过了当时中国人所认知的世界范围，其广阔的社会文化视野令人称道。

三、史学体裁与创作中心的多样性

中古伊斯兰史学的繁荣，不独表现为名家辈出、名著迭出，还表现为史学体裁的多样和史学创作中心的广布。

首先，中古伊斯兰在史学体裁方面呈现的多样性罕有其匹，从圣传、战史、通史到国别史、专门史、地方志、名人传和历史辞书，不一而足。其中人物传记是十分常见的一种体裁，最初多是圣门弟子传略，后来扩大范围，涉及伊斯兰文人学者。前述伊本·赛阿德 8 卷本的《人物传记》以史料丰富、记述详细而著称。

阿塔尔（1145—1230）的散文传记《长老传》，记述了 96 位苏菲派长老和学者的生平、品德、修行及思想主张等，文中插有传说、故事和诗歌，被视为苏菲主义的经典之作。伊本·阿西尔（1160—1230）编撰的《莽丛群狮》，汇集了 7500 名三代圣门弟子的传记，从名讳、生平事迹、家谱和史料来源等方面列传。伊本·赫利康（1211—1281）是中古伊斯兰世界最著名的传记学者。他生于伊拉克，学于大马士革和开罗，在埃及讲学多年。伊本·赫利康学问渊博，著作丰富，《名人传》为其不朽之作，是用阿拉伯语写成的第一部民族传记辞典。全书共 13 卷，收入 600 余年间帝王、将相、学者、诗人等 865 人的传记，附有主要的历史事件，史料丰富，考订精审，叙事简洁，文字优美，不仅是一部独具一格的重要史书，也是一部优秀的传记文学。

9 世纪的史学家更加重视地方志的编写，记载当地圣训学家、哲学家、历史家，以及诗人、文豪的事迹，如艾兹迪的《摩苏尔志》。11 世纪以来，伊斯兰世界进一步解体，在政治上和宗教上独立甚至相互仇视的政治单位逐步增多。随之出现的是编纂各行省和地方历史的趋势日益显著，各王朝、各行省和各城市都有各自特殊的历史和史学家。这一时期的地方志以阿布·巴格达迪的《巴格达志》、伊本·阿萨吉尔的《大马士革志》，以及利桑丁·本·海推布的《格拉纳达志》《东方城市编年史》为代表，四书体例大体略同，均记述历史名城的历史地理沿革、政治、经济、文化、宗教建筑、名人、典章制度、社会生活、民俗和文献资料等。阿布·巴格达迪（1002—1071）是巴格达人，精通诸学，著书 50 余种，以《巴格达志》最为著名。该书共 14 巨册，包括巴格达的历史、概貌、水文、地理，以及宫殿寺宇的建筑、典章制度的变革。书中还描述了巴格达哈里发宫廷的高大宏伟，记载了众多学者、隐士及文学家的传记，清真寺、宗教学校、图书馆的分布及统计数字，对巴格达城兴衰的记载尤详。全书仿圣训体例，为后人著巴格达历史的主要根据。[①] 伊本·阿萨吉尔（1105—1176）是大马士革人，精通法学、圣训和历史，著书 50 余种，以《大马士革志》一书最为著名。全书共 80 巨册，仿照阿布·巴格达迪《巴格达志》的体例，可惜散佚不全，不少篇章分散于欧洲各大图书馆。利桑丁·本·海推布的《格拉纳达志》是研究安达卢西亚伊斯兰教史的重要资料。此外还有像阿勒颇、麦地那、尼萨浦、哈马丹、赫拉特等地的城市史。

宗教史主要包括伊斯兰教思想学说史、教派及学派史。艾什尔里（873—935）的教派思想史著作《伊斯兰教学派言论集》分为三部分：第一部分综述了 10 个派别（什叶派、哈瓦利吉派、穆尔吉亚派、穆尔太齐赖派等）的历史、代表人物、

---

① 纳忠：《阿拉伯通史》下，商务印书馆 1999 年版，第 370 页。

教义学说和相互纷争；第二部分全面概述了逊尼派的教义和教法思想主张，阐述了逊尼派同其他派别的思想分歧和斗争；第三部分概述了凯拉姆学的形成，记述了各派别对凯拉姆概念的不同观点。伊斯法哈尼（897—967）著有《塔利卜人的殉难及其轶事》，记述了阿里及其后裔中殉教者的生平和历史，间及什叶派早期活动的历史。艾布·达乌德（817—889）著有《哈瓦利吉派历史》，记述了该派的形成、代表人物、各分支的军事活动及政治思想主张等。伊本·瓦迪哈·叶耳孤比的《世界史概要》采用什叶派的观点解释历史，保存了关于什叶派历史、人物传记及学说主张的重要史料。

其次，从 9 世纪末开始，阿拔斯政权的权力和威望日益衰落，帝国的东西方纷纷独立，除原初的巴格达外，伊斯兰世界出现了多个政治、经济和文化中心，且皆以倡导学术文化相标榜，使史学创作呈现多中心的状态。9 世纪法蒂玛王朝时期，埃及脱离阿拔斯哈里发国家而独立，开罗成为法蒂玛王朝的政治中心和文化中心，那里的史学家组成了一个独立的学派。阿尔-奎拉喜（802—871）在他的《密昔尔征服史》中记述了穆斯林征服埃及的专史。他的这部书分为 7 卷：第 1 卷，埃及的特点和优点，被波斯和拜占庭占领的历史，亚历山大里亚的修建；第 2 卷，穆斯林的征服；第 3 卷，阿拉伯人早期的定居历程，封建领地史（介绍伊斯兰教自己的封建形式）；第 4 卷，行政制度和对法雍、利比亚、的黎波里和努比亚的侵略；第 5 卷，北非和西班牙被征服，至 744 年；第 6 卷，埃及诸法官史，至 860 年；第 7 卷，来到埃及的"先知"的伙伴（共 52 人）留下来的宗教传统。塔克伊-阿尔-丁·阿默德·麦格里齐（1364—1442）所著的《埃及志》是国别史的典范，这是一部专论埃及历史、地理、风土人情和文化宗教的重要著作。麦格里齐的著作共有 30 余种，研究领域甚广，手抄大量古典珍本。他在收集历代佚史并详加考证后，著成新史《埃及志》，先采用编年体，后改用纪事本末体，对埃及古代的历史变迁、伊斯兰世界各王朝的兴衰和开罗城的历史发展均作了全面记述，对马穆鲁克王朝（1250—1517）前期的历史记述有比较重要的史料价值。麦格里齐重视对历史背景和社会背景的介绍，例如记述开罗城时，就深入探究了该城的历代变迁和社会状况，并辅以有关开罗城的人物、传说、故事和诗歌，所用史料稀有且珍贵，是一部研究埃及中世纪史必不可少的史籍。后世学者称麦格里齐为"埃及史学家之王"。

西班牙的科尔多瓦是另一个中心。我们所知的最早的伊斯兰西班牙历史学著作是阿默德·本·穆罕默德·阿尔-剌西写的，他卒于 937 年。艾卜·伯克尔·伊本·欧麦尔（？—977）是西班牙最早而且最著名的史学家，他生于科尔多瓦，最著名的著作是《安达卢西亚征服史》，记述时间起自穆斯林的征服，止于阿卜杜勒·赖哈曼三世在位初期。记述西班牙伊斯兰教情况的历史著作有不少失传了。西班牙阿拉伯历史学著作还有阿里布·本·赛德约在 996 年写的《法蒂玛王朝建国史》和伊本·阿达里（？—1292）的《非洲和西班牙史》。记述阿拉伯人在西班牙的统治最详尽、最重要的一部历史著作是在基督徒完全收复半岛之后很久，由阿默德·本·穆罕默德·阿尔·马卡里（1581—1632）写的《西班牙诸伊斯兰王朝史》，这部著作对于后人了解穆斯林统治时期的西班牙历史很有价值。

第五节　阿拉伯史学撰述传统与历史哲学的兴起

从阿拉伯-伊斯兰史学诞生之日到中古晚期，阿拉伯-伊斯兰史学撰述在漫长的时间里取得了令后世瞩目的成就。在此过程中，逐渐形成了两种较为显见的传统：一是按照历史发展的年代顺序，对事件加以忠实的记述，史学家无需进行理性的探求，此种史学观念导致史学家将历史研究的方法仅仅局限在对史料之来源即传述者的考证上；二是历史研究不仅仅依赖于权威的传述，还要有赖于理性的探求，因为历史学并不单单是一门史料编纂学，还是一门对人类社会及其文化进行哲学思考的学科。在圣训学传统的强力影响下，前一种传统在阿拉伯-伊斯兰史学撰述中长期占据主导地位，直至 14 世纪伊本·赫勒敦出现，理性思辨的历史哲学方得以登堂入室。

一、阿拉伯史学撰述的两种传统

伊斯兰纪元 1 世纪，阿拉伯史学起源于经注学和圣训学的研究，具有严格遵循家谱、世系和传统的特点。阿拉伯传统史学在史学观念和研究方法上沿袭圣训学的伊斯纳德①传统，认为历史学就是依据历代传述者的记载，按照年代顺序，对历史事件进行忠实的叙述，而无需对其进行理性的探求，相应的历史研究方法就是强调对史料来源即传述者的考证。因此，每部阿拉伯历史学著作前面总有一长串的名字，来说明书中的事实是通过口头或文字流传的历史。每一事件都是用目击者或当代人的语言加以叙述，而通过一系列的中间人，传到最后的传述者，即著者那里。应用这种方法，是为了保证记载的精确性。通常，如果线索是连续的，而且每一传述者都可靠，则所叙历史就认为是事实，并不加以批判性的研究。史学家除通过个人的判断，对不同的资料加以抉择，对论据加以组织外，很少致力于史料的分析、批判、比较或推断。按照伊斯纳德传统，阿拉伯史学著作中普遍

---

① 伊斯纳德，isnād 的音译，意为"线索"。

包含详细的日期体系。伊斯兰年表从伊斯兰历纪元"希吉拉"① 开始，伊斯兰史学著作的年代编排简单而统一。

塔巴里是阿拉伯传统史学的代表人物，他认为历史学并非一门理性学科，因而人的推理在历史学研究中不会起到什么作用。塔巴里在《历代先知与君王史》的导言中十分鲜明地阐述了自己的这种史学观和方法论："有关过去各民族所发生的事情以及与之同时所产生的报道，不会直接传到后人或并未目睹过这些事情发生的人那里，除非经由史学家与传述者的记载。这些史学家或传述者不应对之作理性的推测与主观的判断。假若此书中我依据从前的权威所传述的某一报道恰恰为读者所反对或憎恶，这是因为他们并不知道此报道何以是真实的。让他们了解这一报道并非源于我，而是源于那些传递给我的人，我所要做的一切便是如实地去传达前人的传述。"② 《历代先知与君王史》是阿拉伯传统史学的典范，由于塔巴里严谨的治学作风，其著作保存了许多珍贵的早期历史文献资料。阿拉伯传统史家除重视传述线索外，在考订史料时还重视对史事传述者的鉴定。他们会对传述者的出身、经历、学识、政治倾向等状况作全面的考察和鉴定，或贬抑，或褒扬，由此来确定所传史事的可信程度。

中古阿拉伯史学在实际的研究与撰述过程中形成了两种传统。以塔巴里为代表的传统史学一直占据主导地位，并得到正统的宗教学者的支持。大多数阿拉伯史学家往往局限于历史事实的叙述，缺乏比较集中阐述历史思想的著作。伴随着帝国扩张所带来的贸易交往的扩大和学术旅行的盛行，一种探索与研究其他民族之风俗和文化的思潮日渐兴起。此外，一度成为阿拔斯哈里发国家官方学说的穆尔太齐勒派信仰体系不仅将希腊哲学的思辨倾向引入伊斯兰教教义的研究，还质疑传统史学理论，强调历史研究必须在理性的基础上探求历史事件的本质与原因。在这种史学观念的影响下，一些史学家力图从哲学的高度对人类社会历史的本质及其诸多方面（尤其是各民族的风俗与文化）进行深入的阐释，并以之对史料的内容进行分析与考证。

马苏第代表着这种新的史学撰述传统：历史研究不仅仅依赖于权威的传述，还要进行理性的探求；历史学并不仅仅是史料编纂学，还是一门对人类社会及其文化进行哲学思考的学科。《黄金草原与珠玑宝藏》不仅记述了伊斯兰正史和同时

---

① Hegira，亦译为"徙志"，意为"迁徙"，作为历史名词，特指公元 622 年穆罕默德及其追随者离开麦加迁徙到叶斯里卜的历史事件。为了纪念神圣的徙志，伊斯兰国家的第二任哈里发欧默尔于 639 年颁布法令，将徙志之年作为伊斯兰教历的纪元，以阿拉伯传统历法的该年岁首（即公历 622 年 7 月 16 日）作为伊斯兰教历元年的开端。

② Muhsin Mahdi, *Ibn Khaldun's Philosophy of History: A Study in the Philosophic Foundation of the Science of Culture*, Chicago: The University of Chicago Press, 1964, p. 136.

期各国史籍记载所缺乏的诸多历史内容，更表达了一种突破宗教限制的历史批判精神和历史观念，形成了对世界历史文化和社会发展的独到见解，这是伊斯兰正统史籍所缺乏的。在马苏第笔下，王朝更替、制度沿革、宗教文化、社会经济和风俗人情占有同样的比重和地位。他对各地区宗教的叙述，也保持客观的态度，不加褒贬。他还以一种全面的，将人类与地理、文化和经济环境联系在一起的观点进行历史评述，试图从地理、气候、经济、文化和宗教等诸多角度来全面考察社会历史的发展变革。这是一种深刻而独到的历史观念，远远领先于同一时期的西欧和拜占庭史学。

继马苏第之后，米斯凯维、比鲁尼、赛义德（？—1070）等都是这一史学撰述传统的继承者。比鲁尼不仅是一位杰出的科学家和哲学家，而且是一位具有开创性的史学家。在《印度考》中，他运用自己的哲学与自然科学知识对印度当时的社会结构、宗教与哲学进行了卓有成效的研究，并提出："'评价'应成为历史研究的对象，正如传统的历史学派将其研究对象局限于'事实'上一样。"[1] 赛义德在《各民族之分类》中对各民族的历史、特性、学术及社会生活进行了详尽的研究，提出代表人类理性心灵的科学发展是人类历史发展的决定性因素。据此，他将各民族分为"文明的"和"野蛮的"两大类。

中古阿拉伯史学的繁盛较之基督教史学有过之而无不及。阿拉伯史学著作种类繁多，数量庞大，有卷帙浩繁的世界史，有伊斯兰教统治下埃及、叙利亚和西班牙等国的国别史。阿拔斯王朝灭亡前后，西班牙及马格里布的后倭马亚王朝、穆瓦希德诸王朝、埃及法蒂玛王朝和马穆鲁克王朝时期，著名的史学家有伊本·赫勒敦、麦格里齐、哲拉鲁丁·苏尤蒂（1445—1505）等，继承东方阿拉伯史学的学术传统，为史学的发展作出了重大贡献。其中最具代表性的便是伊本·赫勒敦。

二、伊本·赫勒敦的历史哲学思想

伊本·赫勒敦（1332—1406，又译伊本·卡尔敦）是 14 世纪北非地区最为杰出的史学家和思想家，被视为历史哲学和诸多社会科学领域原创性理论的先驱。他出生于一个上等阶级家庭，自幼便开始接受良好的伊斯兰教育。他用心记诵《古兰经》，修习语法、法律、圣训、修辞、诗歌和文献学，在这些领域习得了精深的知识。成年之后，他生活在阿拉伯东西各国相继衰落、政局动荡之际，大半生颠沛流离：从突尼斯到摩洛哥；逃离摩洛哥到西班牙；从西班牙重返摩洛哥；

---

① Muhsin Mahdi, *Ibn Khaldun's Philosophy of History: A Study in the Philosophic Foundation of the Science of Culture*, Chicago: The University of Chicago Press, 1964, p. 143.

在北非各地冒险，或投奔好战的君主，或归附强暴的酋长；晚年主要在埃及度过。[①]

纵观伊本·赫勒敦的一生，他成为一位极具思辨性的历史哲学家并不是偶然的。首先，并不平坦的仕途和坎坷的经历，使他成为一位富有经验、老于世故的政治家；其次，渊博的学识加上丰富的阅历，为他撰写《历史绪论》创造了条件。

《历史绪论》全名为《阿拉伯人、波斯人、柏柏尔人历史的殷鉴和原委》，记述上起远古祖先，下至当代，包括阿拉伯人、柏柏尔人、波斯人、希腊人和罗马人诸民族的历史，是一部包融社会学、经济学和政治学的史论专著。全书共7卷，分为三部分。第一部分为"绪论"，阐述了文化对人类的影响。"绪论"可独立成篇，是全书的精华，阐述了人类社会与地理环境的关系、经济与文化的关系、科学与历史发展的关系，集中表达了赫勒敦的历史哲学观，蕴含着历史哲学、社会学、政治学等丰富内容。赫勒敦的声望主要是靠这部分获得的，汤因比甚至称赞"绪论"为"在任何时间与空间内，由任何富于才智的人所曾写出的同类著作中最为伟大的一部"。[②] 第二部分为正文，是全书的主干，叙述阿拉伯人及其四邻各民族的历史。第三部分为附录，概述柏柏尔人和北非各国的历史。

赫勒敦在《历史绪论》一书中不仅仅叙述历史事实，而且将理性批判的思考引入史学研究。他在前言里开宗明义地说道："从表面上看，历史不过是记载过去的国家和时代变迁的信息，其中有许多是传世的警言和训谕，成为人们茶余饭后感兴趣的话题……而深入内部来看，历史有许多值得思考和研究的问题，它对宇宙万物存在的原则和基础有着自己精辟的分析和解释；它深入研究各种历史事件为何产生又如何发展的；它包含了深刻的哲理，完全可以算是哲学的一个门类。"[③]正是在这样的研究理念指导下，赫勒敦的著作在历史哲学方面展现了卓越的创见，超越了传统伊斯兰史学缺乏系统历史批评方法的状况，让历史不再是事件和年代的汇编，而成为透过事件力求得出规律的"文化科学"。有学者赞誉他是"近代社会科学与文化史学的始祖"，是"世界上第一位研讨历史哲学的作家"。[④]

伊本·赫勒敦在《历史绪论》中表达的历史哲学思想，我们可以从两个层面加以归纳：一是他对历史学本身的性质特点的看法；二是他对人类文明发展进程史的看法。

首先，历史是有关"大量事件及其深层原因的知识总汇"，历史学不仅要记述

---

① M. A. Enan, *Ibn Khaldun: His Life and Work*, New Dehli: Kitab Bhavan, 1984.

② A. J. Toynbee, *A Study of History*, 2nd ed., Oxford: Oxford University Press 1934, vol. 3, p. 322.

③ ［突尼斯］伊本·赫勒敦：《历史绪论》上，李振中译，宁夏人民出版社2015年版，第5—6页。

④ M. A. Enan, *Ibn Khaldun: His Life and Work*, New Dehli: Kitab Bhavan, 1984, p. 162.

事件的表象，还要探究它们的意涵。在赫勒敦看来，"历史学是一门非常重要的学问，它的作用是巨大的，目的是很高尚的"，① 但以往史学家的著述所关注的往往仅是历史学的外在特性。他们将历史学仅仅视为一门史料学，因而虽然皓首穷经，搜集了无数的史料，编纂出众多的历史著作，但错误百出。因为他们缺乏理性批判的眼光，忽视对历史内在特性的认识与研究，这便导致他们无力对史料之内容作出正确判断。要使历史学成为一门真正客观如实地记录过去的学问，达到以史为鉴的目的，史学家还必须探究事件的深层原因。因此，赫勒敦将因果观念从抽象的哲学领域引入历史的具象舞台，强调关注历史事件表象背后深层的原因。

在历史研究中如何达到既记述表象又挖掘深层原因的目的？赫勒敦主张的方法是：批判、观察、比较和考证。赫勒敦认为，过去的历史陈述当中包含着谎言，有些是为了迎合人们的低级趣味和猎奇心理，有的是为了取悦统治者，还有的夹带着私人目的，写一些逸闻趣事，或故意编造事实，弄虚作假。因此，历史研究必须秉持科学批判的态度，考证和比照不同的历史陈述，以便祛除错误的内容或夸大其词的事实，一定程度上达到客观的效果。史学家要做到这一点，必须精确观察，精于比对文本，以便能够进行行之有效的批评和澄清事实。

在赫勒敦看来，仅有鉴别资料的技能是不够的，欲成为一名合格的史学家，广博的知识和广泛的社会阅历缺一不可：懂得政治统治和民族性质；了解自然环境及其变迁的历史；熟知在生活方式、习俗、收入和信仰原则方面各自不同的民族的社会环境；理解当下，并能够将之与过去对比；掌握国家和部族的起源与动机、它们对外宣称的原则、它们的统治方式及其历史上的重大事件。

其次，赫勒敦在《历史绪论》里发展出一套有关文明与国家兴衰的理论图式。他提出，人与生俱来就是社会性的，因为人类最基本的需求不外乎两方面：一是谋取食物，二是防止其他动物的侵袭。唯有满足这两点，人类才能生存下去，而要达到这个目的，只有人们联合起来才能奏效。人一旦联合起来形成某种社会组织，那么人类文化也就诞生了，因此，"文明，就是人类由于为谋生而相互合作的天性，为满足需要，通过群体的方式在一个地方共同居住和互相斗争"。②

人类文化诞生之后，是不断发展变化着的，"各国各民族的境况会随着时间的推移与时代的变更而发生变化"，而且这种变化遵循着"产生—成长—衰亡"这一

---

① ［突尼斯］伊本·赫勒敦：《历史绪论》上，李振中译，宁夏人民出版社 2015 年版，第 10—11 页。

② 钱志和、钱黎勤：《中世纪的阿拉伯史学及其特点初探》，《宁夏大学学报（人文社会科学版）》2000 年第 1 期。

内在的变化规律。① 按照赫勒敦描绘的文明演变图景，"原始的游牧文化"是文明的最初阶段。在此阶段，人们谋生的方式主要是农业和畜牧业，人们联合而成的社会组织规模小且分散，劳动协作程度低，生产力水平低下，社会组织狭小，血缘关系极为浓厚，这是人类文明史上的野蛮时代。接下来，人们在满足了纯粹的生存需求之后，就会去追求舒适享乐的生活，这种欲望推动文明从"原始的游牧文化"逐渐走向"文明的城市文化"。稠密的人群居住在一起，产生了便捷和奢侈。人们有时间有力量去实现人类在精神和思想领域更高的期求，只需部分人就能生产满足所有人需求的生存物品，大量剩余劳动力被解放出来生产奢侈品。然而，这种发展进程当中也包含了退化和衰落的因子，因为原始游牧时代简单、粗野的力量以及对原生部落的忠诚遭到了侵蚀。

在赫勒敦看来，所有的社会、城市、经济体和文化皆逃脱不了这样的发展轨迹：它们皆兴起于简单而有力量的原始状态，发展到辉煌之点后，便走向朽坏和衰落。

赫勒敦详细阐释国家兴衰的各个阶段，主要因为他一生沉浸在政治事务中，现实的经历让他对政治事务格外感兴趣，也更为敏感。他将国家的兴衰分为五个阶段。一是建立时期。在此阶段，群体团结建立在家族和宗教纽带的基础上，统治者更像一个首领而非国王，他本人亦须遵循宗教的统辖。二是统治者成功地垄断了权力，建立起一个秩序良好的国家。在确立绝对权力过程中，他打击那些与自己分享权力的人，毁坏最初建立在血亲或宗教基础上的群体团结，收买听命于他的官僚和雇佣兵。三是奢侈与闲暇阶段，统治者利用自己的权威满足自己的需要。他重组了国家财政，攫取大量收入慷慨地用于公共工程和城市美化。经济繁荣惠及各行各业，新的统治阶层形成了，成为文化和科学事业的赞助人。所有人都享受着舒适和愉悦。四是满足与自得阶段，奢侈与舒适成为习惯。统治者和被统治者都一样认为这种情形会永远持续下去，但实际上，国家已经处于衰落和解体的阶段。这样就来到第五阶段：铺张浪费的阶段。与原始阶段基于血亲和宗教的有生力量不同，收买而来的军队和官僚系统不会牺牲自己支持统治者。为了赢得他们的继续支持和维系自己的奢侈习惯，统治者必须提高税收。但繁重的赋税会降低经济活力，随着国家收入的下降，统治者难以吸引到新的追随者。而且，奢侈的生活导致身体变弱，思想堕落，原始生活粗犷勇猛的行为方式早已被遗忘殆尽。人口出生率下降，大城市的拥挤滋生了环境问题，体质虚弱的人遭受疾病和瘟疫的袭击，国家开始分崩离析。中央充满权力斗争，地方割据各自为政，最终，一个更年轻更健康的外来群体侵入，终结了已然腐朽的国家的生命。

---

① 徐善伟：《论伊本·卡尔敦的历史哲学》，《史学理论研究》2001 年第 3 期。

从 20 世纪西方哲学家斯宾格勒和史学家汤因比的历史哲学里，可以清晰地看到伊本·赫勒敦的文明与国家兴衰说的影子。他的这一富有创造性的思想成果，达到了中古伊斯兰史学的最高水平，与同时代西方基督教史家所宣扬的上帝创造历史的谬论形成了鲜明的对照。

思考题

1. 论述拜占庭史学主要的发展脉络与特点。
2. 简述伊斯兰史学繁荣时期的主要代表人物及其历史著述。
3. 试述伊斯兰历史地理学在中古史学中的重要地位。
4. 简述伊本·赫勒敦历史哲学的主要内容。

第五章　专业历史学的准备

以下两章主要讲述近代史学。中国学界比较严格地区分了西方学界用"modern"一词涵盖的近代与现代，通常把中世纪之后到 19 世纪末甚至第一次世界大战包含在"近代"之内，而之后称为现代，延至当代。历史分期总是受研究者的见识和叙述意图所制约。以"文艺复兴"为例，这个生成于 19 世纪的概念被史学家使用之后，在史学家通常使用的古代、中世纪、近代三分时段内，常被视为中世纪晚期而包含在中世纪历史叙事之中，或被视作西方近代历史的开端。本书对近代史学的概述，以文艺复兴时期为开端，是因为它与西欧中世纪作为主导的神学史观具有更大的差异性，与以自然科学精神为主导的近代史学更具亲缘性。

近代的历史写作最突出的特点不在于某些文本或者某些史家的杰出贡献，而在于它作为一个发展的写作类型，一个发展的写作群体，在近代晚期基本形成了一个近代的历史学学科。这里包含了历史叙述者从历史家转变为史学家的专业化过程，也体现了更为追求历史文本的规范性与精确性的专业化过程。历史学的专业化，评判的标准可以是：在社会生活中，有没有一类人被视为史学家，有没有一类文本被视为历史文本。这类人有自我认同的身份，而这类文本有着专业化的规范和评价标准。

近代史学的专业化，自 18 世纪末期出现史学史作品便开始显现，到 19 世纪末期，欧洲大学普遍设立历史学教职，各国成立史学家学会并创办历史学专业杂志，这成为历史学实现专业化的标志。但这是一个结果，近代历史学的专业化并不是凭空出现的，自文艺复兴以来，史学家们的种种努力，可以被建构在近代史学专业化的长长脉络之中。史学家们如何关注人；神学史家们如何在宗教论战中通过编纂历史资料来追求"史料的真实"；考古学、古文书学、语言学等技艺如何辅助了精确性的历史解释；博学派修道士们在整理宗教文献时如何追求准确性和全面性；启蒙史家如何将对人性的哲学理解贯注于史学写作，同时为理性展现一部发展史；近代历史哲学家们如何在历史的连续性与个体性问题上获得新的智慧，从而为人们理解作为学科的历史学奠定理论基石；等等，这些都是为近代历史学专业化做出的种种准备。

第一节　文艺复兴时期的历史写作

在通常的世界历史分期中，人们把西欧 14—17 世纪界定为文艺复兴时期。相较于先前的时代，这一时期的欧洲社会在物质、思想和宗教等各个层面出现了较为显著的变化和新气象。

与许多历史概念类似，"文艺复兴"也是后世的产物。Renaissance 一词源自法文，它是从意大利文 Rinàscita 转译而来，其字面意思为"再生"。首位使用"再生"一词的学者是彼得拉克，他用该词来形容自己所处的新文化时代。所谓"再生"，也是针对希腊罗马古代时期和中世纪而言的。"彼得拉克渴望将基督教的虔敬与古罗马的美德在柏拉图主义的名义下结合起来。"① 一方面，这意味着要重塑古典时期价值观对于个人和社会的现实意义，需要重新思考什么叫作道德；另一方面，这意味着要重新思考作为基督徒的意义何在。

虽然"再生"一词在这时已经出现了，但真正赋予该时期以"文艺复兴"之名，则是 19 世纪的事情了。1855 年，法国史学家儒勒·米什莱用"文艺复兴"来概括 16 世纪时人们"对世界与人类的探索"。此后，"文艺复兴"逐渐开始被广泛运用，尤其是雅各布·布克哈特于 1860 年出版的《意大利文艺复兴时期的文化》一书，极大地推动了对这一时期的研究和探索。

在布克哈特看来，意大利的文艺复兴重新发现了个人的价值，"人成了精神的个体，并且也这样来认识自己"，他把人文主义者看作沟通古今的桥梁，古典文化的复兴与意大利人民的天才之结合令欧洲文化为之折服。②

时至今日，在众多学者的努力下，我们对"文艺复兴"有了更加多元化的解读。概而言之，"文艺复兴"这一概念本身时常焕发出新光芒。

但丁、彼得拉克、达·芬奇、拉斐尔、米开朗琪罗等人物往往被我们与文艺复兴联系在一起，然而这些人物的作品和思想不足以代表文艺复兴的完整内涵。在历史写作和历史意识方面，文艺复兴时期也有其独特的表现。

一、16 世纪历史作品中神与人的处境

文艺复兴时期一般被认为是人们开始摆脱基督教神学的束缚，追求和复归人的价值的时代，在这一意义上，该时期通常被贴上"人文主义"的标签。

"人文主义"一词与"文艺复兴"一词类似，也出现在 18 世纪以后，学者们为了使历史便于理解，对历史现象进行分类，对历史时间进行分期，因而创造了这些词汇，并用来描述 14—17 世纪的欧洲历史。"人文主义"一词自诞生以来，就代表着某种区别于自然界、以人类及其社会为核心的王国中的那些个人精神与

---

① ［美］米歇尔·艾伦·吉莱斯皮：《现代性的神学起源》，张卜天译，湖南科学技术出版社 2012 年版，第 95 页。

② ［瑞士］雅各布·布克哈特：《意大利文艺复兴时期的文化》，何新译，商务印书馆 1979 年版，第 143 页。

自由思想，其含义随着人类的历史进程而变化，尤其是随着人们对历史与现实的认识而发展。现代学者不仅用"人文主义"一词阐述西方文艺复兴以后的精神世界，甚至还用它去追授西方古典文明或东方文明。然而，"人文主义"一词的含义变化，不仅主导着人们对西方文艺复兴时期历史的看法，也反映了现实对"人文主义"的预期和要求，进而使历史成为这种要求的表现方式。

在艺术和文学创作方面，文艺复兴时期的大多数美术作品和文学著作仍以宗教为主要的表现题材。比如"文艺复兴中期三杰"之一的拉斐尔，他最负盛名的作品是其塑造的众多圣母像。

教会是人文主义者们的重要赞助者之一。教皇尼古拉五世重视学者们的工作，他认为凭借着众多有学问的人的支持，教会的前途是光辉的。列奥十世大力奖掖各类才学之士，"无疑地由于他的奖励，拉丁诗人们才给我们留下了一幅列奥时代的欢快的、精神焕发的生动图景"。①

人文主义者所崇尚的东西相当混杂。他们崇尚古典时期的"异教"，赞美希腊罗马的伦理道德以及政治伟人、艺术、哲学、戏剧文学和修辞，但同时，他们并未摒弃基督教。原罪、殉道、隐修生活、基督之爱、《圣经》的至高权威性，甚至禁欲，同样是人文主义者所看重的。

彼得拉克在自己的诗篇中赞美现世的生活与美德的重要性，可他也明确承认僧侣们的沉思生活有其显著价值，他希望将两者结合起来，使个人在世俗生活中拥有自己的闲暇来进行沉思和创造。

（一）命运与人事的张力

马基雅维里（1469—1527）在《君主论》第 25 章中详尽地阐发了自己的命运观。他承认命运对于人世事务发挥着重要的影响，同时他不想抹灭人的自由意志，因而他将命运称为"我们半个行动的主宰""我们那些毁灭性的河流之一"。在考察了一些君主的盛衰境遇后，他得出的结论是：在命运的变化之中，能够与命运紧密协调的人会取得成功，反之则不成功。②

马基雅维里的继承者弗朗西斯科·奎恰迪尼（1483—1540）在《意大利史》的绪论中也阐发了自己对命运和当时人们处境的看法。相比于马基雅维里，奎恰迪尼似乎对于现状持更加悲观的态度，在他眼里，人们经常受到命运的捉弄，行为的动机和结果往往是相悖的。就这个问题，他如此写道：

> 考虑到有如此众多的事例在对人们进行考验、指导和示范，因而一切君

---

① ［瑞士］雅各布·布克哈特：《意大利文艺复兴时期的文化》，何新译，商务印书馆 1979 年版，第 219 页。
② ［意］尼科洛·马基雅维里：《君主论》，潘汉典译，商务印书馆 1985 年版，第 117 页。

主、人民和世袭遗产继承者都可以了解，人事在天命摆布下如何无常（就像方向不同的风吹着一只船那样），那些君主失算的谋划如何有害，一再损害他们自己，但经常损害的是他们的人民和臣属，特别是当他们由于独特的错误或私心贪婪、自以为了不起地忘乎所以、连命运的一般变化都已忘怀的时候，就往往把为全体的安全保障和治安而赋予他们的权柄变成对他人的损害和苦恼；就这样，或是由于考虑不周，或是由于野心太大，他们就把自己弄成新花样和新烦恼的制造者了。①

（二）探寻民族的起源

此外，在欧洲各民族步入近代世界的过程中，技术的进步、道路的拓展带来的不断增加的地区间交往，如贸易、税收、战争、文化交流与价值碰撞，使得人们越来越有机会通过他者反思自我，进而更有热情地去探寻民族的起源，通过赞美本民族的事迹来形成民族或国家认同。例如，在百年战争与在这期间强化主权的一系列事件后，英格兰、苏格兰、法兰西等地的人愈加注重自己民族的独特性。

在与法兰西的长期对峙中，英格兰越来越意识到其反法兰西性质的民族认同感。为此，学者们通过自己的历史著作来追溯盎格鲁-撒克逊民族的起源，刻画祖先们的英雄事迹。早在 12 世纪时，威尔士主教、英格兰中世纪编年史家蒙茅斯的杰弗里（？—1155）就以拉丁韵文创作了《不列颠诸王史》。在该书中，杰弗里将早期关于亚瑟王的传说作了进一步的发挥，其笔下的亚瑟王形象成了后来广为流传的传奇故事的蓝本。约翰·哈丁（1378—1465）在 15 世纪 50 年代撰写了一部编年史，这本书从布鲁图斯写起，这位特洛伊的流亡者被普遍认为创建了不列颠的第一个君主国。

在英格兰国境以北的苏格兰，该时期的历史著作差不多都是被设想成用以抵御英格兰的同类作品的。在杰弗里关于不列颠的历史叙述中，布鲁图斯的继承者们统治着整个不列颠岛。这一广为流传的观点在低地苏格兰人中激发了一种与之相对应的神话，这种神话认为苏格兰拥有同样古老的基础和渊源以及连绵不断的独立性。苏格兰人创造了自己的神话，他们将本民族追溯到神话人物弗格斯·麦克弗廓德。甚至他们编造出一个与特洛伊人布鲁图斯相对抗的民族创始英雄——希腊王子加色罗斯及其埃及妻子斯歌塔，这种做法使得他们有了优越感，因为希腊人彻底征服过特洛伊人。苏格兰史学家们试图强调的一点是，苏格兰自古以来

---

① 转引自［美］J. W. 汤普森：《历史著作史》上卷第 2 分册，谢德风译，商务印书馆 1996 年版，第 717—718 页。

就有其独立自主的传统，这种观念可以说是他们针对现实中自己民族与英格兰的紧张关系的反映。

早期的苏格兰人文主义者赫克托·波伊斯（1465—1536）撰写了一部拉丁文著作《自民族起源以来的苏格兰史》，该书编制了一份从加色罗斯以来的苏格兰国王的完备谱系。

受到波伊斯影响的乔治·布坎南（1506—1582）是16世纪最杰出的苏格兰史学家，他著有《苏格兰史》。布坎南对于有关加色罗斯的神话表示怀疑，认为苏格兰历史由弗格斯·麦克弗廓德开创，他在公元前330年建立了一个完全独立的王国。他笔下的弗格斯是由部落首领们选举出来的，而这些首领本身是由其追随者们选择的，因此这为布坎南激进的政治理论提供了历史证据，在政治上他认为应当对君主施加严格的限制。

法国的人文主义者罗伯·盖冈（1433—1501）于1495年出版了《法兰克人的起源和事业纪要》，由于盖冈期望自己的作品能够尽量完善，这部著作再版达5次之多，他在生前一直继续修订该书。这部著作从古代高卢写到1499年的法兰西君主国。盖冈辨析了传说材料，删去了查理大帝史诗等内容，提出了对于各种高卢民族起源传说的怀疑。

（三）记载伟人

文艺复兴时期的学者特别看重个人声誉，此外他们还热衷于评价他人的荣誉，尤其是记载伟人的言谈举止。当然，这一类记载伟人的文本，其主要目的是称颂他们，使之成为后世典范。在这一过程中，史家可能会讳言尊者缺陷，过度渲染甚至编造其功勋，这也是近代早期历史写作的常态，功利胜于真切。

法国学者克劳德·德·西塞尔（1450—1520）于1519年出版了《伟大的法兰西君主》。他为路易十二的政策辩护，称这位国王为人民之父。这是一部论战性的历史著作，西塞尔在其中批驳了人们对路易的抨击。

英国人伯纳德·安德烈（？—1521）的主要著作为《亨利七世的生平和事业》《亨利七世年代记》。尽管安德烈为自己的书取了传统的书名，他还是试图写一部不同于编年史的历史著作，因为他认为历史写作的目的就是歌颂伟人。亨利七世是安德烈的歌颂对象，为此，他并不注重历史事实的真实与否，这使得历史叙述形式的少许变化付出了丧失真实性的惨痛代价。结果安德烈的著作仅存的价值就是他多多少少保留了一点那个时代的真实情况。

以《乌托邦》闻名的托马斯·莫尔（1478—1535）在史学方面也有建树，他的史学著作是《理查三世史》。该书被称为英国第一部真正的人文主义历史著作，他模仿罗马史学家的形式写作，像修昔底德那样虚构了许多演说词，并且有意地避免将事件按年代罗列，而是精心设计、组织，使整部著作融成一个有机的整体。

莫尔以极为高超的技巧和手法刻画了理查三世的形象，后来莎士比亚创作的悲剧《理查三世》正是以莫尔的作品为蓝本的。《理查三世史》的英文版也成为第一部英文历史范例。当历史事件通过漂亮的文笔和合适的结构加工摆在读者面前时，人们愿意读这样的著作。莫尔的尝试成功了，散文式的历史写作最终得到英国人的普遍赞同和喜爱，从此古典史学的优秀品质在英国复活，英国史学迅速缩短了与欧洲大陆人文主义史学的差距。

二、马基雅维里与奎恰迪尼的现实主义史学

佛罗伦萨是意大利文艺复兴时期最重要的城市之一，近代史学最早受到重视的史学家就诞生在这个城市中，活跃于佛罗伦萨的两位杰出的史学家是马基雅维里和奎恰迪尼。这两位史学家的作品带有浓厚的现实主义气息。

（一）马基雅维里

可以说，马基雅维里的现实主义精神体现在其著作的每一段文字中。马基雅维里所著《李维史论》（又称《罗马史论》，或称《论李维》，亦称《论李维罗马史》）、《君主论》、《佛罗伦萨史》皆以现实主义为写作原则。他以政治为本位，以历史为依据，提倡充分发挥人的自由意志，勇敢而机智地面对社会现实，与命运抗争，最终实现统一意大利的理想。他认为："关于人类，一般可以这样说：他们是忘恩负义、容易变心的，是伪装者、冒牌货，是逃避危险，追逐利益的。"[1]《君主论》系统提出的性恶论是对基督教原罪说的演绎，同时是作者对现实深入思考的产物。马基雅维里还通过叙述佛罗伦萨的历史，为《君主论》作了详细的注释，其中到处都体现着与命运搏斗的痕迹，人的前途再也不由上帝决定了，现实是人类一切活动的准则。

马基雅维里的思想体现着文艺复兴时期人们对现实的深切关注，历史叙述已经能够置神学目的于不顾，偏爱政治生活，解释人类行为。

与政治的结合是意大利文艺复兴时期史学的一种普遍现象，它在马基雅维里那里表现得最为突出，他几乎为致力于这样做的人提供了一个完美而有效的范式。马基雅维里另一本被称为历史著作的书是《佛罗伦萨史》。让我们具体看看这两部书所反映的史学内容。

马基雅维里的史学思想以性恶论为理论基础，以政治统治为目的。他认为，历史研究的目的在于为政治家提供历史经验、教训，以利于统治的实施。马基雅维里的这种政治本位的功利主义史学观为人们所熟知，这也是当时意大利史学的普遍倾向。马基雅维里在《君主论》中谈道："为着训练脑筋，君主还应该阅读历

---

① ［意］尼科洛·马基雅维里：《君主论》，潘汉典译，商务印书馆 1985 年版，第 80 页。

史，并且研究历史上伟大人物的行动，看看他们在战争中是怎么做的，检查他们胜利与战败的原因，以便避免后者而步武前者。"① 在《佛罗伦萨史》中，马基雅维里亦云："假如说学习古代可以激发开明的头脑进行仿效；那么，了解近代这些事却可以使我们懂得应当避免和反对什么。"②

《君主论》是马基雅维里被贬官期间为了复出而写的一本小册子，人们普遍认为它是一本政治学著作，实际上，书中的陈述多来源于作者对亲身经历的洞察和对历史事件的分析，也可以说，这是一部完全建立在历史研究基础上的政治学著作。《佛罗伦萨史》则是受命于美第奇家族而写的历史学著作，马基雅维里将《君主论》中的许多论点融入其中，如他不失时机地概括道，"由于贵族企图发号施令、平民阶级不愿服从，很自然地引起严重的互相敌对"，"对犯大罪的人要么永远不去触动他；要么就把他干掉"等，③ 这样的言论在《君主论》中都能找到几乎一致的陈述。《佛罗伦萨史》是一部集历史事实与政治理论于一体的著作，马基雅维里不仅以评论历史事件的形式阐述政治理论，甚至在著作中，历史事实的选择也以是否便于宣扬训诫为标准，他极力描写佛罗伦萨历史中的黑暗一面便是证明。

马基雅维里的史学观是政治本位的功利主义史学观，而他果断地将这种史学观建立在人性恶的理论基础上。应该说，这在一定程度上是受到文艺复兴时期佛罗伦萨的社会秩序混乱和丑恶之事流行的影响。马基雅维里不仅以人性恶解释历史，其学说的功利主义目的就在于通过各种方式要求君主认识到人性恶是历史上动乱的重要因素，要维持统治，就必须正确对待人们的恶劣天性。我们可以通过解释马基雅维里著作中几个外显的悖论来阐明这一点。

首先是关于时势和资治的悖论。马基雅维里十分重视时势的变化，他认为："一位君主如果他的做法符合时代的特性，他就会得心应手；同样地，如果他的行径同时代不协调，他就不顺利。"④ "根据不同的时代，利用不同的人，这样才能把事办好。"⑤ 在《佛罗伦萨史》中，对于行为能够顺应时势的人，马基雅维里大加赞赏，如本内托德发现他曾经一度支持的庶民变得骄横了时，立即和他们分道扬镳了，马基雅维里称赞他们"态度谦恭，热爱祖国的自由，对横暴行径嫉恶如仇"。⑥ 从马基雅维里的观点中，我们思考：时势代表着一种必然性吗？显然，如

① ［意］尼科洛·马基雅维里：《君主论》，潘汉典译，商务印书馆 1985 年版，第 71 页。
② ［意］尼科洛·马基雅维里：《佛罗伦萨史》，李活译，商务印书馆 1982 年版，第 233 页。
③ ［意］尼科洛·马基雅维里：《佛罗伦萨史》，李活译，商务印书馆 1982 年版，第 121、224 页。
④ ［意］尼科洛·马基雅维里：《君主论》，潘汉典译，商务印书馆 1985 年版，第 118 页。
⑤ ［意］尼科洛·马基雅维里：《佛罗伦萨史》，李活译，商务印书馆 1982 年版，第 189 页。
⑥ ［意］尼科洛·马基雅维里：《佛罗伦萨史》，李活译，商务印书馆 1982 年版，第 161 页。

果时势是指一种必然趋势，那么从历史中汲取经验、吸取教训似乎对于我们就无意义可言。因为时势的不断变化揭示出历史环境的独特性，从而在其中发生的历史事件也是独一无二的。另外，功利主义史学观既然以资治为历史研究的目的，那么，其前提必然是认为历史事件与当前行为具有某种性质上的共同之处，由此资治才在理论上成为可能。他并没有明确意识到这个后人关注的悖论，但他确实调和了它。马基雅维里之所以能够调和时势与资治的悖论，就在于他以人性恶作为其史学观的理论基础。在马基雅维里的学说中，人性恶是一个永恒不变的原则。

其次，马基雅维里调和了循环史观和功利主义史观的悖论。在《佛罗伦萨史》中有这样一段话："可以看得出来，在兴衰变化规律支配下，各地区常常由治到乱，然后又由乱到治。因为人世间的事情不允许各地区在一条平坦的道路上一直走下去；当它们到达极尽完美的境况时，很快就会衰落；同样，当它们已变得混乱不堪、陷于极其沮丧之中、不可能再往下降时，就又必然开始回升。"① 据此，许多学者认为马基雅维里具有循环论的历史观，若果真如此，循环史观和功利主义史学观又将形成一个悖论：如果历史的发展不以人的意志为转移而循环往复，那么我们从历史研究中获得的养分同样无助于人类社会的成长。仅仅从这段话看，马基雅维里是无法摆脱循环史观的责难的，但只要我们根据这段话的上下文，甚至将其放置在马基雅维里整个学说的背景下，这个外显的悖论也就会自然消失。

"人性恶"这一马基雅维里史学观的理论基础依然是我们破解这个难题的关键。尽管历史上"英勇的行为创造和平，和平使人得到安宁，安宁又产生混乱，混乱导致覆亡"，② 但历史由治到乱、又由乱到治的循环并不是永恒的。马基雅维里同意诸多圣明之士的看法："武力既已夺得胜利、胜利又已赢得和平，只有无可厚非地耽迷于文字著作中最能软化昂扬的尚武精神；在一个井井有条的社会里，也只有懒散闲荡具有最大的危险性和欺骗性。"③ 和平给人们提供了懒散的机会，使人们放松了对人性恶导致的危险的戒备。马基雅维里认为，人类的惰性、华而不实是造成社会衰落的根本原因，如果尚武精神永存，则由治到乱的情景就不会再发生。马基雅维里提倡尚武精神正是对付人性恶造成混乱的有力措施。于是，他劝诫君主们道："君主除战争、军事制度和训练之外，不应有其他的目标、其他的思想，也不应该把其他事情作为自己的专业，因为这是进行统帅的人应有的唯一

---

① ［意］尼科洛·马基雅维里：《佛罗伦萨史》，李活译，商务印书馆1982年版，第231页。
② ［意］尼科洛·马基雅维里：《佛罗伦萨史》，李活译，商务印书馆1982年版，第231页。
③ ［意］尼科洛·马基雅维里：《佛罗伦萨史》，李活译，商务印书馆1982年版，第231—232页。

专业。"①

由于人性恶，人类社会的堕落是无意识的，而为了保持社会繁荣，倡导尚武精神却必须是有意识的。马基雅维里的努力就是要让人们意识到这一点，并采取一种积极的态度，"以便在命运逆转的时候，就已经做好了反击的准备"。② 由此看来，历史上的循环往复并没有使得马基雅维里抱守循环史观，对循环论的破解同时表现了他对未来社会进步的殷切期望及隐藏于心中的乐观主义精神。

另一个表面上看似相悖的问题出现在有关历史动乱的讨论中。在《佛罗伦萨史》的一篇演讲中，佛罗伦萨的公民陈言："千万不要把过去这些动乱归罪于人们的天性恶劣，而应归之于时代，因为时代变了，就使人们有合乎道理的根据希望，只要有一个好政府，我们的城邦就可以享有较好的命运。"③ 根据此言，有学者认为马基雅维里认识到，历史发展、社会动乱等大的历史事件的发生，不是人性作用的结果，而只与时代的变化有关。这样，时代的变化成了动乱的主要原因，与马基雅维里在其他许多地方论及人性恶导致动乱的观点相悖。如果说其间存在一个悖论的话，那么其产生原因不在于文本本身，而在于研究者的误解。我们依然要回到整个本文中去解释它。

在《佛罗伦萨史》近20篇以第一人称或第三人称发表的演说中，其内容大多是根据历史事实发生的场合由马基雅维里虚构的。虽然这些演讲词大多蕴含着马基雅维里本人的观点。但我们并不能根据公民陈言那句引语断定马基雅维里否认了人性恶在以往历史过程中的决定作用。该引文出自书中第2篇演讲词，在演讲词中，9位佛罗伦萨正直的公民先论述了意大利各城邦的堕落，市民目无法纪，宗派斗争猖獗，之后，呼吁执政团采取有力的措施平息动乱。可以认为，马基雅维里借公民之口将动乱归罪于时代，不过是考虑到事件发生的背景而在演讲词中采取的一种策略，目的在于使执政团树立整治社会的信心。因为如果将动乱归因于人们的天性恶劣，那么这种难以改变的天性可能会使任何制止动乱的努力付诸东流，这将会让执政团缺乏实践的勇气。公民们已经注意到这一点，他们谈道："提醒各位，这些坏事造成的后果，不应当使您们对是否有力量压制当前混乱的问题缺乏信心。"④ 马基雅维里以后的文字也证明了那是一种策略，因为文中对时代的变化未作深入阐发，只谈到时代变了，人们需要一个好政府消除动乱，然而好政府针对此事采取的措施是："压制野心，废除那些鼓动派别活动的人搞的那些法令条

① ［意］尼科洛·马基雅维里：《君主论》，潘汉典译，商务印书馆1985年版，第69页。
② ［意］尼科洛·马基雅维里：《君主论》，潘汉典译，商务印书馆1985年版，第72页。
③ ［意］尼科洛·马基雅维里：《佛罗伦萨史》，李活译，商务印书馆1982年版，第131页。
④ ［意］尼科洛·马基雅维里：《佛罗伦萨史》，李活译，商务印书馆1982年版，第131页。

例，只采用那些能满足公民自由所要求的新原则取而代之。"① 这依然是针对人性恶的措施，如果这样做能压制动乱的话，那么动乱的原因必定是人们的天性恶劣。

性恶论是马基雅维里从历史中总结出来的原则，它成了马基雅维里功利主义史学观的理论基础。正是因为人性恶贯穿整个历史，功利主义的资治史学在理论上成为可能；正是有了对人性恶的自觉认识，人类历史有了摆脱循环论的可能；正是有了针对人性恶的措施，人类社会有了停止动乱取得进步的可能。

应该说，在文艺复兴时期的意大利，马基雅维里的史学思想代表了当时人们理解史学诸多基本问题的最高水平。从他的成就中我们能够看到，人们已经在询问：历史是如何发展的？它的动力是什么？历史学的目的与意义是什么？历史与政治的关系怎样？这些历史理论或史学理论问题的明确提出意味着中世纪晚期或近代早期的历史学迈上了一个新的台阶，同时是近代史学区别于古典史学的特征所在。

（二）奎恰迪尼

奎恰迪尼是继马基雅维里之后另一位杰出的现实主义史学家。他的历史著作主要有《佛罗伦萨史》和《意大利史》。尽管与马基雅维里同为现实主义史学的代表，奎恰迪尼所持的政治立场与马基雅维里颇有些不同，并且他对现实持更加悲观的态度。

马基雅维里在《李维史论》中表达了自己的政治理想。他真正推崇的是罗马共和国式的混合政体，建立在各阶层的某种统一基础上的政治制度是最好的，兼容并包的"混合制"可以避免亚里士多德古典政体学说中各种政体的弊端，在同一城邦内兼行君主制、民主制和贵族制，如此便可相互制衡。② 这是一种处于人世间经常性斗争之中的动态平衡。

奎恰迪尼出生于佛罗伦萨一个十分富有的家族，他的家族积极从事当时流行的土地交易。奎恰迪尼本人就是当地拥有诸多土地的富人。这种身份地位在一定程度上促成了他独特政治观念的形成，进而影响了他对历史的看法。

与马基雅维里的政治理念不同，奎恰迪尼认为国家应当由最富裕显贵且最具教养和才干的阶层来统治。因而他在自己的作品中对高利贷资本家和大地产主持积极肯定的态度。

1530年，之前被驱逐的美第奇家族在西班牙军队的协助下重掌佛罗伦萨的政权，并且开展了一系列清洗活动，许多大家族被赶出政治机构。奎恰迪尼并未受到美第奇家族的重用，他心怀屈辱隐居在家，专心撰写自己的著作。在有了诸如

---

① ［意］尼科洛·马基雅维里：《佛罗伦萨史》，李活译，商务印书馆1982年版，第131—132页。
② ［意］尼科洛·马基雅维里：《论李维》，冯克利译，上海人民出版社2005年版，第51—52页。

此类的惨痛经历后，奎恰迪尼感觉自己青年时的政治理想渐趋破灭，他的悲观情绪也进一步加重了。

奎恰迪尼对人世持功利主义的态度，认为个人总是受到自身利益的驱动。他否定马基雅维里探求历史规律的尝试，将之看作对历史的简单化。在奎恰迪尼看来，历史是复杂的，真相难以寻觅。在命运观方面，他眼中的人类活动在很大程度上受到天命和上帝的支配，由此，人类的行为往往处于无效状态。

《佛罗伦萨史》是奎恰迪尼青年时代的作品，创作于 1508 年到 1509 年，他原本打算记载从 1378 年西奥莫皮反叛到 1509 年的佛罗伦萨史事，但该书并未全部完成。在《佛罗伦萨史》中，他想要探讨的问题是，究竟哪种政治制度最适合佛罗伦萨，奎恰迪尼给出的回答是：严格的贵族政体。在马基雅维里的混合政体中，民主制是其政治理念的有机组成部分；而在奎恰迪尼这里，我们难以寻获民主制的位置。在谈到人民群众时，这部书往往采用轻蔑口吻，因为作者相信唯独拥有丰富政治经验的大家族成员才有治国的资质。

奎恰迪尼以洛伦佐·美第奇的统治为例，阐发了自己的政治立场。洛伦佐排挤大家族成员，让新人担任政府机关中的重要职位，奎恰迪尼大力谴责这一做法，认为这是破坏政治秩序的行为。他将美第奇家族被驱逐期间的"人民政权"与美第奇政权相比较，表示自己坚决反对民主制，他认为苏德里尼担任正义旗手期间的共和政体仅仅是民主倾向和保证手段的结合，是不可取的。[①]

《意大利史》是奎恰迪尼晚年的历史著作，这本书从 1494 年查理八世进军意大利写到 1534 年教皇克莱门特七世去世。如果说在《佛罗伦萨史》中他的目标是找到一条值得自己去坚持的政治道路，那么《意大利史》堪称他对自己一生的政治生活经验的总结。部分地由于自己并不顺利的从政经历，奎恰迪尼表露了自己对政治活动的悲观主义。他认为在同时代的所有政治家那里，看不到一丁点善良或崇高的动机，有的只是尔虞我诈、钩心斗角，君主们的谋划总是给人们带来苦痛。

奎恰迪尼的历史叙述较为直白坦率。尽管他声称真相难以获知，但他在历史真实性方面做出了巨大的努力，称得上是他所处时代中的翘楚。奎恰迪尼的从政经历使得他便于翻阅和收集政府档案，他特别注重利用档案文献，将其作为自己历史著作的主要资料来源。此外，《意大利史》中所记载的许多事件都是他亲身经历过的。

他重视内容甚于形式。由于他深信人类事务是复杂的，因而他在对事件和人

---

① ［俄］叶·阿·科斯敏斯基：《中世纪史学史》，郭守田等译，商务印书馆 2012 年版，第111 页。

物的行为作出解释时，往往会列举多种动机。他的著作充斥着各类细节，甚至妨害了可读性。据说，一位意大利的囚犯被允许在阅读奎恰迪尼的著作与当橹工之间选一项任务来做。囚犯起初选择了读书，但是他看了几页就吃不消了，宁可转而去摇橹。①

　　值得注意的是，马基雅维里和奎恰迪尼都有丰富的从政经历，二人也经常在自己的历史著作中主动表达政治观点，这也可以说是该时期历史著作的显著特点。他们不仅把书写历史看作成一定政治目标的手段，更加重要的是，在他们看来，历史本身就是一个学习政治经验和方法的宝库或学校，因而他们相信可以从历史中获得教益。这种认为历史具有垂训作用的看法在修昔底德那里就有了，而马基雅维里和奎恰迪尼将其用到了中世纪和近代历史的研究中来，并且各自作出了独特的贡献。

三、世界史观的更替

　　在很长一段时期内，以奥古斯丁为代表的基督教世界史观左右着欧洲人对于世界历史的认识。自文艺复兴以来，不少学者在自己的作品中表现了新的历史认识，比如但丁在《神曲》中表述的观念就在知识界中引发了不可忽视的影响。到了16世纪时，"世界历史"观念主要在法国受到重视，其中最具代表性的是波佩利尼叶尔、勒卢阿和让·博丹。

　　波佩利尼叶尔（1541—1608）提出了"整体的历史"概念。他根据文化表征将整体的世界历史分为不同阶段，如早期阶段以歌曲、舞蹈为标志，以后是诗或史诗阶段、散文历史写作阶段。这样的划分显然是以人认识和表现事物的方式为基础，它证明人类认识世界的能力，即理性思维能力不断提高。

　　波佩利尼叶尔的著作有一个冗长的名字《从1550年至今的法国史，包括欧洲和邻近地区、平时和战时、世俗和教会等情况，使之更为充实》。从这本1581年出版的书的名字上就可以看出它不局限于法国，而是一部当时的欧洲史。波佩利尼叶尔坚定地相信历史必须客观、真实，它唯一的功能就是垂训。他说："历史是为了使人们从史实中得到教益，除此而外再也没有别的宗旨和别的目的。"② 但这种观点早已为他人所揭示，只不过为了使这种教益更好地施展，波佩利尼叶尔认识到采用历史批判方法的必要性，于是，他在1599年发表了《完全历史概念下的史学史》，专门阐述自己对历史与历史学的种种看法。

---

① ［美］J. W. 汤普森：《历史著作史》上卷第2分册，谢德风译，商务印书馆1996年版，第720页。
② ［美］J. W. 汤普森：《历史著作史》上卷第2分册，谢德风译，商务印书馆1996年版，第810页。

勒卢阿（1510—1577）将世界历史涵盖的范围不断扩大。他同样给这个整体的世界历史作了划分，只是这种划分不是根据时间先后，而是根据不同文明的进化程度。在其中，勒卢阿将欧洲视为文明发展的最高阶段。

勒卢阿致力于研究牧师在各个社会中的功能，从中，他发现每一个牧师的权力都来源于自己掌握的重要知识，而知识是在不同时代中不断积累起来的。勒卢阿的思考由分析牧师转到了分析文明的功能，他认为，一个后继时代的文明事先并没有迹象表明将比上个时代的文明好或差，文明的差异是在特定时代中形成的。然而，人类的知识是无穷无尽的，现代人有可能超越古代，比他们知道得更多，这是一种知识的进步。①

让·博丹（1530—1596）的世界历史理论则充满着进步史观，他认为世界历史是不断进步的，自己所处的时代比先前的任何时代都要优越。

让·博丹是近代早期杰出的史学思想家，他著有《易于理解历史的方法》，是近代以来第一部真正的史学理论著作。该书讨论了历史的价值、本质，历史作品的形式和类别，如何对历史进行总体认识，以及历史著作中对历史的分期等问题。关于历史的实用价值，我们本不必多谈，因为这已经是当时法国史学家的共识，只是让·博丹将这种实用价值进行了进一步的区分，如认为历史使人增长知识，历史有垂训的作用，历史可使人预测未来，阅读历史可使人身心愉快；关于历史的本质，让·博丹认为历史应该是发生过的事物的真实叙述；关于历史的形式，他认为历史可以分为三种，分别是人类史、自然史、圣史，这样，人们能够思考到的东西必然能归入其中一种。事实上这是将历史的领域扩展到人类认识能够达到的一切领域，它同时是上帝显示威力的领域。

在历史的总体认识方面，让·博丹的观点更显示其卓越的思考能力。从整体上说，让·博丹认为历史是进步的。他否定了人类在历史之初存在"黄金时代"的说法，认为那是"野蛮时代"，并指出，在通常所谓黄金时代和白银时代中，人类如同原野和丛林中的野兽，完全生活在野蛮状态之中，后经过逐步演进，才进入今日的文明社会。让·博丹猛烈抨击了自古以来广泛流行的关于人类历史由金、银、铜、铁各时代依次堕落的历史倒退观，明确提出了各时代依次递进的世界历史进步观。在他看来，全部历史已表明人类社会是持续不断地发展进步的，他所处的新时代要比以前的时代进步，而将来的时代也必将超过现在这个新时代。这种对人类未来的进步的乐观主义，反映了文艺复兴以来新兴资产阶级积极进取的

---

① 参见 Ernst Breisach, *Historiography*: *Ancient*, *Medieval & Modern*, Chicago: The University of Chicago Press, 2007, pp. 182–183；张广智、张广勇：《史学，文化中的文化——文化视野中的西方史学》，浙江人民出版社 1990 年版，第 183 页。

精神面貌。① 让·博丹明确提出的进步观对后世的影响很大，它的冲击波随着历史的长河一直越过维柯、黑格尔、马克思，直到遇上了尼采、斯宾格勒及当代西方后现代主义思潮才感觉到了阻力。

在讨论影响历史进步的因素时，让·博丹指出地理环境对生活于其中的民族的性格有着决定性影响，从而提出了世界历史中的地理决定论观点。让·博丹认为人类历史可分为三个时期，每个时期两千年。第一个时期属于爱思考的南方民族，他们发展了宗教与哲学；第二个时期孕育了中部民族，气候温和使他们的性情也温和，发展出了有秩序的政府和政治；第三个时期是北方民族时期，在寒冷的气候下发展了机械和战争。这种地理决定论观点的出现意味着法国史学家对影响历史的地理因素的重视从此开始，以后重视地理因素的重要人物中，近代有孟德斯鸠，现代有布罗代尔，他们在让·博丹的基础上进一步发展了这种观点。

波佩利尼叶尔从认识、表现事物的能力方面，勒卢阿从文明进化程度方面，让·博丹从人类历史进程方面，都认为自己所处时代的认识水平、文明程度或历史现状是最好的。他们不再像中世纪史家那样，平心静气地看待现在，并将历史的最高价值赋予未来。事实上，他们在期待美好未来的同时，更加强调现在与其他时代或其他文明相比，具有的更高价值。显然，三位史家就他们所处的社会在认识能力、文明程度和发展水平等方面所产生的优越感与近代西方社会、文化、思想的加速发展密切相关，这种优越感带来的直接影响，便是为从"世界历史"观念中孕育出欧洲中心论提供了最初的理论胚胎。从此以后，在很大程度上，我们可以说，西方的"世界历史"观念不过是服务于欧洲中心论的一种工具，而工具的使用者则是欧洲文化认同下的白种人。

从勒卢阿与让·博丹有关历史进步的认识中我们看到，16世纪末法国史学家的眼界明显扩大了。波佩利尼叶尔在写欧洲史，雅克·奥古斯特·德·图写的《我们时代的历史》也是整个欧洲的历史，多宾那所著的《世界史》涉及的地理范围包含欧洲、非洲等地。

第二节 宗教改革论战中的史学

在西方史学中，基督教自罗马帝国晚期以来一直对历史写作起着重要的作用。中世纪时，教会在很长时期内都是欧洲社会的主要权威之一，教士则是掌握读写

---

① 张广智、张广勇：《史学，文化中的文化——文化视野中的西方史学》，浙江人民出版社1990年版，第184页。

能力的主要群体之一，加之基督教也有通过历史作品来传播教义的现实需求，因而这一时期的许多历史著作与宗教有着紧密的关联。

宗教改革开始后，在新教与天主教的对抗中，历史作品也同样发挥着重要的作用，许多论战中，撰写历史著作成为主要的手段，一些重要的历史作品相继问世。

一、宗教论战：用史料说话

16 世纪时，德意志进入宗教改革时期。这是一场新教与天主教之间的较量，尽管信仰的冲突使史学又成为宗教的工具，但德意志史学依旧形成了它最初的特色，完成了时代交给它的任务。

近代早期的德意志史学源于中世纪教会史学，鄂图的世界史传统为后世的学者所继承。这种带有中世纪特色的世界历史意识在佛兰克（约 1499—1542）的著作中体现得非常清楚。他著有《编年史》《世界志》和《格言集》三部书，《编年史》从古代一直记叙到查理五世，它事实上就是一部世界史，因为佛兰克认为教会的历史应该将非基督教徒包括在内。

约翰·卡立温（1499—1537）撰写的《编年史》将从亚当到 1532 年分为 7 个世界周期。被称为"全德导师"的美兰克敦（1497—1560）对这部《编年史》进行了大修订，他把卡立温分出来的 7 个世界周期缩减为 3 个，每个约延续两千年，它们分别是从创世记到亚伯拉罕时代，从亚伯拉罕到基督降生，从基督降生到当时的 1500 年。美兰克敦是马丁·路德的朋友，也是路德教派的忠实代表，作为一位神学家，他感觉到新教与天主教斗争的主战场将在原始教义与历史传统方面，因此他重新修订《编年史》，并使其成为路德教派在大学的一本好教材。历史写作确实成了新教宣传的有力工具，在路德派的历史理论中，历史重新被当作上帝的工作，每一个历史事件都是上帝安排好的。

路德派的夫拉西阿斯（1520—1575）是完成这一工作的杰出代表。他与 6 位同事一起编写了一部 13 卷的《马格德堡世纪》，每 100 年为一卷，故称"世纪"。这部书在关于历史的创造者、世界历史的进程和历史发展的动力等方面与中世纪的观点没有多大出入，因此我们根本不要指望从中看到意大利人文主义思想的影响，它不仅与天主教会对立，与人文主义唱的也完全是一场对台戏。在技术层面，《马格德堡世纪》也甚少可取之处，文艺复兴以来发展了的历史编纂方法在这本书中没什么体现，整部著作是以机械式的编年方法来编排史料的，而不是围绕着某个主题来展开。

在论战的另一个阵营中，天主教会在特兰托宗教会议（又称特伦托会议，1542—1563）上发起了天主教复兴计划，内容之一便是编纂新的教会史，证明

《马格德堡世纪》的观点是错的。教皇选定的主要编纂者是枢机主教意大利人巴洛尼阿斯（1538—1607），他带领一个 10 人的编纂班子一直工作到他本人去世，编写了一部《教会编年史》（以下简称《编年史》）。这部著作共 13 卷，其内容涉及从基督诞生至 1198 年的历史，每卷叙述一个世纪。《编年史》收入了大量珍贵的材料，作为枢机主教，巴洛尼阿斯可以自由地出入意大利的许多藏书颇丰的图书馆，因而他可以翻阅并采用那些具有重大史料价值的档案。

《编年史》是对《马格德堡世纪》的直接回应，在编纂者数十年的辛勤努力下，该著作对《马格德堡世纪》中的观点进行了逐条反驳。巴洛尼阿斯试图证明教会并未如新教所说的那样已经堕落了，他不厌其烦地列出每一任教皇以及皇帝的名字和任期，以一系列成体系的历史材料来支撑自己的论点。与《马格德堡世纪》类同的是，《编年史》所要表达的观点也毫无新意，其编纂方法也不够高明，很难用文风优雅等词汇来形容它。然而，由于其是百科全书式的著作，在内容上无所不包，也由于其中所体现的天主教徒的渊博学识，所以巴洛尼阿斯的著作在这场宗教论战中发挥着重要的作用。

《编年史》的问世使新教徒们受到了极大的刺激。他们意识到，如果要确立新教的威信、宣传新教教义以至于维护新教徒在知识界的地位，就必须对《编年史》作出有力的回应和反击。

这一使命被交付给了加索绷（1559—1614）。加索绷是一位瑞士的加尔文宗教徒，他对希腊语十分精通，在语言学方面有着高深造诣。在翻阅《编年史》的过程中，加索绷发现巴洛尼阿斯在年代编排上犯了不少错误，并且这位枢机主教对于希腊文全然无知，而且对"福音书"的解读纰漏百出。为此，加索绷创作了一部《练习》，他按照年代的顺序，对《编年史》作了逐段的批注和笔记，指出他所发现的每一个错误。然而，无论从史学价值还是从实际价值来说，《练习》都不算成功。尽管在专业层面，《练习》给了《编年史》致命的打击，但是它太过繁琐，根本难以阅读，因而也只能被束之高阁。它对巴洛尼阿斯的名声几乎没有造成影响。对后世的研究者来说，《练习》的史料价值比它的史学价值要大得多。

这一时期重要的宗教史学家还包括天主教徒彼耶·鲍罗·萨皮（1552—1623）。他是威尼斯人，知识渊博，精通希腊文、拉丁文及各种民法、寺院法，熟悉古典历史知识及自然科学中的多种学科，是 16 世纪典型的人文主义学者。当天主教会想在威尼斯行使主权时，这个一贯独立的天主教城市国家奋起反抗教会的贪婪。萨皮奉命反击，写出了《特兰托宗教会议史》。特兰托宗教会议是西方基督教史上的一个重大事件，是反宗教改革运动的主轴，天主教会在这次会议上明确将自我改革提上了日程。萨皮敏锐地观察到了这次会议的重要性，因而创作了这部著作。萨皮采用文艺复兴以来发展了的史料批判方法，根据真实材料，以优美的文笔撰写了《特兰托宗教会议史》。萨皮对史料的运用非常出色，尽管书中不少内容是抄袭前人的作品，但他总能以自己独特的方式将史料编排成一个整体，因而这部著作在行文方面非常流畅。他运用各种材料，语言风格辛辣尖锐，极富攻击性。虽然该书在出版前就已遭到罗马天主教会的封禁，但它还是成功地给了天主教会沉重的打击。

1559 年到 1589 年是法国的宗教战争时期，正当德意志路德派与罗马天主教进行历史论战时，法国的加尔文教派的胡格诺分子们与天主教派、"政治家"派的各种人物也各自努力进行历史写作，为自己辩护。

在这一时期的法国历史著作中，回忆录和自传是重要的体裁。这些作品往往只涉及与写作者休戚相关的事情，因而其真实性存疑；也正是由于这类作品存在一定主观因素，往往会触及一般史学家和历史著作不关注的内容，因而它们也有着不小的价值。

弗朗索瓦·得·拉·纽（1531—1591）是当时胡格诺教派的回忆录作者中最为著名的一个。他是一位将领，于 1580—1585 年在西班牙当俘虏期间撰写了《政治军事论集》，共 26 篇，他将最后一篇称作自己的回忆录。在这部作品中，他生动地论述了当时法国的混乱状况，并且认为要通过更加严格地遵守基督教的十诫来匡正乱世。

这个时期法国也有不少编年史问世，但它们在形式上完全摆脱了中世纪编年史的影响，采取了人们普遍能接受的叙事文学的体裁。如帕尔马（1525—1610）写有两部编年史：《九年编年史》（记叙 1589—1598 年的历史）和《七年编年史》（终于 1601）。《九年编年史》更好一些，帕尔马不仅记载史实，附录重要文件，还注重对重大事件进行解说，阐明某个政治党派或某一方面情况的发展历程。尽管帕尔马并未有意识地进行评论，我们还是有可能从他的解说中看出他的立场。

而在海峡对岸的英格兰，就将历史用作论战武器而言，新教徒约翰·福克斯（1516—1587）的作品产生了最广泛的影响。他写有一部《行传与实录》（又称《殉教者之书》），福克斯的材料通常来自文献记录和当时的目击者，由于这本书关注的是其研究对象的虔诚生活和英勇牺牲的事迹，因而他被认为是当时的欧洲新教徒传统中的一位殉教史研究者。《殉教者之书》还是对中世纪和近代英国历史的叙述。福克斯继承了自尤西比乌斯和奥罗修以来的教会史编纂传统，他的著作受《马格德堡世纪》的影响很深，他借用了《世纪》中将教会史视作纯洁信仰与教廷之间的斗争的历史这一概念，以此来串联书中所论及的事件和时期。这部作品的不足之处在于，福克斯对于史料的运用不够严谨，尽管他阅读过某些重要的经院哲学作品和宗教回忆档案，但他往往满足于使用二手材料，他对于史料的判断能力也比《世纪》和《编年史》的作者们差一些。《殉教者之书》之所以影响力较大，主要是因为福克斯对殉教人物们的生平作了优秀的叙述。

二、天主教与新教的历史观

在历史观方面，大多数处于宗教论战之中的历史作品是缺乏新意或独特创见的。比如，《马格德堡世纪》几乎采用纯粹的神学观点来解释世俗世界的历史，将其看作上帝与魔鬼之间的斗争，认为历史前进的动力在于上帝，而不是人，世间的重大事件都是神迹的结果，历史反映了上帝的意志。相比于 1000 多年前奥古斯丁的历史观，这种观点新意似乎更少，这或许也同他所处的论战氛围有关。汤普森这样评论该书："《世纪》对历史写作，特别是对德国的历史写作，起的是摧残作用，因为德国各地君主发现采用这派的政治观点对他们有利。……从批判的学术观点看，《世纪》这部书也是有害的，因为它用袒护各个地方君主的、为他们的新教辩护的文章取代了历史研究。"[①] 只是，从有意识地利用历史处理社会生活中出现的问题，如论战、证明某种价值观等方面而言，这种编纂历史或者书写历史的方式，更具有近代史学的倾向。

宗教史学对于近代专业历史学形成的一大贡献，在于历史分期和编年的技法。英格兰的冒险家沃尔特·雷利（1552—1618）于 1614 年出版了一部著名的《世界史》，涉及自创世至 130 年的历史。这本书在很大程度上继承了欧洲大陆的新教历史著作传统，其中采用了基督教惯用的亚述—波斯—希腊—罗马四大帝国分期法，这并非一项轻而易举的工作，它要求作者对于源自不同文化的古代文本有较好的把握，要求作者精通多种语言，还要熟练应用天文学数据和复杂的数学计算。雷利的作品体现着可以追溯到福克斯那里的宿命论和启示录式因素。

尼德兰的德西德里乌斯·伊拉斯谟（约 1466—1536）是 16 世纪初期的"人文主义之王"。他著述颇丰，整理翻译了希腊文版的《新约全书》，其他主要作品包括《愚人颂》《论基督君主的教育》《论自由意志》等。在中世纪漫长的岁月中，教会牢牢掌握着对《圣经》的解释权，这在一定程度上是教会权威性的体现。对宗教改革运动而言，伊拉斯谟的《新约》有着与马丁·路德的《九十五条论纲》类似的重要地位。作为一名典型的北方人文主义者，伊拉斯谟在宗教、和平和世界历史等问题上持较为温和的态度，他致力于一种通过内心的信仰达成转变的宗教观，强烈地期盼着天主教会与新教之间的和解，从而为欧洲带来和平。他注重道德和教育的作用，认为这是走出唯名论所导致的混乱世界的恰当途径。伊拉斯谟努力将人性和虔敬融入基督教人文主义之中，在他看来，其关键在于修辞，因

---

① ［美］J. W. 汤普森：《历史著作史》上卷第 2 分册，谢德风译，商务印书馆 1996 年版，第 763 页。

而在解释《圣经》的过程中，他试图为人的语言与神的语言的和谐架设起桥梁，通过交流与沟通使人类与上帝达成一致，他所整理翻译的《新约》正是以此为宗旨而展开的。他的其他作品往往也贯穿着这样的信念和历史观。20 世纪欧洲的两位文化大家赫伊津哈和茨威格，均在两次世界大战之间（1922 年和 1934 年）为伊拉斯谟立传，其中不乏渴望人类永久和平的想法。茨威格写道，"在天下大乱，一片恐怖的时候，人心就更强烈地向往和解"，伊拉斯谟为人类留下的最宝贵财产"即以更人道更理智为人类最高的追求，达到越来越互相谅解，越来越心灵相通"。①

论及新教的历史观，就必然要谈到宗教改革运动的领袖马丁·路德（1483—1546）。路德是一名奥古斯丁修会的修士，因而他的历史观与奥古斯丁有不少相契合之处，他持有典型的救赎论，以戏剧性的方式将世界历史描绘成基督与魔鬼之间的战争，当基督徒们最终与上帝一起战胜魔鬼和罪恶后，世界历史就终结了。与奥古斯丁类似，路德拒绝了千禧年学说。路德认为，这个世界是被混乱困扰着的，人类在很大程度上受到撒旦的奴役，但通常对此并不知情。人类在傲慢的驱使下运用理性，以为自己所做的是服务于自己的利益的，实则他们仅仅是满足了魔鬼的意图。人类的自大助长了他们追求完美的理想，路德认为这对生而有罪的人类来说是不可能达成的。为此，上帝任命了君主，让他们以法律来约束人的恶行，教会与世俗君主之间存在着分工的关系，承载着不同的使命，教会不应过分地干涉理应属于世俗君主管辖范围的事务。然而路德不是盲目地赞成世俗君主的权威，他明确区分了较好的君主和较坏的君主，并且认为绝大多数君主都是暴君，因为他们把自己看作神明，自私自利，忘记了神授予他们的使命。路德心目中真正的教会并不是现实中的罗马教会，而是由全体真正的信徒构成的教会，成为所谓真正的信徒之途径，便是"因信称义"。路德设想，在真正的教会中，所有人都有资格担任神职，这种理念让人们看到了路德思想中巨大的民主潜力。

第三节　历史辅助学科的产生与博学时代

18 世纪下半叶，德意志哥廷根学派的创始人约翰·克里斯蒂安·加特勒（1729—1799）创设了一门独特课程，专门讲授历史辅助科学。加特勒对于当时德

---

① ［奥］斯·茨威格：《一个古老的梦——伊拉斯谟传》，姜瑞璋、廖绵胜译，辽宁教育出版社1998 年版，第 140—141 页。

意志历史学研究的落后状态十分不满，他认为应当积极学习他国学者的先进方法和理念，而历史辅助学科正是其中重要的门类之一。

这里所谓的历史辅助学科，可以追溯至文艺复兴时期和博学时代的学者们的工作。

一、历史辅助学科的产生

（一）考古学

考古学的兴起是意大利文艺复兴对人类历史的一大贡献。自 14 世纪开始，人们崇尚古典文化之余，发现了铭文、古代货币和勋章可以作为史料使用，从而在根本上改变了自古以来不重视古迹的观念。

培根将这些古物称作"受损的历史"或"偶然躲过了时间摧残的历史残留物"。他这样写道：

> 古物，或是历史的残留物，（正如之前所说过的那样）很像是一艘沉船上的桅杆：尽管关于事物的记忆衰退并且几乎失落了，但敏锐而勤勉的人们，依靠着一定的坚持不懈和一丝不苟，设法找到家谱、年鉴、头衔、公众的以及私人的纪念碑、散布在非历史书籍中的历史残片——我指的是从所有这些事物或其中一些事物中，试图发现某些来自时间的洪流之中的东西；这确实是一项费劲的工作，但它也是令人愉悦的，并且伴随而来的是一种崇敬之情；在取代那些关于民族起源的荒诞无稽记述方面，它们也是非常有价值的；它们还将取代那种虚构。[1]

当然，改变着的观念不可能在一夜之间深入所有人的头脑，14、15 世纪仍然是一个保护古迹与毁坏古迹同样盛行的时代，据说，尼古拉五世在 15 世纪中叶还允许承包商从科利西姆圆剧场取走了 2600 车 1 世纪的石料。或许只有当人们普遍意识到古迹是史料或是一种被精神化的物质并崇尚其中内涵的精神时，它才可能得到有效的保护。此外，阅读铭文也是一项困难的工作，当时的许多学者为此而发出抱怨。一位名叫格雷戈里的教授是这样形容这些铭文的："读的很多，懂的很少。"[2]

---

[1] Peter N. Miller, "Major Trends in European Antiquarianism, Petrarch to Peiresc," in José Rabasa, Masayuki Sato, Edoardo Tortarolo and Daniel Woolf eds., *The Oxford History of Historical Writing*, vol. 3, Oxford: Oxford University Press, 2014, p. 246.

[2] Roberto Weiss, *The Renaissance Discovery of Classical Antiquity*, Malden, MA: Blackwell Publishers, 1969, p. 18.

但是，对此怀有巨大热情的学者们并未因此退缩，人们甚至在 15 世纪时就开始编纂最早的铭文集了。他们意识到，古物是用来理解古典文化和历史的重要途径。

比昂多（1392—1463）是具有这种意识的先驱者。比昂多对古代罗马有浓厚的情感，他崇敬先人留下的任何东西。他在生前曾积极参加考古发掘活动。根据他自己的记载，1447 年，他与阿尔伯蒂在罗马东南部的内米湖进行水下发掘探险。他著有 3 部关于罗马的著作：《著名的罗马》《复兴的罗马》《胜利的罗马》。

《著名的罗马》是一部地理和历史词典。比昂多根据个人的实地考察和古典作家在著作中的记载，撰写了《复兴的罗马》，这部历史地理和考古学方面的著作，记载了罗马的地形、地貌和文化遗迹的基本情况。《胜利的罗马》是一部同时运用文字史料和实物史料而写成的罗马史。

比昂多热衷于抄写铭文，并且像他的前辈彼得拉克那样漫步于罗马，在某种程度上，他希望能够通过古物来重构已经失落的古代罗马城。《复兴的罗马》"是一本在历史思想史方面具有根本重要性的著作，它是对古罗马地形学的论述"，该书描述了罗马地区的山川和建筑物，同时运用了一些文字史料和他在漫步遗址时得到的信息。[1] 比昂多相信，文字材料的不足可以通过实物材料和合理的想象得到弥补，他在这本书中就是这么做的。他的研究方法对后世的历史地理学产生了重要的影响。

在《胜利的罗马》这本百科全书式的著作中，比昂多按照事物的功能，从公共、私人、军事和宗教事务四个部分展开论述。这种四分法比古罗马学者瓦罗在《人神制度稽古录》所用的方法系统得多。

有了扎实的史料功底，比昂多写下了一部对后代史学家有着深远影响的著作《罗马帝国衰落以后的历史，472—1440 年》。汤普森称该书是"近代史学一个里程碑"。[2] 在这部长达 30 卷的大书中，比昂多第一次提出了"中世纪"的概念，并且，这个概念的提出是基于他所坚持的历史连续性的观念。比昂多认为，古代历史在西罗马帝国灭亡时已经结束，从那时起到他所处的时代有近千年的历史，这是一个与古代完全不同的历史阶段，即中世纪。中世纪是整个历史过程中一个不可缺少的环节，否则，历史便不是连续的历史了。

比昂多的这种观点长期得不到人们的承认，直到浪漫主义史学出现才将他的观点摆上了台面。比昂多对资料的重视和理解使他有能力对书中某些细节进行考

---

① Peter Burke, *The Renaissance Sense of the Past*, London：Edward Arnold, 1969, p. 25.

② ［美］J. W. 汤普森：《历史著作史》上卷第 2 分册，谢德风译，商务印书馆 1996 年版，第 706 页。

证，使考古学资料和史料批判工作在历史写作中取得了卓越的效果。例如他剔除了关于佛罗伦萨、威尼斯、米兰等意大利城市起源于特洛伊等古代城市的荒唐传说。比昂多的努力为意大利史学考证传统的建立立下了汗马功劳。

考古学兴起的历史学意义最初也许难以看出，但当历史学逐步走向近代化、专业化时，它的功绩就日益显露出来。正如汤普森所说的："新兴的考古学不但对古典文艺的复兴提供了有价值的诠释，而且对批判的方法和历史的解释也作了很大贡献。"①

（二）文献校勘学

继考古学而起的是另一种史料批判形式，即文献校勘学。与这门学科紧密联系的人物是洛伦佐·瓦拉（约 1405—1457）。

瓦拉首先是一位修辞学家，他在古典语言、道德哲学及神学方面都有很深的造诣。瓦拉认为历史学是一切知识的根基与核心，他还认识到将事件视为某一历史主题的演变过程，会有助于历史记载的真实。瓦拉关于历史学的种种看法为他进一步研究打下了良好的理论基础。1435 年至 1448 年，瓦拉在那不勒斯宫廷中任职，1440 年，他发表了《君士坦丁赠礼的辨伪》。

《君士坦丁赠礼的辨伪》是针对教会的一个重要文件，即"君士坦丁赠礼"而作的。8 世纪，法兰克国王丕平将他夺取的意大利中部的一块土地献给教皇，从此建立了教皇国。然而，教皇认为丕平的敬献不够权威，因此伪造了一份文件，它的内容便是"君士坦丁赠礼"。伪造的文件宣称，罗马皇帝君士坦丁身患顽疾，圣彼得和圣保罗显灵，指示他向教皇求救。君士坦丁照做了，教皇昔尔维斯特给他施洗礼，病神奇地痊愈了。为了答谢教皇，君士坦丁将这块土地连同三项特权赠予教皇。这三项特权是：承认罗马主教在全世界主教中的最高地位；君士坦丁东迁，在拜占庭设新都，将罗马与意大利的统治权交给教皇；赐教皇绛色皇袍和三角冠，象征教皇有统治西方各国的权力。从教皇获得的特权来看，我们知道这份文件对于教会具有多么深远的意义，因为它实际上确立了教权高于世俗政权。

瓦拉巧妙地将这份文件的拉丁文文法与 4 世纪的拉丁文和 7 世纪的拉丁文文法对照，并运用法律制度、宗教制度、历史文献方面的材料作为辅证，一举推翻了"君士坦丁赠礼"的真实性，从而揭露了教会历史上虚伪的一面。瓦拉指出，根据君士坦丁时期拉丁文盛行的情况，文件中有那么多的语法错误是不正常且不可理解的；那时候的法律也不可能允许君士坦丁将元老院和罗马人民转让给他人，何况 4 世纪罗马史学家记载了君士坦丁帝国是传给了皇帝的儿子们；昔尔维斯特教皇

①　[美] J. W. 汤普森：《历史著作史》上卷第 2 分册，谢德风译，商务印书馆 1996 年版，第708 页。

受赠后，按理应该有一个昔尔维斯特教皇国，而历史上从没有这么一个王国；文件中出现的"君士坦丁主教区"纯属虚构，根据当时基督教传播的情况，那时根本不可能有什么主教区，因为教徒的活动都还处于半秘密状态。

瓦拉的贡献不仅在于他证伪了这份文件，更在于他的研究深深刺激了史学家们，使他们对历史真实更加重视，文献校勘学从此诞生，并成为近代历史学中一门不可缺少的工具学科。

意大利文艺复兴时期的历史学在人文主义的推动下，展现了前所未有的景象，它在内容上关注人与现实，逐渐培养起尊重真实、拒斥荒诞的传统；在方法上发展了史料批判的新形式；对现实的关注使史学家们更注重历史的解释功能，使历史学成为某种具有现实意义的解释工具。所有这些，在当时的欧洲都处于遥遥领先的地位，随着文艺复兴运动在欧洲各国的开展以及意大利人文主义学者的输出，欧洲各国的历史学或多或少都步入一个新的时代。

二、法国博学派：从皮埃尔·匹陶到圣摩尔派

到了15、16世纪时，随着文艺复兴思潮的广泛传播，西欧一些杰出的史学家能够批判地利用史料，只是运用这种方法的人还不多，并没有成为历史写作的必要环节扎根于史学家的心中。史料受到重视的时代是从16世纪末到18世纪早期的博学时代，正是在博学时代史学家努力工作的基础上，19世纪才形成了系统的史料批判方法，并以之作为衡量史学家基本功的试金石。考察现代史学取得辉煌成就的种种基础，我们才能认识到资料收集、整理、考证的巨大价值，正是在这种意义上，博学时代取得的成就是历史学专业化进程中的一个里程碑。经过这个时代之后，从18世纪末开始，历史学才真正以其独特的魅力和文学逐渐分离开，形成一门被人们普遍接受的较为独立的学科。

（一）博学时代的特点与兴起

近现代思想对历史真实性要求的优先性，决定了能够流芳后世的历史著作首先是那些原始资料或经过整理的资料集，其次才是带着主观色彩的历史学专著，而后者得以流传往往也是因为它们已经变成研究某个时代或某种专题必不可少的资料。

博学时代致力于整理历史资料。简单地说，这个时代的特征表现为史学家对整理、编纂史料的空前兴趣。

宗教改革是促使博学时代产生的直接原因。在德意志及其他新教国家与天主教会的史学论战中，双方采用的基本方法便是大量搜集档案，让历史自己说话。如《马格德堡世纪》与《教会编年史》中都包含大量的史料，通过论战，人们看到了史料的价值，因为只有使史料的丰富性与真实性得到统一的那一派才能在论

战中获得优势。此外，宗教改革导致的战争造成大量的档案文献在市场上被低价抛售，认识到资料对历史学具有至关重要的价值的各种机构和史学家们便大量抢购。这样的社会环境与条件，再加上一代新史学家的成长，便迎来了博学时代。

汤普森指出："博学时代和文艺复兴之间、或博学时代和宗教改革之间的区别，比这些时代在年代上的差距表面上表现出来的意义要大得多。这种差别是在思想结构、学术兴趣、精神状态等方面都已起了变化的质的差别。"[1] 我们确实可以说，博学派史学家工作的性质与受文艺复兴或宗教改革影响的史学家们的工作性质相比，分别在不同但相连的层面进行，用现代的话说，前者是一种纯学术的、忘我而献身的活动，后者是一种多少带着现实利益或称为事功主义的活动。他们作为历史学实践不可缺少的两个层次，对历史学的贡献也不同：前者具有永久的价值，是后者的基础；后者能够解决现实问题，是前者价值在特定时间中的实现。

（二）博学时代著名史家

在这个时代，最令人瞩目的成就首先出自法国史学家，这也为法国成为近现代史学大国奠定了基础。

博学派的第一位学者是法国人皮埃尔·匹陶（1539—1596）。匹陶的功劳在于他整理、编辑了大量中世纪的文献，如副主祭保罗和弗莱辛的鄂图的著作，他向德·图建议系统地收集并编订中世纪的法国史料。在匹陶去世以后，这便成了法国博学派的主要任务。

继匹陶之后的另一位有代表性的史学家是安得烈·度申（1584—1640）。度申狂热地收集从各修道院流散出来的手稿，他有一个庞大的研究计划，可惜因意外事故早逝而未能完成。度申生前完成的著作有《丕平统治时期以前的法国史家的著作》《古代诺曼史家著作》《法国历代国王辉煌威仪的遗迹与研究》《法国红衣主教与圣徒传》等。从这些著作的名字中我们就能知道，所有的成果都建立在大量资料的基础之上。作为王家历史官和地理官，度申继承匹陶的事业，在整理中世纪法国资料方面为法国史学界起了表率作用，一种优秀的传统正在形成。

16、17世纪的法国圣摩尔派修道院承担着文化研究的重任。圣摩尔派修道士们对古文字学、古文书学、年代学的贡献举世瞩目。第一位在近代学术史上载入史册的圣摩尔派修道士是路克·达希里（1609—1685）。他被后人称为"摩尔博学派之父"，主编了《中世纪未刊文献集成》，并将其无数后辈领上文献整理的道路。据汤普森统计，仅在17世纪就能从这个学术团体中找出105名著名学者。[2] 下面

---

[1]　［美］J. W. 汤普森：《历史著作史》下卷第3分册，孙秉莹、谢德风译，商务印书馆1996年版，第6页。

[2]　［美］J. W. 汤普森：《历史著作史》下卷第3分册，孙秉莹、谢德风译，商务印书馆1996年版，第17页。

简要介绍两位，即让·马比荣（1632—1707）和伯尔拿·德·蒙福孔（1655—1741）。

马比荣作出贡献的领域很多，如古文书学、古文字学、宗教仪式研究、考古学等，其研究的主要范围是从 7 世纪到 11 世纪的拉丁教会史。1667 年，他编辑的第一部著作《圣伯尔拿住持全集》出版。随后，他为《圣柏尼德提派圣徒传》各卷撰写了共约 600 页的序言，在其中阐述了自己编纂历史的指导思想和批判、阐释史料的方法。马比荣编纂的其他著作还有《柏尼德提教团年代记》和《圣柏尼德提年代记》等。他的著作中贡献最大的是那部为驳斥丕皮布洛奇而写的《古文书学》。正如瓦拉发表《君士坦丁赠礼的辨伪》而创立了文献校勘学，1681 年，这部 6 卷本《古文书学》的出版为古文书学和古文字学的创立奠定了基础。马比荣将驳斥丕皮布洛奇的任务放到了次要地位，而在其中着力阐述古文书学的原则。这些原则大部分至今仍具有指导意义。在书中，马比荣展现的精神很难让人想象他是一位修道士，因为他坚信恢复历史的真实是保护天主教最有效的方式。

然而，马比荣在史料批判方法方面的成就仍十分有限，他在古文书学中运用的方法和继承瓦拉文献校勘学方面的成果只能属于史料考证中的外证法，史料批判是一个无止境的过程，不同的时代有不同的标准和要求，尽管马比荣的批判能力不能与 19 世纪以后的学者相比，但他在他那个时代中是最好的，而后人都是站在他的肩上才取得了更大的成绩。

蒙福孔是圣摩尔派的另一位史学大家，他的童年是在大量阅读历史著作中度过的。蒙福孔的成就主要集中在希腊古文字学与考古学这两个领域。1708 年，他出版了《希腊古文字学》一书，这部著作是他游历了意大利以后的产物，他在那里查阅了图书馆中保存的大量希腊神父的著作，使这部著作的内容非常充实。蒙福孔在希腊古文字学方面的研究水平完全可以与马比荣在拉丁古文字学方面的研究水平相媲美。在考古学方面，蒙福孔取得的成就是前所未有的，他的考古学著作有《古代遗物说明》和《法兰西王国古代遗物》，前者以大量的图片和精细的分类将古典时代的遗物系统地呈现在人们眼前。

马比荣和蒙福孔代表了圣摩尔派的最高水平，就博学时代而言，圣摩尔派也代表了这个时代学术研究的最高水平。圣摩尔派当然不止这两位成就卓著的学者，博学时代也不仅是圣摩尔派的时代。博学派倡导的史料研究在法国盛极一时，它同时影响到西欧其他国家的学者，如英国的亨利·斯柏尔曼、意大利的穆拉托里。[①] 更值得我们重视的是博学时代在西方史学史上的地位。

---

① 详细的介绍可以参见［美］J. W. 汤普森：《历史著作史》下卷第 3 分册，第 37 章 "博学时代"。

在 100 余年的博学时代中，无数的史学家做着默默无闻的基础工作，他们在史学资料的整理方面达到了登峰造极的地步，那些编纂出来的历史资料集的巨大价值总是在后人那里得到体现。现代史学的主要贡献在于认识主体为历史增添了丰富的意蕴，可是我们并不应认为史料编纂只是一种乏味而缺少思想的低级劳动，否则我们便无法认识历史学研究的本质。史料自希罗多德、修昔底德那时起，就是历史学写作得以开始的前提条件，没有了史料，也就不可能有任何可以称为历史的东西。

三、比利时玻兰达斯派

博学派最早通过比利时的玻兰达斯派神父协会表现历史学者们通力合作的优良传统。玻兰达斯派的神父们试图整理中世纪遗留的大量圣徒行传。这些资料曾经因为内容荒唐、迷信和夸张而被近代人嘲笑，并因此被认为一文不值。玻兰达斯派的神父们在人文主义和近代早期史学的影响下，也开始带着怀疑的目光审察圣徒行传中各种内容的真实性，他们认识到，只要剔除其中的虚妄内容，这些资料完全可以作为珍贵的文献被用于历史研究，其中蕴含着巨大的价值。路斯威德（1569—1629）神父是玻兰达斯派的创始人，他的弟子玻兰达斯（1596—1665）凭借自己才能使玻兰达斯派名扬四海。玻兰达斯派将基督教世界出现过的圣徒按照其圣徒节在公历上的顺序编排起来。从 1 月的节日编到 12 月。玻兰达斯之后，玻兰达斯派的领导人相继有亨斯亭、但以理·丕皮布洛奇（？—1714）等人，这项工作代代相继，一直到 19 世纪末还在进行。

丕皮布洛奇是玻兰达斯派中最优秀的史学家，他在史料批判中的重要贡献是推翻了"资料来源越古老，越普遍被人接受，也就越应该受到尊重"这个传统的史料接受准则，代之以史料的真实与否及与事实是否相符作为衡定史料价值的标准。这是一种符合论的真理观，虽然它在现代史学中受到批判，但它在博学时代的价值就如同使整个史学进行了一场"哥白尼革命"。

丕皮布洛奇谦虚且宽容，他在写作《古文书真伪辨异序》中犯的错误曾经诱发法国博学派大师让·马比荣写作《古文书学》。从丕皮布洛奇直面马比荣的驳斥中，我们可以领略博学派史学家献身学问的精神：

> 我可以坦率地向你公开承认，我以这个题目写的那篇文章得到的安慰没有别的，只是为你那篇如此杰出的论文提供了撰写的机会。的确，在初读你这部书时，我看到自己被彻底驳倒，毫无答辩余地，也感到一些痛苦；但你这篇极其难得的文章的效用和妙美很快就征服了我的弱点。而且，在看到如此清晰地阐明的真理之后，我欣喜万分，于是就把我的同伴邀来共享我内心

充满的欣慰。因此，一有机会，我便毫不犹豫地公开声明，我已完全放弃了我自己的主张，完全接受你的思想了。我向你恳求友谊。我并不是有学问的人，而是很想学习的人。①

丕皮布洛奇心怀一位真诚的史学家应有的敬业精神，这种敬业精神就是博学时代异于以前任何一个时代而独有的自觉的史学精神。博学时代正是在这种时代共有的精神的指导下，造就了许多史学家，他们共同为近代史学的发展奠定了基本的学术规范，也提供了坚实的文献基础。

第四节　启蒙思想家的历史写作

启蒙时代的理性主义史学不能被置于理性主义思潮之外研究，将启蒙思想作为一个整体进行研究的价值不可忽视。

一、理性主义者的理想世界

近代历史学走出神学的束缚，投入人性和理性的怀抱。在文艺复兴以及随之而来的启蒙时代，人性和理性成长为近代意义体系的中心，一切学科分化都不能越出理性的范围，而只能将自己设定为说明和理解理性的特殊途径。设定这种特殊途径正是历史学通向专业化道路上的又一个驿站。

近代早期，培根认为记忆是历史叙述所必要的能力，他试图要求史学家将历史现象如同自然现象那样以感性方式记载下来，从而保证记录的真实性。

基于当时的历史叙述中含有太多主观成分，笛卡儿否认历史是知识的一个分支，这种观点刺激着部分历史叙述者遵循自然科学的方法与原则改造历史学。

16—18 世纪，抽象的人性论使人们相信自己能够认识过去的时代，因为他们与古人有着共同的人性。这种在修昔底德那儿已经出现过的思想，在这个时期成了历史叙述背后隐藏着的普遍前提。

理性取代了上帝在意义体系中的位置，除此之外，史学家将中世纪关于人类不断朝向天国降临的进步历程更换了一个版本，宗教的天国变成了理性指导一切的哲学王国，因而，人类的历史便被解释成对人性的认识不断加深、理性不断进步的历史。哲学可以阐述理性的本质，文学可以传达理性的魅力，于是历史学也

---

① 转引自［美］J. W. 汤普森：《历史著作史》下卷第 3 分册，孙秉莹、谢德风译，商务印书馆 1996 年版，第 13 页。

有了非它莫属的任务，即叙述人类社会理性发展的历程。

总体而言，启蒙时代的史学大致具有以下特点。

（一）崇尚理性和自然法

理性主义的先驱笛卡儿（1596—1650）改造了上帝与理性的关系，他认为上帝创造了一切，包括人类的心灵和心外的世界，而上帝将关于世界的原理印在了人们的心中。世界的原理就像一部宪法，因而世间的事物都有据可循。他进一步论述说，上帝是绝对客观的，绝不会骗人，所以上帝所创造的普遍规律也是客观的。在这里，笛卡儿偷换了概念，将天意解释成自然规律，从而为科学研究找到了合法性的根源。

牛顿物理学为人们带来了认识自然世界的一种革命性方式，这在自然科学领域的巨大成功极大地刺激了学者们的观念。不少理性主义者相信，在看似变幻无常的人类活动中，在伦理学、政治学、历史学以至于一般的人类关系领域中，若运用与牛顿物理学相类似的方法也能够取得成功。人类价值的多元性、历史事实的不确定性以及历史解释的相对性，这些情况都没有真正阻止这些社会思想家保持同一个核心信念，"即所有时代的所有人的终极目标，其实是一样的"，① 这些目标包括满足人类基本的生理和物质需求，追求和平、幸福、真理、美德、高尚人格等。

在如何达到人类共同的终极目标这个问题上，理性主义者表现了不同的态度。伏尔泰和孔多塞等人认为，气候和地形等客观因素可能会使不同国家和民族采取不同的手段，但是它们的终极目标是一致的。这一类学者都对艺术和科学持肯定的态度，相信它们的发展是人类实现终极目标的有效途径，同时，它们能帮助人类抵御无知、迷信和压迫。以卢梭为代表的另一些学者则认为，原始状态下的人类和谐共处，而文明的制度本身就是腐蚀性的，只有"返璞归真"才能够实现目标。

尽管存在严重的分歧，但是理性主义者们在下面这一点上达成了广泛的共识：只有遵守自然法和永恒真理的真实性，人类才能够真正实现自由。大多数理性主义者都认为可以发现支配着一切人类活动的自然法，尽管在这些规律具体是什么、如何发现这些规律以及哪些人有资格发现它们等问题上存在分歧，但是他们中的绝大多数都相信，这些规律是真实存在的，而且是可以被认识到的。

因此，许多启蒙史学作品的意图在于寻找并总结出历史发展的规律，论述理性的发展历程，以理性的观念重新评价以往的一切历史价值。历史学如果运用自

---

① ［英］以赛亚·伯林：《反潮流：观念史论文集》，冯克利译，译林出版社 2002 年版，第3 页。

然科学的方法，必然能从历史现象中抽绎出历史的规律。如古奇所说，启蒙时代的史学"结束了那个单纯汇编史料的时代。它把历史的范围从记录事件扩大到论述文明。它企图把批判的标准和社会学的方法引入史学的领域"。① 然而，它同时具有政治论战和宣传性质，为此，长于论述的启蒙史学在确定单个历史现象方面存在着明显不足，这个任务后来由客观主义史学派与实证主义史学派完成。

也正是在理性原则的指导下，对于在他们看来是妨害了理性发展的教会和神学，理性主义者往往给予批判。比如，吉本就认为基督教是罗马帝国衰亡的重要原因之一，他在《罗马帝国衰亡史》中经常以讽刺的口吻谈到教会。

伏尔泰和吉本相信，当人们都领会了理性的真谛后，历史发展必然实现理性统治的千年王国。这种目的论在康德那里得到了加强。康德认为："人类的历史大体上可以看作是大自然的一项隐蔽计划的实现。"② 人是自然的创造物，也是唯一能具备理性的动物，因此人类在历史进程中的一切行为就如自然现象那样，其中隐藏着理性的因素。理性主义者对于作为整体的人类概念抱有信心，在他们的历史作品中经常会出现抽象的人类整体，他们把理性的发展看作一般的人以及全人类的任务。与乐观的进步史观相关联的，是这些思想家深信理性终将获得胜利，在对美好未来的期待下，他们将历史看作证明这一道路的证据，由此，启蒙思想家们把理性与历史的进步结合到了一起。

（二）追求精确与真实

自然科学的初步发展为历史学提供了榜样，使关于理性的历史叙述更倾向于追求真实性，这可是任何其他人文学科所缺乏的特色。如果历史叙述能获得真实性，那么，近代西方人认为历史学完全可以成为一门独立学科。

托波尔斯基认为，有一些精确的历史叙述，"它们自 16 世纪至 18 世纪开始发展起来，直到 19 世纪才完全形成，是先进的、专业的或学术的历史学之典范"。③ 这些精确历史叙述的标准就是叙述的事实在时间顺序和内容的真实性上保持逻辑的一致。

关于时间顺序，自古以来的编年史和中世纪的世界史观提供了很好的范例，因而专业历史学在近代的发展需要将精力集中在真实性上。

历史叙述自始至终都是与真实性相联系的，即使中世纪历史叙述也是如此。

---

① ［英］乔治·皮博迪·古奇：《十九世纪历史学与历史学家》上，耿淡如译，商务印书馆 1989 年版，第 82—83 页。

② ［德］康德：《世界公民观点之下的普遍历史观念》，《历史理性批判文集》，何兆武译，商务印书馆 1990 年版，第 15 页。

③ Jerzy Topolski, "Historical Narrative: Towards a Coherent Structure," *History and Theory*, vol. 26, no. 4, 1987, pp. 75–86.

在《论中世纪的历史表述与虚构表述》一文中，弗雷施曼认为中世纪历史叙述已经区分了真实事件与虚构，只不过在宗教意识的影响下，人们普遍将宗教奇迹视为真实，因而在历史叙述中大量夹杂着现代意识中认为不可靠的事实。[①] 不过，近代思想中真实性的概念又一次发生了转变，它在当时是以自然科学的客观性为标准的。过去，历史叙述与文学叙述总是难以区别，而近代史学家要想最终拥有自己独特的专业，就必须在自己的叙述中抛弃文学叙述的虚构性。

二、法国史学传统：孟德斯鸠、伏尔泰、卢梭

西欧博学派的学者们在史料的整理和批判方面作出了卓越的贡献，他们的工作为后世的学者积攒下了无价的丰富素材。然而，过度专注于史料的做法也存在脱离现实生活需求的问题。我们可以看到，研究具体史料同人类社会发展的理论之间存在着巨大的鸿沟，这方面的不足到了启蒙运动时期才得到弥补。17 世纪以来，法国逐渐成为欧洲文化的新中心，到了 18 世纪，它又引领了启蒙运动的新潮流。这一时期的法国史学在理性主义的指导下，同样闪烁着光芒，成了当时史学研究的标杆。这一时期的法国史学代表人物有孟德斯鸠、伏尔泰和卢梭。

（一）孟德斯鸠

孟德斯鸠（1689—1755）是法国启蒙时期的著名思想家。他的"三权分立"政治学说对后世产生了巨大的影响。同时，孟德斯鸠在历史研究方面有很高的造诣，在近代史学的发展过程中扮演着重要的角色，他是"以笛卡儿学说解释历史的最伟大的代表人物"[②]。他的历史观着重体现在《波斯人信札》（1721）、《罗马盛衰原因论》（1734）和《论法的精神》（1748）这三部作品中。

孟德斯鸠是一位律师，职业的立场影响了他的学术思想。他试图创建出一门解释社会的学科，其方法是运用收集到的材料进行推断，从而得出令人满意且符合理性的结论。可以说，这种学术理论是启蒙时期的许多思想者所共有的，尤其是在苏格兰启蒙学者那里，他们将推断的方法发挥得淋漓尽致，凭借它来进行历史分期，推断某些缺乏文字记载的历史时期是什么样的，在后文介绍该时期英国史学的部分，我们将详细论述这一点。

孟德斯鸠最关心的问题是：如何解释政治制度和政府法律的起源与发展。为此，他深入研究了以往许多史学家所不重视的社会史与经济史。在他看来，社会和经济同政治和法律之间存在着密切的关联，他将这些关系合称为"法的精神"。

---

① Suzanne Fleischman, "On the Representation of History and Fiction in the Middle Ages," *History and Theory*, vol. 22, no. 3, 1983, pp. 278-310.

② ［美］J. W. 汤普森：《历史著作史》下卷第 3 分册，孙秉莹、谢德风译，商务印书馆 1996 年版，第 98 页。

他认为在社会和政治活动的世界中，有着与自然世界类似的普遍规律，学者们的任务就在于发现这些支配着人事变化的原理。故而，他是用牛顿对待自然现象的方法来处理社会现象的。一方面，这种做法使得他的作品非常富于条理性，往往能够化繁为简，把许多看似复杂的问题分析得清晰透彻；另一方面，由于在作品中大量运用了先验性的推理和分析，孟德斯鸠的论述呈现了公式化的倾向。

《波斯人信札》虽是一部文学作品，但孟德斯鸠在书中通过一位来自波斯的主人公游历欧洲的所见所闻，将以法国为代表的欧洲文明与以波斯为代表的亚洲文明进行对比，论证了这两种文明形态的优劣之处，涉及政治、经济、军事、宗教、文化、风俗等各方面。孟德斯鸠在自己的这部早期作品中，已经表达了世界史发展变化的观点，同时，这部作品是开启文明比较研究先河的代表作。

在《罗马盛衰原因论》中，孟德斯鸠以论述古罗马的兴盛和衰落为途径，第一次概略性地阐发了自己的社会发展观。根据他的这一历史观，古罗马的兴起和衰亡是由它的政治制度的优劣和居民风俗的善恶决定的。他把中世纪的肇始与罗马帝国的衰亡直接联系起来。孟德斯鸠在考察研究了古罗马的历史后，提出罗马衰落的原因是公民美德逐渐消失，而罗马人所固有的勇敢善战、关心国家公益以及淳朴民风逐渐消亡。在他的论述中，社会发展有其内在的因果规律，这种规律制约着国家和民族的前途命运。

《论法的精神》被认为是孟德斯鸠最具代表性的作品，该书进一步发展了他原有的理性主义史观。全书共31章，主要内容可概括为：第1—10章论述法律的定义、法律与政体的关系、政体的种类及其各自的原则；第11—13章以英国的君主立宪制为例，详细阐述了他的政治自由和分权学说；第14—26章涉及地理、工业、商业人口、宗教等与政治关系的学说及各种推论；第27—31章则讨论了罗马和法国法律的变革以及关于封建法律的学说，其中第29章可被视作全书的一般性总结。值得注意的是，在孟德斯鸠的论述中，人类社会生活中的那种以书面形式出现的、用来规范和约束人的行为的"法律"，往往与自然规律意义上的"法则"结合在一起，这一定程度上是因为他是从笛卡儿和牛顿那里转借来了自然科学的研究方法，而这种做法也为他的"一切存在物都有它们的法"[①] 的观点提供了依据。他对规律的看法也因此常常陷入自相矛盾之境，这也算得上是当时的理性主义者们的一大通病。

此外，孟德斯鸠继承并系统化了让·博丹重视地理因素的观点，其"地理史观"体现了法国思想家惯有的传统特色。理性主义史学家们扩大了历史学的研究范围，将气候、地形、自然环境等内容囊括到历史学研究中来，孟德斯鸠就是典

---

① ［法］孟德斯鸠：《论法的精神》上，张雁深译，商务印书馆1961年版，第1页。

型的代表。他谈到了地理条件如气候、地形和疆域等对民族的法律、政体、风俗、性情及宗教的影响。比如,北方人比南方人更加勇敢、强悍,同时南方人在情感的丰富程度等方面比北方人更胜一筹。之后他又更进一步指出奴隶制应当产生于南方,因为这里的人天性懒惰、体格纤细、游手好闲,而专制制度的发展也正是在这样的环境中进行的。此外,不同的国家疆域大小有着与之相匹配的不同政治制度,如小国适合共和政体,中等国家宜采用君主政体,而大国则更应当采用专制君主制。诸如此类的"地理决定论"对民众而言具有巨大的吸引力,因为这种学说往往与人们的常识和经验的契合度较高,在任何文明发展的初期,地理因素都是不得不考虑的重要因素。但它的合理性也容易伴随着人们的常识而被无限夸大,以至于在后世的现代社会中还可能被利用,甚至转变成一种谬论,从而成为阻碍社会进步的观念屏障。

孟德斯鸠的社会发展学说本身就没有这么简单。他认为,法律也能够改变习俗,从而削弱自然因素和规律对人类社会所产生的制约作用。譬如在英国,君主立宪制度和良好的政治自由氛围就对习俗产生了巨大的影响。他还认为,宗教也与统治制度有关,基督新教有利于较为自由的国家,天主教有助于绝对君主制,伊斯兰教则更加适合专制统治。

总的说来,孟德斯鸠在尝试将自然科学的方法运用到社会发展领域方面作出了重要的贡献,他具有丰富的通史思想。自然科学的突飞猛进开阔了人类对世间万物的新眼界,孟德斯鸠正是以这种新的视角进行写作的。

(二)伏尔泰

弗朗索瓦-马利·阿鲁埃(1694—1778)的笔名为伏尔泰,人们更多记得他的笔名,他以这个名字写下了众多不朽之作。伏尔泰著述颇丰,历史作品仅仅是其中不怎么起眼的一小部分,即便如此,伏尔泰的历史观和研究方法对后世的影响仍旧是不可低估的。他最著名的历史作品有:《查理十二传》(1731)、《路易十四时代》(1751)和《论世界各国的风俗和精神》(汉译名为《风俗论——论各民族的精神与风俗以及自查理曼至路易十三的历史》,简称《风俗论》,1756)。

许多理性主义者主张历史是一个逐渐积累并进步的进程,每一个时代都为人类的知识和文明添砖加瓦,贡献了一些东西,随着时间的推移,人类的智慧和经验也在提高。此外,理性主义者摒弃了中世纪史学中上帝作为世界历史之主宰的观点,并且意识到了这种解释是可以批判的,他们转而在人世间寻求历史发展的规律和动因。伏尔泰在这两方面都作出了卓越的贡献,可以说是启蒙史学中具有领袖角色的学者。

伏尔泰在理性的指引下将《路易十四时代》和《风俗论》展现在世人面前。叙述前者,是因为"总的说来,人类的理性这时已臻成熟。健全的哲学在这个时代才为人所知"①。抽象人性的完美成了理性时代的标志，它作为一种永恒规则规定了人类社会的进程。论述后者，作者是为了展示各民族永远不变的社会风俗。他认为，"一般说来，人类总是今天是什么样，过去也是什么样"，"上帝给予我们以普遍的理性原则，正如他给鸟以羽翼，给熊以毛皮。这个原则是永远不变的"②。这种理性原则如同自然界的规律，不受时间与空间变换的任何影响。理性时代宣扬平等、自由等观念，并被视作天赋人权。在启蒙思想家的眼中，中世纪是黑暗的时代，它在历史上没有任何存在的价值，愚昧、迷信阻碍了人们对天赋人权的认识，因而他们的历史著作中绝少提到中世纪。正如柯林武德揭示的，对那些启蒙思想家来说："历史的中心点乃是近代科学精神的旭日东升。在那以前，一切都是迷信和黑暗、谬误和欺骗。对于这些东西是不可能有历史的，不仅仅因为它们不值得进行历史研究，而且因为在其中没有理性的或必然的发展：它们的故事乃是一个痴人所讲的童话，充满着叫喊和狂乱，毫无意义可言。"③

伏尔泰是"第一位把历史作为一个整体进行观察的学者"④，他认为仅仅从事于史料的整理和史实的确定并非历史研究的完整内涵，真正的历史研究需要达到哲学式的理论概括。因此，不难想见，伏尔泰的历史作品基本上都是着眼于大处的。他把世界上各大文明的事件串联在一起，使之形成一个有机的整体。他的历史作品不限于政治军事领域，这是因为他把历史理解为人类的一切活动，包括艺术、科学、技术、风俗、日常生活等。他的《风俗论》仿效了希罗多德的《历史》，但是他并没有停留在列举各类事物的层面，他的目标是发现规律，贯彻理性的原则。即便在《路易十四时代》这类看似属于人物传记的作品中，我们也不难发现他真正力图描述的是整个时代的全貌。

伏尔泰所要描述的是人类自身的历史，他对"黑暗"的中世纪持批判和否定的态度。在他看来，当时的人们缺乏理性，仅仅是宗教狂热和盲从迷信的奴隶而已。因此，他猛烈地批判神学史观，摒弃教会和《圣经》的权威，以纯粹属于人类的观点来重新构建历史。

在伏尔泰的"历史哲学"中，他以理性主义的准则勾勒了世界历史的发展进程，明确地把近代的欧洲文明树立为人类发展史上的高峰，其学说已经提供了"西方中心论"的雏形。

---

① ［法］伏尔泰：《路易十四时代》，吴模信、沈怀洁、梁守锵译，商务印书馆1982年版，第7页。
② ［法］伏尔泰：《风俗论》上，梁守锵译，商务印书馆1995年版，第34—36页。
③ ［英］柯林武德：《历史的观念》，何兆武、张文杰译，商务印书馆1997年版，第129页。
④ ［美］J. W. 汤普森：《历史著作史》下卷第3分册，孙秉莹、谢德风译，商务印书馆1996年版，第105—106页。

伏尔泰的历史研究深刻影响了当时以及后世的西方史学发展进程。在某种程度上，不少学者都是伏尔泰的追随者。孔多塞进一步发展了伏尔泰的进步史观，撰写了《人类精神进步史表纲要》，在书中表达了历史乃是人类理性不断解放的过程这一观点。

（三）卢梭

让-雅克·卢梭（1712—1778）的思想与孟德斯鸠和伏尔泰有较大的差异，不过他对 18、19 世纪史学的影响也是巨大的，他对一些德意志学者的影响甚至要超过他在法国的影响，这一点尤其体现在所谓的"狂飙突进"运动和浪漫主义思潮中。因此，有必要对卢梭的历史观作一番考察。

在卢梭的诸多作品中，《论人类不平等的起源》（1755）最清晰地体现了他的人类发展观念。在将理性引入历史研究后，目光敏锐的学者们开始关注一些之前史学家很少关注的问题，比如人类是从野蛮状态发展而来的吗？人类历史上曾经有过"黄金时代"吗？卢梭就这些问题给出了自己的解答。他相信，在人类历史上有过一个前社会状态的阶段。他描绘的图景是这样：当时的人类近似于动物，天性淳朴，贴近自然。此时的社会仅仅存在自然或生理上的不平等，如年龄、体格和心智等，后世那种制度性的不平等尚未出现，卢梭认为这是一个幸福的时代。

那么，人类为何会脱离这种幸福的状态，从而给自己带来许多烦恼和痛苦呢？在卢梭看来，人类发展的动力在于人口的增多以及由此导致的生存维系问题。食物的获取不再如当初那般容易了，这种生存的压力迫使人类去发明和创造，以新的技术来摆脱困境，而人类不幸的种子正是在这一技术进步的过程中埋下的。他论述道："从一个人需要别人的帮助之时起，从他感到一个人拥有两个人的食物是大有好处之时起，人与人之间的平等就不存在了，私有财产的观念就开始形成，劳动变成了必要的事情……随着庄稼地里的收成的到来，奴隶制和贫困也开始产生。"[1] 到了这个阶段，社会的阶层分化已经相当严重，"国家"也是在此时因富人的提议而诞生。这样的国家将先前已经出现的私有制和不平等固定下来，广大民众也就更加受到奴役。如此看来，卢梭认为国家是不平等所导致的结果，反过来又加剧了不平等的状况。

卢梭与伏尔泰等人的不同之处在于，他热衷于直觉和自然情感。伏尔泰将人类文明的发展视作一种进步，认为文明是人类智慧的结晶，文明程度越高，人类也就越自由；卢梭则意识到了文明迫使人类违背其自然的天性和本能的需求，这是一种扭曲畸形的状态。尽管存在重大的分歧，卢梭依旧相信普遍的永恒真理是

---

[1] ［法］卢梭：《论人与人之间不平等的起因和基础》，李平沤译，商务印书馆 2007 年版，第 93 页。

存在着的，所以他也认可自然法的权威。

卢梭作为浪漫主义之父也发出了承认中世纪的信号。浪漫主义思潮将历史上的各个时期看作理性进步过程中的必要阶段，从而发展了一种历史连续性的观点。此外，卢梭关注作为个体的人的价值，这方面的思想也为浪漫主义和历史主义思潮所汲取，从而发展了一种历史个体性的观点。之后我们会了解到，有关历史连续性和个体性的思想逐渐成为后世历史学思想的核心，由此也将更加明了卢梭的贡献。

三、英国史学传统：休谟、罗伯森、弗格森与吉本

英国的理性主义史学颇具特色。一方面，18世纪的许多英国学者积极地汲取伏尔泰等法国理性主义者的思想，伏尔泰式的历史哲学是他们所共同追求的理想，我们可以在这一时期的英国历史作品中看到伏尔泰思想的影响；另一方面，英国的启蒙史学家们还有一些关乎自己国家和民族的独特考量。在经历了宗教改革和英国革命这样的重大历史事件后，英国学者开始追溯本民族的宪政与自由之起源，这不仅是为了对现实境遇作出合法性的论证，也是理性思潮开拓了人们视野的结果。

相比于法国的启蒙史学，英国启蒙史学的另一大特色在于其党派论争的性质，诸教派、辉格党和托利党等的区分始终是英国学者不得不直面的问题。比如，关于休谟在其《英国史》中究竟是站在什么立场上这一问题，学者们争论了两百多年，由此可见，党派的烙印紧紧镌刻在英国思想界之中。

英国的启蒙史学继承了此前的文学性传统，18世纪英国的奥立佛·戈德史密斯和托拜厄斯·斯莫利特等文学家撰写了许多历史普及读物，广受人们的欢迎，而休谟和吉本等大史学家的文笔也非常出色。

在这一小节中，我们将主要介绍两位英国史家，即大卫·休谟和爱德华·吉本，这两位学者的史学著作可谓该时期英国史学的巅峰。此外，"苏格兰学派"的"推测史学"提供了文明史研究中的一个经典范式，同样值得我们关注。

（一）休谟

大卫·休谟（1711—1776）是苏格兰启蒙运动的杰出代表人物，他的《自恺撒入侵至1688年革命的英国史》（简称《英国史》）是18世纪英国最受欢迎的历史著作之一。休谟也是英国经验主义的集大成者，他论证了事实真理与数学或逻辑中的先验真理之间并不存在逻辑关系，在《英国史》中，他富于怀疑精神，坚持要对事件的因果进行刨根问底，宣称要做到不偏不倚。他将历史看作一个能够为"人的科学"提供论证材料的资料库。他的《人性论》引论中的一段话充分说明了这一点："我们必须借审慎观察人生现象去搜集这门科学中的种种实验材料，

而在世人的日常生活中，就着人类的交际、事务和娱乐去取得实验材料。当这类实验材料经过审慎地搜集和比较以后，我们就可以希望在它们这个基础上，建立一门和人类知识范围内任何其他的科学同样确实、而且更为有用的科学。"[①]

正如其全称所示，《英国史》是一部从恺撒入侵写至 1688 年英国革命的英国通史著作。该书共计 6 卷，第 1—2 卷记述了自公元前 55 年恺撒入侵不列颠至 1485 年都铎王朝建立之间的英国历史，涉及罗马不列颠时代、金雀花王朝、安茹王朝、兰开斯特王朝、约克王朝等时期；第 3—4 卷记述的是 1485 年至 1603 年都铎王朝的历史；第 5—6 卷则论述了从 1603 年到 1688 年的英国历史，包括斯图亚特王朝、共和国时期、复辟时期和光荣革命。

该著作并非仅仅记载政治和军事方面的事件，还广泛论及文学、艺术、风俗、礼仪等方面的内容，这一点与伏尔泰等法国史学家们的作品较为相似。在休谟看来，历史不仅具有垂训和道德教化的功能，还能用来记录人类思想的精华。

政治立场问题是休谟无法回避的，在这方面，他受到了同时代人的广泛批评。休谟力图保持清醒冷静的头脑来评判政治事务，虽然他对"光荣革命"持赞颂的态度，但是他拒绝在《英国史》中将斯图亚特王朝的君主们描述成诡计多端的暴君，这使得他招致了大多数辉格党人的批评，他们将休谟断定为一位中庸保守的托利党人。更有甚者，一些学者利用休谟的苏格兰人身份来反对他，宣称他参与了一起旨在颠覆英格兰人自由的阴谋。后来对他的研究得出了相反的结论，学者们开始研究休谟对于商业社会的重视和他作品中充满讽刺性的怀疑精神，相应地，休谟被这些学者视作一位积极进步的哲学家和崇尚科学的辉格党人。

之所以在休谟究竟持哪种政治立场这一问题上会出现长期的争论，一方面，因为不同的历史时期和社会情境本身就具有不同的价值取向，而这种差异会导致人们对于某一部作品或某种思想的态度产生分歧；另一方面，这些评判往往忽略了休谟的作品与思想的重点，即休谟是带着自身的哲学意图来创作历史作品的，他要反对的正是那种僵化而死板的"贴标签"式判断，以及目的论地看待历史的倾向。休谟反对宗教狂热和党派分歧，因为它们给现实带来了严重的后果，腐化了人们的心灵，使得人们在看待历史时无法做到冷静和理性。

休谟在史学方面的重大贡献在于他对因果关系的强调，"他首先看到'起因'在历史上的性质和意义，历史上一切变化都是以这个起因为依据的"[②]。但是他所注重的"起因"还比较简单化，主要是关于个体行为的原因，比如为什么一些欧洲的君主会接受宗教改革，为什么一些贵族会合谋来促成 1688 年的"光荣革

---

① ［英］休谟：《人性论》，关文运译，商务印书馆 1980 年版，第 10 页。
② ［美］J. W. 汤普森：《历史著作史》下卷第 3 分册，孙秉莹、谢德风译，商务印书馆 1996 年版，第 114 页。

命"等。

（二）罗伯森与弗格森的"推测史学"

杜格尔德·斯图亚特（1753—1828）是亚当·斯密传记的作者，也是苏格兰启蒙运动的有力鼓吹者。他于 1790 年前后提出了"推测史学"（Conjectural History）的概念，用以描述苏格兰启蒙史学家重新思考历史编纂的本质和目标。他认为，"推测史学"类似于休谟的"自然史学"（Natural History）和法国的"理性史学"（Histoire Raisonnée）。[1] 就其实质而言，所谓"推测史学"即指那种将历史分析的传统主题与新型社会科学的解释方法和概念范畴结合起来的尝试，当时的苏格兰启蒙学者普遍认为，"推测史学"是构成休谟所提出的"人的科学"（the Science of Man）的不可或缺的部分。"推测史学"的特性主要有以下两点：（1）思考人类社会是如何通过连续性的发展而演变的，用弗格森的话来说，人类社会"从野蛮到文明"的演变是如何进展的[2]，建立"分期模型"（stadial model），将人类历史划分为数个阶段；（2）尝试从人类历史中演绎出普遍原则。威廉·罗伯森（1721—1793）和亚当·弗格森（1723—1816）是"推测史学"的重要实践者。

罗伯森的《查理五世统治史》是 18 世纪最受欢迎的历史研究著作之一，也是阐发苏格兰"推测史学"的重要代表作。该著作中以"论欧洲社会"（A View of Society in Europe）为标题的序言，堪称有关"分期模型"的最具影响力的表述。在该序言中，罗伯森将"分期"应用于解释欧洲漫长历史中的一些最戏剧性的、但在此前难以理解的发展阶段。关键性的历史进程，如帝国最终被更具活力的蛮族所征服的事件——罗马的衰落与政治上的过度扩张，以及欧洲中世纪的各民族通向"文明和优雅"的间歇性进程，每一个都被罗伯森描述得好像能被当作自然的结果来理解，即人类本性的不同方面与特殊物质环境的相互作用之结果。[3]

罗伯森在晚年撰写了《美洲史》和《古印度史》，从而扩大了历史分期的应用范畴。美洲曾是一个真正的"原始社会"，当地土著人与原始自然状态紧密相关，他们处于极其与世隔绝的状态，这一社会的演进显然是缓慢的，而且与发展的普遍规律保持稳定的一致性。为了促使读者与这些土著产生共鸣，罗伯森以典型的哲学式口吻，并运用隐含在任何分期理论中的普遍主义来表述其观点。他认为，

---

① ［英］杜格尔德·斯图亚特：《亚当·斯密的生平和著作》，蒋自强等译，商务印书馆 1983 年版，第 30 页。

② Adam Ferguson, *An Essay on the History of Civil Society*, ed. Fania Oz-Salzberger, Cambridge：Cambridge University Press, 1995, p. 7.

③ William Robertson, *The History of the Reign of the Emperor Charles Ⅴ*, ⅰ. British Library, Historical Print Editions, 2011, pp. 11, 64.

最初每个地方的人类都是相同的，但一个人在后天可能获得的才能，以及他所能施行的美德，则依赖于他所处的社会状态。而在《古印度史》中，罗伯森采取了大相径庭的思路来处理社会发展进程中的各阶段。他强调了在南亚逐步发展出的独特文化，同时分析了东西方文明在习俗方面的一些相似之处，进而为其分期理论寻求更广大的普遍性。

弗格森对于确定分期理论的含义作出了更加实质性的贡献。在《文明社会史论》中，他试图将人类本质与自然环境之间的关系进行广泛的理论化，他认为，人们通常所说的历史上的一系列重大事件，在很大程度上是人为建构出来的。与以往那些按照编年顺序排列的历史著作不同，《文明社会史论》是以专题的形式呈现的，弗格森为这些专题起了颇富哲学韵味的标题，如"论道德情操"和"论人类联盟的诸原则"等。实际上，弗格森通过回顾人类社会历史，来论述当时道德哲学和社会理论中的核心问题，这些问题曾被休谟、孟德斯鸠和卢梭等人单独挑出并论证过。该著作并没有提供关于任何单一的历史事件或历史时期连续性的说明。弗格森认为，人类的自身本性便是推动社会演变的最主要动力。人在其自身本性的迫使下，"自其最初存在以来，就开始了创造和发明"。实际上，人类这种无法改变的求变性和无穷尽的创造性的特征，正是进步背后的真正驱动力。此外，对物质改善的关切，始终是人类所考虑的特定目标：正如弗格森在书中某处阐释的，"生存之忧""是人类活动的首要动力"。[1] 弗格森并没有真正地回答一个对于任何致力于总体形势的历史学家来说具有根本重要性的问题：为什么大规模的变迁恰恰出现在某一时刻，而非另一时刻？对于任何一个假定存在一系列互不相连的发展阶段的理论来说，这都必然是一个关键性的技术问题，他所给出的含糊答案是，不同阶段间转变的发生，主要是作为因人口增长而引发的资源压力的后果。

亚当·斯密（1723—1790）也是分期理论的践行者之一，他认为，社会历史发展各阶段的特征是对特定生产方式的依赖性——他所指的是采集狩猎（导致"原始未开化"状态）、畜牧（维持了"野蛮"社会）、定居农业（与"封建社会"的出现密切相关）和最终的更复杂的贸易体系（被认为是"商业社会"的基础）。不仅是个体与个体之间的关系，而且他们对财产所有权的观念以及法律条款和政治结构，都是为了应对同一变化中的物质条件而被构造出来的。而当我们抛开所有这些分散的积聚过程，一个社会从某阶段向另一阶段转变的起点，在本质上仅仅是生存方式的效应作用。在人口日益增长的不利环境下，这些生存方式的确立是为了满足无时无刻影响着人们的出自人类本性的基本需求。在这一意义上，人

---

[1]　Adam Ferguson, *An Essay on the History of Civil Society*, ed. Fania Oz-Salzberger, Cambridge: Cambridge University Press, 1995, p. 35.

类为了生存而被迫去发明和革新，因而最终将被迫进步，"他们被迫必须去发明，为的是凭借其他方法来维持自身的生存"[1]。就此而言，作为经济学经典的《国富论》，源自斯密对人类历史的思考，它深刻地影响了当时人们对历史进程的理解，并且它也堪称 18 世纪对人类发展所作出的最有说服力的说明之一。

（三）吉本

爱德华·吉本（1737—1794）是英格兰启蒙时期著名的史学家，他的《罗马帝国衰亡史》堪称启蒙史学的巅峰之作。

吉本的思想背景较为复杂。他早年曾在欧洲大陆广泛游历。在瑞士洛桑暂居时，吉本对新教，尤其是发源自荷兰的阿米尼乌斯教派的思想产生了浓厚兴趣。这一教派的学者反对加尔文宗的"先定论"，认为虽然人类的救赎只能依靠上帝的恩典实现，但是人类具有自己的主观能动性，是人类挑选了上帝，因而他们注重公民行为与救赎之间的关系和作为人类文化产物的宗教教义，这些思想深深吸引着年轻的吉本。吉本与法国启蒙思想家们也有广泛的接触，在他的《罗马帝国衰亡史》中，我们可以看到伏尔泰和孟德斯鸠等人对他的影响。此外，他继承并发展了苏格兰启蒙史学家对于因果关系的重视，这也造就了他在论述事件时那种层层递进且复杂深刻的特点。

根据吉本自己的说法，他撰写《罗马帝国衰亡史》是由于一个偶然的机遇。1764 年 10 月 15 日，吉本漫步于罗马城，凭吊古迹，这不禁使他开始思考缘何曾经辉煌伟大的古罗马帝国会陷入衰亡的境地。之后他奋发撰写的这部 6 卷本，记述了从安敦尼王朝到 1453 年君士坦丁堡陷落的罗马帝国史。在第 1 卷的序言中，吉本概述了他的写作计划，尽管这部作品是在十多年后才全部写完的。在写作的过程中，吉本进一步扩大了该著作的写作范围，如此恢宏庞大的篇幅需要有极为广博的才学作为支撑，他努力掌握了关于早期中国史、阿拉伯史、草原民族史以及十字军东征等事件的知识，在这一过程中他获取了更加充实的史料。

对于罗马帝国衰亡的原因，吉本有着独到的见解。与孟德斯鸠不同，道德因素并非吉本考虑的重点，吉本认为，将帝国的衰落归因于生活奢侈、道德堕落、妇女放荡和人们热衷于竞技娱乐等因素，仅仅是一种过时的陈词滥调。实际上，吉本相信奢侈并非有害，它能够刺激经济的增长，是矫正财产分配不均的唯一办法，而且他赞颂中产阶级市民对于城市发展的价值。这与吉本所处的时代背景有关，这一时期的英国逐渐开始了工业革命，全新的物质生活状况也冲击和革新着人们的思想。

---

[1] Adam Smith, *Lectures on Jurisprudence*, ed. R. L. Meek, D. D. Raphael, and P. G. Stein, Indianapolis: Liberty Fund, 1982, p. 14.

　　吉本认为，基督教的广泛传播和福音的深入人心与帝国的衰落之间有着密切的关联。秉持着理性的精神，吉本对基督教大肆宣扬的神迹持否定态度，他以辛辣讽刺的口吻剥开基督教圣洁纯真的外衣，批判其内在的迷信和狂热对于人心的腐化作用。但他并非全盘否定基督教的历史价值，他认为天主教会在一定程度上保存并延续了罗马帝国的遗产，是近代文明复兴的部分原动力。

　　吉本反对君主专制，在他的论述中，专制主义也是罗马帝国衰亡的重要原因之一。在他看来，迁都至君士坦丁堡之后的罗马帝国逐渐从原来的罗马政治文化转变为亚洲式的专制主义，抛弃了对于政治制度和传统的坚守，社会等级制度也逐渐转变，取而代之的是一种权力与依附的二元关系，这些都严重破坏了原本稳定的政治秩序。

　　吉本的心目中也有人类历史的黄金时代，那就是罗马帝国从暴君图密善去世到暴君康茂德继位前的时代，他认为："如果他们那一时代的罗马人能够安享一种合乎理性的自由生活，这几位君主是完全可以享有恢复共和制的荣誉的。"① 像其他理性主义史学家一样，吉本确立了理性的标准后，也将它作为衡量其他时代的尺度。对某个时代的全面肯定与对中世纪存在之合理性的全面否定反映了启蒙思想的一个根本倾向，即非历史的倾向。不关心时间对历史过程的影响正是近代自然科学的特征，自然规律在近代人们的观念中是超越时间限制的，理性在启蒙思想家的观念中也是超越时空限制的，因此他们可以随意将社会由此生成的一段传统与历史视为缺乏理性而将其舍弃。

　　吉本对因果律的应用极为精妙。比如，在《罗马帝国衰亡史》第二十六章中，凭借卓越的论述技巧和深刻独到的认识，他对东罗马皇帝瓦伦斯为西哥特人所击败的阿德里安堡战役作了层层递进的论述。这一章的开篇是对匈奴人的社会与风俗的分析，涉及该民族饮食、住所、政治组织形式以及人口扩张等情况，吉本由此说明了为何他们会屡次入侵中国。之后匈奴人又由于种种原因而大规模西迁，迫使流离失所的哥特人进入罗马帝国的边境。随后，东罗马帝国内部的一场政治危机爆发了，在此期间成千上万的哥特难民被允许跨过多瑙河，开始成为帝国的组成部分。后来，东罗马人对于哥特人的过分剥削导致他们进行反叛。由此，原本看似风马牛不相及的个体事件被联系在了一起，而阿德里安堡战役的原因也就得到了详尽的说明。

　　通常认为，《罗马帝国衰亡史》可以被分为两个迥然不同的部分，第 1—4 卷为第一部分，涉及从 2 世纪的安敦尼王朝到 641 年的历史，时间跨度约为 500 年。

---

① ［英］爱德华·吉本：《罗马帝国衰亡史》，黄宜思、黄雨石译，商务印书馆 1997 年版，第 13 页。

吉本在这 4 卷中详尽地论述了罗马帝国由盛转衰的历史，具有极高的史学价值。而由第 5—6 卷组成的第二部分则涵盖了将近 1000 年的历史，篇幅比例方面的分配不均也暗示着吉本对于东罗马帝国历史的叙述是较为简略粗陋的。这主要是因为，在拜占庭希腊文的知识储备方面，吉本颇为有心无力，材料的缺乏也导致吉本对这一时期内的诸多事件的判断并不准确。即便如此，吉本敢于撰写前人很少涉及的拜占庭历史，这本身就是颇值得赞赏的，他在这方面的尝试也激励了后世的学者对这一领域展开更深入的研究。

《罗马帝国衰亡史》各卷的出版时间节点，恰好为吉本与英国的社会现实之间建立起某种历史关联之时。第 1 卷出版于 1776 年，当时正值美国独立战争的高潮；第 2、第 3 卷出版于 1781 年，旨在反对天主教的戈登暴乱发生不久，吉本对这次暴乱较为关注，因为他在这一事件中看到了自己所反对的宗教狂热；第 4、第 5、第 6 卷出版于 1788 年，这时的英帝国正处于重大的历史转折点上，此前不久它失去了部分美洲殖民地，《皮特印度法案》也在 4 年前颁布。

总体而言，吉本的《罗马帝国衰亡史》是欧洲启蒙史学的代表作之一。吉本充分利用了当时思想界的最新成果，展现了当时西方史学的最高水平。由于吉本的文笔非常优美，辞藻华丽，时常穿插各种逸闻趣事和幽默讽刺，因而《罗马帝国衰亡史》一书颇具文学价值，其中的许多章节被选入大学教材，深受人们的欢迎。后世学者对于吉本及其著作的评价普遍较高，不少知名学者为之校订和注解，这也进一步扩大了吉本的影响力。

第五节　史学认识的转变

启蒙运动不仅提供了历史著作的新范本，同时推动了人类史学观念的转变，史学认识得到了更新。一方面，历史学的视野更加开阔，历史学家开始把人类的全部历史看作一场从野蛮到理性和文明的单一发展过程，过往的全部历史被看作一个值得研究的整体；另一方面，一些学者将历史概念作为一种在哲学上有其正当性的知识形式，推动了更加广阔的历史知识概念的产生。人性的概念也被放入历史的范畴中重新思考，人类历史与自然的关系被重新解释。

一、从维柯、赫尔德到康德

18、19 世纪是西方近代"世界历史"理论与实践蓬勃发展的时期。这一时期，从理论层面系统地涉足这一领域的第一位重要人物便是意大利历史哲学家詹巴迪斯塔·维柯。

(一) 维柯

维柯 (1668—1744) 在《新科学》中表述了自己的世界历史理论。首先,他认为,世界历史的编纂应该以论证人类社会的普遍原理为主要目的。《新科学》全名为《关于各民族共同性的新科学原理》。作者的意图一目了然,他要探寻的是各民族之间的共同性。例如,维柯指出:"各民族的各种起源都在于各民族本身而不在它处。本书自始至终都要证明它们的起源都在各族人民的公众需要和利益,后来才由一些个别的聪明人就各种起源进行思索而加以完善化。"① 这种表述共同性的言论比比皆是。

维柯相信自己从不同民族的不同时代、不同历史发展阶段和不同认识水平的表象中,归纳、概括出了历时的或共时的历史科学普遍原理。他认为,这是一些永恒的规律,因而说道:"(本书)完全展现在我们面前的就不只是罗马人或希腊人在法律和事迹方面在特定时期的特殊历史,而是(由于在杂多的发展形态中在可理解的实质上仍然表现出一致性)由一种展现出一些永恒规律的理想性的历史,这些永恒规律是由一切民族在他们兴起、进展、成熟、衰颓和灭亡中的事迹所例证出来的。纵使在永恒中有无限多的世界不断地产生(情形决不会如此),他们的事迹也都会替这种永恒规律作例证。"②

暂且不论维柯找到的永恒规律是否确定有效,他之所以能够获得这一系列的"新科学原理",要归功于他从语言学入手,以认识论为基础开展自己的工作。维柯将所有原理都建立在他预设的认识论前提之上,其中最重要的一个便是:人类能够认识自己创造的世界。维柯指出:"民政社会的世界确实是由人类创造出来的,所以它的原则必然要从我们自己的人类心灵各种变化中就可以找到。……而这个民政世界既然是由人类创造的,人类就应该希望能认识它。"③

与中世纪的历史认识比较,维柯确认的这一认识观念将世界历史从上帝的安排中解脱出来,世界历史由人类创造,因而世界历史的编纂也是为了证明人类认识能力的发展规律,而非证明上帝的旨意。目的论、进步史观依然是维柯"世界历史"观念的重要组成部分,但上帝作为世界历史命运的决策者,已经开始悄然隐退,取而代之的将是人的主体性。事实上,这种替代是在近代"世界历史"观念发展的长期过程中发生的,维柯迈出的也只是第一步,但这一步意味着"世界历史"从此将由神性的世界历史转变成人性的世界历史。

不过,维柯希望用一系列永恒规律来建构"世界历史",他实际的意图是想通

---

① [意] 维柯:《新科学》上册,朱光潜译,商务印书馆 1989 年版,第 55 页。
② [意] 维柯:《新科学》下册,朱光潜译,商务印书馆 1989 年版,第 597 页。
③ [意] 维柯:《新科学》上册,朱光潜译,商务印书馆 1989 年版,第 154 页。

过自己的努力，为人类的任何实践活动提供一个简洁明了的解释框架。在一种世界历史的解释框架中容纳整个人类的实践活动，这的确是个难题。恰如维柯所说，"人类心灵按本性就喜爱一致性"，① 但人类往往无法实践自己的理想和计划。

在《新科学》中，维柯注意到了人性与民族发展的历史性，可是，他对永恒规律的不懈追求显示出，历史性并没有贯彻其理论的每一个部分。同时，对永恒规律的概括还潜在地蕴含了欧洲中心论的种子，它们具有"强大"的生命力。

（二）赫尔德

与《世界公民观点之下的普遍历史观念》一文发表的同一年（1784），康德的学生赫尔德（1744—1803）出版了他的世界历史著作《人类历史哲学的观念》。这是一部理论与编纂实践相结合的著作，它的突出之处在于全书构架的宏观视野与对个体性、历史性的热切关注。赫尔德将人类生命置于自然界的背景下理解，他要确定每一个特殊优待区在母体中的位置，如太阳系之于宇宙、地球之于太阳系、有机组织之于地球物质结构、动物生命之于生命系统、人类之于动物等。赫尔德阐述的特殊化演进过程在一个有机的链条中不断进行，直至指出欧洲是人类文明的特殊优待区，因为只有欧洲人的生命是真正历史性的。②

赫尔德以强调个体的特殊性与历史性的方式来撰述世界历史，这使他有可能在重视人类文明的整体特质的基础上，在不同种族集团之中寻求他们各自的文化差异。赫尔德在揭示不同文明的特性时，倘若就此止步，不再对各种文明做出价值判断，而是赋予不同文明平等的价值，那么他便可以有意识地尝试逃离欧洲中心论的圈套。不过，赫尔德没有这样做，他正是通过价值判断，从不同的母体选出特殊优待区，而欧洲文明成为人类不同文明中的特殊优待区，正是其理论一贯性的必然结果。

赫尔德历史哲学中的目的论、进步史观、历史连续性、个体特殊性等思想没有给近代"世界历史"观念带来太多新的内容，但我们从他引申出这些思想的思路上截取某些片段，从不同的角度来思考，就有可能为现当代解构近代"世界历史"观念提供理论支持。例如，假使我们承认，赫尔德所指的母体可以划分成不同的特殊区域，但并不认为其中的某一个具有价值上的优越性，那么我们便能平等地看待不同种族及其文化特质，最终为超越欧洲中心论奠定理论基础；进而，

---

① ［意］维柯：《新科学》上册，朱光潜译，商务印书馆 1989 年版，第 119 页。
② 关于赫尔德历史思想的介绍与评价，请参见［德］康德：《评赫尔德〈人类历史哲学观念〉》，《历史理性批判文集》，何兆武译，商务印书馆 1990 年版，第 32—58 页；［英］柯林武德：《历史的观念》，何兆武、张文杰译，商务印书馆 1997 年版，第 141—146 页；［美］J. W. 汤普森：《历史著作史》下卷第 3 分册，孙秉莹、谢德风译，商务印书馆 1996 年版，第 180—188 页。

我们也能平等看待人类、其他动物、植物，超越人类中心论，为建立以生态为中心的世界历史体系准备条件。然而，按照赫尔德历史哲学的本义，他恰当地将人类历史视为自然世界的延续，认识到人性有着随不同时代、不同环境变化的内容，可是，他不恰当地对欧洲大陆这块自然区域中发展着的精神世界或人性做出具有跨越时间的价值优势的判断，因而不可避免地为近代"世界历史"观念的欧洲中心论抹上了一笔重彩。

的确，如汤普森所说，"赫尔德把康德的发展力量这个概念和卢梭的个人主义结合起来。……但赫尔德仍然只不过是卢梭、温克尔曼和康德的直接继承人，实际上是他这些先辈播下的种子的收获者"①。历史性与个体性是赫尔德建构其世界历史理论中的两块基石。应该说，他是近代欧洲历史上第一位系统、明确地阐述个体性与历史性的思想家。从近代"世界历史"观念的范式这一角度看，赫尔德运用的两块理论基石强化了欧洲中心论，也为解构它隐藏了另一种可能性，这便是赫尔德的历史哲学在近代"世界历史"观念发展史上的独特之处。

（三）康德

康德（1724—1804）是赫尔德的老师，但我们在此将康德置于赫尔德之后，原因有三：（1）康德有关历史认识的思考部分受益于对于赫尔德作品的反思；（2）康德的认识论为后世有关历史哲学论题的讨论，如解构现行世界历史观念及重构新型世界历史书写提供了更强大和更深层的逻辑支撑；（3）康德向着追求一种"普世价值"的思想发展，更具有乐观和积极的态度。

在《世界公民观点之下的普遍历史观念》中，康德从认识论的立场出发，阐述了他对世界历史的看法。他指出："人类的历史大体上可以看作是大自然的一项隐蔽计划的实现，为的是要奠定一种对内的，并且为此目的同时也就是对外的完美的国家宪法，作为大自然得以在人类的身上充分发展其全部禀赋的唯一状态。"② 从中我们得知，康德假设人类历史是一个实践着大自然的隐蔽计划的总体，它的根本目的在于形成一部完美的国家宪法，这部宪法将体现正义和真理、自由和平等，以及天赋人权。正如何兆武所指出的："构成康德历史哲学的中心线索是历史的两重性，即历史的合目的性与历史的合规律性。"③ 以形成国家宪法为目的，康德为世界历史的撰写提供了一条线索，即描述这项大自然计划的展开与完成。康

---

① ［美］J. W. 汤普森：《历史著作史》下卷第 3 分册，孙秉莹、谢德风译，商务印书馆 1996 年版，第 181 页。

② ［德］康德：《世界公民观点之下的普遍历史观念》，《历史理性批判文集》，何兆武译，商务印书馆 1990 年版，第 15 页。

③ 何兆武：《〈历史理性批判文集〉译序》，康德：《历史理性批判文集》，何兆武译，商务印书馆 1990 年版，第 2 页。

德的理想，实则是期待人类最终步入理性的千年王国。正义、真理、自由、平等、天赋人权成了千年王国的普遍原则。

康德预想将"世界公民的观点"编织成国家宪法，它构成了世界历史解释框架中的根本原则，也是不同时期、不同种族历史获得不同评价的标准。康德指出，它"或许有一天会给其他一切大陆提供法则"①，这意味着国家宪法是欧洲历史的产物，欧洲中心论思想已然闪烁其间。另外，康德不仅将理性这一抽象概念作为欧洲中心论的基础，还将这一基础具体化为政治生活中实践理性主义的各种观念，即正义、真理、自由、平等、天赋人权等。这些观念开始成为近代"世界历史"观念中的价值目标，成为一种进步、发展历程的终极成果。

我们从康德的历史哲学思想中，能够明显看出与中世纪"世界历史"观念（如目的论），以及与维柯等人思想（如寻求人类历史发展的普遍原理）的类似之处。然而，康德的创造性表现在，他比维柯更自觉地意识到，普遍的世界历史的存在首先是人们以某种预想为线索进行撰述的结果。康德证明了普遍的世界历史存在的可能性与必要性，他认为："把普遍的世界历史按照一场以人类物种的完美的公民结合状态为其宗旨的大自然计划来加以处理的这一哲学尝试，必须看作是可能的，并且甚至还是这一大自然的目标所需要的。"② 康德毕竟将他意图获得的世界历史视为某种哲学尝试的结果，既然是尝试，那么它便只能是人类多种主观努力中的一种。

在此，我们可以先将康德的具体思想，如世界历史表现的是国家宪法合规律的进步历程等搁置起来，来分析为什么康德要为世界历史的表现预设这样或那样一条线索。康德的看法是，撰写普遍的世界历史是人们思考人类历史总体的必要方式。这就是说，撰述世界历史的意义并非源自它客观反映了某种历史规律或大自然的隐蔽计划，相反，它的价值在于它是人类认识历史的一种必要手段。柯林武德根据《判断力批判》说明了康德赋予自然以目的的立场，即"自然之具有目的这一观念乃是我们确实不能用科学的探讨来证实或证伪的一种观念；但它却是这样一种观念，没有它我们就全然不能理解自然。实际上，我们并非以我们相信一种科学定律的那种方式在相信它；但是作为一种观点我们在采用它，承认它是一种主观的观点，并且根据这一观点来观察自然的事实不仅是可能的，而且是有益的，不仅是有益的，而且是必要的"。③ 维柯从人类创造历史就能认识历史这一

① ［德］康德：《世界公民观点之下的普遍历史观念》，《历史理性批判文集》，何兆武译，商务印书馆 1990 年版，第 19 页。

② ［德］康德：《世界公民观点之下的普遍历史观念》，《历史理性批判文集》，何兆武译，商务印书馆 1990 年版，第 18 页。

③ ［英］柯林武德：《历史的观念》，何兆武、张文杰译，商务印书馆 1997 年版，第 148 页。

立场出发，指出世界历史的发展是有规律的，而这种规律是可以认识的，从而确立了认识世界历史的可能性；康德则指出，如果我们不假定有一种大自然的隐蔽计划，不用编撰世界历史的方式认识杂乱无章的历史现象，并将它们概括成合目的的、合理的历史过程，我们就只能走向绝望。这样，"世界历史"观念在中世纪经历了哲学化的转向后，经过维柯，在康德这里最终完成了认识论转向。

康德为"世界历史"观念带来的认识论转向具有重要的意义。一方面，"世界历史"由一种客观的反映转变成以主观的认识为前提，即由记载世界历史本体发展之客观进程的方式，转变成将杂乱无章的人类历史现象综合成有目的、合理的世界历史进程的主观认识方式；另一方面，我们一旦认识到按某种观点撰写"世界历史"仅仅是解释历史的一种方式，也就为承认存在多种"世界历史"扫除了理论障碍。它将"世界历史"观念引上了多元化和相对主义之路，最终也为 20 世纪批判以欧洲中心论为核心的"世界历史"观念提供了理论前提。

二、欧洲中心论的初成

倘若说在 16 世纪，"世界历史"观念中尚难看到明显的欧洲中心论色彩，那么，当"世界历史"观念一步步远离中世纪时期的内涵，被打上近代的烙印，我们可以同时看到欧洲中心论随着欧洲"近代"特征的加强而发育成熟，世界历史由此成为以欧洲或西方为中心的对外扩展史，于是，近代"世界历史"观念的具体内涵也成为欧洲中心论得以确立的理论基石。

对于永恒规律的不懈追求表明，历史性并没有贯彻其理论的每一个部分。同时，对永恒规律的概括潜在地蕴含着欧洲中心论的种子，它们具有强大的生命力。

维柯的历史认识中就含有欧洲中心论的雏形。最明显的表现在于，维柯将一切民族的历史发展划分为三个时代，即神的时代、英雄时代和人的时代。不仅如此，他还针对各民族的习俗、自然法、政府、语言、字母、法学、权威、理性等，统统按照三个历史发展时代归纳出它们各自的特征。[①] 尽管维柯的概括不乏睿智，他称赞人的时代的习俗具有责任感，其自然法是由人类理智来判决的人道的法，其政府是人道的政府，其语言是发音的语言，其字母是凡俗人自己控制的……总之，人的时代中，一切都是世俗的、理智的和人道的。但我们注意到，维柯叙述的各民族并不是每一个都已经完整地经历了这三个时代。事实上，只有维柯自己所处的欧洲，在 17 世纪末 18 世纪初进入了人的时代，他的结论正是以这一时期欧洲文明发展水平为基线来进行归纳和总结的。就这样，维柯通过为人类历史划分阶段，赋予了欧洲文明在认识能力和价值论上的优越性，无形中将欧洲文明确立

---

① 参见［意］维柯：《新科学》下册，朱光潜译，商务印书馆 1989 年版，第 493—524 页。

为世界历史发展的标准。如果认为西方近代"世界历史"观念有一个以欧洲中心论为核心的范式，那么这个范式在维柯这里已经初步成形了。

从认识论的角度来分析，欧洲中心论之所以主导了近代"世界历史"观念的范式，是因为近代欧洲理性主义的发展。以理性时代著称的启蒙运动时期，"世界历史"观念在历史编纂中获得了它的实践成果——伏尔泰的《风俗论》。

在西方史学史上，《风俗论》因为描述了伏尔泰所知各民族的精神与风俗，而区别于同时期的其他历史著作。还有论者根据伏尔泰的言论，如"东方是一切艺术的摇篮，东方给了西方以一切"[①] 来判断，认为《风俗论》创立了一种新型的世界历史，它确认了东方各国的重要历史作用。然而，从该书的主旨看，它并不能算是一部在价值论上对东西方历史一视同仁的世界历史著作。作者描述中国、印度、西亚、北非、美洲等非西方地区，不过是为他要详述的西欧提供一幅可在世界范围内确定其空间、时间位置和认识水平高低的背景图。

如若仅仅从《风俗论》描写东西方风俗所占篇幅上，确认它是一部欧洲中心论的历史编纂作品，这未免过于简单而且缺乏理论上的说服力，我们还可以从下述两个方面确认这一点。

其一，伏尔泰在前言中明确指出，该书的主旨在于帮助人们了解各主要民族的精神、风尚和习俗，但他将自己所处的时代确定为文明时代。他说道："我们就有必要一道周游这个世界，看看它在这以前处于何种状况，同时循着这个世界如何一步步走向文明的过程来研究它，就是说，从东方国家开始研究，然后到西方国家。"[②] 由此可见，从东方国家到西方国家的叙述，同时是对从野蛮走向文明这一进步历程的叙述，欧洲在价值论上的优越性跃然纸上。

其二，在伏尔泰看来，文明程度的高低与理性的认知水平高低一致。《风俗论》中，读者时常能看到伏尔泰称颂古代的中国、印度等其他非西方民族如何进步，然而，只要涉及伏尔泰所处的时代，更聪明和更理智的人必定是西方人。《风俗论》在字里行间将伏尔泰心中深藏着的优越感表露无遗。在这样的世界历史中，叙述古代东方先进的目的在于为说明近代西方后来居上作好铺垫，而西方的成功则是因为理性指导着欧洲人的行为与生活。

维柯和伏尔泰在近代"世界历史"观念的理论与实践方面各有了最初的成果。根据以后"世界历史"观念在理论与实践方面的发展，我们能够得出这样的结论，即维柯与伏尔泰已经为近代"世界历史"观念确立了基本的范式。

这种范式的核心内容便是：世界历史是理性在世界时间和空间范围内产生、

---

① ［法］伏尔泰：《风俗论》上，梁守锵译，商务印书馆 1995 年版，第 201 页。
② ［法］伏尔泰：《风俗论》上，梁守锵译，商务印书馆 1995 年版，第 206 页。

发展、成熟的历史。如果说近代欧洲是理性最早被认知的地方，未来的世界历史便应该是理性意识由欧洲向欧洲以外地区扩展、成长的历史。只要以理性为基础的西方价值观被确认为比其他民族、文化的价值观更具优越性，那么未来的世界历史自然也将表现为西方价值观的扩展史。

近代"世界历史"观念在总体上有着区别于中世纪观念的独特价值论与意义体系。然而，我们也应看到，在这种独特性之外，中世纪的许多观念仍旧被吸纳到了近代"世界历史"观念的范式中，例如目的论、进步史观、历史分期等思想，不过，这些思想在不同时期已经形成了差异。

近代倾向以理性发展理解世界及其命运的思想家们，逐渐将人类理智与认识能力放在了至高无上的位置。他们不再把进步史观与目的论看成阐明上帝旨意之必然结果的某种工具，理性发展的历史同样是进步的和"普世"的历史，而与目的论唇齿相依的历史分期也是近代"世界历史"观念不可或缺的要素。从维柯、杜尔阁、孔多塞、赫尔德、黑格尔等近代"世界历史"观念的表现者那里，我们看到世界历史被划分成不同的历史时期，以便印证思想家们各自的世界历史理论。

近代"世界历史"观念与中世纪观念的不同之处，除了前者以欧洲中心论为核心内容，便是中世纪观念具有的广泛的实践性被大大削弱了。

第一，近代"世界历史"观念反映在近代不同学者、学派的学说之中，虽然大致统一的范式形成了，但这些学说的接受者无论如何不可能像中世纪的基督教徒那样普遍。欧洲中世纪基督教以全民宗教的形式出现，教徒们在接受基督教的同时便接受基督教的"世界历史"观念，近代"世界历史"观念却要随着理性主义的逐渐扩展，步步为营地从宗教教义中争夺观念的发展空间，更何况像维柯、黑格尔这样的思想家也不可能完全摆脱宗教信仰对其人生观、世界观的影响。因而，近代"世界历史"观念具有的普遍性难以与中世纪"世界历史"观念存在的普遍性匹敌。

第二，与欧洲近代理性主义的发展相伴随的是，思想家们大力宣扬人文精神。他们研究人性，称赞人类理智与认识能力的伟大。理性的发展直接促使人们更多地关心世俗社会，关心个人在现世的日常生活。人们对微观世界的热情远超对宏观世界的思考。当理性主义宣扬个人能够通过自己的实践认识和创造自己的历史，又有多少忙于生计的人会像宏观史学家或历史哲学家那样去关心整个人类的命运呢？如果不能将世界历史的命运与个人自身的存在意义联系起来，"世界历史"观念也就不可能在人们的日常生活中保留普遍的实践意义。基督教凭借信仰的手段做到了这一点，理性主义思想家却无法通过理性认识与判断做到。这意味着，除去小部分的思想家，近代"世界历史"观念开始远离一般民众，世界历史及其发展不再按上帝确定的计划进行，而不得不由理性来指导，在"理性的狡计"内完成。对民众而言,世界历史的计划不再像中世纪基督徒所看到的那样清晰,他们事实上只是一项隐蔽计划中的盲从。

思考题

1. 如何理解文艺复兴时期的意大利政治与现实主义史学的关系?

2. 请阐述世界史观在近代法国史学中的代表及其表现。这种世界史观有何来源?

3. 宗教立场如何影响近代早期德意志地区的历史写作?

4. 请阐述博学派史学的特点及其对近代史学发展的贡献。

5. 理性主义史学的理想是怎样的?哪些史家的作品可体现?

6. 维柯、赫尔德、康德的历史思想是如何表现"规律"的?

第六章　史学的专业化与民族主义史学的兴起

斯皮格尔批评中世纪历史叙述时说："尽所有批评的可能，中世纪历史编纂是不真实的、不科学的、不可靠的、非历史的、非理性的、不确定的、文字不通的，更坏的是，它是非专业化的。"[①] 其中隐含着这样一个前提，即历史叙述的专业化与历史学不再隶属于神学，这两者之间有着必然的联系。史学的专业化意味着学科的专门性与独立性，它要使历史学在研究对象、研究方法、思维方式和学科价值上能够与任何其他学科区别开来，从而可以称这个学科的研究者为史学家。让历史学拥有一块独立的园地始终是诸多史学家的梦想，自文艺复兴以来，历史家们就在自发地为此努力。直到19世纪，随着客观主义史学、实证主义史学和历史主义史学的出现，梦想似乎变成了现实，历史学终于被人们普遍看作一门专门学问。

不可忽视的是，近代史学的专业化过程与史学中的民族主义思潮相伴而生。近代民族主义的形成，国家边界、主权的明确，似乎是近代经济、政治的结果，实则离不开史学家们通过历史写作进行的塑造。不论经济利益的分配、民族国家国土边界的勘定，还是各民族国家政治意图的表达、国家主权的明晰、民族特性的表述，其中都内蕴着对精确性的诉求，这些也都根源于日常生活中自然科学精神对人们心中观念的潜移默化的影响。放在这个视野下，历史学与自然科学、与其他任何学科之间，即使形成了差异化的自我认同，它们彼此仍然共享着共同内核和解释框架，即由自然科学发展为表征的生产力带来的对生产关系的决定性影响。这一点，恰是马克思主义为我们作出过阐释的。

第一节　近代历史意识的发展

历史学的专业化进程不仅展示了学科的发展，更重要的是它还指示着"历史"这个观念在人们意识中的变化。近代伊始，人们依据现实主义原则首先意识到历史是人的历史，历史学要为现实服务，这样，它才能真正摆脱神学的控制，史学家不再通过叙述历史来论证上帝的神性。

一、历史意识生成的社会条件

20世纪70年代以来，关于"历史意识"的研究日渐活跃，德国的史学理论家

---

① Gabrielle M. Spiegel, "Genealogy: Form and Function in Medieval Historical Narrative," *History and Theory*, vol. 22, no. 1, 1983, p. 44.

约恩·吕森认为，历史意识"是将时间经验通过回忆转化为生活实践导向的精神（包括情感和认知的、审美的、道德的、无意识的和有意识的）活动的总和"。①也就是说，历史意识与人们的生活和社会状况有着密切的关联，为了更好地理解西方近代以来的历史写作进程，我们首先需要对近代历史意识生成的社会条件作一番考察。

首先是历史著作的广泛传播。在15世纪中期古登堡印刷术被发明并应用于出版事业之前，欧洲的书籍大多是手抄的，而文字的载体材料如羊皮纸较为昂贵，这导致书籍稀有，君王、贵族、僧侣和学者等群体才具有阅读书籍和拥有书籍的资质。此外，在文艺复兴以前，绝大多数书籍都以拉丁文作为书写文字，这是一种受过一定教育的上等阶层人士才能掌握的文字，普通民众难以真正涉及该领域。在一些意大利文艺复兴时期学者的带动下，以方言书写的作品越来越多地呈现在人们的面前。与其他体裁类似，历史著作在这方面也受益良多。尽管到了18世纪时下层民众仍然视书籍为稀罕之物，但是在中等阶层以上的社会群体中，书籍已经得到了较为广泛的传播。女性作者和读者也逐渐参与到这项知识的普及进程中来。18世纪英格兰的著名女性作家海丝特·夏萍（1727—1801）在她那本广受欢迎的著作《心智改善书信集》（1773）中，向她的女性读者大力推荐历史，认为历史可以形成并增强人们的判断力，弥补缺乏经验的短板。这表明，到了18世纪时，历史著作已经成为一种重要的体裁，其传播程度已经达到了一定的规模。

其次是人们运用历史来进行自我定位、社会定位和民族国家定位的意识已经萌发。在本书上一章中，我们已经提及，16、17世纪的英国学者们积极主动地研究历史，追寻自己的民族和国家的起源，编造了一些颇具传奇性的历史神话，塑造了一些深入人心的历史人物。法律是这一时期最重要的历史研究内容之一。随着17世纪英格兰宪政思想的兴起，许多学者以宪政的理念为基点，考察古代的法律制度，形成了具有英国特色的历史观。如果从这个角度来看待该时期英国的历史研究，那么霍布斯、洛克、黑尔、斯佩尔曼和哈林顿等学术趣旨看似大相径庭的学者，都可以被纳入这一进程。②而在宗教改革运动中，历史著作也是各方势力开展论战的重要武器，他们根据自己的宗教观念对历史和《圣经》故事作了不同的阐释，这正是将往昔和回忆用作生活实践指导的重要表现。这种做法在19世纪的德意志达到了高潮，一些史学家主动将政治问题带入历史学中研究，希望通过

① ［德］约恩·吕森：《历史思考的新途径》，綦甲福、来炯译，上海人民出版社2005年版，第63页。
② 约翰·波考克在研究17世纪英格兰的历史观与法律之间的关系方面作出了卓越的贡献，参见［英］J. G. A. 波考克：《古代宪法与封建法：英格兰17世纪历史思想研究》，翟小波译，译林出版社2014年版。

阐述历史来为解决现实问题提供灵感和线索。或许我们可以做出这样的判断：在近代的欧洲，人们愈发意识到了历史与当下之间的联结。这可能也是西方的 19 世纪被誉为"历史学的世纪"的一个重要原因。

最后是 15 世纪以来新航路的开辟及西欧的殖民扩张，冲击着欧洲人的世界观，商业社会和资本主义的兴起改变了人们看待生活的方式，理性主义的传播和自然科学的突飞猛进增强了人们的信心，原本那种人与自然之间的关系逐渐被颠覆。在这样的社会发展背景下，人们呼吁着新的"世界历史"观念的出现。苏格兰启蒙时期的学者们将《圣经》历史编年法加以改进，在理性精神的指导下，充分参考非洲、亚洲和美洲的原始部落社会状况，提出了"分期学说"来重新阐释人类历史的发展进程，威廉·罗伯森的《美洲史》（1777）和亚当·弗格森的《文明社会史论》（1767）都是这一研究领域的重要代表作。"欧洲中心论"的世界历史观也在这一时期的历史作品中得到体现，维柯和伏尔泰等人的作品展露了"欧洲中心论"的萌芽。到了 19 世纪，实证主义史学家如孔多塞等在自然科学的影响下，描绘了人类精神文明发展的时间地图。近代西方历史观的发展，与社会转型有着莫大的关联。

二、科学（理性）主义史学与历史（理性）主义史学

理性自启蒙时代以来便成为历史叙述中的根本原则。然而自那时起，人们便从不同角度对它有不同的理解，这些理解在 19 世纪最终形成两种史学意义体系，即科学理性体系和历史理性体系，在各自体系内进行历史叙述所产生的叙述文本在形式与内容上都有明显差异。

自 18 世纪末开始，历史叙述在与文学叙述脱离而寻求专业化的进程中开辟了两条道路：一条道路由自然科学的观念铺就，将历史学引上实证化轨道；另一条道路由历史主义观念构成，将历史学限制在个体叙述的框架内，意图使历史学成为一门介于科学与艺术之间的独立学科。

在实证化道路上，历史叙述很容易将叙述对象限制于客观存在的事实，它希望通过两个阶段——首先确定事实的真实性；其次寻找到事实之间存在的规律，以便人们能根据规律预测未来。这条道路的关键在于排除叙述者的主观性，将历史事实当作客观自然现象来研究。显然，这是文学叙述不可能获得的功能。

历史主义道路希望真实的历史事实确定后，通过寻找个体事件之间的因果关系，解释从历史中能够孕育现实的原因，这是一种暗含着的情境论。其中事实的真实性确保了历史叙述的科学性，而个体性叙述在考虑到历史事件产生的历史性时，也不否认叙述者自身的历史性，从而构成了独有的历史性叙述。这两条道路

都通向人们所追求的相对独立的历史学。

与此同时，文学的概念也在发生变化。虽然 18 世纪以现实主义为特征的小说已经出现，但无论小说如何在价值论上真实地反映现实，它在事实上始终被认为是虚构的。到了 19 世纪，文学家已经不再回避自己作品的虚构性质，这也有利于放宽近代西方人意识中有关叙事必须真实的观念。在上述种种努力下，到 19 世纪中叶以后，历史学至少在当时人们的意识中获得了相对独立的学科地位，它终于从神学与文学中脱离出来，以一种学问的身份使专业化梦想暂时在追求模式化解释的近代科学理性或追求个体解释的历史理性的意义体系中实现了。

（一）科学（理性）主义史学

自 18 世纪末期开始，历史叙述最大的改变是与文学叙述的分离。其重要表现之一在于历史叙述更加关注事实的确定性。虽然出于不同的目的，但无论在科学理性体系还是历史理性体系中的史学家都开始意识到这一点的重要性。在此，我们先论述历史事实的确定性与科学理性的关系。

在 18 世纪的历史写作中，已经存在着一种论述与叙事之间的区别。历史论述是作者对自己所认为的真实事件的因果解释，历史叙事是将这种真实事件再现于文字之中。从逻辑上讲，必然是先有叙事再有论述，即使作者没有将叙事形成文字而直接进行论述，也不能否认叙事在逻辑上的优先性。对于包括叙事与论述的历史叙述而言，"无论一个给定的历史话语的叙事方面与论述方面的相对优点是什么，前者是基本的，后者是次要的"。[①] 19 世纪历史叙述的发展就是遵循着这条道路的。

19 世纪普鲁士史学家兰克决心研究历史的直接原因在于，他发现某些历史著作中存在着不可调和的矛盾，为此他写作了《拉丁和条顿民族史》，宣称"它的目的只不过是说明事情的真实情况而已"。[②] 尽管我们不能简单地认为兰克是在一味追求客观事实，但他的许多门生形成的客观主义史学派确实存在这种倾向。为了考证事实的真实性，许多史学家埋头于故纸堆中，整理了大量的文献，并力求在历史叙事中摒弃史家的主观性。从科学理性的角度，我们可以说关注个别历史现象是要求再现历史真实的结果，它为历史叙述向自然科学靠拢提供了大量被认为是真实的经验材料。

在此之后，实证主义在孔德的倡导下登上了历史叙述的舞台。孔德试图在大量的经验材料中发现某些因果律，从而使实证主义史学家能将客观主义史学领入

---

① Hayden White, "The Question of Narrative in Contemporary Historical Theory," *History and Theory*, vol. 23, no. 1, 1984, pp. 1-33.

② 转引自［英］乔治·皮博迪·古奇：《十九世纪历史学与历史学家》上，耿淡如译，商务印书馆 1989 年版，第 178 页。

真正科学的殿堂。他认为实证精神是"唯一能够适当地代表一切历史大时代，还体现同一基本演变的各个特定阶段；其中每一阶段，按不变的规律，从前一阶段而来，也为后一阶段做准备；不变的规律，使之参与共同的进步，从而能始终前后一贯、不偏不倚地对所有协作作出正确的哲学解释"。① 实证主义史学家要求在确定了历史事实的基础上，最终根据归纳法寻找到历史规律，完成实证历史学的两个阶段。但实际的情况是，所谓的实证主义史学家也只能勉强实现第一阶段，第二阶段的计划从未真正实现过。无怪乎柯林武德不无讥讽地称实证主义者为"超级历史学家"。②

在以科学理性为核心的意义体系中最终形成的客观主义史学和实证主义史学虽然在 19 世纪具有相当大的影响，但由于科学观念本身的变化以及它们在事实上丧失了实用功能，到 20 世纪以后，现代历史学呈现的新特征便宣告了它们的破产，而科学性是不是历史学能够具备的特性又成为人们争论的问题。不过，我们不应该忘记，近代在另一个方向上还有一些史学家在努力争取历史学的独立地位，他们在以历史理性为核心的意义体系中为自己确立了专门化的目标。

（二）历史（理性）主义史学

我们很难给历史理性下一个准确的定义，但可以通过以历史理性为核心的意义体系所包含的内容来理解它。在此之中的历史叙述不同于理性主义史学，它不以普遍、永恒的人性和理性为原则，相反，它认为人性和理性的形成都离不开特定的时空和具体的历史环境，它关注任何在历史连续性中生成的事物并以之作为个体的特殊性。近代西方有一个专门名词用来指称它，即"历史主义"。我们姑且称历史理性体系中的历史叙述为历史主义史学。

历史主义在维柯那里已初现端倪。维柯认为某物的创造者与对它的认识者是同一的。维柯据此将自然界划归上帝所创造，人类社会划归人类所创造，认为只有创造者才能认识自己的创造物。再者，维柯仿照培根的《新工具》而作《新科学》，是想在人类历史的领域发现能够解释它自身而又不同于科学理性的共同理性。维柯不否认人类有着共同的本性，但这种本性并不像启蒙思想中的人性那样是天生的。维柯认为："各族人民的本性最初是粗鲁的，以后就从严峻、宽和、文雅顺序一直变下去，最后变为淫逸。"人性有着一条随时间变化而变化的历程，人类历史也是如此，"每个民族在时间上都要经历过这种理想的永恒历史，从兴起、发展、成熟以至衰败和灭亡"。③ 如若具有维柯这种思想，启蒙思想家们就不至于

①　[法] 奥古斯特·孔德：《论实证精神》，黄建华译，商务印书馆 1996 年版，第 44 页。
②　[英] 柯林武德：《历史的观念》，何兆武、张文杰译，中国社会科学出版社 1986 年版，第 145 页。
③　[意] 维柯：《新科学》上册，朱光潜译，商务印书馆 1989 年版，第 127—128 页。

将中世纪拒之门外，而应把它当作历史发展的必然阶段来对待。

浪漫主义之父卢梭也曾发出承认中世纪的信号。浪漫主义思潮将历史上的各个时期看作理性进步过程中的必要阶段，承认一种历史连续性的观点。

如果说维柯强调了人类历史区别于自然界而具有某种特殊性，那么赫尔德认为每一个种族的成员的心理特征都具有共同性，但不同种族之间相互存在区别，包含着不同的理性。这样，对特殊个体的关注就从人类社会分解到各个种族。

进入 19 世纪后，历史主义得到了进一步的阐述，逐步建立起以历史理性为核心的意义体系。

兰克的历史叙述体现了历史主义思想。伊格尔斯指出："兰克历史学的目的既不是收集历史事实，也不是形成普遍规律，而是认识观念。"[1] 的确，兰克为许多西欧国家著史，正是希望从个体国家中理解国家的观念。在兰克看来，每一个国家都代表"神的旨意"，但每一个国家各自都有一种"主导观念"，国家就是这种主导观念所显示的历史趋势的产物，而就每一个国家的研究都将深化对于这个国家的主导观念的认识。

对个体特殊性的关注也使包括兰克在内的史学家将精力投入确定历史事实中。在考证方法上，史学家不仅通过发现与事实矛盾的证据来进行考订，还会借助语言学、诠释学等学科的方法。

例如在利用语言学时，人们相信各个时代的修辞风格存在历史演变的过程，因而就能根据被考察的文本的修辞风格与某个时代的修辞风格的异同确定它产生的时代及真伪。所以，从历史理性的角度来看，19 世纪史学家确定客观事实的可能性不能不说受到了历史主义的深刻影响。如伊格尔斯就近代史料研究中的历史主义所指出的："要了解史料，就得将它放在历史和文化的架构里，因为史料就是时代、国家、历史和文化中的一部分。"[2]

19 世纪的西方人普遍认识到任何东西的出现都可能有它的历史渊源，历史主义的影响波及一般史学家的叙述。

弗朗索瓦·基佐在评价英、法革命时认为："不论在英国或法国革命中，人们所说所望所作的，都是在革命爆发前已经被人们说过，做过，或企求过一百次的。"[3] 显然，革命的原则都不是革命期间突然出现的，它们有一个生成的历史过

---

[1] Georg G. Iggers, "The Image of Ranke in American and German Historical Thought," *History and Theory*, vol. 2, no. 1, 1962, p. 31.

[2] ［美］伊格尔斯：《历史主义》，张京媛主编：《新历史主义与文学批评》，北京大学出版社 1993 年版，第 288 页。

[3] ［法］F. 基佐：《一六四〇年英国革命史》，伍光建译，商务印书馆 1985 年版，第 3 页。

程。更令人称赞的是，基佐能够发现后事的发生有助于我们认识前事的意义。他说："总之，两个革命是如此值得相提并论，甚至我们可以说，如果第二个革命不曾在历史上发生过，那么我们就无法彻底了解第一个革命。"① 基佐运用了一种回溯－预期方法，它有利于保持叙述的前后一致性。托波尔斯基论述了这种 19 世纪发展出来的方法。② 当我们深信单个历史事件是在过去孕育而生，并对以后发生的事产生效果时，我们在研究中首先将自身置于那个时间点上，联系该事件之前发生的事件与以后发生的事件并加以思考，寻找它们之间的因果关系，最后进行叙述。如此说来，19 世纪史学家不仅具备了从事件的历史源流来认识历史的能力，而且能从事件的效果来对它进行再认识，后一种认识获得的远不止历史本身，更是历史的意义。这正是历史主义追求的理想。

在亚历西斯·德·托克维尔的著作中，历史和传统对历史事件的意义也得到了正确的对待。他相信法国人在大革命时期"不知不觉中从旧制度继承了大部分感情、习惯、思想，他们甚至是依靠这一切领导了这场摧毁旧制度的大革命；他们利用了旧制度的瓦砾来建造新社会的大厦，尽管他们并不情愿这样做"。③ 每一个历史事件的发生与传统都存在着千丝万缕的联系，他们的特殊性来自传统与现实的结合。托克维尔甚至能认识到他自己的历史叙述行为同样具有特殊性，他直言相告："我希望写这本书时不带偏见，但是我不敢说我写作时未怀激情。一个法国人在谈起他的祖国，想到他的时代时，竟然无动于衷，这简直是不能容许的。"④ 作者这种对叙述过程中自身主观性的表达说明他对叙述文本之特殊性的产生也有了初步认识，其胆识超出了 19 世纪的大多数史学家。

在历史理性体系中，通过强调历史发展的连续性、历史个体的特殊性，历史学基本上取得了相对独立的地位，它又与科学理性体系中的客观主义史学和实证主义史学相区别。因此，到 19 世纪，历史学在两个方向上基本满足了专门化的要求。当然，我们只能说这在 19 世纪西方人的意义体系中是如此，因为根据 20、21 世纪的观念，我们或许可能说历史学在近代从来就没有独立过。例如，实证主义史学依附于自然科学就如中世纪史学依附于神学，历史主义史学关注的连续性与个体的特殊性在当代史学思想中也受到了强有力的挑战，海登·怀特就试图证明 19 世纪的历史学与历史哲学退化成一种"讥讽论"的历史，像文学一样，

---

① ［法］F. 基佐：《一六四〇年英国革命史》，伍光建译，商务印书馆 1985 年版，第 10 页。

② Jerzy Topolski, "Historical Narrative: Towards a Coherent Structure," *History and Theory*, vol. 26, 1987, p. 81.

③ ［法］托克维尔：《旧制度与大革命》，冯棠译，桂裕芳、张芝联校，商务印书馆 1992 年版，第 29 页。

④ ［法］托克维尔：《旧制度与大革命》，冯棠译，桂裕芳、张芝联校，商务印书馆 1992 年版，第 33 页。

其中包含着众多的想象成分。近代历史学扎根于理性的意义体系中，对理性的过分重视必然阻碍人们认识历史中的非理性和无意识的成分。尽管近代认知水平可能还不足以促使人们认识到它们，但非理性与无意识力量的巨大作用不断显露，要求历史学在深度和广度上都要有长足发展。这正是现代和当代史学的任务之一。

第二节 兰克与 19 世纪德意志史学

历史总是可以从多种角度被评价，而无论从什么角度来评价拿破仑与 1806 年耶拿战役，我们都可以将德意志民族主义和普鲁士的兴起看成这场德意志人民浩劫的直接后果。战后，普鲁士开始推行教育改革。1810 年，在洪堡等人的努力下，柏林大学正式成立。这所大学堪称近代大学的典范，为 19 世纪的德国培育了大量优秀人才。洪堡认为，使德国成为一个整体的是"对曾共同享有的权利和自由、在战场上赢得的胜利和共同面对的危险的记忆，对曾将父辈们联系在一起而现在只存留于孙儿们的怀旧渴望中的密切联系的回忆"。[①] 从此，德意志学术在已有的丰厚基础上，获得了迅猛的发展。19 世纪的德意志史学界称雄西方史坛，出现了难以胜数的著名史学家，他们覆盖了各个领域，并凭借各自的特色扬名学界。这是一个纷乱的世纪，德意志人却在学术思想、学术组织和制度方面取得了如此多的成就，以至于任何一项学术史的研究都不得不将这个世纪置于极其突出的位置。

一、民族国家、政治与史学

19 世纪德意志人对知识和教育的尊重可能没有其他民族能够与之相比，而学者们的成就极大，可谓不负众望。1810 年，柏林大学建立，标志着德意志学术开始振兴。柏林大学聘请了欧洲一流的学者任教，很快就成为德意志学术的中心。这所学校在建立时就考虑过要建在政府所在地，因为人们认为学者与政治家的经常交流能使后者头脑清醒。历史与政治的联姻是德意志近代文化中突出的现象，史学家总是被政治家当作老师，它既显示了政治家对历史的尊重，也显示了人们对学术的价值有着深刻的认识。汤普森这样概括："在欧洲，也许没有任何其他时期像德国 19 世纪的坚实的学问和大胆的阐释相结合的这种极富挑战性的东西了。

[①] 转引自［美］格奥尔格·G. 伊格尔斯：《德国的历史观》，彭刚、顾杭译，译林出版社 2006 年版，第 66 页。

历史家把对人类有重要性或有利害关系的任何一个问题都拿来探讨，从而使无数有倾向性的历史学派发展起来。"①

德意志的史学，既有扎实严谨的一面，也有功利主义的一面，二者在一个国家的史学界完美地调和在一起，使我们不能忽视其中的任何一面，否则就不可能对德意志史学有任何真正的理解。

（一）巴特霍尔德·尼布尔

西方史学经过浪漫主义阶段之后，又有了更强的独立性和更高程度的专业化水平，而柏林大学的尼布尔最终把"处于从属地位的史学提高为一门尊严的独立科学"。②

巴特霍尔德·尼布尔（1776—1831）既是一位史学家，也是一位政治家。在尼布尔之后，我们能看到许多德意志史学家均身兼这两个身份。尼布尔以博学著称，他在柏林大学开设的罗马史课程吸引了那些希望感受伟大的罗马帝国兴衰的人来听课。尼布尔在政治方面的经验使他有能力将罗马帝国的政治、法律、经济等制度融贯于一体进行研究，他自信地认为，只有政治家才能写罗马史，而自己是自古以来具有这种条件的绝无仅有的人。尼布尔的确有资格自夸，他的研究在陆军元帅毛奇看来，就像"解剖刀把传说中的〔杜撰的〕肉统统割去，留下赤裸裸的历史真相的骨架"。③ 这是一个形象的比喻，却道出了尼布尔处理和组织史料解释历史事件过程中去芜存精的能力。而尼布尔的自夸也正是从社会实践的角度说明理解现实生活同样是能够更好地理解历史的一种途径。

（二）奥古斯特·伯克

在尼布尔的影响下，柏林大学的年轻教授奥古斯特·伯克（1785—1867）以其深厚的古典语言学功底转向古典历史研究。1817 年，他出版了《雅典国家经济》一书，并将它献给尼布尔。伯克从人们日常生活中的经济现象入手分析雅典经济，他考察雅典人衣、食、住、行的价格，考察城邦机构的公共性支出、战争时期的税收等，将雅典当作一个有机体来对待，注意到各种因素之间的互动关系，第一次为近代读者展现了一幅古代城邦经济生活的全景图。随后，伯克编纂了《希腊铭文集成》，将铭文资料纳入历史资料的范畴。尼布尔和伯克的努力使柏林大学成为德国历史学研究的重镇，培养出一批又一批的杰出学者。

---

① ［美］J. W. 汤普森：《历史著作史》下卷第 3 分册，孙秉莹、谢德风译，商务印书馆 1996 年版，第 202 页。

② ［英］乔治·皮博迪·古奇：《十九世纪历史学与历史学家》上册，耿淡如译，商务印书馆 1989 年版，第 92 页。

③ 转引自［美］J. W. 汤普森：《历史著作史》下卷第 3 分册，孙秉莹、谢德风译，商务印书馆 1996 年版，第 209 页。

（三）卡尔·奥特弗里德·缪勒

卡尔·奥特弗里德·缪勒（1797—1840）便是柏林大学第一个有巨大成就的毕业生。缪勒对艺术、神话的理解力通过其著作《多里亚族的历史和遗迹》和《神话学科学体系导言》体现。缪勒与其导师伯克不同，他在希腊神话学方面的理论思维大胆而富有独创性。他以历史哲学家赫尔德的理论成就为起点，认为神话是古老民族的民众共同创造出来的，它事实上是表达一个民族内心深处的思想的原始形式。不过，缪勒过分地将神话的本质按地区区别开，不承认有超越地区的神话体系。伯克和缪勒将德意志的古希腊研究提升到世界一流的水平，正是他们及其后辈的辛勤努力，才使希腊世界有一个较为清楚的轮廓呈现在我们眼前。

（四）卡尔·弗里德里希·艾希霍恩与弗里德里希·卡尔·冯·萨维尼

柏林大学的史学家不仅限于政治史、经济史和文化史研究，在任何可能的领域都有大家去垦荒。法律史研究应该说是因为卡尔·弗里德里希·艾希霍恩（1781—1854）和弗里德里希·卡尔·冯·萨维尼（1779—1861）的贡献才真正成长为一门独立学科。法律史学家往往带着众多的现实问题到历史中寻找答案，他们与现实的联系自然要比缪勒等人直接一些。艾希霍恩浑身散发出来的民族主义气息促使他写成了一部《德意志国家与法律史》。他在导师、德意志法理学历史学派的创始人胡戈开辟的道路上前进。艾希霍恩的根本目的就是使法律史的研究为现行的观念和制度寻求一个合理的基础，他所有的著作都在极力强调，法律制度从影响大众生活的因素中产生，它的形成与变化之间具有不可割断的连续性。

萨维尼的研究重点在罗马法领域，他与艾希霍恩的共同点在于认为法律是一个民族整个生活的表现。汤普森对萨维尼《论我们这个时代的立法和司法的使命》一书的评价指出了作者在写作中贯彻的思想和写作的现实因素，即"法律是国民生活的一部分，应当和一个民族的整个历史联系起来进行研究。这种从历史发展观点进行研究立法的方法并不是没有政治用意的，因为萨维尼有意阻止《拿破仑法典》扩展至德国"。① 萨维尼在他的巨著《中世纪罗马法史》中仍旧贯彻了这种学术思想，深刻地揭示出历史学派的核心观念：法律是一种历史的产物，而不是自然的创造。

（五）雅各布·格林

缪勒在神话学方面的研究有了一个人们熟知的继承人雅各布·格林（1785—1863）。格林就是《格林童话》的编者，他在童话学、语言学方面的研究最终创立了条顿民族起源的科学。格林认为，民间传说就是一个民族最早的历史，它采取

---

① ［美］J. W. 汤普森：《历史著作史》下卷第 3 分册，孙秉莹、谢德风译，商务印书馆 1996 年版，第 218 页。

叙事诗的表现形式。在《德文语法》一书中，格林将语言与人们的日常生活联系起来，指出语言先是具体和形象的，随后才成为抽象的和理性的。格林认为，语言的本质就如同萨维尼揭示的法律的本质，历史学派的中心思想在格林的语言学研究中也得到了体现。格林从语言学研究入手，最终深入法律史，出版了《古代法律制度》，从而将萨维尼的主张加以发展，延续了历史学派的传统。

从 19 世纪的德意志史学中可见，那时的历史研究早已不局限于政治史或事件史，制度史、神话学、民俗史、物质史等都是史学家们感兴趣的领域。但他们在人们熟悉的传统题材范围内能取得更为巨大的成就，首先要归功于兰克。

（六）利奥波德·冯·兰克

利奥波德·冯·兰克（1795—1886）年轻时对史学有很高的悟性，这使他厌恶那些枯燥无味的低水平史学著作。但在尼布尔的史学成就的影响下，兰克还感到那样的时代也能出现真正的史学家，因而他才有信心走上历史研究的漫长旅程。兰克学识渊博，他在 29 岁时便出版了成名作《拉丁和条顿民族史》。这部书为他赢得了柏林大学的教职。兰克的学术思想非常复杂，如果想要研究德意志的浪漫主义史学、客观主义史学、历史主义史学，兰克都是不可绕过的路标。兰克通过细心研究前人的历史著作，认为人们乐于引用权威的作品其实都是不可信的，真正负责任的研究必须利用原始档案和文献。这就是为什么兰克注重史料，而只有如此利用史料，才能实现史学的目的，即"说明事情的真实情况"。①

兰克反对一味强调统一性思想，认为人类历史的发展是统一性与多样性结合的有机过程。那种强调多样性和个体性的思想本是 20 世纪的主流史学思想，兰克却依据历史主义思想早早地在自己的著作中淋漓尽致地展现这种观点。我们可以看到，从《拉丁和条顿民族史》到一部部欧洲国家的国别史，再到晚年所写的《世界史》，兰克"所写的历史著作几乎都是探讨这一有机整体的历史发展过程的。在他心目中，除了这个世界之外，再也不存在其他任何世界。所以，他所谓的这个有机统一体的历史也就是世界史"。②

兰克在柏林大学开创了历史研讨班的授课方式，带出了大批优秀的学生，并与学生一起，形成了德意志史学中的兰克学派（即通常认为的客观主义史学派），而外国学生则将他的学术思想带到了西欧其他国家、美国，乃至中国。兰克对德意志史学界的影响可以用汤普森的话来说明："德国大部分伟大史学家，除少数例外，都是由他（指兰克。——引者）这位导师办的柏林大学研究班培养出来的。

---

① 转引自［英］乔治·皮博迪·古奇：《十九世纪历史学与历史学家》上册，耿淡如译，商务印书馆 1989 年版，第 178 页。

② 张广智、张广勇：《史学，文化中的文化——文化视野中的西方史学》，浙江人民出版社1990 年版，第 226 页。

把兰克的弟子列一张表读起来就像一部史学界名人录。"① 这个名单中有佩茨、聚贝尔、吉泽布雷希特、施密特、布克哈特等 100 余位知名史学家。放在 19 世纪以前的任何一个时代，他们都应该作为重要史家被介绍，然而在 19 世纪兰克等更有成就的史学家的光辉下，这些史学家只能按不同的类别在以后的流派分析中少量被提到了。

史学家研究历史，可以实实在在地生活在自己的现实中，凡是感受到民族、国家的命运与个人命运息息相关的史学家，都努力使个人的史学实践实现两个目的，一是获得个人的成就感，二是让自己的实践成为民族振兴运动中的一个组成部分。德意志史学的繁荣与普鲁士崛起、德意志统一在时间上一致，这不是一种巧合，应该说德意志精神的培育得益于史学家们提供的大量养料，这些养料是促使德国跨入世界强国之林的重要因素之一。

（七）卡尔·威廉·冯·洪堡

德意志史学的发展不应忘记卡尔·威廉·冯·洪堡（1767—1835）。洪堡既是语言学家，也是杰出的政治家，曾任教育部长，发起建立了柏林大学。洪堡曾是一名反对国家干预社会生活的自由主义者，面对普鲁士残酷的政治现实，他改变了策略，投身政界，占据要职，并利用职务之便实践自己的主张。洪堡深深地理解德意志史学家的任务，他对德意志史学的最大贡献在于借成立柏林大学之机，将优秀史学家集中起来，使历史研究发挥出更大的影响力。1821 年，洪堡在柏林科学院作了题为《论历史家的任务》的演讲，就德意志史学的主流思想进行了精辟的阐述。他认为："历史追求的是描绘人类的命运；描绘要真实、生动、完整而纯洁，理解这样的人类命运的头脑，全心全意接受其引导，以致属于个性范畴的那些观点、感情和要求都融化在这个共同的命运之中而消失不见了。"② 对德意志史学家来说，他们首先要描绘的是德意志人民的命运，将个人的追求融入民族的共同命运之中。洪堡的表述揭示了这个特定时代对德意志史学家的现实要求，而历史研究者们也在各个方面贯彻这种思想。

（八）《德意志史料集成》

《德意志史料集成》作为集体的成果出现，对中世纪德意志史研究的价值相当于博学时代法国摩尔学派史料编纂工作的价值。这是典型的德意志精神的产物，编纂工作的发起人施泰因（1757—1831）在说明编纂目的时说："我一直希望促进对德意志历史的爱好并为它的研究工作提供便利，从而有助于保持对我们的共同

---

① ［美］J. W. 汤普森：《历史著作史》下卷第 3 分册，孙秉莹、谢德风译，商务印书馆 1996 年版，第 255 页。

② 转引自［美］J. W. 汤普森：《历史著作史》下卷第 3 分册，孙秉莹、谢德风译，商务印书馆 1996 年版，第 222—223 页。

祖国和伟大的祖先的热爱。"① 施泰因的爱国之心很快得到了诸多史学家的响应，其中最重要的是佩茨（1795—1876），这位年轻人带着巨大的爱国激情将自身献给了这项宏伟的事业，在他的组织与努力下，《德意志史料集成》以其对史料的批判性和科学性成为类似工作的世界典范。

二、普鲁士学派

在一定意义上可以说，尼布尔、兰克学派或法律史学家们的工作都是在满足社会现实的要求，而主动与政治结合、强烈要求历史研究以现实为轴心的莫过于普鲁士政治史学派。达尔曼是这个学派的精神之父，是一名统一帝国观念的优秀宣传者，聚贝尔是首席代表，德罗伊森、特赖奇克则是主要干将。虽然普鲁士学派中有许多是兰克的高足，但它的宗旨已与客观主义史学派的宗旨背道而驰。德国评论家卡尔·希尔德布兰于1874年写下的一段话，很适合用来形容普鲁士学派的史学家们：

> 德国的历史首先和首要的特征在于民族主义和新教性质，虽然史学家们以其著作的公正而自鸣得意……他们在为民族主义和新教的利益服务，无论他们是否希望或知道这一点。他们研究历史是为了迎合他们的想象。他们选用的是能够支撑自己观点的史实。他们很快就忘记了在大学课堂上学到的知识，剩下的只有民族主义和新教取向。②

达尔曼（1785—1860）之所以投身于历史学，主要目的是希望通过历史来解决政治问题，寻求符合德意志的自由精神。1809年，他自愿加入反拿破仑的奥地利军队，以此来捍卫祖国，由此可见其炽热的爱国情怀。1812年，达尔曼在基尔大学获得教职，他将这所大学称作"德意志文化在北方的前哨站"，希望通过自己的教学和讲座唤起人们的"德意志的民族情感"。③ 达尔曼坚决反对法国思想观念对于德意志的影响，并且主张在普鲁士的领导下统一德意志，因而他的作品和演说充斥着对于法国的反感，他对普鲁士的赞美和神化也溢于言表。他的这种做法可以被视作普鲁士学派的通则，受他影响和指导的特赖奇克等人正是在这一思路

---

① 转引自［英］乔治·皮博迪·古奇：《十九世纪历史学与历史学家》上册，耿淡如译，商务印书馆1989年版，第161页。

② 转引自［法］安托万·基扬：《近代德国及其历史学家》，黄艳红译，北京大学出版社2010年版，第123页。

③ 转引自［法］安托万·基扬：《近代德国及其历史学家》，黄艳红译，北京大学出版社2010年版，第187页。

下进行历史学实践的。达尔曼的历史著作主要包括《丹麦史》（1840—1843）、《英国革命史》（1844）和《法国革命史》（1845），在这些作品中，他直言不讳地表露出建立德意志集权国家的意愿。石勒苏益格和荷尔斯泰因的所有权是那个时代许多德意志爱国人士所关心的重大问题，达尔曼撰写《丹麦史》的主要目的之一就是表达自己在这个问题上的主张。达尔曼参与起草了 1848 年的法兰克福议会的帝国宪法，这次建立统一德意志国家努力的失败给达尔曼造成了沉重打击，他转而专心向年轻一代传播自己的爱国观念和主张。特赖奇克受达尔曼的影响很深，他在一篇献给这位导师的论文中说道："不止一个年轻人在与这位老人的交流中懂得了这句名言的意义：'知识使人高贵。'"①

聚贝尔（1817—1895）起初是兰克的得意门生，但是由于他在自己的作品中毫不掩饰地表露出自己的政治取向，而与兰克的治史思想和理念相悖，这最终导致两人分道扬镳。聚贝尔的史学著作主要有《法国大革命时期的历史》（5 卷，1853—1865）和《威廉一世创建德意志帝国史》（7 卷，1889—1894）。在求学期间，聚贝尔从兰克那里学到了批判的研究方法，从萨维尼那里学会了具有德意志特性的历史哲学，他将这两者结合到一起，从而形成了自己独特的治史风格。聚贝尔的史料批判能力令人赞叹，有学者认为："从对材料权威性分类之技巧、鉴定史料真实性和在各种互相矛盾的证据中搜寻真相之艺术上来说，德国还没有人可与他匹敌。"② 但是聚贝尔并未仅仅满足于追求历史研究的准确性，他更希望做到的是将历史与政治和社会现实结合在一起，通过考察历史来找到解决政治问题的方法。在《法国大革命时期的历史》一书中，他试图证明法国大革命的失败在于其政治原则是错误的；而在《威廉一世创建德意志帝国史》一书中，他有意地夸大了普鲁士在德意志历史上的地位，同时贬低奥地利和天主教的作用，从而实现自己赞颂民族活力的意图。

德罗伊森（1808—1884）堪称普鲁士学派中史学理论造诣最深的一位学者。他早年聆听过黑格尔的讲座，黑格尔的历史哲学深深地吸引着这位爱国青年，他将连续性和发展作为历史的真理。德罗伊森最初是凭借对希腊化时代的研究而闻名于史学界的，1840 年，他以自己的博士学位论文《亚历山大大帝传》（1833）及其续编《亚历山大的继承人》（1836—1843）而获得基尔大学的历史学教职。与当时的许多德意志史学家类似，他从 19 世纪 40 年代起转而研究近代的德意志史和普鲁士史，后来他积 30 余年的心血创作出了《普鲁士政治史》（1855—1886）。国

① 转引自［法］安托万·基扬：《近代德国及其历史学家》，黄艳红译，北京大学出版社 2010 年版，第 188 页。
② ［法］安托万·基扬：《近代德国及其历史学家》，黄艳红译，北京大学出版社 2010 年版，第 126 页。

家和自由是德罗伊森历史著作中的核心关键词，他认为国家是一切精神成分的总和，是人类精神和文化的目的。在历史学的方法论和认识论方面，德罗伊森的《历史知识理论》（1858）是一部极具系统性的著作，其中丰富的历史主义史学思想反映了当时德意志历史学理论的最高水平。

特赖奇克（1834—1896）是普鲁士学派的主力干将中最年轻的一位。他出生在一个古老的萨克森贵族家庭，这个家庭从情感上说具有强烈的地方主义和保守主义色彩。① 特赖奇克早前求学于波恩大学和莱比锡大学，后来先后在莱比锡大学（1859）、弗莱堡大学（1863）、基尔大学（1866）、海德堡大学（1867）、柏林大学（1874）讲授历史学与政治学课程。1866 年至 1879 年，他担任《普鲁士年鉴》的编辑者。1871 年至 1884 年，他是德意志帝国国会的议员。受到达尔曼等人的影响，特赖奇克在 1860 年前后也成为一名亲普鲁士的自由派。作为史学家，他于 1859 年撰写了一本名为《社会学》的小书，探讨了德意志的民族性和国家观念。凭借过人的演讲才能，特赖奇克在各大学任教期间，都使许多学生和教授为之倾服，当然其演讲内容主要是关于德意志的政治、民族和历史。他也经常在报刊上撰写政论文章，以此宣传德意志统一的思想和普鲁士的领导性地位。从 1874 年获得柏林大学的教席起，特赖奇克开始撰写自己最重要的著作《十九世纪德国史》，俾斯麦准许他使用普鲁士外交部的档案。他在有生之年完成了该书的前 5 卷以及第 6 卷的部分内容。由于文笔出色，该书在当时的德国社会引起了巨大的反响。对特赖奇克来说，我们要"从历史中寻找解决现实问题的方案"，这"是一种责任，是由神和民族的天性或它自己的历史和光荣过去赋予它的"；"唯有历史知识能提供行动准则"。② 特赖奇克对于那些所谓的"公正史学家"有强烈的反感。他在一封信中说："我不指望被称为一名公正史学家：要我获得这样的名声是不可能的。……另外，那种全无生气的客观性肯定是与真正的历史感相悖的。……所有伟大的史学家都坦率地承认自己的片面性：修昔底德是个雅典人，塔西佗是个贵族。……准确地表述事实——这对史学家来说就是一切；至于别的，判断是他自己的。"③ 古奇这样写道："特赖奇克的名字代表德意志从邦联的瘫痪状态上升到 1870 年的光荣地位的过程。他，最雄辩的宣教师、最热情的使徒、最激烈的党徒，

① ［法］安托万·基扬：《近代德国及其历史学家》，黄艳红译，北京大学出版社 2010 年版，第 185 页。

② ［意］卡洛·安东尼：《历史主义》，黄艳红译，格致出版社、上海人民出版社 2010 年版，第 91 页。

③ 转引自［法］安托万·基扬：《近代德国及其历史学家》，黄艳红译，北京大学出版社 2010 年版，第 215 页。

最完备地体现了历史与政治的融合，那也就是普鲁士学派所要达到的目标。"①

普鲁士学派的史学家关注德意志的政治现实，他们希望历史学成为影响德意志人民生活和政府政治的有效手段。这个学派的著作中反映了强烈的爱国主义情绪。这些史学家通过历史写作来传播德意志的国家观念和政治思想。从后世的角度来评价，倘若人们得知普鲁士学派史学家为了特定的政治目的歪曲历史真实，那么，对他们进行谴责便是应该的，但我们不能轻易地把尝试以历史研究服务于社会生活视为洪水猛兽，进而像一些后世评论家那样将普鲁士学派说成反动的史学流派，并认为历史研究要回避它对于现实生活的价值，那就有些矫枉过正了。出现这种情况，恰恰是因为人们尚缺乏把握史学实践的现实标准，就此而言，普鲁士学派的史学家在这方面走出了艰难的一步，或许也走出了过激的一步。他们将历史研究当作自己进行社会实践的一种方式，试图借此改变现实，这种尝试与取得的效果之间的关系是值得后人深思的。

三、19世纪德意志的史学观念

除了在历史学的实践层面取得重大成就，19世纪的德意志学者们在世界历史观念、历史认识论和方法论等方面也作出了极大的贡献，他们的许多相关研究成果对于当今的历史研究仍发挥着不可忽视的影响。

（一）黑格尔的《历史哲学》

18世纪，维柯、伏尔泰将理性树立为世界历史的目的，确立了人作为认识主体的地位，并相信，在理性的指导下，人们有能力认识自己创造或生存的世界；康德与赫尔德的成就在于强调了人的认识能力，甚至将世界历史看成人们认识历史现象总体的必要方式。在思考理性与人类认识之间的关系时，上述思想家们也往往将欧洲看成理性主义发展的前沿阵地。当大家一致确信理性代表着进步，而欧洲文明更为全面地体现着理性时，欧洲中心论也就有了立论之本。于是，理性与进步史观的结合成了表述欧洲中心论的最有力的工具。历史在时间中的进程伴随着理性认识的逐渐成熟，由此，欧洲中心论更像是理性发展过程中历史与逻辑统一的直接结果。这一表现，我们能在19世纪黑格尔的历史哲学思想中看得更清楚。他将近代"世界历史"观念的各种特征表现到了极致，同时，这一理论的高峰势必成为解构近代"世界历史"观念的起点。

黑格尔的《历史哲学》给人们提供了一部哲学的世界历史。黑格尔通过分析，

---

① ［英］乔治·皮博迪·古奇：《十九世纪历史学与历史学家》上册，耿淡如译，商务印书馆1989年版，第275页。

将人们观察历史的方法区分为三种：原始的历史、反省的历史和哲学的历史。① 他带给读者的"历史哲学"（即哲学的世界历史）便是运用哲学的历史方法考察世界历史的结果。

众所周知，黑格尔哲学的核心概念是绝对理性，《历史哲学》作为其哲学体系的必要组成部分，自然也是围绕着理性进行。他指出："哲学用以观察历史的唯一的'思想'便是理性这个简单的概念。'理性'是世界的主宰，世界历史因此是一种合理的过程。"② 并且，世界历史是"活动的'理性'的丰富产物"。③ 黑格尔将世界历史表述为合理的过程，这意味着，世界历史的发展与目的都与理性的活动密切相关。既然黑格尔认为理性"是它自己的生存的唯一基础和它自己的绝对的最后的目标，同时它又是实现这个目标的有力的权力"，④ 那么，世界历史这个理性展开的"精神宇宙"也就随着理性自身的完成而完成。黑格尔相信，人们可以用历史现象来证明这部理性发展史，因为一切外部的历史现象，都只是理性将潜伏在自身中的本质合乎逻辑的外化和表现。

黑格尔认为，世界历史属于"精神"的领域，而"精神"，即人之为人的本质，就是自由。于是，世界历史应体现"自由"意识的进展，它同时是"精神"在时间中的进展，因为"自由本身便是它自己追求的目的和'精神'的唯一的目的。这个最后目的便是世界历史"。⑤ 另外，黑格尔也认为理性有自身发展的空间路线，即它表现了"欧洲绝对地是历史的终点，亚洲是起点"。⑥ 于是，他为世界历史规定了从"东方"到"西方"的行程，这一行程的合理性证明同时是黑格尔的欧洲中心论的合理性证明，它主要依据的正是"精神"与"自由"意识的进展。黑格尔指出，东方专制政体就如历史的"幼年时期"，人们只知道"一个"是自由的；希腊的民主政体和罗马的贵族政体相当于历史的"青年时期"或"壮年时期"，人们知道"有些"是自由的；只是在历史的"老年时期"，即日耳曼民族的君主政体下，人们才知道"全体"是绝对自由的。"自由"意识的进展正是由东方到西方、由"一个"到"全体"、由幼稚与驯服到成熟与力量的历程。无论在时间上、空间上，还是在逻辑上，世界历史都随理性的进展而趋向它的终点。

在以自由的观念作为分析对象的同时，黑格尔据此具体阐述了世界历史的动

---

① 关于原始的历史、反省的历史与哲学的历史的定义以及它们之间的区别，请参见［德］黑格尔：《历史哲学》，王造时译，上海书店出版社1999年版，第1—84页。
② ［德］黑格尔：《历史哲学》，王造时译，上海书店出版社1999年版，第9页。
③ ［德］黑格尔：《历史哲学》，王造时译，上海书店出版社1999年版，第15页。
④ ［德］黑格尔：《历史哲学》，王造时译，上海书店出版社1999年版，第9页。
⑤ ［德］黑格尔：《历史哲学》，王造时译，上海书店出版社1999年版，第20页。
⑥ ［德］黑格尔：《历史哲学》，王造时译，上海书店出版社1999年版，第110页。

力。他认为，"理性"和"精神"支配着世界历史，它们自然是世界历史的根本动力。然而在历史现象中，人们还能看到另外一种动力，即个人的私利与特殊目的，或者说利己的企图。黑格尔将利己性称为人类的热情，因而认为"自由的观念"与人类的热情交织成了世界历史的经纬线。① 若以国家制度为例，世界历史的过程可以表述为人民的私利与国家的公益走向和谐的过程。届时，国家将获得一种"道德自由"。

黑格尔完全以"理性"这个哲学概念在人类意识中的发展为线索，将一切历史现象视为自在自为的"理性"表现其本质或追求"自由"的现象，并希望能用他提供的哲学化的解释框架涵盖它们，从而构成了一部由"理性"支配的世界历史。

黑格尔的世界历史体系最完备地体现着西方近代"世界历史"观念。它从历史时间、地域空间和认识逻辑等各个方面将欧洲中心论加以合理化和合法化。可是，这部"理性"的世界历史仍然反映了诸多无法协调的地方。

其一，"理性"在自身中的演进达到"自由"被"全体"意识到这个目的时，世界历史就被终结了，进步、发展的观念也将由于"理性"的完美而不再有其存在的意义。其二，黑格尔注意到"理性""精神""自由"的历史性发展，可是，他无法阐明这些观念在由东方向西方发展时在历史与逻辑上的相互联系，而缺乏这些解释，也就无法真正赋予世界历史以历史性的解释。另外，黑格尔也像赫尔德那样，固执地认为东方民族是缺乏历史的民族。这些，都使他难以将历史性认识贯彻到底。其三，世界历史的确不得不将不同种族的历史现象纳入一个统一的解释框架，但如果支撑这个解释框架的理论只是某个种族文化（如日耳曼文化）的产物，那么，这种世界历史的合理性将是片面的，其"世界性"也只能是一厢情愿的。

近代"世界历史"观念在黑格尔的意识中，仍然是人们概括、综合历史现象的必要方式。然而，黑格尔历史哲学中表现的欧洲中心论，以及对日耳曼民族的赞誉充分说明，近代世界历史还可能成为民族国家意识形态的集中反映。日耳曼民族优越论为德意志的统一提供精神力量，黑格尔用他的历史哲学或"世界历史"理论为它效力，用某种理论上所谓的"普遍性"服务于现实中实践的"特殊性"。这样，在近代民族国家的生存竞争中，以黑格尔历史哲学为最终代表的近代"世界历史"观念的确立与完善，同时意味着中世纪普世主义"世界历史"观念的彻底破产。一种近代意义的"世界历史"只能随着理性的进展，引导某个民族的实践，而终究不可能具有超越一切民族、文化的普遍意义。

---

① ［德］黑格尔：《历史哲学》，王造时译，上海书店出版社 1999 年版，第 24 页。

从维柯到黑格尔，思想家们主要在思辨的过程中，奠定、丰富了近代"世界历史"观念的范式。哥廷根史学派与兰克等史学家所进行的世界历史编纂实践，其指导观念基本上都没有超越这个范式。如果针对最初构成近代"世界历史"观念范式的创新内容来说，除赫尔德之外，其他以历史学方式编纂世界历史的欧洲思想家们，并没有先于历史哲学家提出多少新内容。近代"世界历史"观念发展的现实是，实践总是亦步亦趋地跟随在日益丰富的理论之后。我们看到，西方近代历史学的整体实践并没有在"世界历史"观念的指导下，编纂出一部让哲学界、史学界乃至整个知识阶层都认同的世界历史，这一定程度上可以认为是近代"世界历史"观念发展中理论与实践并不和谐的后果。更重要的是，近代"世界历史"观念在发生认识论转向后，迅速成为一种思辨的历史哲学，它在阐述世界历史发展理论的同时，本质上充当了西方理性与自由观念的注脚，成为西方文明全球扩张的理论依据。

自黑格尔以后，关于"世界历史"观念的理论探讨仍然在继续，不过，人们已经能听到越来越强的反对理性崇拜的声音。对于以理性为基石的近代"世界历史"观念来说，理性受到质疑就注定了它本身不得不接受批判的命运。近代"世界历史"观念开始有了对立面，它们展开了一场争斗。从马克思主义世界历史理论的提出到20世纪末期"世界历史"观念的新进展，任何一种"世界历史"新理论的出现或世界历史编纂实践的完成，都记载着这场争斗的一个场景，我们以后可以伴随着近代"世界历史"观念被解构的过程，思考理论的"世界历史"与实践的"世界历史"所涉及的各种问题，以及"世界历史"观念发展与讨论的现实意义。

（二）认识论阶段的解释学与历史研究

从解释学的发展史看，在它发展的各个阶段，都包含有丰富的史学思想，甚至解释学在从局部走向一般解释学的过程中更是直接与历史学研究结合在一起，也可以说，解释学在认识论阶段借助于历史研究本身为走向本体论阶段打下了基础。

1. 弗里德里希·施莱尔马赫

弗里德里希·施莱尔马赫（1768—1834）被狄尔泰称为"解释学的康德"，意思是康德强调哲学应以认识论为前提，而施莱尔马赫如同康德，他将对有效解释是否可能的普遍条件的研究放在了首位（哪些条件可以保证得出有效解释）。施莱尔马赫是神学家和文献学家，由此而掌握了神学解释学的一些基本方法，他又是哲学家，所以他可能将这些方法提高到方法论的层次并运用到其他领域。

以往的解释学以语言解释为主，如意大利学者瓦拉就是从语言的语法结构和词汇等方面揭示了被教会奉为神圣的有关"君士坦丁赠礼"的文献并非君士坦丁时代的产物，而是 8 世纪以后的伪造品。语言解释对理解文本的作用是巨大的，然而施莱尔马赫的理想是使解释学能够创造性地完成重建文本作者的创造过程这一任务，研究作者的思想是如何在他的生活的整体中产生出来的，势必会在文本解释中引进心理学解释的方法，而恰恰是因为心理学解释方法的运用，奠定了施莱尔马赫在解释学史上的重要地位。

在施莱尔马赫的解释学思想中，理解本身要比待理解的文本更重要，我们只有具备了更好的理解手段和能力，才能更好地理解文本。出于这种考虑，施莱尔马赫将主要精力放在分析理解的过程上，这个过程是通过"解释学循环"完成的。在循环中，部分的理解必须依靠整体的理解，反之亦然。解释学循环在形式逻辑上是不能解释的，施莱尔马赫认为，对文本的解释不可能一次性地完成，它必须经过从部分到整体，又从整体到部分的反复运动。整体可能包括文本作者的整个生活，社会对他的作用和影响，因此，只要解释者能够具有足够的语言、历史和心理学知识，由于精神的同质性，他甚至可以比作者更好地理解作者，在研究中对作者本人意识不到的某些因素加以考虑。

正如伽达默尔（或译为"加达默尔"）所评价的："施莱尔马赫的诠释学由于把理解建立在对话和人之间的一般相互了解上，从而加深了诠释学的基础，而这种基础同时丰富了那些建立在诠释学基础上的科学体系。诠释学不仅成为神学的基础，而且是一切历史精神科学的基础。"① 不仅解释学的基础加深了，解释学可能成为一种一般性科学，而且，施莱尔马赫对理解过程的关注使解释学开始具有了认识论上的意义。

2. 利奥波德·冯·兰克：在史学实践中运用解释学方法

史学大家利奥波德·冯·兰克在对事实的研究方面与施莱尔马赫在研究方法上有着共同之处，即不能因为解释者的主观性而影响被解释者的客观性。兰克虽然不是一个解释学者，但他在史学实践中，能较好地将解释学的方法运用于对历史事件的解释。兰克认为，历史著作作为文本，它本质上就是历史事件的意义。为了保持历史的客观性，应该如实直书，在研究过程中，杜绝任何一点史学家的主观性。我们知道，历史资料是由人编著的，它不可避免地带有撰述者的主观性，而兰克著书需要"客观"的资料，因此，必须对史料的记录者、原始文献，以及权威著作的撰述人的身世、性格特征、心理因素等进行考察。实际上，这就是对文本作者进行分析，以便正确利用文本，同时更好地理解文本记叙的历史事件。

---

① ［德］汉斯－格奥尔格·加达默尔：《真理与方法——哲学诠释学的基本特征》下卷，洪汉鼎译，上海译文出版社 1999 年版，第 719 页。

3. 客观主义史学家

19 世纪被西方誉为历史学的世纪，客观主义史学家在史学界占据着统治地位，然而，他们的研究成果无非是对历史进行所谓的"客观"解释，而事实总是与他们的愿望相违背。首先，史学家的主观性或多或少都反映在史书中，不可能完全清除。其次，假如仅仅将客观当作历史研究的目的，那么，即使达到了"纯客观"，历史又有什么意义呢？兰克及其弟子没有直接回答。不过兰克在《教皇史》中有那么一句话："它（历史）的重要性并不在于它同我们本身的关系，因为它不再具有什么重大影响……它现在能鼓起我们兴趣的只是它的历史演变和它过去的势力所产生的结果。"① 然而历史的结果又是下一个历史事件的原因，如此推论下来，兰克的意思不就是说只有现存的事件才有意义吗？反过来说，既然历史与现实没有关系，历史学又有什么理由存在呢？

客观主义史学思想将"纯客观"作为史学研究的目的显然不能说明历史的意义何在，然而其势力影响整个欧美，亦波及亚洲。关键是因为客观主义史学派的研究方法即解释学方法为研究历史提供了良好的手段，从某种意义上说，这也是解释学思想的成功。至于历史的意义何在，却不是客观主义史学家力所能及的。

4. 约翰·古斯塔夫·德罗伊森及《历史知识理论》

从逻辑上讲，只有认清了历史的意义，以历史为研究对象的历史学才有意义，而寻求历史的意义在德意志史学家约翰·古斯塔夫·德罗伊森看来，是一切历史研究活动的基础。解释学在从施莱尔马赫到伽达默尔的发展过程中，德罗伊森的贡献是不可磨灭的。

德罗伊森生活的时代正是普鲁士统一德意志的时代。强烈的历史责任感和民族责任感推动着这一代人为德意志的强大而竭尽全力，客观主义史学本身的缺陷及史家个人对政治的淡漠自然成为以德罗伊森为代表的普鲁士学派的攻击对象。德罗伊森解释学的立足点即在于历史学，他要通过确定历史观念的有效性和现实性，来反对兰克学派实质上的历史虚无主义。我们在此姑且忽略德罗伊森的政治立场，看看他的解释学思想能说明一些什么样的史学问题。

首先，德罗伊森强调历史发展的连续性。他认为历史进步是一个连续过程，以往的文献和历史研究往往是从文本本身及其反映的时代来解释，很少考虑历史性的作用。

其次，历史著作的撰述者自己的主观性是难以避免的。他选择的角度因其精力和主观性也是有限的，因此，后人在选择中，总是难以把握历史的总体概念，

---

① 转引自［英］乔治·皮博迪·古奇：《十九世纪历史学与历史学家》上册，耿淡如译，商务印书馆 1989 年版，第 189 页。

而历史研究的目的就在于把握历史总体。

最后，史学家是能够理解历史的。在理解历史人物时，个人作为部分应放在作为整体的集体中去理解，正如解释学循环所展示的，把握历史发展的关节点也是如此。假如史学家应用心理学解释，设身处地地去理解历史人物，那么对各种历史事件的动机也能更好地理解。

德罗伊森将解释学循环的思想运用于整个历史发展的连续性中，因为历史是不断发展的，所以历史总体只能是相对的存在，在这个相对的总体中，过去和现在都只是部分，部分与整体的关系必然联系到部分与部分之间的关系。因此，历史知识毫无疑问是现在的基础，它不仅能解释现在，还能指导现在。史学家作为研究历史的主体，他通过理解行为超越了个人的局限性，继承了历史上的各种经验，成为一个超越时代的人，他在现实中是能够把握历史总体的。时间的有限性在史学家身上不再存在，这种特性使其成为一个指示历史发展方向的超人。

德罗伊森还认为，历史与人的关系是本体论上的关系。人具有历史性，他理解历史是为了实现历史，通过实现历史而进一步理解历史。人是理解的主体，历史总体是理解的客体，主客体之间本体论联系是历史科学实现其客观性的基础。人们研究历史的目的是面向未来，仅仅为过去研究过去是不可取的，即使再客观亦毫无意义。

德罗伊森的解释学思想是在史学研究和社会生活实践中总结出来的，他对解释学的发展，尤其是对于狄尔泰以后本体论的解释学发展具有十分重大的意义，可是，在德罗伊森那儿，作为史学理论的解释学思想仅仅对史学本体论和认识论进行了较深入的研究，如果将它作为一般解释学，就显得缺乏普遍性，而这一任务却是靠哲学家威廉·狄尔泰来完成的。

5. 威廉·狄尔泰

19 世纪自然科学的迅速发展给社会带来了极大的利益，坚信任何科学都存在着普遍规律的实证主义得到空前传播，一时成为学术界最有影响的思潮。可是，时隔不久，人文科学内出现的历史主义倾向越来越明显，尤其是刚刚获得"科学"称号的历史学中，历史主义表现得淋漓尽致。本来时间、处所就是历史事件发生的条件，而史学家的研究也不得不考虑他本身所处的时空，只要史学家的主观性不消除，相对主义就不可避免。实证主义倡导研究的客观性并坚信能获得客观规律，历史主义承认主观性且认为结论只能是相对的，截然不同的观点导致激烈的矛盾，矛盾能调和吗？

威廉·狄尔泰（1833—1911）以调和实证主义和历史主义的矛盾为己任。显然，他认为实证主义方法在自然科学领域是不容置疑的，而在人文科学中难以接受。因为人文科学比较特殊，它总是受人的意志和创造精神的影响，不然又怎会出现历史主义思潮的泛滥呢？但毕竟对客观性的追求占据着狄尔泰的心灵，要达到客观性，只能在方法上另辟蹊径了。方法是认识的工具，狄尔泰在认识论上具有自己的特色。

狄尔泰作为哲学家，对历史哲学的研究成了他整个哲学思想的支柱。事实上，狄尔泰研究的历史是广义的历史，它基本上等同于人文科学总体。人文科学的基本概念就是"理解"。既然作为"精神"世界和历史世界的人文世界是由人创造的，而每个人的意志和主观性又各有不同，那么，只有从人的内心去理解，去重新体验才能获得个人认识的客观性，同时获得人文世界的客观性。设想是美好的，但狄尔泰的"理解"概念产生的结论果真是客观的吗？移情式的重新体验并没有一个尺度去衡量研究者是否和被研究者达成一致；即使狄尔泰认为个人行为和世界历史的操作具有一个整体统一的模式，但研究者单方面的移情理解仍不可能征服历史主义造成的相对主义，客观的人文世界仍不是这种理解的必然结果。

追求类似于自然科学那样的客观性的努力失败了，狄尔泰不得不重新考虑自己的观点。解释学思想开始成为狄尔泰研究的主导思想。作为《施莱尔马赫传》的作者，狄尔泰复兴了施莱尔马赫的解释学思想，心理学释义早在移情式理解中付诸实施，狄尔泰进一步将解释学运用于解释一切历史产物，包括个人甚至整个人文世界，解释学由此获得了哲学意义上的广泛性。

更为重要的是，理解的含义重新被定义了。狄尔泰认为，要理解体现在一个物质符号中的精神现象的活动，历史世界和人文世界都是精神的外化，它们作为文本是可以理解的。基于这种思想，有了以后斯宾格勒关于象征的研究。解释者不再是简单地理解文本，而是在理解的同时对自己的生活产生某种影响，解释学的理解使解释者克服了时间性，将个人的经验扩充为人类的经验。

在狄尔泰的解释学理解过程中，对人类生命的理解是狄尔泰哲学的主旨。历史是整体，生命是部分，历史只有通过具有生命意识的人的解释才有意义，而生命也只能在历史中表现出来才得以实现其意义。解释学循环在狄尔泰的思想中仍不可避免，它被人们看作一个恶性循环，狄尔泰也由此受到批评。狄尔泰以克服历史主义作为他研究工作的初衷，但毕生的实践使他不得不承认解释者在一定程度上确实受到历史条件的影响，解释者的主观性绝不可能完全被排除。最终，狄尔泰的研究方法倒是被人称为历史主义的了。而在这个时期，历史主义成了主观主义、相对主义的代名词，由此造成20世纪二三十年代的历史主义危机，也引发了波普尔著述《历史主义的贫困》。

狄尔泰作为一位解释学者，对解释学的发展有着重大贡献，他和德罗伊森都为解释学从认识论走向本体论的转变奠定了基础。狄尔泰又是最早的批判的历史哲学家之一，他的哲学研究以历史认识论为依托，为历史哲学的发展开辟了一条新的途径。这样，由狄尔泰的思想延伸出两条道路，一条使历史哲学由本体论走向并深入认识论研究，另一条是解释学从认识论走向本体论。这两条道路虽然是在认识论和本体论上的往返，但处在不同的层次上。历史哲学走向认识论是以避开本体论的问题为前提；解释学走向本体论却是为了解决本体论提出的问题，使自己成为一种真正的哲学。正如利科所说的，认识论的解释学"不是把'本文'所说的东西看作最终的解释，而是把在该'本文'中表达自身的某人看作最终的解释"，① 解释学"必须使'本文'不再朝后向其作者展开，而是朝前向其内在的意义、向它发现和揭示的这个世界展开"。②

解释学向本体论转变看来是必然的，而转变的同时，历史哲学却在认识论问题上展开了空前热烈的辩论。分析/批判的历史哲学能解决历史认识如何成为可能这一问题吗？它能说明历史的意义何在吗？我们不妨先看看分析/批判的历史哲学家们的工作有什么意义。

狄尔泰之后，分析/批判的历史哲学讨论的问题主要有两个：一个是史学家是否能用科学的方法来认识历史，从而使历史成为科学；另一个是历史认识有没有客观标准？如果有，又如何达到？鉴于人们对"科学"概念的理解，科学与客观性总是紧密联系在一起，这两个问题之间由此也相互关联着。

6. 历史学能成为科学吗？

作为人本主义历史哲学家的狄尔泰早就说过："我们解释自然，理解精神生活。"自然科学与人文科学的区分直接被新康德主义者文德尔班和李凯尔特继承。文德尔班认为，如果我们考察现实时注意的是一般的东西，那么现实就变成了自然界；如果我们注意的是特殊的、个别的东西，那么现实就变成了历史学的对象。文德尔班通过认识现实中的一般与个别来区别自然科学和历史学。李凯尔特则更进一步，完全从主观认识来区分它们。他认为，当我们从一般的观点来观察现实的时候，它就成了自然界，而当我们从特殊的、个别的观点来看现实的时候，它就成了历史。既然在历史内容的划分上就存在强烈的主观性，那么历史学研究中的主观性有多大也就可想而知了。从他们的观点看来，历史学是一门科学，里面可以滋生主观主义和相对主义。

到了 20 世纪，德国的解释学思想继续得到发展，不过它主要体现在哲学领域。史学家们在史学研究领域里仍然是把解释学更多地限制在认识方法的层面，尤其使之服务于德意志民族国家的建构与重塑。20 世纪的德国哲学家海德格尔、伽达

---

① ［法］保罗·利科：《诠释学与人文科学——语言、行为、解释文集》，孔明安、张剑、李西祥译，中国人民大学出版社 2012 年版，第 12 页。

② ［法］保罗·利科：《诠释学与人文科学——语言、行为、解释文集》，孔明安、张剑、李西祥译，中国人民大学出版社 2012 年版，第 12 页。

默尔等人对于解释学之中的历史性之阐发，以及将哲学解释学推向一种本体论的转折起到了很大作用。他们把理解和解释视为存在之途的做法，为 20 世纪 60 年代之后的后现代史学兴起提供了丰富的给养。这一点虽然不易在史学文本的分析中直接得到体现，这条思想的路径却不容忽视。

第三节　19 世纪法国、英国、美国史学

19 世纪是民族国家形成的重要时期，历史学实践作为形成文化认同、民族认同和国家认同观念的有效手段，是如何在这一时期历史学家的思想中显现的？民族主义是如何通过历史学培养起来的？

德国历史学家们为我们提供了一种解答，历史学不仅是一门求真的学科，也是论证和塑造民族主义的重要途径，它寄托了思维缜密的德意志人对于未来和世界的构想。

法国的历史学家们继承了启蒙思想的遗产，而现实政治和社会的动荡，也引发了他们对于革命和旧制度的思考。随着理性主义和进步主义的深入人心，实证主义等新兴学说进入了历史学的领域，激励着一些学者以全新的方式研究历史。

英国史学深受现实政党党派之争的影响，在启蒙时代的历史文化与 19 世纪辉格党自由主义的影响下，政治史仍有着深厚的延续性。此外，随着通俗文学和通俗历史读本的广泛传播，英国史学家们也沾染了重视文采的风气。而随着斯塔布斯等人将德国的治史方法引入英国，英国历史学的职业化逐渐步入正轨，迈向成熟。

19 世纪的美国史学较多吸纳了欧洲史学的理论和思想。美国历史学家们也肩负着如何解释美利坚民族之起源和发展的重要使命，一些具有开拓精神的历史学家抛弃了以往占主导地位的"欧来说"，转向在美国本身寻求文明与民族的发展动力。美国史学逐渐形成了自身的特色，并为 20 世纪美国史学的崛起奠定了扎实的基础。

一、法国史学：历史想象、理性分析与实证概括

"19 世纪法国史学中压倒一切的思想可以归结为一个词：革命。"[1] 汤普森一语道破了这个世纪法国史学的核心命题。19 世纪上半叶法国著名的史学家大多出生于大革命的动荡年代中，他们亲身体验着革命的影响与后果，感受新旧思想之

---

[1]　［美］J. W. 汤普森：《历史著作史》下卷第 3 分册，孙秉莹、谢德风译，商务印书馆 1996 年版，第 307 页。

间的碰撞。在大革命及其以后法国社会的急剧变化中，法国政治派别林立，史学与现实生活的调和、协作同样促使了史学思想发生革命性的变化。民族主义和浪漫主义激起了法国史学家心中的强烈情感，科学理性的扩张促使擅长解释的法国史学家们开创了实证主义的史学传统，而一旦各种历史解释关注历史的沿革，便可以看到历史主义思想在其中时隐时现。各种思想借助史学这块园地培育自己的幼苗，它们或在19世纪，或在20世纪成长为法国史坛乃至国际史坛的主流。

大革命不仅使法国历史研究发生了现实与传统的决裂，还为历史写作提供了一个不朽的题材，19世纪法国著名史学家们在研究中都或多或少与法国大革命发生着联系。如何评价法国大革命是当时法国史研究不可回避的问题，从不同史学家对法国大革命的态度，可以看出他们各自的立场。

（一）弗朗索瓦-勒内·夏多布里昂

弗朗索瓦-勒内·夏多布里昂（1768—1848）是第一位对大革命作出反应的法国史学家。早在1797年，他就撰写了《论革命》一书，指出这既是一场不可避免的革命，也是一场不可能实现革命者的幻想的革命。法国大革命在夏多布里昂的眼中与历史中的任何其他革命没有质的区别，因为他认为人类的活动是循环进行的。

夏多布里昂还继承了伏尔泰的总体史观，他认为近代历史是一部百科全书，它在内容上应以人与文化为主而兼纳百川，如艺术、科学、法律都是与人的生活、行为紧密相关的，它们同样应该成为历史研究的主要对象。

夏多布里昂的著作还有《基督教真髓》《殉道者》，这两部著作带着强烈的情感宣传基督教的真、善、美，在19世纪初法国这个缺乏信仰的动荡时代，它们的出版受到了人们热烈的欢迎，并激起了一位后辈的史学热情。

（二）奥古斯丁·梯叶里

奥古斯丁·梯叶里（1795—1856）在夏多布里昂的《殉道者》的激发下走上了史学研究的道路，他一生致力于法国的史学改革，即运用想象力描绘过去的生动图画。历史想象是梯叶里进行历史解释的武器，他肯定司各特的历史小说表现的对历史的理解远远超过某些著名的史学家，因此他将效法司各特，而不是专业史学家。梯叶里探索使用新的史学方法，最后以《对英国的征服》《墨洛温王朝时代纪事》的出版来间接表达他对革命的看法。梯叶里在著作中深切地同情群众，提出了阶级斗争学说，无疑，这种思想为当时法国人民渴望参与创造历史的想法提供了一种合理且受欢迎的解释。

梯叶里明确主张以浪漫主义的历史想象来表现历史实在，这种史学新方法对19世纪的法国史学观念而言是一种挑战。

（三）儒勒·米什莱

儒勒·米什莱（1798—1874）接过了梯叶里史学改革的旗帜，以此证明这种新方法强大的生命力。古奇对米什莱的评价是："他把庄严雄壮和诗情画意同他对人民的热爱结合起来；因而成为法国最伟大的一个专心致力于历史的文学家。"① 尽管古奇在他的著作中给予米什莱很高的评价，但还是将他定义为"文学家"。米什莱是维柯《新科学》的法文本译者，通过翻译，他具备了深厚的历史哲学基础。米什莱同样以历史想象来处理他写作的题材。《近代史纲》《世界史引论》《法国史》和《法国革命史》的相继出版说明米什莱的历史想象日趋成熟。他认为历史写作就是要使历史"复活"，而只有通过历史想象才能实现"复活"计划。米什莱还梦想着一个复兴的法国，在其中，人民将获得普遍的自由，于是，他在《法国革命史》中讴歌大革命早期的纯洁，宣称"全书从第一页到最后一页只有一个主角，那就是人民"。② 米什莱同情人民，并将这种浓郁的感情色彩带进了历史作品中，结果导致专业史学家的批评，这也就是古奇称他为文学家而非史学家的原因。

作为激情型史学家，米什莱的《法国史》试图再现整个法国过去的生活。不过，米什莱对历史总体也有着自己的看法。在《世界史引论》中，他认为近代欧洲是一个有机体，把其中一部分单独抽出而不同其余部分联系起来，就不可能对那部分有所理解。欧洲作为整体与西欧各国的关系，事实上也一直是这一时期一些大史学家不断思索的问题，像米什莱这样的尝试一直延续到如今。

浪漫主义史学家满怀激情地描述着法国大革命的得与失，而另一批史学家对大革命的解释少了一些感性描述，多了一些理性分析。这是一群热衷于政治的史学家，他们组成了 19 世纪法国的政治史学派。

（四）弗朗索瓦·基佐

弗朗索瓦·基佐（1787—1874）是政治史学派中的年长者，也是其中最具史学成就的代表人物。基佐对社会结构和政体的演变有着极其浓厚的兴趣，他的重要著作《一六四〇年英国革命史》虽然写的是英国革命，事实上却是在寻求一种英国革命与法国革命之间的共同点，即同一性。基佐承认英国革命与法国革命之间有着不同的方法和成就，"但是如果我们让它们恢复它们当年在历史上的地位，并且研究一下它们对欧洲文明的发展有何贡献，那么它们的相似之处就会重新出现，就会大大超过一切次要的不同。由于同样的原因，即封建贵族、教会和皇权的衰落，两个革命都致力于同样的任务，即公众在公众事务中必须取得支配地位；它们都为争取自由而反对绝对权力，为争取平等而反对特权，为争取进步和普遍

---

① ［英］乔治·皮博迪·古奇：《十九世纪历史学与历史学家》上册，耿淡如译，商务印书馆 1989 年版，第 318 页。

② 转引自［英］乔治·皮博迪·古奇：《十九世纪历史学与历史学家》上册，耿淡如译，商务印书馆 1989 年版，第 328 页。

利益而反对居高位者的个人利益"。① 基佐获得这样的认识得益于他对社会结构的有效分析。基佐发展了梯叶里的阶级斗争学说，指出引起阶级斗争的最终根基在于人们之间的财产关系，这种思想后来被马克思所接受并加以发展。

基佐同时是一位欧洲文明史的阐述者，其史学思想中也有类似于夏多布里昂、米什莱总体史观念的内容，只是他的阐述显得更为系统。以《法国文明史》第 2 卷为例，该书第 16 讲到第 18 讲介绍宗教文学，第 19 讲介绍宗教制度，第 20 讲叙述查理曼时代，第 21 讲又转向法规。② 应该说，在基佐的著作中，与政治相关的事件早已不是唯一重要的叙述内容，作为复数的文明包含的内容也是复数的，它们一起组成了总体的历史。基佐继承了前辈自伏尔泰以来的总体史思想，而又以其深刻的思考力超越前人。基佐的《欧洲文明史》更体现了总体史观的进展，他"更多地是从一个民族的内部来深入探讨人类精神的发展和进步，较他的先辈伏尔泰的文化史观念要明确与深化"。③ 基佐认为，一个文明可以划分为外部与内部的两种成分，前者指的是自然环境、物质因素、社会关系和社会制度等，后者包括宗教、艺术、文学、哲学与科学（物质层面与精神层面，一种二元论的文明史观）等。从总体上考察欧洲文明，可以看出这内外两个方面显示出高度的和谐的发展，欧洲历史前进的原动力就部分归因于它们之间有效的相互作用。基佐的研究有强烈的欧洲中心论倾向，这应当斥责，但他的历史解释能力也得到了大多数读者的认可。夏多布里昂、米什莱和基佐关于总体史的思想到 20 世纪被法国年鉴学派史学家继承并得到了更大的发挥，这一点使我们更加重视上述三位史学家的这一思想内涵。

（五）弗朗索瓦-奥古斯特·米涅

弗朗索瓦-奥古斯特·米涅（1796—1884）是一位决定论者，他宣称不是人决定事情，而是事情决定人的行为。当米涅感觉到复辟时代人们反对查理十世的气氛时，他写作了《法国革命史》。这部著作虽然只是根据少量的资料写成，但它适合当时的社会心理需求，很快便流传开。米涅强调历史事件合乎逻辑的发展，具有很强的连贯性，因而人在历史中的命运便是不可控制的。这种决定论遭到了需要一点自由意志的人们的反对。事实上，许多论者认为，米涅的《法国革命史》在某种程度上加速了 1830 年革命，这恰好可以说明作者通过写作影响读者，其自由意志也由此得以发挥。

---

① ［法］F. 基佐：《一六四〇年英国革命史》，伍光建译，商务印书馆 1985 年版，第 9 页。

② ［法］基佐：《法国文明史——自罗马帝国败落起》第二卷，沅芷、伊信译，商务印书馆 1995 年版。

③ 张广智、张广勇：《史学：文化中的文化——西方史学文化的历程》，上海社会科学出版社 2013 年版，第 252 页。

（六）路易-阿道夫·梯也尔

路易-阿道夫·梯也尔（1797—1877）是米涅的挚友，他们一同来到巴黎开拓前程。梯也尔更多一些政治家的成分，具有雄辩的口才，最终他担任了第三共和国的总统。1823 年，梯也尔较米涅早一年出版了《法国革命史》的第 1 卷，并以此成名。这部著作在 4 年内出齐了 10 卷，此后他又续编了《执政府和帝国史》。梯也尔的名人身份使他能够与那些大革命时期的重要人物交谈，其著作的水平也在一卷一卷的写作中随着他的认识能力而提高。当人们责备梯也尔的著作中出现类似于米涅那样的宿命论时，圣伯夫则为他开脱："因为他以如此完善的连贯性、按照如此明显地不可避免的程序来叙述事情的经过而责备他，那等于是责备他讲清楚了模糊不明的事。"① 梯也尔的历史叙述代表了政治史学家的某些特征，它富有魅力，以超强的解释能力赢得群众的赞誉，而赞誉声淹没了专业史学家对其史实错误的责难。

（七）亚历西斯·德·托克维尔

亚历西斯·德·托克维尔（1805—1859）是另一位身兼政治家身份的史学家，法国大革命的研究者，不过，他首先是作为美国民主政治的阐述者被人熟知。托克维尔曾专门到美国去研究那里的刑罚，结果对美国的政治制度产生了强烈的兴趣，写作了《论美国的民主》一书。该书旨在宣扬的观念正如序言中说的："认为民主即将在全世界范围内不可避免地和普遍地到来。"② "我们把视线转向美国，并不是为了亦步亦趋地仿效它所建立的制度，而是为了更好地学习适用于我们的东西。"③ 现在这部著作既是一部政治学、社会学名著，也是制度史研究的经典之作，托克维尔每写一个字，无不将法国的制度与之比较，这样，对制度的研究为他1856 年出版的《旧制度与大革命》的写作奠定了坚实的基础。

托克维尔曾在《论美国的民主》中区分并比较了两类史学家，即民主时代的史学家和贵族时代的史学家。前者认为"个人对人类的命运几乎不发生影响，而少数公民也不能影响全民的命运"。④ 后者则"通常把一切史实同某些个人的独特意志和性格联系起来，喜欢将重大的革命归因于一些并不重要的偶然事件"。⑤ 事实上，这种区分本质上就是决定论与自由意志的绝对区分。托克维尔不满其中的任何一种观点，他主张对二者进行调和，指出："当代的人十分怀疑意志自由，因

---

① 转引自［英］乔治·皮博迪·古奇：《十九世纪历史学与历史学家》上册，耿淡如译，商务印书馆 1989 年版，第 350 页。

② ［法］托克维尔：《论美国的民主》上，董果良译，商务印书馆 1988 年版，第 1 页。

③ ［法］托克维尔：《论美国的民主》上，董果良译，商务印书馆 1988 年版，第 3 页。

④ ［法］托克维尔：《论美国的民主》下，董果良译，商务印书馆 1988 年版，第 609 页。

⑤ ［法］托克维尔：《论美国的民主》下，董果良译，商务印书馆 1988 年版，第 609 页。

为每个人都觉得自己在各方面都是软弱无力的；但是，他们仍然承认人结成团体是有力量和自主的。应当发扬这个思想，因为现在需要振奋人的精神，而不应当压抑人的精神。"① 托克维尔以承认人类团体的自由意志实现了他调和的目的，这种思想成了《旧制度与大革命》中贯穿所有解释的核心观念。托克维尔这样谈自己的作品：

> 他们认为我有民主的或是贵族的偏见，但命运的偶然使我非常自然地免于这两种偏见……我出生之时，贵族制度已经死亡，但民主制还根本不存在；因此我的本能不能驱使我盲目地转向这一方或那一方……我在过去和未来之间保持着很好的平衡，以致从天性和本能上说，我觉得自己不会更偏向哪一方，而且我无需作出巨大努力便可平静地看待这两个方面。②

在《旧制度与大革命》中，托克维尔注重分析大革命前旧制度的政治结构和法国民族的特性，深入的研究使托克维尔认为，革命者希望建立的许多东西在旧制度中早已存在，他说道："法国革命对于那些只愿观察革命本身的人将是一片黑暗，只有在大革命以前的各个时代才能找到照亮大革命的灯火。对旧社会，对它的法律、它的弊病、它的偏见、它的苦难、它的伟大，若无清晰的透视，就绝对不能理解旧社会衰亡以来 60 年间法国人的所作所为；但是人们若不深入到我们民族的性格中去，这种透视还不足以解决问题。"③ 大革命与旧制度之间的确存在着断裂，然而更重要的是看到它们之间的连续性和反复性。托克维尔的解释将 19 世纪法国大革命的研究推上了高潮，以至到 20 世纪，史学家们都不得不承认其思想的先进性。

在 19 世纪这个历史学的世纪中，前半叶的法国史学家在历史解释方面取得了卓越的成就，而后半叶则在社会学家孔德的实证主义思想引导下，发展出实证主义史学派，其主要史家有泰纳、古朗士、朗格罗瓦和瑟诺博斯等。他们领导了那 50 年的法国史学主流。

（八）伊波利特·阿道尔夫·泰纳

伊波利特·阿道尔夫·泰纳（1828—1893）是把孔德的实证主义哲学应用于解释历史的最伟大学者之一。他不仅是 19 世纪法国著名的文学评论家、美学家、历史学家，在心理学、生理学和动物学方面也颇有造诣。泰纳在早年便持有如下

---

① ［法］托克维尔：《论美国的民主》下，董果良译，商务印书馆 1988 年版，第 612—613 页。

② ［法］托克维尔：《政治与友谊：托克维尔书信集》，黄艳红译，崇明编校，上海三联书店 2010 年版，第 75—76 页。

③ ［法］托克维尔：《旧制度与大革命》，冯棠译，商务印书馆 1992 年版，第 240—241 页。

的信念："科学方法必须应用到对文明的记录上去；而他对于医药学与解剖学的研究又培养了他对精确观察的热爱。"①

在他的第一部著作《李维论》中，泰纳写道："灵魂不论是一个人的，还是一个民族的灵魂，就像一个工厂，科学应当研究它。从人们了解了开动它的动力的时刻起，人们就可以不打乱它那些机件，用纯粹推理把它复原。"② 这就是泰纳为历史学所设定的一个公式，他在自己的所有历史著作中都遵守践行着该公式，从未背弃。历史于他，就是"心理解剖学"，而心理学本身便主要是一种机械运动的表现。物理学和生物学是泰纳用以探索民族灵魂的器官及其职能的最可靠工具，而一个民族的教育、习惯、观念、美学、哲学等方面的主要基础是种族、环境与时机。而在 1870 年出版的《智力论》中，泰纳再一次明确表述了自己的史学观。"史学就是应用心理学。历史家纪录和探索一个人的分子或一群人的分子所表现出来的变化，并根据他们的心理来说明这些变化。……十五年来我对这些特殊的和具体的心理学作出了贡献；现在，我企图研究一种普遍而抽象的心理学。"③

泰纳最主要的历史学著作是《英国文学史》和《现代法国的起源》。5 卷本的《英国文学史》出版于 1863 年，该书呈现了泰纳的主要史学思想，他并非要从文学的角度论述英国文学的发展历程，而是试图在文学中探索英国民族史和文明史，以文学为中介来考察英国人民及其文明的哲学性质的历史。

5 卷本的《现代法国的起源》则体现了泰纳对于革命的看法。该著作第 1 卷于 1875 年出版，该卷以"旧制度"为标题，泰纳在此探讨了大革命之前一个世纪内法国的政治体制、各阶级的状况以及各省区的生活景象。他认为，若要为现在提出建议，那么我们就必须知道过去，因此对于旧制度的全面研究是不可或缺的。泰纳的创新之处在于，他试图在旧时代中推论出革命精神的起源。他认为，18 世纪的法国哲学是由笛卡尔创始的"古典精神"的产物，就其实质而言，这种精神是追求绝对性和一致性的。秉承着这种精神的法国思想家们在思考政治时，是按照纯理性来作出规定的，其特点是忽视具体的、真实的东西，而这也是法国文学家、哲学家以及革命的主要特点，是导致近代法国悲剧的主要原因。由于泰纳在历史学专业素养方面的欠缺，所以他对旧制度的论述更像一种描写，缺乏强有力的论证，他将此前不同时期法国社会的特征汇聚在一起，因而往往与具体史实不

---

① ［英］乔治·皮博迪·古奇：《十九世纪历史学与历史学家》上册，耿淡如译，商务印书馆 1989 年版，第 405 页。

② 转引自 ［美］J. W. 汤普森：《历史著作史》下卷第 4 分册，孙秉莹、谢德风译，商务印书馆 1992 年版，第 612 页。

③ 转引自 ［英］乔治·皮博迪·古奇：《十九世纪历史学与历史学家》上册，耿淡如译，商务印书馆 1989 年版，第 406 页。

符。难怪古奇认为，相较于托克维尔，泰纳仅仅称得上是一名"出色的业余历史家"。①

在谈到法国大革命本身时，泰纳抛下了原本较为公允持正的态度。他认为，从1789年7月14日攻占巴士底狱事件起，恐怖政治就开始了，他也拒绝承认1789年原则与1793年原则之间的差别，稳健的人们从未执掌过政权。泰纳宣称，革命从根本上来讲就是财产的转移，"这就是革命的恒久的力量、革命的主要动机、革命的历史意义"。② 在泰纳的笔下，法国大革命充斥着各种坏人与他们所犯下的罪行和蠢事，不存在任何道德的或理智的行为。

泰纳善于描绘历史中个体和群体的心理。他用卢梭的学说来解释雅各宾派的群体心理，将卢梭的学说比喻成一条吞噬一切的鳄鱼。在《现代法国的起源》第5卷"新秩序"中，泰纳又刻画了一个令人印象深刻的拿破仑一世的形象。他认为，拿破仑一以贯之地持有一种压倒一切的唯我主义，在精神上完全处于孤立的状态。古奇说，泰纳的著作不是一本传记，而是一本心理学方面的论著。③

泰纳试图用自然科学的方法来叙述历史，但在论述革命时，他似乎完全忘却了自己所设定的历史学公式，而以一个激愤的悲观主义者形象示人。在撰写著作前，泰纳就已经形成了对于革命的判断，并试图论证自己的观点。他阅读一些相关的回忆录，并轻易地接受了其中的观点，这妨碍了他对革命作出更恰当的判断。英国历史学家阿克顿勋爵曾如此评价："在关于革命的书籍中，足以使读者的一生发生划时代转变的，或许有这么两本书：一部是泰纳的，另一部是米什莱的。不读米什莱的书，就感觉不到革命的伟大，不读泰纳的书，就感觉不到革命的恐怖。"④

（九）法国中世纪史家

梯叶里、基佐和米什莱等人的历史研究激发了学者们对于法国中世纪史的兴趣，而1821年古文献学院的建立则为这段法国历史的系统性研究奠定了关键的基础。

本雅明·盖拉德（1797—1854）是古文献学院最早的学生之一，后来又成为该学院的教师和主任。他一生致力于编辑各大修道院的契据，并撰写了为他赢得

① ［英］乔治·皮博迪·古奇：《十九世纪历史学与历史学家》上册，耿淡如译，商务印书馆1989年版，第408页。
② 转引自［英］乔治·皮博迪·古奇：《十九世纪历史学与历史学家》上册，耿淡如译，商务印书馆1989年版，第411页。
③ ［英］乔治·皮博迪·古奇：《十九世纪历史学与历史学家》上册，耿淡如译，商务印书馆1989年版，第432页。
④ 转引自［英］乔治·皮博迪·古奇：《十九世纪历史学与历史学家》上册，耿淡如译，商务印书馆1989年版，第404页。

全欧声誉的《修道院长欧米农的地产登记簿》一书。该书详细论述了查理大帝时期普雷的圣泽曼修道院各庄园的具体情况，并且揭示了该时期各阶级之间的关系和土地占用的形式与方法。盖拉德在书中追述了自日耳曼人入侵时期起法兰西的政治和社会制度的演变，以及人口和土地的状况。他认为，高卢地区并不是由于法兰克人的入侵才得以开化和复兴的。古奇将盖拉德的著作与基佐的《法国文明史》并举，称赞两者都是 19 世纪前半期对早期法国历史研究所作的最重大贡献。[①]

儒勒·基什拉（1814—1882）是盖拉德之后一代学者中出色的法国中世纪史专家，他曾是米什莱的学生，后又进入古文献学院学习更严格和专业的研究方法。他向古文献学院提议创办《考古评论》杂志，并担任了该杂志的第一任编辑。在同时代人中，基什拉关于法国古迹和古物的知识是无人能及的，其最主要研究对象是圣女贞德以及对她的审判。他广泛收集相关的资料，整理出版了附有大量附注和说明的 5 卷本《贞德案之裁决与昭雪》资料集，并撰写了一篇短小精悍的关于贞德的论著《贞德新传略》。该著作体现了基什拉对中世纪史料的卓越批判运用能力。

利奥波德·德利斯尔（1826—1910）是基什拉之后的知名法国中世纪史专家，他也出自古文献学院，同时是盖拉德的学生和朋友。汤普森将德利斯尔称为 19 世纪法国"科学"或文献型历史学家的典范。[②] 德利斯尔可谓著作等身，据后人统计，他撰写的文章和书籍共计 1900 种。德利尔斯在帝国图书馆的手稿部工作了 63 年，凭借其渊博的古文学和文书学知识以及高明的批判方法，他阐明了法国中世纪时期的各个方面。他充分利用帝国图书馆的丰厚馆藏，撰写了《帝国图书馆手稿珍藏》，该书是对帝国图书馆之构成的研究，囊括了印刷术发明以前巴黎的书法、缩样、装订和图书买卖等方面的历史。如同其老师盖拉德那样，德利斯尔在法国中世纪经济史方面有着重大贡献，出版了一系列契据集和《中世纪诺曼底农民生活和农业情况研究》一书。这些出色的成就为他在全世界赢得了广泛的声誉。

盖拉德等人对法国中世纪史的深入研究得益于古文献学院的成立和人们对相关史料的整理与汇编，同时他们的研究开拓和更新了文献批判方法的发展。

菲斯泰尔·德·古朗士（1830—1889）是 19 世纪后半期法国中世纪史学界最突出的学者，他是雅典法国学校的第一批学生。《古代城市》是他学术生涯早期的代表作，该书获得了非凡的成功。此后古朗士转而致力于探索古典时期与中世纪之间的联系。在中世纪史领域，古朗士的代表作是 6 卷本的《古代法国制度史》，

① ［英］乔治·皮博迪·古奇：《十九世纪历史学与历史学家》上册，耿淡如译，商务印书馆 1989 年版，第 361 页。
② ［美］J. W. 汤普森：《历史著作史》下卷第 3 分册，孙秉莹、谢德风译，商务印书馆 1996 年版，第 370 页。

第5、第6卷在他去世时尚未完成，后来由他的学生编辑出版。该巨著分卷论述了罗马统治下的高卢、日耳曼族的入侵、墨洛温王朝的制度和领地、封建诸侯以及加洛林王朝的机构和制度。古朗士认为，5世纪日耳曼人的入侵并没有直接影响法国的历史、宗教、风俗、政治与社会结构，异族给法兰西带来的仅仅是混乱，他们的来临只不过是恰好有利于已经萌芽了的封建制度的发展而已。这样的观点招致了如风暴一般的猛烈批评，但也坚定了他进一步完善该著作的决心。

古朗士认为，历史学家必须以怀疑的态度来对待一些有关历史的看法，即便是那些为人们广泛认可的看法也是如此。历史学家在开展研究时，"不仅一定要有预先的假设，而且一定不要有工作中的假设。……历史科学是对文献的解释；为此，只要有无偏见的头脑和精通原文的本领就够了。其次，历史学家必须要像当时的人而不是像近代人那样看待历史上发生的事情。……他必须说明事实，但不应企图判断它们的价值或发现它们的根本原因"。① 古朗士也不赞同民族的命运是预先注定的这一观念。作为一名实践的历史学家，古朗士对历史学研究方法和理论的思考值得我们进一步发掘和探讨。

二、英国史学：党派之争、文学色彩与专业追求

在吉本之后，英国史学经过短时间的沉寂，随着拿破仑战争激起的全欧民族主义高涨，英国人从19世纪20年代左右开始，迸发出巨大的历史写作热情。从历史学科的形成方面来说，作家们逐步将历史学领入了专业化阶段。在这个世纪中，辉格党人、托利党人通过历史著述表达各自的政治观点；业余史学家则在历史学中依据自己的兴趣与爱好，以优美的文采向本国人展示历史的魅力和价值；学院派则更加重视运用专业手段进行研究，积极朝欧洲大陆历史研究的先进水平靠拢，牛津学派的出现标志着历史学作为一个专门学科在英国建立起来。

（一）辉格派与托利派史学家

就政治立场的角度而言，19世纪的英国史学存在着两个明显的流派，即辉格派史学与托利派史学。辉格党人厌恶宗教的控制与政治上的专制，其史学家中著名的有哈兰、林加德、麦考莱等人；托利党人却以保守主义思想著称，他们通过艾利森陈述了自己对历史的看法。

哈兰（1777—1859）本来是一位律师，不惑之年，他凭借着《中世纪欧洲简史》一举成名，成为19世纪英国第一位历史学大家。在这本书中，他对中世纪的宗教偏执狂、迷信异常痛恨，自由主义的火焰已经在他的胸中燃烧。哈兰以一种

① ［英］乔治·皮博迪·古奇：《十九世纪历史学与历史学家》下册，耿淡如译，商务印书馆1989年版，第366—367页。

冷峻的笔锋描述封建主义与教会权力的利与弊。到《宪政史，自亨利七世登位至乔治二世逝世》（简称《宪政史》）出版时，哈兰已经成为辉格派史学的领袖。尽管哈兰认为亨利八世是一位暴君，他还是高度颂扬，这主要因为亨利八世倡导了英国的宗教改革，革除了天主教的专横，而哈兰对斯图亚特王朝的极度憎恨则是因为这些国王尽干些令人发指的恶行。这部《宪政史》后来成了英国的政治教科书，"在该书中，哈兰试图像一位律师那样在历史中力求公正，但他无法摆脱自己的极端保守立场，因而他所宣扬的'公正'注定是徒然的，政治上的立场束缚了他对历史的审慎理解"，从而使其作为史学家的声誉受到了一定程度的影响。当然，哈兰对学术史还有一项巨大的贡献，1837 年，他出版了《15—17 世纪欧洲写作概论》，这部著作描绘了哲学、神学、文艺和自然科学领域的伟大作家，却没有对专业的史学家进行记述，这也就从一个侧面说明哈兰时代的历史学还没有成为一个能引起他注意的独立学科。

林加德（1771—1851）撰写了《盎格鲁-撒克逊教会的古制》，但这位在《英国史》中力图维护天主教尊严的虔诚教徒也希望自己的著作能被新教徒接受。他承认教会的专制妄为是促成新教改革的重要因素。与哈兰一样，林加德尽量将评价历史的权利留给读者，自己则默不作声地待在一旁，不会倾向于哪个教派，而只是仇视凶残与专制。林加德曾谈道写作《英国史》的目的：

> 我为全书规定一条准则，即写出事实真相，不论对我们有利或不利都要这样写；尽力避免出现任何争论，以便不致引起新教读者的反感；但也要在注释中提供有利于我们的各种必要的证据；因而如果你把我的叙述和休谟等人的叙述作比较，就会发现，借助于这些注释，这部书就把他们完全驳倒了，但表面上又看不出这一点。这样做我认为还是可取的。在我对宗教改革的记述中，为了使新教偏见感到震动，我必须说许多话；我能够让他们阅读我的著作的唯一机会就是因为人们知道我是一位温和的作者。只能写出一部新教徒爱读的书才能把好事办成。[①]

可是，这种为迎合新教徒而采取的骑墙态度仍旧没能使林加德避免偏见，自然也没能使他逃避批评与谩骂。只是我们由此也能看到，林加德的确是殚精竭虑想使自己的历史写作超越宗派的纷争，实践一种普遍的价值观。尽管林加德没有成功，但他的理想有助于强化 19 世纪英国历史学的自立意识。

---

① 转引自［美］J. W. 汤普森：《历史著作史》下卷第 4 分册，孙秉莹、谢德风译，商务印书馆 1992 年，第 778 页。

这个时代，辉格党人的历史辩护大师是麦考莱（1800—1859）。他有着天才般的记忆力、流畅优美的文笔，其历史著作的文学价值足以让他流芳后世。青年时期，麦考莱就接受了辉格党人的政治主张，他热衷于政治活动，从政论性文章起步涉入历史之河。麦考莱在生前留下近5卷《自詹姆斯二世和威廉三世即位以来的英国史》（简称《英国史》），这部学术价值极高的著作在文学价值上，实现了作者对自己著作的要求，即能够在几天内取代年轻女郎们桌子上最新的风靡一时的小说。也许正因为作者卓越的文学才能，在历史写作中，麦考莱一开始就反对那种一味追求真实的历史事实的做法，相信史学家自己有权进行选择，也应该依靠写作技巧将零散的历史片断缀合成一个有机整体。其史论表述了他的史学思想，《英国史》实践则是其思想的实践。这样，麦考莱的历史编纂思想似乎有悖于当时西方史学的专业化趋势，它与客观主义、实证主义历史编纂思想有着根本的冲突，但20世纪的西方对历史写作的哲学分析经常引证麦考莱的思想。以现当代的眼光来看，虽然麦考莱的文学才能早在一个多世纪以前就已被世界认可，但接受他的史学思想是20世纪中期以后的事。历史确实只能由辩护人写，而不能由裁判官来写，这样，才能使读者的历史想象多一种选择的可能性。《英国史》正是由麦考莱这位辩护人写的，它让任何没有主见的人臣服，而刺激有识之士的思考力。麦考莱的文学天才使他的著作在论证一种观点时显得无所不能，这就让逐步具有独立学科意识的史学家产生了警惕与惶恐，由此，麦考莱的史学便成了历史是科学还是艺术这一争论的典型例证。

麦考莱对史论这种文体的贡献受到了他的后辈古奇的大力称赞："麦考莱史论为17、18世纪所完成的工作，殊不下于莎士比亚的戏剧为15世纪所完成的工作。麦考莱是第一个使人人对历史感兴趣的英国作家。"[1] 麦考莱的生花之笔促使他远离中立，他比任何其他辉格派史学家都更积极地愿意表白这个党派的立场，忠实地相信辉格党的原则蕴含着高超的政治智慧。正因为如此，他的著作就注定会美化辉格党人的作为，这一点后来就曾被兰克毫不客气地指出过。麦考莱的坦率使他不那么在意事物之间的局限性与复杂性，因此古奇又称他既不是一个思想家，也不是一个预言者，而只不过是一个通情理和有文化的庸人。

19世纪前半叶，英国托利党人在与辉格党的竞争中处于劣势，这从托利派史学家在该时代的影响力不如辉格派就可觉察到。面对19世纪普遍存在的盲目乐观主义与对新事物的狂热，托利党人都感到阵阵悲哀，这使艾利森（1792—1867）首先想起了法国大革命中的疯狂，因此，这种警觉催促他写作一部法国革命时期

---

① ［英］乔治·皮博迪·古奇：《十九世纪历史学与历史学家》下册，耿淡如译，商务印书馆1989年版，第489页。

的欧洲史。《欧洲史》最终于 1842 年完成，保守主义思想在其中淋漓尽致地展现。托利党人对变革充满着恐惧，满足于保持现状。艾利森声称："如果说法国大革命的探讨对人们有什么重大启示的话，那便是潮流的危险性；因为投身于政治革新浪潮的人已经被卷入其中。""行动者们在一个看不见的力量之下受到制服，这力量恰恰把他们的罪恶与野心变成了伸张天理正义的工具，因而使道德最后战胜邪恶，整个人类得到拯救。"① 这部著作也是第一部用英文写的有关法国革命史的综合性著作，这使它的影响面极广，不幸的是，艾利森的著作虽然轰动一时，却没有经受住时间的无情裁判，不久人们就只能到图书馆去寻找这部著作了。

（二）文学家中的史学家

在英国，像麦考莱一样，凭借文学才能而在史学家阵营中留下足迹的人不在少数，我们熟知的还有以英雄史观著称的托马斯·卡莱尔及其弟子詹姆斯·弗劳德。

卡莱尔（1795—1881）在年轻时并不主张英雄史观。在 1830 年出版的《论历史》中，卡莱尔强调一般群众在创造文明中所作的贡献，而到 1837 年《法国革命史》出版时，他的态度已经有了明显改变。这部著作使他成名，而他对世界最大的贡献是 1841 年出版的《英雄与英雄崇拜》。从卡莱尔的著述中，我们首先应该将他视为一位道德学家，他将英雄分为六类，分别是神、先知、诗人、教士、文学家、帝王，不过他们被称为英雄，根本在于其"真诚"。"英雄所具有的首要特点在于他可以透过事物的表面看到事物本身，这也可以称为他的英雄主义的最初的和最终的特征。"在他看来，实际的行动家才是历史的真正骨干，他们不畏艰难险阻，奋力前行。卡莱尔的著作对读者具有强烈的感染力，它刺激读者的想象，使他们很容易接受作者的"布道"。然而，这种感染力与历史真实之间好像一直存在着一种张力，卡莱尔为读者创造了鲜活的人物形象，而付出的代价是常常篡改原文，扭曲事实，难怪倾心于历史档案的阿克顿会说卡莱尔是可憎的史学家中最可憎的一个。可以说，从道德的角度，并带着感情色彩来撰写历史是文学家出身的史学家写作中的一种普遍现象，麦考莱、卡莱尔是如此，弗劳德也是一脉相承。

弗劳德（1818—1894）的主要著作有历经 20 年写成的 12 卷本巨著《英国史，自 1529 年至伊丽莎白逝世止》（简称《英国史》）和《托马斯·卡莱尔》。《英国史》虽然时限在 1529—1603 年，但其中详尽记叙的是 1529 年至 1588 年这 60 年中的英国历史，迄今为止，它都是有关这一时期的一部不可多得的好书，具有很高的价值。不过，书中的一些失误在弗里曼的恶意宣扬下，竟使"弗劳德式的鲁莽"

---

① 转引自［英］乔治·皮博迪·古奇：《十九世纪历史学与历史学家》下册，耿淡如译，商务印书馆 1989 年版，第 499 页。

一词在后辈史学家中流传开来，这虽然有失公允，但作者确实犯下了不少错误。汤普森说他是一位文艺家，而不是科学的历史家。他对亨利八世的残暴行为视而不见，一味称颂他的功绩，对伊丽莎白女王则表示出极度的轻视。古奇对他的批评是："他从没有认识到，历史家的责任既非颂扬也非谩骂，而是对复杂的过程与矛盾的理想冷静地进行解释。"①

（三）牛津学派与英国史学的专业化

牛津学派的出现是 19 世纪英国专业历史学走向成熟的标志。然而，我们不能将这个学派想象成德意志、法国的史学学派或是 20 世纪英国出现的那些史学学派那样，牛津学派自己并没有什么独特的史学思想和治史原则。他们之所以被称为学派，更重要的是因为其中的史学家们在思想上更接近欧洲大陆的历史研究潮流，从而与英国传统的历史写作有很大区别，历史研究更为科学、更为客观了。

牛津学派的主要成员是斯塔布斯、弗里曼和格林。

斯塔布斯（1825—1901）学风严谨，他的著作都是建立在踏实的研究之上。《英国宪政的起源与发展史》是其代表作，该书对中世纪英国宪政的起源作出了第一次尝试性的解释，公允而令人信服。斯塔布斯的研究成果不仅为欧洲大陆所认可，而且，他出版的《宪章选集》还被其他国家编辑类似著作时所效仿，这显然有助于改善英国史学落后的名声。斯塔布斯认为自己既不是哲学家，也不是政治家，而只是一位历史工作者。他将德意志的治学方法介绍给英国人，希望牛津培养出一些扎扎实实的专业历史研究者，这种定位促使他认为，牛津学派"应当在业已收集并编排起来的十分丰富的资料的基础上建立起来"。②

弗里曼（1823—1892）是斯塔布斯的挚友，从对弗劳德的攻击中便可知道他是一位好战分子。他不排斥政治，其《诺曼征英史》《诺曼底与缅因纪行》完全是政治性论述，因为在他眼中，行动的都是政治家们，普通民众的行为微不足道，因此不可能纳入他的叙述中。弗里曼认识到，了解历史事件发生地的地理环境有助于再现历史事实，这种旨趣能够说明为什么他会热衷于历史地理的研究，并著有《近代欧洲历史地理》一书。弗里曼关注历史的连续性与统一性，在他著述中，他无视历史阶段之间的断裂带，强调从希腊到罗马，再到中世纪和近代欧洲，历史的发展从无间断，由此招来了斯塔布斯的批评。

格林（1837—1883）是一位极富独创性的作家，他与弗里曼正好相反，认为人民的历史才是真正值得书写的。于是一部将英国史学带入新时代的《英国人民

---

① ［英］乔治·皮博迪·古奇：《十九世纪历史学与历史学家》下册，耿淡如译，商务印书馆1989 年版，第 548 页。
② 转引自［美］J. W. 汤普森：《历史著作史》下卷第 3 分册，孙秉莹、谢德风译，商务印书馆1996 年版，第 429 页。

简史》便问世了。人民从此在英国历史中有了应有的地位。古奇称这本书"具有传记式的生动趣味与史诗般的连贯剧情"。① 的确，格林是以一种想象的方式来思考、撰述历史，这与牛津学派的风格似有不同，但他的想象并不是用来歪曲事实，而是用在结构的安排上。他不按朝代来划分历史时期，而是根据自己归纳的社会特点来区别不同时代，他同情人民，倡导自由，自然热爱那些为自由而斗争的普通百姓，这使他避免了许多盛行的党派偏见，因为那些都是政治家的事。对格林的著史才能，即他的想象力，历来有褒有贬，事实上，这已与格林无关，而与批评者自己的历史观紧密相连。无论如何，格林都是 19 世纪英国史学的一位典范，他较好地做到了让历史著作保持生动性和趣味性，又基本不违背历史真实的原则。

在牛津学派之外，如剑桥大学，西莱（1834—1895）大力推动近代史的教学与研究，这是因为他想将这所大学变成培养政治家的园地，而丰富的历史知识能够使人们对政治作出合乎理性的判断。他对政治的爱好显然表明了其著作《斯泰因的生活与时代，或拿破仑时代的德意志与普鲁士》是一部政治史。随后，《英国的扩张》同样阐述政治理论，成为英国政治家们的必读书。

到了 19 世纪后半叶，再不会有人将斯塔布斯、弗里曼、格林、西莱的历史著作当作文学书。随着近代史研究的开展，英国这个岛国对欧洲国家历史的了解越来越多，先进的研究方法、学术规范伴随学术交流引入了英国。剑桥钦定近代史讲座教授阿克顿（1834—1902）是英国史坛的活跃人物，他四处游历，注重国外最新的史学研究方法并在剑桥的课堂上进行介绍、评论。客观主义、实证主义史学对他的影响最大，以至于他认为历史学最重要的任务便是收集、整理资料，而这些正是近代史学被称为科学的显而易见的特征。《剑桥近代史》的编撰及其后来对西方史学界的影响意味着英国史学水平已经和欧洲大陆的史学水平处在了同一条起跑线上。另外，古典研究在英国始终被作为一门正规的学问对待，提尔华尔、格罗特对希腊史的研究，亚诺尔、梅里韦尔对罗马史的研究都堪称楷模，从上述意义上讲，英国 19 世纪的史学成就在其史学史上有着不可磨灭的地位。

三、美国现代史学的形成

美国史学是西方史学中的后起之秀，它的起步较晚。美国史学的滥觞可以追溯到殖民地时期，在这一期间已经出现了一些回忆录和编年史性质的历史作品，其作者大多为最初移民至北美洲的"清教徒史家"，他们用自己的作品记录了欧洲移民对北美的开拓活动。到了美国独立战争时期，历史作品的题材和指导思想发

---

① ［英］乔治·皮博迪·古奇：《十九世纪历史学与历史学家》下册，耿淡如译，商务印书馆 1989 年版，第 569 页。

生了巨大的转变，理性主义成为历史作品的指导原则，旨在取代原来主导性的基督教史观。美国的开国元勋本杰明·富兰克林、托马斯·杰弗逊等人都撰有历史著作，这一时期的史学家并非经过专业化的训练，他们大多出身于贵族家庭，因而被称为"贵族史家"。

最早严肃并认真地从事历史学研究的美国学者是贾雷德·斯帕克斯，起初他致力于收集乔治·华盛顿的作品，他主编了载有 60 篇传记的《美国传记丛书》，其中不少篇章是由他亲手撰写的，该丛书涉及美国史的各个领域，对于研究美国早期的历史具有较高的史学价值。此外，斯帕克斯也是美国的第一个历史学教授，他于 1839 年被哈佛大学聘为历史学教授，这一事件被认为是美国史学专业化的开端。①

早期的美国史学受欧洲史学的影响较大，美国文明的"欧来说"一度占主导性地位。盎格鲁-撒克逊学派就是持这种观点的早期美国史学流派之一。该学派以约翰·霍普金斯大学为活动中心，鼓吹"生源论"，认为美国新教徒与古代日耳曼人之间具有"种族上的共同性"，而美国的政治理念也与日耳曼的制度密切相关。该学派的学者颂扬盎格鲁-撒克逊人的高贵血统和自由传统，认为正是该民族的优秀品质缔造了美国的民主制度。盎格鲁-撒克逊学派受种族主义和进化论的影响较大，他们正是以这些思想为指导原则来阐释美国的发展历程的。

在整个 19 世纪，班克罗夫特和特纳是美国史学的关键性人物，他们为美国史学的转型和成熟发展作出了巨大的贡献。

（一）乔治·班克罗夫特

乔治·班克罗夫特（1800—1891）是美国史学成熟的标志。他在哈佛大学度过了自己的大学生涯，后来他前往欧洲游学，尤其在德意志逗留了较长一段时间。在德期间，他聆听了黑格尔、施莱尔马赫、萨维尼等重要学者的讲座，加入了兰克的研讨班。兰克的史学思想对于班克罗夫特的历史学研究影响深远，回到美国之后，他积极传播兰克的史学思想。

班克罗夫特的史学著作主要包括《从美洲大陆发现以来的美利坚合众国史》（简称《美国史》，10 卷，1834—1874）和《美国宪法形成史》（2 卷，1882）。班克罗夫特在政治上属于杰斐逊民主派，他怀着对民主制度和人民群众的颂扬来撰写历史。在 1835 年的一篇题为《人民在艺术、政治与宗教上的职务》的演讲中，他这样说道："真正的政治科学是尊重群众的，应当谦恭地听取下层人民的

---

① ［英］乔治·皮博迪·古奇：《十九世纪历史学与历史学家》下册，耿淡如译，商务印书馆 1989 年版，第 639 页。

呼声。"①

《美国史》在美国史学的发展进程中占有极为重要的地位。该书是第一部由美国人自己撰写的记载自建国以来事迹的美国通史，班克罗夫特本人也因为这部作品的重要成就而被公认为美国的民族历史学家。

班克罗夫特的《美国史》着力彰显了美利坚人不懈追求独立和自由的民族特性，他在第 1 卷的导言中开宗明义地写道："美利坚合众国是一个伟大的政治体系的必要组成部分，这个体系包含了地球上所有的文明国家。在这个道德舆论力量迅速增长的时期里，美利坚合众国在实践和捍卫人类平等权利方面处于领先地位。在此，主权在民是人人接受的公理，而建立在这个基础上的法律则被忠实的爱国主义所珍视。"② 班克罗夫特认为，美洲殖民地的早期移民大多是怀揣着对自由的热爱而来到这片土地的，因为他们前往美洲的主要目的之一就是摆脱欧洲的封建主义、专制制度甚至极权主义的束缚。他将美国的自由传统追溯到古代日耳曼人的自由精神。在论述美洲殖民地反抗英国统治者的斗争时，班克罗夫特着重颂扬了殖民地居民们的斗争精神。

班克罗夫特认为，清教是美国自由精神的另一个渊源。《美国史》的第 1 卷便是以《清教教义的性质》作为结尾的。在他看来，清教徒性情温和，对教义充满虔诚之心；清教教义体现着与俗世生活的和谐一致，其中包含着对自由平等的认可，教会从未凌驾于人民之上，而是充分地唤起人们的自我使命意识。通过赞颂清教的优秀品质，班克罗夫特表明了以清教徒为主的美国在信仰方面优越于天主教的欧洲。

在评价历史人物和事件时，班克罗夫特也以自己所信仰的美国自由精神作出了爱憎分明的判断。对于罗杰·威廉斯这位持有与英国国教不同的宗教观点的新教教士，班克罗夫特把他誉为宗教压迫的反对者。他为潘恩这位对独立战争时期的思潮产生重大影响的学者积极辩护；而在谈到英国对于美洲殖民地的政策时，他毫不留情地宣称大不列颠的行为是对人类自由的挑战，是对人类历史发展规律的违背。

班克罗夫特将美国的历史放在人类文明发展的总体进程中看待，他认为美国是人类历史使命的最新承载者，是世界走向自由的标志，是人类文明的先进榜样。在他看来，自由是人类历史发展的伟大原则，而美利坚民族则是一个将自由精神一以贯之的优秀民族。与一些 19 世纪的德意志民族史学家类似，班克罗夫特相信

① 转引自［英］乔治·皮博迪·古奇：《十九世纪历史学与历史学家》下册，耿淡如译，商务印书馆 1989 年版，第 640 页。

② George Bancroft, *History of the United States*: *From the Discovery of the Continent*, Volume Ⅰ, New York: D. Appleton and Company, 1883, p. 1.

民族的统一进程与其趋向自由的进程是同一的，生而信仰自由的美利坚民族必将走向统一。班克罗夫特也相信，人类社会的发展是受到普遍法则控制的，自由与普遍法则是和谐统一的，因而美利坚民族将会越来越趋近这一普遍规律，美国的历史也将愈发具有普遍性。根据他的这种世界历史观，美国的历史证明了人类文明的进步，指明了人类文明的未来走向。

作为一个新兴的国家，19世纪中叶的美国尚处在青年时期，美利坚民族还没有真正成熟，美国民众急切地寻求着符合时代性的民族认同感，希望出现一种精神力量来凝聚民心。班克罗夫特的《美国史》恰逢其时，凭借着丰富的学识和满腔的爱国热情，他很好地回应了这一需求。《美国史》所颂扬的自由精神和民主制度正是美国人民赋予自身的特性所在，民众在这部著作中获取了强大的民族自信心。《美国史》通过追溯往昔的光辉岁月将美利坚民族的特性提高到了历史的高度，为美国的发展提供了精神上的保障，班克罗夫特的历史著作不仅是对美国精神的体现，也是对美国精神的进一步巩固和塑造。

作为一位深富爱国主义的情怀史学家，班克罗夫特带有一般爱国主义者的通病。在一定程度上，班克罗夫特的《美国史》夸大了美洲殖民地居民的斗争精神，对于法国在独立战争时期提供给殖民地的帮助没有给予充分的认识和肯定，而将德意志义勇军的作用抬得过高，这或许与班克罗夫特本人的求学经历和思想倾向有关。此外，《美国史》在地理范围上主要局限于新英格兰地区①，因而招致一些尖锐的批评。

尽管存在着种种不足，《美国史》仍不失为一部优秀的历史著作。兰克曾亲口向班克罗夫特称赞这部作品："你写的历史是从民主观点写成的最好著作。"②班克罗夫特那种把清教式的美国理想化的做法影响了许多后辈的历史研究。他对于档案文献极为重视，这为美国史学的专业化和权威性作出了重要贡献，冯·霍尔斯特认为："每个美国历史家必须以班克罗夫特为起点来前进。"③

（二）弗雷德里克·杰克逊·特纳

弗雷德里克·杰克逊·特纳（1861—1932）是美国史学中"边疆学派"的创始人，他的史学研究和思想为美国史学的进一步转变作出了不可磨灭的贡献。

特纳的历史学研究工作与19世纪美国的"西进运动"休戚相关。1861年，特

---

① 新英格兰地区是位于美国的东北角、濒临大西洋、毗邻加拿大的区域，包括缅因州、新罕布什尔州、佛蒙特州、马萨诸塞州、罗得岛州和康涅狄格州这6个州。

② 转引自〔英〕乔治·皮博迪·古奇：《十九世纪历史学与历史学家》下册，耿淡如译，商务印书馆1989年版，第643页。

③ 转引自〔英〕乔治·皮博迪·古奇：《十九世纪历史学与历史学家》下册，耿淡如译，商务印书馆1989年版，第644页。

纳出生于威斯康星州的一个名为波特奇的村庄。威斯康星州于1848年加入联邦，成为美国的第30个州，其真正的蓬勃发展正是源于"西进运动"。这样的生活环境和背景，对特纳后来的学术生涯和研究对象产生了重大的影响。

1890年，特纳获得了约翰·霍普金斯大学的博士学位，他返回自己的母校威斯康星大学，开始从事边疆史学的教学和研究。1893年7月12日，特纳在举办于芝加哥的美国历史协会会议上宣读了自己新近写成的《边疆在美国历史上的重要性》一文。在这篇论文中，特纳提出了影响深远的"边疆假说"，其论断轰动了美国历史学界，特纳由此成为美国史学中进步学派的领袖，被公认为现代美国史学的奠基者。特纳后来的重要作品如《新西部的兴起》（1906）、《美国历史上的边疆》（1920）、《地域在美国历史上的意义》（1932）和《1830—1850年的美国：这个国家及其地域》（1935）等，都可以被视作《边疆在美国历史上的重要性》一文的"衍生品"，它们都是围绕着"边疆假说"而展开的。

特纳认为，以往的美国史学研究将目光局限于大西洋沿岸的早期殖民地区，这种研究方法忽略了更加广阔的地理范围，缺乏令人信服的解释力。在《边疆在美国历史上的重要性》的开篇，他就提出了应该着重研究美国的西部地区历史的主张：

> 美国社会的发展就这样在边疆始终不停地、周而复始地进行着。这种不断的再生，这种美国生活的流动性，这种向西扩张带来的新机会以及跟简单的原始社会的不断接触，提供了支配美国性格的力量。只有把视线从大西洋沿岸转向大西部，才能真正理解美国的历史。[1]

在特纳的边疆史学研究中，"边疆"和"地域"是两个最基本的因素。特纳并未对"边疆"概念作出严格的定义，他笔下的"边疆"是多义的。在论述美国历史上的"边疆"时，他有时赋予"边疆"以人文地理学的色彩，称之为"西方移民浪潮的前沿——即野蛮和文明的会合处"和"自由土地这一边的边缘"。[2] 特纳的"边疆"有时是纵向的一条线，有时又被说成是横向的动态趋势或浪潮，他这样说道："开初，边疆是大西洋沿岸。真正说起来，它是欧洲的边疆。向西移动，

---

[1] ［美］弗雷德里克·特纳：《边疆在美国历史上的重要性》，黄巨兴译，杨生茂编：《美国历史学家特纳及其学派》，商务印书馆1984年版，第4页。

[2] ［美］弗雷德里克·特纳：《边疆在美国历史上的重要性》，黄巨兴译，杨生茂编：《美国历史学家特纳及其学派》，商务印书馆1984年版，第5页。

这个边疆才越来越成为美国的边疆。"① 特纳笔下的"边疆"还兼具自然地理学和经济地理学的含义，他试图用它来解释美国历史上复杂的社会、经济、文化和政治现象。

在特纳看来，美国的大西部地区是"机遇"的象征，满足了机敏勇敢的美国人民的冒险精神。边疆调节了美国社会经济的发展，促进了美国人民的混合民族性的形成，保持了美国社会的稳定和谐，是一个"安全阀"（或称"安全活塞"）。这个"安全阀"是美国社会发展的特性，为美国提供了不同于欧洲的发展动力和源泉。

特纳认为："边疆不断地向西部推进就意味着逐渐离开欧洲的影响，逐渐增长美国独有的特点。因此，研究这一进程……是研究真正的美国历史。"② 特纳曾在约翰·霍普金斯大学攻读博士学位，这里是盎格鲁-撒克逊学派的大本营，该学派大力宣传美国文明的"欧来说"——"生源论"。特纳并不认同这种历史观，他反其道而行之，有意地提醒美国民众关注"边疆"对美国特性之形成所起的作用，强调美国社会发展的内在动力。在他看来，"边疆"最重要的影响在于发扬了美国和欧洲的民主，它是"个人主义的场所"，是自由的土地。在他看来，美国的民主制度不是来自"五月花号"的"舶来品"，而是来自美国森林的自发产物。

与"边疆"不同，特纳的"地域"概念不具有多重含义，他用"地域"来解释美国历史上的各种复杂现象，比如美国人民向西移民的原因、美国的两党制和政治矛盾、奴隶制斗争、联邦与州之间在权力分配方面的争端以及美国的内战进程等问题。特纳认为，在边疆不断向西推进的过程中，原有的边疆消失了，成为腹地，但是这些地区仍然存在地域间的冲突。这种地域间的冲突史是18—19世纪美国史的重要组成部分。

特纳眼中的美国发展史，似乎就是在边疆的不断推移中逐步前进的。他将边疆称作"活动的地域"，而地域的个体性特点"在奠基地理基础的时代就部分地确定了"。美国的边疆改变了人们原有的风俗和习性，"这种环境迫切要求人们顺应它的各种情况"。③ 特纳的本意在于呼吁人们重新审视"边疆"在美国历史上的重要性，但是他还是过于强调地理环境对人类社会的决定性作用，从而带有了典型的社会达尔文主义的特征。

① ［美］弗雷德里克·特纳：《边疆在美国历史上的重要性》，黄巨兴译，杨生茂编：《美国历史学家特纳及其学派》，商务印书馆1984年版，第6页。

② ［美］弗雷德里克·特纳：《边疆在美国历史上的重要性》，黄巨兴译，杨生茂编：《美国历史学家特纳及其学派》，商务印书馆1984年版，第6页。

③ ［美］弗雷德里克·特纳：《边疆在美国历史上的重要性》，黄巨兴译，杨生茂编：《美国历史学家特纳及其学派》，商务印书馆1984年版，第37页。

　　不可否认的是，特纳的"边疆假说"对美国的"西进运动"做出了积极肯定的评价，符合时代的潮流，为美国社会的进一步发展注入了强心剂。尽管他的学说存在过分强调"西进运动"的作用，并有贬低美国东部地区和欧洲对美国所具有的影响之嫌，但是他努力发掘美国社会发展的内因，促进了对美国历史的更加全面的认识。

　　1910年，特纳被哈佛大学聘为历史学教授，他在这里积极传播自己的史学思想。在他的努力下，20世纪初的美国史学界出现了一个实力雄厚的边疆学派。其弟子们将他的史学思想进一步发扬光大，这对后世的美国史研究产生了深刻的影响。

第四节　近代历史学专业化的表现

　　纵观从古希腊罗马历史写作到19世纪初的两千余年欧洲历史编纂发展历程，很少有书写历史的作者是以历史学来安身立命的。希罗多德长期游历埃及、巴比伦等地，而撰写《伯罗奔尼撒战争史》的修昔底德不仅是一位贵族，且是将领兼政治家。到了中世纪时，教会是历史著作诞生的主要场所，许多撰有历史作品的作者从事神学或宗教传播事业。在18世纪的英国，人们还很难分清高雅的和通俗的历史作品之间的界限，历史著作的出版在很大程度上仍然是私人的事务。这一时期的许多英格兰历史写作者持有类似的观念，即把历史看成一种具有绅士风度的追求，当时英国最伟大的史学家吉本也是如此。文学与史学之间的界限尚且模糊，一些文学工作者通常会标榜自己创作的是历史作品。

　　通常认为，历史学真正的专业化肇始于18世纪末19世纪初的德意志，而尼布尔则堪称德意志历史学专业化的奠基者。19世纪的德意志在学术思想、学术组织和制度等方面取得了重大的成就。与此同时，其他欧洲国家历史学专业化的进程也逐渐步入正轨。我们在此将从19世纪史家的专业训练、历史教职承担的社会职责和历史学界的形成三个方面探讨历史学专业化的表现。

一、19世纪史家的专业训练

　　由兰克发起的"seminar"（研讨班）对19世纪历史学专业训练作出了伟大贡献。兰克不仅是一位伟大的史学家，同时是一位杰出的教育家，他培养出了至少上百位的优秀学生，"把兰克的弟子列一张表读起来就像一部史学界名人录"。[1]　在

---

① ［美］J. W. 汤普森：《历史著作史》下卷第3分册，孙秉莹、谢德风译，商务印书馆1996年版，第255页。

接受过兰克指导的学生们中，除了从事历史学研究的人，不乏著名的经济学家、法学家甚至政府高级官员。兰克培养学生的秘诀之一就是他所主办的研讨班，汤普森说，19世纪的"德国大部分伟大史学家，除少数例外，都是由他这位导师办的柏林大学研究班培养出来的"。①

研讨班是一种教学和研究制度。在研讨班中，学生在教授的指导下组成研究小组，定期聚集起来举行研讨会，共同探讨新的研究课题和知识领域。这种方式使学生得到了充分发挥自己的学习探索能力和协同合作能力的机会，许多前沿性的研究成果就是从这种研讨班中诞生的。

兰克并非研讨班的发明者。1787年，沃尔夫在哈雷大学创办了一个语言学研讨班；而早在1764年，哥廷根学派的创始人约翰·克里斯蒂安·加特勒就在哥廷根大学创办了一个研究历史学辅助学科的历史研究所。在兰克早年的学习生涯中，他在莱比锡大学参加过由贝克主持的语言学研讨班和由赫尔曼主办的希腊文学研讨班。参与这两个研讨班的经历，或许对兰克日后创办那个大名鼎鼎的历史研讨班产生了一定的影响。

1825年，在柏林大学任教的第一个学期，兰克就仿照自己曾经在莱比锡大学参加过的语言学研讨班而开设了一门历史实习课，这门课程后来成为所有研讨班的典范。这个研讨班开设在兰克家里的书斋中。兰克开设研讨班，一方面是为了在有才能的学生和老师之间建立起紧密的联系，另一方面是为了培养历史学教师。

兰克为自己的研讨班设置了非常严格的要求和高门槛，参加研讨班的学生必须立志在历史学方面有所建树，并且想好要将历史作为自己的专业。兰克为研讨班中的学生设定了一个大致的研究方向，即中世纪史。他认为，在诸多研究方向中，唯独在中世纪才能找到最棘手且最重要的问题。除此之外，兰克并未过多干涉学生选择具体的课题，他允许学生根据自己的喜好选择课题，以发挥一技之长，与其他学生形成互补。在研讨班中，兰克扮演着一个亦师亦友的角色，他很乐意为学生提供意见，同时他会严厉地批评学生所犯的错误。

吉泽布雷希特（1814—1889）是兰克最器重、信任的学生之一，在一篇写于自己老师去世后的文章中，他这样回忆起兰克在研讨班中的活动：

> 他把我们这些最亲近的弟子召到自己家中，集聚在他的身旁；所以我们有机会就近观察这位创新的思想家的工作房。他广博的知识、多方面的教养、迅速抓住要点的本领和批判的天才引起我们对他的钦佩。当他成功地揭穿一

---

① ［美］J. W. 汤普森：《历史著作史》下卷第3分册，孙秉莹、谢德风译，商务印书馆1996年版，第255页。

个虚假的传说时，或者得以按照实际情况恢复事物的本来面目时，他常常会欣然大笑。正当他的名声开始传播于各个较大的学术团体时，我和他结成了亲密的相识，并觉得自己紧紧被他所吸引。当时他正处在精力充沛的壮年时期，他的一举一动充满着活力与热忱。①

参加研讨班的学生很快取得了重大成就。1837 年，《撒克逊统治下德意志帝国年鉴》开始出版，这部著作是兰克的学生们的集体研究成果，第 1 卷由佩茨撰写，科普克和多尼格斯合编了关于奥托大帝的部分，而吉泽布雷希特和维尔曼斯则负责编写关于后来的两个奥托皇帝的著作。这些作品提出了许多独具创见的观点，开启了 19 世纪德意志史学界对中世纪史的批判性研究。

史料批判和历史解释的方法也是史学家的必修课程，19 世纪的德意志史家也在这方面作出了卓越的贡献。这一点在本章第二节中已有较为详细的论述，故而在此就不赘述了。

语言文字是困扰史学家研究的一大难题。吉本的《罗马帝国衰亡史》后几卷获得的评价并不高，其中一个重要的原因就在于，吉本对于拜占庭希腊文的掌握不够，因而他无法运用足够的史料来支撑起自己的论述。吉本的困境表明了启蒙时期学术研究在希腊史方面的缺陷，这激励了后辈学者在该领域的深入研究。英国史学家乔治·格罗特（1794—1871）努力学习希腊文，广泛搜集各种与希腊文化相关的材料，撰写了《希腊史》（12 卷，1846—1856），他在古希腊史方面的成就堪与蒙森在古罗马史方面的成就相匹敌。在 19 世纪还出现了许多史学研究的新领域，比如亚述史和古埃及史等。这些新领域的开辟与学者们对相关文字的成功解读是密不可分的。法国学者商博良（1790—1832）于 1821 年首次成功破译古埃及文，由此开启了西方学界对古埃及的深入研究。而德意志学者格罗特芬于 1802释读出了部分楔形文字，促进了亚述学的诞生。语言和文字是人类交流沟通的基础，而历史学是关于人类文明的研究，所以对历史学研究来说，语言和文字就如同打开人们过往之宝库的钥匙。

二、树立史家权威：历史教职承担的社会职责

随着历史学专业化的进展，19 世纪的史学家逐渐树立起了自己的权威性。史家的权威一方面来自其历史著作的解释力，另一方面也与历史学从业者所承担的社会职责有关。

---

① 转引自［英］乔治·皮博迪·古奇：《十九世纪历史学与历史学家》上册，耿淡如译，商务印书馆 1989 年版，第 229 页。

　　早在 1724 年时，英国的牛津大学和剑桥大学创设了近代史钦定讲座，该席位得到王室的赞助，其主要目的是进行论战和舆论引导。早期的席位持有者大多为牧师和文学家，他们利用源于宗教史的论辩策略开展自己的活动，很少创作出具体的历史著作。可以说，这一时期的大学历史学教职尚未承担重大的社会责任。

　　而在 18 世纪末的英国非国教学院中，近代史被列为必修课程，其中一些学院主动承担起了将历史教学向更广泛的公众传播的职责。例如，约瑟夫·普里斯特利（1733—1804）于 18 世纪 60 年代后期在沃灵顿学院开办了一个面向公众的历史讲座，这些讲座的内容于 1788 年合编为《关于历史和一般政策的讲座》出版。

　　从一开始，19 世纪的德意志历史学研究就与社会现实联系在了一起。德罗伊森道出了德意志史家们的共同心声："历史研究的对象不是过去；因为过去已经逝去。历史研究的对象是此时此地，还没有完全逝去的过去。譬如说，对某事的记忆，或往事的遗迹。"[1] 时任普鲁士教育部长的威廉·冯·洪堡向国王弗里德里希·威廉提议："国家必须用学术力量补偿在物质力量上受到的损失。"[2] 国王深受触动，于是委派洪堡主持柏林大学的成立事宜。1810 年 9 月 29 日，新建成的柏林大学正式开学。这所大学汇集了尼布尔、沃尔夫、伯克和布特曼等众多当时的德意志历史学精英。

　　在 19 世纪的德意志史家中，特赖奇克或许是最典型的使历史教职与社会责任相结合的一位。特赖奇克认为"实践"是历史学的一大特性，"黑格尔定义'合理'的时候，并没有包含'终止'的意义。要建立一个稳定的治国体系，国家的改革就要建立在当下和现存的目标之上"[3]。史学家应当努力认识到历史的发展趋势，并将自己从中得到的认识贯穿到政治活动中来，根据活动的实际结果来调整对历史趋势的认识。特赖奇克的好友豪斯拉斯这样评论特赖奇克："兰克完全使自己沉浸在过去的景象之中，而特赖奇克时时刻刻关注着现在。他关于克伦威尔、古斯塔夫·阿道夫和拿破仑的言论总是关涉到当今的英格兰、德意志和法兰西。"[4]

　　特赖奇克对于自己的身份定位也值得一提。他自己也意识到，写作新的论文集不会促进他的学术声望，但他对这一点并非很在意。在写给弗赖塔格的信中，他这么说道："我的爱国主义者身份胜过教授身份一千倍，并且我肯定不会与真正的学术圈形成良好的关系。"[5] 如果特赖奇克听到别人称他是一个宣传家，他可能

① ［德］德罗伊森：《历史知识理论》，胡昌智译，北京大学出版社 2006 年版，第 9 页。

② 转引自［美］J. W. 汤普森：《历史著作史》下卷第 3 分册，孙秉莹、谢德风译，商务印书馆 1996 年版，第 203 页。

③ Heinrich von Treitschke, *History of Germany in the Nineteenth Century*, translated by Eden and Cedar Paul, vol. 4, London: Jarrold & Sons, 1915, p. 576.

④ Adolf Hausrath, *Treitschke: His Life and Works*, London: Jarrold & Sons, 1914, p. 40.

⑤ Adolf Hausrath, *Treitschke: His Life and Works*, London: Jarrold & Sons, 1914, p. 43.

也会因此感到高兴。因为在他那里，历史的实践性是如此的重要，它已成为德意志民族统一的有力武器。

正是在这样的观念支撑下，特赖奇克不仅通过历史研究，也通过满怀激情的演讲，为德意志民众提供历史学的教育和指导。他的演讲充满指向性和引导性，其内容往往关乎德意志的发展史、民族的自豪感以及对国际形势的看法。他期望通过这样的演讲来培育德意志民众的符合德意志发展趋势的历史感。他也号召当时的德意志学者为德意志的政治统一和自由独立的目标作出贡献。[1]

法国史学家米什莱以人民的观点书写历史，他的历史著作明确地体现着他的社会责任感。米什莱出身贫寒，父亲是一位普通的印刷工人，这一背景对他日后的历史观和信仰产生了重大的影响。1835 年，米什莱出版了《世界史引论》一书，该书堪称他事业的转折点，他深刻认识到了自己的使命，即要在自己的作品中表现"法国人民的精神和成长过程"。[2] 1846 年，米什莱写成《论人民》，对 19 世纪法国的民主状况作出了很好的论述。米什莱相信，自己是站在人民内部的立场上，根据自己的内心感受以及对人民内心的认同来撰写历史的。

"定位"和"证明"是历史学的两大价值。在一定程度上，专业史学家们需要承担起这份责任。在前文中，我们已经多次提到，近代以来的西方史学追求对过去的阐释，这种阐释并非纯粹"书斋气"的。英国革命时期的史家着重探讨的是英国宪政和自由传统的起源问题，19 世纪的法国史家专研大革命的历史，而 19 世纪的德意志史家关注德意志的自由精神和民族性。史学家通过自己的作品向民众指明历史的发展趋势，为国家和民族提供精神上的支持。而在论及各位史学家时，我们也经常不厌其烦地谈到其出身背景、宗教信仰和政治立场，因为这些因素构成了他的个人特性，史家在书写历史时，有意无意地会将它们带入自己的作品中。史学家本身也是社会的产物，生活在现实之中，因而他们对历史的论述也就带上了时代的烙印。

三、历史学界的形成：协会、期刊、学术会议

早在 15、16 世纪，在欧洲就出现了一些协同合作的涉及历史研究的学者团体。比如围绕着枢机主教亚历山德罗·法尔内塞和枢机主教弗朗切斯科·巴贝里尼而形成的学者团体，他们从事古代文物研究，如铭文、钱币、图像以及遗迹等。然而这些团体与近代意义上的历史学协会有所不同，其中的学者尚且不是专业的史学家，而且他们受主教或领主的雇佣，其研究活动不具有独立自主性。

---

① Adolf Hausrath, *Treitschke*: *His Life and Works*, London: Jarrold & Sons, 1914, p. 320.

② ［美］J. W. 汤普森：《历史著作史》下卷第 3 分册，孙秉莹、谢德风译，商务印书馆 1996 年版，第 317 页。

在 19 世纪，历史学协会和专业期刊如雨后春笋般涌现，各种学术会议也不断举行，它们是历史学界真正形成的标志之一。

1815 年，萨维尼与艾希霍恩等人共同创办了《法律史杂志》，这份专业期刊后来成为德意志历史法学派的机关刊物。

1819 年，普鲁士的斯坦因男爵组织了"德意志古代史料学会"，旨在收集、整理并出版大量的中世纪德意志史料。这个学会带有强烈的爱国性质，法国大革命和拿破仑战争激发了德意志的民族主义，他们认为需要培养起对本民族过往的辉煌事迹的自豪感，因而这个学会采用的格言是："神圣的对祖国的爱给了我们精神力量。"[1] 学会吸引了施洛塞尔、达尔曼等著名学者，佩茨担任学会的秘书。该学会最重要的研究成果是《德意志史料集成》，这部资料集在历史编纂和批判性方面都非常具有科学性，堪称后世的典范。

1831 年，兰克接受普鲁士政府的聘请，开始担任《历史-政治杂志》的编辑。普鲁士政府希望这份杂志能够为普鲁士的国家政策做好宣传工作，然而兰克的文章大多以历史题材为主，较少涉及政治内容。加之投稿人太少以及缺乏有力的工作团队等原因，这份杂志仅办了 5 期，于 1836 年停刊。

1858 年，在兰克的建议下，巴伐利亚国王马克西米利安二世创设了巴伐利亚科学院历史委员会，兰克任会长，聚贝尔任秘书。虽然历史委员会是由巴伐利亚地方提供经费的，但是它已经成为德语史学界的所有史学家的公共研究场所。委员会出版了《德意志名人词典》《科学史》《德意志城市编年史》和《帝国议会决议录》等重要史学著作。它的成员还负责《历史杂志》的主要编辑工作。[2] 时至今日，历史委员会"仍然是德国大学以外的一所最为重要的历史学研究机构"。[3]

1859 年，《历史杂志》创刊，它很快成为德意志史学界最具权威性的专业学术期刊。《历史杂志》是由聚贝尔在慕尼黑创办的，他希望这份杂志能够成为面向所有德意志史家的全国性机关刊物，影响德意志的"生活、舆论和一般教育"。[4] 在聚贝尔的指导下，早期的《历史杂志》只出版"和当前生活有某些联系"的材

① 转引自［美］J. W. 汤普森：《历史著作史》下卷第 3 分册，孙秉莹、谢德风译，商务印书馆 1996 年版，第 225 页。
② ［英］乔治·皮博迪·古奇：《十九世纪历史学与历史学家》上册，耿淡如译，商务印书馆 1989 年版，第 233 页。
③ ［德］约恩·吕森、［德］斯特凡·约尔丹：《编者导言》，［德］利奥波德·冯·兰克：《历史上的各个时代——兰克史学文选之一》，杨培英译，北京大学出版社 2010 年版，第 7 页。
④ 转引自［美］J. W. 汤普森：《历史著作史》下卷第 3 分册，孙秉莹、谢德风译，商务印书馆 1996 年版，第 291 页。

料。① 自 1975 年起，《历史杂志》的编辑委员会办公室移至法兰克福的约翰·沃尔夫冈·歌德大学。② 目前的《历史杂志》所刊载的内容可分为学术论文和书评两个部分。该刊偏重近现代史，兼顾古代史和中世纪史。长期以来，《历史杂志》"因其独特的研究视角和敏锐的研究意识而享有很高的声誉"，至今仍是德语史学界专业期刊中的佼佼者。③

1876 年，在法国高等研究院的创立者维克多·杜卢伊（1811—1894）的影响下，加布里埃尔·莫诺（1844—1912）和费涅兹（1842—1927）创办了《历史评论》杂志。莫诺早前曾前往德意志游历，接受了德意志先进的史学研究的教育，这一经历对他创办《历史评论》杂志产生了重要影响。他认为，应当仿效由聚贝尔创办的《历史杂志》，在法国训练出"一批兼具博学和写作两种特长"的史学家。④

莫诺和费涅兹撰写的杂志创刊词至今读来仍让人感到振聋发聩：

在我们这个时代，历史研究日益重要。在这个广阔的学术领域里，每天都有许多新的发现和新的探讨，要及时掌握这一切，即使是以历史为专业的学者，也日益感到困难。我们相信，我们创办《历史评论》这个刊物以利探讨历史各个研究领域的有独创性作品的出版，并提供外国和法国历史研究动态方面准确而完整的报道，也就是为了满足学术界一大部分人的需要。……

因此，我们既不会出版政论性的作品，也不会出版粗陋的东西；但是我们的《评论》也不是一种纯粹博学性的汇编，这个杂志仅仅刊登能够使历史科学更加丰富的有创见的第一手作品或是将成为这类作品基础的一些研究，或是行将成为其结论的那些研究成果……

我们这本杂志的范围并不排除历史研究的任何领域，但它以主要精力探讨的是从狄奥多西之死（395 年），到拿破仑一世倾覆（1815 年）这段时间的欧洲史。事实上，正是在这段时期，我们的档案馆和图书馆里保存着最大量的未曾探索过的宝藏；我们还希望，尽可能避免当代的一切争论。⑤

---

① 转引自［美］J. W. 汤普森：《历史著作史》下卷第 3 分册，孙秉莹、谢德风译，商务印书馆 1996 年版，第 291 页。
② 包维维：《德国〈历史杂志〉（Historische Zeitschrift）简介》，《史学集刊》2009 年第 1 期。
③ 包维维：《德国〈历史杂志〉（Historische Zeitschrift）简介》，《史学集刊》2009 年第 1 期。
④ ［美］J. W. 汤普森：《历史著作史》下卷第 3 分册，孙秉莹、谢德风译，商务印书馆 1996 年版，第 366 页。
⑤ 转引自［美］J. W. 汤普森：《历史著作史》下卷第 3 分册，孙秉莹、谢德风译，商务印书馆 1996 年版，第 367 页。

《历史评论》的创刊标志着法国史学界的进一步发展。此后，在法国陆陆续续出现了十余种专业历史杂志和数十个历史学会。其中值得一提的是创办于 1881 年的《法国革命》杂志。奥拉尔（1849—1928）于 1886 年接手该杂志的编辑工作，不久后《法国革命》就跻身于法国史学界最优秀的学术期刊行列。1888 年，奥拉尔和他的弟子们共同创立了"法国革命史学会"，该机构出版了大量论及法国大革命的重要资料。

英国皇家历史学会正式成立于 1868 年，其总部位于伦敦大学学院，是英国最重要的历史专业学会之一。在获得皇家特许状之前，该学会类似于一个绅士俱乐部。自成立之日起，皇家历史学会就在英国史学界发挥了重要的作用。1897 年，皇家历史学会合并了创立于 1838 年的卡姆登学会，此举使得皇家历史学会声势更盛。该学会旨在促进全球范围内的历史学研究，汇集了许多国内外的重要史学家。

《英国历史评论》是英语史学界中历史最为悠久的史学专业期刊，创刊于 1886 年，由牛津大学出版社出版。该刊的创刊人为英国史学家克雷顿（1843—1901）和其他几位知名史学家。克雷顿在创刊号的前言中指出，《英国历史评论》所刊载的文章，其研究范围不应限于政治史领域，还应当涉及各种分支学科，如语言、文学和艺术史、宗教和教会史、形而上学和自然科学史等。[1] 该刊拒绝刊登有关现实政治和宗教问题争论的投稿，以免出现党派偏见。克雷顿还指出，《英国历史评论》不仅是面向历史学专业读者的，同时面向非专业的一般读者。《英国历史评论》主要关注中世纪史和现代化问题这两个研究方向，其栏目主要包括学术论文、档案记录与文献、中世纪与近现代史争鸣专题以及书评。[2]

思考题

1. 近代史学的兴起与民族国家兴起之间是怎样的关系？
2. 近代史学可称为民族主义史学吗？请为你的回答列出例证。
3. 近代历史意识是如何处理普遍主义与特殊主义的？请举例说明。
4. 欧洲史家在追求历史成为一门独立学科的进程中，为什么德意志史家率先完成？
5. 如何理解德意志的历史主义思想及它对欧洲史学的意义？
6. 19 世纪的史学与科学、政治之间的联系复杂，可否以某位史学家为例来说明这种复杂性？

---

[1]　姚远：《〈英国历史评论〉杂志简介》，《史学集刊》2008 年第 4 期。
[2]　姚远：《〈英国历史评论〉杂志简介》，《史学集刊》2008 年第 4 期。

第七章 历史学的社会科学化

20世纪初以来，欧美历史学越来越将自己的视野扩展到传统的政治史范围之外，越来越关注经济、社会、文化、思想等人类过往生活的其他层面。随着各门现代社会科学的长足发展，经济学、地理学、心理学、社会学、政治学等学科的研究方法和理论取向，也对历史学的发展产生了越来越大的影响。各门社会科学与历史学的交融和互动，成为考察20世纪史学发展的一个重要维度。欧美之外，亚洲、拉美、非洲民族主义史学的发展，既受到欧美史学潮流的影响，又从一个侧面成为这一世纪民族独立和解放运动的缩影。

第一节　20世纪初期西方史学的危机及其效应

一、世纪之交的史学危机

在经历了19世纪这一"历史学的世纪"的长足发展之后，19世纪末20世纪初的西方史学却呈现一番扰攘不安的景象，面临深刻的危机。一方面，启蒙理性、科技发展和工业革命深刻改变了社会结构和自然风貌的同时，资本主义的发展带来了阶级、国家之间愈演愈烈的对抗，并没有带来它们所允诺的美好世界；另一方面，实证主义和历史主义思潮影响之下的历史学，在将自身的视野局限在特定的人群、地域和人类活动的范围的同时，没有展现解释和揭示过往历史脉络和历史演化规律的能力。世纪之交的史学发展是在危机重重的氛围之中拉开序幕的。

19世纪后期西方历史学的专业化，以德意志的兰克学派作为范型。作为19世纪德意志历史主义思潮集大成者的兰克史学，其最显著的特征是"如实直书"。作为一种指导历史研究和历史写作的史学理论，历史主义强调，所有历史现象都处在历史变迁的过程之中，都有其独特而不可替代的个性，都是特定历史条件的产物，不能脱离历史处境和发展过程来理解。历史主义也包含了一种考察历史过程的理论立场。哲学家黑格尔把历史过程解释为，不同民族分别在人类历史的不同阶段扮演重要角色，最终整个历史可以被理解为自由理念不断实现自身的过程。具有浓厚基督教信仰背景的兰克虽不同于黑格尔，却也将历史过程视作符合上帝意志而不断展开的，国家在这一过程中具有不可替代的重要作用。对兰克而言，就如同对黑格尔而言一样，普鲁士国家及其统治形态，是历史过程的合理产物，同时就代表了人类历史至今的最高成就。

于是，在兰克史学中出现了一些颇为奇怪的情形。一方面，史学家应该自觉地抑制和排斥任何先入为主的价值立场和个人喜好，不偏不倚地考察研究对象；另一方面，既往的历史过程和现有的政治社会秩序，却在此种历史观中获得了不受质疑的合法性。一方面，兰克史学扩展了人们的眼界，要求史学家关注各种历史现象独一无二的个体性；另一方面，兰克实际上又在很大程度上让史家的视野变得更为狭隘，在他眼中，尤其是在现代历史中，只有围绕政治活动而存在的民族国家、教廷、政治人物，才能够获得史学家的青睐，成为历史学关注的焦点。一方面，在兰克眼中，"在上帝的面前，人类的所有世代都是平等的"，① 他致力于撰写一部世界史，能够将全部人类的过往都包括在内；另一方面，对他而言，世界史不过是拉丁和日耳曼民族的历史，是欧洲历史的同义词，中国和印度虽有漫长的编年史，却只是"自然史"，而非他眼中真正的历史。作为兰克后学和历史主义余绪的普鲁士学派，以历史研究和教学直接服务于现实政治，自觉地为普鲁士的扩张政策张目。历史学的专业化与高度的意识形态化以及政治上的保守态度，这看似矛盾的两极，就这样在19世纪后期德意志史学的发展中合流了。

兰克本人的史学观点主要成形于法国大革命和拿破仑战争之后，保守和复辟成为整个欧洲政治的主流倾向。德意志工业革命是在19世纪中叶以后才走上了高速发展的通道。19世纪的英国先后经历三次议会改革，民众普选权利不断得以扩大和确立，民主化进程稳步开展。法国历经大起大落，也终于在19世纪70年代确立了代议制民主制度。而在德意志，1848年革命所带来的宪法以及这部宪法所要确定的立宪政体和联邦体制，都最终未能落实。最终完成了德意志统一的普鲁士宰相俾斯麦公开宣扬，要用铁血政策来应对现实问题。兰克的历史观念，对应的是19世纪中期之前普鲁士的政治状况。他在强调政治的首要性的同时，忽视了社会经济和文化的各种力量。而19世纪中期德意志史学所取得的辉煌成就和巨大影响，远远超出了那一时段的德意志。在兰克史学这一样板的示范下，欧美各国刚开始走上专业化道路的历史研究，就都走上了以政治史作为历史研究的重心、以对官方档案等文献史料的搜集、考订为主要研究方法的道路。"历史就是过往的政治，政治就是当下的历史"，这样的说法成为19世纪后期西方历史学界的普遍共识。1886年，经过20年筹划而终于创刊的《英国历史评论》，虽然在其发刊词中指出，这样的说法过于狭隘，却还是认为："最好将历史视为人类行动的记录，以及仅当其直接影响到了行动的思想的记录。由此，国家和政治就是其基本主题，因为在国族事务中扮演了重要角色的各个国族和个体的行动，比之私人公民的要

---

① ［德］迈纳克：《论兰克》，何兆武主编：《历史理论与史学理论——近现代西方史学著作选》，商务印书馆1999年版，第438页。

重要得多。"①

兰克的史学观念和鼎盛时期的历史主义，反映的是工业化和民主化进程相对落后的德意志现实。可是，即便在德国，到了 19、20 世纪之交，这样的史学观念也已经无法与变化的社会经济和政治现实相协调了。长期的政治不统一以及农民难以摆脱对于封建贵族和容克地主的人身依附关系，使得德意志在欧洲工业革命的进程中，比英法等国慢了一拍。19 世纪 30 年代，德意志工业革命开始艰难起步。1835 年，德意志出现第一条铁路。起初，德意志工业革命同样是从纺织业开始的，但是在迅速发展的铁路运输业的带动下，德意志经济发展的重心很快就转向了重工业，采矿、冶金、煤炭和机器制造业迅速发展，在 1860 年和 1870 年，德意志煤炭产量和生铁产量分别超过法国，成为欧洲的工业强国。迅速的工业化展现了种种超出个体因素之外的经济和社会力量，对人类事务产生了重大影响。单纯从政治因素出发，显然已经无法对当代历史进程作出有效的解释。工业革命改变了德国的社会结构，全民义务教育的普及，社会大众文化程度的大幅度提高，工人运动的兴起，使得普通民众在现实生活中，不再扮演服从、被动和被王公贵族等大人物驱遣的角色。德国如此，工业革命早已开花结果的英法美等国的情形更是如此。政治决策的前因后果，外交政策的来龙去脉，政治人物之间的折冲樽俎，战争与革命的波澜壮阔画卷，是从希罗多德、修昔底德一直到兰克，欧洲史学传统最擅长以叙事的方式来表述的内容。这样一些因素一旦不再是历史的全部或主要成分，传统史学所秉持的叙事传统便会显现其不足。世纪之交的欧美史学，正是在应对历史主义传统所面临的这一系列危机中，开辟出新的发展道路来的。

二、新史学的启程

面临历史主义的危机，在欧美历史学界，"19 世纪末叶的历史研究是以一种深刻的不安为其特征的"②。对历史学的反思和新的史学类型的探索，在世纪之交成了一种国际现象。

（一）兰普雷希特的文化史主张

德国新史学的代表人物是兰普雷希特（1856—1915）。在兰普雷希特的大学时代，兰克史学已经是德国史学中居于支配地位的史学范型。然而，兰普雷希特没有让自己的视野受限于兰克学派，在政治经济学和法学等领域发展起来的历史学

---

① Fritz Stern, ed., *The Varieties of History: From Voltaire to the Present*, New York: Meridian Books, 1956, p. 175.

② ［美］格奥尔格·伊格尔斯：《二十世纪的历史学——从科学的客观性到后现代的挑战》，何兆武译，山东大学出版社 2006 年版，第 34 页。

派，让他开始关注社会经济活动和法律现象的历史发展；19 世纪后期在德国得到长足发展的历史地理学，使他意识到个体行为所受到的来自环境的制约；杰出的瑞士文化史家布克哈特的影响，更是让他以文化史作为自己毕生的学术志业。当时德国史学的主流，关注的是在俾斯麦的铁血政策下最终实现德国统一的政治进程，这一进程中重要人物的作为和个性成为历史著作的焦点。而在兰普雷希特看来，历史研究真正需要理解的，不是看似主导着历史进程的伟人，而是作为其行为背景的社会和文化。

1891 年，先后在波恩大学和马堡大学任教的兰普雷希特，转任莱比锡大学教授。这一年到 1909 年间，兰普雷希特陆续出版了正文多达 12 卷的长篇著作《德国史》。在此之前，有关历史学的正当内容应该局限于政治史，还是应该扩展到社会经济和文化等领域，德国史学界内部已经产生了不同的看法。兰普雷希特的著作甫一问世，就因其不把视野局限在政治史，而是在社会、经济、宗教、文化等各种因素的互动中来观察德国历史的进程，让人们觉得耳目一新。然而，这部著作随后也遭到了德国史学界的严厉批评。德国历史主义传统的最后传人迈内克（1862—1954）所主持的《历史杂志》，成了批判兰普雷希特的大本营。在指责兰普雷希特著作的学术品质不高之外，他们更加在意的是，兰普雷希特所倡导的"文化史"，构成了对政治史学的严重冲击。兰普雷希特发表了一系列论著进行反击，"兰普雷希特之争"由此开始，因为相关的争议很大程度上涉及对于历史学方法论的不同立场，在德国学术史上，这场争论又被称为"方法论之争"。

在 19 世纪的德国历史观念中，无论兰克学派，还是 19 世纪后期注重从哲学方法论角度来讨论历史学科特性的新康德学派，都强调历史研究的对象是独一无二不可重复的历史现象，个体性是其最根本的特性，历史研究的根本目标就在于把握历史现象的个性。而在兰普雷希特看来，这种对于个体性的强调，就取消了探究历史过程中因果关系的可能性。如果历史学停留于描述个别现象，就无从认识人类文明所积累起来的各种进展。他提出，历史研究应该关注集体现象，或者至少是具有典型意义的现象。传统史学只是力图理解个别现象，而史学研究在弄清楚"事情是如何发生的"之外，更应致力于讨论"事情为何发生"，而这就意味着史学家要探究超出个别事实之上的通则和规律。

兰普雷希特认为，历史学不应只关注政治史，历史学的范围应该是广义的文化史或文明史，在传统史学所聚焦的政治人物和事件之外，还要考察社会、经济、宗教、艺术。民众的生活方式、交往模式、衣食住行、家庭关系等不在兰克史学考虑之列的事物，都登上了历史的舞台。兰普雷希特尤其强调心理因素是历史过程的根本要素，在这里，他所说的心理因素，不是重要历史人物的个体心理，而是各个民族的集体心理。各个民族在不同时代的文化和文明，就都是其集体心理在具体条件下的显现。他的《德国史》就旨在探究德意志民族精神在漫长岁月中的变迁。对集体心理及其变迁的研究,既能说明德国历史的发展过程,又能通过比较研究,找到各个民族的发展模式和通则。

既然历史学的研究范围和目标都发生了如此巨大的变革,传统的重在描述和"理解"的历史学方法,也就需要进行相应的变革。历史学要考察多种多样的群体现象,就需要借鉴各门社会科学的概念和方法。社会学、经济学、法学、心理学、地理学、宗教学,就都理所当然地应该成为史学家探究过往人类文化的工具。

"兰普雷希特之争"进行了 1/4 个世纪之久。兰普雷希特的立场也得到了一些社会史家和经济史家,比如西摩勒和桑巴特等人的支持,毕竟,经济史和社会史所要关注的,也是集体现象。但是,迄至 20 世纪初期,兰克史学仍然在德国史学界处于主流地位,兰普雷希特更多地遭遇到的是来自同行的反对意见。德国史学的主流依然沿着传统道路前行。兰普雷希特及其支持者在这场漫长争论中的失利,一个直接的后果就是阻碍了德国新史学的发展,各种社会科学的概念和研究方法在德国长期受到漠视,直到 20 世纪 60 年代,德国才真正出现了现代意义上的社会史。

(二) 贝尔的历史综合运动

20 世纪初期法国新史学所取得的长足进展,是其他国家难以比拟的。亨利·贝尔(1863—1954)是法国新史学当之无愧的先驱。贝尔的职业是中学教师,他对法国新史学的贡献主要在于他对历史学理论与方法的反思及其卓有成效的学术组织和出版工作。1900 年,他创办了《历史综合评论》杂志,致力于历史学与各门社会科学的综合,使该杂志成为批判旧史学、探索新史学的重要论坛。经济史家西米昂就是在《历史综合评论》上,攻击了"历史学部落的偶像",包括"政治偶像""个人偶像"和"编年史偶像"。传统历史学以政治和国家作为中心,关注重要政治人物的个性和处境,描述政治、外交和军事事件的过程,将这一切视作历史学的核心内容。贝尔及其同道对此提出了尖锐的批评。兰普雷希特认为,历史学应该主要关注群体现象,贝尔的观点与此相似。但贝尔的这一立场,是受到了法国社会学家迪尔凯姆的深刻影响。在迪尔凯姆看来,个体行为和具体事件只有被纳入社会整体的关联中,才能得到理解。在《社会学方法的准则》一书中,迪尔凯姆是这样来界定他所谓的"社会事实"的:"一切行为方式,不论它是固定的还是不固定的,凡是能从外部给予个人以约束的,或者换一句话说,普遍存在于该社会各处并具有其固有存在的,不管其在个人身上的表现如何,都叫做社会事实。"[①] 在贝尔看来,历史学所应该关注的不是单个的现象,而应该也是这样的社会事实,是作为复数的人的行为。对贝尔来说,"必定是而且看起来更加科学的

---

① [法] E. 迪尔凯姆:《社会学方法的准则》,狄玉明译,商务印书馆 1995 年版,第 34 页。

是，史学家所研究的是最具社会性的东西，它们乃是不变的和普遍的"，史学家应该"寻找各个社会反复出现的不变的和普遍的演化阶段"，只有这样，才可能发现历史演进的模式和通则。①

历史学并不以收集和考订史料、报道过去发生了什么为能事，而应追求以"综合"来达成对于群体现象和宏观历史进程的认识。"收集事实并不比收集邮票或者贝壳就更让人敬佩。即便是在道德层面上来说，综合也让我们感受到科学的尊严。"② 历史学要在其研究对象和目标上实现这样的革新，就有赖于实现历史学的综合，它包括了历史学与各门社会科学的综合。社会学、心理学、人类学、人口学、经济学，甚至某些自然科学概念和方法，都应该以其合适的方式，为理解人们所经历的过去作出贡献。而在贝尔看来，集体心理和动机是历史过程中最重要的决定性力量，因此，"经由历史综合而汇集起来的各种各样的努力，似乎必定会导向心理学。对于各个社会所进行的比较研究必定导向社会心理学以及有关人们的基本需求的知识，各种制度及其不断变化的表现形式都是对这些需求作出的回应"。③

贝尔的贡献不仅在于提出了历史综合的观念，突破了传统史学的束缚，还在于他卓有成效地开展了学术组织和出版工作。在创办《历史综合评论》20年之后，他还策划出版了"人类的演化丛书"，这套丛书旨在对从史前到现代的人类文明进行综合性研究，体现了贝尔将社会学与心理学纳入历史研究范畴的科学综合观念，在他辞世前出版了65种。他还在1925年创办了"国际历史综合研究中心"。通过传播历史综合观念和各种学术组织活动，贝尔影响了一代史学家，年鉴学派重要的奠基者费弗尔就说："《历史综合评论》孕育了年鉴学派。"④ 在后来年鉴学派的孕育和发展中，贝尔的历史综合观念的影响确实历历可见。

（三）鲁滨逊的"新史学"

与兰普雷希特在德国激起历史学中的"方法论之争"和贝尔在法国扛起"历史综合"的大旗几乎同时，美国也出现了一场"新史学"运动。这场运动的主将是詹姆斯·鲁滨逊（1863—1936，又译鲁滨孙）。鲁滨逊从哈佛大学毕业后，在德国弗赖堡大学留学并获得博士学位，他的博士学位论文是按照当时德国史学的正

---

① Fritz Stern, ed., *The Varieties of History*: *From Voltaire to the Present*, New York: Meridian Books, 1956, pp. 252–253.

② Fritz Stern, ed., *The Varieties of History*: *From Voltaire to the Present*, New York: Meridian Books, 1956, p. 254.

③ Fritz Stern, ed., *The Varieties of History*: *From Voltaire to the Present*, New York: Meridian Books, 1956, p. 253.

④ 转引自徐浩、侯建新：《当代西方史学流派（第二版）》，中国人民大学出版社2009年版，第79页。

统路数，对旧德意志联邦议会进行的研究。然而，他后来所倡导的"新史学"，所要反对的恰恰就是他接受了严格训练的那种史学模式，即那种过度聚焦于政治、制度和军事的历史。鲁滨逊后来长期执教于哥伦比亚大学，正是在这里，他的学生中出现了多位后来美国历史学界的重要学者，他所编撰的数种教材在美国大中学校使用广泛，这些因素也有助于他所倡言的"新史学"赢得广泛影响。1912 年出版的《新史学》一书，汇集了他讨论"新史学"的最重要的一系列论文。

在鲁滨逊看来，传统史学的一大弊病，是过分地将自身的视野囿于政治史。然而，"人类的活动不仅是当兵，做臣民或做君主；国家也绝不是人类唯一关心的事情。……自古至今，人类的活动包括海上探险、开拓商业、建筑城市、设立大学、建筑宏伟的大礼拜堂、著书、绘画，并且还发明了许多东西。我们在历史里面应该包括这些人类活动"。①而历史学应该包括远远超出政治史之外的更为广泛的内容，"从广义来说，一切关于人类在世界上出现以来所做的或所想的事业与痕迹，都包括在历史范围之内。大到可以描述各民族的兴亡，小到描写一个最平凡人物的习惯和感情。比如瑟利地方的石斧和今天早晨的报纸，都是史料来源。历史是研究人类过去事业的一门极其广泛的学问"。②

专业化之初的欧美史学，奉兰克的"如实直书"为最高信条。鲁滨逊指出："史学家的任务与文学家的任务根本不同，他的身份倒不如说属于科学家的身份。……他尊重所发现的已有记载的一些事件，并不是因为这些记载具有激动人心的兴趣，而是因为这些记载说明使事件发生的当时普遍存在的、平常的情况。"③对于特定的对象，过往的史学家们关注的是"它本来是什么样的"，而不是致力于确定"它怎么会变成这样"，"但是，描述过去的事是一码事，而确定事件是怎么发生的则是另一码事"。④ 在鲁滨逊看来，历史学不能满足于记载过去真实地发生了什么，还要进行分析和解释。

历史主义传统和新康德学派为了维护历史学的自主性，都倾向于强调：历史学的研究目标是理解个体性的历史现象，而自然科学即便考察个别对象（如古生物学考察单个动植物化石标本），也是为了得出普遍法则；与此相应，历史学的研究方法，更是个体描述的，而与自然科学要推出通则形成对比。这样的观念，也让历史学画地为牢，与当时迅速发展起来的各门新兴社会科学隔绝开来。鲁滨逊则在这个问题上展现了宽阔的视野，他说："人类进行研究和思考的各个知识范围的界限本来就是临时性的、不明确的和变化不定的；而且区分的界线相互交错，

---

① ［美］詹姆斯·哈威·鲁滨孙：《新史学》，齐思和等译，商务印书馆 2009 年版，第 8 页。
② ［美］詹姆斯·哈威·鲁滨孙：《新史学》，齐思和等译，商务印书馆 2009 年版，第 1 页。
③ ［美］詹姆斯·哈威·鲁滨孙：《新史学》，齐思和等译，商务印书馆 2009 年版，第 42 页。
④ ［美］詹姆斯·哈威·鲁滨孙：《新史学》，齐思和等译，商务印书馆 2009 年版，第 50 页。

因为真正的人类和他们所居住的世界是如此错综复杂，使一切划分界线的努力都难实现。"学科界线不必如此分明，他认为："无论历史学可能是什么样，它总是关注、研究人类的。假如史学家忽视那些以不同于传统的历史研究者的方法来研究人类并取得各种各样的发现，那不是极其愚蠢和妄自尊大吗？"鲁滨逊特别指出，"关于研究人类的一些新科学，我指的是广义的人类学、史前考古学、社会心理学、动物心理学以及比较宗教学"。[①] 只有摈弃学科藩篱，对人类历史进行跨学科的综合研究，才能帮助历史学对人类过往获得真切的理解。

欧洲史学有着强调历史学在政治和道德方面的鉴戒作用的深远传统。历史可以为当下提供经验和教训，这被广泛视为历史学的社会功能。鲁滨逊对此颇不以为然，在他看来，历史学固然可以满足人们的好奇心，可是，现代社会各种环境和条件变化迅速，先例具有价值的情形发生了改变，"如企图运用过去的经验来解决现在的问题是十分危险的"。然而，历史学是否就此丧失了社会功能呢？鲁滨逊对这一问题的回答是，历史学无法提供解决现实问题的现成药方，然而，历史学并不因此就失去了效用，"有一件事是历史应该做而尚未卓有成效地做到的，那就是帮助我们了解我们自己和我们的同类以及人类面临的各种问题和前景。这是历史最重要的效用，但过去通常最受人们忽视"。[②] 历史学的真正价值，在于让我们了解当今世界各种事物、现象、制度、人类处境的来龙去脉，只有充分了解过去，才能深入了解现在，才能为人们当下的选择和行动提供基础。

兰普雷希特、贝尔和鲁滨逊都不以原创性的历史研究见长，他们对传统史学的批评和对新史学的探索，在各自国度的历史学界的影响也相差较大，以贝尔和鲁滨逊为代表的法美两国史学家对于史学理论与方法的反思，很快在法国和美国结出了硕果。兰普雷希特的文化史观虽然得到鲁滨逊和贝尔等美国和法国同道的热烈回应，他本人受邀到美国参加会议和讲学，同时成为贝尔的《历史综合评论》的撰稿人，却未能在根本上触动德国历史学界的固有基础。然而，他们对传统史学的批评和对新史学的探索上的诸多相似相通之处，却深刻地反映出时代变迁对于历史学这门以时代变迁中的人类社会为研究对象的学科所产生的巨大影响。

第二节 历史研究的转型

20世纪初期，历史学研究从专注于政治史、外交史和军事史，逐渐开始转向

---

① ［美］詹姆斯·哈威·鲁滨孙：《新史学》，齐思和等译，商务印书馆2009年版，第58、59页。
② ［美］詹姆斯·哈威·鲁滨孙：《新史学》，齐思和等译，商务印书馆2009年版，第14页。

社会史、经济史和文化史的研究，并成为一种国际性的现象。研究对象的变化，反映了历史观念和史学方法的变化。人类过往生活面貌中值得关注的因素，不再局限于以国家为中心的政治层面，而跨学科的研究方法，在不同国家也以不同的方式促进了史学研究的繁荣。

一、年鉴学派的创始

（一）年鉴学派第一代领军人物的史学观念

1929 年，吕西安·费弗尔（1878—1956）和马克·布洛赫（1886—1944）创办了《经济社会史年鉴》（以下简称《年鉴》杂志）。[①] 年鉴学派由此诞生，法国史学开始了它在 20 世纪国际历史学界大放异彩的历程。

费弗尔和布洛赫先后就读于巴黎高等师范学院，在他们的学生时代，人文地理学、心理学、社会学等学科的新发展，已经引起了他们的关注。尤其是在当时的法国教育中，地理学与历史学之间有着密切的关联，"这有助于解释，为什么布洛赫和费弗尔是通过地理学发现了社会科学，而不是像他们英国和美国的同情者那样开始于社会学或人类学"。[②] 年龄更长的费弗尔，1911 年就以其《菲利普二世与弗朗什-孔德地区：政治、宗教和社会史研究》一文获得了博士学位。布洛赫则在巴黎高师求学 4 年后赴德国留学一年，后来在中学任教。第一次世界大战中二人都在法国军队中服役，费弗尔是机枪连上尉，布洛赫则是参谋本部的上尉参谋。1919 年二人又都到斯特拉斯堡大学任教。斯特拉斯堡大学本是一所古老的大学，但此时刚从德国回到法国手中，几乎所有教员都是重新招募加入，这使得这个古老的校园充满了创新的机会和氛围。费弗尔和布洛赫在这里成了志同道合的事业伙伴，创办了《年鉴》杂志，奠定了年鉴学派的基业。

费弗尔和布洛赫的事业，始于他们对新的史学观念的探索。在布洛赫看来，胚胎时期的历史学只是叙述而已，那时的历史著作充斥着传闻轶事。在更长的时期内，历史学主要是在记载重大的事件，而历史学应该成为一门注重理性分析的科学。[③] 历史学是一门研究时间中的人类的科学，但是，历史学不能止于收集、考订和编排事实，仿佛这样一来就能还原过往历史的真相。史料自己不会说话，只

---

① 这份杂志经历了多次更名，大致情形如下：1929—1939 年：《经济社会史年鉴》；第二次世界大战期间：《社会史年鉴》；1946—1993 年：《经济、社会与文明年鉴》；1994 年起：《历史与社会科学年鉴》。从名称变换中也可隐约看出西方史学与年鉴学派本身的学术取向的变换。

② Peter Burke, ed., K. Folca trans., *A New Kind of History: From the Writings of Febvre*, London: Routledge & Kegan Paul, 1973, p. xv.

③ ［法］马克·布洛赫：《为历史学辩护》，张和声、程郁译，中国人民大学出版社 2006 年版，第 10 页。此书又名《历史学家的技艺》。

有史学家向它提出问题，它才会开口说话。史学家像其他各个领域的科学家一样，总是要面对各种纷繁复杂的材料并作出自己的选择，而这种选择只有在史学家对自己提出的问题的引导下，才能产生有意义的成果。史学家最重要的工作，就是提出有价值的问题。费弗尔也说，他和布洛赫"所提出的不是一种让史料自己说话，而是由史学家提出问题的史学"。① 费弗尔反对那种收集事件就仿佛别人收集邮票或者火柴盒子的历史学，而提倡一种问题导向的历史学。在他看来，"没有问题，就没有历史学"，因为"一个人不知道自己所要寻找的是什么，他就不能真正认识自己所找到的东西"。② 费弗尔和布洛赫这种"问题史学"的观念，与同一时期英国史学理论家柯林武德的立场颇为相近。柯林武德将实证主义史学讥讽为"剪刀加糨糊"的史学，只能以收集编排史料为能事，而科学的历史学只有建立在向史料提出恰当的问题之上。

　　传统历史学主要关注的是政治史。费弗尔和布洛赫则提出，要以"总体的历史"来取代它。关于创刊时的《经济社会史年鉴》中的"经济"与"社会"这两个修饰词，费弗尔是这样来解释的："我们完全知道，在目前，'社会'作为一个形容词，由于含义过多而最终会变得几乎毫无意义……确切地说，正因为该词含义'模糊'，我们才同意让这一根据历史的旨意而创造出来的词来命名一本不想受任何框框约束的杂志……经济和社会史其实是不存在的，只有作为整体而存在的历史。就其定义而言，历史就是整个社会的历史。"③ 一旦历史学扩展成为总体史，史料的范围就远非政治史学所注重的官方档案、文字书信所能涵盖的。

　　在年鉴学派第一代的两位奠基者这里，要以问题导向的理性分析的史学和考察人类活动整体的总体史学，来取代传统的叙事史和政治史，就需要历史学不要画地为牢，而是与其他社会科学学科密切合作，对历史现象进行跨学科的研究。费弗尔和布洛赫在《年鉴》发刊词中写道：

　　　　我们两人都是史学家，有着近乎一样的体验并从中得出了一致的结论。长久以来，我们都意识到了如今人们已习以为常的那种分离所带来的缺陷。当史学家将他们的十八般武艺施展到过往的档案资料之上时，越来越多的人——常常是热情洋溢地——致力于研究当代的各种社会和经济；这是两类不同的研究者，他们本该相互理解，却常常漠然不知对方而互不往来。更有甚者，即便在史学家中间，也像在专注于当前的研究者那里一样，存在着诸

① ［法］J. 勒高夫等主编：《新史学》，姚蒙编译，上海译文出版社 1989 年版，第 13 页。
② Peter Burke, ed., K. Folca trans., *A New Kind of History, from the Writings of Febvre*, London: Routledge & Kegan Paul, 1973, p. xii.
③ ［法］J. 勒高夫等主编：《新史学》，姚蒙编译，上海译文出版社 1989 年版，第 6 页。

多壁垒：致力于描述被认为是"开化"社会的古代的研究者，中世纪和现代时期的研究者……或者，与之相反，致力于被称作原始的或者异域风情的社会的研究者之间……倘若人们致力于专业化，在自己的园地上辛勤耕耘的同时，能尝试和追随邻居的工作，就更好了。可是壁垒实在过于森严，它们往往遮挡了视野。人们可以想象，倘若这些不同的群体之间有着更多而又更密切的思想互动的话，在研究方法和对事实的解释方面该会出现多少精彩的见解，带来多少文化上的裨益和直觉上的革新啊！①

布洛赫指出："科学将现实分解成部分，这只是为了研究的便利，专业化犹如聚光灯，其光束应不断地互相交叉、互相聚合。假如每一个操作聚光灯的人都声称自己已洞悉一切，每一门学科都妄称自己是至高无上的真理，那就太糟糕了。"② 彼得·伯克评论说："费弗尔是他所谓'专业化精神'的不可妥协的敌人……他不相信存在着诸如外交史、观念史或者即便是社会史这样的东西：存在的只有历史、总体的历史，而没有分隔。为了更好地理解总体历史，史学家必须成为地理学家、语言学家、社会学家和心理学家。"③ 正是出于这样的立场，拆除学科藩篱，以跨学科的方式来回答面对特定区域或时段的人类总体历史现象所提出的问题，就成了年鉴学派创始之初最为显著的学术特征。而最为费弗尔和布洛赫所借重的学科，无疑还是地理学和心理学。

（二）费弗尔的史学贡献

最早奠定费弗尔作为知名史学家的声誉的，是他对家乡弗朗什-孔德地区所进行的系列历史研究，其中最为核心的是他的博士学位论文《菲利普二世与弗朗什-孔德地区：政治、宗教和社会史研究》。费弗尔这部早期著作之所以值得注意，就在于它已显示出后来年鉴学派的诸多特征。从书名看来，似乎这是一部传统的政治史。但实际上，它结合了历史与地理、时间与空间、文化与政治，而涵盖了经济、宗教、社会、日常生活、政治事件等各个层面，是一部力图反映 16 世纪后期这一区域总体历史面貌的著作。这一地区在语言和文化上都属于法国，在当时却被西班牙国王菲利普二世统治。此书首先考察了弗朗什-孔德地区的历史地理状况，然后分析了贵族与当时开始兴起的资产阶级之间的矛盾。在进行社会分析之

---

① Adam Budd, ed. , *The Modern Historiography Reader*: *Western Sources*, London and New York: Routledge, 2008, p. 188.

② ［法］马克·布洛赫：《为历史学辩护》，张和声、程郁译，中国人民大学出版社 2006 年版，第 126 页。

③ Peter Burke, ed. , K. Folca trans. , *A New Kind of History*: *From the Writings of Febvre*, London: Routledge & Kegan Paul, 1973, p. xii.

后，费弗尔描述了宗教改革对这一地区的影响，以及弗朗什-孔德地区卷入尼德兰对菲利普二世的反抗运动的情况。这部著作不乏传统政治史的成分，然而，费弗尔花费了大量篇幅来分析这一区域的地理经济结构，又不惜笔墨地来讲述贵族和资产阶级各自的世界观和生活方式。掩卷之后，相比对各种事件的描述，读者印象更为深刻的是费弗尔对资产阶级所作的栩栩如生而又充满同情的描绘。其中已然展现了费弗尔对于探求过往历史中群体心态的强烈兴趣和非凡能力。这部书先讨论自然环境，再过渡到经济和社会分析，最后是对在这一系列背景下所发生的政治事件的叙述，其结构也让人联想到后来年鉴学派第二代领军人物布罗代尔研究地中海的巨著。彼得·伯克评价道："年鉴学派后来的纲领已然隐含在 1911 年的这篇博士学位论文中。"[1]

费弗尔早年积极参与贝尔所发起的历史综合运动，1922 年他的《大地与人类演化：地理历史学引论》一书收入贝尔所主编的"人类的演化丛书"。费弗尔早年受到人文地理学家拉·布拉什（1845—1918）很大影响。费弗尔不能接受在当时颇为风行的德国地理学家拉采尔（1844—1904）的地理决定论立场，把人类行为模式完全解释为自然环境的产物。费弗尔提出，就人类与他所置身的环境之间的关系而言，没有必然性，任何地方都充满了可能性。自然环境总是通过社会结构和思想观念的中介才能影响人类行为。河流和大海既可以被看作阻隔，又可以被视为通道。一方面，地理环境在很大程度上制约着特定的人类共同体的行为方式；另一方面，人类又并非只能扮演纯然消极被动的角色，他们的生活方式应该被视作创造性地适应地理环境的产物。费弗尔提出"地理历史学"，旨在让史学家充分认识到地理因素与人类行为的复杂关系。

费弗尔此后的研究，主要转向了他所谓的"历史心理学"，也即后来人们通常所说的心态史领域。他把目光投向了宗教改革时代，1928 年，他的《马丁·路德的时运》出版。在费弗尔看来，宗教史关注的不应当仅仅是教会这一体制的历史，而更应该是与社会经济变化联系在一起的人们的宗教观念和宗教情感的历史。此前对于宗教改革的领袖人物马丁·路德的研究中，人们更多考察的是路德个人的心路历程和个体经历，并将宗教改革主要解释为马丁·路德个人因素的产物。费弗尔写作的并不是传统意义上的历史人物传记，而是针对传统的对路德与宗教改革的关系的解说，提出了自己的不同观点。此书的扉页上就引述了《桌边谈话录》中马丁·路德的一段话："有位朋友曾对他说过，他是基督教的解放者。'是的，'他回应道，'我是，一直是，不过，是以一匹盲马的方式，不知要被引向何处'。"

---

[1] Peter Burke, ed., K. Folca trans., *A New Kind of History: From the Writings of Febvre*, London: Routledge & Kegan Paul, 1973, p. x.

在此书前言中，费弗尔也明确指出："本书就这位独具活力的人物展示了一个基本的历史问题，即个人与大众的关系，个人的首创作用与公众需要间的关系问题。"① 费弗尔考察了路德宗教观念和情感的演变过程，指出路德在寻找自己拯救之路的时候，起初并没有想到要对天主教来一番彻底的革新乃至反叛。路德"因信称义"的宗教观念的形成和发展，受到了当时德意志日益尖锐的社会矛盾和民众心理的影响。费弗尔指出，在宗教和经济上都表现了鲜明个人主义特性的资产阶级的兴起，是马丁·路德宗教改革运动的背景。他分析了宗教改革之初，新兴的资产阶级、人文主义者、农民、小商人等各色人等，是如何按照自己的需要来理解路德的，而路德又是如何在历史大势的裹挟下，在观念和政治行动上作出应对的。费弗尔最后得出的结论是，路德教派是梅兰奇顿等人将路德的宗教观念改造得适应资产阶级的需要的结果，而路德已经很难说是路德教派的一员了。对费弗尔来说，在人类总是创造性地应对自然环境和地理条件带来的挑战的同时，自然环境在很大程度上制约了人类的行为模式；与此相似，杰出个体的思想观念在不乏其创造精神的同时，往往受到历史环境和群体心理的约束。有关他对马丁·路德的研究心得，费弗尔曾如此总结："或许路德教派的真正父亲马丁·路德的经历是有代表性的。当他从一开始就不得不认识到他的观念在多大程度上为那些将这些观念据为己有的大众所篡改，而令这些观念屈从于一切伟大的观念和情感的创造者们都遭受过的命运的时候，他就一再地表明了自己的困惑与惊恐。那种掺杂的行为，可能全然改变了那些概念本身，而某些个体被历史错误地认为是创造了这些概念的最终形式。"②

　　第二次世界大战爆发时，费弗尔已年逾六旬。他隐居在弗朗什-孔德的乡间，将自己的关注点继续聚焦在16世纪的宗教观念上。1942年，《16世纪的不信教问题：拉伯雷的宗教》出版，这部以16世纪法国作家和思想家拉伯雷为研究对象的著作，被广泛认为是费弗尔最为杰出的一部作品。和费弗尔的很多论著一样，此书也是论战性的。它针对的是把拉伯雷视作无神论者和基督教的激烈反对者的论点。全书共分为上下两卷，每卷又分为两个部分。在前三个部分中，费弗尔先后考察了拉伯雷同时代人对拉伯雷的评论，分析了拉伯雷作品中所体现的宗教观念，讨论了拉伯雷的基督教信仰所受到的来自路德宗教改革的影响，以及拉伯雷与同时代的人文主义者伊拉斯谟的思想关联。丝丝入扣的论证和分析，已经足以证明，拉伯雷的基督教信仰非常接近于伊拉斯谟，但他绝非我们后来意义上的无神论者

---

① ［法］吕西安·费弗尔：《前言》，《马丁·路德的时运》，王永环、肖华锋译，上海三联书店2014年版。

② Peter Burke, ed., K. Folca trans., *A New Kind of History: From the Writings of Febvre*, London: Routeldge & Kegan Paul, 1973, p. 3.

和不信教者。对于考察拉伯雷的基督教信仰这一论题，似乎到此为止，文章已经做足。然而，在全书的最后一个部分"16 世纪不信教的限度"中，费弗尔转而提出了一个全新的问题：在 16 世纪的社会环境和普遍心理中，有没有人可能质疑上帝的存在，有没有可能出现我们今天意义上的无神论者或不信教者？这正是费弗尔独具慧眼且最具创造力之处。他考察了 16 世纪人们的日常生活，得出的结论是，从摇篮到坟墓，基督教信仰浸透了人们生活的各个阶段和所有领域，"基督教就是人们呼吸的空气。这就是一个人度过他的一生的环境。他要在其中度过的，不单单包括思想生活，而且还包括他在一系列活动中的私人生活、在职场的公共生活、各个领域的职业生活。……今天……我们可以选择是否要成为基督徒。在 16 世纪，别无选择。……人们甚至不可能逃避参加宗教仪式。不管人们希望与否，也不管人们能否清楚地理解，人们发现自己从出生开始就浸淫在基督教之中，甚至在弥留之际还未能解脱"。① 在这样的生活环境和思想氛围当中，难以设想一个人会成为无神论者和激进的反基督教人士。那么，哲学、科学、神秘主义，这三者可以像人们所设想的那样，在 16 世纪成为无神论者和不信教者的支柱吗？费弗尔考察了 16 世纪人们所实际拥有的"思想装备"。他指出，16 世纪还没有出现"相对"和"绝对"、"抽象"和"具体"、"因果"和"规律"以及"内在""超验"等词汇，缺乏完善的句法来准确地表达思想。那个时代，也没有准确的空间和时间观念，拉伯雷甚至无法说清自己的出生年月。那个时代的科学，也没有区分事实和可能。费弗尔甚至还用艺术史的材料，来说明那是一个"耳朵"而非"眼睛"的时代，视觉还未充分发展，认为"凡事皆有可能"的神秘主义无法支撑起无神论的观念。

第二次世界大战结束后，费弗尔参与重新组建法国重要的研究机构——高等实践研究院。1947 年，他组建了高等实践研究院第六部，后来独立为法国国家社会科学高等研究院，成为年鉴学派学术研究和学术活动的主要阵地。他发现和培养的布罗代尔，成为将年鉴学派的学术传统发扬光大的第二代领军人物。费弗尔不仅以其鲜明的史学观念和典范性的史学研究，也以其卓有成效的学术组织活动，为 20 世纪法国史学的发展做出了不可替代的贡献。

（三）布洛赫的史学成就

在去往斯特拉斯堡大学任教并结识费弗尔之前，布洛赫就以其博士学位论文《国王与农奴》，成为中世纪社会经济史领域内的著名学者。他在其中所关注的，是在中世纪自由与奴役究竟意味着什么。这一问题所涉甚广，社会结构、经济模

---

① ［法］吕西安·费弗尔：《16 世纪的不信教问题：拉伯雷的宗教》，赖国栋译，上海三联书店 2011 年版，第 346 页。

式、法律关系、信仰体系、宗教意识、政治制度都会牵扯其中。其中所展现的一些学术取向，如对中世纪长时段内总体史的关注，在社会经济条件和政治法律制度之外对集体心理的高度重视，都在布洛赫此后的研究中得到鲜明的体现。1924年，布洛赫出版了《国王神迹》一书。在中世纪的英国和法国，有很长一段时间，很多民众相信国王的触摸能够治疗瘰疬病（一种淋巴结核肿大的疾病）。比如，在法国，会有很多病人从各地汇集到一起，接受国王的触摸，这种民俗一直持续到18世纪路易十六时代。有趣的是，很多即便没有被治愈的病人，也对国王这种超自然的神力深信不疑。这样的信仰，既在很大程度上来自中世纪所盛行的主张君权神授的王权合法性理论，又在实际上支撑着笼罩在王权上的神圣光环。研究这样一种现象，在当时的学术界无疑显得十分古怪。然而，一方面，布洛赫可说是通过这样一个论题来研究宽泛意义上的政治史，关注的是中世纪的王权观念；另一方面，布洛赫在此书中着眼的是特定现象，关注的却是长时段内民众的宗教心理和社会心理，力图对此种集体心态提出有效的解释。费弗尔的心态史研究，虽然极其重视特定时代的总体社会政治经济条件和文化宗教氛围对个体思想的限制，但还是关注诸如马丁·路德和拉伯雷这样的特殊个体；布洛赫则完全将注意力放在了普通的、但作为复数和群体成员而出现的民众身上。这部著作的出版先于费弗尔的《马丁·路德的时运》，可谓心态史学的开山之作。

1931年，布洛赫的《法国乡村史》出版。这部著作研究的是法国乡村在13—18世纪这一时段内的状况，并将法国乡村与英国乡村各个方面的情形进行了对比。在这部篇幅不大却颇多创见的著作中，布洛赫将"乡村史"定义为"对乡村技术与乡村习俗的综合研究"，这在当时是一个非同寻常的做法，因为布洛赫把"乡村文化"也视为自己研究的重要内容，而布洛赫借这个概念所要表达的观点是：单纯自然环境的差异不足以解释不同的农业体系的出现。① 《法国乡村史》更加引人注目的是其研究方法。对乡村产业和乡村习俗进行历史研究，首先碰到的就是史料缺乏的难题。而乡村很多方面的变化极其缓慢，史学家完全可以从晚近时期还能观察到的情况出发，借助各种史料和物质遗存，重建乡村遥远的过去的形貌。他指出："历史学是一门变化的科学，但有的时候，我们必须运用晚近时期的证据来帮助理解遥远的过去，在涉及农业制度时尤其如此。"② 历史研究中的这种回溯研究法并非布洛赫的首创，但他系统而又谨慎克制地使用，使得此书成为运用这一研究方法的典范。对于在研究中拓宽史料的范围、运用寻常视野之外的史料，

---

① 参见［英］彼得·伯克：《法国史学革命：年鉴学派，1929—1989》，刘永华译，北京大学出版社2006年版，第17—18页。

② 转引自徐浩、侯建新：《当代西方史学流派（第二版）》，中国人民大学出版社2009年版，第96页。

布洛赫颇有心得。他认为史料所能告诉研究者的，往往超过史料制作者自身的意图，而要从史料中获取更多有价值的信息，端赖研究者的慧眼和问题意识。

布洛赫最负盛名的著作《封建社会》出版于第二次世界大战之初。在这部著作中，布洛赫所要研究的是自 9 世纪中期到 13 世纪初期，欧洲封建社会形成过程及其各方面的特征。在布洛赫之前，人们对封建社会的理解，主要是以土地制度为核心的经济制度和政治上分散统治的方式。布洛赫明确提出，自己所要"尝试进行的，是对一种社会组织结构以及把它联为一体的各项原则进行剖析并做出解释"。① 这就将对于封建社会的研究，从政治法律和经济制度层面，拓展到了社会、文化、宗教、心态、日常生活等各个层面，体现了他与费弗尔的"总体史"的抱负。在全书 8 个部分中，布洛赫首先考察了阿拉伯人、匈牙利人和诺曼人对欧洲的数次入侵，这些入侵活动将不同类型的社会因素糅合在一起，引发了欧洲社会结构一系列后果深远的变化，并在语言、宗教、文化、法律等方面打下了深刻的烙印。在第二部分"环境：生活状况和心态"中，布洛赫以 11 世纪中叶为界，将 9—13 世纪的欧洲封建社会分为前后两个阶段，考察了两个阶段在人口、贸易、交通方面的状况及其经济和法律上发生的变化。这一部分更为核心的内容，是关于这一时期的文化氛围、心理状况、思想变化的讨论。其中有关"情感和思想方式"的讨论，涉及中世纪的时间观念和宗教心态，而有关民间记忆的讨论，则显示了布洛赫所受到的来自"集体记忆"研究的开拓者、社会心理学家哈布瓦赫的影响。中世纪的民众是如何看待这个世界的，这是布洛赫在讨论封建社会的时候所关注的问题。接下来，布洛赫考察了家庭纽带和亲属关系在封建社会中所扮演的角色。依附关系是封建社会中人际纽带最基本的特征。第四、第五两个部分，可以说是分别讨论了封建社会中上层社会与下层社会的依附关系。布洛赫先考察了附庸制和采邑的特点和变化，然后分析了庄园制中所体现的下层社会的依附关系。在布洛赫看来，以军事效忠为特点的上层社会之间的依附关系，通过附庸制和采邑制度得以体现，存在的时间相对较短，而下层社会庄园制中农奴对领主的依附关系，持续时间却要长得多，也更普遍地存在于欧洲各地。在第六部分，布洛赫考察了封建社会中贵族、骑士、教士、市民等不同等级。第七部分则分析了封建社会的司法制度和政治体制，讨论了这一时期欧洲权力结构的变化。

布洛赫在此书的最后部分，将欧洲封建主义的基本特征概括为：依附农民负有役务的佃领地（即采邑）而不是薪俸的广泛使用；专职武士等级的优越地位；将人与人联系起来的服从—保护关系；必然导致混乱状态的权力分割；在这些关

① ［法］马克·布洛赫：《封建社会》上，张绪山译，郭守田、徐家玲校，商务印书馆 2004 年版，第 33 页。

系中家族和国家的存留。① 这表明，布洛赫主要还是将封建社会视为以人身依附关系为主要特征的社会形态。在导论中，布洛赫就提出："一个令人深感兴趣的问题是，在其他的时代和世界的其他地区，是否存在其他一些社会形态，其社会结构的基本特点与我们西欧的封建主义具有充分的相似性，从而使我们可以将'封建的'这一词语同样地应用于这些社会呢？"② 只是，封建社会究竟是欧洲所特有的社会组织形式还是在其他地区也普遍存在的社会形态？布洛赫并没有给出明确的答案，而只是提出了问题。然而，《封建社会》所进行的长时段、跨国界、多层面的研究，本身就已经成为比较史学研究的典范之作。

第二次世界大战一爆发，年逾五旬的布洛赫当即重新参军，成为法国军队中最年长的上尉。在法国很快战败之后，他短暂地、间隙地进行学术研究，并写就了后来经费弗尔编订成书的《为历史学辩护》。1943 年，他参加抵抗运动，1944 年被盖世太保逮捕，在历经折磨后，于里昂郊外被德国法西斯枪杀。这位强调要由今知古而又由古知今的史学家，不仅以其充满原创性的历史研究在学术史上留下浓墨重彩的一笔，也以其为正义事业而勇敢献身的身影，成为过往的史学家群体中备受后人崇敬和缅怀的一位。

二、20 世纪上半叶欧美史学的新景观

在 20 世纪初叶的欧美史学界，随着新史学思潮的流布和发展，"从以国家为中心的史学范式向跨学科的社会和文化史转变是国际性发展趋势"。③ 除了法国年鉴学派创始者所取得的辉煌成就，这一阶段，欧美各国在史学观念和史学实践上也出现了诸多引人瞩目的新景观。

（一）历史理论和史学理论的变化

20 世纪初叶，在历史理论和史学理论的范畴内，都出现了一些在当时和后世产生了重要影响的历史理论和史学理论。

德国学者斯宾格勒（1880—1936）和英国学者汤因比（1889—1975），是 20 世纪早期在历史理论领域作出重要贡献的学者。他们对人类历史发展的动力机制和终极目标的思考，都受到了第一次世界大战前后西方文明所面临的危机的刺激。斯宾格勒的名作《西方的没落》在此之前就开始构思和写作，但它在学术界之外

---

① ［法］马克·布洛赫：《封建社会》下，李增洪、侯树栋、张绪山译，张绪山校，商务印书馆 2004 年版，第 704 页。

② ［法］马克·布洛赫：《封建社会》上，张绪山译，郭守田、徐家玲校，商务印书馆 2004 年版，第 30 页。

③ ［美］格奥尔格·伊格尔斯、［美］王晴佳著，［美］苏普里娅·穆赫吉参著：《全球史学史：从 18 世纪至当代》，杨豫译，北京大学出版社 2011 年版，第 171 页。

的公众当中获得巨大影响，是因为此书的书名和其中有关文化由盛而衰的宿命般的解说，与第一次世界大战之后陷入困惑甚而绝望的欧洲社会心理正好合拍。汤因比对人类整体历史图景的构想，受到了斯宾格勒的直接影响。第一次世界大战所展现的西方文明在科学技术上的迅速进步，带来的却是血腥的杀戮和道德的沦丧，深深触动了汤因比，更让他体会到，自己的处境与经历了伯罗奔尼撒战争的修昔底德何其相似，他感受到，在编年史的年代表上相去甚远的不同时代，其实有着"同时性"。他的 12 卷巨著《历史研究》1934 年开始问世，将近 30 年之后才全部完成，可谓 20 世纪历史理论领域规模最大的著作。

斯宾格勒考察人类历史的基本单位是"文化"，汤因比则是"文明"。斯宾格勒在致力于文化形态学的比较研究的时候，更多地受到德国思辨哲学传统和世纪之交非理性思潮的影响，更多地依赖于哲学的思辨和直觉的把握。在他看来，人类的文化就像生命有机体一般，有着自己生长繁茂、由盛而衰的进程，就仿佛植物要经历春夏秋冬一样。不同的文化有着自身独特的、不可能为其他文化所真正了解的特质。"……每一种文化都以原始的力量从它的土生土壤中勃兴起来，都在它的整个生活期中坚实地和那土生土壤联系着；每一种文化都把自己的影象印在它的材料、即它的人类身上；每一种文化各有自己的观念，自己的情欲，自己的生活、愿望和感情，自己的死亡。"① 各种文化并无高下优劣之别，最终都要因宿命而走向没落。西方文化也不例外，在斯宾格勒身处的时代，走到了自己生命力的终点。

汤因比是这样来界定作为他研究历史的基本单位"文明"的："一个文明是一个可以通过对它的组成部分进行比较而加以认识的领域。这些组成部分是国家、城邦、宗教部落、排他性的社会群体以及诸如此类的其他社会成分。"② 相比于斯宾格勒，汤因比在对各个文明的发生发展过程进行比较研究和概括总结时，更加注重经验材料的收集和考察。此前有关文明的起源和发展，往往被归因为种族或者环境的因素。要么是特定的"优越的"种族，才是文明的创造者；要么是适宜的得天独厚的环境，成就了特定的人类文明。在汤因比看来，人类文明的发生和发展，端赖各个特定的文化是否能够有效地应对自然环境和人类社会自身所带来的挑战。比如，尼罗河的定期泛滥既造就了土壤肥沃的三角洲，又给栖居此地的人们带来了严峻的挑战，古埃及文明正是人们有效应对此种挑战的产物。挑战强度过大、过于严峻，使得人们难以应对；挑战强度过小，难以激发人们的创造性

---

① ［德］奥斯瓦尔德·斯宾格勒：《西方的没落》上，齐世荣等译，商务印书馆 1963 年版，第 39 页。

② ［英］阿诺德·汤因比：《历史研究》缩写插图单卷本，刘北成、郭小凌译，上海人民出版社 2005 年版，第 21 页。

和奋斗精神；这样两种情形都难以造就文明。然而，人们面对挑战，又有着主动选择的空间，"如果在文明形成的过程中，具有相同的种族或环境条件，却在一地表现为硕果累累，在另一地又毫无成就可言，那我们并不感到惊异。的确，看到人们在不同的场合对同一种挑战（即使这种挑战是在相同条件下的同一种族和同一环境之间的相互作用）做出多种多样、变幻莫测的应战现象，我们也并不感到奇怪"。①

斯宾格勒和汤因比的文化形态比较视野之下的历史观，以文化或文明为考察人类历史的基本单位，将对人类历史的思考，放大到整体人类历史进程中，突破了编年史的时间观和国家中心的史学传统。他们强调不同文化和文明各有其产生条件和自身特质，文化和文明没有与生俱来的高下优劣之分，这对近代以来西方史学观念中根深蒂固的欧洲中心论形成了巨大的冲击。然而，斯宾格勒过于强调各个文化自身独具的特性和彼此之间相互隔膜情况下的独立发展，将各个文化所经历的历史过程视作为宿命所决定。汤因比以其主要来自希腊罗马的历史经验为基础，试图概括总结各个文明的发展规律和动力机制，在忽视物质生产条件的根本重要性的同时，难以有效解释丰富复杂的人类社会现象。20 世纪 30 年代末开始，汤因比对于宗教以及与之相关的超验性问题产生很大兴趣，而他此后的历史哲学更是将宗教放在比文明更高的地位。

意大利的克罗齐（1866—1952）和英国的柯林武德（1889—1943），都是现代学术史上少有的兼具史学家和哲学家身份的学者。二人都是当时哲学领域内重要的新黑格尔主义者，此外，克罗齐著有《19 世纪欧洲史》等多种史著，柯林武德更是有关罗马不列颠时期英国的考古学权威。他们也是 20 世纪上半叶史学理论领域内最具影响的理论家。克罗齐和柯林武德都反对将历史学向自然科学看齐的实证主义倾向，而主张历史学的自主性（或自律性）。1917 年，克罗齐的《历史学的理论和历史》出版，他在该书中阐发了他最为人所知的命题："一切真历史都是当代史。"他这里的"当代史"，也可理解为"同时代史"。这一命题的题中应有之义，就是人们在研究过往的人类行动时，并不能够像自然科学家比如化学家那样，直接面对自己的研究对象，而总是通过史料在自己的思想活动中重建过去。思想活动总是当下的，因此，在这个意义上，一切历史都是当代史或者说与史学家同时代的历史。而克罗齐借此命题所要着重表明的是："如果说当代史是从生活本身直接跃出的，那么我们称之为非当代史的，也是直接来源于生活的。因为最明显不过的就是，唯有当前活生生的兴趣才能推动我们去寻求对于过去事实的知识；

---

① ［英］阿诺德·汤因比：《历史研究》缩写插图单卷本，刘北成、郭小凌译，上海人民出版社 2005 年版，第 86 页。

因此那种过去的事实，就它们是被当前的兴趣引发出来的而言，就是在响应着一种对当前的兴趣，而非对过去的兴趣。"① 这就意味着，我们总是从现在的立场出发，以当前为参照来观察和认识历史的。而过往的历史之所以能够引发我们的兴趣和关切，是因为它与我们现在的生活发生了关联。比如，之所以今天人们还会考察曹雪芹的生平，或者研究贝多芬的耳聋与他的创作之间的关系，正是因为我们今天还在看《红楼梦》，还在听贝多芬的作品，他们的创作构成了我们现实生活的一部分。

柯林武德的史学理论，集中体现在他身后才由别人整理出版的《历史的观念》一书中。实证主义史学认为，收集考订史料是史学家的根本任务所在，一旦有关某个历史论题的材料被尽可能收罗无遗并经过严格考订，最接近于其本来面目的历史图景自然就会呈现。从奥古斯丁到黑格尔、再到斯宾格勒和汤因比的那种对于历史过程的哲学构想，试图以固定的模式将丰富复杂的历史现象纳入严整的解释框架。柯林武德对这两种路数都严加抨击，将它们分别称为"剪刀加糨糊"和"鸽子笼"式的历史学。在他看来，史学家必须提出真实有效的问题，来"拷问"史料，才可能成就对于过去的真正理解。他最为人所知的命题，则是"一切历史都是思想史"。他这里所说的"思想史"，其内涵不是学科领域意义上的。在柯林武德看来，自然科学研究自然现象，历史学研究过往的人文现象。自然现象与人文现象的根本分别，在于自然现象比如一场台风或者地震，其中并没有动机和心理可言，而一切人文现象的背后，都必定贯穿了当事人的情欲、冲动、计较、盘算等广义上的"思想"。只有把握了当事人外在行为内里的思想因素，史学家才可能真切地理解相关的历史现象。因此，史学家要做的，就是对自己所要探究的过往历史当事人的思想进行"重演"。柯林武德举例说，假如史学家在解读某个罗马皇帝的某一敕令，"仅仅阅读这些文字并且能翻译它们，并不等于懂得了它们的历史意义。为了做到这一点，他就必须看清楚这位皇帝正在企图对付的那种局势，而且他必须看它就像这位皇帝看它那样。然后他必须为他自己看出这样一种局势如何加以对付，正好像那个皇帝所处的局势就是他自己所处的一样；他必须看到各种可能的选择，以及选定这一种而不是另一种的理由；这样，他就必须经历皇帝在决定这一特殊办法时所经历的过程。因此，他就是在他自己的心灵中重演那个皇帝的经验；而且只有在他做到了这一点的时候，他才对那个敕令的意义具有真正的历史知识，而不同于单纯的语言学知识"。② 在柯林武德这里，历史理解就

① Benedetto Croce, *Theory and History of Historiegraphy*, trans. Douglas Ainslie, London: Greorge G. Harrap, 1921, p. 12.
② ［英］柯林武德：《历史的观念（增补版）》，扬·冯·德·杜森编，何兆武、张文杰、陈新译，北京大学出版社 2010 年版，第 279 页。

是通过史学家深入领会历史事件当事人的处境，来设身处地地了解他之所以做出如此这般的行动和选择的缘故。

克罗齐与柯林武德的史学理论，都突出强调了史学家在历史理解中的主动和积极的角色。通常的看法是，历史往往被理解为由过去发展累积而至当下，现在乃是过去的结果。从克罗齐和柯林武德的立场出发，则是人们从当下的关切和视野出发，对过去提出问题，并通过借助史料来复活或重演前人的思想，从而达到对过去的理解。从这个角度来说，过去就是由现在所选择和造就的。这样的看法与当时新史学思潮中对历史学与现实的关系的强调、以问题史学取代叙述史学等倾向，有着高度的契合。然而，克罗齐过分强调现实因素对于历史理解的重要性，难免会有将历史研究实用化的嫌疑。柯林武德把历史学的任务归结为对过往人们思想的重演，一方面，把过往人类历史归结为思想因素的外在表现，他在忽视了物质生产的决定性作用的同时，似乎完全没有考虑到：即便以理想的方式"重演"了历史事件当事人各方的思想，也往往无法充分解释具体的历史过程；另一方面，如果历史知识的范围被限制为"能够在史学家的心灵里加以重演的东西"，以社会经济的、群体的、结构的因素作为主要探索对象的社会史、经济史、人口史等，就被排斥在柯林武德的视野之外。而与他同时代的这些史学领域和史学方法的兴起，也未能引起他的关注。

（二）史学研究的新景观

在同一时期的年鉴学派和马克思主义史学之外，欧美史学在 20 世纪上半叶的发展，也出现了颇多值得注意的现象。在向社会史和文化史转型的过程中，借鉴社会科学的理论和方法，对历史现象进行跨学科的研究，成了普遍性的现象。"早在第一次世界大战爆发时，基于社会科学的历史学的基本要素就已经清晰可见了：拒绝特殊和偶然之物，除非它被视为构成了整体的部分；将过去视为对社会和人性进行总结概括的资料库；从其他学科借用关键概念来赋予过去以意义和结构；热衷于跨年代、跨国家和跨地理边界的比较研究。"[1] 即便在政治史的领域内，社会学对于集体行为的关注，也被史学家们引入对于政治事件和政治过程的分析之中。英国史学家纳米尔（1888—1960）在《乔治三世即位时英国的政治结构》（1929）一书中，就采用了集体传记的研究方法，来研究 18 世纪 60 年代英国的政治状况。此前不少人认为，那个时代两党制已经在实际的英国政治中发挥了突出作用。针对这种观点，纳米尔分析了当时议会的构成成分，详尽地考察了议员们的投票等政治行为与其社会关系之间的关联。纳米尔得出的结论是，当时的英国政治中有政党之名而无政党之实，并不存在真正意义上的政党组织，支配着英国

---

[1] Daniel Woolf, *A Global History of History*, Cambridge: Cambridge University Press, 2011, p. 469.

政治史尤其是议会史的，不是个人而是家族。

20 世纪最初的 20 年，是美国"进步主义运动"勃兴并取得丰硕成果的时期。在经历 19 世纪后期西部的开拓和第二次工业革命之后，美国社会经济发展迅速，国力空前提高。然而，垄断资本肆意扩张，政治腐败，社会整体道德水准让人担忧，劳工工作生活条件持久得不到改善，环境问题和食品安全问题屡屡发生。进步主义运动正是由这一系列问题所引发的。它不仅包括西奥多·罗斯福和伍德罗·威尔逊等政治人物所发起和支持的社会政治改良措施，也是一场社会各个阶层广泛卷入的社会运动（比如，揭露各个领域的贪婪腐败现象的"耙粪者"运动）。社会条件的变化，使得史学家们更加关注经济因素和社会结构在历史过程中的重要作用，重视不同利益群体之间的冲突，将目光更多地投向民众。在这一背景下发展起来的进步主义史学，注重历史学的现实社会功能，自觉地要以历史研究服务于社会进步。这在被视为进步主义史学代言人之一的鲁滨逊那里，就已经表现得极为明显。

进步主义史学家中最具影响力者，当数查尔斯·比尔德（1874—1948）和卡尔·贝克尔（1873—1945）。比尔德是由欧洲史研究的领域转入美国史的，在担任哥伦比亚大学教授期间，与他的同事鲁滨逊一起发起了新史学运动。比尔德毕生47 部论著中，有很多在当时颇为风行，产生了巨大影响。贝克尔长期担任康奈尔大学教授。贝克尔和比尔德都曾在 20 世纪 30 年代担任过美国历史学会的主席，也可以从一个侧面反映出进步主义史学在当时美国史学界如日中天的影响力。他们两人在史学观念上都有着浓厚的相对主义气息。在贝克尔看来，史学家感兴趣的是过去所发生的历史事件，"但是由于这些事件已不复存在，所以，史学家也就不可能直接与事件本身打交道。他所能接触的仅仅是这一事件的有关记载……因此就出现了一个很大的差距，即，已经消失了的、短暂的事件与一份证实那一事件的、保存下来的材料之间的差距。实际上，对我们来说，构成历史事实的正是这个关于事实的证明。如果确实如此。历史事实就不是过去发生的事情，而是可以使人们想象地再现这一事件的一个象征"。① 一旦历史事实丧失了客观实在性，"人人都是他自己的史学家"就成了贝克尔当然的结论。比尔德更是直接质疑了历史学达成客观性的追求，称之为"那个高尚的梦想"。在他看来，一方面，史学家不可能依靠史料完整接触过去，"在绝大多数情况下，对于他所处理的实在之中的无数人和事，他不过是对有关它们的不完全的记录进行了不完全的选择或者不完全的解读"；另一方面，史学家不可能摆脱自己的成见和立场来处理过去，"无论史

① ［美］卡尔·贝克尔：《什么是历史事实?》，［英］汤因比等著、张文杰编：《历史的话语：现代西方历史哲学译文集》，广西师范大学出版社 2002 年版，第 287 页。

学家采取何种行动来让自己洁白无瑕，他都依然还是人，一个有着时间、地点、环境、关切、偏好和文化的生灵。无论多大程度上抑制自身，都不可能让安德鲁·怀特变成特纳，或者将他们当中的任一位变成一面中立的镜子"。① 比尔德没有看到，历史学所求的"真"，固然没有可能，但也没有必要是历史的所有细节和面相都包揽在内的"全貌"，而关键是对历史过程主要特征和规律性的把握。而在他看来，史学家的主动性则成了偏见的代名词，似乎纯然是对历史学客观性的威胁，两者之间成了此消彼长的关系，他完全看不到，无论对自然现象还是对人类社会的认识，主观能动性恰恰是正确把握客观对象所必不可少的条件。

　　进步主义史学家的史学观念带有明显的实用主义色彩。鲁滨逊说："我们必须空前大规模地发展历史意识，因为历史意识将弥补我们智力修养中不足之处，并且推进理性的进步，别的东西是办不到的。迄今为止，当今一直是过去的温顺的受害者；现在到了应反抗过去的时候了，为了前进而利用它。"② 比尔德与妻子玛丽·比尔德合著的两卷本《美国文明的兴起》曾经风靡一时，其开篇就说："文明的历史倘若得到明智的考察，就会是文明化的工具。"③ 进步主义史学一开始就有着要为社会进步而服务的鲜明意识。"边疆史学"的开拓者特纳可被视为进步主义史学的前驱，他强调向北美腹地和西部开疆拓土的进程对于美国历史的重要性。真正的美国并不是东部精英集团建立的美国，而是美国腹地和西部地区的普通民众建立的美国。特纳对地理背景等结构性条件和普通民众在历史过程中所扮演的角色的强调，对后来的进步主义史学影响颇大，贝克尔就曾受业于特纳。

　　比尔德年轻时候接触过马克思的著作，阅读过《共产党宣言》和《资本论》等著作，虽然他自称并不认同马克思主义，但他的史学取向受到马克思主义的决定性影响，是无可置疑的。1913 年，比尔德发表了他的成名作《美国宪法的经济观》，在书中，比尔德展现了他"历史的经济解释"的研究方法。"历史的经济解释的整个学说是建立在这样一种观念上的，那就是：一般来说，社会的进化是社会内部互相竞争的利益集团——一方面拥护变革，另一方面则反对变革——的结果。"④ 此前对于美国宪法的研究，主导性的倾向是将宪法看作建国元勋自由理想的体现，建立在全民广泛共识的基础上，超越了特定阶层或集团的利害关系，19世纪美国史学名家班克罗夫特就持这样的看法。而在比尔德看来，"在这些解释里

① Fritz Stern, ed., *The Varieties of History: From Voltaire to the Present*, New York: Meridian Books, 1956, p. 324.
② ［美］詹姆斯·哈威·鲁滨孙：《新史学》，齐思和等译，商务印书馆 2009 年版，第 19 页。
③ Fritz Stern, ed., *The Varieties of History: From Voltaire to the Present*, New York: Meridian Books, 1956, p. 314.
④ ［美］查尔斯·A. 比尔德：《美国宪法的经济观》，何希齐译，商务印书馆 2010 年版，第 27 页。

面从来不举如下的事实，即我们宪法的条文旨在保护某一阶级的权利，或是保障某一集团的财产以防另一集团的侵犯"。① 对于制定和通过宪法这样巨大的社会变革，经济力量和利益比之其他的因素更具有解释能力。基于这样的认识，比尔德根据档案文献，分析了制宪会议每一个代表所拥有的财产和所代表的经济利益。根据他的研究，出席制宪会议的 55 人中，40 人拥有公债券，14 人是土地投资商，24 人是高利贷者，15 人是奴隶主，11 人从事商业、制造业和航运业，而没有一个人代表占美国人口绝大多数的小农和手工匠人。比尔德分析了宪法的制定过程和条文，得出的结论是，"大量没有财产的人民始终未曾参与（经过代表）制宪的工作"，而"起草宪法的费城会议的成员，除少数外，都从新制度的建立上获得了直接的私人利益"。② 在随后的《杰斐逊民主及其经济起源》（1915）等论著中，比尔德继续将经济利益的冲突作为最为关键的因素，来解释社会政治现象，极大地拓宽了历史研究的视野，虽然他的具体论点不断遭到挑战和质疑，其研究方法却决定性地改写了对于美国历史上诸多重要事件和进程的解说。

不同阶层和利益群体之间的冲突和互动，如何推动或阻碍了特定历史时段的社会进步，是进步主义史家的关切所在。贝克尔在解说美国革命的时候，强调它不仅是一场面对殖民母国争取北美人民自治的斗争，还是一场北美社会的内部斗争，要决定的是应该由谁来统治。贝克尔和比尔德一起，"勾勒出了有关革命时期的进步主义模型。它将革命描述成人民反对英国的斗争以及反对他们自身的权力寡头和财富寡头的斗争"。③ 但就贝克尔本人而言，他流传最广且影响最大的著作，是他研究启蒙运动的《十八世纪哲学家的天城》和研究美国革命的纲领性文件《独立宣言》的《论〈独立宣言〉：政治思想史研究》。④ 启蒙时代向来被视作理性的时代，启蒙哲人则被视为理性的化身，是他们奠定了现代文明的根基。但贝克尔的核心论点是，启蒙哲人远非表面上看来那么理性，他们在思维模式上并没有摆脱基督教的痕迹，而他们所企图达成的理想社会，不过是奥古斯丁那个"天城"（或"上帝之城"）的翻版而已。在贝克尔看来，那些 18 世纪的启蒙哲学家们"在每一个关键上都透露出，他们有负于中世纪的思想却又并不自觉到这一点。他

---

① ［美］查尔斯·A. 比尔德：《美国宪法的经济观》，何希齐译，商务印书馆 2010 年版，第 22 页。

② ［美］查尔斯·A. 比尔德：《美国宪法的经济观》，何希齐译，商务印书馆 2010 年版，第 243 页。

③ Ernst Breisach, *Historiography: Ancient, Medieval & Modern*, 2nd edition, Chicago: The University of Chicago Press, 1994, p. 365.

④ ［美］卡尔·贝克尔：《十八世纪哲学家的天城》，何兆武译，北京大学出版社 2013 年版；《论〈独立宣言〉》，彭刚译，商务印书馆 2017 年版。有关贝克尔的史学思想，还可参见其《人人都是他自己的历史学家：论历史与政治》，马万利译，北京大学出版社 2013 年版。

们谴责基督教的哲学，但太过分了，他们在模仿着的只不过是从他们所鄙视的那些'迷信'之下半解放出来的人们的作风。他们抛弃了对上帝的畏惧，却保持着一种对神明的尊敬态度。他们嘲笑了宇宙是在六天之内创造出来的这种想法，但仍然相信它是被一个至高无上的存在者按照一个合理的计划所设计出来的一架精美的机器，作为人类的拘留所。……他们否定教会和《圣经》的权威，但对自然界和理性的权威却表现出一种天真的信仰。……在这些 Philosophes（哲学家们）的著作中却有着比我们的历史书所曾梦想到的更多的基督教哲学"。① 《论〈独立宣言〉：政治思想史研究》一书，既考察了《独立宣言》这一重要历史文献的起草、修改和定稿的过程，又着重阐发了现代政治理论中最为重要的自然权利（"天赋人权"）观念在思想史上的内涵和影响。贝克尔这两本书都已成为思想史研究领域的经典之作，其影响所及，对于思想史在美国成为历史学内部一个重要的学科领域，起到了重要作用。

宽泛意义上的思想史或观念史，研究的是过往时代人们的思想观念。美国史学家拉夫乔伊（1873—1962）则将"观念史"进行了严格界定，使之成为一个专门的学科领域。在拉夫乔伊看来，自古及今的各种学说，可以分解为构成它的基本单位——单元观念。这些单元观念包括各种概念、范畴、假说等，比如拉夫乔伊本人所考察的存在之链、自然等。政治思想史领域内的"自然权利""社会契约"等也属于此类。这些单元观念在思想史上的某个时刻开始出现，不断孕育成熟，成为人们在某个思想领域进行思考时所仰赖的基本成分。在拉夫乔伊看来，基本的单元观念的数量可能相当有限，各种学说的原创性和新颖性往往并非来自构成它们的基本单元，而是更多地来自这些基本相同的单元观念构建成的复杂的思想系统的组合模式。观念史考察的就是各个单元观念孕育、发展和组合进入各种思想系统的过程。思想所赖以出现的具体历史条件，就是这种思路下的观念史研究所不加考虑的了。

思想史和文化史在 20 世纪上半叶的发展，也是一个值得关注的现象。荷兰史学家约翰·赫伊津哈（1872—1945）1919 年出版的《中世纪的秋天：14 世纪和 15 世纪法国与荷兰的生活、思想与艺术》，与此前布克哈特对意大利文艺复兴的研究，一起被视作经典文化史的代表作。与布克哈特一样，赫伊津哈关注的是在文学、宗教、科学、艺术、哲学等领域中的杰出作品及其创造者身上所展现的"时代精神"。在赫伊津哈看来，文化史研究的主要目标，是要把握一个时代最具特征的思想与情感，而这要通过考察具体的文化产品和独具风格的个体才能实现。在

---

① ［美］卡尔·贝克尔：《十八世纪哲学家的天城》，何兆武译，北京大学出版社 2013 年版，第24 页。

这部著作中，他细致入微地考察了那一时代的生活理想、宗教观念、对爱情和死亡的看法、绘画和诗歌的艺术风格等。与此同时，从游吟诗人到宗教上的神秘主义者，从骑士和牧师到宫廷编年史家，一系列鲜活的人物形象出没其中，让人仿佛能够触摸到那个时代，呼吸到那个时代的气息。

在德国，"兰普雷希特之争"的结果，是在很长时期内，历史主义的传统治学模式并未受到根本触动。然而，历史主义的最后一代大家迈内克（也译作弗里德里希·梅尼克）的治学取向，比之他的前辈也发生了一些有趣的变化。迈内克早年的著作主要关注的还是德意志历史上的重要人物和事件，发表过有关德意志反对拿破仑的解放战争专著以及有关著名将领博因元帅的人物传记。但他最负盛名的三部曲，都在思想史的范围之内。①《世界主义与民族国家》考察的是现代思想史上与民族国家观念兴起的同时，世界主义或世界公民情怀的消长。《现代史上的国家理性观念》关注的则是"国家理性"的观念，它将国家以及作为其人格化身的政治家视作超出国家的个体成员之外的目标和行动理由，而不能以日常的道德准则来对其加以约束和衡量。《历史主义的兴起》则是一部历史主义的思想史，在迈内克看来，历史主义是德意志民族在路德宗教改革之外对人类思想的又一个巨大贡献。可以说，除对历史主义传统进行梳理的《历史主义的兴起》外，迈内克思想史三部曲中的其他两部，关注的都是与现代历史中的政治进程密切相关的政治观念，政治依旧是他全部学术研究的焦点。而在两次世界大战之间的德国，纳粹思潮将历史看作不同种族间为争夺生存空间而展开的斗争，影响所及 20 世纪30、40 年代，德国史学界出现了"族民史"学派。"族民史"学派按照血缘和语言纽带来界定日耳曼族民，为纳粹德国所推行的各种政策进行历史论证，明显带有纳粹意识形态的色彩，但其中也包含了一些突破德国史学传统的因素。在研究居住方式、各民族的迁移史、人口史等问题时，人口学、统计学、社会学、人类学等方法被引入。战后联邦德国社会科学化历史学的一些重要人物，就曾参与过这一学派，或者受到过这一学派的影响。

第三节 社会科学化历史学的发展

第二次世界大战结束之后，经过一段时间的恢复和调整，欧美各国迎来了经

---

① ［德］弗里德里希·梅尼克（迈内克）：《世界主义与民族国家》，孟钟捷译，上海三联书店2012 年版；［德］弗里德里希·迈内克：《历史主义的兴起》，陆月宏译，商务印书馆 2022年版；《现代史上的国家理性观念》的英译本书名为《马基雅维里主义》，中文本见［德］弗里德里希·迈内克：《马基雅维里主义》，时殷弘译，商务印书馆 2009 年版。

济高速发展的黄金时期。20 世纪 50 年代以来，自然科学和工程技术领域出现了许多重大突破，产生了许多新的科技领域，如生命科学领域内脱氧核糖核酸（DNA）双螺旋结构的发现，空间技术的产生和发展等。科学技术的进步极大地推动了社会经济的发展变化。社会经济的迅速发展和日趋复杂，使得人们对于超出个人之外的因素在人类事务中所发挥的作用有了更为清晰的意识。各门社会科学也得以迅速发展，并且与自然科学、工程技术不断地相互渗透和交融。有着悠久历史和深厚学术传统的历史学，也受到科学技术和社会科学各个领域的发展所带来的不同程度的冲击和影响。例如，计算机技术的发展和成熟，就在历史研究的领域内产生了很大的影响，而社会经济史的研究，就自觉地吸收了社会学、经济学等学科新的理论和方法。大致说来，在第二次世界大战结束后的 30 余年中，欧美历史学的发展受到各门社会科学巨大的影响，关注历史过程中的群体和结构，注重以社会科学的概念和方法来分析和阐释历史现象。社会科学取向的历史学成为这一时期欧美史学发展的主流。一般认为，在马克思主义史学之外，法国年鉴学派、美国社会科学和联邦德国的"历史的社会科学"，是第二次世界大战之后欧美史学界社会科学取向的历史学的三种主要模式。

一、年鉴学派的布罗代尔时代

费尔南·布罗代尔（1902—1985）是继费弗尔和布洛赫之后，法国年鉴学派第二代的领军人物。他在巴黎大学毕业后，于 1923 年至 1932 年，在当时的法属阿尔及利亚首府阿尔及尔当了近十年的中学教师，这座地中海边风光旖旎的城市让他对地中海的地理环境、气候条件、风土人情和历史沿革有了切身的了解和浓厚的研究兴趣。1937 年，他结识了费弗尔，治学道路受到后者决定性的影响，成为费弗尔的"精神之子"。他开始为以地中海为主角的博士学位论文收集素材。第二次世界大战中，在法军中服役的布罗代尔成为德军战俘，在战俘营中度过了将近 5 年。令人难以置信的是，正是在这期间，他凭着自己非凡的记忆力，完成了有关地中海历史研究的书稿。战后，布罗代尔参与了高等实践研究院第六部的创立。1956 年起他担任第六部主任，并接任《年鉴》杂志主编。由此时直到 20 世纪 70 年代初，可以说是年鉴学派的布罗代尔时代，年鉴学派的史学观念和史学方法的影响，超出了法国乃至欧美的范围。布罗代尔以其杰出的学术成就和卓有成效的学术领导工作，令这一阶段的年鉴学派成为国际史坛上风头无两、如日中天的史学流派。

《地中海与菲利普二世时代的地中海世界》（简称《地中海》），是布罗代尔的成名作，也是他影响最大的著作。这部著作作为布罗代尔的博士学位论文刚一答辩完毕，费弗尔就满怀欣喜地写道："费尔南·布罗代尔的论文给我们开启了一个全新的而且在某种意义上是革命性的维度。"《地中海》一书由三个部分组成。第一部分"环境的作用",论述了地中海的地理环境,包括它的山川地貌、海洋岛屿、气候、陆海两路的交通与航运、城市等,并将地中海的地理条件置于广袤的空间和时间框架内来加以考察。第二部分"集体的命运和总的趋势",论述的是 16 世纪地中海世界的社会经济状况,内容极其广泛,涉及当时人们发生各种交往所需要克服的地理距离、人口数量、产业发展和劳动力状况、黄金白银的流通和物价趋势、香料和谷物贸易、航运、各个帝国的起源和力量、社会不同阶层状况和文明发展情形、战争的不同形式等。第三部分"事件、政治和人",属于传统的政治、军事和外交史的范畴,重点考察了这一时期土耳其和西班牙两个帝国争霸地中海的过程。布罗代尔说:"最后是第三部分,即传统历史的部分,换言之,它不是全人类的历史,而是个人的历史,是保尔·拉孔布和弗朗索瓦·西米昂撰写的事件史。这是表面的骚动,是潮汐在其强有力的运动中激起的波涛,是一种短促和动荡的历史。这种历史本质上是极端敏感的,最轻微的脚步也会使它所有的测量仪器警觉起来。这是所有历史中最动人心弦、最富有人情味也最危险的历史。对这种当时的人亲自感受过、描述过和经历过的历史,我们应持怀疑的态度!"①

　　《地中海》一书所考察的并非菲利普二世时代围绕地中海世界而上演的政治、外交和军事的历史,而是地中海本身的历史。而"地中海甚至不只是一个海,而是'群海的联合体',那里岛屿星罗棋布,半岛穿插其间,四周的海岸连绵不绝。地中海的生活同陆地结合在一起。地中海的诗歌多半表现乡村的田野风光。地中海的水手有时兼事农耕。地中海既是油橄榄和葡萄园的海,也是狭长桨船和圆形商船的海。地中海的历史同包围它的陆地世界不可分割,就像不能从正在塑像的匠人手中把黏土拿走一样"②。此书的主角,不是诸如西班牙帝国或土耳其帝国这样的政治单位,更不是菲利普二世这样的个体,而是地中海本身。空间在历史上的重要性,以前所未有的程度和方式在布罗代尔这里显现。而更具革命性也影响更大的,则是布罗代尔的历史时间观。从《地中海》的结构中已可以清晰地看出,他对不同层次的历史时间进行了区分。而在 1958 年发表的《历史学和社会科学:长时段》一文中,布罗代尔就此进行了集中的理论阐述。

　　在布罗代尔看来,人类社会的历史运动有着不同的时间层次。他将历史时间区分为长时段、中时段和短时段三种形式。"长时段"指的是在长时期内、以世纪

---

① Peter Burke, ed., K. Folca trans., *A New Kind of History*: *From the Writings of Febvre*, London: Routeldge & Kegan Paul, 1973, p. 9.

② [法] 费尔南·布罗代尔:《菲利普二世时代的地中海和地中海世界》第 1 卷,唐家龙、曾培耿等译,商务印书馆 1996 年版,第 3—4 页。

为单位来度量的制约着人类社会面貌的各种因素，这些因素可以称为"结构"。"在我们史学家看来，一个结构自然是一种集合、一座建筑物，但更重要的是，它是在一段长时期里由时间任意支配并连续传递的现实。某些结构有很长的寿命，因而它们成为经历无数代人而稳定不变的因素。它们挡在历史的路上，阻遏历史的流逝，并以此规定历史。而另一些结构会迅速分裂。但所有的结构都同时既是历史的基础又是历史的障碍。作为障碍，它们本身就是人及其经验无法逾越的界限（在数学里称之为'包络线'）。只要想一想冲破某些地理架构、某些生物界的现实、某些生产力的限制，甚至特定的精神桎梏（思维架构也会成为长时段的牢笼）有多么困难。"① 地理条件固然是人们最容易想到的结构性因素，"多少世纪以来，人类一直是气候、植物、动物种群、农作物以及整个慢慢建立起来的生态平衡的囚徒"。但布罗代尔的"结构"不限于此，地理环境、生物分布、气候变迁之外，社会组织、文化体系、思维模式等层面，也有着长时间内变化微小而制约着人类社会的要素，比如费弗尔笔下拉伯雷时代人们所可能拥有的"思想装备"就是一例。长时段是一种缓慢流逝、有时几乎难以察觉其流变而接近于静止的时间，又被称为"地理时间"。

比长时段更低的层次，是中时段。"一日、一年曾经对政治史学家来说好像是很有用的量器。因为时间毕竟是由每日积累而成。但是，价格曲线、人口级数、工资运动、利率变动、生产力研究……流通的严密分析等都需要有更大的量器"，这就是"中时段"的历史，也可称之为"局势"。"它描述局势、周期甚至'中周期'，可涵盖10年、25年乃至康德拉捷夫的经典周期——50年。譬如，假若我们不考虑任何短暂的表面浮动，那么欧洲的价格在1791年至1817年间是上升的，在1817年至1852年间是下降的。""局势"是较短时期内兴衰起伏、有可能形成周期的影响历史过程的重要因素。相对于起决定性作用的几乎静止的长时段的"结构"，中时段的"局势"，就是《地中海》一书第二部分所处理的那种"深海暗流"。长时段所处理的是"地理时间"，中时段所对应的则是"社会时间"。

"短时段"所处理的是传统历史学最熟悉和在行的"事件"。与短时段相对应的时间，是个体的时间。虽然在《地中海》一书中，布罗代尔还花了1/4左右的篇幅，来处理传统上的政治、外交和战争的题材，但他此后的著作中再也没有出现过同样的情形。金戈铁马的战争、波诡云谲的政治风云、惊心动魄的个人经历，传统史学所最为关注的这些在短时期内所发生的事件，在布罗代尔这里，并不构

① ［法］费尔南·布罗代尔：《论历史》，刘北成、周立红译，北京大学出版社2008年版，第34页。

成人类历史最核心的内容，也并不反映人类历史最根本的面相。布罗代尔说："生活，世界历史，以及所有的局部的历史，呈现给我们的是一系列的事件，换言之，是一系列短暂的戏剧性场面。而一场战役，一次政治家之间的冲突，一场重要的演讲，一次关键的通信，都是历史中的瞬间。在此我想起在巴伊亚（Bahia，巴西地名）附近的一个晚上，当时我入迷地看着萤火虫的'灯火表演'。它们微弱的磷光发亮，熄灭，再发亮，但并没有发出任何真正的光明来刺破黑夜。事件也是如此。在它们的光辉之外，黑暗依然笼罩着。"① 在布罗代尔这里，要紧的是长时段的结构和中时段的局势，短时段的事件并没有太多被探究的价值。仿佛一条河流，决定流向和流速的是河床和深流的结构和趋势，事件不过是水流表面的泡沫，看似热闹，似乎标示着河流的流速和流向，却完全受制于更为深层的因素，本身并无重要性可言。

除《地中海》之外，布罗代尔最重要的著作当数《15 至 18 世纪的物质文明、经济和资本主义》。这部与《地中海》同样篇幅浩大的 3 卷本著作，出版于 1979 年。15—18 世纪被广泛认为是工业革命发生之前资本主义产生和发展的时期，布罗代尔此书旨在全方位地考察这几百年里人类历史的进程和机制。全书 3 卷，分别考察书名中所说的"物质文明""经济"和"资本主义"。第 1 卷"日常生活的结构：可能和不可能"所考察的"物质文明"，"是每个人到处都能遇到的，最起码、最基本的活动。紧贴地面的这个层次，其厚度简直令人难以想象"②。主要内容涉及这一时期人们物质生活的基本面貌，如衣、食、住、行的具体情形，人口变化，技术演进，货币的使用和城市的发展。第 2 卷"形形色色的交换"所考察的"经济"，实际上指的就是以生产和交换机制为核心的市场经济，"即同乡村活动、作坊、工场、店铺、交易所、银行、交易会——当然还有市场——相联系的生产机制和交换机制"③。通常在人们的心目中，市场经济与资本主义总是彼此联系在一起的。但在布罗代尔看来，市场经济不见得是资本主义的，甚至在很大程度上，资本主义是反市场经济的。第 3 卷"世界的时间"集中考察了资本主义，矗立在物质文明和市场经济之上的这个层次上，"各社会等级都要使交换变得对自己有利，不惜打乱既定的秩序……在最高的梯级上，18 世纪阿姆斯特丹或 16 世纪热那亚的少数大商人可以遥控欧洲经济乃至世界经济的若干领域。某些享有特权的集

---

① ［法］费尔南·布罗代尔：《论历史》，刘北成、周立红译，北京大学出版社 2008 年版，第 11 页。

② ［法］费尔南·布罗代尔：《15 至 18 世纪的物质文明、经济和资本主义》第 1 卷"日常生活的结构：可能与不可能"，顾良、施康强译，生活·读书·新知三联书店 2002 年版，第 20 页。

③ ［法］费尔南·布罗代尔：《15 至 18 世纪的物质文明、经济和资本主义》第 1 卷，顾良、施康强译，生活·读书·新知三联书店 2002 年版，第 19—20 页。

团已在探索一些为普通百姓一无所知的门路。例如，同远距离贸易和复杂的信贷活动相联系的汇兑业是一门极其复杂、至多仅对少数特权者开放的行业"。① 在这部分，布罗代尔按照时间顺序，分区域论述了先后在世界经济中占据支配地位的威尼斯、安特卫普、热那亚、阿姆斯特丹，讨论了法国和英国的市场，分析了美洲、非洲、俄国、土耳其和东亚的经济特点，最后讨论了英国工业革命的情形。在物质文明、市场经济与资本主义这三个层次的划分中，隐约可见布罗代尔长时段理论的影子。对人文地理学、经济学、社会学、人口学等学科的理论和方法的借鉴和运用，成就了布罗代尔对人类活动多层面多视角的分析。这部著作同《地中海》一样，一方面，充分展现了布罗代尔作为一名卓越的史学家所具有的独创性；另一方面，年鉴学派第一代宗师所提出的跨学科综合研究和"总体史"的设想，在布罗代尔气势宏大、时空架构雄伟的研究中，也得到了充分实现。

从费弗尔和布洛赫到布罗代尔，年鉴学派对于制约人类历史进程的各种长时期因素的强调，显然受到了马克思唯物史观的影响。布罗代尔虽然并不认同唯物史观，却也明确指出："马克思的天才及其影响的持久性的秘密，在于他第一个在历史长时段的基础上构造了真正的社会模式。"② 年鉴学派第三代中坚人物之一的勒高夫也说："在带着问题去研究历史、跨学科研究、长时段和整体观察"等很多方面，"马克思是新史学的大师之一。"③ 布罗代尔史学成就的最具创造性也影响最大的方面，就是他深刻地改变了历史学的时空观念。虽然地理环境对人类历史过程的巨大影响力是过往思想家所一再讨论的论题，但以各门社会科学的理论和方法密切结合的方式最终落实到历史研究的具体层面上，却是布罗代尔不容忽视的贡献。更为重要的，是布罗代尔多元的历史时间观。他说过："我的大问题，我不得不解决的唯一问题，就是显示时间以不同的速度移动。"④ 然而，在历史过程的三个层面亦即三个时段之间，在结构、局势与事件之间，如何有效地建立起联系并给出对于它们之间互动关系的解释，布罗代尔却未能指出，这也是他受到普遍批评的一点。布洛赫将历史界定为有关时间过程中人类的科学，布罗代尔的历史观念中却没有给具体的人和人所创造、经历的事件留下什么位置。费弗尔和布洛赫虽然强调自然环境和心理结构等因素对人类活动的制约，却并没有走到布罗代尔那样的地步，似乎把人类完全看作受制于结构和局势的囚徒。布罗代尔自己也

---

① ［法］费尔南·布罗代尔：《15 至 18 世纪的物质文明、经济和资本主义》第 1 卷，顾良、施康强译，生活·读书·新知三联书店 2002 年版，第 20 页。

② ［法］费尔南·布罗代尔：《论历史》，刘北成、周立红译，北京大学出版社 2008 年版，第 55 页。

③ ［法］J. 勒高夫等主编：《新史学》，姚蒙编译，上海译文出版社 1989 年版，第 35 页。

④ ［英］彼得·伯克：《法国史学革命：年鉴学派，1929—1989》，刘永华译，北京大学出版社 2006 年版，第 34 页。

说，当他想到个人时，总倾向于认为，"他陷入自身几乎无能为力的命运之中"。① 晚年时的他更明确地说过："今日世界的百分之九十是由过去造成的，人们只在一个极小的范围内摆动，还自以为是自由的、负责的。"② 马克思说："人们自己创造自己的历史，但是他们并不是随心所欲地创造，并不是在他们自己选定的条件下创造，而是在直接碰到的、既定的、从过去承继下来的条件下创造。"③ 布罗代尔在强调人们所受到的既定条件的制约的同时，却几乎取消了人这一历史主体的创造性和主动性。

在布罗代尔所区分的三个历史层级中，较低的层级决定和支配着较上的层级，而最上层级的因素，面对其下面的两个层级，却完全居于消极被动而无所作为的地位。布罗代尔对长时段的"结构"和中时段的"局势"的强调，以及对短时段的"事件"的贬斥，成为年鉴学派如日中天的那一阶段最为显著的学术特点。政治事件和历史人物受到忽视，社会经济结构则成为研究的重心。历史地理、价格史、人口史、生态史、气候史等领域成为热点。年鉴学派第三代代表性人物之一勒华拉杜里（1929—2023）的早期研究，就是一个显著的例子，他的专著《朗格多克的农民》（1966），以农业的大周期为背景，考察农业生产、食物供给、粮食价格和人口增长之间的关系。在他看来，由于"生态—人口"的总体模式在这5个世纪中并没有发生根本性的变化，而只是呈现周期性的起伏，这500年的历史就成了"不变的历史"。于是，对勒华拉杜里来说，就像对于考察过几乎同一时段的布罗代尔一样，文艺复兴、宗教改革、启蒙运动、民族国家的构建等重大历史运动就像不曾发生过一样，它们对于历史过程所发生的影响也被排除在视野之外。这样惊人的盲点，就在于年鉴学派始终没有能够真正解决历史过程不同因素之间相互影响和作用的辩证关系。

二、美国社会科学化史学的新疆域

英国史学家巴勒克拉夫在评论20世纪70年代欧美史学的发展时说道："定量研究毫无疑问是历史学中最强而有力的新趋势，这一因素超乎其他一切因素之上，把20世纪70年代的历史学心态与30年代的历史学心态区别开来。"④ 数量上的规

---

① ［英］彼得·伯克：《法国史学革命：年鉴学派，1929—1989》，刘永华译，北京大学出版社2006年版，第35页。

② 转引自张芝联：《费尔南·布罗代尔的史学方法》中译本代序，［法］费尔南·布罗代尔：《15至18世纪的物质文明、经济和资本主义》第1卷，顾良、施康强译，生活·读书·新知三联书店2002年版，第18页。

③ 《马克思恩格斯文集》第二卷，人民出版社2009年版，第470—471页。

④ 转引自［美］格奥尔格·伊格尔斯：《二十世纪的历史学——从科学的客观性到后现代的挑战》，何兆武译，山东大学出版社2006年版，第48页。

定性本身就是人类社会和人类历史过程的一个固有属性，传统历史学也会涉及或模糊或精确地表达的数量单位。过往的历史研究，也会在不同程度上使用量化方法，比如，查尔斯·比尔德对制宪会议成员财产状况的分析，就涉及数量的收集、计算和分析。经济史的研究中量化方法更是被频繁使用。但是，总体而论，直到第二次世界大战之前，量化的方法主要还局限于以统计的证据来支撑各种论点，并没有成为一种系统分析社会现象的历史研究方法。

历史学的发展总是受到社会条件和技术条件变化的影响。1929 年资本主义世界的经济大萧条，让价格史成了经济史中备受关注的分支。而第二次世界大战之后的人口爆炸，则让人口史得到前所未有的发展机遇。正是在这两个领域中，量化方法得到了初步的发展。而计算机技术在 20 世纪 60、70 年代的迅速发展和进入日常生活，更是让量化方法对历史学领域产生了前所未有的影响。就年鉴学派而论，布罗代尔的研究虽然也广泛涉及各种数字和统计图表，但还谈不上对量化方法的系统使用。但第三代年鉴学派史家明确提出并实践了以量化为特征的"系列史"。"系列史"指的是"通过研究一系列相对同质的资料（小麦价格、酒类收成的日期、年均出生率、复活节领受圣餐的人数，等等）中的连续性和非连续性，分析长时段的趋势"。[①] 比如，勒华拉杜里就是通过对食品价格和人口数量的数据收集和分析，得出他的研究结论的。对结婚登记、财产证明、兵役记录等资料的量化处理，对于社会史和经济史研究的意义毋庸多说。"系列史"的方法，还被用于研究心态史，这是年鉴学派第一代的两位宗师都有精彩表现而布罗代尔并不擅长和关注的领域。对征兵记录等能够印证签名能力的文书档案和人口普查等材料的收集和分析，可以了解社会群体识字率的分布和变化。对遗嘱等文书提及的宗教观念和意象的统计，可以考察特定时代人们面对死亡的态度。对私人所藏图书的类型分布和图书生产和销售状况的分析，能够了解不同阶层的阅读兴趣，以及知识和观念传播的情形。书籍史由此而成为一个在法国最先兴起的研究领域。20世纪 60 年代的年鉴学派中，很多人都把历史学视作社会科学，把量化视作历史研究获取对于历史过程的可靠把握的不二法门。勒华拉杜里不无夸张地说，不能成为计算机程序员的史学家就将一无所成。

在美国历史学界，量化方法迅速发展，进入历史学的若干分支领域，取得最为丰硕的成果，以至于有人认为，这一时期的历史学经历了一场"量化革命"，美国经济史、政治史和社会史领域的一些史学家，引领了这场"革命"。

20 世纪 50 年代后期，美国历史学界开始有人提出，要使用统计学与数学方

---

① 这是彼得·伯克《法国史学革命：年鉴学派，1929—1989》一书有关年鉴派术语解释中，对"系列史"一词的界定，见［法］彼得·伯克：《法国史学革命：年鉴学派，1929—1989》刘永华译，北京大学出版社 2006 年版，第 107 页。

法、借助计算机技术来处理历史资料，并将其命名为"计量史学"（英文名为 Cliometrics，Clio［克丽奥］是希腊神话中的历史女神，而 metric 则为计量、度量之意）。罗伯特·福格尔（1926—2013）等美国经济史学家提出，要以使用数量方法来研究经济史的"新经济史"来取代传统的经济史。可以说，"新经济史"就是计量史学在经济史领域的具体体现。福格尔本人后来就将新经济史等同于"经济计量史学"。新经济史对美国史学界一些重大的论题提出了重新解释，其中用力最勤而影响最大的个案研究，主要涉及美国南北战争之前南方的奴隶制经济究竟是否还能赢利、铁路对美国经济增长的贡献、内战对美国加速实现工业化的重要性等问题。

20 世纪中期之前，大多数历史著作都将南北战争之前的南方，描写成种植园制度日渐衰落、经济陷于停滞的落后农业区。在不少人看来，奴隶制在经济上效益低下，已经无利可图，完全是因为习惯了这一社会体制的那些阶层和群体的顽固不化而还在苟延残喘，即便没有南北战争，奴隶制的消亡已然被注定。于是，这场重塑了美国的战争是否必要，就变成了问题。1958 年，梅耶（1927—2009）和康拉德（1924—1970）发表了《内战前南方的奴隶制经济学》一文。此前，有关奴隶制无利可图的论点，其依据是奴隶价格的上涨速度超过了奴隶所生产的商品价格上涨的速度。梅耶和康拉德则认为，即便奴隶价格上升速度超过棉花等产品价格上升的速度，也并不必然意味着种植园经济的利润下降，因为奴隶劳动生产率的提升可能足以维持原有利润水平。他们将奴隶制经济分成不同部类，根据从档案资料中收集的数据，计算了奴隶的投资成本（每个奴隶的平均价格及其所使用的土地、牲畜和各种设施的平均价值）、农产品产量和价格、奴隶死亡率和生育率等，得出的结论是，在南北战争之前大多数种植园男性奴隶的收益率在 5%~8%，而女性奴隶的收益率还更高。这一研究打破了南北战争之前南方经济已陷入停滞的"定论"，有力地证明了奴隶制的废除，"是由于道德和平等问题，而不是由于奴隶制无法取得较高的经济增长率"。[1]

历史学研究的是人类在过去的经历，过去发生的事情已然无法改变。但是为了推测各种因素在特定历史过程中所发挥的作用，史学家就不能仅仅考察过去实际发生了什么，还需要进行过去可能发生些什么的"思想实验"，也就是说，史学家完全可以将"反事实的推论"纳入自身研究的范畴。比如，"假如不是林肯当选总统，南北战争是否还会在那一时间以那一方式发生"，就是一个典型的"反事实问题"。对历史情景的充分了解和严密的思维逻辑，能够令"反事实"的研究拓宽

---

① 参见［美］福格尔：《新经济史学：结果与方法》，何兆武主编：《历史理论与史学理论——近现代西方史学著作选》，商务印书馆 1999 年版，第 911 页。

我们的历史认识，深化我们对历史过程的理解。新经济史在反事实的研究方面，提供了杰出的范例。在成就了 19 世纪后期以来美国经济迅猛发展的诸多因素中，不少人强调铁路网的建设所发挥的巨大作用。发展经济学的先驱罗斯托（1916—2003）就认为，铁路与美国经济起飞密不可分。1964 年，福格尔与诺斯（1920—2015）发表了《铁路与美国经济的增长：计量经济史论集》。他们提出："只有能证明采用铁路比采用其他最好的办法所带来的增值额，直接或间接地占 19 世纪美国经济产出的大部分，才能认为铁路是不可缺少的。"要计算铁路带来的净收益，就需要将有铁路的情况下的实际的国民收入水平与假定没有铁路的情况下的国民收入水平进行比较。[①] 为了做到这一点，两位作者采取了反事实推论的研究方法。他们以 1890 年为基准，假设了三种没有铁路情况：一是交通运输完全依靠已有的运河和公路；二是修建 8000 公里的新运河；三是改造现有公路。通过计算，在第一种情况下，铁路带来的净收益占国民生产总值的 3.1%，在后两种情况下，只占 1.8%。按照这一论证，罗斯托等人那种强调铁路重要性的论点就站不住脚了。

福格尔和恩格尔曼（1936—2023）合著的《苦难年代：美国黑人奴隶制经济学》（1974），收集了大量史料，在将史料数据化方面付出了巨大努力，运用了复杂的数理分析模型，力图对内战前美国南方奴隶制的状况提出全面而准确的解释。他们延续了康拉德和梅耶的努力，对奴隶制的经济效益问题进行了更为深入系统的考察，证实和推进了前者的结论。他们还力图在量化研究的基础上，考察奴隶的物质生活质量和家庭生活等方面的情形。此书认为，奴隶制在经济上是高效益的，南方种植园奴隶制的经济效益远高于北方雇工农场，奴隶实际营养水平和物质生活条件也不低于农业雇工，总体而论，南方奴隶制在经济上充满活力。可以想见，这一研究引发了长时间热烈的争议。

量化方法也迅速渗透到了政治史和社会史的领域。在美国，与新经济史一道兴起的，是同样以量化方法为特征的新政治史和新社会史。20 世纪前半叶发展起来的美国经典的政治史研究，注重从社会经济结构来解释政治现象，关注政治制度和政治组织，热衷于考察政治事件和政治人物，更多从上层的、国家的、精英的层面来解释政治过程，主要采用描述和叙述的研究方法。新政治史所要做的，是结合政治理论，采取量化方法，关注地方和民众群体，从群体层面分析民众政治行为模式。新政治史的代表人物李·本森（1922—2012）对政治史的现状提出了尖锐的批评，指责现有的政治史研究充斥着"印象主义的技巧和数据"，导致对

---

① 参见徐浩、侯建新：《当代西方史学流派（第二版）》，中国人民大学出版社 2009 年版，第174 页。

同一论题出现众说纷纭、五花八门的局面。总统选举历来是政治史研究的热门话题，本森说，众多研究者在试图回答"为什么"的问题时，却连"是什么"和"是谁"都没有搞清楚。[1] 1961 年，本森出版《杰克逊式民主的概念：纽约的例证》一书。此书在剖析 1844 年纽约州选举状况时，收集和分析了大量的数据资料，来解释影响民众投票的因素。在计算机技术普及之前，本森就带领他的研究团队，将大量选举记录转化为可供计算机分析的数据库。传统的政治史强调影响选举的经济利益和地域因素，而本森的研究则表明，文化和种族的因素扮演了极其重要的角色。杰克逊时代的党派之争不是阶级和地域的冲突和竞争，而是种族和文化的角力场。新社会史也充分体现了结合社会学等学科理论和量化方法的特点。社会流动、家庭构成等问题成为社会史关注的焦点。以社会流动问题为例，塞恩斯特鲁姆（1934—2025）的《另一类波士顿人：1880—1970 年美国大城市中的贫困与进步》（1973），是获得美国历史学界享有盛誉的班克罗夫特奖的第一部计量史学的著作。此书从 1880 年人口普查、1910 年结婚证书和 1930 年出生证中，挑选了 8000 个波士顿居民的样本，考察了他们的种族、宗教、职业、家庭、财产、居住地等信息。对这些数据和信息的分析表明，下层居民的地位与种族和宗教信仰的关联在起初并不明显，但他们要摆脱经济和社会的不利地位、顺利实现社会流动，非常困难。[2]

量化方法注重考察历史过程中可以被数量化处理的层面，并发展出了一些新的技能和方法，把此前人们无法数量化或者未曾考虑过用数量化方法来处理的历史过程的某些层面，加以量化处理，得出了很多对于历史问题的新的认识。计量史学的发展，在很大程度上改变了经济史、政治史、社会史等领域的面貌，使得很多耳熟能详的论点变成了遭到颠覆的成见。在一个时期内，对有些人来说，量化仿佛成了历史学发展的趋势。法国史家勒华拉杜里所持的那种"不能量化的历史学就不是科学的历史学"的论点，并不缺少其共鸣者。然而，量化方法在充分展示其有效性的同时，自有其局限。社会生活和历史过程极其复杂，充满了微妙复杂、变动不居的因素，数据本身是历史现象的一个特性，但历史现象远不是数据所可以充分涵盖的。针对计量史学的得失，以研究英国贵族史和家庭史而知名的社会史家劳伦斯·斯通（1919—1999）评论说："尽管其成就不容置疑，量化还是没有能够达到 20 年前人们对它那么高的期许。大多数重大的历史问题依然像从前一样没有解决（如果不是更加如此的话）。……有关美国奴隶制的主要问题和从前一样捉摸不定，尽管在这个问题上人们运用了最为成熟和最大规模的量化研究。

---

① 参见李剑鸣：《美国政治史的衰落与复兴》，《史学集刊》2013 年第 6 期。

② 参见于沛、郭小凌、徐浩：《西方史学史》，高等教育出版社 2011 年版，第 298 页。

相关的研究论著没有解决大多数问题，不过是提升了辩论的热度。它带来的益处是，人们关注于诸如奴隶制下的美国黑人的饮食、卫生、健康和家庭结构等重要问题，然而它也将注意力从同样甚至更重要的问题，比如奴隶制对主奴双方的心理影响转移开去，仅仅因为这些问题无法由计算机来衡量。"① 福格尔本人对量化方法在历史学中运用的局限，也有着清醒的认识，他说："在写作过程中，我们对历史著述中科学与人文学之间的关系的看法发生了重大变化……我们认识到历史学基本上是一门人文科学，将来很可能还是如此。我们现在认为，数量史学家引起的问题并非历史学能否变成社会科学，而是社会科学方法论在人文科学中的应用范围。……历史综合本身却超出了社会科学范围。"② 总的来说，在 20 世纪 70 年代之后，量化不再被认为是历史学总体上的发展趋势，量化方法的局限性日益显露出来。新经济史、新政治史和新社会史的研究，与经济学、政治学和社会学等社会科学研究的边界何在，也引起了不同领域史学家的反思。但是，量化方法一经进入历史学领域，它所开启的窗户就不会再被重新关上，时至今日，它已经成为历史学各个领域所普遍使用的研究方法，量化方法的普遍运用和对其有效性边界的自觉，两者并行不悖。

　　随着原本在欧洲产生的各种社会科学在美国的传播、大批欧洲知识分子在战争前后来到美国，以及美国强大国力的有力支撑，尤其因为高度复杂和分化的现代社会对于各门社会科学所提出的现实需要，"二战"之后，社会科学在美国得以迅速发展。各种社会科学理论与方法的传播和发展，从研究对象、理论预设到研究方法诸方面，都对历史学产生了重大影响。社会科学与历史学的相互融合，在 20 世纪 60、70 年代，社会科学对历史学的影响，更多的是历史学由关注政治、聚焦个体、采取叙述和描述方法，转型到关注社会和经济、聚焦群体，采取分析方法。当然，其中情形也不可一概而论，例如，将精神分析纳入历史研究领域而盛极一时的心理史学，就主要是以精神分析的方法，来解析重要历史人物个体的性格和经历。心理史学的代表人物埃里克森（1902—1994）最负盛名的研究，就是马丁·路德和甘地的心理传记。社会科学和历史学之间的交融，并不是单向发生的，历史学也将历史的维度引入了社会科学。一个显著的例子，就是政治学家亨廷顿（1927—2008）研究政治发展的名著《变革中社会的政治秩序》（1968）。此书采用比较历史的研究方法，对不同国家在经历变革时政治秩序所面临的挑战及其所作出的应对进行考察，对政治现代化、社会动员、

---

① Geoffrey Roberts, eds. , *The History and Narrative Reader*, London and New York: Routledge, 2001, p. 288.

② ［美］福格尔：《历史学中数量方法的极限》，项观奇编：《历史计量研究法》，山东教育出版社 1987 年版，第 204—205 页。

政治参与、政治稳定、政治衰朽等政治学理论问题，提出了影响深远的若干见解。无论如何，社会科学化历史学的发展，使得历史学再也不可能囿于自己的门户，历史学自身的发展变化，必定会受到社会科学理论发展变化的影响。而不同阶段不同分支的历史学研究领域，也往往选择与不同门类不同取向的社会科学理论和方法结盟。这是我们观察当代史学不同流派和不同走向的一个重要视角。

三、联邦德国的"历史的社会科学"

著名史学史家伊格尔斯说过："马克思主义对现代历史科学的贡献是绝不能低估的。没有马克思则很大一部分现代社会科学理论——它们和马克斯·韦伯一样，是把自己界定为反对马克思的——就会是不可想象的。"[1] 各种形态的社会科学化历史学，都不同程度地受到了马克思主义直接或间接的影响。德国是马克思主义的诞生地，而在19世纪后期和20世纪初期，德国还出现过诸多对社会学、经济学、心理学、人文地理学等现代社会科学的发展产生了重大影响的理论家。仅就社会学而论，20世纪的前30年，堪称德国社会学界名家辈出的黄金时代，除马克斯·韦伯之外，还有滕尼斯、西美尔、桑巴特、曼海姆、舍勒等社会理论发展史上的重要人物。然而，联邦德国（这里考察的是统一前的联邦德国，即西德）社会科学化史学发展的历程，却来得格外步履蹒跚。因为在社会工业化和民主化之前就已定型且根深蒂固的以政治、事件和人物为中心的历史主义传统，一直在德国占据统治地位。1848年革命之后的德国历史进程，俾斯麦主导下德国统一的实现，民主化始终未能顺利展开，都让德国史学家强化了他们以国家为中心、关注政治事件和人物的治史取向。第二次世界大战之后的二三十年中，在欧美许多国家的历史学已经决定性地转向社会科学化的道路时，联邦德国史学的发展却依然显得踌躇不定，在很长时期内，德国史学界对社会史和社会科学方法始终持怀疑态度。

"二战"结束之后，如何面对德国民族历史上这一幕惨痛的经历？是什么因素导致希特勒的统治？纳粹主义是德国历史进程和文化传统的必然产物吗？在从普鲁士军国主义到纳粹第三帝国的进程中，德国历史学和史学家扮演了什么样的角色？这一系列的问题在战后很快就引发了历史学界的反思。相对而言，老一代的史学家对德国传统批判较少，其中最具代表性的观点体现在两位著名史学家的著作中，即迈内克的《德国的浩劫》（1946）和里特尔（1888—1967）的《欧洲与

---

[1] ［美］格奥尔格·伊格尔斯：《二十世纪的历史学——从科学的客观性到后现代的挑战》，何兆武译，山东大学出版社2006年版，第82页。

德国问题：论德国政治思想的历史独特性》（1948）。"在某种意义上，……这两部著作都是辩护词，企图复兴德国唯心主义和民族政治传统。迈内克和里特尔基本上同意，纳粹主义不是一个德国现象，而是一个欧洲现象。纳粹主义的根源要更多地到现代欧洲文明而不是普鲁士传统当中去寻找，在迈内克是要到现代西方的唯物主义观点、到自然主义的和功利主义的世界观中去寻找，在里特尔是要到一个普遍文化衰颓和大众民主的时代中传统宗教和道德标准的崩溃中去寻找。"① 他们虽然都承认德国传统中政治权力的膨胀和军国主义的因素，却又都把纳粹视作外在于德国历史文化的偶然产物。这种情形到20世纪60年代，才发生了根本性的改变。年轻一代的史学家"所受的学术训练是在1945年以后，他们在20世纪60年代的联邦德国之所以对社会科学感到强烈的兴趣，是和他们渴望批判地对待德国的过去和他们之献身于民主的社会紧密相联系着的。在他们看来，纳粹的独裁政权以其全部的野蛮性是如何成为可能的这一问题，乃是了解近代德国史的核心"②。联邦德国历史学的发展，就面临着走出历史主义传统和对纳粹德国的经历进行深入反思的任务。

联邦德国历史学的社会科学化的道路，与对德国历史传统和纳粹主义所进行的深入反思是分不开的，而这又是以菲舍尔争论为契机展开的。菲舍尔（1908—1977）是战前就已完成史学训练的史学家，他1961年出版的《德国在第一次世界大战中的目标》，是一部在方法论上颇为传统的著作。他甚至拒绝将个人回忆录视作第一手史料，而完全依赖外交部的缩微胶卷档案以及普鲁士和德国帝国政府的官方档案，对第一次世界大战中德国的战争目标进行了分析。菲舍尔论证说，德国政府的战争目标一贯是扩张主义。无论将军们还是被认为是温和派的文职领导人，都想要确立德国世界强国的地位，确保德国在欧洲的霸权。并且，这一目标得到了来自德国各个社会阶层的广泛支持。而此前里特尔虽未否认德国在"一战"中的责任，却认为德国在1914年前并没有扩张意图，只是在战争过程中随着大众民族主义情绪的高涨，德国政府的政策才朝着扩张主义方向发展。菲舍尔虽然秉持传统政治史的研究路数，但社会结构、经济利益与政治决策之间的互动，构成了他对德国战争政策的连续性提出解释的背景。菲舍尔的论点受到里特尔等人的竭力反击，从而引起了激烈的论争。与"兰普雷希特之争"并未根本触动当时德国史学的基本格局不同，"菲舍尔争论"则逐步让其论点越来越普遍地被接受，甚至在他的"批评者那里也引起了对于德国历史连续性问题重新审视"。而历史主义

---

① ［美］格奥尔格·G.伊格尔斯：《德国的历史观》，彭刚、顾杭译，译林出版社2006年版，第344页。

② ［美］格奥尔格·伊格尔斯：《二十世纪的历史学——从科学的客观性到后现代的挑战》，何兆武译，山东大学出版社2006年版，第70页。

传统虽则并未就此丧失活力，"然而它们不再能够以过去那样大的程度主宰历史思想或历史写作了。随着年轻一代德国史学家总体上更加脱离德国唯心主义的传统并日渐将历史学看作一门国际性的科学，德国历史学与别的地方的历史学之间的鸿沟缩小了"。①

社会科学取向的历史学，在联邦德国主要体现为社会史学在理论与实践方面所取得的成就。战后联邦德国社会史学的发展，大致可以划分为三代。第一代是以维纳·康策（1910—1986）为代表人物的为数很少的一些史学家。他们对社会结构的关注，反映了当时联邦德国社会中一种普遍存在的心态，"即人们面对客观局势无能为力的感受。自工业资本主义崛起，19 世纪的社会运动兴起以来，人们面临着来自市场经济的、大多不知何故的大危机，以及第二次世界大战与 20 世纪的政治灾难，德国社会的中上层（历史学家大都来自这些阶层）体会到，人们常有心有余而力不足之感，个人的活动余地在很大程度上受到经济发展进程、社会运动与政治结构的限制，历史的内容远远超过人们相互之间的图谋"。②康策写于1957 年的《将工业技术时代的结构史作为教学与科研的任务》一文，作为战后最早对现代社会史的规划，对于联邦德国社会史研究的发展，起到了重大的积极作用。在康策看来，自 18 世纪末开始的工业技术时代的历史，与此前的历史有着根本的不同。以国家为中心、从个别的历史人物出发的历史写作方式，无法适应工业技术时代，因为现代世界与以往相比，更受到超个人的运动与潮流的支配，特别是受到经济发展与科技力量的支配，而普通民众在历史上所扮演的角色也发生了变化，不能再被视作历史过程的背景。历史研究的正当对象，不再是过往杰出人物的行迹，而应是"结构的延续与变迁"。③康策主张的社会史，也被他称作"结构史"。他强调历史学与社会学、政治学、经济学密切合作，以多学科的方式来达成对于社会结构及其运动的理解。对于"结构史"出现的背景，康策还提出："从多种多样的社会史学家的方法论可能性出发，最终可以突出三条特别有效的获取历史知识的途径：概念史的方法、传记的方法和统计的方法。"④传记的方法既包括为重要的历史人物立传，也包括为普通小人物立传，个别化和类型化的结合在此就显得特别重要。对研究社会史而言，统计的方法必不可少，只有重视历史资料中所直接或间接包含着的历史数据，并据之作出分析和判断，才能对社会结

---

① ［美］格奥尔格·G. 伊格尔斯：《德国的历史观》，彭刚、顾杭译，译林出版社 2006 年版，第 360 页。

② ［德］于尔根·科卡：《社会史：理论与实践》，景德祥译，上海人民出版社 2006 年版，第 78 页。

③ ［德］于尔根·科卡：《社会史：理论与实践》，景德祥译，上海人民出版社 2006 年版，第 76—77 页。

④ 转引自陈启能主编：《二战后欧美史学的新发展》，山东大学出版社 2005 年版，第 477 页。

构、社会运动达成定量的乃至于进一步的定性把握。康策在提出社会史纲领的同时，带领他所建立的"现代社会史工作坊"，进行了工人运动史等方面的研究。而他所提倡的作为社会史研究途径的"概念史"，尤具新意。康策与布鲁纳（1889—1982）和年轻一代的科赛莱克（1923—2006），在20世纪70年代启动了工程浩大的《历史基本概念：德国政治-社会语言历史辞典》的编撰工作，此书后来主要由科赛莱克主持，历经25年，共出版了9卷。在他们看来，自18世纪启蒙运动和历次资产阶级革命以来，欧洲进入了一个"意识形态的时代"。各种旧有的政治社会概念在意识形态竞争中不断改变意涵，而新的词汇也不断被创造出来，以表达新的社会现实，并服务于新的社会观念。在这样一个历史"加速"的时代，诸如"国家""社会""主权""资产阶级"这样的概念的湮灭和出现、挪用和转借，都成为社会结构和社会运动的风向标。联邦德国概念史的发展，后来产生了跨越国界的巨大影响，其中的理论阐发和具体研究的推进，主将是科赛莱克，但就其萌芽发端而论，社会史学派第一代的康策和布鲁纳功不可没。

社会史学派的第二代，以韦勒（1931—2014）和科卡（1941—　）为核心人物。韦勒曾长期在美国从事教学研究工作，受到美国社会科学取向的历史学发展的很大影响，他于20世纪70年代初来到新成立的比勒菲尔德大学，与先后在这里工作的科卡和科赛莱克等同事，建立了以"历史的社会科学"或"批判的历史科学"为特征的比勒菲尔德学派，创办了《历史与社会》杂志。这一学派的两个前提，一是历史学应该采取社会科学的形态，二是明确强调历史研究有着现实社会实践的功能。第一代的"结构史"的纲领，已经包含了"历史的社会科学"所进一步发挥和实践了的许多东西，比如集中考察历史发展结构与进程；普遍化、类型化和分析性的方法；多学科理论与方法的密切合作；关注经济、社会、政治、文化的总体关联等。但历史的社会科学更加明确、具体地运用理论，更加强调社会经济和社会结构的因素对于政治和文化的影响。与此同时，这一学派高度重视历史学的现实关怀："在韦勒看来，德国社会史家的主要任务就应该是询问：何以现代化出现在德国比起在其他的西欧国家或北美不同，竟导致了1933年至1945年那段时期的灾难性的后果？"[1] 批判的社会史家们普遍认为：德国的现代化进程有着不同于英、美、法等国的特殊性，在经济现代化和社会政治现代化之间存在着严重的不平衡。德国在19世纪后期实现国家统一和迅速的工业化的过程中，在社会政治层面，保留了太多前现代、前工业化的因素，如容克贵族、普鲁士官僚集团、军事特权阶层等。由于国家力量在推动德国工业化和现代化的过程中扮演了

---

[1] ［美］格奥尔格·伊格尔斯：《二十世纪的历史学——从科学的客观性到后现代的挑战》，何兆武译，山东大学出版社2006年版，第73页。

至为关键的角色，传统社会政治框架中那些集团的政治特权和经济利益，在很大程度上得到保全，使得德国未能顺利实现社会政治的民主化，民主化并没有与工业化和经济现代化相伴随而发生。社会结构与经济利益的现实格局，以及政治权力的集中，就在很大程度上导致德国历史在 20 世纪上半叶的悲剧性历程。这也是韦勒最重要的著作，从 1987 年开始陆续出版的 4 卷本《德国社会史》的主要论点。科卡在 20 世纪 60 年代后期和 70 年代初期，就已经在社会史领域取得了引人注目而饶有新意的成果。他的博士学位论文运用韦伯社会学中的科层制理论，考察了"一战"以前西门子公司的历史，以单一的企业史为入口，考察了德国工业化进程中企业管理的科层制特征及其后果。他还对 19 世纪末至 20 世纪 30 年代德国和美国的职员阶层进行了比较研究，探讨了美国职员和德国职员在组织上和行为上的明显区别，以及造成这些区别的原因。从企业史和职员史入手，科卡"在工业社会史的各个方面（企业史、企业家史、职员史、工人史、资产阶级史）都做出了杰出的成就，可以说是工业社会史的全才"。[①]

与年鉴学派在第三代出现"从地窖到阁楼"的变化相似，联邦德国社会史的第三个发展阶段，也出现了朝着日常生活史、妇女史和文化史转向的特征，这是后面我们还要谈到的。这里还值得一提的是：与美法等国社会科学取向的历史学一样，联邦德国的社会史学也呈现如下一些共同的特征：关注社会整体的历史、注重考察社会结构和过程、以多学科方式来进行历史研究等；然而，尤其是与年鉴学派相比，联邦德国社会史学也有其极为明显的特点。年鉴学派研究往往选取的是中世纪或工业化之前的早期现代社会，处理的是变化较小而相对静止的地理条件、生活方式、经济结构、文化心态等层面的问题，而联邦德国社会史学则更多考察的是工业化和法国革命以来急剧变化的现代社会的变迁。如果说，对年鉴学派无力处理迅速变化的现代世界的指责，还能在一定程度上成立的话，联邦德国的"历史的社会科学"的重大成就，就恰好在于对现代德国和现代世界的历史变迁，提供了颇为有效的研究方法，产生了若干出色的研究成果。

第四节　20 世纪亚非拉史学

一般认为，民族主义具有创立民族国家、维护提高民族国家的声望以及对外扩张三种取向。民族主义史学是一个国家的近代化事业中的一个组成部分，并且

[①]　景德祥：《于尔根·科卡的学术生涯与成就（代译序）》，［德］于尔根·科卡：《社会史：理论与实践》，景德祥译，上海人民出版社 2006 年版，第 1 页。

扮演着重要的角色。19 世纪史学以兰克范式专业化之后，这一模式也随着欧洲国家的对外扩张传播到了世界上其他地区。在这些民族主义史学扩张到的地方，无论这些地区是否具有悠久的史学传统，首先出现的是一种近代的民间史学。这种史学的代表人物要么是传统的学者，要么是新闻记者、医生或者政府职员，他们写作依据的大多并非档案材料。其次随着近代学术期刊和机构的建立，这些地区的专业史学逐渐形成，这些专业的史学家虽然注重档案文献的考证，强调客观公正，但是往往带有强烈的民族主义色彩。"二战"之后，受西方史学范式转换的影响，这些地区的史学也开始出现社会科学化趋势。

一、世界格局的变化

（一）19 世纪以后世界格局的演变

19 世纪初，拿破仑帝国被推翻之后，维也纳体系建立起来，该体系通过强权政治、大国均势、会议外交等原则和手段维持了欧洲大国间大致 100 年的和平。在此期间，英国出现了维多利亚黄金时代，美国经历了南北战争，俄国进行了农奴制改革，意大利、德国完成了统一，法国在普法战争之后也建立了共和制。第二次工业革命后，各国经济飞速发展，到 19 世纪末 20 世纪初先后进入帝国主义阶段，但是由于资本主义发展的不平衡，各国之间矛盾重重，终于在 1914 年爆发了第一次世界大战。战后，英、法、德、意等国遭到削弱，美、日崛起，世界上第一个社会主义国家苏联诞生。20 世纪 20、30 年代，面对严重的经济危机，意、德、日三国政权迅速法西斯化，于是凡尔赛—华盛顿体系很快被打破，爆发了第二次世界大战。"二战"后，美苏争霸，出现两极格局，直到 20 世纪 80 年代末 90 年代初东欧剧变苏联解体，这一冷战局面才被打破，世界开始呈现多极化发展趋势。

（二）殖民地与半殖民地民族民主运动的发展

工业革命之后，西方各国工业迅速发展，生产规模不断扩大，为了在世界范围内寻找商品市场和廉价的原料产地，它们加紧对外扩张，四处划分势力范围，抢占殖民地与半殖民地。到 19 世纪中期世界市场初步形成，亚洲各国开始殖民地和半殖民地化，非洲也遭侵略。英国此时已经完全占领印度，并不断向中国、缅甸、阿富汗和伊朗等国进行侵略，在非洲也侵入了埃及。法国在亚洲开始着手对印度尼西亚进行侵略，在非洲占领阿尔及利亚之后开始向埃及、突尼斯渗透。到 19 世纪末 20 世纪初，全球范围的资本主义世界殖民体系最终形成。同一时期，亚洲的日本经过明治维新后崛起，并且迅速走上对外扩张道路，1895 年在中日甲午战争中击败中国，1905 年在日俄战争中又击败俄国，1910 年吞并朝鲜。"二战"之后，随着亚非拉各国的纷纷独立，世界殖民体系崩溃瓦解。

不过，殖民主义国家在对外扩张的同时，它们不自觉地承担了"双重使命"，殖民地半殖民地国家尽管在社会经济等方面遭到严重破坏，但是人民的民族民主意识开始觉醒并且奋起抗争。19世纪初，奥斯曼帝国苏丹萨利姆三世启动现代化改革，尽管这一事业于1807年被迫中断，但是后来为苏丹马哈茂德二世父子所继承，土耳其随之进入"坦志麦特"时期（1839—1876）。埃及在穆罕默德·阿里的领导下进行了富国强兵的改革。普法战争之后，面对法国影响的削弱和国内的财政危机，埃及在1881—1882年爆发西亚北非地区第一次民族主义运动——阿拉比革命。19世纪中叶，亚洲出现了5次民族大起义（爪哇人民反对荷兰殖民主义的起义、阿富汗人民反对英国侵略军的起义、伊朗巴布教徒起义、中国太平天国运动和印度民族大起义）。到19世纪末20世纪初，亚洲出现了反帝反封建的高潮，其中包括朝鲜人民的反日斗争、中国的义和团运动和辛亥革命、印度民族解放运动、伊朗和土耳其的资产阶级革命。"一战"之后，中国发生五四运动，印度在甘地和国大党的领导下进行了非暴力不合作运动，土耳其在凯末尔的领导下进行改革，极力消除伊斯兰痕迹，寻求脱亚入欧。埃及在1919—1922年爆发华夫脱运动。"二战"之后，印巴分治，1948年以色列建国，不过很快遭到阿拉伯国家的敌视。1952年埃及在纳赛尔领导下独立，并且他所倡导的泛阿拉伯主义很快得到其他国家的支持响应。1973年石油输出国组织（简称欧佩克）成立，阿拉伯国家开始采取一致行动反抗西方的霸权。

二、伊斯兰史学的现代化

（一）伊斯兰世界民族主义史学的兴起

伊斯兰世界有着悠久的历史写作传统，但是这一传统随着1699年《卡洛维茨和约》的签订陷入衰落，当它复苏的时候已经是整整一个世纪之后，而且是以地区民族史的形式出现。伴随这一过程涌现了两位重要的埃及学者——杰巴尔迪与塔闵维。

杰巴尔迪（1754—1822）是一位与马穆鲁克集团联系紧密的宗教学者，出生于在爱资哈尔大学享有声望的谢赫家族，家中不仅藏书丰富，而且与政界人士往来密切。更重要的是，他本人亲自见证了拿破仑军队的入侵和穆罕默德·阿里的崛起。他的著作有《法国占领时期的埃及史》（1798）、《神意在法国统治终结中的展现》（1802）及4卷本的《杰出人物事迹溯源》，这些作品明显表现了对埃及本土的兴趣。杰巴尔迪虽然采取了传统的编年传记体裁，却力求通过人物的活动来阐释历史的变迁，而且他一反传统的史料堆砌做法，毫不忌讳地表达自己的个人好恶。

塔闵维（1801—1873）可以说是埃及的第一位民族主义史家。他毕业于爱资哈尔大学，曾作为首任驻法教育使团团长在法国生活了 5 年，其间结识了一批著名的东方学家。回国之后，他受到阿里的器重，主持完成了庞大的翻译出版计划，这一事业极大地推动了伊斯兰文化的近代转型。他的主要代表作有《黄金典范之巴黎》与《埃及的故事》（1868—1869）。《黄金典范之巴黎》是一部游记，详细地描述了法国生活的方方面面，可以说帮助穆斯林开眼看世界。《埃及的故事》是一部埃及通史。该书运用了丰富的非阿拉伯语文献，吸收了西方埃及学的考古成果，将埃及历史向前追溯到古老的法老时代，使其范围整整拓展了一千年。此外，他也不满足于简单的记录，力求通过叙述提供自己的分析解释。

在塔闰维著作的刺激下，伊斯兰世界的其他地区也开始向前追溯自己的历史，重新寻找和识别古代的文化遗产，以此来重塑民族的历史记忆。这种建构不仅上溯到希腊、罗马，有的甚至溯及亚述、巴比伦、波斯等古国。与其他地区相比，土耳其在这方面则面临着更大的挑战，一是土耳其的早期历史比较碎片化，难以形成连续性的叙事；二是奥斯曼历来将自己看作穆斯林世界的合法统治者，是历史上伟大哈里发的继承人，所以他们很少将自己的历史追溯到伊斯兰教兴起之前，也就是说，在他们脑海中奥斯曼主义与土耳其主义没有截然的区分。埃及阿拉比革命之后被英国占领，为了反抗外国人的统治，他们希望与奥斯曼帝国结盟，所以开始响应奥斯曼的泛伊斯兰主义。

（二）伊斯兰专业史学的建立

尽管在 19 世纪中后期，伊斯兰史学出现了基于全局叙事的清晰分期，叙事单元也变成带有某种民族特性的地理实体，但是与传统史学相比，主要也只是在写作风格上有所变化。这一时期史学作品的作者们与其说是史学家，不如说是业余学者更准确些，历史写作对他们而言只是一种兼职。他们所使用的多是二手文献，而且仍保持着对古典传统的忠诚。历史学真正成为一门独立的学科是在"一战"之后。由于地理、政治、经济、文化等方面的原因，伊斯兰史学的专业化首先出现在埃及、叙利亚和黎巴嫩等地区。

埃及被英国占领之后，一批西化的叙利亚学者移民到了这里，他们将西方的社会思想引进埃及，极大地推动了埃及民族主义事业的发展，但是由于他们尴尬的身份往往得不到埃及人的信任。另外，埃及其实更多地是希望复兴自己的文化遗产，而非简单地移植西方的文化，所以埃及史学的专业化，首先面临着原始档案的建立与师资队伍的本土化问题。

1920 年埃及国王福阿德（1917—1936 年在位）宣布了他宏伟的史学计划，一是聘请国内外的专家学者在开罗阿卜丁宫建立埃及皇家档案，该计划一直持续到"二战"结束，不仅汇编了数量可观的史料集，还出版了 8 卷以上的《埃及近代史》，从而为以后学术研究的开展创造了必要条件；二是派遣留学生到国外接受专业的史学训练，这批人当中就包括后来著名的埃及史学元老古尔巴。

古尔巴（1894—1961）曾留学英国，师从当时刚刚在学界崭露头角的汤因比。回国之后先后在高等师范学院与埃及大学任教，成为埃及历史上第一位本土化的近代史教授。古尔巴一生培养了众多的学生，这些学生尽管研究的多是埃及史，但是范围相当广泛，后来也都成为史学界的中坚力量。古尔巴的学术生涯也比较顺利，且在多届政府中担任教育部副部长之职，这些都使得他在埃及具有广泛的社会影响。他的代表作不多，主要有《埃及问题的出现与穆罕默德·阿里的崛起：基于英法文献对拿破仑时代外交的研究》（1928）。该书由他的博士学位论文修改而成，被认为是埃及近代史学的里程碑式作品，为埃及历史研究确立了新的典范。通过该书他奠定了自己在学术界的领袖地位。尽管汤因比评价他"完全超脱了自己的个人情感与偏见"，但是他仍不免会带有民族主义色彩与自己的政治倾向。在古尔巴看来，历史研究的宗旨就是服务于民族事业。[1]

与古尔巴同时代的还有一位著名的史学家萨布里（1894—1978），他们两人在各方面都形成了鲜明的对比。萨布里曾留学法国，师从著名法国大革命史家阿尔封斯·奥拉尔与埃米尔·包尔华。回国之后他先后在高等师范学院、埃及大学与达尔乌里姆学院任教，1950年又重新回到埃及大学。他一度担任华夫脱党创建人柴鲁尔的秘书与翻译。由于属于自由派，他的很多观点不符合官方口味，所以在学术上不但得不到国王的资助，而且命途多舛，1927年柴鲁尔去世之后，情形更是恶化。他的代表作有两卷本《1919年埃及革命》（1919—1921）、《埃及民族意识的形成》（1924）、《穆罕默德·阿里统治时期的埃及帝国与东方问题》（1930）、与《非洲问题断章：伊斯梅尔统治时期的埃及帝国与英法的干涉》（1933）等。

尽管两人的政治观点不同，对历史上人物与事件的评价也有所区别，但是作为第一代学院派的代表，他们又具有很多的共同点：都曾在国外留学并用外语进行写作；都对近代史感兴趣，尤其是19世纪末兴起的民族主义浪潮，是他们的主要关注点；都与政治联系紧密并担任重要职务，主张国家独立与自决；在历史研究的方法上，都强调原始文献的重要性，主张通过详细严谨的考证，公允地表达研究成果。

在埃及史学专业化的同时，同样的进程发生在伊斯兰世界的其他一些地区，比如说有中东哈佛之称的贝鲁特美国大学就不容忽视。贝鲁特美国大学位于黎巴嫩首都，1866年由美国传教士创建，原名为叙利亚清教徒学院，1920年改为现在这个更加世俗化的名称。两次世界大战期间，该大学涌现了一批在伊斯兰世界具

---

[1] Georg Iggers, Edward Wang, *A Global History of Modern Historiography*, Harlow: Pearson Education Limited, 2008, p. 204.

有广泛影响的历史学者。与善于挖掘西方档案资料的埃及同行相比，他们更侧重于编辑整理和注释穆斯林思想家们的历史手稿与著作。他们所写的阿拉伯史著作被当作教材，广泛用于叙利亚、巴勒斯坦与伊拉克等国，他们培养的学生很多在毕业回国之后成为各自国家历史学科的奠基人。此外，值得一提的是，1939 年在此出现了伊斯兰世界第一部近代史学理论著作《史学方法论》。该书是阿萨德·拉斯特姆（1897—1965）借鉴法国朗格卢瓦和塞诺博斯的《史学原论》，并结合自己的史学实践写成的。拉斯特姆认为，历史研究的基本原则在伊斯兰的传统史学中其实就已经存在，目前只需要更新技术性问题以便跟上最新的史学规范。该书在伊斯兰世界影响广泛，曾多次再版，甚至在 1943 年埃及学者哈桑·奥斯曼出版同样的著作后，也没有被完全取代。奥斯曼是古尔巴的学生，意大利史专家，他明确表示受到拉斯特姆的影响。他不仅强调档案研究的重要性，而且认为历史想象以及重演对于历史事实的构建同样重要，这又明显受到了克罗齐的影响。

（三）"二战"之后伊斯兰史学的发展

"二战"之后，有关西亚北非的研究无论在数量上还是在内容上都得到了极大的发展，表现在史学领域，首先就是出现了一种全球化趋势，这不仅是战后西亚北非与西方学术交流加强的结果，而且在很大程度上与西亚北非政治局势的演变有关。随着阿拉伯国家的独立，其内部存在的种种矛盾开始凸显出来，1948 年以色列建国后，阿以冲突更是以战争的形式爆发。受这种动荡局势的影响，很多知名的历史学者设法到西方发展自己的事业，来自西亚北非的留学生在毕业之后也往往选择尽量留在西方，这些学者和西亚北非的移民后裔构成了战后西方西亚北非研究的主力，代表人物有哈里尔·伊纳尔哲克（1916—2016）、阿尔伯特·霍拉尼（1915—1993）和爱德华·萨义德（1935—2003）等。西亚北非本土地区的史学以 1970 年为界，大致可以划分为两个阶段：前期受马克思主义和社会主义影响比较大，内容上开始突破兰克史学范式，出现了社会经济史的研究；后期则出现了伊斯兰的复兴，尝试通过各种后殖民主义的方式重新书写阿拉伯世界的历史。

战后由于苏联的反西方立场和它所代表的不同于西方的社会主义前景，使得马克思主义理论在阿拉伯国家具有极大的吸引力。西亚北非史学在唯物史观的影响下，不仅研究领域扩大，而且史学家们开始以此为理论武器，展开了对先前历史解释的批判。在 1952 年革命推翻法鲁克王朝之后的十年间，埃及史学基本上没有什么大的进展，不过纳赛尔带有明显左倾色彩的改革，却对阿拉伯民主主义和社会主义的转变产生了重大影响，并且促成了一种新的史学范式的出现，这一范式的确立与穆罕默德·阿尼斯联系在一起。阿尼斯（1921—1986）毕业于英国伯明翰大学，回国之后任教于开罗大学，1964 年晋升为近代史首席教授。尽管他有时自称为古尔巴的学生，他的观点却与之截然不同。阿尼斯运用阶级分析的方法重新阐释了埃及的历史。他认为1881年阿拉比革命是埃及两大阶级（富人阶级与得到军队支持的受教育阶级）矛盾冲突的结果，这场革命预示着埃及从封建主义向社会主义的转变。尽管当时富人阶级因得到国外的援助而获胜，但是在1952年最终被自由军官组织击败，此后埃及历史进入新的发展阶段。阿尼斯的这些观点得到了政府的大力支持，他也通过自己的影响成立一些学术组织，并承担了多项政府重大课题，极大地推动了埃及史学的发展。以阿尼斯为首而形成的社会主义学派，奠定了埃及下半世纪史学发展的大致方向。尽管1970年纳赛尔去世之后，萨达特对纳赛尔分子与社会主义者进行了一定的清洗，但是马克思主义史学的影响力仍然存在，甚至影响范围进一步扩大到西亚北非其他地区。

早在纳赛尔时代，埃及伊斯兰学派著名的史学家塔里克·比什里（1931—2021）就开始质疑老一辈现代化学派的观点。20世纪70年代，他更是对伊斯兰教阻碍现代化这一通行的观点提出挑战，认为伊斯兰教应当被看作埃及民族认同的基石。80年代开始，穆斯林史学家更是将学术兴趣集中到了历史上的伊斯兰教统治时期，这种史学中的伊斯兰复兴，除了得到纳赛尔的泛阿拉伯主义的支持，更是在伊拉克的巴斯党和土耳其得到响应。"一战"之后，土耳其在凯末尔的领导下，极力切断自身与伊斯兰的联系，试图实现脱亚入欧，但是由于这一目标一再受挫，到70年代土耳其史学也开始从伊斯兰的历史和宗教中汲取力量。[1] 总而言之，虽然西亚北非史学出现了伊斯兰复兴的现象，但是它并没有撼动民族主义史学的主导地位。

三、撒哈拉以南非洲现代史学的兴起与发展

（一）非洲史学传统与殖民主义史学

长期以来，在西方主流学者看来，非洲是没有历史的大陆。黑格尔认为，非洲本土不是一个历史的大陆，"还笼罩在夜的黑幕里，看不到自觉的历史的光明"。[2] 继黑格尔之后，一些欧洲人类学家、史学家认为，在撒哈拉以南非洲发现的一切文明成就都是含米特人带来的。如德国地理学家卡尔·毛赫考察大津巴布韦遗址后，认为这是外来人建造的。直到20世纪60年代，仍然有西方学者否认非洲历史的存在。1963年牛津大学现代史讲座教授休·特雷沃尔-罗珀说："也许将

---

[1] 1963年土耳其加入北约后调整外交政策与西方结盟，由此同年获得欧共体联系国身份，但是之后再没有任何进展。1988年，时任总理的图尔古特·厄扎尔（第二年当选总统）出版《迈向欧洲的土耳其》，该书在坚持"土耳其史观"的同时，也高度赞扬了伊斯兰统治时期所取得的文化与科学成就。1993年厄扎尔去世之后，土耳其更多地将自己看作沟通欧亚的"桥梁"。

[2] ［德］黑格尔：《历史哲学》，王造时译，上海书店出版社2006年版，第85页。

来有一些可以讲授的非洲史。但现在还没有，只有在非洲的欧洲人的历史。其余的就是黑暗……而黑暗不能成为历史的主题。"①

事实上，非洲不仅有着悠久的历史，而且具有自己的史学传统：一是内部文献传统；二是口述传统。就内部文献传统而言，非洲历史的撰写和其他地方历史撰写一样古老而漫长。古埃及人发明了象形文字，后来又有了僧侣体、世俗体，这些留在碑刻和莎草纸上的王表、年鉴和教谕等，为埃及留下了丰富的历史文献。公元前 3 世纪，马涅托依据古代王表和口述资料撰写了《埃及史》。公元 1 世纪发表的《红海巡航记》保存了东非早期历史的重要资料。

7 世纪以后，随着伊斯兰教向非洲的传播，北非和西非相继被纳入伊斯兰教文明。一些阿拉伯学者，如马苏第、白克里（1029—1094）、伊德里西（1154—?）、亚库特（约 1200—?）、阿布-菲达（1273—1331）、欧麦里（1301—1349）、伊本·白图泰和穆罕默德-武扎恩等人的著作记载了 8 世纪至 16 世纪的非洲历史，特别是北部和西部非洲的历史。

17 世纪西非名城廷巴克图的史学家编写了《苏丹史》和《法塔史》。前者运用了大量的第一手资料，包括口头传说，记载了古代西非王国的历史，对研究当时的社会生活也有一定的帮助；后者不仅记述了桑海帝国及其被摩洛哥人征服和统治的历史，而且试图再现这一地区的早期历史，主要是古代加纳帝国和马里帝国历史中的重大事件。

非洲也有用本土语言撰写的历史。《基尔瓦编年史》成书于 1530 年左右，该书根据东非沿海地区的口头传说整理而成，是人们了解东非城邦基尔瓦历史的重要文献。后来，又出现用土生土长的非洲文字撰写的历史，如巴蒙文和瓦伊文写的历史资料。巴蒙文流行于喀麦隆中部，是一种象形文字与音节文字相结合的文字。20 世纪初期，巴蒙王国的国王尼奥亚（1885—1931 年在位）利用在巴蒙人中早已存在的象形文字符号，发明了一套特殊的字母符号——巴蒙文。巴蒙文最初共有 510 个字母符号，经过 4 次改革后，到 1918 年定型时简化为 92 个字符。尼奥亚国王用巴蒙文编写了《巴蒙的历史和习俗》一书，并主持整理了一些民间文学作品。瓦伊文是 19 世纪 30 年代发明的，它流传于利比里亚、塞拉利昂境内的瓦伊族，是一种以记事符号为基础的音节文字，当地人经常用这种文字写信、记账并记载习惯法、谚语和故事等。这些都成为研究当地历史的重要资料。

由于撒哈拉以南非洲地区书写历史的不平衡和总体欠缺，所以，对非洲史学传统而言，口述传统尤其重要。非洲口述传统具有以下的特点：

---

① ［布基纳法索］J. 基-泽博主编：《非洲通史》第 1 卷，中国对外翻译出版有限公司 2013 年版，第 6 页。

首先，非洲口述传统历史悠久，从古代一直延续到今天。口述传统是所有民族都有过的传统，其差异在于各民族在各个时期依赖口述传统的程度不同。在亚欧大陆，人们对口述传统的依赖一般存在于古代，甚至上古，一旦文字普及之后，对口述传统的依赖就大大减小了。非洲一直重视口述传统，中间出现过殖民统治时期的中断，到了20世纪中叶又重新被重视和开发。非洲口述传统形式多样，内容丰富，包括神话、历史、祷词、民谣、故事以及谚语等。

其次，非洲口述传统有专门的传承者。在西非的传统社会里，口头传说的传承者被称作"格里奥"。他们是非洲历史的活记忆。在班巴拉语中，格里奥被称作"多马"，即"博学之士"，或被称作"多尼凯巴"，即"知识制造者"。在富拉尼语中，他们依地区的不同而被称作"锡拉蒂奎""甘多"或"特基奥里克内"，意思都是"博学之士"。尽管他们在非洲传统社会里的名称不尽相同，但是，他们的职责是相同的，就是通过他们的博学和非凡的记忆能力，将各自民族的历史代代相传。

最后，非洲口述传统蕴含着丰富的历史信息。在撒哈拉以南非洲，由于文字的普遍缺失，口头传说传承历史的责任更重，事实上，非洲的口头传说也很好地发挥了传承历史的作用。如在津巴布韦的口头传说中，有大量的关于绍纳人的历史王朝——马塔帕王朝和罗兹维王朝的资料。在南非的口头传说中，人们可以听到无数关于祖鲁英雄恰卡、丁刚和丁吉斯瓦约的故事与歌谣。长篇史诗《松迪亚塔》就是一部著名的口述史，是今天的人们了解马里帝国历史的重要史料。《卡诺编年史》成书于16世纪30年代，该书将豪萨地区流传的口头传说记录下来，编年史的起始时间为999年，记录了53个酋长的姓名，以及当时发生的重要历史事件。该书有助于人们了解西苏丹的酋长制，政治、经济和社会生活情况，以及伊斯兰教传入西非的历史。

口述传统是非洲史学传统的最大特色，它是非洲得天独厚的史学资源，世界上没有任何一个地方的口头传说像非洲这样丰富。非洲国家独立后，非洲本土史学家重新发现口头传说的价值，把它广泛运用到非洲历史研究之中去，从而推动了非洲史学的复兴。[1]

由于非洲长期遭受殖民统治，非洲史学传统为殖民者所排斥和压制，殖民主义史学反而大行其道。所以，殖民主义史学在非洲国家独立前有很大的市场。殖民主义史学为殖民统治服务，在殖民史家的笔下，非洲史是一部殖民征服的历史，是白人在非洲的历史。他们妄称殖民统治给非洲带去文明，促进非洲的进步，如《东非简史》的作者佐伊·马什和金斯诺思为殖民统治大唱赞歌："也是非洲运气好，每一个阶段，每一次任务，都找得到杰出的人物。所以，非洲殖民地化的历

---

[1] 张忠祥：《口头传说在非洲史研究中的地位和作用》，《史学理论研究》2015年第2期。

史，通过少数几个人的传记，几乎就可以交代清楚。"①

加纳独立之前，英国殖民官员克拉里杰和瓦德分别撰写了《黄金海岸和阿散蒂史》（1915）和《黄金海岸史》（1948）。这两本书有一个共同特点，即从外部看加纳历史，把加纳历史更多地写成殖民者在加纳活动的历史，对于加纳各族人民的历史却着墨不多。

蒂尔（1837—1919）是南非殖民学派的代表人物，他写了一系列的南非历史，代表作有：《南非》（1871）、《南非布尔人史》（1887）、《南非史》（11 卷，1887）、《开普殖民地文献》（36 卷，1897—1905）。蒂尔的著作存在很强的种族偏见，在他的笔下，一部南非历史，就是南非白人发现南非、移民南非的历史。他忽视黑人在南非历史中的作用，仅把他们看成廉价的劳动力资源。穆勒的《五百年的南非史》（1977）是该学派后期的代表作，仍然坚持南非史是南非白人的历史。

在殖民学派看来，非洲人的反抗是徒劳的，也是不明智的。他们称赞所谓的合作分子是有远见和进步的，例如奥利弗和费奇在 1963 年写道：

> 如果这些人（非洲各国统治者）有远见，消息灵通，尤其是如果他们能有传教士或商人之流作为顾问，他们可能深深懂得抵抗将一无所得而谈判可大有所获。如果他们不如别人有远见，不如别人走运，或不如别人那样得到好顾问，则将看到自己的传统敌人同入侵者站在一起，而他们自己则将采取抵抗态度，其下场完全可能是军事上战败，首领地位被罢黜，国土丢给占领国的本地同盟者，甚至于社会或国家在政治上可能沦于破碎。②

（二）非洲民族主义史学的产生及流派

非洲民族主义史学产生于 20 世纪中叶。一批在欧美大学获得博士学位的非洲学者，如戴克、阿贾伊、奥戈特等人回到非洲后，成为非洲第一批现代史学家。这时正值非洲民族独立运动的兴起，他们用自己的专业知识，积极投身到这一正义事业之中去，所以，他们成为非洲民族主义史学的奠基人。

非洲民族主义史学家强调用"非洲观点"来研究非洲历史。"非洲观点"是非殖民化思想的一部分，其实质是使非洲大陆的历史"非洲化"，正如戴克在"伊巴丹历史系列丛书"的序言中所言："非洲的历史理应是非洲人民自己的历史；唯有

---

① Zoe Marsh and G. W. Kingsnorth, *An Introduction to the History of East Africa*, Cambridge：Cambridge University Press, 1963, p. 135.

② ［加纳］A. 阿杜·博亨主编：《非洲通史》第 7 卷，中国对外翻译出版公司出版 2013 年版，第 11 页。

他们的活动，而不是占领者的活动，才应当成为非洲史学研究的重点。"①

非洲民族主义史学的形成过程是不平衡的。总的来说，西非地区早于东非地区。在西非，民族主义史学兴起于20世纪40、50年代，在东非，民族主义史学兴起于20世纪60年代初。非洲民族主义史学家所取得的成就主要有以下几方面。

第一，非洲本土史学家与国际史学界通力合作，重新建构非洲历史，完成了8卷本《非洲通史》的撰写。从20世纪60年代开始酝酿到90年代基本编写完毕，联合国教科文组织编写的8卷本《非洲通史》，基本反映了非洲民族主义史学的观点。在39名编委中2/3是非洲人，肯尼亚史学家奥戈特任该委员会主席。这部多卷本的宏大著作体现了第一代非洲史学家的研究方法和对非洲历史的理解。这部著作的主要特点有：将古埃及历史看作非洲史的重要组成部分；对殖民前的非洲历史以很大的篇幅进行论述；重视非洲口述史资料；重视非洲的能动性和对殖民统治的反抗。这些特点与殖民史学的传统形成了鲜明的对照。

第二，非洲本土史学家结合非洲的史学传统，用新观点、新方法、新材料撰写了一系列的本国、本民族的历史著作。如加纳史学家阿杜·博亨撰写了《加纳：19世纪和20世纪的进步与变化》《雅·阿散特娃和阿散蒂—英国战争1900—1901》《阿散蒂王与整个国家的历史》等著作，用非洲学者的观点来还原加纳的历史和阿散蒂的历史，使用了口述资料和考古资料等。奥戈特通过对居住在东非地区的卢奥族的研究，确立他的非洲史观，反对"非洲人没有历史"的错误观点；重视发掘口头传说的史料价值。他在《南部卢奥族的历史》一书中，几乎完全依靠口头传说，撰写了一部肯尼亚卢奥族的历史。奥戈特还著有《殖民统治下肯尼亚的政治与民族主义》（1972）、《东非史概览》（1974）、《东非历史和社会变迁》（1976）、《本土构建：文献选编，1981—1998年》（1999）、《历史作为命运和历史作为知识》（2005）等。

第三，在专题史方面，非洲史学家也取得了显著的成绩。非洲是世界上最早遭受殖民侵略的大陆，又是非殖民化最后完成的大陆，殖民统治对于非洲大陆是一段挥之不去的历史，非洲史学家无法回避殖民主义对非洲的影响。阿贾伊认为，殖民主义是非洲历史的一段插曲，并没有使非洲历史的延续性中断，非洲人仍然掌握着自己的命运。坦桑尼亚达累斯萨拉姆大学教授罗德尼在《欧洲怎样使非洲不发达》一书中回顾了15世纪至20世纪上半叶欧非关系，认为殖民主义是造成今天非洲落后的主要原因。阿杜·博亨是著名的殖民史专家，著有《非洲殖民主义透视》《殖民统治下的非洲》《不列颠、撒哈拉与西苏丹》《从殖民前到殖民后的加纳和西非》等，对殖民主义进行了深入的研究。关于殖民主义统治对非洲的影响，阿

---

① J. F. A. Ajayi, *Christian Missions in Nigeria*, *1841-1891*, London: Longman, 1965, pp. x-xi.

杜·博亨并未简单地予以肯定或否定，而是全面地进行评价。他在部分肯定殖民主义的积极影响的同时，充分揭露了殖民主义对非洲社会经济造成的严重破坏。[①]

第一代非洲本土史学家尽管主要毕业于欧美的大学，从那里获得博士学位，但他们都是民族主义史学家，都希望将现代历史研究法与非洲史学传统结合起来，撰写非洲人自己的历史，挖掘口述传统的历史功能。第一代非洲本土史学家形成若干非洲民族主义历史学派，其中以伊巴丹学派和达累斯萨拉姆学派最为著名。

伊巴丹学派是 20 世纪非洲著名的史学流派，由尼日利亚史学家戴克（1917—1983）在伊巴丹大学建立。戴克毕业于伦敦大学东方和非洲研究院，是第一个担任伊巴丹大学历史系主任的非洲人。戴克曾任伊巴丹大学历史系教授和副校长，参与尼日利亚国家档案馆、国家图书馆和非洲研究院的筹建，并创办《尼日利亚历史学会杂志》，担任过尼日利亚史学会会长和国际非洲学家大会主席。他的代表作《1830—1885 年尼日尔三角洲的贸易和政治》（1959）使用了大量的口述材料和文字记载。他的贡献在于使口述传统从此不再被单纯地视为民谣，而被承认为历史研究的合法史料。从 1965 年开始，由戴克主持的"伊巴丹历史系列丛书"开始出版。

"伊巴丹历史系列丛书"有的论及基督教对现代知识分子的影响，如阿贾伊的《尼日利亚的基督教使团，1841—1891 年》（1965）和阿杨德拉的《传教士对现代尼日利亚的影响，1842—1914 年》（1966）等经典著作被收入这一系列。有的是对非洲近代王国的兴起及对西方殖民入侵的抵抗，如奥梅尔-库柏的《祖鲁的后果》、拉斯特的《索科托哈里发王国》、奥罗伦蒂梅亨的《塞古的图库洛尔帝国》（1972）和阿斐格博的《瓦伦特酋长》等。有的是关于殖民主义入侵后非洲社会的演变，如伊凯姆的《尼日尔三角洲的竞争》（1969）、阿德勒耶的《尼日利亚北部的权力和外交，1804—1906 年》、库克伊的《不列颠与刚果问题，1885—1913 年》（1968）、阿肯托耶的《约鲁巴兰的革命与权力政治，1840—1893 年》（1971）和阿坦达的《新奥约帝国》等。

"伊巴丹历史系列丛书"的一个特点是：用事实驳斥非洲没有历史的错误观点，强调继承非洲史学传统，将口头传说和多学科方法引入非洲史学的研究。

达累斯萨拉姆学派也是著名的非洲民族主义学派，这一学派的学者主要是达累斯萨拉姆大学历史系的教师。该学派的核心人物是达累斯萨拉姆大学历史系首任主任兰杰。该学派力图以民族主义的眼光审视非洲的历史，尤其是殖民时期的历史。兰杰在《南罗得西亚的反抗，1896—1897 年》（1967）一书中研究了 19 世

---

① A. Adu Boahen, *African Perspectives on Colonialism*, Baltimore: Johns Hopkins University Press, 1987, pp. 94-112.

纪末南罗得西亚针对白人占领者的抵抗，兰杰认为，非洲人民对殖民入侵的反抗产生了积极的历史作用，它不仅促使西方殖民当局作出妥协和让步，而且为日后的民族主义兴起创造了条件，为非洲民族主义者提供了合法性。在《坦桑尼亚历史中非洲主动性的发现》（1969）一书中，兰杰进一步阐述了他的民族主义史学思想，肯定非洲人在历史进程中的主动性。20世纪70年代，达累斯萨拉姆学派的研究重心转向寻找非洲落后的历史根源。这一时期的代表人物罗德尼出版了《欧洲怎样使非洲不发达》（1973）一书，他认为，欧洲列强在非洲的活动，并没有在非洲创造资本主义，相反，它的长期剥削使非洲陷入了不发达的境地。

达累斯萨拉姆学派的主要代表人物还有基玛博、泰姆、约翰·艾里弗、约翰·麦克莱肯、罗伯茨和内德·艾尔普斯等人，他们的代表作有：《帕雷族政治史》（基玛博著，1970）、《坦桑尼亚史》（基玛博和泰姆主编，1969）、《德国统治下的坦噶尼喀》（艾里弗著，1969）、《1900年之前的坦桑尼亚》（罗伯茨主编，1968）等。

概括来说，达累斯萨拉姆学派关心五种课题：恢复被殖民主义者歪曲的前殖民地非洲的历史；殖民统治时期的初始抵抗；救世主运动和非洲独立教会史；新的受教育者的形成与发展；民族主义运动的根源等。[①] 达累斯萨拉姆学派的民族主义倾向超过了伊巴丹学派，如表现在对殖民主义的态度上，前者基本否定了殖民主义对非洲有什么积极的影响，认为殖民主义是造成今天非洲落后的最主要原因，这与独立后坦桑尼亚在尼雷尔的领导下选择走社会主义道路不无关系。

从20世纪70年代后期开始，达累斯萨拉姆学派加大了对史学理论的研究和探讨。他们对独立以来的非洲史学进行了反思，批判了民族主义史学和非洲中心论；在此基础上，把研究的视角从少数英雄转到了广大人民群众，从而大大扩展了研究的领域。

除了英语非洲上述两个学派，在法语西非，还出现了以迪奥普和基-泽博为代表的史学家群体。迪奥普是塞内加尔著名的史学家，早年留学法国，他坚持"非洲中心论"，以反击西方殖民主义和种族主义散布的"非洲没有历史"和"非洲文明外来说"，代表作有《非洲文明的源泉：神话和事实》《撒哈拉沙漠以南非洲：结成联邦国家的经济和文化基础》《走向非洲复兴：关于非洲文化和发展的评论》《古埃及居民与埃及文字的解读》等。迪奥普的理论有利于提高黑人种族的自信心和自豪感，积极推动非洲民族历史的复兴和构建。

非洲民族主义史学与世界其他地区的民族主义史学一样，在促进民族认同和民族团结方面起到了积极作用。第一代非洲民族主义史学家尤其重视将非洲历史重建与非洲国家建构和复兴紧密联系在一起。与此同时，也要看到非洲民族主义

---

① 李安山：《论达累斯萨拉姆历史学派的形成与发展》，《世界史研究动态》1990年第4期。

史学不利的一面，即容易陷入非洲中心主义，有的非洲学者甚至怀疑一切文献资料，只相信口述资料，从一个极端走向另一个极端。正确的做法应该是综合利用口述资料与文献资料。戴克认为，不应把口头传说当作唯一的史料来源，他建议把口头传说和文献进行详细的对比，深入研究非洲各民族人民的历史思想，并把这作为一种可行的研究方法。

（三）非洲史学的新发展

现代非洲史学的发展固然有自己的特色，同时，受国际史学的影响也十分显著。自 20 世纪 70、80 年代以来，在全球史学转向的影响下，非洲史学研究向纵深发展，史学研究领域精彩纷呈，如口述史、医疗史、环境史、经济史和妇女史等都取得不同程度的进展。

非洲口述史的新发展。非洲口述史除了重新建构整个大陆的历史，或者某个国家和民族的历史，也开始向研究某个特定区域的历史、社会生活史、疾病史等延伸。如简·本德·谢特勒在《口头记忆在口传中的断裂：西塞伦盖地群落区域环境的变化（1850—1895）》一文中，利用口头传说聚焦坦桑尼亚西塞伦盖地地区的历史研究。① 查尔斯·凡·奥塞伦的《我的种子：卡斯梅纳的生活，一个南非佃农，1894—1985 年》（1996），近 500 页篇幅是根据对 66 个受访者、几十个受访者的家庭成员和白人雇主的采访写成的。杰拉德·奥本海姆和罗纳德·贝耶著的《破碎的梦？南非艾滋病口述史》则是利用口述史资料研究疾病史。

医疗史成为非洲史研究中的一个新热点。近年来，非洲本土研究非洲医疗史的学者越来越多，呈现新的特点。第一，一些非洲知名大学的历史系，如开普敦大学、约翰内斯堡大学和内罗毕大学的历史系，纷纷开设非洲医疗史和医疗社会史的课程。第二，许多史学家转向研究非洲医疗史。开普敦大学历史系的霍华德·菲利普，毕业于开普敦大学和伦敦大学，研究医疗社会史、大学史，在开普敦大学人文学院和卫生科学院工作。娜塔莎·埃尔兰克是约翰内斯堡大学历史系主任，她是开普敦大学学士和硕士、剑桥大学博士，主要研究领域是非洲医疗史和非洲性别史。卢塞尔·维乔恩是南非大学历史系主任，他是西开普大学硕士、莱顿大学博士，主要研究非洲医疗史、开普殖民地早期历史和非洲史学。内罗毕大学历史系密尔卡·阿可拉研究医疗史，她是肯尼亚籍，内罗毕大学学士、加拿大达尔豪斯大学博士，1993—1996 年任莫伊大学历史系主任，2000 年起任内罗毕大学历史系主任，研究非洲医疗史和非洲妇女史，担任内罗毕大学非洲妇女研究中心主任。第三，研究成果的影响力不断扩大。霍华德·菲利普著《黑色的十月：

---

① Jan Bender Shetler, "Interpreting Rupture in Oral Memory: The Regional Context for Changes in Western Serengeti Age Organization, 1850–1895," *The Journal of African History*, vol. 44, 2003, pp. 385–412.

1918 年西班牙流感流行对南非的影响》（1990）、《19 世纪开普医生：一部社会史》
（2004）都是研究非洲医疗史的力作。南非金山大学地理系的鲁尔夫·道斯卡特在
《传统医疗的地理变化》一文中，重点研究了南非兰德地区的草药交易和传统医疗
模式。密尔卡·阿可拉教授研究殖民统治时期内罗毕的城市卫生以及卫生、贫穷
和种族三者之间的关系。

新非洲经济史的出现。传统的非洲经济史由史学家来研究，如 20 世纪 70 年
代，非洲经济史研究曾经出现一个高潮，代表性的著作有：格雷和伯明翰主编的
《前殖民时期的非洲贸易》（1970）、阿里吉的《从历史视角看劳动力供应》
（1970）、霍普金斯的《西非经济史》（1973）和柯廷的《前殖民时期非洲经济变
化：奴隶贸易时期的塞内加尔》（1975）等。然而，进入 20 世纪 80、90 年代，由
于非洲经济发展迟缓，非洲经济史的研究进入低潮。这一时期，非洲经济史讨论
的主题有：前殖民统治和殖民统治时期的贸易、农村和农业发展、本地资本主义
的出现、市场与国家的关系。[1] 这一时期也出现了一些力作，如伊利夫的《非洲资
本主义的出现》（1983）、提亚姆贝·泽勒亚的《现代非洲经济史》（1993）等，
但是数量明显缩减。

新非洲经济史则包括了经济学家的研究。进入 21 世纪，随着非洲大陆经济发
展加快以及非洲在世界经济中的地位上升，非洲经济史的研究随之复苏。许多经
济学家加盟非洲经济史的研究队伍，他们把经济学研究的理论、方法、技术带入
非洲经济史的研究领域，因此，非洲经济史研究方法和所使用的资料方面出现了一
些传统研究没有的新特点，鉴于此，一些学者提出了"新非洲经济史"的概念。[2]

当前，非洲民族主义史学流派早已衰落，新文化史和新社会史在非洲的影响日
益盛行，非洲的史学传统正在失去，这引起了非洲学者的担忧。尼日利亚史学家阿拉
戈阿认为，"20 世纪的最后十年，非洲史学完全浸没在了西方传统之中"，如果非洲
史学选择模仿西方或任何其他传统，那它就不可能转变成一种新的非洲史学。他呼
吁，要在坚持非洲口述传统的基础上，"创造出焕然一新的非洲史学"。[3]

四、印度史学的传统及其在 20 世纪的嬗变

（一）印度史学的传统与殖民主义史学的诞生

一般认为，詹姆斯·密尔（1773—1836）1817 年出版的《英属印度史》是第

---

[1] John Edward Philips, ed. , *Writing African History*, New York：University of Rochester Press, 2005,
pp. 308~317.

[2] 舒运国：《国外非洲史研究动态述评》，《上海师范大学学报（哲学社会科学版）》2015 年第
6 期。

[3] Ebiegberi Joe Alagoa, *The Practice of History in Africa：A History of African Historiography*, Port Har-
cout：Onyoma Research Publications, 2006, p. 186.

一部印度史著作，在此之前印度没有历史，它的过去埋藏在一大堆的神话传说之中。当然，这并不是说印度历史上不存在蕴含历史意义与历史记忆的文献，而是从西方的标准来看，印度没有产生历史意识，没有产生近代意义上的历史书写形式。

在英国殖民统治之前，印度的历史大致可以分为印度教统治与伊斯兰教统治两大时期。印度教统治时期开始于公元前 1500 年左右雅利安人的入侵，结束于 1206 年德里苏丹国的建立。这一阶段的文献主要是由梵语写成的宗教神话与诗歌。值得一提的是，在该阶段的后期，出现了一部深受伊斯兰传统影响的编年史诗作品《王河》，描写了自远古至 12 世纪克什米尔地区诸国王的事迹。作者卡尔哈纳声称自己不仅参考了当时所见的碑文、国王诏书及告示，还查阅了先前诸位作者的八部作品。不过，该作品仍充满了道德说教意味，表达了作者作为一名诗人的人生叹谓。13 世纪之后，随着德里苏丹国的建立，印度的行政语言和书写语言改为波斯语，历史文献不但在数量上增多，而且受波斯和阿拉伯历史写作传统的影响，在内容上开始关注事实的准确性与真实性，叙述焦点也以记载个人的军事功绩和治国才能为主。书写形式除传统的传记与谱系外，编年这一类型则突破了以往的"时代"观念，呈现新的时间观。1500 年之后，受环印度洋贸易圈日益繁荣的影响，印度与世界上其他文明之间的接触和交流增加，到 17、18 世纪，印度社会发生了剧烈的社会转型，在此过程中涌现了一个新兴的士绅阶层，他们一般在地方政府和法院中担任文职。这些人与档案联系密切，所以他们的作品在内容上力求准确，形式上重书写而非口述，重散文而非诗歌，呈现多语化现象，具体包括泰卢固语、泰米尔语、马拉地语、乌尔都语、梵语和波斯语等。尽管印度出现了这些新的历史书写形式，历史意识也不完全像西方学者所认为的属英国的舶来品，但是由于印度毕竟没有像西方那样形成一个民族国家，所以我们还是可以勉强认为，印度历史书写的近代形式始于殖民主义史学。

英国东印度公司成立以后，出于征税等实际目的的考虑，起初会编辑一些有关印度风俗习惯的方志。随着东印度公司贸易的不断扩大、权力的不断增强，英国人迫切地需要掌握印度过往的历史，而当地现有的文献在他们看来又完全不够可靠，于是一些行政人员开始搜集整理并保存他们认为有价值的史料，到 19 世纪初殖民主义史学应运而生。这一史学模式的代表著作，除了詹姆斯·密尔的《英属印度史》，还有蒙特斯图尔特·埃尔芬斯通（1779—1859）的《印度教与伊斯兰教时期的印度史》（1841）、亨利·贝弗里奇（1799—1863）的 3 卷本《印度全史》（1858—1863）、文森特·史密斯（1848—1920）的《印度早期史》（1904）与《牛津印度史》（1918）、亨利·多德维尔主编的 6 卷本《剑桥印度史》（1922—1932），等等。除埃尔芬斯通等个别人之外，这些史学家大体对印度的传统习俗和文化持否定态度，将之前的穆斯林政权看作专制暴虐的象征，认为英国的到来具有文明传播者的必然使命。这种西方文化的优越感一直持续到殖民统治的结束也未改变，在学术上甚至造成了整个英国对印度史研究的忽视。英国各大学要直到1917 年伦敦大学成立东方学院之后，才开始讲授印度史，而且存在对印度籍学生的歧视现象。① 讲授的内容在很大程度上与其说是印度人民的历史，不如说是英国人在印度的历史。

（二）印度的民族主义史学

殖民主义史学对印度文明的这种贬低态度，自然引起印度知识分子不满，他们纷纷起而为印度文明辩护。同时西方近代的教育体系在印度建立起来，不仅历史课程的地位提高，而且兰克史学的学术标准也逐渐为印度学者们所接受，到 19世纪50—70 年代，民族主义史学终于在印度出现。这一时期的代表作有尼尔马尼·巴沙克 3 卷本的《印度史》（1857—1858）、克西诺德钱德拉·雷乔杜里的《印度史教程》（1876）和塔瑞里查南·查托帕答雅的《印度史》（1878）。巴沙克不仅将印度看作一个国家，而且认为用孟加拉语所写的印度史要比用英语写得更加权威可信。他在其作品的序言中就明确提出，要纠正英语历史著作在读者中所造成的错误观念。雷乔杜里也表示，他的教科书是为那些被英语著作误导的人而写，并且认为英国在印度的胜利是马基雅维里式阴谋的结果，而非历史的必然性。在查托帕答雅的笔下，国家不再是一长串的国王名单，而是基本的叙述框架。随着民族运动的深入发展，到 20 世纪初，印度民族主义史学正式形成。印度民族主义理论创始人维内亚·萨瓦卡（1883—1966）是第一位书写 1857 年民族大起义的印度人，而且在其 1909 年出版的《印度独立战争》中质疑英国的"叛乱"说，认为此次起义是印度的一次独立战争。在 20 世纪 20 年代他又提出了"印度民族特质"概念，认为印度并非如英国人所说的只是一个地理概念，它是一段历史、一种文化。只要将这片土地视作自己的祖国，种族血缘上可以追溯到吠陀时代，并且继承这一种族的文化，那么这个人就是印度人。按照这一观点，印度是印度教徒的真正故乡，穆斯林与基督教徒则被排斥在外，虽然他将印度文明追溯到古代，却认同西方将伊斯兰教统治时期看作黑暗时代，这种宗教社群主义为后来的印巴分治与宗教冲突埋下了隐患。

与这种宗教视角不同的是，19 世纪 70 年代以后，一些受马克思主义影响的印度史学家开始从经济角度对殖民主义史学提出挑战。哈瑞士钱德拉（1850—1885）、瑙罗吉（1825—1917）、罗纳德（1842—1901）、达特（1845—1909）等认

---

① Dipesh Chakrabarty, "The Birth of Academic Historical Writing in India," in *The Oxford History of Historical Writing*, *vol. 4: 1800-1945*, Oxford: Oxford University Press, 2011, pp. 526-527.

为，尽管英国的殖民统治确实给印度带来了一些益处，但是它敲骨吸髓式的掠夺不但没有推动印度社会的进步，反而造成印度工业的退化。由于超脱了宗教政治的束缚，他们开始将莫卧儿王朝描绘成人道的统治形象。20 世纪 30 年代，有"印度兰克"之称的贾都纳什·萨尔卡（1870—1958）更是通过扎实的档案研究，驳斥了莫兰 1924 年在《穆斯林统治时期的印度农业制度》中提出的观点，指出莫卧儿王朝打破了各邦间的孤立状态，推动了印度的现代化。

在专业史学之外，印度还存在一种与之平行的民间史学。如泰戈尔所言，19 世纪 80 年代印度民间出现了一种对历史的热情，这种热情在 20 世纪前期更是发展到狂热地步。与精英史学不同，民间史学依据的不是档案，而是传统的文学作品、谱系、手工艺品与民间习俗，其成果往往是地方性区域性的民俗学研究。民间史学家认为，他们的研究由于是从印度本土文明中生发出来的，所以不会造成印度人对自身文化的疏离异化，因而才是真正的史学。这种地方性的民族史学，可以说是社会文化史在印度的明显早熟，是印度本土历史传统的延续。

（三）独立后的印度史学

独立之后，出于国家建设与国民意识培养的需要，印度政府将历史著作的编写纳入国家计划，资助完成了两个重大项目。第一个项目就是编写民族主义运动史。为了更好地展现印度人民在通往自由过程中所发挥的作用，1950 年根据该项目委员会主席、著名史学家塔拉·钱德的建议，这一项目被定名为"自由斗争"工程。该课题发动了全国力量到处搜集整理史料，最终以钱德个人 4 卷本的著作《印度自由斗争史》形式结项。同时，各地区在这一过程中组织出版了一系列的相关著作。这种官方史学，将民族主义运动解读为印度人民天性热爱自由的结果，在共同对抗英国殖民统治的过程中，印度教徒与穆斯林结成了兄弟般的友谊。在今天的印度学者看来，这种观点充满了历史的辉格解释意味，认为它无疑掩盖甚至压制了这一过程中存在的诸多矛盾。第二个项目就是编写重要政治人物的传记与著作集。其中百卷本的《甘地全集》最具代表性。

除此之外，还有一个重大项目就是由罗马什·马宗达（1888—1975）主编的 11 卷本《印度人民的历史与文化》（1951—1977），该书被认为是由印度人所写的最具雄心的印度史，是一部真正全面捕捉到印度文化精髓的作品。此项目与前面的两个项目不同，虽然得到了政府的部分资助，但主要是由非政府的教育信托组织印度文化馆主持编写出版。印度文化馆由古吉拉特邦著名文人孟希（1887—1971）于 1938 年成立，宗旨在于保存与提升印度的文化与价值。《印度人民的历史与文化》这部著作带有明显的宗教排外色彩，而且将矛头直指尼赫鲁的文化融合说，认为官方史学纯粹是为了迎合少数群体、消除印巴分治的惨痛历史记忆而制造的一种意识形态而已。这部书接受英国人的历史分期，认为古代是印度文明的辉煌时期，尽管遭受了穆斯林与英国人的入侵，但是它保持着顽强的生命力。这种观点遭到了著名的古代史家罗米拉·塔帕尔（1931—　）的驳斥。她指出："所谓的雅利安人来自印度外部，也曾食牛肉，而且吠陀文明实际上是域外因素与本土因素混合作用的结果。""印度教徒与穆斯林之间的矛盾冲突其实是人为建构的，得到了英国殖民当局的强化。"① 由于这部作品被广泛用作大学教材，加之马宗达长期的学术生命力和对兰克史学标准的坚持，其观点整整影响了一代人，甚至作为常识为大众所接受。

从20世纪50年代中期开始，印度史学出现了一种研究范式上的转变，其标志性事件就是马克思主义学者高善必（1907—1966）《历史研究导论》（1956）的出版。高善必通过对印度社会经济结构、阶级冲突和物质生活等方面的考察，指出印度的古代社会并非奴隶制，而穆斯林时期则可以看作印度的封建社会，而且其间存在上层封建社会与下层封建社会两个发展阶段。总之，他反对将马克思的理论概念机械地运用到印度社会。高善必的观点引发了印度史学界关于印度封建社会的大讨论。拉姆·沙玛在《印度封建社会》（1965）中依据剩余剥削率给出了一个更为广义的封建社会概念，而哈本斯·穆吉亚则认为印度不存在封建社会。印度史学中的马克思主义转向，不仅丰富了史学研究的内容，形成了新的学术增长点，使学术界开始关注与世界上其他文明的比较研究，而且有利于消除宗教偏见，对以往的很多定见进行重新检视。比如，印度的历史分期可以建立在更加实际的技术性标准之上，历次宗教运动不仅是教派间矛盾冲突的结果，更是人民表达抗议的一种方式。

20世纪70年代之后，受法国年鉴学派与美国人类学等理论和方法的影响，印度也出现了新文化史、性别史与环境史等史学分支。其中有两个研究趋势值得一提。第一个趋势就是对英国殖民统治的研究从西方资本主义扩张的角度，转变为对印度本土政治经济方面的考察。这一类的研究指出，印度各地方政府与英国之间到底是合作还是对抗，可能更多的是在衡量自身利益之后做出的选择。印度民族主义运动与其说是出于自由观念的推动，不如说是自身资本主义发展的逻辑结果。第二个趋势就是后殖民主义的庶民研究。这一类的研究者认为传统的精英史学要么忽视人民群众的作用，要么就是将其看成无差别的麻木的落后阶级，为了实践人民群众创造历史的观点，他们主张同先前的史学决裂，开展对底层民众的研究。他们不仅批判欧洲中心论，也吸收后现代主义理论的因素，试图解构史料中存在的精英阶层的偏见。不过，有学者认为这种为沉默阶层代言的做法也伴随

---

① Supriya Mukherjee, "Indian Historical Writing since 1947," in *The Oxford History of Historical Writing*, *vol. 5*: *1945 to the Present*, Oxford: Oxford University Press, 2011, p. 518.

着不断增长的文化主义倾向，这是其衰落的表现。

五、日本现代史学的奠立与发展

(一) 明治时期日本史学的近代化

1868 年，随着《五条誓文》的颁布，日本走上了由明治维新开创的近代化道路，这场改革不仅深刻地影响了日本的政治经济，而且在社会文化方面掀起了广泛的开化浪潮，反映在日本史坛，就是在民间首先出现了以福泽谕吉和田口卯吉为代表的新的文明史学。

福泽谕吉 (1835—1901) 曾任幕府的翻译官，明治维新之后拒绝入仕，转而从事教育启蒙活动，代表作有《西洋事情》 (1866—1870)、《劝学篇》 (1872—1876) 和《文明论概略》 (1875)。他受基佐和巴克尔文明史的启发，倡导历史不应该再充满道德说教，为维护统治秩序服务，而应当改而叙述民族的文明进步。田口卯吉 (1855—1905) 出身于江户 (今东京) 一个下级幕臣家庭，曾任政府纸币寮的翻译。他于 1877 年出版了著名的《日本开化小史》，从文明的角度重新勾勒了日本自古以来的发展过程，着重呈现和分析了贯穿日本历史的时代精神及其流变。这种新的历史书写方式，不仅对传统的史学观念和体裁造成极大的冲击，而且由于反映了当时日本刚刚兴起的新阶级的诉求，因而乘着蓬勃发展的民权运动风靡全国。不过严格来说，这种新的历史书写方式并不算是真正意义上的史学。由于它更多的是西方史学观点的移植，所以根基不深，观点也不彻底，到 19 世纪80 年代甚至出现了自我否定的现象，其现实的批判性和观点的新颖性等特点也随之褪色。不过由其开创的史学新风气，到 90 年代被以山路爱山与竹越三叉为代表的民间史学所继承。

当文明史学风行于日本民间之时，专业史学也在明治政府的扶持下逐渐形成。这一过程围绕着官方的修史事业，大致可以划分为三个阶段。

第一阶段：从 1869 年修史诏书的颁布到 1877 年修史馆的设立，是实证史学形成的筹备阶段。1869 年 4 月，明治天皇颁布修史诏书，决定恢复古代天皇时代的修史事业，"正君臣名分之义，明华夷内外之辨，以扶持天下之纲常"。[①] 1870 年在太政官正院内设置记录编辑科，从事史料收集工作。1872 年又设置历史科与地方志科。1875 年诸科改组为修史局，国史编辑工作正式开始。修史局当时有汉学派重野安绎、川田刚、长松干和国学派古松善臣、小河一敏等专家。长松负责编辑维新史料集《复古记》，其他人分别负责不同的时代。编史工作一开始，就面临

---

① 转引自 [日] 永原庆二：《20 世纪日本历史学》，王新生等译，北京大学出版社 2014 年版，第 10 页。

着到底是史料的汇编还是正史的编撰、起始年代问题、体例问题、汉文还是日文写作等棘手的问题，处于核心的重野安绎与川田刚之间也存在严重的分歧。1877年由于财政等各方面的困难，修史局规模缩小，改为修史馆。国学派学者及川田刚等人离开，经过这一人事变动，考证派的汉学家掌握了编撰主导权。

第二阶段：从1877年修史馆的设立到1887年德国史学家里斯来日，是实证史学形成的探索期。这一时期的编撰官主要有重野安绎（1827—1910）、久米邦武（1839—1931）与星野恒（1839—1917）。重野很快确定用汉文编写《大日本编年史》，并且将起始时间确定为1318年，这样就将南北朝也包括了进来，与《大日本史》有了一定的重叠。1882年编撰工作正式启动。虽然这样的编撰方针仍延续了传统的天皇制国家构想，但是重野在详细的史料考证之后，拒绝导入儒教大义名分论，强烈抵制为政治目的歪曲史实的恶劣作风，这一做法遭到了国学派的激烈反对。国学派鼓吹"明辨尊皇爱国之大义乃为历史学之要义"，[①] 并于1883年成立史学协会与之对抗。在国学派与文明史学内外夹击而问题重重的情况下，政府于1887年聘请德国学者路德维希·里斯来日，希望借兰克史学的方法改造日本史学。

第三阶段：从1887年里斯来日到1895年史料编纂科的设置，实证史学进入定型阶段。里斯（1861—1928）是兰克的再传弟子，因犹太身份在德国找不到工作，1887年应东京帝国大学邀请，赴日讲授欧洲近代史学方法。修史馆经过多次改组之后并入帝国大学，汉学派的几位成员也继重野之后成为帝国大学教授。1889年6月，继西洋史之后成立国史科，11月，在里斯建议下成立史学会，重野任会长，12月创立《史学会杂志》（1892年改为《史学杂志》）。由于派系之争以及当时学界对正史垄断地位的质疑，1893年《大日本编年史》编撰工作最终告停。1895年另设置史料编撰所。

经过近30年的努力，日本终于建立起强调档案研究和客观公正的兰克史学范式。不过随着日本在亚洲的崛起以及对外扩张的需要，政治保守主义复兴，逐渐开始干涉史学研究及中小学历史教育。1891年久米邦武发表《神道乃祭天古俗》，他对神道教神圣性的这种挑战态度本属无意，但是客观上威胁了民族与"帝国"建设的国体基础，在神道—国学派的煽动下，日本社会形成强大的舆论压力，1892年久米被东京帝国大学开除，酿成"久米笔祸事件"。重野也因其一些否定传统的观点被讽刺为"抹杀博士"，不久之后，这一日本近代实证史学的鼻祖也因受牵连而辞职。到20世纪初明治末期，日本社会的闭塞感更加浓郁。1911年幸德秋水

---

① 转引自［日］坂本太郎：《日本的修史与史学》，沈仁安、林铁森译，北京大学出版社1991年版，第197页。

（1871—1911）等 12 人因反战言论被以叛国罪处死。同年，为了维护天皇的"万世一系"，政府又介入学术否认历史上同时并存两个天皇的现象，将南朝定为正统，酿成"南北朝正朔事件"。面对政府的干涉，实证史学中的一部分学者选择埋头于故纸堆中，为考证而考证，另一部分学者选择为民族国家建设服务，其研究变成了"应用史学"。

（二）两次世界大战之间的日本史学

1912 年进入大正统治后，随着经济的发展与城市的兴起，日本出现了短暂的民主氛围。到 1926 年进入昭和统治后，由于经济危机、社会动荡和右翼恐怖势力的活跃，又重新开始给人一种强烈的阴暗印象。这一时期的实证史学因为得到官方的扶植，加上近代史料考证方法的使用，终于成为学院派的正统与主流。尽管在"二战"前和战时因为远离政治的原因，出现了实证史学的研究高峰，但是它已经丧失了研究的锐气与进步意义，陷入为考证而考证的停滞状态。在这种情况下，从实证史学中分化出了 4 个史学流派，这些学派从不同的角度和侧面企图对兰克史学范式进行必要的修正。

先是文化史学的出现。文化史学包括众多分支，最著名的属津田史学。津田史学由津田左右吉（1873—1961）开创，其代表作有《神代史的新研究》（1913）、《古事记及日本书纪研究》（1924）、《日本上古史研究》（1930）、《上古日本社会及其思想》（1933）等。津田生于一个支持幕府的下级士族家庭，原本与帝国大学代表的精英成才道路无缘。进入南满铁路株式会社东京分社工作，成为他学术生涯的转折点。在那里他受到白鸟库吉（里斯的学生，日本东洋史泰斗）很大的影响，不过他更多地吸收了兰克历史主义的成分，加上对文明史学和民间史学遗产的继承，他最终成为日本古代史一代巨匠。津田将白鸟的"尧舜抹杀论"运用到日本神代史的研究，指出神话记述的不是史实，而是古人的精神与思想，天皇万世一系的思想也是在历史上长期形成的，尤其是近代教育的结果。在历史观上，他除了重视史料的考证与批判，还强调史家应当具有敏锐的感受力与丰富的想象力，认为史家应当置身于历史中体验历史、感受历史。他的这些观点不仅拓展了历史研究的领域，将历史作为一个全方位的过程来把握，而且有利于突破以考证史料为能事的实证史学的诸多局限。

与继承前人研究的津田史学相比，社会经济史学则完全是对崭新领域的探索。社会经济史的代表人物，如本庄荣治郎等人都曾留学欧洲。归国之后，面对国内的危机和动荡，他们开始运用经济学知识与比较史学的方法从经济角度解释日本历史。他们注重阶级与阶级斗争，认为社会问题实质上就是社会阶级之间的经济问题。此外，他们也承认社会发展的阶段性和规律性。他们中的很多人曾翻译马克思的著作，受到马克思主义的影响，尽管其研究的目的只是试图回应资本主义的问题，而非超越资本主义，但是这些工作为日本马克思主义史学的诞生创造了条件。

在 1922 年之前，日本的马克思主义基本上停留在马克思著作的译介上。日本共产党成立之后，运用唯物史观研究日本历史的马克思主义史学才真正出现。1927 年和 1932 年，共产国际先后为日本制定了《关于日本问题的纲领》与《关于日本形势与日本共产党任务的纲领》。围绕着这两大纲领，日本马克思主义分了为两派，展开了对资本主义的论争。讲座派成员有野吕荣太郎（1900—1934）、服部之总（1901—1956）、羽仁五郎（1901—1983）、平野义太郎、山田盛太郎等，他们在 1932—1933 年出版了 7 卷本《日本资本主义发展史讲座》。劳农派以《劳农》杂志为中心，包括猪俣津南雄、山川均、向坂逸郎和土屋乔雄等人。他们争论的焦点在于，是否承认以农业革命为基础的资产阶级民主革命的必要性。议题包括天皇制性质问题、明治维新性质问题和明治维新后的农业生产关系中的封建因素问题。讲座派在观点上倾向于半封建性质，而劳农派倾向于资本主义性质。这场大讨论将战略问题之争引向学术，并且最后发展成了关于亚细亚生产方式的论争，尽管存在很多的问题，却具有很大的进步意义。

平原澄的皇国史观是在 20 世纪 30 年代日本政府加紧法西斯化的背景下，从实证史学分化而来的。1932 年，平原澄（1895—1984）在其《国史学的精髓》中系统阐释了这一史观，主要内容包括以下三个方面：第一，主张历史是天才人物的伟大精神创造的，民众是与历史无缘的醉生梦死之徒；第二，为了美化天皇鼓吹万邦无比、天壤无穷、万世一系的天皇国体，他甚至不惜歪曲历史，把记纪神话①当作史实；第三，他一方面鼓噪日朝同祖同源，另一方面又宣扬日本至上主义和种族优越论，为对外扩张制造历史证据。1931 年"九一八"事变前后，日本政府开始用高压手段统治思想与学术，这一为法西斯摇旗呐喊的史观无疑成为官方正统，并且渗透到中小学历史教育当中。除了远离政治的实证史学，其他的史学流派都受到监视与压制。马克思主义史学家的论争被迫中断，他们或者被抓捕或者被传讯，野吕荣太郎甚至于 1934 年惨死狱中。津田左右吉的著作于 1938 年被禁，1942 年更是以冒犯皇室尊严的罪名被监禁 3 个月，甚至连岩波书店的经理也一并

① 记纪神话是指《古事记》和《日本书纪》这两部史书当中关于日本民族起源的各种神话记载。日本大化改新之后律令制国家逐渐形成，为了明确国家经纬，巩固王权根基，在天武天皇倡导下开始对旧有的"帝纪"（天皇谱系）和"旧辞"（各种故事和传说的汇编）进行删改整理，到 720 年最终编撰完成《古事记》和《日本书纪》两部著作，这也是日本现存最早的完整史书。在记载有关日本民族起源、国家形成以及天皇由来等问题的神代卷方面，这两部著作的内容极其相似，皆围绕王权神话而展开。近代明治维新之后，为了鼓吹万世一系，维护天皇统治，这些记纪神话再次复活。"二战"之后，在美国主导的改造之下，日本历史教育才最终将神话与历史剥离开来。

受罚，史称"津田左右吉受难事件"。其他很多学者也都为这一史观所吞噬，纷纷在战时转变为民族主义者和国家主义者，从而丧失了学术尊严。

（三）战后日本史学的发展

"二战"之后，日本虽然保留了天皇制，但在盟军最高指挥部的领导下进行了政治经济民主化改造。1946年，新的历史教科书《国家的历程》出版，尽管仍保留了大量战前与战时的内容，但是它首次用考古事实取代记纪神话。在不久之后的东京审判中，此前被日本政府隐瞒的"南京大屠杀"等战争罪行以史实的形式公开，"满洲事变""支那事变""大东亚战争""大东亚共荣圈"等话语所具有的欺骗性也得到揭露。这些对日本普通民众造成了强烈的冲击，对史学家们则影响不大，天皇史观始终未能得到彻底的清算，因为受冷战局势的影响，美国占领当局出于自身利益的考虑，对日本战争责任的追究和处理很快变得暧昧并终止。

日本战后的首批历史成果由日本的马克思主义史学取得，代表作有石母田正（1912—1986）的《中世世界的形成》（1946）与远山茂树（1914—2011）的《明治维新》（1951），这两部著作都十分畅销且多次再版。石母田正通过描写古代末期黑田地区新旧两派势力之间的斗争，以及新兴阶级在守旧势力重压下的分裂与背德，探讨了日本从奴隶社会到封建社会的转变。这种从微观的动态叙述探讨宏观历史问题的方法，不仅充分表现了阶级对抗的历史紧张感，也不乏生动的趣味性。更重要的是其中描写的黑暗斗争也让人不自觉地联想到残酷的天皇制。远山茂树则在战前论争的基础上对明治维新政治史进行了统一叙述，试图从整体上对其进行把握。日本战后产生重大影响的马克思主义史学家还有在京都大学长期任教的井上清（1913—2001）。他在肯定明治维新积极意义的同时，提出明治维新导致专制主义的形成的观点。在《日本军国主义》等著作中，井上清更是对日本军国主义的形成和发展及其给亚洲各国人民带来的灾难，做了深刻的分析和揭露，这体现了一位史学家的学术良知。

除此之外，战后日本还存在一个深受马克思主义影响的近代化学派，其代表是大冢史学。大冢久雄（1907—1996）是西洋经济史专家，在战时出版的《近代欧洲经济史序说》中就已经形成了自己的学说框架。他以英国近代社会为理想模型，通过对比考察了日本的近代化问题。他提出，由于日本的近代化是在政府的主导下进行的，很多封建因素得以延续下来，导致封建小农没有发展为自由的商品生产者，而是分化成了寄生地主与佃农，所以说日本没有完成纯粹的真正的近代化，战后改革则需要克服这些弱点。

1956—1973年，由于经济的高速发展和冷战局势的影响，日本史学出现了双重的发展趋势：一方面是整个社会，尤其新的一代，不愿意用批判的眼光审视这个国家的过去，不愿意过多地涉及日本的战争责任和黑暗的殖民史；另一方面是在对马克思主义史学和近代化学派的批判中发生积极的转变，激发了对妇女史、地方史、民俗、大众文化与弱势群体的研究。1965—1967年家永三郎教科书审查诉讼案就是前一种情形的体现和缩影。

1956年围绕远山茂树等人的《昭和史》争论，揭开了战后对马克思主义史学的批判序幕。《昭和史》于1955年出版，探讨了日本国民为何没能阻止战争反而集体卷入的问题。龟井胜一郎等人撰文批评，认为此书机械地使用阶级斗争学说，从而造成马克思主义的泛滥；它重点研究社会结构性的变化，却忽视了对人们具体生活的考察，从中看不到国民摇摆于各集团之间的身影，体会不到人们所经历的痛苦。远山茂树则认为，历史与文学存在区别，历史社会之人首先是作为阶级而存在的，此外对方实际上是以公式主义的批判名义试图否定历史的规律性和科学认识的可能性。随后的批判涉及线性发展观、欧洲中心论、亚细亚生产方式、社会形态的过渡与历史决定论等问题。

20世纪60年代西方现代化理论传入日本之后，日本史学家们开始从肯定明治维新的角度出发解释日本现代化成功的原因。梅棹忠夫（1920—2010）在《文明生态史观》（1967）中，从全球生态系统多样性视角探讨文明发展的多样性，指出日本的独特性在于它属于海洋文明。中根千枝（1926—2021）则将日本称为纵式社会，试图以此揭示日本战后高速发展的秘密。

1973年之后，受美元冲击和石油危机的影响，日本经济高速增长现象终结，环境污染、城市人口密集、高犯罪率、农村衰败等经济发展的代价凸显，人们转而强调生活质量。在二宫宏之（1932—2006）与阿部谨也（1935—2006）等人的努力下，年鉴学派的社会史、日常生活史和心态史被引入日本。家庭结构、衣食住行、语言习俗、祭祀信仰等以往被忽视的问题开始走向历史的前台，日本历史学在一定程度上出现了人类学、民俗学和社会学的转向。

进入20世纪60年代之后，在日本经济高速增长和对外交往的背景之下，日本近现代史研究和中小学历史教育中存在的天皇史观和军国主义问题再次凸显。一是在对马克思主义史学的批判中，现代化史观将明治维新到战后改革的整个历史过程看作"连锁式成功"，这种自以为是的日本中心主义不再愿意以批判的眼光审视国家的黑暗过去，不再愿意过多地涉及日本的战争责任和殖民历史。二是在这种"重新审视历史"潮流的掩盖之下，有些学者开始从战败者，甚至受害者的角度为"大东亚战争"翻案，认为"太平洋战争"是战胜者单方面强加给日本的。西尾干二等人所谓的"自由主义史观"更是不惜歪曲史实，公开为"大东亚共荣圈"辩护。

与上述情形形成鲜明对比的是，在与中国、朝鲜和韩国等邻国的交流过程中，少数具有批判态度和秉持和平主义的日本学者意识到突破"日本一国史观"的重要性，他们开始从侵略者、加害者角度研究"南京大屠杀"、七三一部队、慰安妇等问题。经过他们的努力，这些问题在实证层面逐渐变得清楚起来。不过他们在日本国内同时遭到了打压，面临着相关研究史料被销毁或者遭隐匿、所写的历史教科书被判定为不合格等问题，科研环境和条件不断恶化。

日本政府和文部省利用教科书审查制度等手段，极力掩盖历史真相逃避战争责任。1965—1975 年经历十年波折的家永三郎教科书审查诉讼案虽然最后在二审时判决文部省违宪，但是记纪神话又在日本中小学复活，象征军国主义的"日之丸"和"君之代"也分别在日本中小学国旗化和国歌化。日本政府的这些做法和态度引起了日本国内进步人士和国际社会舆论的强烈谴责。这种"消极忘却"的处理方式不仅影响了日本对自身历史的认识，更是损害了日本的国际声誉。

六、拉丁美洲现代史学的形成和发展

（一）印第安人史学传统与殖民地史学

拉丁美洲史学传统的源头可以追溯到哥伦布到达美洲之前的古代印第安文明时代。在玛雅古典文明时期，一度盛行树立"纪年石碑"，通常石碑的四面均有镌刻，其中三面铭刻象形文字，正面是君主的雕像，这些象形文字主要是年代数字和纪事文字，起到了记载历史的作用。一些印第安人的古抄本，也保留了当时的历史记载，如危地马拉玛雅人的《波波尔·乌》记叙了本民族起源与发展的历史，墨西哥玛雅人的《契伦·巴比伦之书》记录了尤卡坦半岛玛雅人的变迁史。阿兹特克人曾有编年史，但 1430 年他们的统治者伊特斯科阿特尔下令焚毁包括宗教神话和编年史在内的古书，其理由是"没有必要让全体平民了解这些作品，因为其中有许多谬误，会破坏政府的声誉，而这只会使巫术在国内得到传播"。① 此后，阿兹特克人形成了一套口述史学，这一口述史讲述了阿兹特克人的起源、发展及其特点。印加人没有文字，他们利用结绳记事。结绳（基普）是在一条长约两英尺（1 英尺约合 0.3 米）的主绳上垂下一系列长短不一的小绳，每条小绳上打有许多大小不同的结，小绳的长度、颜色和不同的排列说明所记事情的内容。印加村社都有指定的编年史官，其任务是记下村社里发生的最重要的事件。国家有"智叟"负责记录帝国的历史。这样的历史是口传史，但结绳可以帮助史官编排事件，唤起记忆。②

殖民地时期，一些征服者、传教士和后期的科考工作者撰写的作品成为珍贵的历史著述。一些早期征服者到达美洲之后，撰写了一批回忆录、书信和见闻录，

---

① 《马德里古抄本》，转引自［英］莱斯利·贝瑟尔主编：《剑桥拉丁美洲史》第 1 卷，中国社会科学院拉丁美洲研究所组译，经济管理出版社 1995 年版，第 14 页。

② ［美］普雷斯科特：《秘鲁征服史》，周叶谦等译，商务印书馆 1996 年版，第 107 页。

其中记述了他们到达美洲前后印第安社会的风土人情、传统习惯、宗教信仰等，如克里斯托弗·哥伦布的《哥伦布航海日记》（1493）、埃尔南·科尔特斯的《给查理五世的5封书信》（1519—1525）、希门尼斯·德·克萨达的《发现与征服新格拉纳达的回忆》（1576）、贝·迪亚斯·德尔·卡斯蒂略的《征服新西班牙信史》（1632）等。在16—18世纪西班牙和葡萄牙传教士和编年史家的一些著作中载有珍贵的历史和民族志学资料，这些书不少带有对殖民者的赞美和对印第安文明的歪曲，但也有一些是从人道主义角度看待美洲新事物，这些作品力图了解印第安部落的社会制度和精神世界。如圣方济各会教士贝尔纳尔迪诺·萨阿贡的《新西班牙事物通史》（12卷，1576）和多明我会教士巴特洛梅·德拉斯·卡萨斯的《西印度史》（3卷，1527—1561）、《西印度群岛毁灭略述》（1542）。德拉斯·卡萨斯在后一著作中仗义执言，谴责殖民者暴行，歌颂印第安人的优良品质，并大胆地提出了限制王权的观点。从被征服者的视角来反映征服的历史，有两部重要的著作，一是墨西哥史学家米格尔·莱昂-波蒂利亚根据墨西哥印第安人文献及绘画编辑的《被征服者的目光：征服时期的土著关系》（1972），二是内森·瓦赫尔特尔编写的《被征服者的目光：面对西班牙征服的秘鲁印第安人，1530—1570年》（1976），这两本书为人们认识征服前后美洲各个群体之间的关系以及印第安人对欧洲人入侵的反应提供了新的看法。该时期还出现了最早的印第安人史学家，如费尔南多·德·阿尔瓦·伊斯特里索奇特尔，他是墨西卡和特斯科科贵族的后裔，他编写的《特斯科科王国史汇编》在1608年成书。秘鲁的印卡·加西拉索·德拉维加是出生在美洲本土的混血人，他在1609年70岁的时候完成了《印加王室述评》，这是一本印加人对自己帝国历代国王生平事迹和国家政治、经济及社会文化的较为全面的叙述与评论。到殖民地后期，一些被驱逐的耶稣会士在国外撰写了美洲历史的书籍，如弗朗西斯科·哈维尔·克拉维赫罗在意大利完成了4卷本的《墨西哥古代史》（1780），他的同事胡安·德·贝拉斯科则完成了一本《基多王国史》（1789），他们的著作倾注了对美洲热爱的感情。德意志学者亚历山大·冯·洪堡所撰写的《新西班牙王国政治随笔》《新大陆赤道地区行纪》《古巴随笔》是他在1799—1804年到南美科学考察之后完成的著作，为人们了解当时的克里奥尔人社会提供了无可替代的记述。①

　　（二）拉美现代史学的萌发

　　拉丁美洲现代史学萌发于19世纪。在欧洲启蒙运动思想、美国革命和法国大革命思想的影响下，拉美取得了1810—1826年独立战争的胜利，但由于独立战争

---

① ［英］莱斯利·贝瑟尔主编：《剑桥拉丁美洲史》第2卷，中国社会科学院拉丁美洲研究所组译，经济管理出版社1997年版，第726页。

并没有改变传统的社会经济结构，19世纪上半期的拉美处在一个艰难的政治重建时期，各国代表资产阶级利益的自由派同代表半封建地主势力和教会的保守派之间展开了激烈的斗争，反映到史学领域，便出现了保守派史学和自由派史学。当时的保守派史学家主要有墨西哥的卢卡斯·阿拉曼，他写的《墨西哥史》（5卷）成书于1849—1852年。他站在西班牙殖民者立场上，认为独立战争是一场荒谬的反宗教、反文明、反财产、反秩序的"暴乱"。① 此外，巴西人奥利维拉·利马写的《巴西民族的历史形成》（1818）、智利人拉蒙·巴尔德斯·索托马约尔写的《智利四十年历史》（1875）也都反映了保守派的史学观点。而自由派史学家反对殖民主义和奴隶制，反对教权主义，拥护共和主义和广泛的改革。如墨西哥人卡洛斯·玛丽亚·布斯塔曼特撰写的《墨西哥革命史》（5卷，1823）认为独立战争是正义和进步的，并高度评价伊达尔戈的历史功绩。何塞·玛丽亚·路易斯·莫拉的《墨西哥及其革命》（3卷，1836）也充分肯定了独立战争的历史地位和伊达尔戈、莫雷洛斯的巨大贡献。阿根廷自由派学者多明戈·福斯蒂诺·萨米恩托1845年完成了《文明与野蛮，胡安·法昆多·基罗加的生平》，旨在抨击1829年建立地主–教权派独裁统治的胡安·曼努埃尔·罗萨斯。他主张保护阿根廷和整个南美洲的资本主义发展，认为农村代表了野蛮，城市代表了文明，主张以城市对抗农村。委内瑞拉史学家拉·玛·巴拉尔特1841年完成的《1797年至1830年委内瑞拉史纲》，站在捍卫独立与自由、反对殖民主义与社会压迫的立场上，以大量史料为基础，描写了独立战争的历史事件。巴西史学家弗·阿·德瓦尔尼亚任的《巴西通史》（2卷，1854—1857）概括了1831年之前的巴西史，运用大量巴西和葡萄牙档案馆的资料，详细叙述了共和运动和民主运动、起义和密谋的事件。

19世纪下半期至20世纪初期，特别是1870年到1914年，拉美进入了一个民族国家形成和早期现代化的阶段。在欧洲实证主义思潮和第二次产业革命的影响之下，拉美国家实行了初级产品出口导向的发展模式，一些主要国家发生了早期的城市化和工业化，拉美国家的版图最终确立和巩固，民族国家趋于形成。在这一背景下，拉美史学呈现以下特点。一是史学仍处于"非专业"水平。学者们对史学的研究完全出于个人的选择和兴趣爱好，他们一般是知识渊博的文人，不少人是从其他学科转行到史学界的。这是一个"知识渊博的学者埋头研究"的时期。二是史学的兴起带有明显的民族主义目的。正在形成中的拉美民族国家需要认识自己，人们要询问自己国家的历史根基，走过一条什么样的道路，有哪些成就，本国的特性是什么？史学研究的目的之一是帮助自己的国家，创造"国家神话"所不可缺少的标志，从墓地里把已经被遗忘的民族英雄找回来，同时为自己的国

---

① 冯秀文：《墨西哥独立战争的历史编纂学》，《世界史研究动态》1986年第5期。

家找到"光荣的根源"。① 三是法国文化的影响达到高峰。法语成为拉美文化和政治精英的"有文化的语言",在学校课堂里,学生们学习的是法国文化和奥古斯特·孔德及其弟子们的实证主义学说。墨西哥创立了"实证主义学校",巴西国旗的徽标上就写有"进步与秩序"的文字,危地马拉仿造了一座小型的埃菲尔铁塔。整个拉美出现了"亲法派的一代人"。四是实证主义史学占据了主导地位。实证派史学家重视史料研究,主张用科学思想和进化论的观点解释历史,反对以主观主义代替客观事件的真实性,同时,宣扬资本主义的进步,反对封建主义,要求社会革新。他们一般倾向于探索左右历史发展、导致南北美洲经济发展不平衡的气候、土地、环境、种族等自然因素,如委内瑞拉史学家劳雷亚诺·巴列尼利亚·兰斯在《民主的专制主义》(1919)、《分裂与统一》(1930) 里强调了委内瑞拉的大平原、广阔地域及人种遗传对历史进程的负面影响。秘鲁史学家豪尔赫·巴萨德雷在《秘鲁共和国史》(1939) 中也突出了造成南北美洲差异的地理原因。实证派倡导"到原始资料中去找答案",墨西哥便出版了许多纯记述性的史学著作,如波菲利奥·巴腊在1891年发表的《史学家及史学理论》、弗朗西斯科·布尔内斯1905年在《胡亚雷斯及阿尤特拉革命和改革》前两章中的论述、加尔西亚·格拉纳多斯1910年写的《历史科学》都是这种思潮的代表。该时期其他实证主义史学的代表作还包括:巴西人约奥·里贝罗的《巴西史》(1900)、若弗·罗莎庞的《巴西历史》(10卷,1905)、佩尔迪甘·马列罗斯的《巴西的奴隶制》(3卷,1866—1867),智利人始祖米·路·阿穆纳特吉·阿尔杜纳特的《奥希金斯的专政》(1853)、迭·巴罗斯·阿拉纳的《智利通史》(16卷,1884—1902)、本·比库尼亚·马肯纳的"智利城市史"丛书,阿根廷人维·菲·洛佩斯的《阿根廷共和国史》(10卷,1883—1893)、巴·米特雷的《贝尔格拉诺与阿根廷独立史》(2卷,1858—1859)、《圣马丁与南美洲解放史》(3卷,1887),墨西哥人胡·谢拉·门德斯的《墨西哥民族史》(1925)、《墨西哥人民政治上的进步》(1910) 等。

(三) 拉美现代史学的形成

拉美现代史学形成于20世纪中期,而1914—1945年则是促成拉美现代史学形成的重要的过渡阶段。两次世界大战和经济大危机的发生,导致全世界的社会和文化全面而又深刻地重新组合,欧洲霸权开始被美国新霸权取代。拉美经历了世界巨变和国际力量改组,本地也发生了内部力量的重组和民众主义政府的现代化努力。

在这种背景下,拉美史学发生了以下重要变化。一是外国思潮影响的多元化。

---

① ［墨］卡洛斯·安东尼奥·阿居雷·罗哈斯:《拉丁美洲:全球危机和多元文化》,王银福译,山东大学出版社2006年版,第27页。

随着欧洲文化和理性的危机，对危机进行批判的各种思潮涌入拉美，如弗洛伊德心理分析理论、英国的社会人类学、苏联的马克思主义、德国的法兰克福学派、法国的年鉴学派等，美国也发动文化攻势，试图以"美国的生活方式"和用美洲主义文化来取代欧洲文化。二是受到本土文化民族主义的影响。此时拉美的工业化刚刚开始，美国尚未完全地进入拉美社会的躯体之中，拉美在以一种包容的态度公开接受欧洲所有文化影响的同时，吸收着印第安文化和非洲文化的传统。拉美一些主要国家发生的"文化民族主义"运动，肯定精神的作用，强调立足于本国国情和本民族的文化传统，着意创造一种新型文化，文化民族主义运动带动了史学的发展。三是受到来自西班牙的流亡史学家的影响。西班牙内战导致大批进步社会科学工作者流亡到拉美，他们带来了德国史学传统和另一种模式的实证主义。在墨西哥的史学领域，流亡学者何塞·高斯第一次开办了关于拉美思想史的研究班，并出版了许多有关专著。拉蒙·伊戈莱西亚专攻史学理论，何塞·米兰达则侧重制度史研究。在他们的努力下，大量欧洲著述特别是当时尚鲜为人知的德国思想家的著作被译成西班牙文介绍到拉美国家。拉美的史学专业化进程也先后从阿根廷（20 世纪初）、巴西（20 世纪 30 年代）、墨西哥（20 世纪 40 年代）展开。四是史学修正派出现。与文化民族主义思潮对应，拉美史学领域出现了"史学修正派"。所谓"修正"主要是对前一时期占统治地位的实证主义史学的修正。由于历史观、方法论发生了变化，修正派在历史分期、人物评价、社会发展动力等问题上都提出了新的看法。他们强调本民族文化传统和民族心理对历史发展的推动作用，主张重视对印第安文化的研究。在阿根廷，史学修正集中体现在对罗萨斯独裁统治（1829—1852 年）的重新评价上。此前的自由派史学家萨米恩托、米特雷、阿尔韦迪等都把罗萨斯看成阻碍进步的寡头和暴君。以 1930 年卡洛斯·伊瓦古伦出版的《胡安·曼努埃尔·罗萨斯：悲剧性的一生及其时代》为代表，修正了前述观点，罗萨斯成为近代阿根廷的缔造者，他在争取国家统一、捍卫民族独立、抗击西方列强侵略以及发展民族经济方面都起到了积极的作用。修正派史学在拉美各国出现的时间并不一致，有的国家直到 20 世纪 60 年代才形成。在墨西哥，由丹尼尔·科西奥·比列加斯主编的《墨西哥近代史》（10 卷，1955—1972），将墨西哥近代和现代史的分界线由原来的 1910 年改为 1870 年，因为 1870 年是墨西哥民族资本主义开始兴起的一年。该书对波菲里奥·迪亚斯独裁政权进行了重新评价，不再是全盘否定，而是认为该政权对墨西哥的经济发展也起过很大的积极作用，特别是波菲里奥·迪亚斯推行的鼓励民族资本，吸引外资开发建设的政策，取得了明显的成就，为墨西哥资本主义发展奠定了物质基础，推动了墨西哥的早期现代化。在哥伦比亚，修正派史学的代表人物因达莱西奥·列瓦德·阿吉雷写的《我国历史上的重大社会经济冲突》（1962）对传统史学忽视人民群众特别是印第安人提出了异议，认为在现代哥伦比亚社会经济基本形式中起决定作用的，仍然是殖民地时期西班牙人与印第安人的关系，独立战争只不过确立了克里奥尔人牢固的寡头统治而已，哥伦比亚历史贯穿着人民与寡头的斗争。委内瑞拉的著名史学家吉耶尔莫·莫隆撰有《委内瑞拉史》（1960）和《拉丁美洲当代史》（1975），他认为历史学这门学科与其他学科一样，也处在不断完善的过程中。他把拉美历史的传统分期法，即发现、征服、殖民统治、独立战争和共和国五个时期，修正为疆域开创、省份构成、国家形成和国家特性的确立四个时期，他还强调历史研究应当与现状分析相联系。

第二次世界大战之后到1968年，是拉美现代史学形成的重要时期。"二战"后，发达国家很快进入了经济发展的黄金时期。同时，拉美进入了进口替代工业化升级阶段，社会活力增加、社会运动蓬勃发展。拉美现代史学在这一背景下形成，主要体现在以下四方面。一是史学被正式确定为一门研究专业，各国大学历史系、历史专科学校不断地涌现，在其他社会科学学科中也增加了历史专业课程。二是史学队伍专业化，"非专业"的史学家逐渐被专业史学家取代，经过专业培训的史学家开始投入研究中。三是史学组织机构越来越完善。许多国家新组建了档案管理机构和新的历史博物馆，其中著名的墨西哥人类学博物馆在1964年正式开放。不少国家创办了引领史学研究的先锋杂志和团体，如墨西哥的《美洲纪事》（1942）、《历史研究》（1944）、《墨西哥历史》（1951），巴西的《历史杂志》（1950），阿根廷的《美洲和阿根廷历史》（1956）、《一切均为历史》（1967），秘鲁的历史学会（1945）等。四是在发展主义理论和依附理论影响之下，拉美史学对拉美历史发展做出了独树一帜的解释。在一些拉美国家，史学革新派在批判实证主义旧观点的同时，注意吸纳法国年鉴学派和各种新的马克思主义流派的思想，当然，这种发展还是初步的。

1968年至1989年是拉美现代史学繁荣时期。1968年在世界范围内发生了文化革命，这激发了拉美史学的繁荣，现代史学中的两种新理论即新马克思主义理论和法国年鉴派思想得到广泛传播。

马克思主义的各种流派得到传播和普及。早在十月革命后，拉美就出现了第一批带有马克思主义倾向的史学家，如秘鲁共产党的创始人何·卡·马里亚特吉，他的《关于秘鲁现实的七篇论文》（1928）是第一部研究秘鲁历史的马克思主义著作，他提出印第安人问题的核心是解决土地问题、消灭大庄园制，具有"土著共产主义精神"的村社制可以作为现代农户合作的基础的思想。第二次世界大战之后，马克思主义的方法论在拉美史学中占有越来越重要的位置，如阿根廷的B. 冈萨雷斯·阿尔维迪撰写了《阿根廷共产党史》（1948），伊斯卡罗撰写了《阿根廷工会运动的产生与发展》（1958），还有巴西普列斯特斯的《当代民主制问题》

（1947），智利雷卡瓦伦的《智利共产党的孕育与诞生》（1965），乌拉圭罗·阿里斯门迪的《拉丁美洲革命问题》（1962）和《列宁、革命与拉丁美洲》（1970）。特别是 1968 年之后，一些西方马克思主义学者（如埃里克·霍布斯鲍姆、佩里·安德森、爱德华·汤普森、伊曼纽尔·沃勒斯坦等）的著作被大众广泛阅读，并成为历史专业学生的必备参考书，被称为"新马克思主义学派"的依附论研究达到了高峰。其中重要的著作有：巴西费尔南多·恩里克·卡多佐和恩佐·法勒托的《拉美的依附性及发展》（1967）、墨西哥的佩德罗·帕斯和智利的奥斯瓦尔多·松克尔合写的《拉美的欠发达和发达的理论》（1970）、巴西特奥托尼奥·多斯桑托斯的《帝国主义与依附》（1978）等。在智利的圣地亚哥大学，甚至形成了一个马克思主义历史研究学派。

　　法国年鉴学派的史学观点得到传播和普及。该时期拉美兴起了对年鉴学派各位作者（马克·布洛赫、吕西安·费弗尔、费尔南·布罗代尔等人）观点的学习运动。拉美各大学史学导论课程用的教材就是布洛赫的《为历史学辩护》。布罗代尔本人曾于 1935—1937 年在巴西圣保罗大学工作三年，听过他授课的学生此时已经成长为教授和史学家。受年鉴学派的影响，拉美史学家开始注重对经济史和社会史的研究。研究的主要问题有拉美国家国内市场的形成，各国的经济结构特点，拉美革命的经济基础，工人运动、农民运动，拉美与世界资本主义经济体系的关系，等等。年鉴学派的影响仅从墨西哥学院的研究成果就可见一斑，如恩里克·弗洛雷斯卡诺的《玉米的价格和墨西哥农业危机》（1969）、詹·巴桑特的《墨西哥教会的财产》（1971）、莫伊塞斯·冈萨雷斯·纳瓦罗的《种族与土地》（1979）、何塞菲娜·巴斯克斯的《墨西哥的民族主义与教育》（1970）、罗密欧·弗洛雷斯·卡瓦列罗的《独立运动中的反革命因素：在墨西哥政治、社会和经济生活中的西班牙人》（1969）、路易斯·冈萨雷斯的《悬在半空中的人民：圣何塞加西亚的微观史》（1968）等。路易斯·冈萨雷斯研究了他的故乡米却肯州的圣何塞加西亚从殖民地时期到墨西哥革命的历史，发现墨西哥革命并非官方教科书中所说的辉煌事件，而不过是令人讨厌的饥饿、盗匪和道德沦丧的侵扰。革命并没有带来持久性的变革。在他故乡的历史上，最大的转变不是发生在 1910—1920 年革命期间，而是在后来的基督徒叛乱期间。[①] 在拉美经济史的研究方面，比较突出的著作有塞尔索·富尔塔多的《巴西经济的形成》（1968）、《拉丁美洲经济的发展：从西班牙征服到古巴革命》（1974），小普拉多的《巴西经济史》（1962），西罗·弗拉马里翁·桑塔纳·卡多佐与佩雷斯·布里诺利合著的《拉丁美洲经济史》

---

① Luis González y González, *Pueblo en vilo. Microhistorua de San José Garcia*, México：El Colegio de México，1968.

（2卷，1979）等。

（四）拉美现代史学的新发展

20世纪80年代末以来，随着柏林墙倒塌，东欧剧变、苏联解体以及全球化时代的来临，世界史学领域发生了新的变化。1989年事件对拉美史学的主要影响是使得拉美史学对目前在世界范围内史学研究中所有的新思想更加彻底地开放，与英美国家的拉美史学家的学术交流日益频繁，拉美史学家更注重与本地区的实际相结合。从研究趋向看，一方面，拉美史研究朝微观方向发展，研究更加深入扎实；另一方面，它正在由地方史、区域史转向地区史，更关注整个大陆的历史，向宏观史学发展。从研究领域看，倡导跨学科的新政治史和新文化史开始发展，同时发展的有计量史学、人口史学、心态史学、环境史学等。[1] 仅就新文化史而言，它提倡将社会与文化作为一个整体来看待，其特点之一是强调底层研究。不仅关注底层群体（奴隶、印第安人、妇女、农民、工人等），而且关注下层群体对上层社会乃至国家的自下而上的影响。代表作有弗洛伦西亚·E. 马龙的《农民和国家：后殖民时期墨西哥和秘鲁的形成》（1994）、吉尔伯特·约瑟夫的《论拉美土匪的足迹，农民反抗的反思》（1990）、帕特里夏·锡德的《殖民与后殖民话语》（1991）、费尔南多·科罗尼尔和朱莉·斯库尔斯基的《国家的肢解与铭记：委内瑞拉政治暴力的语义分析》（1991）。特点之二是家庭史、日常生活史和性别史占有重要地位。代表作有克里斯廷·亨利菲尔德的《为自由付出代价：1800—1854年利马奴隶中的家庭和劳动》（1995）、路易斯·罗伯特·德·巴罗斯·莫特的《性禁止：在宗教裁判所魔爪下的处女、男同性恋和奴隶》（1988）、利吉亚·贝里尼的《阴暗面：殖民地巴西的女性、鸡奸和宗教裁判所》（1989）、亚松森·拉温主编的《殖民地拉美的性和婚姻》（1992）等。特点之三是在墨西哥出现了"后修正派史学"，这一学派针对修正学派"国家在墨西哥革命中操纵了民众"的观点，认为政治家通过群众运动建立了革命后的国家，国家与大众阶层之间的关系是一种相互构建的关系，而不是国家强加的单一方式，并恢复了关于民众力量（特别是农民）对革命成果和国家形成有着明显影响的说法。代表作有艾伦·奈特的《墨西哥革命：资产阶级的？民族主义的？或就是一次"大起义"？》（1985）、托马斯·本杰明和马克·沃瑟曼主编的《各省的革命：1910—1929年墨西哥地区史论文集》（1990）、吉尔伯特·约瑟夫和丹尼尔·纽金特主编的《国家形成的日常形式，现代墨西哥的革命和谈判规则》（1994）等。[2]

总之，拉美史学传统可以追溯到历史悠久的印第安文明时代，在殖民地时期，

---

[1]　Estevao de Rezende Martins y Hector Perez Brignoli, *Historia General de América Latina*, Paris: Francia Ediciones UNESCO, 2006, pp. 78-88.

[2]　韩琦：《拉美史学中的新文化史转向》，《世界历史》2014年第4期。

一些殖民者、传教士和科考工作者留下了不少历史资料和著作。拉美现代史学萌发于 19 世纪，形成和发展于 20 世纪。在 20 世纪，拉美现代史学发展经历了三大进程：首先，史学的不断专业化，包括专业队伍逐渐形成和壮大，专业机构不断加强和完善；其次，实证主义学派、修正派史学、马克思主义史学、年鉴派史学的影响先后各领风骚，在 20 世纪末，新政治史和新文化史研究又蓬勃兴起，拉美史学日益成为一门具有新的形式和深度，批判的、革新的学科；最后，以一种全球的和开放的态度，在对外国研究成果学习和批判的基础上，史学理论不断创新，研究领域不断拓宽，从而确定了自己特有的拉美史学的身份。

思考题

1. 20 世纪之初，美、法、德等国的"新史学"运动各有何特点？

2. 概括说明布洛赫和费弗尔在心态史研究方面所取得的成就。

3. 布罗代尔的长时段理论与唯物史观有何区别？

4. 考察一个史学研究的实例，说明计量史学的方法的成就和局限何在。

5. 亚非拉地区民族主义史学的发展各有何特点？

第八章　马克思主义史学

唯物史观的创立与马克思主义史学的诞生，是 19 世纪中叶以降国际史学和其他人文社会学科领域中最重要的思想创造，也标志着人类对自身历史发展规律的认识达到了一个全新的科学高度，这实质反映了唯物史观的核心理论贡献，还为科学地理解和推动人类社会的制度变革与历史发展演变提供了强大的理论思想武器。马克思、恩格斯、列宁等马克思主义经典作家在历史理论与史学实践领域的许多伟大著作，对后世马克思主义史学研究产生了奠定范式、创设方法和影响风潮的重要影响。在史学理论与史学实践层面，唯物史观与世界各国，特别是西方主要国家的历史研究实践相结合，创造了 20 世纪国外马克思主义历史学发展的新局面，呈现了从近代史学向现代科学的马克思主义史学发展的丰富内容及重要成就。这主要反映为英法等西方主要国家的马克思主义史学家群体，在社会历史观的进步与史学方法论的更新方面，继承与发扬马克思主义理论传统，把具体历史问题的考察同特定民族、国家与社会的时代条件、历史变革、思想观念等结合起来，取得了推动马克思主义史学思潮发展的许多学术成就。与此同时，20 世纪马克思主义史学也经历了多元历史观的冲击，经受了许多认识论的考验，整体而言，国外马克思主义史学得到了广泛的发展。当然也应该看到，苏联东欧社会主义的马克思主义史学是 20 世纪马克思主义史学实践中比较独特与相对复杂的历史境况和学术景象，表现了与经典马克思主义史学乃至西方马克思主义史学不同的内涵特征与演变轨迹。

第一节　马克思主义史学的发轫

历史理论的核心概念是历史观或社会历史观，是世界观的重要组成部分，意指人们作为历史认识者关于社会历史发展的根本观点。19 世纪 40 年代，由马克思、恩格斯共同创立的历史唯物主义理论的核心观念即唯物史观，预示着人类社会历史观的根本性变革，标志着马克思主义的诞生与马克思主义史学的形成。

一、马克思主义史学的欧洲渊源

马克思主义理论是 19 世纪以来科学的世界观范畴和方法论体系，也是人类在 19 世纪创造的优秀阶段性成果和人类社会的伟大思想成就。"就其理论形式来说，它起初表现为 18 世纪法国伟大的启蒙学者们所提出的各种原则的进一步的、据称是更彻底的发展。同任何新的学说一样，它必须首先从已有的思想材料出发，虽然它的根子深深扎在物质的经济的事实中。"① 马克思主义的三个重要来源分别被概括为德国古典哲学、英国古典政治经济学和法国空想社会主义。从人类思想史的进程看，回溯历史唯物主义理论体系的创建历程，可以发现马克思主义史学的思想渊源主要有两个：其一，离不开特定历史阶段客观物质条件的基础；其二，离不开对以往人类思想史上优秀理论成果的继承。同其他任何新的理论学说与历史思想一样，无论马克思主义还是马克思主义史学，它们既深深根植于自身赖以存在的物质经济世界，又必然从历史特定时期的思想渊源中寻求自身发展的理论基点。

（一）马克思主义史学形成的物质条件、思想语境和科学前提

首先，从社会物质条件看，马克思主义理论体系是资本主义生产方式在世界范围内获得统治地位后的产物。19 世纪中后期工业革命的成就极大促进了社会生产力的发展："资产阶级日甚一日地消灭生产资料、财产和人口的分散状态。……资产阶级在它的不到一百年的阶级统治中所创造的生产力，比过去一切世代创造的全部生产力还要多，还要大。"② 伴随人类社会历史的发展步伐，人们的历史意识逐渐加强，史学家深入探寻资本主义世界的经济文化联系与人类社会历史进程的历史研究成为更为迫切的需求。马克思主义史学是近代资本主义社会以来社会历史观取得巨大进步的重要表现。资本主义生产方式和社会历史演变，为马克思主义历史理论的创立和史学理论体系的形成准备了社会物质条件。

其次，从阶级构成和历史条件看，无产阶级成为独立政治力量登上历史舞台，积极开展反抗资产阶级的革命斗争与社会实践，既为唯物史观的创立提供了历史条件，也为马克思主义史学理论体系的创立奠定了阶级基础。一方面，人类历史进入 19 世纪中叶以后，资本主义迎来了高度发展的历史阶段，生产力水平与科学技术达到了前所未有的程度，工业革命的成功造就了现代工业社会体系；另一方面，资产阶级与无产阶级的矛盾成为资本主义社会的主要矛盾，而资本主义社会中生产资料资本主义私人占有制与生产社会化之间的基本矛盾则日益加剧，更加引发了阶级矛盾的空前激化。欧洲工人运动的历史动向表明，无产阶级登上世界历史舞台、独立的阶级意识及其政治运动推动着人类社会历史前进，构筑了唯物史观与马克思主义理论的历史语境、群众基础和阶级来源，也为马克思主义史学的诞生、传播和发展以及史学体系的创立提供了一切可能性条件。

再次，从历史思想渊源看，唯物史观的创立和马克思主义史学的形成，基本动力源自经典马克思主义对德意志古典哲学、英法空想社会主义理论的批判与发

① 《马克思恩格斯文集》第三卷，人民出版社 2009 年版，第 523 页。
② 《马克思恩格斯文集》第二卷，人民出版社 2009 年版，第 36 页。

展。其一，继承了德国古典哲学的思想渊源。德国古典哲学创始于康德，集大成于黑格尔，终结于费尔巴哈。马克思主义的历史思想尤其受到黑格尔历史思想的深刻影响。其二，得益于空想社会主义的思想滋养。19 世纪法国与英国空想社会主义理论家圣西门、傅立叶和欧文共同把托马斯·莫尔以来的空想社会主义观念推向比较完备的理论形态。由是，空想社会主义者的思想核心观念、社会构想分析和社会历史理论，对唯物史观的创立与马克思主义史学的形成起到了不可忽视的促进作用。

最后，自然科学的发展，特别是 19 世纪自然科学三大发现为唯物史观的创立提供了科学前提，是马克思主义史学的科技基础。能量守恒和转化定律揭示了整个自然界运动形态的相互联系和物质统一性；细胞学说揭示和解释了整个生物界的相互联系及本质属性；进化论剖析了人类社会的演进由简单到复杂、由低级到高级的客观发展规律。经典马克思主义作家正是在自然科学成就的基础上，把包括人类历史的整个宇宙世界或宇宙生态世界作为研究对象进行考察，由此使马克思主义观念获得了"以实验为依据的严格科学的研究的结果，因而其形式更加明确得多"，进而创立以唯物史观为重要内容的马克思主义理论体系，探索人类社会及其发展规律。①

（二）马克思主义史学理论体系吸收西方古典经济学思想的成果

唯物史观和剩余价值理论是马克思主义理论的两大理论发现，而唯物史观的理论方法与剩余价值的分析模式也是人们考察人类社会的历史进程与现实问题的方法论基石。从学理上看，在唯物史观的指导下，马克思主义史学要求历史研究和史学研究不能离开对社会经济因素的分析，也就注定不能忽视西方任何经济学的理论遗产与实践成就。正是在这个意义上，唯物史观和剩余价值理论奠定了马克思主义理论体系的最坚实的理论基石和方法论基础。

唯物史观被引进史学研究领域后，引起了历史学根本性变革和革命性变化，也在一定程度上促进了历史学的发展及其与其他社会科学的紧密联系。英国史学家杰弗里·巴勒克拉夫对此作过简要叙述，认为马克思主义作为哲学理论和总的观念，从五个方面对史学家产生了影响，其中两个方面同经济有关，而关注社会经济生活，必须找到恰当的描述方法及分析工具，因此历史学必须借鉴经济学的理论方法。② 譬如，马克思主义经济学是一种政治经济学，科学的劳动价值理论是马克思主义政治经济学的理论核心，它是由马克思在批判地继承资产阶级古典政治经济学的相关理论基础上建立起来的。剩余价值学说则是在劳动价值理论的基

---

① 《马克思恩格斯文集》第八卷，人民出版社 2009 年版，第 418 页。
② ［英］杰弗里·巴勒克拉夫：《当代史学主要趋势》，杨豫译，北京大学出版社 2006 年版，第 21—22 页。

础上建立起来的，被视为马克思主义经济学划时代的一种理论创新和经济学说，剩余价值理论是马克思的第二个伟大理论创造，成为马克思主义经济理论大厦的坚硬基石。

马克思主义历史学与政治经济学关系非常紧密，正如恩格斯所分析的："政治经济学，从最广的意义上说，是研究人类社会中支配物质生活资料的生产和交换的规律的科学。……政治经济学本质上是一门历史的科学。它所涉及的是历史性的即经常变化的材料；它首先研究生产和交换的每个个别发展阶段的特殊规律，而且只有在完成这种研究以后，它才能确立为数不多的、适用于生产一般和交换一般的、完全普遍的规律。"① 由此可见西方古典经济学对马克思主义政治经济学产生了深刻的影响。马克思主义政治经济学强调历史与逻辑统一，注重历史研究与经济逻辑的一致性："经济范畴出现的顺序同它们在逻辑发展中的顺序也是一样的……历史从哪里开始，思想进程也应当从哪里开始，而思想进程的进一步发展不过是历史过程在抽象的、理论上前后一贯的形式上的反映……每一个要素可以在它完全成熟而具有典型性的发展点上加以考察。"② 其实，在西方经济学的创立时期，经济学研究就非常注意历史传统与历史方法，无论卡尔·马克思还是亚当·斯密，都是将理性主义的抽象演绎与经验主义的历史归纳同时运用于历史研究的经济学家，当然马克思主义经济学关于资本主义经济制度、剥削现象与社会变革的分析更为透彻，经济学的实践成就自然更为突出。

马克思主义经典作家是在批判古典经济学的经济决定论基础上，首先继承了其从资本主义生产力角度上分析生产分配因素和上层建筑在经济活动中的理论见解，其次在分析劳动价值论的根本原则基础上，独创了剩余价值学说。剩余价值学说作为马克思在《资本论》中所建构的一种崭新思想体系中的重要内容，它以唯物史观为理论指导，通过系统分析与深入考察资本主义生产方式及其发生机制，揭示了资本主义剥削的最大秘密和资本主义社会制度的本质规律。同时，剩余价值学说是马克思运用唯物史观分析人类社会发展规律及其运行的重要成果，是唯物史观与马克思主义理论自19世纪40年代创立以来的科学验证和丰富发展。换言之，唯物史观与剩余价值理论是马克思主义的两个重要理论创造，是马克思关于人类社会发展规律的最重要的两大发现。在马克思主义发展史上，历史唯物主义与剩余价值理论之间的关系是非常紧密的，表面上，剩余价值理论属于经济学的理论，实际上，剩余价值理论使唯物主义历史观的发展进入了关键性的阶段。以辩证唯物主义与历史唯物主义为重要内容的马克思主义哲学、以阐明剩余价值学

---

① 《马克思恩格斯文集》第九卷，人民出版社2009年版，第153—154页。
② 《马克思恩格斯文集》第二卷，人民出版社2009年版，第603页。

说为总体目标的马克思主义政治经济学和被视为无产阶级革命理论指导的科学社会主义三个重要组成部分，共同构成了马克思主义完整的理论形态和思想体系。无论理论还是实践，马克思主义的剩余价值学说都有助于马克思主义唯物史观在方法论基础上，进一步理解资本主义形成与发展的社会机理，有助于马克思主义史学家在前人的基础上，进一步揭示和深入地认识资本主义基本矛盾及其灭亡的必然规律。由此可见，英国古典政治经济学为马克思考察资本主义社会，恩格斯解剖市民社会、社会结构及其制度演变，提供了经济学理论方法、研究手段和分析模式。

二、马克思主义史学的基本观念

（一）唯物史观的创立及基本原理

唯物史观是马克思为发现人类历史发展及其演变规律的两个最重要的理论创造之一，是马克思主义哲学的重要组成部分，是人们认识世界与改造世界的科学的社会历史观与方法论，是马克思主义史学的重要理论基础，也是马克思主义史学家进行社会分析和历史研究的科学指南。唯物史观的创制是一个系统的过程，其基本原理在马克思、恩格斯的论战性著作中得到了不同角度的阐释与论述，它既是一定历史条件的产物，也是一个开放的理论体系。

从 1844 年年初开始，经由《1844 年经济学哲学手稿》《神圣家族》的撰写，到《关于费尔巴哈的提纲》《德意志意识形态》的创作，及至 1859 年《政治经济学批判》的出版，是以唯物史观为重要内容的马克思主义理论的系统创立和初步发展时期。在前两部著作中，马克思主义经典作家充分论证了社会生产力是推动人类历史发展的最终决定因素，提出了人民群众是历史真正创造者的观点。如果说作为马克思致力于政治经济学研究的初步成果及著作形态的《1844 年经济学哲学手稿》充分展现了马克思主义理论及科学逻辑的新起点，那么马克思、恩格斯初步合作并于 1844 年 8 月撰写的《神圣家族》则首次阐述了唯物史观的基本内涵，初步系统提出了历史唯物主义的理论表述。在《神圣家族》中，马克思、恩格斯从唯物主义的立场出发，全面批判了黑格尔及青年黑格尔学派的唯心主义历史观，系统研究了唯物主义在共产主义理论与实践中的地位与作用，充分肯定了唯物主义理论的历史逻辑。《神圣家族》也是马克思和恩格斯从不同方法论途径出发，协同创制马克思主义理论基础即辩证唯物主义和历史唯物主义过程中的一个重要里程碑，此后他们终生合作，共同创造了马克思主义理论体系。马克思于 1845 年撰写了《关于费尔巴哈的提纲》，但是这篇原题为《关于费尔巴哈》的论述在马克思生前并没有公开发表，1888 年恩格斯出版《路德维希·费尔巴哈和德国古典哲学的终结》，在序言中，恩格斯将这篇笔记称为"关于费尔巴哈的提纲"

并以著作附录形式首次发表。在这篇批判性的纲要中，马克思以实践为出发点，系统反思与全面清算费尔巴哈的直观的、朴素的唯物主义，最终走向了辩证唯物主义与历史唯物主义。在《关于费尔巴哈的提纲》中，马克思从批判费尔巴哈人本主义观点出发，围绕社会实践在社会生活中的作用和意义问题，论证与阐明了阶级社会中人的本质是各种社会关系的总和，进而在《德意志意识形态》里，与恩格斯共同建构了关于人类社会历史发展的辩证唯物主义与历史唯物主义理论体系。

如果说《关于费尔巴哈的提纲》高度概括了历史唯物主义的理论逻辑与基本框架，主要突出了实践的重要性，并触及了唯物史观的基本要点，那么在1845—1846年马克思、恩格斯再次合作撰写的《德意志意识形态》，则首次充分论述与全面展开了"提纲"涉及的基本内容，并对唯物史观进一步作了深入的表述："这种历史观就在于：从直接生活的物质生产出发阐述现实的生产过程，把同这种生产方式相联系的、它所产生的交往形式即各个不同阶段上的市民社会理解为整个历史的基础，从市民社会作为国家的活动描述市民社会，同时从市民社会出发阐明意识的所有各种不同的理论产物和形式，如宗教、哲学、道德等等，而且追溯它们产生的过程。"① 因此，《关于费尔巴哈的提纲》和《德意志意识形态》被认为是马克思主义哲学体系形成的重要标志，特别是唯物史观创立的基本标志。马克思主义经典作家论证了社会存在和发展的重要基础是物质资料的生产、社会存在决定社会意识、生产力与生产关系辩证发展关系等历史唯物主义基本原理，指出了无产阶级革命的基本目标和夺取政权的重要任务。

唯物史观涵盖了社会历史本体论、社会历史辩证法、社会历史认识论和社会历史价值论等重要领域的基本理论与观念。马克思、恩格斯旨在揭示社会历史的本质基础与发展规律，阐明人类社会历史的核心价值、人类活动的自身价值及历史主客体之间的多重关系。从理论结构与方法论意义上看，马克思、恩格斯有关基本哲学原理和社会历史理论的辩证阐释是唯物史观的两个基本内涵。就最基本的方法论角度而言，历史唯物主义提供了人们观察和认识社会历史的科学方法与思想武器。一方面，唯物史观强调并认为社会生活的本质是人的实践活动，人类社会发展的过程可以理解为类似自然的历史过程。在分析人类社会结构与历史发展的过程时，唯物史观强调既要正确理解社会结构中的社会存在和社会意识、经济基础与上层建筑的辩证关系，还要坚持历史发展的必然性与偶然性、连续性与阶段性、普遍性与特殊性的辩证统一；另一方面，从社会历史理论的逻辑与实践层面看，唯物史观提出了关于社会历史发展的物质生产与生产方式及社会基本矛

① 《马克思恩格斯文集》第一卷，人民出版社2009年版，第544页。

盾运动的规律理论，关于社会形态从低级向高级发展的动力理论，关于阶级对立和阶级斗争及阶级社会演变的革命理论，关于人民群众和杰出人物的历史作用理论，关于人的本质和自身发展的价值理论，等等。总之，唯物史观是一个内涵丰富和思想深刻的社会历史观及理论体系。

实际上，唯物史观的内涵既非常丰富也异常深刻，接下来仅从两个方面，例证分析与略加阐明唯物史观对于马克思主义历史理论和史学实践的重要影响，以便于理解马克思主义史学的完整性与基本特征。

首先，马克思、恩格斯系统阐明了社会存在与社会意识的关系原理。社会存在决定社会意识是唯物史观的理论基础，是人类认识自身社会历史及其演变轨迹的基本出发点。唯物史观将支配人类行为的动机、意志和意识等因素，都归结为社会物质实践的影响即社会存在的制约。恩格斯指出："唯物主义历史观从下述原理出发：生产以及随生产而来的产品交换是一切社会制度的基础；……一切社会变迁和政治变革的终极原因……应当到生产方式和交换方式的变更中去寻找。"① 他告诫"唯物史观是以一定历史时期的物质经济生活条件来说明一切历史事件和观念，一切政治、哲学和宗教的"。② 而且根据马克思的分析，社会存在是由物质实践及其前提条件、生产力和社会交往形式等因素构成的历史本体存在，它绝非一般唯物主义所指称的那种普遍的客观实在，而是一个社会历史过程："人们的存在就是他们的现实生活过程。"③

实际上，恩格斯曾经精辟地论述了社会存在决定社会意识、思想意识支配行为方式之间的辩证关系，因此，对于社会历史的研究与考察，就"不是从观念出发来解释实践，而是从物质实践出发来解释各种观念形态"。④ "社会存在决定社会意识"的本质就是社会的物质生活实践决定人们的思想意识，"它不是在每个时代中寻找某种范畴，而是始终站在现实历史的基础上，不是从观念出发来解释实践，而是从物质实践出发来解释各种观念形态，由此也就得出下述结论：意识的一切形式和产物不是可以通过精神的批判来消灭的……只有通过实际地推翻这一切唯心主义谬论所由产生的现实的社会关系，才能把它们消灭"。⑤ 历史唯物主义将唯物主义一般原则运用于社会历史领域，从物质实践活动出发解释思想意识，既说明了社会物质实践是意识形成的根源，又指明了意识与物质的相互作用。遵循社会存在决定社会意识的关系原理，它要求从具体经验出发考察历史，而不是从抽

① 《马克思恩格斯文集》第三卷，人民出版社 2009 年版，第 547 页。
② 《马克思恩格斯文集》第三卷，人民出版社 2009 年版，第 320 页。
③ 《马克思恩格斯文集》第一卷，人民出版社 2009 年版，第 525 页。
④ 《马克思恩格斯文集》第一卷，人民出版社 2009 年版，第 544 页。
⑤ 《马克思恩格斯文集》第一卷，人民出版社 2009 年版，第 544 页。

象理论原则出发考察阶级、阶层、国家、社会主体的意识动机和思想观念。

其次，马克思、恩格斯科学地论述了人类历史发展的基本矛盾和根本动力问题。在唯物史观的哲学基础中，唯物主义与辩证法是紧密结合的关系，唯物辩证法是历史唯物主义的方法论基础。唯物史观或唯物辩证法认为事物的发展在于事物内部的矛盾变化，人类社会发展是合目的性与规律性的历史过程。人类社会的演进表明，生产力与生产关系、经济基础与上层建筑的基本矛盾是社会发展的根本动力：其一，生产力与生产关系的对立统一矛盾决定社会发展的总趋势；其二，经济基础与上层建筑之间的对立统一矛盾，则构成了社会形态的逐级更替。

作为马克思主义经济学的基本逻辑及其研究起点，马克思在世时未刊发的《1844 年经济学哲学手稿》接近于提出经济基础决定上层建筑的历史唯物主义基本原理："这种物质的、直接感性的私有财产，是异化了的人的生命的物质的、感性的表现。……宗教、家庭、国家、法、道德、科学、艺术等等，都不过是生产的一些特殊的方式，并且受生产的普遍规律的支配。"① 《德意志意识形态》继续论证："受到迄今为止一切历史阶段的生产力制约同时又反过来制约生产力的交往形式，就是市民社会"，它是"全部历史的真正发源地和舞台。"② 这里强调交往形式或市民社会是在物质生产过程中产生并决定政治国家和意识形态。1859 年 1 月，《政治经济学批判》出版，马克思在序言中明确阐释了生产力与生产关系、经济基础与上层建筑的辩证统一关系，对唯物史观作了如下经典表述："人们在自己生活的社会生产中发生一定的、必然的、不以他们的意志为转移的关系，即同他们的物质生产力的一定发展阶段相适合的生产关系。这些生产关系的总和构成社会的经济结构，即有法律的和政治的上层建筑竖立其上并有一定的社会意识形式与之相适应的现实基础。物质生活的生产方式制约着整个社会生活、政治生活和精神生活的过程。不是人们的意识决定人们的存在，相反，是人们的社会存在决定人们的意识。社会的物质生产力发展到一定阶段，便同它们一直在其中运动的现存生产关系或财产关系（这只是生产关系的法律用语）发生矛盾。于是这些关系便由生产力的发展形式变成生产力的桎梏。那时社会革命的时代就到来了。随着经济基础的变更，全部庞大的上层建筑也或慢或快地发生变革。"③ 这既是历史唯物主义基本原理的本质描述和完整阐释，也是马克思关于唯物主义历史观的经典叙述与科学表述。马克思主义发展史表明，对于马克思自己称为"实践的唯物主义"的内容，恩格斯在 1859 年 8 月撰写的《卡尔·马克思〈政治经济学批判〉》一文中，表述概括为"唯物主义历史观"，并高度称赞它"不仅对于经济学，而且对于

---

① 《马克思恩格斯文集》第一卷，人民出版社 2009 年版，第 186 页。
② 《马克思恩格斯文集》第一卷，人民出版社 2009 年版，第 540 页。
③ 《马克思恩格斯文集》第二卷，人民出版社 2009 年版，第 591—592 页。

一切历史科学（凡不是自然科学的科学都是历史科学）都是一个具有革命意义的发现"。① 伴随着马克思、恩格斯系统阐发以实践为基础的历史唯物主义哲学观点的过程结束，马克思、恩格斯和马克思主义完成了第一个伟大发现，由此，马克思主义史学获得理论与实践上的重大突破。

人类社会的发展是个自然的历史过程，是马克思主义唯物史观形成、发展和运用的基础与前提。具体来说，所谓人类社会的发展是个自然的历史过程，实质是历史唯物主义关于人类社会发展的客观性的科学论断，它指社会历史如同自然界那样都是合乎规律的物质运动与客观发展过程。其中包括两个方面的含义，一方面，自然界是人类社会存在和发展的前提和基础；另一方面，人类社会仍然是一个物质运动的有机体系，决定着社会历史是以人为主体的有机活动综合体。也就是说，社会历史区别于自然历史的根本点，在于社会不是自行发展的，而是必须通过有意识的、有自觉意图的人的实践活动来实现。当然，人类的主体行动的自觉意图、预期目的和行动结果却绝非预期与固定的。实际上，社会历史的发展既不是个体意志的产物，也非群体意志的规划，而是在人类社会的总体经济运动和各种因素相互作用及支配下的综合性产物，它必然服从于社会内部的客观规律。唯物史观就是对这个"历史过程"及其普遍规律的理论再现，确立人类社会发展是自然历史过程的理论，是掌握历史唯物主义基本原理和从事历史研究的关键所在。马克思、恩格斯创立唯物史观以后，以理论与实际相结合的历史态度和研究旨趣，更为积极地投入对于人类社会历史的制度考察、经济研究与社会形态分析的系统实践中去了。1848 年 2 月《共产党宣言》在欧洲公开出版，标志着马克思主义理论体系的诞生，也标志着马克思主义史学的基本形成。正如既有研究所指出的："历史唯物主义的理论内核第一次公开发表在《共产党宣言》中，而马克思用它来解释现代历史的初次尝试则是在《法兰西阶级斗争》中。"② 在马克思主义思想史上，马克思主义理论与马克思主义史学是西方社会的思想遗产和学术语境的历史产物，19 世纪 50 年代初《1848 年至 1850 年的法兰西阶级斗争》和《路易·波拿巴的雾月十八日》等早期历史著作则是唯物史观的实践成果，标志着经典马克思主义史学的正式形成。

（二）唯物史观与马克思、恩格斯的史学成就

在马克思主义发展史上，马克思、恩格斯早期理论建设与社会实践活动所体现的鲜明思想及其特征之一，就是在批判与继承的基础上，实现了自身思想历程中社会历史观的两次重大转变：一是从唯心主义向唯物主义的转变，二是从辩证

---

① 《马克思恩格斯文集》第二卷，人民出版社 2009 年版，第 597 页。

② 孙伯鍨、张一兵主编：《走进马克思》，江苏人民出版社 2019 年版，第 28 页。

唯物主义向辩证唯物主义与历史唯物主义相统一的转变。他们自身也最终由民主主义者转变为共产主义者。作为无产阶级世界革命的社会活动家与马克思主义理论的创始人，马克思、恩格斯不仅在哲学领域、经济学领域成就斐然，而且在历史学领域和社会学领域都取得了重要成就。在唯物史观创立之后，马克思主义经典作家运用唯物史观指导历史与社会研究实践，先后出版一系列的历史研究著述，取得了一些重要的历史研究成果，体现了马克思主义经典作家研究历史的基本立场、理论观点和重要方法。这些无疑奠定了马克思主义史学最初坚实的实践成就，在马克思主义史学史上留下了许多经典历史著作与历史研究文献。由马克思、恩格斯开创的马克思主义史学及其代表性历史著作，也是历史时代的产物与社会实践的结果。

为了总结 1848 年欧洲革命失败的历史经验教训，1850 年，马克思以法国革命为分析对象，借助大量的历史事实与实证材料，撰写并出版了《1848 年至 1850 年的法兰西阶级斗争》，成为理论研究与实践运用的经典文本。该著作运用历史唯物主义的观点和方法，系统分析和深刻揭示了法国革命的原因、性质、过程、影响等问题，发展了关于无产阶级革命和无产阶级专政的原理，第一次明确提出了无产阶级专政的政治、经济和思想任务，对旧有社会进行根本性的制度改造，目的是建立共和制度的国家形式。

1852 年，马克思推出了题为《路易·波拿巴的雾月十八日》的重要著述，这篇文章通过对于法国二月革命的历史意义考察，深入展开对于路易·波拿巴政变的历史逻辑分析，指出无产阶级与资产阶级的对立矛盾已上升为社会主要矛盾，阐明了无产阶级必须打破资产阶级的旧有国家机器，才能建立无产阶级专政国家的科学论断。从历史唯物主义的立场与方法出发，文章运用具有典型意义的法国历史实例，分析欧洲革命特别是法国 1848 年到 1851 年革命的经验教训："人们自己创造自己的历史，但是他们并不是随心所欲地创造，并不是在他们自己选定的条件下创造，而是在直接碰到的、既定的、从过去承继下来的条件下创造。"[①] 这段话无疑深刻地表达了马克思社会历史观的核心观点，强调了马克思关于人们超越自然主义立场而创造社会历史的实践意义及其特定的、具体的、历史的条件前提。同时，马克思论证了历史人物的评价问题，分析了社会意识与社会存在的关系问题，探讨了政治与经济的关系问题，并着重阐述了阶级斗争是历史发展的直接动力、无产阶级革命与无产阶级专政的基本理论。

1871 年 3 月 18 日巴黎公社成立，随后马克思在《法兰西内战》中高度赞扬了具有无产阶级政权组织的巴黎公社首创精神，这部著作由此推进了马克思对于欧

---

① 《马克思恩格斯文集》第二卷，人民出版社 2009 年版，第 470—471 页。

洲历史研究的进程。大约 19 世纪 70 年代末 80 年代初，正值晚年的马克思花费大量精力研读了当时欧洲许多历史著作和历史材料，按照编年顺序提要和摘录了公元前 1 世纪初到 17 世纪中叶世界各国的史实，特别是欧洲许多国家的政治历史事件和各个民族经济发展史的丰富材料，并辅之以自己的历史理解、分析评述和历史认识，形成了一系列内容丰富的史学手稿，这是马克思晚年从事经济学相关问题，特别是有关欧洲土地所有制度产生、发展和演变研究的前期工作。最终，这些史学手稿经由恩格斯之手，通过分门别类的整理，按照历史时期与主题摘录，以《历史学笔记》文本形态昭示后世。中译本《卡尔·马克思历史学笔记》主要是根据苏联 1938 年到 1946 年出版的《马克思恩格斯文库》第五、第六、第七、第八卷翻译出版的。① 这部著作反映了马克思从事历史研究的科学方法，蕴含着历史理论与史学理论的深刻见解。

马克思《资本论》全名为《资本论·政治经济学批判》，它既是一部关于资本主义社会经济形态的经济学经典著作，又是一部关于人类社会历史演变的科学社会主义及哲学著作。一方面，《资本论》从资本主义经济因素的分析角度对唯物主义历史观进行了科学论证；另一方面，《资本论》也是运用唯物主义历史观研究资本主义历史的重要成果，其中蕴含着丰富的历史唯物主义研究方法和叙述方法，体现了马克思主义辩证法和认识论的逻辑统一。当 1867 年 9 月 14 日《资本论》第一卷在德国汉堡出版后，不但马克思自己为之兴奋与喜悦，而且整个国际共产主义运动都为之惊叹。由此，列宁说："自从《资本论》问世以来，唯物主义历史观已经不是假设，而是科学地证明了的原理。"②

经典马克思主义史学的重要代表性成就还包括恩格斯将唯物史观运用于社会考察与历史研究，也包括他相关的思想贡献。同马克思的历史著作及相关著作一样，恩格斯相关著述的史学成就也令人瞩目。1842 年 3 月，恩格斯开始担任《莱茵报》的撰稿人并从理性主义立场出发，发表了大量关于政治、法律、自由和国家等社会历史问题的文章，表达了唯物主义的社会历史观和共产主义的理论观念和思想信念。1845 年 3 月，恩格斯出版第一部重要著作《英国工人阶级状况》，这部著作开始注重经济因素在社会历史发展中的决定性作用，探究资本主义制度的内在矛盾和发展演变规律。

1848 年的欧洲革命失败及影响沉寂不久，1850 年，恩格斯本着总结历史经验的宗旨，首次运用唯物史观的方法，以强烈的历史意识与历史使命感撰写了《德

---

① ［德］马克思：《卡尔·马克思历史学笔记》，中央编译局马列著作编译部译，中国人民大学出版社 2005 年版。

② 中共中央马克思恩格斯列宁斯大林著作编译局编：《列宁专题文集 论辩证唯物主义和历史唯物主义》，人民出版社 2009 年版，第 163 页。

国农民战争》这部能够指导马克思主义者分析农民问题、经由后世史学实践检验的历史经典著作，毫无疑问，《德国农民战争》更是堪称阶级分析与社会历史研究的典范之作。著作以德国革命问题为分析对象，运用大量史料，以总结欧洲 1848 年革命经验为著史目的，以分析德国 16 世纪农民战争与 1848 年德国革命异同为历史比较方法，以丰富与发展马克思主义唯物史观为理论诉求，采取典型的阶级分析的历史视角，重点阐明阶级社会的经济与政治关系，证明阶级斗争是社会发展的动力学说。因此，《德国农民战争》在马克思主义史学思想中和史学史上具有非常重要的地位。恩格斯在逝世之前的 1894 年，又撰写了《法德农民问题》，进一步论述了无产阶级政党争取农民同盟军、引导农民走向合作制的原则、方针和政策，丰富了马克思主义的阶级与阶级斗争理论。

在马克思主义史上，恩格斯于 1884 年出版的《家庭、私有制和国家的起源》第一次系统探讨了人类社会的史前史，这是一部关于古代社会发展规律和国家起源研究的经典著作。在这部著作中，恩格斯运用唯物史观的基本原理，针对性阐释了人类学家摩尔根在《古代社会》中提及的古代社会历史问题的研究成果，考察与分析了人类社会早期阶段的社会私有制与经济发展状况、阶级产生与阶级本质、国家起源与国家权力性质及未来命运等重大关系问题，使《家庭、私有制和国家的起源》成为马克思主义国家理论的历史经典著作。恩格斯在这部著作中极大地丰富了马克思主义的国家政治学说、社会历史理论和史学理论体系。

马克思和恩格斯在创立及实践唯物史观的过程中，既撰写了大量的经典性著作、专题性论文和历史研究笔记，也留下了丰富的有关政治经济学研究的文稿与关于社会历史理论的论战性文章，这些具有创造性的历史著述和研究成果，从很多层面体现了经典马克思主义作家对于历史学、社会历史科学和马克思主义史学史的重视程度。他们的分析视野非常宽广，研究范围广泛涉及史前史、中世纪史、近代史领域的重大历史事件与时代发展脉络，研究领域涵盖了经济史、政治史、社会史、文化史、民族史、宗教史等历史学的众多分支学科，甚至涉猎许多跨学科的论题、理论与方法。与此同时，马克思、恩格斯的许多研究主题和思想水平也由此体现了很高的科学价值，极大地推进了东西方相关领域的科学发展。总之，马克思、恩格斯在社会分析、历史研究和史学实践领域里所取得的巨大成就和观点见解，成为马克思主义史学思想史上的宝贵遗产。

（三）唯物史观与马克思的世界历史理论

以唯物史观为指导，对于历史规律和世界历史理论的系统探讨，是马克思主义史学理论与实践的题中之义。马克思主义经典作家认为社会历史的发展是有规律的，历史发展的偶然性都要受到历史规律制约，并将世界历史进程的规律性表述为：一是世界历史发展的内在动力因素；二是世界历史发展的社会形态更替。就马克思世界历史理论的形成来说，马克思早年在《德意志意识形态》《共产党宣言》《资本论》和《〈政治经济学批判〉序言》等重要著作中，就围绕着世界历史的概念、内涵和理论问题，针对"历史向世界历史的转变"等人类社会历史的社会形态与发展道路问题进行了探索。

经典马克思主义关于社会形态的史学解释是探寻世界历史发展规律的基本前提。马克思的社会形态理论是在实践基础上的历史认识，社会形态就是生产力发展到一定阶段的经济基础和上层建筑的统一形态，是政治经济与社会文化的总体反映。马克思在《政治经济学批判（1857—1858 年手稿）》中提出了"三大社会形式"的理论，从历史主体的视角，将整个人类社会划分为"人的依赖关系"的发展阶段、"物的依赖关系"的发展阶段和"自由个人联合"的发展阶段"三种形式"："人的依赖关系（起初完全是自然发生的），是最初的社会形式，在这种形式下，人的生产能力只是在狭小的范围内和孤立的地点上发展着。以物的依赖性为基础的人的独立性，是第二大形式，在这种形式下，才形成普遍的社会物质变换、全面的关系、多方面的需要以及全面的能力的体系。建立在个人全面发展和他们共同的、社会的生产能力成为从属于他们的社会财富这一基础上的自由个性，是第三个阶段。"① 马克思随后在《〈政治经济学批判〉序言》中完整地提出"五种社会形态"及其演进。"大体说来，亚细亚的、古希腊罗马的、封建的和现代资产阶级的生产方式可以看做是经济的社会形态演进的几个时代"。② 社会形态划分的基本依据是生产力和生产关系的发展，"无论哪一个社会形态，在它所能容纳的全部生产力发挥出来以前，是决不会灭亡的；而新的更高的生产关系，在它的物质存在条件在旧社会的胎胞里成熟以前，是决不会出现的"。③ 恩格斯的《家庭、私有制和国家的起源》初步涉及和蕴含了人类历史发展的五个阶段——原始氏族社会、古代奴隶制社会、中世纪农奴制社会、近代雇佣劳动制（资本主义）社会、未来的共产主义社会。④ 从进一步理解和更具体来说，恩格斯本意是指人类历史的基本社会形态，应该是逐渐经由包括公有制母系氏族社会、私有制及公有制并存的父系氏族社会、私有制阶级社会（奴隶社会、封建社会、资本主义社会）、公私并存的社会主义社会、未来公有制共产主义社会的社会历史发展形态，这些不同的社会形态属于不同的历史时代与社会范畴。诚如有研究者所指出的，"无论是马克思的'五种社会形态'学说，还是他的'三大社会形态'理论，都是他对历

---

① 《马克思恩格斯文集》第八卷，人民出版社 2009 年版，第 52 页。
② 《马克思恩格斯文集》第二卷，人民出版社 2009 年版，第 592 页。
③ 《马克思恩格斯文集》第二卷，人民出版社 2009 年版，第 592 页。
④ 《马克思恩格斯文集》第四卷，人民出版社 2009 年版，第 3—189 页。

史辩证法的具体运用，在他看来，无论在何种情况下，社会形态的演进都是基于生产力不断发展而展开的客观历史进程"。① 并且，马克思主义经典作家对于人类世界历史的进程研究及其认识成果，同样体现了唯物辩证法的理论精神及其实践运用。马克思主义社会形态理论与世界历史理论之间是依赖的相互促进和渗透的互动关系，世界历史发展通过社会形态更替得到社会历史的复杂变迁及其过程体现，当然，可以具体探讨的是世界历史的普遍规律并不等同于民族国家历史的具体演变道路。

马克思在 19 世纪 40 年代提出的世界历史理论，是唯物史观不可或缺的重要组成部分，是探讨"历史向世界历史的转变"规律及其本质的理论学说。马克思认为，资本主义社会形态是人类经济社会发展进程中的一个特殊阶段性制度形态，是人类以往全部社会历史发展的结果。就这个意义来说，世界历史既非人类社会自然发展的历史过程，也非纯粹思想文化及精神生产的历史过程，而是资本主义生产方式不断渗透、扩张及演进的历史，"世界史不是过去一直存在的；作为世界史的历史是结果"。② 马克思充分认识到资本主义生产方式的历史合理性，肯定了资本主义有效地发展了空前未有的社会生产力。因此，人类世界历史进程中的资本主义社会形态，这也是资本主义生产力发展的必然结局："历史不外是各个世代的依次交替。……各个相互影响的活动范围在这个发展进程中越是扩大，各民族的原始封闭状态由于日益完善的生产方式、交往以及因交往而自然形成的不同民族之间的分工消灭得越是彻底，历史也就越是成为世界历史。"③

马克思客观地阐述并强调了资本主义对人类生产力发展的历史贡献和历史作用，认为资本主义大工业促进了世界市场和世界历史的形成。世界市场既是资本主义发展的前提，也是资本主义生产方式发展的结果，更是世界历史形成的基础。"由于开拓了世界市场，使一切国家的生产和消费都成为世界性的了。……过去那种地方的和民族的自给自足和闭关自守状态，被各民族的各方面的互相往来和各方面的互相依赖所代替了。"④ 然而，毋庸讳言，在相当长的历史时期内，创建世界市场的主要推动力正是资本的力量："资本越发展，从而资本借以流通的市场，构成资本流通空间道路的市场越扩大，资本同时也就越是力求在空间上更加扩大市场，力求用时间去更多地消灭空间。"⑤ 结果"各国人民日益被卷入世界市场网，

① 孙伯鍨、张一兵主编：《走进马克思》，江苏人民出版社 2019 年版，第 204 页。
② 《马克思恩格斯文集》第八卷，人民出版社 2009 年版，第 34 页。
③ 《马克思恩格斯文集》第一卷，人民出版社 2009 年版，第 540—541 页。
④ 《马克思恩格斯文集》第二卷，人民出版社 2009 年版，第 35 页。
⑤ 《马克思恩格斯文集》第八卷，人民出版社 2009 年版，第 169 页。

从而资本主义制度日益具有国际的性质"。① 在某种程度上，长期以来，人类社会的历史向世界历史的转变过程，也就是资本输出的展开过程，《资本论》就是马克思世界历史理论的集中体现和世界历史的"资本"表达，世界历史的发展和演进所体现的只是资本的自由和扩张本性，人的自由和个性仍然受资本逻辑的宰制，因而《资本论》具有深刻的世界历史意义。② 在一定条件下，马克思主义经典作家认为世界历史是资本主义生产方式不断扩张历史的逻辑结果，也是资本主义生产方式不断扩张或资本输出的空间拓展。

虽然马克思的世界历史理论并没有明确提出"全球化"问题，但是世界历史理论的有些论述对全球化的初级形态及其未来态势还是做了精辟分析，马克思的世界历史理论与相关"全球化"理论形态之间存在着某种历史内在的逻辑勾连。马克思"全球化"的相关论述实际上是其世界历史理论的进一步补充与拓展。比如马克思善于从"全球的""世界历史意义的""世界历史性的"和"历史向世界历史的转变"等诸种世界历史的宏观视野、历史哲学的思维角度，分析人类世界历史形成的动力机制与发展趋势，经常运用"全面的""普遍的"和"全球的这种全面生产"等历史分析方法去考察资本主义和社会主义的历史演变、历史走向与未来命运，这都从某种程度上证明了马克思的世界历史理论中蕴藏着全球化观念及影响。就全球化本质及发展趋势而言，随着当前世界历史已进入名副其实的全球化过程，马克思世界历史理论对于全球化的主体内容和实践过程的历史认识与现实理解，就具有重要的方法论意义。

三、欧洲早期马克思主义史学家

在马克思主义史学发展史上，欧洲早期马克思主义者在前人的基础上，对马克思主义史学理论体系进行了艰苦探索和曲折实践。这个过程中，既有理论成就的进步及展示，也有理论谬误的倒退及纠偏，甚至出现了早期的修正主义马克思主义及批判历史主义误区，在许多欧洲国家，出现了一批要么继承、拥护与发展马克思主义理论，要么试图在某些领域或批判或修正马克思主义理论的理论家、思想家与史学家。无论如何，马克思、恩格斯的历史著作的影响和学术传统发其端，从俄国普列汉诺夫的理论探索和德国梅林的历史研究成果，到德国的伯恩施坦和卢森堡等人以历史学者身份撰写的历史著作，都成为后来马克思主义史学的思想资源和学术渊源，或从正面推进了马克思主义史学的理论创新与形态转换，或从反面制约了马克思主义史学的理论发展与实践变革。这里举其要者阐释如下。

① 《马克思恩格斯文集》第五卷，人民出版社 2009 年版，第 874 页。
② 白刚：《〈资本论〉的世界历史意义》，《山东社会科学》2015 年第 1 期。

（一）普列汉诺夫的历史唯物主义思想

作为俄国具有马克思主义政党性质的社会民主工党的创始人，格奥尔基·普列汉诺夫（1856—1918）是最早在俄国传播马克思主义理论的思想家，被公认为著名无产阶级革命家、历史思想家和"俄国马克思主义之父"。普列汉诺夫高度赞赏与认同马克思的理论贡献，积极撰写与出版理论著作，推动了马克思主义在俄国的传播与实践，对列宁早期马克思主义思想也产生了深刻影响。

普列汉诺夫善于运用唯物史观进行历史研究，并发展了马克思主义历史理论和史学认识，主要表现有三点。第一，阐述了历史观发展的"五阶段"说。普列汉诺夫的《唯物主义历史观》批判地分析了人类社会不同时代的历史观，认为历史观的演变经历了五个阶段：4—17 世纪的神学史观、18 世纪启蒙理性史观、圣西门和复辟时代史学家的利益史观、黑格尔唯心辩证史观和马克思唯物主义史观。他对于经典马克思主义的社会发展五形态论作了积极评价与高度推崇。第二，充分吸纳了马克思社会发展的"三种形式"理论，概述了影响社会历史发展的"五因素论"。在《马克思主义的基本问题》中，普列汉诺夫根据人类社会活动的性质，把社会结构分为生产力、经济关系、社会政治制度、社会心理和思想体系五项因素，并着重阐述了"五因素论"的关联和本质，深化了马克思主义关于社会结构的理论及其意义。第三，撰写了《论个人在历史上的作用问题》，重点论述杰出人物与历史时代的关系问题，阐明社会历史发展过程中人的主观能动性及其限度："任何一个伟大人物都不能够强迫社会去接受已经不适合于这种生产力状况的或者还不适合于这种状况的关系。在这个意义上说，他确实不能创造历史，所以他在这种场合移动他的表针当然是徒劳无益的，因为他既不能把时间加速，也不能使时间倒退。"① 普列汉诺夫的历史认识与历史观无疑丰富了经典马克思主义的历史思想，深化了唯物史观关于历史人物无法超越历史时代及限制的理论认识。当然，普列汉诺夫的马克思主义思想发展轨迹也是经历了曲折修正的过程，内容也是逐渐丰富起来的。

（二）梅林的马克思主义史观和伯恩施坦的历史认识遗产

弗兰茨·梅林（1846—1919）是 19 世纪末 20 世纪初德国马克思主义理论家、政治家、文学评论家和史学家，被列宁称为愿意并善于成为一个马克思主义者的德国人。同许多马克思主义者一样，梅林经由早年激进民主主义者向马克思主义者转变。1891 年梅林加入德国社会民主党并逐渐成为左派领袖，随后，参与德国社会民主党中央理论刊物《新时代》的编辑工作，成为党内左派报纸《莱比锡人

① ［俄国］普列汉诺夫：《论个人在历史上的作用问题》，唯真译，生活·读书·新知三联书店1961 年版，第 38—39 页。

民报》主编，1913年同罗莎·卢森堡一道创办了左派刊物《社会民主通讯》，政治上日益成熟。1918年，梅林与卢森堡、卡尔·李卜克内西等人共同创建了德国共产党，宣传、捍卫和传播马克思主义。梅林把历史唯物主义运用于文学艺术领域的研究，以德国文学史为切入口，把文学艺术研究作为无产阶级服务的有力武器，取得了很深的学术造诣。同时，为了把马克思主义理论与德国工人运动相结合，梅林展开了对德国工人运动史的深入探讨，从1893年开始，历经五载，梅林撰写和出版了《德国社会民主党史》，这是一部以唯物史观为指导，系统研究德国工人阶级自身及创造历史的专门著作，成为他系统对1830—1891年德国工人运动活动进行大量实际研究的重要成果。另外，为了加强对马克思主义理论的理解与运用，从1913年到1916年，梅林还专门研究了马克思的伟大生平与理论学说，最终克服重重困难，在72岁的高龄之际，顺利完成了《马克思传》这部共50万余字、规模庞大、内容丰富、影响非凡的名人传记。可以说，梅林堪称欧洲早期最著名的马克思主义史学家。

　　然而比较来说，爱德华·伯恩施坦（1850—1932）则是德国社会主义领袖和思想家，虽然他不能称为真正意义上的"欧洲早期马克思主义史学家"，却是位典型而明显"受到马克思主义历史观影响的史学家"。伯恩施坦被称为民主社会主义的鼻祖，试图对马克思主义进行全面"修正"。伯恩施坦承认唯物史观的重要意义，但对历史唯物主义采取"折中主义"的修正方案，认为社会历史是多种因素交互作用的结果，"环境、社会条件和自然条件，形成主观意志的客观基础。但是这一客观基础已经不是纯粹物质的东西了。伦理或法权观点，宗教信仰和科学理论在其中起重大的作用"。[①] 他认为社会主义制度不能通过社会剧变的暴力革命实现，社会民主党应在资本主义制度的框架之内活动，在阶级合作的基础上通过议会合法途径推动社会改良，最终和平进入社会主义。在一定意义上，伯恩施坦对马克思主义历史观的独特理解是对当时盛行庸俗经济决定论的一种反抗，旨在强调精神因素和思想力量对社会历史的作用，突出历史主体的能动性，这种唯物主义思想对"一战"后西方马克思主义的学术文化和意识形态整体转向起到一定积极作用。但是伯恩施坦对唯物主义和历史唯物主义理解是片面的，他早期受到马克思主义影响，晚期全面背离马克思主义的立场观点，其"民主社会主义"等历史认识遗产通常也被称为修正主义马克思主义而受到批判，它在史学认识论上最终滑向了折中主义和唯心主义多元论。

　　（三）罗莎·卢森堡的"总体性"社会历史观

　　作为德国共产党的创始人之一，罗莎·卢森堡（1871—1919）是德国著名

---

① ［德］爱德华·伯恩施坦：《社会主义的前提和社会民主党的任务》，殷叙彝译，生活·读书·新知三联书店1935年版，第33页。

的马克思主义哲学家、史学家和政治家，也是坚定的无产阶级革命家。卢森堡的社会分析和历史理论值得重视，一方面，卢森堡批判与继承马克思列宁主义的历史观念与社会理论。卢森堡曾高度评价马克思主义的历史辩证法原理："马克思的思想作品之所以具有这种不寻常的作用，不仅是他本人的天才，而且也因为他始终按他所论述的一切问题之间的最重要的辩证关系，从最全面的历史观点去阐明它们。"[①] 她把总体性理论确定为马克思主义哲学和马克思主义体系的核心内容；另一方面，卢森堡在德国从事与领导社会革命运动中，又积极地参与推动波兰社会主义革命运动，也积极关注俄国革命事业的发展，试图在广泛的实践中运用、修正与发展马克思列宁主义。她曾经就俄国社会民主党的建设与俄国革命过程中的重大问题，与列宁进行了多次激烈的争论，这些理论论争涉及帝国主义形成的根源、社会主义民主、党组织原则及民族理论等许多重要理论与现实问题。

与此同时，也要看到卢森堡留下的丰富的历史著作，而在其全部著作及思想观念中，她对于列宁领导的俄国十月社会主义革命的热情歌颂和高度赞赏的态度，都反映在卢森堡在 1918 年写于监狱中的最具有影响力也具有争鸣性的著作《论俄国革命》之中。卢森堡在这部历史著作中高度赞扬俄国十月革命的历史功绩，认为革命的胜利完全是以列宁为首的布尔什维克党按照历史发展的社会规律，发挥马克思主义的实践作用，领导俄国工农革命进行武装斗争的重大成果。

从积极的意义看，应该指出，除了上述欧洲早期马克思主义者的理论研究与实践探索，德国奥格斯特·倍倍尔、卡尔·李卜克内西、卡尔·考茨基和法国保尔·拉法格等同时代马克思主义者的理论学说和工人运动研究，也都对马克思主义理论有过贡献，对后世马克思主义史学的成熟与发展具有促进作用。当然，这些欧洲早期马克思主义者在世界观、历史观与社会理论体系方面，也存在着许多理论误区，甚至有的犯有机会主义错误。比如，考茨基作为德国社会民主党和第二国际的领导人之一，是所谓著名的正统马克思主义理论代表人物。第一次世界大战前后，第二国际内部形成了关于帝国主义问题的理论思潮，1914 年 9 月到 1915 年 5 月考茨基发表了《帝国主义》《两本论述重新学习的书》《再论我们的幻想》等文章，重点阐述了他推崇的"超帝国主义理论"。随后，1916 年 7 月，列宁针对考茨基的"超帝国主义论"，撰写了《帝国主义是资本主义的最高阶段》，全面系统地论述了马克思主义关于帝国主义理论，指出了帝国主义的固有实质、基本特征和历史地位，认为帝国主义是资本主义发展的特殊阶段。这既是列宁运用唯物史观，长期以来关于帝国主义问题争论和加强对于帝国主义问题研

---

① 《卢森堡文选》上卷，人民出版社 1984 年版，第 403 页。

究的成果总结，也是 20 世纪以来马克思主义者关于帝国主义理论最终形成的一个重要标志。

第二节　苏联东欧的马克思主义史学

在理论渊源和学术传统上，苏联东欧马克思主义史学显然受到了经典马克思主义的理论熏陶。既要看到苏联东欧马克思主义史学家在理论与实践中的追求史学科学化目标的有益探索，避免过度"史学政治化"困境的艰苦努力，更要看到苏联东欧马克思主义史学的学术功能，突出呈现了苏联早期史学理论的学术贡献。尤其应该注意，在社会主义社会初创的特定历史时期，苏联马克思主义史学在理论和实践中曾经形成了许多概念化、模式化和教条化等不成熟甚至错误的史学观念及史学著述，有些经验教训值得具体分析、正确对待和认真吸取，特别是不能将其不足及失误简单归结为"史学政治化和政治史学化"的意识形态因素及社会制度根源。

一、苏联马克思主义史学的阶段特征与实践发展

从苏联马克思主义史学的曲折历程看，从俄国十月革命后建立苏维埃政权，到 20 世纪 90 年代初苏联解体，苏联马克思主义史学呈现傲慢与偏见共存、成功与失误兼具、政治性与学术性交融、一元史观与多元史观交织的复杂局面，但总体上从正反两方面呈现了苏联马克思主义史学的阶段特征、社会功能和发展路向。

（一）列宁时代的马克思主义史学与史学理论体系初步创立时期

1917 年俄国十月革命至 20 世纪 30 年代，既是列宁时代的马克思主义史学认识论及历史解释模式初步创立的时期，更是苏联社会主义形态的政策确立、官方马克思主义意识形态的立场奠立与马克思主义史学体系化的形塑时期。随着十月革命形势发展，俄国社会发生了剧烈的政治转型与根本的制度变化，社会的发展及表现形态也由"帝制俄国"时代向"社会主义苏俄"时代转换。在苏维埃社会主义共和国联盟时期（1922—1991），苏联的社会文化和思想潮流也随政治制度的建构、社会形态的转变和思想文化的革命，而发生着时代性、历史性的重大演变。正如有论者所言："十月革命既是伟大的政治革命，同时也是深刻的'思想革命'以及更为艰巨的'文化革命'。知识分子作为社会价值文化体系与意识形态的创新者和传播者，在转型中的苏维埃社会扮演着重要的角色。他们在精神上和肉体上经历着'政治革命'和'文化革命'的双重冲击，不仅是苏维埃社会主义文化建

设的主体，更是被社会主义文化改造的客体。"① 比如有研究认为，在那些年代当中，历史研究的政治化倾向，特别是党史问题和社会经济意识形态占据了人文社会科学领域的核心地位，而 20 世纪 20 年代末到 30 年代初在社会经济意识形态理论领域则进行了非同寻常的广泛讨论。随后，包括史学家在内的知识分子与社会各阶层成员的生存际遇和思想状况也产生了重要变化。苏联马克思主义史学群体的专业角色和社会地位也发生了明显的波动及转变。

从史学机构、思想指导和组织保障的角度看，在十月革命后的相当长一段时期内，苏共和苏联（苏俄）社会主义国家对马克思主义史学的建立非常重视，因此制度因素全面支配和主导史学研究或历史解释领域的工作。比如 1918 年列宁主持并直接参与了社会主义社会科学研究院的创建，1924 年更名为共产主义研究院。1919 年又建立了俄国物质文化史研究院，1921 年成立了马克思恩格斯研究院，后者也就是 1956 年后的苏共中央马列主义研究院，随后马克思主义史学家协会成立。这既在客观上推动了苏联马克思主义史学的创建和发展，也使苏联式马克思主义理论和方法论成为影响或规范苏联史学研究的标准政治意识形态与绝对唯一史观。

列宁（1870—1924）是著名的马克思主义理论家，伟大的无产阶级革命家、政治家，国际共产主义者公认的"国际无产阶级革命的伟大导师和精神领袖"，也被认为是 20 世纪最有影响力的历史人物之一。列宁继承了马克思主义的理论传统和思想精髓，并创造性地形成了列宁主义，为发展马克思主义作出了巨大贡献。如同马克思和恩格斯那样，在理论上，列宁毕生致力于为人类社会的自由解放和发展目标而努力奋斗，特别是为世界无产阶级阵营的革命事业不懈地进行思想探索，也创造了许多理论学说，也试图为俄国革命实践寻找解答社会困境的理论途径，在实践中，列宁积极投身并领导俄国社会主义革命与社会主义建设运动。与此同时，作为俄国马克思主义史学的奠基人与开创者，他通过唯物史观与历史研究实践的结合方式，撰写了诸如《俄国社会民主党人的任务》《俄国资本主义的发展》《卡尔·马克思》《帝国主义是资本主义的最高阶段》《四月提纲》《国家与革命》《共产主义运动中的"左派"幼稚病》等具有政治利益诉求、经济学价值、历史理论思维和社会文化意义的经典著作。列宁极力坚持和努力完善马克思主义的唯物史观，系统进行了关于俄国革命道路和社会发展的艰苦探索，构建了建立在与人类社会历史发展的客观进程相结合基础上的科学认识和历史理论，在世界历史思想进程中和马克思主义史学史上，为人类精神文化遗产的批判性继承与创新性发展提供了大量的历史文献资源，为马克思主义历史学留下了浓墨重彩的思想光辉和史学遗产。列宁的著作成果与思想理论非常丰富，其理论成就和史学贡献

---

① 张建华：《历史断想：十月革命与苏联知识分子》，《俄罗斯学刊》2012 年第 3 期，第 69 页。

主要可以从以下两个层面进行理解。

其一，列宁以实事求是的态度对待马克思主义的社会历史理论，强调在历史研究实践中，准确理解与灵活运用马克思主义及唯物史观。在列宁看来，唯物史观对于历史研究具有非常重要的理论价值与方法论意义，因为它"指出了科学地研究历史这一极其复杂、充满矛盾而又是有规律的统一过程的途径"。列宁断言，马克思、恩格斯"发现唯物主义历史观，或者更确切地说，把唯物主义贯彻和推广运用于社会现象领域，消除了以往的历史理论的两个主要缺点"。①

其二，列宁在许多方面丰富了马克思主义理论体系，并把马克思主义俄国化。这突出表现为他继承与发展了马克思主义社会经济形态理论和阶级斗争理论，并用作指导俄国革命事业和苏联社会主义建设的重要理论和历史方法论。一方面，列宁从理论上进一步阐述了马克思主义的社会经济形态理论和阶级斗争理论的内涵、逻辑与性质，丰富了马克思主义理论的重要内容；另一方面，列宁把马克思主义对于人类社会经济形态的结构性分析和阶级斗争分析工具作为考察社会历史的研究方法与科学方法论，运用于关于俄国革命的历史解释与社会主义问题的研究过程。

列宁既是伟大的马克思主义者，也是世界无产阶级革命导师和马克思主义俄国化理论的倡导者与实践者，在领导俄国经历艰难曲折与取得光辉成就的年代里，他始终坚持把马克思主义理论与方法真正运用到艰苦的俄国革命斗争和广阔的社会活动的实践中，由此列宁也成为真正意义上苏联马克思主义史学的奠基人和开创者。可以说，"列宁的贡献不在于基本理论方面，而在于运用马克思主义世界观和历史观研究帝国主义新时代，得出了一系列新的结论，从而把马克思主义推上一个新的阶段"。② 没有马克思主义理论就没有马克思主义史学理论，列宁历史著述丰富，具有强烈的政治性、革命性和思想性，在历史理论和史学理论领域也有卓越成就。比如，从《四月提纲》的写作，经由《国家与革命》和《马克思主义和起义》直至《共产主义运动中的"左派"幼稚病》，列宁的许多历史著作与系统理论学说，无疑丰富和发展了马克思主义社会理论与历史思想。然而，苏联马克思主义史学随后的问题是，"十月革命胜利以后，特别在列宁逝世以后，苏联的马克思主义史学并未能很好地理解与继承列宁的史学思想，相反却在史学与政治等关系的问题上偏离正确的轨道，逐渐萌生了简单化与教条化等不良倾向，致使苏联的马克思主义史学走上了一条曲折发展的道路"。③

---

① 《列宁专题文集 论马克思主义》，人民出版社 2009 年版，第 14、15 页。
② 黄楠森主编：《马克思主义哲学史》，高等教育出版社 1998 年版，第 176 页。
③ 张广智：《苏联马克思主义史学的沉浮（俄国十月革命至 20 世纪 90 年代初）》，《历史教学问题》2006 年第 3 期，第 41 页。

毋庸讳言，列宁的马克思主义历史理论及史学理论存在着这样那样的缺点与不足，但是列宁的马克思主义史学认识论为后来苏联马克思主义历史学家提供了丰富的思想认识，也为后来的马克思主义史学家提供了许多灵感。因此，如何客观评价列宁时代的苏联马克思主义史学实践及其成就，怎样正确对待其理论价值与实践价值，当然成为非常重要的理论问题。

也正是由于受到列宁的历史研究及其著作成就的鼓舞，也受惠于列宁史学方法论的影响，在苏联社会主义革命政权建立与社会主义建设运动的初期，苏联历史学界和马克思主义史学家群体由此在学习领会和掌握运用马克思主义历史理论与史学理论的基础上，逐渐形成了一股实证研究风气与史学实践热潮。比如，随着十月革命的胜利，以苏联马克思主义史学家为核心的史学界重视复兴俄国史问题研究，侧重讨论大规模农民运动、欧洲革命、社会思想史等历史主线与社会变迁问题。这些研究大都试图突破过去史学研究的固有传统，寻找理解和解决俄罗斯历史问题的新途径。特别是十月革命以后至 20 世纪 20 年代，列宁、托洛茨基、布哈林、卢那恰尔斯基、波克罗夫斯基、鲁津、奥里明斯基、涅夫斯基、贝斯特良斯基等革命领袖和专业史学家都在其中发挥了非常重要的功用，甚至是决定性的功用，他们取得了许多值得肯定的史学成就，丰富了对社会历史的史学认识。

然而，在苏联社会主义国家历史的初创阶段，恰是列宁时代的马克思主义史学思想体系初步确定的时期。实际上，历史与政治之间总是存在着复杂而微妙的关联，为适应苏联苏维埃社会主义革命与建设需要，苏联马克思主义史学思潮日渐深刻地表现了史学政治化的倾向和政治史学化的程度逐渐加强，随后的苏联马克思主义史学领域却日益成为当时全国范围思想斗争或历史意识形态化的前沿阵地。通常认为，历史学的产生不可能脱离特定历史背景、社会环境和政治条件，超越历史时空和意识形态的史学研究和史学形态也是不存在的。但是，苏联史学理论和史学实践中的"政治化"问题则更具特殊性表现和影响深远意义，它明显突出了指导思想上的教条主义化、史学观念上的概念标签化和史学功能上的斗争工具化。20 世纪 20、30 年代的苏联马克思主义历史科学由此经历了非常复杂且颇具争议的曲折历程，导致许多政治家、理论家和史学家立场错位、思想混乱。

20 世纪 20 年代苏联国内政治形势的不断恶化和史学政治化的持续发展，最终导致 20 世纪 30 年代教条主义泛滥，史学界冤假错案不断出现，受肃反问题扩大化运动的影响，包括历史学在内的人文社会科学领域揪出了大量类似党内路线斗争中的布哈林"嫌疑分子"和托洛茨基式"反革命分子"，对苏联马克思主义史学造成沉重打击。

（二）斯大林时期的马克思主义史学与理论体系模式化时代

这一时期主要是理解从俄国封建主义社会变革到苏联社会主义社会的过程，并认识列宁、斯大林时代的马克思主义史学与社会结构变迁之间的关联，从而把握传统马克思主义理论、社会主义意识形态与苏联马克思主义史学体系的演变轨迹。20世纪30年代，历史学作为人文社会科学的重要领域和政治社会实践阵地在社会生活与思想意识中显然越来越受到人们的关注和重视，而苏联共产党从多方面对历史学科施加了强大的影响，这些压制政策及其巨大影响力则体现在关于马克思主义史学科学发展的文件决议中。例如，斯大林在《无产阶级革命》杂志上发表的《论布尔什维主义历史中的几个历史问题》，联共（布）中央和人民委员会关于在苏联学校教授历史若干问题的决议，斯大林、基洛夫、日丹诺夫对苏联史和俄国近代史的教科书纲要做出的重要评论等历史文献，都不同程度地影响和制约了苏联马克思主义史学的发展。从主观意图看，斯大林为了推进马克思主义和列宁主义在俄国的发展，也为了战胜党内各种反对派和确立领袖地位，还为配合20世纪20年代以来苏共党内严酷的政治斗争需要，把马克思、恩格斯和列宁等关于社会历史的理论和历史观当作绝对真理和思想纲领，通过理论建构与正统马克思主义的某些理论观念整合在一起，系统构建了斯大林主义"历史思想"，即带有强烈官方主流意识形态色彩的斯大林马克思主义思想体系。实际上，史学研究的国家历史形态学说与政治领域业已形成的政治意识形态体系被整合在一起，构成了20世纪30年代苏联马克思主义史学意识形态和庞大思想体系：《联共（布）党史简明教程》与苏联正统马克思主义史学研究。一定时期内，苏联历史学界和史学领域确如国外学者所见，政治偏见和意识形态化逐渐成为历史认识与史学评介的主要依据。

在特定历史条件和思想路线指导下，1938年斯大林策划提纲、撰写相关内容和授意联共（布）中央审定，出版了由联共（布）中央特设委员会编著的《联共（布）党史简明教程》（简称《教程》）。《教程》严重束缚了苏联马克思主义史学研究的正常发展，其指导思想和党史概念体系完全打破了20世纪20年代以来原本脆弱且不完善的列宁主义时代史学概念体系，导致20世纪30年代苏联史学界意识形态政治化和史学思想逐渐僵化。在某种程度上，许多史学家以国家政治需要至上与官方历史意识灌输为己任，影响着史学研究的基本理论、问题意识和方法论探索，特别是制约着对诸多历史问题的客观解释和科学评价。国外有研究表明，这种政治态势、历史原则与史学标准，对20世纪后半期苏联专业史家的培养及马克思主义史学的流变，产生了非常负面的影响。当然，《教程》的形成与出版反映了苏联早期历史发展过程中的阶级对抗状况、执政党指导理论的思想争论、政治路线斗争的特殊前提，《教程》也是一种历史性的史学编纂实践和史学思想遗产。《教程》编纂发行动机在主观上具有捍卫列宁主义基本原则的积极意义，客观上却导致史学实践上的教条主义倾向和思想观念的片面僵化效应。

20世纪40、50年代起，斯大林马克思主义史学进入理论体系模式化时代，斯大林时期的马克思主义史学观念处于一枝独秀而占据了绝对支配的历史地位，这也是苏联马克思主义史学从意识形态僵化模式寻求转向思想学术自由模式的特殊阶段与过渡时期。马克思主义史学的理论路径与马克思主义哲学的进展路向是一致的。当时苏联在国际政治格局和国内政治形势方面处于非常时期，"二战"结束后，苏联党、政府和社会事业进入了全面恢复的历史时期，医治战争创伤、恢复经济建设、重建社会文化事业等问题，都是摆在苏联社会主义革命和建设事业面前的重大主题。然而20世纪30年代以来，特别是"二战"以来官方意识形态体系仍在继续加强，包括历史学在内的哲学社会科学领域仍然成为意识形态领域的前沿阵地。在特殊历史条件下，苏联执政党与国家政府对历史学和整个哲学社会科学领域的高度重视是必要的，客观上苏联史学特别是马克思主义史学取得了一些成就，但相较而言，思想控制的后果更为严重和致命，这些问题为后来苏联马克思主义史学思潮的低迷、沉寂和衰落状态埋下了许多隐患。

应该看到，一方面，在马克思主义史学领域，苏共各级党政机关的监督、党的思想方针对史学研究工作起着限制作用，任何史学家都必须贯彻遵守苏共中央的系列决议和精神。苏联科学院历史研究所、各加盟共和国历史研究所及所有历史学领域的出版发行工作，都要受到严厉监视和控制。另一方面，"民主与专制"和"科学与自由"观念却在夹缝中相伴而生。从20世纪50年代起，斯大林主义意识形态的强制性政策，对苏联马克思主义史学的发展产生不良影响，因而遭到史学界内外的强烈反抗。这种政治形势和学术状况，最初都反映在研究苏联社会史的马克思主义史学阵营里。苏联马克思主义史学的发展始终处于史学研究科学性的要求与意识形态政治性的强制之间的矛盾冲突和妥协调和之中。当然从积极的角度来说，它主要表现在具体的历史研究和史学理论领域，由此苏联马克思主义史学研究在夹缝中取得了有限的成绩和一定的进展。国外学者早已认识到，这些理论问题主要涉及：社会与历史的关系理论，世界历史的客观性、普遍性与社会思想发展的规律性，人类历史进程的科学分期，人类的历史发展中阶级形成及阶级斗争功用，底层大众与精英个人的历史作用，在历史方法论领域中的主观意识形态和主观政治倾向等理论问题。正如有论者认为，这些历史理论与史学理论问题的探讨表现在：资本主义民族国家的形成问题、农奴制的存废和俄国的商人资本问题、游牧民族的宗法封建关系问题、17—18世纪俄罗斯农民战争问题、封建主义基本经济规律问题等历史理论与社会变动关系，也涉及史学理论及史学方法论问题。① 然而，也正是在苏联国内众多马克思主义史学家和非马克思主义史学家进行讨论的过程中，苏联马克思主义史学从思想僵化模式寻求向自由学术模式的过渡。

这种史学观念的转换和思想意识的过渡及其主要表现，就是极力消除迷信个人崇拜和意识形态政治对历史研究及马克思主义史学领域的影响。1956 年苏共二十大召开，赫鲁晓夫《关于个人迷信及其后果》的"秘密报告"开启了全国范围内批判斯大林主义及个人迷信的政治思想运动，揭开了破除斯大林"个人崇拜"对历史科学影响的思想解放序幕。历史学界重新加强对列宁主义思想的研究，力图恢复和重新确立经典马克思主义史学的历史思维与研究方法。在这种历史语境中，苏联史学界出现了相对自由的氛围，苏联马克思主义史学在诸多研究领域也取得了一些实践成就：其一，思想上拨乱反正与正本清源，为史学家恢复名誉并重新评价。比如，"苏联在纠正由于个人迷信和破坏法制而造成的冤假错案、为一些政治人物恢复名誉的同时，对苏联著名马克思主义史学家波克罗夫斯基及其学派也开始重新进行评价"。② 其二，随着国内社会环境和学术环境的深刻变化，20 世纪 50 年代中期苏联史学界不断重视总结与纠正史学发展存在的问题，加强与国际史学界的联系。"一些学者明确指出，苏联史学的主要缺点之一，是企图把俄国历史科学和西欧历史科学隔离开来，狂妄自大地强调自己的优越性，对马克思以前的科学采取了虚无主义的态度……西方一些学者对这些变化表示欢迎，并对此评论道，苏联似乎要'结束学术上孤立主义的年代'，现在已是'融雪的气候'，预示着一个'新时代的到来'。"③

最后，应该客观全面地评价《关于个人迷信及其后果》"秘密报告"的作用与影响，一方面，"报告"客观上起到了反对个人崇拜的思想启蒙与打破神话权威的历史作用；另一方面，"报告"也在一定程度上造成了苏联党内外思想理论界的混乱，造成了国际共产主义运动的震荡，甚至引起了马克思主义史学阵营的波动。"报告"的最大问题是缺乏对于斯大林历史地位、领导错误及社会原因的客观批评、全面评价及科学分析。应该说，"报告"由此产生的巨大冲击力对苏联史学界也产生了深刻影响，关键问题是，把斯大林主义及其消极影响仅仅归咎于个人因素及主观责任，难免会导致新一轮非历史主义或历史虚无主义思潮的观念泛滥，造成史学研究领域盛行简单化和标签化的史学解释倾向，这从根本上也违背了唯物史观的基本原理。

---

① 陈启能主编：《二战后欧美史学的新发展》，山东大学出版社 2005 年版，第 536—547 页。
② 陈启能主编：《二战后欧美史学的新发展》，山东大学出版社 2005 年版，第 549 页。
③ 陈启能主编：《二战后欧美史学的新发展》，山东大学出版社 2005 年版，第 551 页。

(三) 苏联马克思主义史学的嬗变时期

20 世纪 60—80 年代，由于受到历史时代变化、社会思想裂变和学术环境转换的深刻影响，苏联马克思主义史学开始进入一个新的转型阶段，这是苏联斯大林马克思主义占支配地位的一元史观向着非马克思主义多元史观转换的复杂交织及嬗变时期。基于特定社会的历史条件和制度形态的政治环境，从马克思列宁主义到斯大林马克思主义的转变过程中，苏联马克思主义史学曾经失去它应该具有的科学史学的理论追求和颇具影响的丰富内容，实际上最终曾一度成为苏联官方意识形态体系的组成部分。如何摆脱意识形态和政治对历史学的影响，促使苏联马克思主义史学走上正确的发展轨道，成为这一时期苏联马克思主义史学的重要任务。

考察苏联史学发展史可以发现，20 世纪 60—80 年代苏联马克思主义史学的嬗变历程和基本状况，也呈现了成就与失误并存的局面：一是史学研究受到意识形态因素的干扰，政治需要客观上还在限制科学史学的发展，苏共二十大之后，苏联史学界的中心任务是努力改变那种局限于斯大林主义历史理论通俗化和政治化解释的被动状况，但是依然可见苏联马克思主义史学在思想束缚中奋力前行；二是学术创新研究与历史学科发展保持在有限范围内，苏联马克思主义史学呈现逐渐发展的新态势和重新转向的新趋势，客观上强化了与西方学术思想的交流，新的史学量化方法和比较研究方法得到广泛应用。史学界开始热衷于重新检讨历史学理论与历史唯物主义理论的关系问题，经济史、社会史、人口史等领域研究也都取得一定进步，涌现了一批关于苏联史和世界史的著作成果，同时，史学方法论与史学理论的反思逐渐显现了一些新时代的思想气象。

在 20 世纪 60—80 年代，苏联马克思主义史学家群体研究的艰苦努力与史学实践，主要集中在诸如十月革命、新经济政策、农业集体化等 20 世纪重大历史事件与苏联社会历史变迁问题研究领域，马克思主义史学家探索苏联历史的发展过程，发表了数量可观的研究成果。这个时期，苏联建立了许多新的史学研究机构，相继出版了《苏联史》《苏联共产党史》《苏联伟大卫国战争史：1941—1945 年》《第二次世界大战史：1939—1945 年》《苏联历史科学文集》《苏联历史百科全书》等众多集体著作。从史学评价的角度看，20 世纪 60—80 年代苏联马克思主义史学家在研究上述问题时，虽然受意识形态政治的影响，在学术思想上也存在低水平重复和理论深度欠缺的问题，但所取得的史学成就也有目共睹，不可忽视。

其实，史学方法的革新和史学理论的探讨也成为 20 世纪 60 年代以来苏联史学界的重要课题。当时的许多苏联专业史学家也认识到，苏联马克思主义史学的现状与前景令人担忧，认为强调史料挖掘，关注史学创新，在于是否提出了新思想、新推断和新概念，呼吁认清苏联史学发展的制度现状，夯实推动史学进步的理论前提。苏联马克思主义史学由此呈现一系列重要的思想特征和发展趋势，其中就有强调和重视历史认识论与史学方法论问题的研究。这种研究趋势或理论取向在历史科学的各个领域，通过马克思主义史学流派的各种史学活动形式而呈现。1962年12月，有两千余名史学家参加的苏联史学家大会如期举行，会议主题报告《历史科学的任务和历史科学领域内科学教育干部的培育》引人注目，明确提出"苏联历史科学的迫切任务是研究马克思主义社会学和方法论问题"。1963年10月，苏联科学院主席团召开扩大会议，重点讨论自然科学和社会科学方法论问题。1964年1月，苏联科学院哲学社会科学部又举行会议讨论历史学方法论问题，会议主题报告《论史学方法论的研究》"重点论述了历史科学的对象问题、历史学与社会学问题，即历史学与历史唯物主义问题、历史规律性问题、关于历史研究中的客观主义和客观真实性、社会形态与历史时代，以及历史研究中理论与实践的联系问题等"。[①] 这段时期，马克思主义史学家基本实现了从史学认识层面向史学实践层面的转变，逐渐达成一种理论共识和实践目标，即"历史学作为科学无疑有其特殊的理论知识层次……现在最紧迫的任务，就是必须以马克思主义哲学为依据，制定与这个层次相适应的范畴知识体系，这个体系处于历史唯物主义一般规律一般范畴与史学家研究方法之间的'中途'"。[②] 许多历史学家在共同的理论认识框架下，在学术思想史上，从历史认识论的角度，围绕着历史认识理论的产生和发展、历史认识的主体和客体、历史认识的理论和方法论等问题协作探究，应该说正是苏联马克思主义史学家和非马克思主义史学家一道，从理论与实践上提升了苏联马克思主义史学的规模与水平。

就苏联史学的趋势来说，20世纪80年代之前，马克思主义历史观在苏联史学界长期处于主流地位，作为核心史学观念和主流意识支配着苏联史学界，80年代中期以后，苏联史学界的社会环境和学术环境再次催生了马克思主义史学界的时代裂变及聚合反应。特别是从1985年开始，戈尔巴乔夫的改革新思维主导着苏联社会变革的步伐，首先试图从对斯大林主义时期以来确立的高度集权政治体制批判入手，逐步导致对苏联马克思主义史学思想体系的内在突破。当时情况是，苏联史学界发生了深刻的观念变革，社会各界试图重建斯大林时代许多被歪曲的历史事实，剥离被掩盖的历史事件真相。因此，在社会出现急剧变革要求的特殊时期，平反昭雪历史冤案和打破意识形态束缚，成为苏联史学界和社会政治生活中的两个重要主题。实际上对于戈尔巴乔夫新思维的历史思维方式、主要理论观点

---

① 陈启能主编：《二战后欧美史学的新发展》，山东大学出版社2005年版，第555页。
② ［苏］巴尔格：《历史学的范畴和方法》，莫润先、陈桂荣译，华夏出版社1989年版，第19页。

和社会是非后果无须过多置评，因为"新思维"主导下的戈尔巴乔夫改革在理论和实践上或直接或间接导致苏联社会主义社会的混乱瓦解，甚至苏联社会主义国家的最终解体已是不争的历史事实。仅就史学领域而言，戈尔巴乔夫"新思维"体现的历史观与史学观无疑也对于苏联史学特别是对于马克思主义史学取向产生了消极作用及不良影响。在客观上，"新思维"对于历史学界是把双刃剑，导致有些史学研究片面肯定了它在纠正历史错案方面的积极意义，而对于打着"公开性"旗号夸大错误，旨在歪曲历史事实，甚至全盘否定社会主义基本制度的历史虚无主义思潮放任自流，从而严重损害了苏联马克思主义史学的正面形象与学术价值。

然而问题是，正是"新思维"的影响，20世纪80年代末90年代初，随着斯大林马克思主义思想意识形态的彻底瓦解，从苏共中央到地方各级党委，从国家到地方，从社会文化界到史学思想界，人们的政治立场和思想信仰又陷入无所依托的非主流意识形态真空状态。由此，民族、国家和社会所普遍依存的历史认知能力、历史思想意识和文化认同思潮也沉陷于迷茫困境与危机状态。特别是苏联社会在经历政治制度解体和意识形态体系崩溃的双重打击后，在苏联史学界，马克思主义史学及其观念体系也就完全失去了原有的主流统治地位与思想统摄力量。历史的局势和史学的状况有时也是异常吊诡，长期主导着苏联史学界的马克思主义一元历史解释模式受到非马克思主义多元历史解释模式的挑战，苏联史学界进入诸多历史观、历史解释途径和史学范式并存的交织乃至混乱阶段。在1989—1991年的短暂时期，随着苏联东欧社会主义国家政治制度的剧变，曾经在意识形态领域与学术思想领域占支配地位的马克思主义历史学的影响力也被削弱了，苏联马克思主义史学传统的优势地位受到动摇，苏联马克思主义史学思潮处于低迷沉寂的状态，期待着新时代的再度复兴。

事实上，有关苏联及当代俄罗斯马克思主义史学的现状与未来，也正如有的研究所指出的那样："苏联解体后，尽管马克思主义史学的主导地位逐渐淡化，但也出现了新的转变：通过反思和克服对马克思主义教条主义的阐释和运用，推动马克思主义基本精神的回归，人们看到马克思主义经典作家对资本主义社会的矛盾性和规律性论述仍然闪烁着真理的光芒，唯物史观对于认识错综复杂的人类历史和当代世界仍然具有重要的现实意义。"① 值得指出的是，苏联解体三十余年以来，当代俄罗斯许多历史学家似乎重新理解并认同了唯物史观指导历史研究的必要性，在史学实践中，通过历史教科书的编撰与史学理论的反思，促进了史学意识形态再次发生新的变化，当代俄罗斯马克思主义历史学研究理论及其历史话语

---

① 刘爽：《苏联及当代俄罗斯马克思主义史学》，《史学月刊》2022年第7期。

体系也必将再度发生重要转变。

二、东欧的马克思主义史学

就地理概念和政治意义而言的东欧国家，主要指位于欧洲东部曾经存在着的共产党执政的南斯拉夫、保加利亚、匈牙利、罗马尼亚、捷克斯洛伐克、民主德国、波兰，以及地域上与东欧并不紧密相连的阿尔巴尼亚等国度，它们曾经属于以苏联政体为模板的社会主义阵营。20 世纪 50、60 年代开始，东欧社会主义国家的马克思主义史学传统逐渐形成。作为东欧社会历史过程中的一种历史存在和史学形态，主要以波兰和民主德国为代表的东欧马克思主义史学思潮无疑是一种具有政治和学术双重意义的知识体系与思想谱系，其历史地位和学术影响是不应被忽视与抹杀的。

（一）沙夫与东欧马克思主义史学的历史理论

马克思主义作为东欧社会主义和共产主义运动的指导思想，推动和促成了东欧马克思主义理论体系与国家制度的形成，在这个过程中，东欧马克思主义哲学思潮、史学思潮和社会思潮相互交织，彰显了其社会历史意义。[1] 研究表明，东欧马克思主义作为指导思想的价值基础与重要内涵，可从东欧马克思主义者代表性的政治立场、哲学观点和理论体系等方面得到反映。一方面，有学者从哲学前提与历史理论的关系出发，以波兰与社会主义人道主义理论为例，追寻哲学思潮为史学思潮提供方法论基础和理论前提的逻辑分析路径，力图揭示波兰马克思主义史学兴衰的社会背景、理论路向和基本脉络。[2] 另一方面，也有学者在关于列斯泽克·科拉科夫斯基到亚当·沙夫的马克思主义哲学思想与历史唯物主义理论体系的观念嬗变中，系统考察了波兰马克思主义者有关马克思主义史学方法论的理论解读与时代转变的思想主线，透过社会历史理论体系的逻辑演变过程，系统探寻波兰马克思主义史学思想变迁的理论来源与哲学前提。[3] 是故，选择马克思主义哲学思想与历史唯物主义理论的认识论视角，以亚当·沙夫的历史规律和真理观等历史理论为分析重点，管窥 20 世纪 50 年代以来波兰马克思主义史学方法论的哲学来源和理论渊源，对理解东欧马克思主义史学的历史理论和实践成就显得非常必要，也具有借鉴意义。

[1] James H. Satterwhite, *Varieties of Marxist Humanism: Philosophical Revision in Postwar Eastern Europe*, Pittsburgh: University of Pittsburgh Press, 1992, pp. 12-70.
[2] Elizabeth Kridl Valkenier, "The Rise and Decline of Official Marxist Historiography in Poland, 1945-1983," *Slavic Review*, vol. 44, no. 4., 1985, pp. 663-680.
[3] Leszek Kolakowski, *Main Currents of Marxism: Its Origin, Growth, and Dissolution* (Volume III, The Breakdown), trans. from the Polish by P. S. Falla, Oxford: Clarendon Press, 1978.

亚当·沙夫（1913—2006）是波兰著名马克思主义哲学家和史学理论家，主要从事马克思主义理论研究，涉猎哲学、历史学和社会学等人文社会科学领域，代表作有《历史规律的客观性》《处在十字路口的共产主义运动》等。如同其他东欧马克思主义者那样，沙夫的马克思主义理论生涯与社会主义实践活动，在思想体系的政治立场和党派属性上，都经历了内在的曲折历程与相关转变：从经典马克思主义的辩护者、正统马克思主义（或斯大林马克思主义）的叛逆者，到非正统人道主义马克思主义的拥护者。①

纵观历史的逻辑和社会的进程，自 20 世纪 50 年代以来的马克思主义理论探索和实践路向表明，关于历史规律的客观性、历史真理和社会历史发展问题的理论论述及其史学方法论取向，是诸如沙夫那一代波兰马克思主义理论家关于如何阐发马克思主义理论体系的出发点和落脚点。受到沙夫等马克思主义者的历史理论影响，在波兰，"1956 年在许多方面都标志着波兰马克思主义历史编纂学的重新定向。……它也表现为哲学家们——比如阿达姆·沙夫（Adam Schaff）、莱塞克·考瓦考夫斯基（Leszek Kolakowski）以及最近的莱塞克·诺威克（Leszek Nowak）——对马克思重新解释。这一重新解释对马克思主义历史编纂学发生了影响。……因此，1956 年以后，波兰历史编纂学对于波兰国内外哲学及各门社会科学中进行的方法论讨论日益能够接受了"。② 波兰马克思主义史学理论家托波尔斯基就此分析认为："不存在没有理论的专门的历史编纂学。这也就是说，每一种历史研究都是依据较为广阔的背景知识而进行的。……因而，一个历史学家同时应该是一位哲学家，他应当在不同的哲学中进行选择，并验证这些哲学对于他的研究的价值。"③ 研究证明，波兰马克思主义史学是从国内外马克思主义哲学领域里获得了大量理论资源和哲学前提，其他东欧国家的马克思主义史学，比如涉及欧洲民族主义意识形态、社会文化思潮和马克思主义理论观念等错综复杂关系的捷克斯洛伐克历史学及其相关领域，也具有这种学术倾向和思想特征。④ 沙夫等东欧马克思主义者的历史理论与哲学观点，既有利于扩展和理解东欧马克思主义史学家提出的问题，也有助于加强史学家关于社会历史变革中历史主体意识、阶级冲突本质和社会经济

① John Somerville, "Adam Schaff and Contemporary Marxism", in *Philosophy and Phenomenological Research*, vol. 34, Issue 2, 1977, pp. 239–247.

② ［德］格奥尔格·G. 伊格尔斯：《欧洲史学新方向》，赵世玲、赵世瑜译，商务印书馆 2024 年版，第 146—147 页。

③ ［波］托波尔斯基：《中文版序言》，《历史学方法论》，张家哲等译，华夏出版社 1990 年版，第 2 页。

④ Anonymous, "Past in the Future: National Tradition and Czechoslovak Marxist Historiography," *European Review of History*: *Revue europeenne d'histoire*, vol. 10, Issue 1, 2003, pp. 103 – 114.

基础等哲学前提与理论渊源的史学思考。

（二）东欧马克思主义史学的历史叙事和政治叙事

自 19 世纪 40 年代马克思主义诞生于西欧社会及其历史语境以来，马克思主义经历了从产生时期的非主流意识形态理论到随后特定历史时期的主流意识形态理论和去意识形态化的转变过程。马克思主义史学作为备受社会关注的理论体系、政治倾向和学术传统而衍生存在和不断发展，对东欧马克思主义及世界史学都产生了广泛影响。就历史学领域来说，在马克思主义理论方法的思想传承和理论变异的前提下，结合各国工人阶级的革命斗争和社会活动，许多史学家展开多种形式的马克思主义史学实践，包括社会史研究和地域历史文化描述，从政治文化与社会历史的演变角度，推动东欧社会主义国家史学研究和马克思主义历史叙事模式的发展。[1] 从史学思潮和社会演变的关系看，东欧马克思主义史学的历史叙事和研究取向体现了以下特征。

第一，从马克思主义史学著述的历史叙事主体和史学认识主体的构成看，20世纪 50、60 年代以前的东欧马克思主义史学家，既是各国工人运动活动家、政治家和领袖人物，又是著作等身的专业历史工作者、史学家和马克思主义史学传播者。他们大都首先把历史著作作为阶级斗争的战略资源，然后把它们作为思想理论的宣传工具，试图通过这些有效途径或手段，把马克思主义史学方法作为改造传统史学与调节社会发展方向的思想武器。整个东欧社会主义国家的历史学界存在一种普遍现象："自 20 世纪 20 年代和 30 年代以来，马克思主义历史日益由大学和研究机构里的职业历史学家撰写，造成这一变化的条件在苏联和 1945 年以后易北河以东的社会主义国家，同在法国及意大利这类国家里，是截然不同的。"[2] 东欧马克思主义史学既具有所有马克思主义史学的普遍共性，又蕴藏着东欧社会主义国家的民族特性。

第二，从马克思主义史学观念与社会主义政治运动的相互关系看，20 世纪 60、70 年代以后，东欧马克思主义史学的学术含量越来越重，政治化色彩则日趋消褪淡薄，马克思主义史学的专业化程度越来越高，从根本上体现了东欧马克思主义者的科学态度和批判精神，但是历史学对于科学的追求毕竟始终还会因为政治现实主义的要求而脱离不了史学理想主义的困境。[3] 在 20 世纪 70、80 年代后直至苏

① Barbara J. Falk, "Resistance and Dissent in Central and Eastern Europe: An Emerging Historiography," *East European Politics & Societies*, vol. 25, Issue 2, 2001, pp. 318−360.

② ［德］格奥尔格·G. 伊格尔斯：《欧洲史学新方向》，赵世玲、赵世瑜译，商务印书馆 2024年版，第 129 页。

③ Oliva Blanchette, "The Road to Disillusion: From Critical Marxism to Post-communism in the Eastern Europe," *Studies in East European Thought*, vol. 48, Issue 2/4, 1996, pp. 314−322.

联东欧的社会剧变之前，东欧马克思主义史学虽然在学术上获得了相对独立的氛围和自由发展的空间，但政治意识形态因素的制约状态依然清晰可辨，只是少有以前那种意识形态因素绝对压倒学术思想论争的政治镜像。①

第三，在史学实践的社会效应和史学认识的学术视角上，东欧马克思主义史学的实践成就，以经济社会史研究领域最为突出而备受关注。在捷克斯洛伐克、波兰、匈牙利、罗马尼亚、保加利亚和民主德国等东欧社会主义国家的发展历程中，在最能够反映社会史研究成果的工人阶级经历及社会生存状态的重要研究领域，在东欧社会主义制度解体之后，史学发展呈现了经济社会史学的学术共性。国外学者认为，特别在集中反映工人阶级的社会生活经历和政治意识倾向的社会史研究领域，东欧马克思主义史学研究呈现自身的特色，表现为社会史研究路径、社会学调查方式、民族国家政治和历史学大众化倾向等诸种影响史学因素之间的协调发展与矛盾状态。②

当然，基于马克思主义史学与非马克思主义史学的意识形态对立，东欧各国史学发展都呈现不同的阶段性特征和整体史学诉求之间的差异。1989 年前后，这种差异不但在这些国家遵行共同的社会政治与制度运行方式方面得到反映，而且体现于东欧独特的文化根源和政治传统之中，东欧马克思主义史学的差异性发展既源自其社会历史的发展历程，也受制于史学家群体的认识活动过程。近代史学的诞生是国际史学产生影响的重大标志，民族国家的历史发展是近代世界历史的重要进程和发展主线。由此可证，从近代史学的产生和发展趋向看，历史研究在近代长期关注的研究对象就是民族国家，以民族国家为对象的历史研究俨然等同于国家历史的政治形态或政治叙事。③ 随着 20 世纪国际史学发展态势的变化，或许历史学从来就不可能忽视民族国家的政治利益和历史叙事，但是民族国家的历史叙事范式已然得到全面变革，史学研究的意识形态叙事倾向和政治导向风格也会得到逐渐修正。④ 比如在波兰史学界，历史研究与史学实践是史学家参与社会历史实践的重要形式，特定的史学家和具体的史学作品，无不表现了特定的历史叙

① Krzysztof Brzechczyn, "Models of Backwardness Versus Transformation in Eastern Europe," *East European Quarterly*, vol. 42, Issue 3, 2008, p. 317.

② Peter Heumos, "Workers under Communist Rule: Research in the Former Socialist Countries of Eastern-Central and South-Eastern Europe and in the Federal Republic of Germany," *International Review of Social History*, vol. 55, Issue 1, 2010, pp. 83–115.

③ J. Zarnowski, "Modern Trends in Polish Historiography: Marginalia in Recent Publications," *Revue Roumained Historire*, vol. 35, Issue 3–4, 1996, pp. 195–202.

④ Stefan Berger, "A Return to the National Paradigm? National History Writing in Germany, Italy, France, and Britain from 1945 to the Present," *The Journal of Modern History*, vol. 77, no. 3, 2005, pp. 629–678.

事内容和叙事结构方式，而特定的历史叙事内容、叙事结构方式就是史学家从事历史研究与史学社会实践的认识途径、叙述手段和解释模式的观念载体。[1] 由此，东欧马克思主义史学的基本内涵和研究模式必然实现逐渐转变，也即由鲜明意识形态取向的政治叙事范式转向学术内涵更为丰富的历史叙事范式。

从经典马克思主义历史科学的创立开始，马克思主义史学家与非马克思主义史学家之间就经历着从对抗走向对话的转变，交流与对话则是 20 世纪历史学逐步专业化的必然要求，"马克思主义历史学术的职业化使得其学者有可能在学术上与非马克思主义者进行交流，尽管某些国家中，学术上的思想政治阻碍或延迟了这种交流"。[2] 东欧马克思主义史学发展也存在着政治叙事盛行与去意识形态化的矛盾过程，表现为由意识形态至上向思想学术优先的转化。在东欧社会主义国家里，在人文社会科学领域，尤其在东欧马克思主义史学发展史上，存在长期努力突破官方政治意识形态束缚的史学实践过程。[3] 虽然"当局不再将马克思主义作为科学中唯一理论性的和意识形态性的路数强加于人的同时，却继续着、甚至于还强化了对科学的政治控制，对历史学更是如此"。[4]

20 世纪 90 年代以前史学领域中去政治意识形态化的形势并不乐观，而且东欧各社会主义国家的内部状况也存在较大差异，社会科学界依然存在意识形态政治与学术自由思想对立。这可从托波尔斯基那本《历史学方法论》在苏联东欧社会主义国家的出版发行、翻译传播和不同境遇中得到证明。"在波兰得到了人们的理解，在其他的社会主义国家却并非如此。比如说，我的《历史学方法论》在苏联被翻译了，却只有很少经过挑选的人能够接触到它。在保加利亚和捷克斯洛伐克，对我讨论史学方法论的论著的翻译停了下来。《历史学方法论》只在罗马尼亚问世了，而据我所知，那是为了用来强调它在外交政策上的独立性。"[5] 虽然研究显示，这种由政治囚笼走向学术自由的研究取向，在波兰马克思主义史学发展过程中更为明显，其学术成就也更加突出，[6] 然而长期以来，东欧马克思主义史学的意识形

---

[1]　Zenonas Norkus, "Modeling in Historical Research Practice and Methodology: Contributions from Poland," *History and Theory*, vol. 51, 2012, pp. 292-304.

[2]　[德] 格奥尔格·G. 伊格尔斯：《欧洲史学新方向》，赵世玲、赵世瑜译，商务印书馆 2024 年版，第 139 页。

[3]　Robin Blackburn, ed., *Ideology in Social Science: Readings in Critical Social Theory*, London: Fontana, 1972.

[4]　[波] 埃娃·多曼斯卡编：《邂逅：后现代主义之后的历史哲学》，彭刚译，北京大学出版社 2007 年版，第 144 页。

[5]　[波] 埃娃·多曼斯卡编：《邂逅：后现代主义之后的历史哲学》，彭刚译，北京大学出版社 2007 年版，第 142 页。

[6]　Elizabeth Kridl Valkenier, "The Rise and Decline of Official Marxist Historiography in Poland, 1945-1983," *Slavic Review*, vol. 44, no. 4., 1985, pp. 663-680.

态幽灵挥之不去，以至在苏东剧变后的史学反思中，经济史学家于尔根·库钦斯基就曾经大为抱怨："马克思主义史学家始终未能写出一部分普通人的真实的日常生活经验的历史，他要求他的同行们向西方非马克思主义的历史学，尤其是年鉴派的历史学中去寻找样板。"① 从观一隅知全局的角度看，东欧马克思主义史学研究要实现由政治精英史向整体社会史、由传统的民族国家历史叙事向现代的民族记忆、历史认同和心理创伤研究的范式转变，前景虽然美好但依然任重道远。②

（三）东欧马克思主义史学的史家代表与实践成就

在东欧马克思主义史学的实践领域，民主德国和波兰马克思主义史学家所取得的主要史学成就，反映了东欧马克思主义史学消弭意识形态、强化学术思想及其历史命运的基本状况，也呈现了其代表性史学著作的专业化倾向及发展程度。③

在民主德国，马克思主义史学传统也颇具特色，值得重视。它突出了丰富浓郁的经典马克思主义史学家的思想渊源，马克思主义史家群体呈现了德国共产党早期领导者兼马克思主义史学家的双重身份和学术素养。20 世纪 50 年代以后，于尔根·库钦斯基和卡尔·奥伯曼成为民主德国马克思主义史学家群体中的重要人物与杰出代表，前者主要成就在于对于工业革命领域的马克思主义社会史解释，其多卷本《德意志人民日常生活史》则描述了底层社会经历的历史景况，后者关于阶级结构与社会变迁的马克思主义解释模式也引人注目，影响不断扩大。"在民主德国，不仅关于共产主义，而且关于自由和民主运动，以及那些自从 19 世纪中叶以来在德国一直被传统历史学家有意忽视了的个人的广泛研究也是极有价值的。"④ 有学者指出，当时众多民主德国马克思主义者的重要史学著作，阐明了在民主德国历史时期，按照马克思列宁主义观点解释德国历史进程的史学模式所经历的重要阶段和史学思想价值，揭示了 1945 年以来民主德国历史思想中的进步观念，集中体现了东欧马克思主义史学家的史学遗产。⑤ "在短短几十年中，德国

① ［德］格奥尔格·G. 伊格尔斯：《二十世纪的历史学——从科学的客观性到后现代的挑战》，何兆武译，商务印书馆 2020 年版，第 95 页。
② 比如，波兰历史学家越来越注重关注纳粹占领时期犹太人命运与战争创伤研究。Natalia Aleksiun, "Polish Historiography of the Holocaust—Between Silence and Public Debate," *German History*, vol. 22, Issue 3, 2004, pp. 406-432.
③ Michael D. Kennedy and Naomi Galtz, "From Marxism to Post-communism: Socialist Desires and East European Rejections," *Annual Review of Sociology*, vol. 22, Issue 1, 1996, pp. 437-458.
④ ［德］格奥尔格·G. 伊格尔斯：《欧洲史学新方向》，赵世玲、赵世瑜译，商务印书馆 2024 年版，第 142 页。
⑤ Daniel Johnson, "Germany History in Marxist Perspective: The East Germany Approach," *The English Historical Review*, vol. 105, no. 414., 1990, pp. 272-273.

马克思列宁主义历史学，在民主德国范围内从一种受资产阶级政治的，被法西斯主义完全禁止的学科发展成为一种制度化的，具有国际影响的学科。"①

　　著名国际史学史家格奥尔格伊格尔斯始终对于德国马克思主义史学成就评价甚高，特别对民主德国的马克思主义社会史学研究做过系统考察。② 民主德国的马克思主义史学确实取得了丰硕的实践成果，"1949 年民主德国成立后，德国统一社会党成为执政党，……从一开始就十分重视历史教学和研究工作，并在这一工作中努力贯彻马克思列宁主义。……出版了大量马克思列宁主义经典著作，开展了广泛的马克思列宁主义历史理论的讨论，并组织史学家编写了诸如《德国历史教科书》《德国工人运动史》《德国统一社会党史》以及大型《德国通史》等集体著作。通过这些措施，马克思主义史学在民主德国得到了确立，并在历史教学和研究中占据了主导地位"。③ 事实证明，民主德国许多具有批判精神的马克思主义史学家坚持历史唯物主义原则，摆脱教条主义的束缚，以史料为依据客观地编纂和研究历史，出版了一批功力深厚的历史佳作，获得国际史坛的公认。④

　　波兰的马克思主义史学也取得了较大成就，更加值得国际史学界注意。按照伊格尔斯的分析论证，波兰历史学中蕴藏着丰富厚重的经济社会史传统。20 世纪 50、60 年代以来，诸如维托尔德·库拉、耶日·托波尔斯基和安德烈·威赞斯基等马克思主义经济社会史学家，都对塑造波兰史学的这种传统起着积极作用。实际上，波兰社会经济史学术渊源既来自波兰内生的学术传统，又与西方战后新史学的外在环境有着密切联系，更直接受到马克思主义学史学传统的影响。比如：在 20 世纪 60 年代，"威托德·库拉在一篇关于经济史问题与方法的论文里，以及一小卷关于封建社会经济理论的著作中，公开反对经济史研究中的专题性的与分析式的研究的增多以及描述性的倾向。……这两篇著作在专家们当中引起了热烈的讨论，因此它们非常有助于加速波兰经济史和社会史的现代化进程"。⑤ 由于马克思主义史学家群体的积极倡导和不懈推动，也得益于马克思主义史学家与非马克思主义史学家相互交流和共同探讨，波兰史学界关于 18、19 世纪经济和社会结构问题的研究取得较为丰硕的学术成果。特别在 20 世纪中后期，"波兰史学界在四十年代克服了历史唯物主义简单化的倾向，对往后史学的正常发展具有关键性的作用。波兰没有采取阶级斗争的方式，而是通过认识论对史学本质的深刻理

---

① Daniel Johnson, "Germany History in Marxist Perspective: The East Germany Approach," *The English Historical Review*, vol. 105, no. 414., 1990, pp. 272-273.

② Georg Giggers, *Marxist Historiography in Transformation: East German Social History in the 1980s*, New York: St. Martin's Press, 1991.

③ 孙立新：《原民主德国的马克思主义史学》，《史学理论研究》2007 年第 2 期。

④ 孙立新：《原民主德国的马克思主义史学》，《史学理论研究》2007 年第 2 期。

⑤ ［德］伊格尔斯：《历史研究国际手册》，陈海宏等译，华夏出版社 1989 年版，第 401 页。

解来克服简单化倾向。所以，波兰解决思想认识问题比较深刻，四十年代以后史学界就出现了欣欣向荣的局面"。[①]

正如已有研究所认识到的那样，波兰史学在"二战"前已经呈现马克思主义史学的兴起之势，得到此间一些重要马克思主义史学家诸如雅布龙斯基、贡塞罗夫斯卡娅、科瓦里斯基等的积极响应和高度重视。他们通过史学研究实践，把领导工人运动的策略、指导共产主义运动的实践及其意识形态立场等马克思主义基本理论方法，同波兰的史学研究实践及其价值取向的转变结合起来。20 世纪 50 年代至 60、70 年代，尽管也存在着历史研究的教条主义偏差和历史解释模式错误，但是波兰逐渐恢复了波兰共产党及其活动的历史真相，随着 20 世纪 30 年代以来共产党的文献档案解禁和主要领导人理论著作的公开，波兰马克思主义史学的影响逐渐凸显。波兰马克思主义史学对诸如波兰资产阶级革命运动对波兰资本主义产生发展和资产阶级国家形成问题、农民运动和民族解放运动史问题、工人运动和共产主义运动的发展问题、俄国资产阶级革命、十月革命对波兰社会主义革命酝酿等重大社会变革过程等重要问题，都有了全新的认识和系统的研究。波兰史学的研究领域甚至触及"二战"和反法西斯抵抗运动等历史问题。从 20 世纪 50 年代之后，波兰历史科学特别是马克思主义史学取得了许多重要的文献研究成果和学术思想成就。[②]

作为在国内国际学术界都享有盛名的波兰马克思主义史学家，耶日·托波尔斯基（1928—1998）是东欧马克思主义史学群体中颇具典型性的史学理论家和战后有影响力的经济史家，其成果与地位代表了波兰马克思主义史学认识论的极高水准，也彰显了波兰当代史学研究的实践成效。20 世纪 50 年代开始，在波兰史学认识论领域和史学理论界，历史哲学家和史学家不约而同地自觉把分析历史哲学、历史学方法论和历史社会学等西方史学理论的学科资源，整合为波兰史学界有关历史理论和史学认识论研究运动的一种重要动力。研究表明，以哲学和其他人文社会科学基础研究与学术理论传统见长的波兹南学派为此作出了巨大贡献，20 世纪 60 年代以后，托波尔斯基凭借在马克思主义理论传统基础的理论成就，与其他两位著名史学家克密塔和诺威克成为这场学术运动的主要领导者和实际参与者。[③]不论大学历史系，还是专门史学研究机构，都高度重视史学理论和方法论研究，在波兰马克思主义史学的发展历程中，历史方法论体系扮演了非常重要的角色。伊格尔斯认为波兰史学之所以能取得那么杰出的成就，实得益于"其发展完善的

---

① 陈洪进：《当今国外史学思潮》，《世界历史》1986 年第 11 期。

② 《欧美近代现代史学史》下，董进泉译，安徽教育出版社 1986 年版，第 182—183 页。

③ Zenonas Norkus, "Modeling in Historical Research Practice and Methodology: Contributions from Poland," *History and Theory*, vol. 51, 2012, pp. 292-304.

方法论意识"。① 而在波兰众多的史学理论研究机构中，最有权威和影响的无疑当
推波兹南大学历史系的史学方法论研究中心，其主要负责人便是托波尔斯基。研
究显示，托波尔斯基系统地总结了西方各类学者从事所谓历史学经验性方法论的
基本思想观念，强调重视各类史学家在相关史学领域中的实践成果，重点剖析了
辩证唯物主义、历史唯物主义、马克思主义哲学、分析哲学、科学哲学和后现代
哲学等现当代西方历史方法论的理论体系，彰显了独特的历史认识论思想，引起
国际学术界关于历史学方法论问题的广泛关注。②

　　总体而言，正如列斯泽克·科拉科夫斯基所认识到的那样，随着苏联社会主义
运动在实践中面临巨大挫折，斯大林主义时代结束后，除了马克思主义和马克思主义
史学发展的一般特征，包括民主德国、捷克斯洛伐克和波兰在内的东欧马克思主义及
其史学发展，在遵循理论与批判传统的历史过程中，开始了适时的拨乱反正，开辟了
自身的理论逻辑和实践路径。③ 科拉科夫斯基认为，在这些社会主义国家里，马克思
主义理论与实践都发生了巨大变革，究其原因主要在于：第一，在某种意义上，相对
狭隘的斯大林主义在这些国家持续时间相对短暂，无法扎根于其传统的社会文化与思
想意识之中；第二，这些国家的思想传统本质上与西欧文化传统和知识信仰发展密切
相关；第三，正是在这些国家，特别是波兰，许多史学家尽管曾经遭受了极大的战时
损害，但在经历了"二战"及希特勒第三帝国解体之后，在人文科学和社会科学领
域里，虽然许多年长一代的学者要么保持沉默，要么刻意约束自己的思想洞见，但是
也有史学家并没有完全消除或放弃对于社会批判的精神。按照科拉科夫斯基的历史认
识，在社会思想的沉淀与史学传统的变化上，这些国家的马克思主义史学文化传统及
其历史延续性只是暂时被削弱而并没有完全被割断。尤其是马克思主义科学方法和思
想观念作为理论武器产生了某些积极的影响，尽管这种马克思主义理论主要来自对于
斯大林主义马克思主义理论的理解、改造和运用。④

第三节　20 世纪西方马克思主义史学

　　20 世纪 30、40 年代，西方世界产生了深刻的社会危机，各种社会思潮与学术

---

① ［德］伊格尔斯：《历史研究国际手册》，陈海宏等译，华夏出版社 1989 年版，第 391 页。
② 梁民愫：《耶日·托波尔斯基史学思想的历史认识论探析》，陈恒、耿相新主编：《新史学：
　职业历史学家与大众历史学家》第 11 辑，大象出版社 2013 年版，第 107—129 页。
③ Leszek Kolakowski, *Main Currents of Marxism，its Origin，Growth，and Dissolution* (Volume Ⅲ，*The
　Breakdown*), trans. from the Polish by P. S. Falla, Oxford：Clarendon Press, 1978, pp. 450-522.
④ Leszek Kolakowski, "The Fate of Marxism of Eastern Europe," *Slavic Review*, vol. 29, no. 2, 1970,
　pp. 177-178.

思潮空前活跃，西方马克思主义史学也成为一股强大史学思潮，影响着世界新史学的发展前景。巴勒克拉夫曾具体分析了经典马克思主义史学对西方史学和史学家的深刻影响，认为事实上到 1955 年，即使在马克思主义的反对者中，也很少有史学家会怀疑聪明睿智的马克思主义历史研究方法的积极作用及马克思主义历史学所面临的正面挑战。[1] 在西方社会，特别是在欧美各国史学界，从"二战"前后、经 20 世纪 50、60 年代至 80 年代末，除英国马克思主义史学及其成就引人注目外，意大利、法国、加拿大和美国马克思主义史学也非常有影响，欧美其他国家马克思主义史学的力量则因受到更多限制而相对弱小。

一、英国马克思主义史学的学术成就

英国马克思主义历史学派发轫于 20 世纪 30、40 年代，直到 90 年代初冷战结束，学派发展随着学术环境变化和社会历史演变而呈现了兴衰沉浮的历史轨迹。在社会运动与政治实践中，20 世纪英国马克思主义从来没有成为一股重要而可供选择的政治力量，然而，受到英国时代政治条件和社会文化思想的影响，英国马克思主义史学却在许多领域和研究实践中取得了重要的学术成就。

（一）英国马克思主义史学群体的代际转换和阶段特征

从史学源流与政治关联的角度看，英国马克思主义史学的发展脉络，实际上经历了由史学政治性取向迈向史学科学性取向、学术政治化逐步走向学科专业化的曲折过程。有研究指出，英国马克思主义史学编纂开始于 20 世纪 30 年代，以非专业史学家为主进行马克思主义史学著述，这同时也是英国共产党史学家小组成员在思想上和政治上成形的年代。20 世纪 30 年代，以"红色科学运动"为主要推动力量，自然科学家成为马克思主义在英国传播的主体。"二战"后建立的英国共产党史学家小组，积极运用马克思主义重新解释历史，成为战后马克思主义在英国传播与发展的主体力量，促使马克思主义史学编纂在英国形成，是英国马克思主义史学编纂的摇篮和"孵化器"。[2]

从史学研究取向和学术思想观念的基本分野看，学派可划分为老新两代马克思主义史学家群体。在 20 世纪 30、40 年代社会思潮、社会运动和学术背景下，莫里斯·赫伯特·多布（1900—1976）、罗德尼·希尔顿（1916—2002）、克里斯托弗·希尔（1912—2003）、爱德华·汤普森（1924—1993）、埃里克·霍布斯鲍姆（1917—2012）、维多克·基尔南（1913—2009）、约翰·萨维尔（1916—2009）、多萝西·汤普森（1923—2011）、雷蒙德·威廉斯（1921—1988）和乔

---

① ［英］杰弗里·巴勒克拉夫：《当代史学主要趋势》，杨豫译，北京大学出版社 2006 年版，第 34 页。

② 初庆东、梁民愫：《论英国马克思主义史学编纂的形成》，《史学理论研究》2013 年第 3 期。

治·鲁德（1910—1993）等具有共产党员身份的马克思主义史学家构成老一代马克思主义史学家阵营，被称为"老左派"史学家。这批形成于 20 世纪 30 年代以来西方学术和社会语境中的英国第一代马克思主义史学家，从理论上抵御了自由主义和庸俗马克思主义的影响，坚持经典马克思主义唯物史观，采取"自下而上"的史学观念，关注普通农民、工匠和工人阶级的经历、情感与价值，大力推进底层历史和整体社会史书写。在社会实践和史学实践中，他们致力于发掘英国激进民主政治传统，解构了传统史学家共同遵行的宏大历史叙事模式，强调劳动群众作为历史主体和史学主体的意义，高扬马克思主义史的理论立场、政治情怀和史学取向。

20 世纪 50、60 年代国际政治环境和学术氛围发生变化，英国马克思主义史学派内部产生了严重政治立场分化和史学价值的取向转换，涌现了一批要么脱离共产党组织，要么以非共产党员身份却仍然以遵循马克思主义理论传统自居的新生代马克思主义史学家，后者被称为"新左派"史学家。其核心成员有斯图亚特·霍尔（1932—2014）、拉斐尔·萨缪尔（1934—1996）、罗宾·布莱克本（1940—　）、佩里·安德森（1938—　）和理查德·霍加特（1918—2014）等人。其中，以佩里·安德森为核心的新生代马克思主义史学家或"新左派"史学家，大多成长于 1956 年苏共二十大、匈牙利事件、苏伊士运河事件和第一次核裁军运动等国际政治环境，体验了苏联社会主义实践的严重挫折和西方自由主义的理想幻灭的双重悲剧，在政治运动和史学实践上更具激进主义倾向，试图寻求比老左派史学家更加激进的新左派运动方式与社会历史解释模式。随着 20 世纪 60 年代新左派政治运动实践的衰落，脱去激进政治外衣，英国新左派史学家退守学术文化领域，也取得了不俗的史学成就。

自 19 世纪 40 年代马克思主义史学诞生以来，经典马克思主义与西方史学思潮从对抗碰撞逐渐走向对话交流，英国马克思主义史学派的正式形成、规模发展和思想流向也经历了阶段性演变，呈现独特的时代品格、史学内涵和英国色彩，既体现了由党派史学向着科学史学转变、学术政治化走向学术思想化的历程，又昭示了史学观念的代际更替性和史学实践的社会连续性，表现了两代史学家在理论发生渊源、新左派政治语境与史学实践形态上的变化：第一，曲折中有前进的学派形成阶段（20 世纪 30 年代至 50 年代）。该阶段既是党派政治取向与政治祛魅的理论悖论期，也是群体史学观念与学术规范的生成发轫期，更是史学范式由经验主义向理念主义转变期和英国马克思主义理论传统的萌芽勃发期。比如霍布斯鲍姆和汤普森积极加入劳工史研究协会，践行早期劳工史、社会主义史和工人阶级史研究，呈现了由英国传统劳工史转向社会经济史取向的学术路径；第二，共性中显个性的学派发展阶段（20 世纪 60 年代至 70 年代）。该阶段学派史学范式日渐成熟，霍布斯鲍姆和汤普森等人提倡跨学科理论视野下的社会经济史研究，马克思主义传统经济解释模式和价值观遭受批判挑战。比如 20 世纪六七十年代的英国经济社会史学会，主导了激进史学思潮与劳工史学传统的高度结合，劳工生存状况成为史家重点关注的研究对象。最终在 20 世纪 70 年代至 80 年代的文化研究及语言学转向的学术语境中，自汤普森首创把阶级意识形成、阶级作为行为经验与阶级文化分析开始，第一代史学家倡导英国马克思主义整体社会史学的"文化转向"研究，凸显了"新左派"文化批评意识及其对后世史学的进步意义。第三，动态中有静态的学派转型时期（20 世纪 80 年代至 90 年代）。这是学派史学思潮的渐趋沉寂与衰落复苏时期，学派前辈学者在与第二代史家群体展开社会批判与理论论争的学术境遇中，在 20 世纪 70 年代后欧美解构主义思潮的背景下，重新寻求史学变革的内在力量，深化了马克思主义史学传统及新社会文化史研究。该阶段学派流变再次由经验主义式的整体社会历史书写向理念主义式的社会批判理论递变，从汤普森到安德森的史学叙事是其中的动力因素及典型范例。[1]

通常，历史学流派的发展离不开史学家个人的贡献，英国马克思主义历史学派也由于新老两代史学家的共同努力，呈现了史学观念和史学实践的连续性，不同时期学派史家群体共同构成和呈现了英国马克思主义史学的基本准则、研究范围、学术思想和史学范式的嬗变。在此具体表现为两个方面。

第一，从历史认识论的角度看，英国马克思主义史学家的著作文本和著史活动，体现了独特的历史眼光、分析视角和史学方法。比如，希尔顿的底层民众与封建主义社会变迁研究、萨维尔的劳工经济社会史研究、希尔的英国革命与资本主义社会研究、萨缪尔的工人阶级文化史与民众主义理论研究、基尔南的帝国主义与社会变迁研究、威廉斯的文化唯物主义理论与思想文化史研究、安德森的新自由主义理论与新政治史研究等。这些史学家随同霍布斯鲍姆和汤普森等人一道，从不同侧面彰显了学派的理论遗产和学术传统，共同构成了英国马克思主义史学家的整体史研究取向，体现了相应的历史认识论倾向。

第二，从历史方法论的意义看，通过史学与社会相互关系的实证考察，借助史学思想与社会文化的互动分析，在史家著作文本形成的不同历史时期，结合史家个体的社会活动，考察这些典型文本的思想史意义，可以对该学派历史思想和史学编纂中的有关历史经验、科际整合与历史表现等方法论因素有新认识。从马克思主义理论视野出发，从社会史、文化史理论框架与思想史研究路径相互交融的角度，也可以看到英国马克思主义史学家关于新社会史和新文化史研究的演变脉络。英国马克思主义史学的"文化研究"转向，既体现了 20 世纪 60 年代以来西方史学的范式更新，也表现了英国马克思主义史学对西方新史学特别是"新

---

① 梁民愫：《20 世纪马克思主义史学的英国范式及学术路向》，《史学月刊》2022 年第 7 期。

社会史"和"新文化史"的理论贡献和实践成效。

（二）英国马克思主义史学的史观取向与实践成就

从 20 世纪历史的长时段和学派演变的角度看，两代英国马克思主义史学家共同构成了一个社会生活跨度不同、学术经历重叠交错、史学观念相互渗透、学渊脉络连绵不断的学派群体，陆续以卓尔不凡的学术成就、极具洞见的史观取向凸显于英国学术界，也引起国际史学界的广泛关注。新老两代左派马克思主义者的代表性史学家的史学研究成果体现了英国马克思主义史学的史观取向和实践成就。

1. 典型英国马克思主义史学家的实践成就

莫里斯·多布是英国著名马克思主义史学家、经济学家和政治评论家，多布和莫尔顿、道娜·托尔等人被公认为英国马克思主义史学理论传统的重要奠基人。多布学术生涯凡 40 余年，研究视野广泛，涉猎经济学、经济史、思想史、政治经济学等众多学科领域，著有《政治经济学和资本主义》《资本主义发展研究》《1917 年以来苏维埃经济的发展》等重要作品，包括史学著作、政治热点和社会评论等。多布的学术研究和学术思想主要体现在对封建主义向资本主义过渡理论、资本主义发展理论和苏联经济发展史的系统研究方面。在某种程度上，其史学思想奠定了英国马克思主义史学理论基础，顺应了历史学学科的发展规律，强化了历史学、经济学和社会学的结合，从希尔、希尔顿、霍布斯鲍姆、汤普森等人身上都能看到多布学术思想的史学痕迹。

约翰·萨维尔是位希腊裔英国马克思主义史学家，在英国马克思主义史学传统奠基人和重要推动者道娜·托尔的影响下，成长为 20 世纪上半叶英国最著名的左派劳工史史学家。萨维尔以马克思主义理论方法为指导，在历史唯物主义和"自下而上"社会历史观的视野下，在新社会史理论与解释框架之内，长期在英国马克思主义史学领域里辛勤耕耘，专注于英国工人运动、劳工史和社会经济史领域，代表了史学思想的社会主义人道主义、文化马克思主义和左派自由主义的多元意识形态倾向。萨维尔长期在英国赫尔大学任教，1973 年成为该校经济史教授，出版或编辑数十本著述，发表近百篇学术论文，成为英国劳工运动及劳工史、英国社会经济史和"新左派"运动研究领域的权威学者。萨维尔与萨缪尔、汤普森、霍尔和英国社会主义运动领袖拉夫尔·米利班德（1924—1994）等都曾有着紧密联系。1972 年开始同乔伊斯·贝拉米等合作编纂英国劳工史里程碑式著作《劳工档案词典》（10 卷本），与阿萨·布里格斯勋爵合编《劳工史论文集》，协同汤普森创办期刊《理性者》《新理性者》，与拉夫尔·米利班德负责期刊《社会主义纪事》。此外，萨维尔还著有《1848 年：英国政府与大宪章运动》《英国劳工运动》《政策连续性：英国外交政策与劳工政府，1945—1946 年》《左派记忆》等，可谓学术成就斐然。

　　维多克·基尔南作为英国马克思主义史学家和共产党史家小组成员，被公认为最具全球史视野的史学家之一，对战后英国马克思主义史学特别是社会史学的变革和繁荣作出了巨大贡献。为了寻求脱离斯大林主义僵化模式的正确途径，作为《过去与现在》编委会成员，基尔南同汤普森、希尔、希尔顿和霍布斯鲍姆等人一道，运用马克思主义理论方法，高举着英国左派思想运动的旗帜，充满自信又不无傲慢地与那些源自非马克思主义传统的学者展开对话和交流。基尔南撰写了许多具有里程碑意义的专业论文，对《新左派评论》的办刊宗旨和学术风格的转变也起过极大的促进作用。当汤普森、希尔和希尔顿等人在英国社会史研究领域声名显赫时，基尔南正在与霍布斯鲍姆从更广泛的全球史视野出发，实践着全球历史书写与社会历史解释的新途径和新技艺。在这种新史学观指导下，基尔南涉猎传统史学诸多领域，对精英历史、帝国神话、资本主义民间传说、保守主义、文化研究和社会变迁等问题都作出了实践创新与重要贡献。

　　拉斐尔·萨缪尔非常重视工人阶级文化史与民众主义理论研究，霍尔称颂萨缪尔为同时代英国马克思主义史学家中最具开创性的思想家之一。虽然萨缪尔直到学术生涯晚期才成为英国东伦敦大学历史系的著名教授，但是他早期担任过牛津大学拉斯金学院社会史和社会学讲师，作为激进马克思主义青年学者，发起 20 世纪 60 年代"历史工作坊"学术运动，试图促成英国马克思主义史学家的理论传统与英国劳工史的研究传统有机结合。① 其代表作《英国共产主义的失落》就是运用传统档案史料和非权威小说材料，结合自己童年时代在伦敦东区的亲身经历，试图详细再现英国共产主义运动非常活跃时代的兴衰史。② 这部著作及萨缪尔的学术实践切实地推进了 60 年代文化革命中的左派学术思潮，为当时英国史学家确定了新的学术发展方向。

　　20 世纪 60、70 年代，随着世界范围的社会文化运动风起云涌，英国文化研究传统应运而生，1964 年霍加特创办英国伯明翰文化学派和伯明翰大学当代文化研究中心（CCCS），"伯明翰学派"由此逐渐形成。学派代表人物就是理查德·霍加特、雷蒙德·威廉斯和斯图亚特·霍尔。这样一种崭新的基于马克思主义传统的大众文化与社会变动研究范式，从此确立于英国马克思主义文化研究领域和学术舞台。其中，霍尔曾经担任英国社会学协会主席，20 世纪 50 年代，成为颇具影响的《新左派评论》创建者之一。也正是在 1964 年，受到霍加特邀请，霍尔加入伯

---

① "Worker-Historians in the 1920s: The Ruskin History Workshop Students Collective," in Raphael Samuel, ed., *People's History and Socialist Theory*, London and New York: Routledge, 1981, pp. 15-20.

② ［英］拉斐尔·塞缪尔：《英国共产主义的失落》，陈志刚、李晓江译，社会科学文献出版社 2010 年版。

明翰大学当代文化研究中心，并承担起中心领导职务，拓展了英国文化理论体系和研究领域。就英国文化研究的理论影响与社会历史变迁的传统渊源而言，诚如霍尔分析认为，霍加特的《文化的用途》、威廉斯的《文化与社会》《漫长的革命》及汤普森的《英国工人阶级的形成》等堪称 20 世纪 50、60 年代文化研究奠基之作。① 1979 年之后，霍尔从伯明翰大学转移到英国开放大学，其研究路向转到社会学，被称为"英国文化理论家的领军人物之一"。笼统地说，霍尔同霍加特、威廉斯一样，都是英国文化研究或伯明翰文化学派的奠基者，英国文化马克思主义史学理论继承人和实践者。不过在创建伯明翰文化学派和英国文化研究传统的理论与实践领域，霍加特无疑被视为该学派的奠基人，威廉斯处于理论先驱的地位，霍尔则是在两位领袖人物的基础上把学派传统发扬光大，而成为英国文化研究领域的第二代领军人物。

雷蒙德·威廉斯是著名英国马克思主义史学家、成人教育家、思想史家与文化史家、媒体研究先驱。威廉斯 1921 年生于威尔士一个铁路工人家庭，全家人都是英国工党的坚定支持者。1946 年，威廉斯获得英国剑桥大学文学学士学位，同年加入牛津大学校外历史研究小组而活跃于英国学术界。威廉斯还曾负责《政治与文学》杂志的编辑工作，积极参与 50 年代的"新左派"运动，协助创办《新左派评论》。从威廉斯的学术生涯和思想演变中，可以清晰地看到其历史文化研究的思想路径。正是威廉斯的家庭出身和工人阶级政治背景，长期浸染于文化精英聚集和思想大师迭出的剑桥学术渊源，造就了他在社会历史的文化解释和当代文化研究的理论成就。威廉斯撰写了大量文化与历史研究著作，代表作《文化与社会》《漫长的革命》等有力地促进了英国马克思主义史学的文化研究转向。

就史学成就和学术影响而言，诸如上述的典型史家，虽然英国马克思主义史学派成员各有学术专长和突出研究领域，但是在这些被冠以马克思主义史学家或经济社会史学家或文化研究学家或"新左派"史学家等称号的历史学家那里，其史学研究的指导思想、理论方法和实践风格并不存在着明显对立，反而具有相当一致性。从学派的主流研究领域角度上看，新老两代英国马克思主义史学家的研究领域隶属于战后西方新史学的学科范畴，也被称为英国新社会史学派。相较而言，汤普森和霍布斯鲍姆作为英国新社会史学派创立者与奠基人，其史学思想和史观取向更是体现了英国马克思主义史学派的群体特征。

2. 汤普森关于阶级历史的文化解释与"自下而上"历史学

作为享誉世界的史学家，汤普森运用历史唯物主义的方法研究底层社会史，

---

① Stuart Hall, Dorothy Hobson, Andrew Lowe and Paul Willis, eds., *Culture*, *Media*, *Language*, London and New York: Routledge, 1992, p. 3.

注重从文化因素分析英国工人阶级和阶级意识的形成问题，被学界视为英国文化研究的鼻祖或"文化的马克思主义史学家"。① 除了史学研究的理论创新，汤普森还热衷于以历史和史学研究为武器，参加各种社会政治实践，积极参与南斯拉夫和保加利亚国家社会重建，是当时英国最具影响力的社会活动家之一。"二战"后汤普森将马克思主义理论与实践有机结合，成为20世纪70、80年代欧洲核裁军运动的主要领导人，成为"行动的马克思主义者"和"行动的马克思主义史学家"，在历史学领域硕果累累，学术成就集中于马克思主义史学理论、文化理论和"道德经济学"等整体社会史领域，在社会学和文学等领域也成绩斐然。

在《威廉·莫里斯：从浪漫主义到革命》《英国工人阶级的形成》《辉格党和狩猎者》《理论的贫困及其他》《共有的习惯》等著作中，汤普森对底层民众的关注，运用唯物史观对历史的研究，对英国本土传统文化的解释，是18—19世纪英国社会史研究不可忽视的史学著作及思想资源。汤普森关于阶级构成的文化解释和历史认识，能够更好地理解英国马克思主义新社会史家如何运用阶级分析方法和理论去研究"自下而上"的大众历史。汤普森以叙述工业革命时期英国工人阶级的生活状况为立足点，从传统道德和现实价值及心理意识等文化因素的角度分析问题，提出了关于阶级形成及阶级意识的独特理论："阶级是社会与文化的形成，其产生的过程只有当它在相当长的历史时期中自我形成时才能考察，若非如此看待阶级，就不可能理解阶级。"因为，"当一批人从共同的经历中得出结论（不管这种经历是从前辈那里得来还是亲身体验的），感到并明确说出他们之间有共同利益，他们的利益与其他人不同（而且常常对立）时，阶级就产生了"。② 英国工人阶级形成及其阶级意识就是从文化角度处理这些阶级经验或经历的方式，它体现在传统习惯、思想观念和组织形式等价值体系之中。"汤普森文化分析方法的关键在于他对阶级意识发展的错综复杂性的敏锐感受，这使得他对阶级意识的态度既不是仅仅把它作为一种因循守旧的关于'客观'压迫的认识，也不是把它作为一系列最接近的或为人们接受或为人们反对的观念来看待。"③ 这反映了英国马克思主义新社会史学家对马克思阶级理论的批判立场与继承态度。

汤普森等英国新社会史学家认识到，只有从普通民众的新角度去解释与探索

① Dennis L. Dworkin, *Cultural Marxism in Postwar Britain: History, the New Left, and the Origins of Cultural Studies*, Durham and London: Duke University Press, 1997.

② ［英］E. P. 汤普森：《英国工人阶级的形成》下，钱乘旦等译，译林出版社 2013 年版，第 995—997 页。

③ Tim Patterson, "Notes on the Historical Application of Marxist Cultural Theory," *Science & Society*, vol. xxxix, Number 3, 1975, p. 258.

社会的历史，才能加深对过去的认识，史学研究只有面向大众或走向民众才能得到历史本来面目的检验与印证，客观和整体的社会历史才能被重构与再现。这种史学观念及其实践意义在于两个层面：一是倡导"自下而上"历史观念下的历史研究方法或视野；二是开掘了新型历史研究领域。通过"自下而上"的研究途径，运用阶级理论与阶级分析的方法研究下层阶级经历或基层历史思想，又不忽视上层阶级的历史，从而建构整体社会历史的图景，是汤普森和霍布斯鲍姆等英国马克思主义史学家倡导"自下而上"的历史观念的重要外化形式，由此开创了一种超越现行的关于社会历史的研究模式和历史书写的新范式。"自下而上"史学观念、阶级研究方法、整体社会史框架和英国新社会史研究实践，正是汤普森和霍布斯鲍姆及其同事们对当代国际史学的开创性贡献。

3. 霍布斯鲍姆与马克思主义整体社会史学

霍布斯鲍姆的人生经历和学术思想，可以视为英国左派史学家或马克思主义史学家的缩影。霍布斯鲍姆的独特学术眼光和宽宏史学研究视野，不但体现为从宏观或整体上对近代西方世界和20世纪世界历史的考察，更有从微观细致或具体独特的视角，对人类社会中的底层社会历史的分析和普通劳动人群生存经历的研究。由此霍布斯鲍姆首先在英国史学界赢得了崇高的地位，终成世界性成就卓著的史学家，被中外学术界视为20世纪思维最敏锐、最富有洞察力和思想创造力的历史学家，是国际史坛备受推崇的近代史家大师。

在《盗匪》《原始的叛逆》《劳动者》《劳动界》《革命者》《工业与帝国》等史学著作中，从微观角度对于早期农民运动、劳工运动和地区史范畴的历史研究实践开始推进研究计划，而后对于欧洲社会历史和世界社会历史运动展开宏观考察，霍布斯鲍姆逐渐系统深入地阐述了英国工业化、民族精神和社会历史演进及其实质，展示了人类社会历史的发展过程和演变众像，体现了作者关注人类历史走向的基本思考和世界历史体系的基本构想。霍布斯鲍姆的系列历史考察和整体史学研究，既包括漫长的"19世纪"三部曲《革命的年代：1789—1848年》《资本的年代：1848—1875年》《帝国的年代：1875—1914年》等近代史长篇巨作，也涵盖彰显"20世纪是激起了人类最伟大想象，同时也摧毁了人类所有美好幻想年代的世界历史"的现代史皇皇巨著《极端的年代：1919—1991年》。从霍布斯鲍姆自传体著作《我的20世纪人生：趣味横生的时光》中，可以清晰地看到这位著名的社会行动者和天才史学家的成长轨迹、人生经历和学术轨迹的交互关联。2010年的《怎样改变世界：马克思与马克思主义的故事》和2014年的《断裂的年代：20世纪的社会与文化》也在世界范围内引起不小反响。霍布斯鲍姆关注历史学和史学理论问题的认识，除史学专业领域外，还经常撰写当代政治、社会评论、社会学理论以及艺术、文化批评等领域的文章。新社会史理论与实践问题，则是霍布斯鲍姆史学研究的最重要领域和主要成就，其学术思想和史学成就主要体现在以下两个方面。

第一，揭示全球视野下世界断代史与世界通史的关联性。以"19世纪"三部曲为主轴的这些"年代"研究及其史学思想具有重要的影响力，这些著作学术理念和思想脉络理所当然是互相关联的，其分析模式及理论光芒，构成了霍布斯鲍姆关于人类社会历史演进的世界历史体系创新。从历史学家在历史发展的时代条件和史家著述的对象选择的角度上看，霍布斯鲍姆的"年代"研究实践、叙述风格及其著作体例，既可令读者把它们作为自成一体的世界断代史或单独著作来阅读，又成为后世研究者整体考察其史学思想体系的全球视野和世界通史意识的整体蓝本。"年代"涉及诸如"双元革命""区域文化""国家政治""世界文明"等重大主题、历史进程和思想观念，建构了霍布斯鲍姆的全球视野和整体社会历史解释模式，推进了国际史学界有关"革命史研究"向"社会史研究"转向、"文化史研究"与"社会史研究"相结合的范式创新。

第二，体现世界体系建构的理想蓝图与整体社会史研究的实践方式。霍布斯鲍姆通过具体而微与宏观而巨的史学实践方式和历史表现形式，呈现整体社会史的世界历史图景和社会历史运动过程，完成了一种对世界历史体系的史学构建方案。在他的整体新社会史学著作里，深化社会的历史认识，对历史进行整体性研究是极其重要的特色。这种整体性又以其著作的鲜明叙事性与大众性为依托，着眼于社会变革的历史主体——底层大众历史的研究。事实上，兼具西方新史学家和马克思主义史学家双重身份的霍布斯鲍姆，始终宣称其学术使命和专业取向就是要为撰写"社会的历史"贡献力量。

从学术兴趣的实践转向和研究领域的演变路径来看，究其一生的学术著述，霍布斯鲍姆的史学研究大体上以19世纪资本主义历史发展为主线和20世纪世界历史的体系研究为主轴，根据时代变换与历史情境的指向，善于选择适当的研究对象或历史目标，进行上下推论和左右印证。霍布斯鲍姆注重考察17—20世纪世界历史进程中各个特定的考察对象与人类社会历史整体演进的关联程度，强调关注宏观历史结构与微观个体事件之间的互动关系。霍布斯鲍姆史学研究的思想旨趣及基本路向，在于集中分析了17世纪的农民社会政治反抗和18世纪的下层普通民众生活行为等前近代及近代早期社会经历，侧重展现了19世纪资本主义产生以来近代民族国家和区域社会历史，突出分析了20世纪世界历史进程中的政治、经济、文化、宗教、民族和科技等众多影响因素的演变轨迹，其史学视野广泛涉猎欧洲、亚非、拉丁美洲等地区的国家历史及全球区域。总体上，英国马克思主义整体社会史学派（新社会史学派）以整体的社会史研究、自下而上的史观取向、阶级分析方法和跨学科研究视野，为20世纪下半叶及至21世纪英国史学史和国际史学都作出了卓越贡献。

二、意大利、法国、加拿大马克思主义史学

在西方史学发展史上，诸如意大利、法国和加拿大等西方国家的马克思主义史学同样值得关注，但由于研究视角、史实媒介和研究主体等多因素制约，这些国家的马克思主义史学发展状态始终未能得到充分重视。

（一）意大利马克思主义史学的时代及成就

意大利马克思主义史学最早兴起于 19 世纪末，并在"二战"结束后逐渐成为意大利史学的重要组成部分。最著名代表人物有安东尼奥·拉布里奥拉（1843—1904）、安东尼奥·葛兰西（1891—1937）、德利欧·坎蒂摩里（1904—1966）、乔吉奥·坎德洛罗（1909—1988）、朱塞佩·瓦卡（1939—　　）、西尔维奥·庞斯等。

20 世纪 70 年代以前的意大利马克思主义史学经历了两个阶段，即拉布里奥拉时代（1895—1944）和葛兰西时代（1944—1968）。① 在这两个阶段旗帜性人物的各自影响之下，意大利马克思主义获得极大的发展，意大利马克思主义史学也取得了一定成就。在意大利学术界、思想界和理论界，作为最早将马克思主义理论体系引入意大利的著名哲学家和政治家，拉布里奥拉对历史唯物主义进行了富有创造性的阐发，并结合其政治活动和理论实践，对马克思主义作了积极阐释和热情宣传，为马克思主义哲学理论的发展及其在意大利的广泛传播做出了独特的贡献。② 如同许多马克思主义者那样，拉布里奥拉的社会历史观也经历了由早期黑格尔主义和民主主义，经由空想社会主义，到马克思主义的曲折转变。最终，拉布里奥拉成长为意大利杰出的马克思主义理论家和史学家，"拉布里奥拉之所以能被称为十九世纪卓越的马克思主义者，不但因为他在十九世纪末意大利工人运动的实际政治和理论斗争中坚持了马克思主义的科学社会主义路线，用马克思主义原则教育工人阶级，而且还因为他在 90 年代后期所写的几本大部头研究性著作中，较为系统全面地阐明了马克思主义的唯物史观"。③

在 19 世纪末至 20 世纪初，拉布里奥拉强调对马克思主义的经济学解释和分析批判，重视对唯物辩证法的研究，这种马克思主义理论方法与传统研究路径直接由其学生贝内德托·克罗齐继承和发扬，甚至拉布里奥拉对马克思主义唯物史观

---

① 张广智主编：《史学之魂：当代西方马克思主义史学研究》，复旦大学出版社 2011 年版，第 178—183 页。

② 田时纲：《马克思主义在意大利的最初传播者——安东尼奥·拉布里奥拉》，《教学与研究》1984 年第 2 期。

③ 田时纲：《马克思主义在意大利的最初传播者——安东尼奥·拉布里奥拉》，《教学与研究》1984 年第 2 期。

的社会主义实践性运用的强调，都直接影响到意大利坚定马克思主义者葛兰西的研究。葛兰西（1891—1937）是与列宁同时代的西方马克思主义理论家和实践家。作为意大利共产党的创始人，20 世纪 20 年代以来，葛兰西就提出了"文化领导权"或"文化霸权"等理论。从国家治理和政权运用的角度看，文化领导权实际上就是统治阶级或意识形态政治如何掌握着国家或民族的政治文化主动权或制约权，从社会历史解释和史学实践的层面看，也就是掌握着史学主流话语权的史学家如何支配着社会历史解释权和史学思想的控制权，这些都构成葛兰西政治学、历史学和思想体系中的重要核心观念，正是葛兰西开辟了意大利马克思主义理论创新与史学实践的新时代。

其实"二战"结束后，意大利马克思主义史学已经不断壮大。其间，由于意大利共产党中央委员会总书记、马克思主义理论家、意大利国际共产主义运动活动家帕尔米罗·陶里亚蒂（1893—1964）等人的积极推动，葛兰西的大量作品被整理并首次出版。围绕着如何阐释葛兰西思想的多重面向，同时伴随着对克罗齐的伦理-政治史的批判，意大利甚至西方学术界掀起了一股"葛兰西热"。这一时期，许多运用马克思主义理论而展开的关于意大利国家史和民族史的研究成果纷纷面世，尤其集中在意大利近现代史这一领域，主题涉及民族复兴运动（或称意大利统一运动）、法西斯主义、工人运动、社会主义与共产主义等。葛兰西的哲学思想和历史理论研究可称为意大利马克思主义史学最重要的组成部分。葛兰西的"市民社会"理论、"领导权"思想、"历史主义"思想、"实践哲学"构建等重要观念，成为此后意大利马克思主义发展最重要的理论基础和实践依据。当然，这种影响也不局限于马克思主义者之间，20 世纪 60、70 年代兴起的意大利微观史学的思想资源也有很大一部分来自葛兰西那里。西方学者认为，葛兰西的历史思想和史学思想产生了世界性的反响，甚至远在拉丁美洲一些国家的左派知识分子、史学家和思想家也受到了他的影响。[①]

20 世纪意大利马克思主义史学的发展历程有其自身的内在路径及思想逻辑，其史学构成与基本内涵不仅包含意大利马克思主义史学家的史学实践，还包括意大利马克思主义者在历史哲学与史学理论的反思。一方面，以拉布里奥拉、葛兰西为代表的第一、第二代马克思主义者在与唯心主义、实证主义等主流思潮的争鸣中，逐渐明确历史唯物主义在历史进程与史学研究中所提示的实践意义；另一方面，"二战"后更年轻一代马克思主义者受葛兰西等人理论启发，试探将之运用于实证研究，并首先将目光聚焦于对意大利当代史的阐释，突出统一运动中工人

---

① Ronald H. Chilcote, "Post-Marxism: The Retreat from Class in Latin America," *Latin American Perspectives*, vol. 17, no. 2, Post-Marxism, the Left, and Democracy, 1990, pp. 3-24.

阶级、农民阶级等附属阶层的重要性，同时逐渐将研究视野拓展至国际关系、古代史、社会史等领域。可以说，从19世纪末至20世纪90年代，意大利马克思主义史学形成及其演变，具体至少经历了"拉布里奥拉的史学奠基时期（1895—1905）""克罗齐与真蒂莱的'修正史学'时期（1906—1946）""葛兰西的实践史学时期（1947—1968）""后葛兰西时期的史学状况（1969—1991）"四个历史阶段，表现了自身的基本特征。① 其中，意大利马克思主义者及马克思主义史学家安东尼奥·葛兰西的贡献尤其突出。尽管葛兰西没有留下严格意义上的史学著作，但其《狱中札记》为这一流派作了思想与研究主题上的准备。历史表明，"二战"后伴随意大利共产党文化政治的展开，通过许多马克思主义者的史学实践，马克思主义史学逐渐发展，最终成为20世纪意大利史学的主要史学流派之一。意大利马克思主义史学的学术历程及思想演进呈现以下两个重要特征。

第一，意大利马克思主义史学也经历了代际传承的思想演变，蕴含丰富多彩的内涵特征。就代际而言，意大利马克思主义史学至少经历了三代马克思主义者的发展：第一代马克思主义史家在"二战"前接受大学教育，并在1945年以后引领了年轻一代史家的成长，研究领域侧重于政治史、农业史、工人运动史等，其中以德利奥·坎蒂莫里（1904—1966）、埃米利奥·塞雷尼（1907—1977）、乔治·坎代洛罗（1909—1988）、加斯托内·马纳科尔达（1916—2001）、阿尔曼多·萨伊塔（1919—1991）为代表。第二代马克思主义史家大约在20世纪60年代开始崭露头角，其研究领域更侧重于党史、当代史、社会史、经济史，以保罗·斯普利亚诺（1925—1988）、朱利亚诺·普罗卡奇（1926—2008）、佛朗哥·德拉佩鲁塔（1924—2012）、罗萨里奥·维拉里（1925—2017）、恩内斯托·拉焦涅里（1926—1975）、埃利奥·孔蒂（1925—1986）、佛朗哥·德费利切（1937—1997）等为代表；第三代马克思主义史家则更为侧重跨学科、思想史的研究，其中以朱塞佩·瓦卡、卢恰诺·坎福拉（1942—　）、安杰罗·多尔西（1947—　）、圭多·利果里（1954—　）、西尔维奥·彭斯（1955—　）等为代表，涉及思想史、共运史、古代史等领域。就意大利马克思主义史家的研究对象而言，1945年以后的意大利马克思主义史家群体主要聚焦经典作家作品初步整理、系统翻译与马克思主义史学阐释，一是有关马克思、恩格斯经典作品的意译状况，马克思、恩格斯全集的意译工作虽然在20世纪50年代便已启动，虽然进展欠佳，但目前仍在继续；二是有关葛兰西作品的整理与出版状况，葛兰西的作品已有两种版本，目前葛兰西基金会正在组织新一版的葛兰西全集编辑与出版；三是其他意大利马克思主义思想家涉及唯物史观的论著研究，如安东尼奥·拉布里奥拉、鲁道

---

① 黄璐：《20世纪意大利马克思主义史学概述》，《史学月刊》2022年第7期。

夫·蒙多尔福、安东尼奥·班菲等。

第二，无论四个历史发展阶段，还是三代史家群体，充分说明意大利马克思主义史学已经建立活跃的专业机构，拥有特定规模的学术队伍，并展现了引领未来的学术旨趣。比如从机构与出版物来看，安东尼奥·葛兰西研究所基金会是代表性组织，团结出版社曾是意共官方出版机构，专业期刊有《再生》（1944—1991）、《当代》（1954—1965）、《马克思主义批判》（1963— ）、《历史研究》（1959— ）等，其中《历史研究》的影响最大。就意大利马克思主义史学的历史际遇与学术路向而言，"二战"结束以来，尽管意大利共产党组织机构几经重组，影响式微，确实未必普遍存在诸如前辈学者那样具备意大利共产党身份认同的马克思主义者或左翼史家群体，但仍拥有数量空前规模可观的信奉马克思主义理论方法的学术群体正在从事历史研究。举其要者有马尔切洛·穆斯特（1959— ）、罗伯托·菲内利（1945— ）、朱塞佩·科斯皮托（1966— ）、萨尔瓦托雷·蒂内（1970— ）、卢卡·巴西莱（1980— ）等。他们的研究领域及价值诉求同样值得注意，包括但不限于有关马克思、恩格斯的史学理论的研究，有关意大利马克思主义思想家与史家的史学理论研究。此外，进入 20 世纪末 21 世纪初期，意大利马克思主义史学涉及的史学观念与理论研究，还应包括非马克思主义者比如意大利微观史学派对马克思主义史学理论（包括唯物史观）的讨论，如罗萨里奥·罗密欧（1924—1987）、杰纳罗·萨索（1928— ）、福尔维奥·泰西托雷（1937— ）、卡洛·金兹堡（1939— ）等。

目前，朱塞佩·瓦卡和西尔维奥·庞斯等意大利马克思主义史学家仍然活跃于意大利乃至世界史学界。庞斯是罗马大学东欧史领域的著名教授，担任了葛兰西基金会主任，代表作是《斯大林与不可避免的战争：1936—1941 年》。此外，他与费德里科·罗梅罗合作撰写的《重释冷战的终结：问题、解释与历史分期》一书影响也很大。正由于意大利共产党在意大利取得的极大成功，意大利马克思主义史学也呈现与欧洲其他国家的史学，譬如英法马克思主义史学，极为不同的民族性特征。可以预料，在意大利民族复兴的利益诉求、西欧社会主义与共产主义运动的多重政治背景和学术语境下，分析与梳理意大利马克思主义史学的百余年发展历程，总结和展现的民族性与世界性的统一特征，将是一项极具理论意义与实践价值的学术创新及开拓工作，值得深入研究与继续思考。

（二）法国马克思主义史学的基本历程和研究取向

20 世纪法国马克思主义史学则是流派纷呈的法国史学格局中的一股重要力量，其史学成就主要表现在社会史视野和心态（精神状态）史视野下的法国革命史研究领域，由此呈现为两种颇具特色的史学实践风格和学术思想取向。法国马克思主义史学成为法国现当代史学的有机组成部分。从学派群体和史学史的角度看，法国马克思主义史学群体中除了阿尔贝·索布尔（1914—1982）和米歇尔·伏维尔（1933—2018）两位世人熟知的史学名家，著名代表还有让·饶勒斯（1859—1914）、阿尔贝·马迪厄（1874—1932，又译马蒂埃）、乔治·勒费弗尔（1874—1959）和法国当代史学家皮埃尔·维拉尔（1906—2003）等。这些史学家秉承一脉相承的思想理论，或信奉马克思主义，或受到马克思主义影响，共同构建了法国马克思主义史学的学术传统和思想谱系。巴勒克拉夫认为，法国"从饶勒斯到马蒂埃，从拉布鲁斯到勒费弗尔，马克思主义学者一代一代地沿袭下去"。① 在社会史和心态史的学术视野下，以索布尔和伏维尔代表的法国马克思主义史学家，在法国革命史领域里极大地彰显了法国马克思主义史学的特征，体现了法国马克思主义史学的研究路径和西方新史学的演进逻辑，展示了其实践成就与学术影响。法国马克思主义史学及其学术发展过程大致可划分为三个阶段，呈现了目标明确的法兰西特性与特征鲜明的史学研究取向。

第一阶段，第一次世界大战结束到20世纪40年代，是法国马克思主义史学的政治意识形态滥觞与社会实践色彩较为浓厚的创立时期。

这是马克思主义思想传播与法国马克思主义史学思潮的涌动时期，法国早期马克思主义史学的渊源和路径主要来自马克思主义理论，即马克思主义基本理论方法和历史唯物主义史学研究传统。在组织建构上，1920年法国共产党的诞生，和组织机构的建立，成为法国马克思主义史学的重要前提。政治实践推动学术研究，法国共产党总书记和社会活动家多列士（1900—1964）等人促成了法国马克思主义史学团体的形成，积极推动史学界对于法国大革命史的研究。20世纪30、40年代，从学术思想的社会背景看，随着法国知识界反法西斯主义、社会民主建设和进步史学运动的广泛开展，历史学界产生了以让·布吕阿为代表的第一代马克思主义专业史家，开创了法国工人运动与现代社会发展研究领域，影响了后来法国马克思主义史学家的史学研究和心路历程。

第二阶段，"二战"结束到20世纪50—70年代，是在理论与实践相结合的方式上，呈现了法国革命史研究的社会史视野与学术思想的初步奠定时期。

在这个时期，索布尔等人自觉运用马克思主义理论方法与西方新史学及其他社会科学理论方法，拓展了社会史视野下法国大革命史研究的重要领域，成为法国马克思主义史学的深入发展与获得建树的重要阶段。索布尔与法国史学界第一流学者拉布鲁斯、布吕阿、勒高夫、贝热隆、沙提埃以及其他年轻史学家密切合作，积极吸收相关社会科学的知识、理论和方法，在历史领域，特别是法国大革

---

① ［英］杰弗里·巴勒克拉夫：《当代史学主要趋势》，杨豫译，北京大学出版社2006年版，第25页。

命史研究领域进行前所未有的实践尝试和理论创新，使马克思主义史学的研究领域大为拓宽，使社会历史的解释更为科学合理。

法国大革命史研究中的"自下而上"的研究路径，是以勒费弗尔的研究实践开其端。勒费弗尔在 1924 年完成了题为《法国革命期间诺尔郡的农民》的开创之作。随后勒费弗尔把分析视角和注意力转移到全国农民身上，强调运用集体心理或无意识方法，把大革命期间农民心理和社会历史联系起来研究法国大革命史，集结成综合性成果《法国革命与农民》。① 这些有关大革命时期农民问题的研究，根本上改变了史学家观察问题的角度与视野，为法国大革命史研究传统的更替做出了贡献。

索布尔在前人研究的基础上不断取得新成果，特别是赓续了导师勒费弗尔开创的新研究路径，他进一步对法国革命进行研究，通过多角度和多方法，把法国大革命历史研究的传统领域推向了更深刻的程度，强化了宏观描述和微观分析，其早期研究成果为中国学术界收集的《阿·索布尔法国大革命史论选》。② 1958 年索布尔博士学位论文《共和二年的巴黎无套裤汉》成为从下层视角研究法国大革命传统的典范，随后代表作有 1976 年的《法国革命的农民问题，1789—1848 年》和 1970 年到 1983 年的连续出版物《文化与法国革命》（3 卷）等。20 世纪 60、70 年代，随着"新社会史""自下而上的历史"在西方史学界的兴起，特别是年鉴新史学的发展，法国史学界在法国革命史领域出现了"关注底层"的观念变革及其史学运动。索布尔等人提倡打破传统法国大革命史研究的选题思路，将史学研究的触角延伸到法国大革命时社会历史的各个层面和各个领域，"史学家把目光转向'普通人'，转向下层群众，了解他独立的、即使是不很一致的主张，了解他们的愿望和为之奋斗的目标，了解他们在革命中、在社会运动中的作用，这正是 1789 年革命史研究中从米什莱经由饶勒斯、勒费弗尔到索布尔的一个进步传统"。③ 20 世纪 80 年代后，法国马克思主义史学家关于社会史视野下的法国大革命史研究范式，协同广大西方新史学家从事历史研究的对象和方法等实践风格一道，随着当代社会运动与思想变迁而发生着深刻的变化。

第三阶段，20 世纪 80 年代以后，是马克思主义学术理念与西方新社会史等学术思潮融合的历史时期，也是法国马克思主义史学思潮的再度定向时期。

这是法国马克思主义史学的重塑阶段，伏维尔等人公开宣布以唯物史观为指导思想，法国马克思主义史学研究的理论体系更为完善，实践色彩更为浓厚，同时与法国年鉴史学的重新定向在时间上交叉，奠定了法国大革命研究的心态史取

---

① 王养冲编：《阿·索布尔法国大革命史论选》，华东师范大学出版社 1984 年版，第 246—247 页。

② 参见王养冲编：《阿·索布尔法国大革命史论选》，华东师范大学出版社 1984 年版。

③ 王养冲编：《阿·索布尔法国大革命史论选》，华东师范大学出版社 1984 年版，第 250 页。

向，彰显了当代法国史学的双线前进轨迹。在法国大革命史研究传统中，诸如基佐、梯叶尔、米涅等史学家，强调政治斗争和阶级冲突的政治史传统，这种研究取向在法国大革命史研究领域长期占统治地位。鉴于法国传统马克思主义往往受制于社会历史的经济解释和政治解释的二元对立，伏维尔力主开辟新途径与新领域，把从事心态史研究视为马克思主义史学家的重要责任，要求史学家研究社会历史时，既应立足于物质经济的时代基础，又要放眼于人类社会深层思想的考察，最终揭示特定历史时期那些作为人类社会思想核心内容的群体心理和精神状态。在史学实践中，这种传统也由勒费弗尔尝试，大体从20世纪80年代起，伏维尔等马克思主义史学家借用现代心理学理论，强调从研究对象的心理状态或精神状态角度，对17、18世纪心态史、法国大革命史和其他阶段的社会历史进行深层解释，经由法国大革命时期的群众心理大恐慌状态研究，成为一种史学新潮，这种集体心理研究的史学取向最终在《大革命心态》等论著中加以发展和全面推进。由此，法国马克思主义史学家把关于法国大革命的心态史研究建设成一个新的研究方向和新领域。①

接下来，伏维尔积极投入心态史的研究实践，出版诸如《旧制度王朝的崩溃》《巴罗克虔诚与非基督化：启蒙时期普罗旺斯人对死亡的态度》《宗教与革命：共和二年的非基督教化运动》《从地窖到阁楼：普罗旺斯从社会史到精神状态史指南》《意识形态与精神状态》《"死亡"在西方：1300年至今天》《大革命的精神状态》等大量著作。② 其中《巴罗克虔诚与非基督化：启蒙时期普罗旺斯人对死亡的态度》《"死亡"在西方：1300年至今天》尤为引人关注，它们如同法国新史学家特别是年鉴派史学家在历史书写和叙述风格上实现了范式转变的《炼狱的诞生》等史学著作那样，成为最为典型的精神状态或心态史著作，产生了广泛的学术反响及社会影响。正如论者所述，伏维尔、勒高夫、杜比与勒华拉杜里等人一道，共同把具有法国特色的文化史研究或思想史研究取向的历史解释模式，提高到新史学的精神状态或心态史学阶段。③

在全球化环境和新历史条件下，随着法国马克思主义史学派与法国非马克思主义史学力量如年鉴学新史学相结合的不断推进，法国马克思主义史学重新调整研究方向，继续发展和深入探索。④ 法国马克思主义史学家把具体研究领域同社会

① Albert Soboul, *The San-Culottes: The Popular Movement and Revolutionary Government 1793—1794*, Princeton: Princeton University Press, 1972, p. xix.
② 董进泉等编：《历史学》，四川人民出版社1989年版，第176页。
③ 潘宗亿：《论心态史的历史解释：以布洛克的〈国王神迹〉为讨论中心》，陈恒、耿相新主编：《新史学：新文化史》第4辑，大象出版社2005年版，第71—99页。
④ 参见沈坚：《法国新史学中的马克思主义史学——评〈法国当代史：身份与变化〉》，《史学理论研究》2007年第2期。

历史变动紧密结合起来，尤其对法国革命精神和时代潮流反应敏锐，史学领域不断革新，研究成果贴近时代和充满现实感；马克思主义史学观念又同各种观念进行对话与交锋，促进了对法国历史复杂性的解读，深化了对法国马克思主义史学的史学认识。虽然自 20 世纪 90 年代起，法国马克思主义史学的现代命运同英国马克思主义史学的历史命运一样，作为一个学派似乎再也不如 20 世纪 50、60 年代那样无限风光和成就卓著，但是作为一种科学研究体系和方法论取向，仍具有国际史学影响与普遍意义。①

（三）加拿大马克思主义史学的实践成就

作为信仰马克思列宁主义理论的在野政党，加拿大共产党自成立之时就经历和遭遇到统治阶级的反对和迫害，在险恶的政治环境中，加拿大共产党坚持明确的纲领和目标，先后通过了《加拿大共产党纲领》《加拿大共产党章程》《国际形势以及争取和平及社会公正的斗争》等一系列重要决议。加拿大共产党如同其他西方共产党那样一度高举和平、民主和社会主义的旗帜，为争取和平、民主和社会进步，领导广大工人等下层阶级为实现社会主义进行着艰苦不懈的实践努力。19 世纪末到 20 世纪 20、30 年代，随着马克思主义在加拿大的传播和加拿大劳工运动的发展，特别是 40 年代在加拿大共产党的领导和推动下，加拿大马克思主义史学得以萌生、形成和发展。不过，"加拿大马克思主义史学以 20 世纪 70 年代中期为界。此前与加拿大共产党要求加深对加拿大历史的研究相联系，以提姆·帕克、约翰·韦尔、斯坦利·雷森、克莱尔·彭特兰、查尔斯·李普顿等为代表，形成了对加拿大历史，特别是工人运动史的传统马克思主义解释；此后则出现了以布赖恩·帕尔默、格雷戈里·基利等为代表的新马克思主义史学家"。② 由于主要是受到英国马克思主义史学家汤普森和霍布斯鲍姆史学路径的影响，加拿大马克思主义史学家主要逐渐致力于劳工运动史和黑人日常生活史的研究。

同样，在加拿大，史学研究的宗旨和社会政治活动的需要紧密相关，关注底层民众特别是劳动阶级的生存状态和民族国家的历史进程，是 20 世纪 20、30 年代以来多数激进知识分子的政治理想和职业追求。同英法等西方国家的马克思主义史学编纂形成时期的情形一致，1921 年加拿大共产党的成立成为加拿大马克思主义史学形成和发展的重要组织保障。加拿大马克思主义史学传统也是开始于对马克思主义经典著作的介绍、研究和解释等重要领域，以克莱尔·彭特兰（1914—1978）为代表的加拿大早期劳工史家和马克思主义史学家，注重围绕着马克思主义社会发展理论、欧洲工人运动趋向和俄国社会主义革命等问题与主线，

① 姜芃：《试析英国马克思主义史学的现状和历史命运》，《史学理论研究》1998 年第 3 期。
② 王立端：《加拿大马克思主义史学初探》，《江海学刊》2008 年第 4 期，第 151 页。

结合加拿大民族国家历史、工人阶级历史经验和社会历史根源等历史理论及重大命题，展开了别开生面的加拿大劳工史、工人阶级斗争史和加拿大社会主义史的转变研究。彭特兰对于加拿大马克思主义史学的形成和发展作出的独特而重要贡献主要在于：一是奠立和发展底层历史观与书写人民历史的撰史传统；二是在史学实践中倾力于劳工史和产业关系的领域，写出了《1843年拉钦罢工》（1948）等代表性著作；三是运用马克思主义的话语体系解释加拿大工业资本主义体系的形成和演变历史。①

　　在加拿大历史上，由于在野党共产党的推动，也由于受到英美等国劳工运动和社会主义运动的影响，劳工运动及社会反抗活动此起彼伏，劳工史研究由此应运而生，成为马克思主义史学诞生的重要社会历史条件和学术思想渊源。加拿大早期马克思主义史学传统既酝酿于劳工史领域，也促进了旧劳工史向新劳工史的过渡及其转向，推动了加拿大马克思主义史学的纵向发展。因此，"加拿大劳工史呈现出多元化特征：作为劳工史背景的各地经济发展水平和生产类型的多元化，工人队伍中族裔、宗教、语言、技术的多元化，工人运动指导思想的多元化。因此，加拿大劳工史学也表现出相应的多元特点，马克思主义、社会民主主义、自由主义、工联主义、后现代主义、女性主义思潮影响并存，阶级和经济分析、包括族裔和宗教在内的文化分析和性别分析交织，共同促进着当前加拿大劳工史学的发展"。② 其中，帕尔默和赖尔森对劳工史的研究成就卓著而贡献最大。

　　布赖恩·帕尔默（1951—　）是"二战"之后北美新生代马克思主义史学家中的杰出代表，加拿大女王大学教授，以研究新劳工史和新社会史见长。据统计，帕尔默的史学实践及其代表性成就体现于三个方面：一是文化与社会问题研究，代表作有1979年的《冲突的文化》、1990年的《贬值为话语：语言的具体化和社会史写作》、2000年的《黑暗的文化：违法历程中的黑夜之旅》；二是汤普森及左翼研究，代表作有1981年的《E. P. 汤普森的形成：马克思主义、人道主义和历史》、1994年的《E. P. 汤普森：抗议和对立》、2006年的《詹姆斯·坎南和美国革命左翼的起源》；三是工人阶级成长经历及其状况研究，代表作有1982年的《工人的梦想：1880—1900年安大略劳工骑士团》、1983年的《工人阶级的经历：1800—1980年加拿大工人阶级的兴起和再塑造》。此外，他还发表了许多颇具影响的学术论文。③

　　正是在英法等马克思主义史学传统和西方新社会史研究的文化转向的影响之

① 　王立端：《加拿大马克思主义史学初探》，《江海学刊》2008年第4期，第152—153页。
② 　刘军：《加拿大劳工史学发展概况》，《天津师范大学学报》2013年第4期，第13页。
③ 　张广智主编：《史学之魂：当代西方马克思主义史学研究》，复旦大学出版社2011年版，第215页。

下，20 世纪 70 年代后加拿大马克思主义史学出现了新领域和新特点。帕尔默通过独特的史学实践，开拓加拿大新劳工史和新社会史相结合的先河，并凭借杰出贡献而获得很高的社会声誉和突出的学术地位。"加拿大的新社会史研究深受其他国家新社会史的影响……爱德华·汤普森的《英国工人阶级的形成》（1963）也是经由美国传入加拿大，深深地影响了加拿大的马克思主义新社会史研究，70 年代中期以来，一批倾向马克思主义的青年史学家就试图运用爱德华·汤普森的手法再现 19 世纪工人阶级的历史，他们出版了自认为是属于历史唯物主义的专著和论文，使新劳工史研究成为加拿大新社会史中最活跃的部分。"[1] 从政治生态、劳工运动和政党政治的关系角度，结合新的社会历史条件，可以发现，帕尔默的博士学位论文《冲突的文化》以及格雷戈里·S. 基利（1948—　　）等人合编的《加拿大工人阶级史论文》都积极运用马克思主义唯物分析法和新社会史理论方法，研究工人群体生活、价值观念和阶级意识的整体关联，体现了加拿大新马克思主义史学的研究取向和学术思想。

赖尔森（1911—1998）是加拿大马克思主义史学家、历史教育家和政治活动家。他的一生富有传奇色彩，1935 年成为加拿大共产党中央委员，1936 年任魁北克省党委书记，是著名的加共理论家和史学家，具有深厚的文学修养和神学哲学功底。由于受到 1956 年苏共二十大、匈牙利事件和 1968 年苏联入侵捷克斯洛伐克事件的影响，赖尔森对于马克思列宁主义的信仰与 20 世纪 50、60 年代加拿大共产党中央机构的意见相左，最终他与党组织分道扬镳。他晚年任职于魁北克大学历史系，进入史学领域，潜心研究加拿大历史。

20 世纪 30、40 年代，作为西方马克思主义史学家中为数不多的知识分子异类，赖尔森的主要贡献是向世界传递着加拿大马克思主义者独特的声音和历史解释途径。虽然与其他马克思主义史学家一样，赖尔森试图阐明"民族""阶级"和"自由"等观念如何有助于理解加拿大历史问题，但是，他强调史学家不能够把加拿大历史置于一个预设的普遍解释框架之中，而应该表现"民族"或"阶级"及"自由"的社会历史的个性及特殊性，从而阐释加拿大社会历史的复杂性和内在矛盾。他始终强调对于加拿大社会历史进行公正无私不带偏见的研究，长期主张与声称加拿大共产党的存在和发展对于促进加拿大历史进步特质形成的积极作用。赖尔森关注加拿大民主制度的创立与社会历史的演变研究，20 世纪 30 年代先后在左翼进步刊物上发表系列文章，围绕着加拿大历史上的英雄政治、社会主义共产主义传统的继承问题展开讨论，出版了《1837 年：加拿大民主的诞生》，并将加拿

---

[1]　张广智主编：《史学之魂：当代西方马克思主义史学研究》，复旦大学出版社 2011 年版，第 214 页。

大历史上的 1837 年起义事件视为加拿大马克思主义的民主首创和制度起源。

从学术思想和史学观念的角度看，其实《1837 年：加拿大民主的诞生》并非一部严格意义上的史学著作，而是面向工人阶级的马克思主义史学大众化作品。当然它也是加拿大共产党组织出版的大量政论性文章和革命宣传作品之一，被视为工人阶级争取社会平等和建设美好世界的一种斗争思想武器。无论如何，赖尔森的学术贡献是不言而喻的，正如有研究所指出的那样，"如果说坚持马克思主义方法和立场是赖尔森史学的首要特点，其另一个特点是，写作目的是教育和唤醒民众。因此，他的写作对象不是学者，而是民众。……赖尔森对加拿大历史研究的贡献，在 70 年代中期得到了史学界的认可。……赖尔森的著述已成为加拿大劳工史学和马克思主义史学发展史中不可或缺的组成部分"。① 从这部著作的主题也可看出，它是 20 世纪 30 年代加拿大共产党领导的反对西班牙内战的人民阵线运动和融入世界革命洪流的精神副产品，当然也是为了教育民众和建构阶级意识，运用马克思主义理论方法去解释加拿大社会历史的最初理性尝试。然而著作的理论意义和实践意义却在于，它奠定了赖尔森作为加拿大共产党理论家的历史地位，也促使运用史学研究实践唤起、宣传和书写加拿大下层民众的生存状态、阶级意识及其历史使命感的学术理想。

三、美国马克思主义史学及其影响

自 19 世纪后期始，马克思主义和唯物史观开始在美国传播，美国职业历史学家开始撰写与公开出版涉及美国工人运动和社会主义运动的历史著作，这些著作初步浸染了唯物史观的理论色彩。19 世纪末 20 世纪初，美国史学界涌现了一批数量可观的职业马克思主义史家及其相关学术著作，然而，从严格意义上讲，在 1919 年美国共产党成立之后的 20 世纪 20—50 年代，美国马克思主义史学思潮初步形成。20 世纪 90 年代以来，从美国马克思主义史学的形成分析与影响传播来看，通过整体分析与考察可知，百年美国马克思主义史学流派的演进呈现了美国马克思主义史学的产生和初期发展（20 世纪上半期）、美国马克思主义史学的兴盛和繁荣（20 世纪六七十年代）、后冷战时代美国马克思主义史学面临的新挑战和新发展（20 世纪 80 年代以来）等阶段性的发展历程，涌现了诸多典型史学家、著作形态和思想观点，正是由于受到国内和国际双重环境的影响，美国马克思主义史学思潮经历了曲折艰难而不断进取的发展之路，对美国史学和美国社会都产生了重要影响。② 美国马克思主义史学派的代表性人物主要有威廉·福斯特（1881—

① 刘军：《加拿大马克思主义史学家赖尔森》，《史学理论研究》2012 年第 4 期。
② 徐良：《美国马克思主义史学的百年流变及其影响》，《史学月刊》2022 年第 7 期。

1961)、菲利普·方纳、赫伯特·古特曼、赫伯特·阿普特克（1915—2003）、戴维·蒙哥马利、尤金·吉诺维斯（1930—2010）、埃里克·方纳（1943— ）等。在这个代际传承鲜明的史学流派及成长经历多元的史家群体中，有的历史学家聚焦美国革命问题、美国内外政策、美国工人运动史和黑人奴隶制度史等传统史学领域的主题分析，学术论著成果丰硕；有的历史学家在史学实践中把马克思主义唯物史观与新社会史理论方法结合起来，开拓了美国社会生活史、新劳工史、新黑人史等底层民众历史研究的新领域，学术成就斐然，反响很大。恰如研究所示，自美国马克思主义史学在 20 世纪 20 年代产生以来，马克思主义理论与方法在美国史学界受到重视并运用于历史研究领域，"二战"以后逐渐成为一种学术思潮并在史学界产生重大影响，20 世纪六七十年代借助社会大众民主运动，美国形成了马克思主义史学研究的热潮，美国马克思主义史学思潮也呈现了自身的特点。① 就历史语境与史学具象而言，20 世纪 30、40 年代到 50 年代也是美国马克思主义史学产生并开始系统化发展的时期，当时出于美国共产党现实斗争需要，在深受苏联"教条式"马克思主义、资产阶级改良主义及社会民主主义历史学的多重影响下，美国马克思主义史家群体开始专注于工人运动史、黑人史和社会主义运动史领域，把史学著作与政治斗争密切结合，充分体现了马克思主义史学家作为战士、政治家与学者的多重身份认同。②

　　赫伯特·古特曼和赫伯特·阿普特克是美国马克思主义史学群体中的典型史家。作为新马克思主义史学的杰出代表和新劳工史创始人之一，赫伯特·古特曼的历史著述与史学研究深受英国马克思主义历史学家汤普森的《英国工人阶级形成》（1963）的影响，由此也被公认为"美国的汤普森"。古特曼在美国黑人史、奴隶制史和新社会史研究领域取得了卓越的学术成就。1975 年到 1987 年，古特曼出版有《奴隶制和数字游戏》《奴隶制和自由制度之下的黑人家庭》《工业化时期美国的工作、文化和社会》《力量和文化：美国工人阶级史论文集》等多部致力于北美工人阶级历史分析及非裔美国人奴隶制度史研究的著作。古特曼的史学著述与史学思想呈现浓郁的底层历史书写与大众文化叙事的著史特征，他从传统社会文化与黑人家庭结构的关系角度出发，强调运用跨学科理论和多学科研究方法，关注美国工人阶级形成和再形成问题，拓展了有关黑人家庭和黑人文化以及奴隶阶级的形成分析，推动了美国社会史研究从注重地区研究与地方社区研究向新劳工史与底层大众的历史书写的范式变革，由此拓宽了美国社会史学研究的新领域，对美国新社会史学的形成和发展产生了巨大的影响。因此可说，享有盛誉的古特

① 王立端：《二战后美国马克思主义史学及其特点》，《史学理论研究》2007 年第 1 期。
② 王加丰：《美国马克思主义史学的产生——20 世纪初到 20 世纪 50 年代的美国马克思主义史学》，《浙江社会科学》2008 年第 8 期。

曼对于美国马克思主义史学思潮、北美史学界和新社会史学领域发展都作出了原创性的学术贡献。① 阿普特克作为美国著名马克思主义史家，终生致力于非洲裔美国人历史与反种族主义研究，运用马克思主义唯物史观，撰写颇具学术思想与社会价值的历史著作，抨击当时占据主流的种族主义史观。阿普特克著述颇丰，1945年阿普特克获得哥伦比亚大学历史学博士学位，同年哥伦比亚大学出版社首次出版了基于其博士学位论文的成名作《美国黑奴的起义（1526—1860）》，虽然刚出版之时这本著作未能马上被主流史学接受，但是两年之内两次重印，1963 年黑奴解放百周年时第四次印刷，1993 年临近著作出版五十周年时再次重印，足见其在大众历史传播中的广泛影响。《美国黑奴的起义（1526—1860）》出版前后，阿普特克既撰写了大量具有政治宣传作用的小册子，比如，《内战中的黑人》（1938）、《美国革命中的黑人》（1940）、《废奴运动中的黑人》（1941）、《美国的黑人——对冈纳·迈尔达尔的〈美国的困境〉的批判》（1946）、《为了自由：美国黑人史研究》（1948）、《奴隶制时期南方的劳工运动》（1954）、《黑人史：它对我们时代的教训》（1956）等，也出版了颇具里程碑意义的多卷本著作《美国黑人文献史》（第 1 卷出版于 1951 年）。直至冷战结束前后，阿普特克都笔耕不辍，撰写了多部有关黑人历史研究与反种族主义著作，包括《民主的本质：自由与革命》（1986）、《废奴主义：一场革命运动》（1989）、《美国历史上最初两百年的反对种族歧视》（1992）。2003 年阿普特克去世之后《纽约时报》称赞他为"多产的、勤奋的马克思主义历史学家"。作为 20 世纪美国著名的颇受争议的马克思主义史学家，阿普特克始终把历史视为自己最重要的斗争武器，学术生涯面临困难却坚持不懈，努力开拓了美国学术主流排斥的美国黑奴斗争史领域，同时在史学学术功能与社会功能及其史学价值观上，批判辨析历史学的战斗性与学术性、政治性与真理性等问题，对历史学的客观性与真理性、主观性与片面性等问题提出自己的见解。② 正是借助诸如古特曼、阿普特克等历史学家的长期不懈努力，美国马克思主义史学思潮才逐渐为美国主流史学界所接受，学派影响不再被漠视，史家群体地位也不断提升。

　　虽然美国马克思主义史学家个体最终取得了丰硕的研究成就与良好的学术影响，但是整体而言，美国马克思主义史学思潮因为缺乏对于马克思主义史学理论方法的系统阐述与深入理解而显得略有不足：一是，有的历史学家在针对劳工运动、黑人运动、社会历史发展和社会演变过程等问题进行分析时，往往择取

① 　王立端：《新劳工史的先驱——论美国马克思主义史学家赫伯特·古特曼》，《马克思主义研究》2007 年第 1 期。
② 　王加丰：《20 世纪美国杰出的马克思主义史学家赫伯特·阿普特克》，《史学理论研究》2010年第 4 期。

马克思主义基本原理中与其研究相契合的部分加以施用，仅仅部分地涉及对马克思主义史学理论方法的基本思考与浅层分析；二是，美国马克思主义史学思潮本质上仅是伴随着马克思主义史学家个案研究的不断叠加而出现，加之英、法、意等国的历史学界对于美国马克思主义史学流派的外在影响，而非受美国本土的史学理论资源滋养，从而使得部分历史学家只能尝试系统梳理与深入分析美国马克思主义史学理论及其思想演进。这种理论研究风气或者是在美国马克思主义发展中后期形成，或者是在美国当代史学变革等背景下产生影响，或者是围绕相关史家流派的学术谱系、思想的理论渊源、观念的立场交锋等方面展开讨论。可以说，20 世纪美国马克思主义史学的理论反思与重点问题，主要体现在 20 世纪美国马克思主义史学思想的整体水平、美国马克思主义史学家的衡量标准、美国马克思主义史学研究的重点领域等几个方面。[①] 这种学术论争还是不够深入，反映了美国马克思主义史学的基本状况。其根源在于美国马克思主义史学是从欧洲引入，并非源自美国本土史学传统。当然，美国马克思主义也非苏联"教条"式马克思主义的顺势发展，而是杂糅、吸纳及借鉴了欧陆诸多前沿理论、学术思潮及史学流派而形成的知识形态与观念载体。因此，美国马克思主义史学流派的理论诉求与知识系统自始就非同质，而是多元并竞，由此也造成了美国马克思主义史学内部存在不同观念、不同特征和不同分支。概言之，当代美国史学具备相当的规模水准、学术影响及国际地位，20 世纪美国马克思主义史学也具备悠久的历史传统与史学形象，既有明显的外源性，也呈现了鲜明的地域性。

应该说，正是基于美国马克思主义史学也具有鲜明的代际传承与阶段发展的特征，在受到了马克思主义思想影响而形成发展起来后，美国史学界也展开了对于马克思主义与唯物史观、工人阶级形成与底层社会历史、种族问题与重大历史变迁等历史理论及现实问题的系列研究，从而彰显了美国马克思主义史学思潮的独特内容及美国特性。美国史学界有关马克思主义史学研究的系统性成果及代表性观点，可见于伊格尔斯与王晴佳合编的《全球视野下的马克思主义史学》。比较而言，在马克思主义全球史学史著作中，这部史学著作是迄今为止较为详尽地探讨美国马克思主义史学演进的系统论述，在有关"马克思主义史学在美国及北美的影响"的内容中，作者对美国马克思主义史学的不同阶段及其不同特点进行了总结，同时对其中若干重要史家及史著进行分析，探讨其思想理论渊源、学术旨趣等。实际上，在美国当代史学中最具活力的各种研究分支学科内，包括多个学科方向的历史著述与马克思主义有着深刻的关联，马克思主义史学传统及理论方法如今已渗入美国主流学术话语，成为美国当代史学的重要组成部分及历史理论

---

① 王加丰：《20 世纪美国马克思主义史学的几个问题》，《史学理论研究》2007 年第 2 期。

方法。例如关于社会革命、民族认同与美国例外论问题，马克思主义强调无产阶级革命在全世界范围内的流动，这种观念对民族国家的历史书写模式本身即是巨大挑战，借此可说，有些美国马克思主义史家堪称挑战民族国家历史研究模式的开路先锋与推动全球视角方法发展的史家典型。[①] 此外，比如保罗·布勒的《马克思主义在美国》是美国学界第一部较为系统地分析和梳理马克思主义在美国演进的学术著作，其中有较多部分涉及唯物史观等马克思主义理论、美国社会变革与学术思潮兴起的复杂关系，《马克思主义在美国》1991 年出版第二版后，时隔二十多年又于 2013 年出版第三版，充分说明美国社会对于马克思主义的关注重新燃起。[②] 从历史理论与社会变迁的关系角度看，当代美国史学越发重视马克思主义理论方法，特别强调马克思主义史学在美国的发展及其影响，鉴于 2008 年后国际社会接踵而至的各类社会危机因素并存，有些学者在历史理论反思与史学研究实践中，自觉地把自己考察的研究对象与美国社会变革、国际局势变化紧密关联起来，从而获得不一样的社会效应。

依然值得关注的是，从全球马克思主义史学理论及史学史的整体角度看，"二战"后的美国马克思主义史学发展出现了新领域和新方向。当时的美国恰值逐步由地区性强国成长为世界超级大国的时期。在美国国内，美国社会经历了由私人财富急剧积累，到历史上空前的大萧条，再到社会经济恢复和制度变革发展的波折，诸如麦卡锡主义、民权运动、反战运动乃至科技革命、制度演变、苏联解体等机遇与危机纷至沓来，极大改变了美国的社会环境。在美国之外，美国力量的持续增长及这种力量主导下逐渐形成且浸染"美国色彩"的国际新秩序，日益取代在欧洲影响中形成的旧秩序，极大改变了整个世界和国际关系的面貌。应该说，国内外形势的这种转折与改变，深刻影响了当代美国学术与思想文化领域的发展，处于历史变迁与时代语境中的美国马克思主义史学，由此在史学范式、主题研究及现实关怀等诸多方面发生转变，愈加凸显了美国的历史文化色彩及其民族国家特性。

"二战"以后的美国史学界较为重要的马克思主义理论研究及马克思主义史学著作主要包括以下两类。

一是关于美国马克思主义史学理论及相关问题的一般论述，表明了"二战"以来美国马克思主义史学发展有了较为扎实的理论基础。举其要者，诸如奥尔曼所著的《异化：马克思论资本主义社会中人的概念》，著作主要系统讨论了马克思

---

① Q. Eward Wang & Georg G. Iggers eds. , *Marxist Historiographies：A Global Perspective*, London and New York：Routledge, 2016, pp. 40–55.

② Paul Buhle, *Marxism in the USA：Remapping the History of the American Left*, New York：Verso, 1987.

主义的"异化"理论对于欧洲资本主义社会中国家、宗教等问题的影响。① 美国著名左派知识分子保罗·皮科内与他人合编的首届泰洛斯（Telos）会议论文集，收录了关于马克思主义视野下新旧文化研究、自然辩证法研究、存在主义与马克思主义研究等若干重要主题的 10 篇论文，论文集编者撰写了导论和关于马克思主义现象学的 2 篇文章，也涉及前面所述布勒的《马克思主义在美国》初稿，该稿后经修改充实并单独公开出版，对美国马克思主义演进有较为详细的探讨，学术反响较大。② 从马克思主义史学的观点分析出发，马丁·杰伊的《辩证法的想象》系统考察了法兰克福学派在 1923 年至 1950 年间的学术实践及其对美国思想文化发展的重要影响，并将其置于欧洲思想史谱系中进行了评价。③ 此外，德雷珀的 5 卷本马克思主义研究著作详细考察了马克思和恩格斯的经典理论著作，对其所蕴含的历史唯物主义等相关史学观念与历史理论加以考察，并提出了颇具开创性的见解。④

　　二是关于美国马克思主义史学理论及史学史的专题论述及实证分析，代表了"二战"以来美国马克思主义史学理论发展的新思路及新进展。威廉姆·肖的《马克思的历史理论》，被誉为美国第一部系统研究马克思主义唯物史观的重要著作，此后，美国学界的重要专业期刊《历史与理论》发表了一系列关于马克思主义历史理论及史学理论研究的作品，基本展示了美国马克思主义史学的理论风格与思想水准。⑤ 另外，梅里尔和华莱士撰写了题为《美国马克思主义与历史学》的文章，从分析世界马克思主义史学的批判性、唯物性、理性、革命性等普遍特征切入，认为马克思主义史学家在本质上都接受马克思主义的价值观和世界观，这不仅体现在其知识生产中，更体现在其人生实践上，继而总结了美国马克思主义史学所重视的社会发展规律和社会演变过程等问题，如欧洲向资本主义的过渡、美国向公司资本主义的过渡、世界由资本主义向社会主义的过渡等问题，并对上述研究中所涌现的著名学人和著作进行了评论。这是美国学界较早系统介绍美国马克思主义史学理论及思想整体演进情况的研究成果。这篇文章有两方面重要贡献，一是，虽仅以分属一章的篇幅被编入探讨美国马克思主义在各种现代学科中发展的著作，但难能可贵的是该文重点关注到"二战"后云波诡谲而光怪陆离的

---

① Bertell Ollman, *Alienation—Marx's Conception of Man in Capitalist Society*, Cambridge：Cambridge University Press, 1971.

② Bart Grahl & Paul Piccone eds. , *Towards a New Marxism*, St. Louis：Telos Press, 1973.

③ Martin Jay, *The Dialectical Imagination*, Boston：Little Brown and Co. , 1973.

④ Hal Draper, *Karl Marx's Theory of Revolution*, New York：Monthly Review Press, 1977-1989.

⑤ William H. Shaw, *Marx's Theory of History*, Palo Alto, CA：Stanford University Press, 1979；Walter L. Adamson, "Marx's Four Histories：An Approach to His Intellectual Development," *History and Theory*, vol. 20, no. 4, 1981, pp. 379-402.

国际社会变革、社会思潮与美国马克思主义发展之间的复杂缠结，特别是文章对于美国马克思主义史学在不同时段所呈现的不同特色进行了详细梳理，颇受当时国际学界重视。二是，该文特别在其篇末附有参考书目，细分为"对马克思主义及马克思主义史学的整体研究""从封建主义到资本主义的过渡""向公司资本主义的过渡""向社会主义的过渡""社会史中的政治议题"五部分，这些书目条列重要研究成果，按照著作、论文乃至与之相关的期刊进行分类，其中不乏美国学者的最新研究成果，颇能使后来的研究者对该领域的重要研究有较为清晰的认识。[1] 在其他实证研究方面，比如史密斯就非常注重运用马克思著作的历史唯物主义理论解释和理解欧洲一体化的过程，认为历史唯物主义在理解该问题上是态度中肯且有针对性的。这类文章自20世纪末至21世纪初之后更是不断增多，也充分反映了美国学者在扩展历史唯物主义研究新方向上的理论反思和实践探索。[2]

综上所述，在充分梳理和评价了20世纪域外马克思主义史学的学术思想与基本内涵之外，我们还需要从以下三个方面，概括并指出外国马克思主义史学的理论成就和经验教训。

第一，从全球视野来看，在19世纪到20世纪的漫长历史过程中，随着马克思主义的广泛传播，不断萌生的马克思主义史学思潮逐渐分布于世界许多国家与地区。除了在某些特殊的历史时期，国外马克思主义得到广泛的史学传播，马克思主义史学传统及史学思潮也越发成为国际史学思潮中一个不可忽视的组成部分。无论欧美资本主义国家，还是东欧社会主义国家，甚至拉美和非洲地区，都存在着发展程度不同与规模影响不一的马克思主义史学思潮。自19世纪上半期马克思主义诞生以来，唯物史观逐渐成为马克思主义史学的理论基石，成为史学家从事历史研究的基本指南。马克思和恩格斯就是运用唯物史观系统考察社会问题与深入研究人类历史的实践者，也是探索世界历史变化与发展道路的理论先锋，马克思主义者率先取得了唯物史观和历史研究相结合的许多实践成就，客观上也促进了国外马克思主义史学的逐渐形成、广泛传播及整体发展。

第二，20世纪末期以来，马克思主义史学始终作为一种全球性的文化思想、政治力量或历史思潮而广泛存在。稍经考察即可发现，在20世纪的时代景象、历史语境和思想体系中，现当代西方史学普遍存在着马克思主义与历史学的融合倾向，马克思主义学说对其他相关社会科学理论的影响过程，可以说是一个世界性的理论创造和思维过程，也是一种历史性的思想文化现象，催生了后马克思主义

---

[1] Bertell Ollman & Edward Vernoff eds., *The Left Academy：Marxist Scholarship on American Campuses*, New York：McGraw-Hill book company, 1982, pp. 202-204.

[2] Mark Rupert & Hazel Smith eds., *Historical Materialism and Globalization*, London：Routledge, 2002, pp. 257-276.

时代的马克思主义史学思潮。国外马克思主义史学的基本内涵和主要成就，也表现为以唯物史观为指导纲领，着眼于社会形态与历史演变的整体目标，以底层生活的历史事实与下层视野的史观取向为依据，结合特定历史时期的社会运动及内在机制的分析框架，撰写了许多令人瞩目的史学著作，其史学思想及学术成就无疑极大地影响了国际史学的发展潮流。比如，随着西方学术思想的发展，英国马克思主义史学更广泛地与非马克思主义史学思潮进行对话及交流，回归学术价值取向和史学现实关怀并重的历史学科属性。英国马克思主义史学派的史学著作蕴含着丰富的学术观念和史学思想，他们当中诸如霍布斯鲍姆和汤普森那样的史学名家，都愿意花费毕生精力，在研究和理解经典马克思主义的重要理论原著基础上，掌握和运用马克思主义的概念与方法，在马克思主义史学语境中，不断地拓展史学研究的理论思路，不断发展史学研究的实践路径。

第三，国外马克思主义史学思潮及其发展也经历了理论失误与实践挫折，主要表现为，在历史研究领域中存在着对于马克思主义唯物史观的庸俗化理解与机械性运用，导致对于不同国家历史的主观主义认识缺陷，甚至关于世界历史发展的教条主义倾向，造成了极为不良的思想影响与社会后果。比如，苏联斯大林时期的马克思主义史学的经验教训就值得深入反思与高度重视。因此，在史学研究领域，不论国外马克思主义者，还是中国马克思主义者，都应该全面和系统地理解唯物史观的深刻内涵，把唯物史观作为不断发展的社会历史观与史学方法论，在史学实践活动中，重视更新史学方法，极力拓宽史学研究的新领域，提出历史解释的新观点与新命题，努力恢复马克思主义唯物史观的解释活力与理论魅力。

在此可以借用英国马克思主义史学家的分析与立场作个小结，霍布斯鲍姆曾经在许多场合都着力强调区分庸俗马克思主义与真正马克思主义之间的区别及意义，特别分析和指出了庸俗马克思主义的几个特征：（1）重视单一的"历史经济解释"，而忽视其他因素的能动性；（2）把"基础与上层建筑"作为一种简单的决定与依赖关系模式而广泛运用的历史解释观念；（3）片面理解马克思和恩格斯《共产党宣言》关于"至今一切社会的历史都是阶级斗争的历史"理论；（4）片面强调马克思主张的人类社会历史系统和必然发展趋势即"历史法则与历史必然性"，强调注重长时段社会运动的普遍概括，强调集中关注个人与历史偶然事件在历史中的作用问题，但是，把社会经济形态视为僵化不变而强制性的演进规律，从而成为排除历史上其他可能性的机械决定论；（5）习惯把历史研究的特定主题仅仅局限于马克思自身感兴趣的诸如资本主义发展史和工业化等问题，然而，这种特定研究主题与其说源自马克思，不如说热衷于与马克思主义理论相关的社会运动，如农民和工人等被压迫阶级的反抗斗争或革命运动；（6）由第二点引发的关于历史客观性的问题，涉及有关历史编纂学性质与范围的诸多考察，虽然有助于解释史学家的动机与方法，但是这些史学家所声称公正客观地追求的历史真实性，未必能够达成合理的史学解释。在霍布斯鲍姆看来，庸俗马克思主义的许多观念根本不能代表马克思主义本身，在历史研究与分析过程中，应该把庸俗马克思主义成分与马克思主义成分区分开来。虽然庸俗马克思主义史学或机械马克思主义自称是受到马克思主义史学影响并是其产物，但实质上它们与马克思主义思想没有特别的联系，因为它们充其量是马克思主义的形态变异。[①] 因此，克服庸俗马克思主义史学思潮的倾向，回归经典马克思主义原理与旨趣，也是置身历史时期的国外马克思主义史学发展的可能途径。

思考题

1. 试述唯物史观的形成及其主要内涵。
2. 如何理解马克思的"世界历史"理论及其当代意义？
3. 如何正确看待苏联马克思主义史学的贡献与缺陷？
4. 怎样评价英国马克思主义史学的主要成就及国际影响？
5. 试述法国马克思主义史学家对法国大革命史研究的贡献。

[①] E. J. Hobsbawm, "What Do Historians Owe to Karl Marx？" in *On History*, New York：The New Press, 1999, pp. 147–148.

第九章 全球化时代的历史学

20世纪70、80年代以来，欧美史学的发展呈现高度多元化的局面。后现代主义思潮对历史学的客观性等传统的史学观念造成了巨大的冲击，给史学发展带来了多方面的复杂效应。全球化浪潮和世界格局、社会经济的巨大变化，也深刻地影响了历史学在研究对象和研究方法上的各种新的取向。古老的历史学发展到今天，在受到诸多问题困扰的同时，依旧显示出勃勃生机。

第一节 后现代主义与历史学

后现代主义是20世纪后半期西方世界逐渐发展出来的一种文化反叛思潮，它带来的是一套系统的观念，也是一种生活的态度。"后现代主义"一词本身意味着它是建立在现代基础之上，在一定程度上也可以说后现代主义已经取代了现代主义。像现代主义一样，后现代主义这一术语也可以应用到文学、艺术、诗歌、绘画、建筑、哲学、政治、经济、历史等领域。

一、"叙事的复兴"

1979年，著名社会史家劳伦斯·斯通在享有盛名的社会史权威杂志《过去与现在》上，发表了《叙事的复兴：对一种新的旧史学的反思》一文，对尤其是第二次世界大战以来欧美社会科学取向的历史学发展中出现的问题进行了分析，并依据他本人的观察，提出在当时欧美史学中出现了"叙事的复兴"的迹象。这篇论文在当时产生了很大反响，至今仍是我们了解当代西方史学发展的一份重要文献。所谓"旧史学"，斯通指的是传统的讲故事的历史书写方式，即叙事史学。他说："叙事指的是以编年序列的顺序来组织材料并且内容聚焦于一个单一而融贯的故事，尽管可能有各种次要情节。叙事史区别于结构史的两种根本方式在于，其安排更是描述的而非分析的，其焦点在于人而非环境。因而它所处理的是特殊的和具体的而非集体的和统计学的事物。"[1] 在西方史学传统中，从修昔底德到吉本，一直到兰克史学，以优美畅达的文字来讲述历史事件，描写历史变迁，把握过去人事的来龙去脉，一直是历史写作的主要模式。可是随着20世纪初"新史学"的

---

[1] Geoffrey Roberts, ed., *The History and Narrative Reader*, London and New York: Routledge, 2001, p. 281.

兴起，尤其是"二战"以来，关注群体和结构，借助社会科学的范畴、工具和方法来分析历史现象，成了历史学的主流。尤其是在年鉴学派如日中天的时期，因为被认为只聚焦于对于历史过程而论并无根本意义的事件，叙事史学遭到了前所未有的贬斥。然而，在斯通写作此文之时，情形似乎悄然发生了变化："……我看到了这样的迹象，有一股潜流将诸多名声显赫的'新史学家'们带回到了某种形式的叙事中。"叙事史学似乎在复兴，但不是旧的叙事史学复活，而是一种"新的旧史学"。

"二战"后的三四十年间，社会科学取向的历史学经历了长足发展，成就斐然，同时暴露出了若干不足。从历史学发展的内在逻辑而言，这是导致许多史家转向新的叙事史学的重要因素。在斯通看来，社会科学取向的历史学主要有三种模式：马克思主义史学模式、年鉴学派的生态-人口学模式和美国计量史学模式。马克思主义在强调社会存在决定社会意识的同时，从来就不忽视政治军事力量以及意识形态和文化因素在人类历史过程中所发挥的重大作用，但欧美马克思主义史学在那一阶段的发展，在深入研究生产方式的变化和阶级冲突的同时，常常有将政治和文化视作附带现象的倾向，难免被包括斯通在内的很多人当作简单的"经济决定论"而颇受诟病。年鉴学派将经济的、生态的、人口学的事实，视作历史过程中最为重要的决定性因素，这些历史研究的素材显然更适合以社会科学的思路和量化的方式来分析，而不大可能以描述的方式来解说。勒华拉杜里就是此种倾向的极端代表，"在他看来，历史的关键变量是食物供应和人口之间生态平衡的摆动，此种平衡必定是由对于农业生产力、人口变动和食品价格的长时段量化研究来确定的"。①

斯通分析说，人类历史过程中的种种因素，在年鉴学派那里形成了"一种标准的等级制的格局：首先，在地位上和重要性的顺序上都是如此，是经济学和人口学的事实；其次是社会结构；最后是思想、宗教、文化和政治的发展。这三个层次就像一栋房屋的三层：每一层以底下一层为基础，然而在上的一层对在下者很少或没有反过来的影响"。在14—18世纪这500年中，既然生态学和人口学的基本事实没有根本性的变化，勒华拉杜里就认为有理由将这一段时期欧洲大陆的历史视作"不变的历史"。宗教改革、文艺复兴、启蒙运动、民族国家的构建、思想文化和艺术的诸多变化和成就完全遭到了忽视。如此惊人的盲点，不能不让诸多史学家，包括年鉴学派内部的诸多史学家，对这种在很多时候不免显得过于粗糙而僵硬的理论架构提出疑问并进行反思。政治

---

① Geoffrey Roberts, ed. , *The History and Narrative Reader*, London and New York：Routledge, 2001, p. 283.

和军事力量，有组织的大规模暴力的使用，会对社会经济结构造成根本性的影响，历史上不乏其例。而对具体的历史现象而言，单纯从社会经济角度未必能够提供充足的解释，心态的、文化的因素有时也扮演了重要的角色。

在重新发现和强调政治、军事、心态、文化因素的相对独立性和重要性之外，量化方法所呈现的局限性也是促使历史学叙事复兴的一个原因。量化方法在历史学研究中的广泛运用，取得了丰硕的成果。然而，量化方法也日渐暴露出其局限，表明它无法满足勒华拉杜里等人起初所寄予的过高期望。一方面，量化研究的使用难免良莠不齐，对同一历史现象进行的量化研究，由于抽取和使用样本的方式不同，常常出现相去甚远的结果，让人无所适从；另一方面，人类历史过程和过往社会生活中很多重要的层面是无从量化的，量化工具远远不能囊括历史研究所要关注的一切主题。经济、地理、生态等因素支配历史过程的决定论不再具备说服力，量化方法也失去了一度所具有的巨大魅力，许多史学家转而关注过往的人们是如何实际经历和体验他们的生活的。叙事重新进入历史学，就成了顺理成章的事情。

叙事史学的复兴，从历史学内在学术发展的角度来说，很大程度上是因为社会科学取向的历史学的发展不能令人满意。20世纪欧美史学发展的一个重要特点，就是历史学与其他学科尤其是各门社会科学高度融合。地理学、经济学、人口学、生态学、心理学对于年鉴学派的重要性，就是人们所熟知的例证。计量史学的发展更是利用了新的计算机技术和复杂的数学工具。而20世纪70年代以来史学潮流发生变化的一个明显特征，就是史学家们自觉而积极地汲取人类学研究方法和研究取向的养分。人类学家的诸多研究，例如，马塞尔·莫斯对礼物在社会群体之间的流动及其社会功能的研究，普里查德对巫术的研究，都引发了史学家的兴趣。但影响最大的，还是美国人类学家格尔茨。格尔茨像马克斯·韦伯一样，将人看作生活在自己所编织的意义之网上的动物。文化给人们的生活提供意义，"它表示的是从历史上留下来的存在于符号中的意义模式，是以符号形式表达的前后相袭的概念系统，借此人们交流、保存和发展对生命的知识和态度"。① 格尔茨的人类学研究方法，也即他所说的"深描法"，注重从人们生活和仪式的各种细节中所包含的象征和符号出发，解释这些象征和符号对于当事人所具有的意义。他研究巴厘岛斗鸡游戏的著名论文，就从巴厘岛的社会权力结构和各种象征对于当事人所具有的意义出发，对外人看起来颇为夸张而怪诞的斗鸡游戏进行了有效的解释。② 史学家所研究的过去，和当下的研究者有着时间、空间、文化等方面的距离，故

---

① ［美］克利福德·格尔茨：《文化的解释》，韩莉译，译林出版社1999年版，第109页。
② ［美］克利福德·格尔茨：《文化的解释》，韩莉译，译林出版社1999年版，第484—534页。具体可参见该书第十五章"深层游戏：关于巴厘岛斗鸡的记述"。

而有着"过去乃异邦"之说。人类学在其长期的发展过程中，恰恰就是在面对与研究者自身相去甚远的社会和文化时，提供了有效的研究方法和理解途径。历史学关注的重点由群体和结构，转向了过往的人们是如何经历和感受自己的生活的，这与人类学的旨趣极为接近。人类学让史学家看到，一个单一的事件或现象，只要将其置于社会文化语境中，以聚光灯式的聚焦方式来对其微妙细节条分缕析，就有可能揭示一整套社会结构和价值系统。这样的研究取向，关注的是文化和意义，采用的是描述和解释的写作方式。在斯通看来，"在某些新史学家那里，人类学取代社会学和经济学成为最有影响的社会科学，乃是叙事复兴的首要原因"。彼得·伯克也评论说："从 20 世纪 60 年代到 90 年代，文化史的实践出现了一个最明显的特征，那就是朝人类学研究方法转向。"①

与旧的叙事史学是以"文史不分家"的方式，主要讲述政治军事事件不同，用斯通的话来说，新的叙事史学毕竟不是传统叙事史学卷土重来，而是一种"新的旧史学"。斯通概要地总结了新旧叙事史学之间的分别：第一，新叙事史学几乎毫无例外地关切普通人而非大人物和权力拥有者的生活、情感和行为；第二，对于新叙事史学的方法论而言，分析依旧和描述一样重要；第三，新叙事史学开掘新史料，常常使用罗马法程序的法庭记录等；第四，不同于荷马、狄更斯和巴尔扎克的叙事方式，新叙事史学受到现代小说和弗洛伊德的影响，关注潜意识胜过朴素事实；第五，新叙事史学"讲述一个人、一场审判或者一个戏剧性事件的故事，不是为着这些东西本身，而是希望揭示某个过去的文化和社会的内在运作"。②斯通所概括的史学潮流的新趋向，涉及了历史研究的主题（和主人公）、研究方法、史料来源、研究旨趣的变化，这些变化并非"叙事的复兴"这样一个简单的说法所能涵盖的。斯通也意识到了这一点，他进一步总结说："显然，像是单单'叙事'这样一个背后有着如此复杂的历史的单词，是不足以描述实际在历史话语特性方面所发生的诸多变迁的。有着种种变化的迹象：就历史学的核心问题而论，从人置身于其中的环境到环境中的人；就研究的问题而言，从经济和人口问题到文化和情感问题；就受到的主要影响而论，从社会学、经济学和人口学到人类学和心理学；从主题来说，从群体到个体；就历史变迁的解释模式来讲，从分层次的和单一因果论的到相互关联的和多重因果论的；在方法论上，从群体的量化到个体的例证；就史学家扮演的角色来说，从科学的

---

① ［英］彼得·伯克：《什么是文化史》，蔡玉辉译，杨豫校，北京大学出版社 2009 年版，第 34 页。
② Geoffrey Roberts, ed., *The History and Narrative Reader*, London and New York：Routledge, 2001, p. 293.

到文学的。"① 实际上，和斯通一样观察到这种史学潮流变化的学者们，从不同的角度和侧重点出发，也把他所谓的"叙事的复兴"称为"文化的转向""语言的转向"等。

斯通主要是从历史学学术发展的内在逻辑来观察和分析史学潮流的变化和史学新趋向的特征的。历史学的发展固然会受到学术发展的内在脉络的影响，然而，与人文价值和社会关怀有着紧密关联的史学现象，脱离了外在社会条件和文化氛围的变化，也无法得到充分的理解。与西方社会的变迁相伴随而兴起的后现代主义思潮，对历史学领域产生了巨大冲击。欧美史学在 20 世纪 70 年代以来所发生的巨大变化，还需要放在这一背景下加以考察。

二、后现代主义对历史学的冲击

20 世纪 70 年代以来，欧美国家在经历了"二战"后高速的经济增长之后，出现了一系列新的社会现象。长期的工业化进程在带来巨大财富的同时，给环境和资源带来巨大的压力，迫使人们重新考虑人与自然的关系。工业社会向"后工业社会"和信息社会的转型，高等教育的大众化，使得知识和信息的产生和传播呈现新的特点，中心和权威丧失了过去的优势地位。现代化进程和科学技术的发展，给西方社会带来了巨大的物质进步，同时给社会发展带来了巨大的不确定性，人类在具有了前所未有的向大自然索取财富的能力的同时，具备了毁灭自身所栖居的地球家园和人类这一物种本身的能力。两大阵营的对垒和原殖民地等第三世界国家的崛起，使得原本以西方为中心的国际政治经济格局遭受了严峻挑战，西方文明被表明不过是多种文明中的一种。两次世界大战和各种社会政治劫难的发生，使得现代化过程所带来的负面后果暴露无遗。阶级、种族、族群、性别之间的歧异和冲突日益凸显，20 世纪 60 年代后期以来，美国的民权运动和席卷欧美的左翼思潮和社会运动，改变了原有的社会格局，少数族裔和少数群体争取权利的斗争，成为社会变革的重要动力。西方社会进入一个有别于过往的阶段，"后现代"成为学界普遍接受的对欧美社会所进入的这一阶段的指称。如英国学者詹金斯所说："我们今天生活在后现代性的总体的社会经济和政治条件之下。我不认为我们对此能够有何选择，因为后现代性不是我们可以选择采纳与否的某种意识形态或立场，而是我们当下要生活于其中的历史命运。"②

后现代主义首先被人们用来描述这一时期在建筑和文学艺术方面出现的不同

---

① Geoffrey Roberts, ed., *The History and Narrative Reader*, London and New York: Routledge, 2001, p. 296.

② 见詹金斯为所编文集撰写的导言。Keith Jenkins, ed., *The Postmodern History Reader*, London and New York: Routledge, 1997, p. 3.

于此前的表现形式和风格。尔后，后现代主义成为席卷学术文化领域的一种思潮。由于后现代主义思潮本身就是在质疑与现代化进程相伴随的理性、权威、中心、确定性，所以要给其一个明确的界定并不容易，可谓言人人殊。比较而言，法国理论家利奥塔在其《后现代状况》一书中给出的解说，简明扼要且颇为贴切。利奥塔说："用简洁至极的方式，我将'后现代'定义为对于元叙事的怀疑。"① 启蒙运动以来，各种不同的思想立场和意识形态，都倾向于把人类历史解释为一个单一而具有内在统一性的进程。人类历史或者被解释为人们不断获得解放而朝着自由不断前进的过程，又或者是理性不断摆脱各种禁锢而得以充分发挥、从而引领人类社会步入越来越美好的阶段的历程。"理性""自由""进步"成了解说人类历史和现实处境的核心概念。所谓元叙事，有时又被称作宏大叙事或者大故事，指的就是作为这种启蒙运动现代性规划的基础的历史观。宏大叙事的解体，被人们普遍视为后现代主义的首要特征，可以想见，后现代主义对于当代西方知识界的史学观念本身，会造成何等巨大的冲击。

如同以往思想文化和学术潮流的其他大变革一样，后现代主义思潮也极为庞杂，对于它在历史学领域所产生的效应，难以做出简单的概括。我们这里先简要地讨论宽泛意义上的后现代主义思潮在史学界中造成的冲击和效应，或者换句话说，就是身处后现代主义的时代氛围之中，历史学"与时俱进"，史学观念因此而发生的变化。举其要者，比如利奥塔所总结的后现代境况中"宏大叙事"的终结，动摇了传统以"进步""自由""阶级冲突"等为主线的历史学叙述模式。构筑单一而统一的人类历史，一时之间变得不合时宜了，大写的历史似乎从此要被多种多样的小写的历史替代。用当代荷兰史学理论家安克斯密特的比喻来说，19世纪后期以来的史学家虽然高度专业化，每个人从事非常不同的局部的工作，但他们是在一起修筑一个大教堂，他们都对自己的工作最终会成就一个宏大的整体深信不疑。而当代的史学家们没有了这样的信念，他们仿佛都市里纵横交错的街道上彼此漠不相关的漫游者，各自的工作并无构成一个整体的期望和可能。② 历史学的碎片化，成了后现代主义对历史学造成的显著的消极影响。

法国学者米歇尔·福柯（1926—1984）继承了德国哲学家尼采的思路。福柯所谓的知识考古学（他后来更愿意用谱系学一词），针对将历史现象解说为一个线性连贯过程的史学传统，强调历史中的断裂和不连续性。他的若干著作，例如

① Jean-François Lyotard, "The Postmodern Condition," in *The Postmodern History Reader*, Keith Jenkins ed., London and New York: Routledge, 1997, p. 36.
② 参见［荷］F. R. 安克斯密特：《历史表现》，周建漳译，北京大学出版社2011年版，第156页。

《疯癫与文明：理性时代的疯癫史》《规训与惩罚：监狱的诞生》，① 也对历史学领域产生了很大影响。前者分析了启蒙运动以来现代社会是如何以理性之名，来对非理性进行界定、驱逐和压制的。后者则考察了现代社会如何通过监狱、军队、学校等机构和制度，来对人们的思想和身体进行规训，揭示了现代社会无处不在的微观权力机制，突出了权力关系在历史建构中的作用。福柯并非严格意义上的史学家，却在历史学领域产生了很大的影响。他所关注的非理性现象、疾病、身体、现代社会的种种权力机制，更为醒目地进入史学家的视野。史料、历史研究与历史写作中权力关系的介入，历史文献和历史著作中呈现的是谁的视角、发出的是谁的声音，这样的问题更加受到史学家们的自觉审视。

　　后殖民主义也是后现代主义思潮重要的组成部分。巴勒斯坦裔美国学者爱德华·萨义德1978年出版的《东方主义》② 一书，是后殖民主义理论的奠基之作。萨义德深受福柯的影响，致力于在以客观中立的面貌示人的知识体系中，发掘其中的权力关系，他以埃及和西亚为例探讨了殖民权力的问题。西方殖民权力不仅建立在政治和经济的统治之上，还有赖于一整套有关"东方"殖民地的知识的生产，后者也就是他所说的东方主义。在理性和客观性的面罩之下，西方殖民权力塑造了关于东方殖民地的知识系统如"种族科学"，来加固殖民统治。英法等国的东方学的学术研究及其相关的文学艺术等方面的创造，与文明、理性、进步、进取的西方相对照，塑造了一个野蛮、蒙昧、停滞、柔弱的东方形象，来为殖民主义服务。在萨义德看来，即便在殖民地纷纷独立之后，殖民地知识分子对自身和世界的认识，并未自觉地意识到和摆脱此种东方主义的桎梏。换句话说，"东方"的形象乃至"东方"的自我认识，很大程度上是被"西方"作为"他者"而塑造出来的，而此种知识体系根本上乃是以西方为中心，服务于殖民权力的需要的。关于后殖民主义理论及其在历史学领域的内涵，美国学者杜赞奇概括说："后殖民主义是这样一种视角：它不仅把世界上各种理性和现代化力量看作从我们存在的历史条件中自然发展出的趋势，也看作一种强势的意识形态或在全世界（无论西方还是新兴的非西方民族国家）占据统治地位的'西化'观点。"③

　　从历史编纂学角度说，后殖民主义一直试图解构常常源于启蒙主义进化观的

---

①　[法] 米歇尔·福柯：《疯癫与文明》，刘北成、杨远婴译，生活·读书·新知三联书店1999年版。[法] 米歇尔·福柯：《规训与惩罚》，刘北成、杨远婴译，生活·读书·新知三联书店1999年版。

②　该书中文本书名为《东方学》，王宇根译，生活·读书·新知三联书店1999年版。

③　杜赞奇：《后殖民史学》，刘东主编：《实践与记忆》，商务印书馆2014年版，第202页。

帝国和民族历史的宏大叙事，以便揭示或指出被压制、打败或被否定的历史和故事。① 从后殖民主义对西方霸权的揭露和反抗中，我们不难看到马克思主义对后殖民主义的影响。但后殖民主义思潮更关注的，是西方对东方、殖民者对殖民地的文化支配。后殖民主义对历史学产生了很大的影响。一方面，后殖民主义力图打破西方中心论，站在殖民地的立场，来认识现代历史进程和东西方的历史命运，重新认识"东方"及其在殖民关系中所扮演的角色。一些很小的个案颇能说明后殖民史学的旨趣。比如，在英美教育中举足轻重的英国文学史课程，原本在英国并不存在，而是在印度等殖民地，殖民者为了教育自身的后代和当地精英而发展出来的，而在这一背景下发展起来的文学史的谱系，重新回到母国而扮演了重要的角色。又比如，英文中的"洗发水"（shampoo）一词，原本来自印度，是印度注重个人卫生而经常沐浴的某些部族的用品。在这样的个案中，殖民地不是消极地接受"文明""理性"的殖民者的影响，它不复是以纯然"愚昧""野蛮"的形象出现，东西方之间不再是单纯的输出与接受的关系，而是双向的互动；另一方面，与欧美社会史呈现的趋向相似，后殖民主义影响下的史学研究，不再把焦点单纯地放在精英身上。

一批印度裔学者于 1982 年创办《庶民研究》杂志时就提出，此前主流的印度史学是一种精英主义的史学，将印度民族主义的发展和取得独立，完全归功于伟大的政治人物和重要的知识分子。而庶民研究（或底层研究）关注的则是此前被摒弃于史学视野之外的底层群众和低等种姓。可以说，就以上所说的两个层面而论，后殖民主义史学的影响，都不单单局限在持有后殖民主义立场的史学家范围之内。在当代海外中国研究，尤其是对中国近代史的研究中，都不难看到这样的例证。例如，美国汉学家柯文在其 1984 年问世的《在中国发现历史：中国中心观的兴起》一书中提出，长期以来主流的对中国近代史的解释模式，无论关注西方对中国的冲击和中国对此的反应的"冲击—反应"模式，还是"传统—现代"模式和"帝国主义"模式，都把中国放在一个消极的位置，都认为中国真正具有历史意义的变化，只能在西方的冲击和影响下发生。而柯文此书则力图从中国内部发现变革的动力，从中国内在的因素来探索中国近代社会变化的途径。柯文还强调从不同区域、不同阶层来进行考察，重视对更广大的地域和下层民众的研究。我们不难看到，其中的研究旨趣与后殖民史学的相似相近之处。

后现代主义思潮的一个重要的层面，就是关注各种边缘的群体，提倡多元文化论，肯定和重视原先非主流的各种边缘群体及其文化的价值和权利，也就意味

---

① 参见杜赞奇：《后殖民史学》，刘东主编：《实践与记忆》，商务印书馆 2014 年版，第 202 页。

着对于原先的中心和主流的反弹。以下这段话颇得多元文化论的要旨："传统的课程教导我们所有人以属于特权者的欧洲白种男性的视角看世界，并把他们的兴趣和视角当作我们自己的。它把中产阶级的、白种人的、男性的作者们的作品称作'著作'，并夸赞它们为不朽的、普遍性的，与此同时，却把所有其他人所写的作品看作特殊性的、暂时的。传统的课程介绍（神话式的）白人中产阶级的、父权的、异性恋的家庭及其价值观，并称之为'心理学导论'。它教授有财产和地位的白种男人的价值观，并称之为'伦理学导论'。它把社会中的大多数人贬为'妇女和少数群体'，并称之为'政治科学'。它教授西方占据特权地位的白种男人所创作的艺术，并称之为'艺术史'。"① 在多元文化论的影响之下，非西方的、底层的、女性的、少数族裔和少数群体的历史，开始得到前所未有的关注和研究。性别史和少数族裔、少数群体的历史，也成为历史研究中成果颇丰的领域。后现代主义思潮在质疑人类历史的内在统一性的同时，开拓了许多新的研究课题和研究领域。

三、后现代主义史学理论

我们可以将后现代主义思潮冲击下史学理论所发生的变化，分为广义和狭义两种。广义上的后现代主义史学理论，指的是宽泛意义上的后现代主义思潮在史学理论领域中所造成的冲击和效应。举其要者，如利奥塔所标举出来的后现代境况中"宏大叙事"的终结，动摇了传统上以"进步""自由"为主线的历史学叙述和解释模式；福柯的知识考古学和微观权力分析，突出了历史的非连续性，揭示了权力关系在历史建构中的作用；后殖民主义和女性主义以及多元文化论，则把所谓以"白的、男的、死的"为中心的现代西方学术传统作为攻击的靶子。这样一些观点和立场都可以视为广义上的后现代主义史学理论。狭义上的后现代主义史学理论与此不同，它指的是植根于历史学学科内部来进行理论阐发并带有明显后现代主义色彩的史学理论范式。较之前者，它更是发生在史学理论内部的理论变革。在这个意义上，可以明确地说，叙事主义史学理论就是后现代主义思潮体现于史学理论专门学科领域内的主要范式。

20 世纪西方的史学理论，在第二次世界大战之后，由"思辨的历史哲学"转向"分析的历史哲学"。前者指的是从黑格尔到汤因比的那种宏大的理论构造，其意图在于对全盘的世界历史进程（所谓的"普遍史"）作出一番描述和把握，而后者则将研究焦点转移到了历史认识和历史解释问题。也可以简单地说，前者讨

---

① ［美］Robert F. Berkhofer, Jr：《超越伟大故事：作为文本和话语的历史》，邢立军译，北京师范大学出版社 2008 年版，第 266—267 页。

论的是有关"历史"（指客观历史过程）的理论问题，后者讨论的则是有关"史学"（指人们对过往历史的认识）的理论问题。第二次世界大战以后的将近 30 年间，分析的历史哲学成为史学理论的主要形态。按照当代荷兰史学理论家安克斯密特的说法，欧美分析的历史哲学形成了两种理论范式，一种是以亨佩尔和波普为代表的覆盖率模式，另一种是以德雷为代表的逻辑关联论证。① 亨佩尔在其名文《普遍规律在历史中的作用》中提出："历史科学与其他经验科学一样，只有借助于适当的普遍假设或是由一组系统地相关的假设所构成的理论才能获得科学的解释。"② 所谓覆盖率，指的就是历史学中要进行有效的解释，和自然科学中并无不同，都是要借助于普遍的规律。自然科学中的普遍规律是被清晰表述出来的，历史解释中的情形不大一样，但历史解释得以完成，就在于解释过程中必然或明或暗地援引了某种普遍的规律。亨佩尔举了这样一个实例："有职业的人不愿意丧失职业；擅长于某种技艺的人不欢迎变革；习惯于发号施令掌握权力的人断然不肯放弃权力……所以，政府部门和机构一经创立后，不仅要努力保护自身不受攻击，而且必然要不断扩大自身的活动范围。"③ 历史解释中所使用的普遍规律，往往以诸如对于人性和社会心理的普遍假设等形式隐晦地出现。逻辑关联论证的理论范式则是在柯林武德史学理论的基础上发展起来的，它秉承了这一思路：只有把握了当事人的处境及其内在思想，才能理解其外在行为。在这一理论范式看来，历史解释的要旨在于，历史当事人的行为之间总是可以被合逻辑地关联起来，历史现象由此就能够得到合理的解释。

1973 年，美国学者海登·怀特的《元史学：19 世纪欧洲的历史想象》（简称《元史学》）一书问世，它标志着后现代主义史学理论的诞生。此后，历史文本的问题开始取代历史认识和历史解释问题，成为西方史学理论的焦点。可以说，叙事主义史学理论就是后现代主义思潮在史学理论领域的主要表现形态。分析的史学理论主要是在理论家之间引发讨论，而对史学家的实际研究工作影响并不大。相比之下，叙事主义史学理论对史学实践产生了直接而巨大的影响，即便诸多史家对其后现代倾向或激烈反对，或有所保留，但似乎很难有人完全忽视它的存在。

叙事主义史学理论的要害，在于将研究重心转移到了史学家工作的对象和最

---

① Frank Ankersmit, "The Dilemma of Contemporary Anglo-Saxon Philosophy of History," in *History and Tropology*, *The Rise and Fall of Metaphor*, Berkeley: University of California Press, 1994.
② ［美］亨佩尔：《普遍规律在历史中的作用》，何兆武主编：《历史理论与史学理论——近现代西方史学著作选》，商务印书馆 1999 年版，第 869—870 页。
③ ［美］亨佩尔：《普遍规律在历史中的作用》，何兆武主编：《历史理论与史学理论——近现代西方史学著作选》，商务印书馆 1999 年版，第 865 页。

终产品——历史文本之上。可以说，历史学的"文本化"就是后现代史学理论最显著的特征。简单说来，它至少有三层含义。

第一，史学家的工作对象是各种各样的史料，这些史料主要是各种文字性的文献，也包括考古发现、宫室器皿等物质性的遗存，它们都可以归为广义上的文本，而且，最终它们都要以语言形式进入史学家的研究范畴。而史学家最终的研究成果如专著或论文，也都是以语言的形式出现的。就此而论，史学家永远无法真正直接触及过去本身，而只能借助于各种历史文本来对过去有所言说，因而，文本性就是史学家的全部工作所无法脱离的樊篱。

第二，史学家不同于自然科学家，他们没有一套自己的专业语言，"史学家用于编码、交流和沟通的基本工具，乃是日常有教养的语言"。① 由于日常语言或自然语言所具有的不透明的特性，历史文本并不能真实地再现过去，它不可能毫无扭曲和不加损益地将历史的本来面目传递给读者。貌似客观描述某一历史事实的陈述，其实绝不像它表面上看起来那么纯洁和清白。比如说，"1492 年哥伦布发现了新大陆"，这一陈述貌似在表述一个单纯的历史事实，然而细加分析，情形并非如此简单。至少，这样的表述完全是对美洲大陆的原住民印第安人的视若无睹。在这样一些表面上纯然以中立客观的姿态来表述的历史事实中，解释的因素已然潜藏其中。

第三，史学家在将自己的研究写成历史文本时，必然将自身的思维模式、意识形态立场、审美倾向等因素或明或暗地注入其中。历史文本在陈述事实的表象之下，蕴含了虚构、想象、创造的因素。就此而论，它们具有和文学作品同样的一些品质。在叙事主义的史学理论看来，历史文本的文学特性应该受到充分重视，而文学理论对于理解历史文本大有助益。在《元史学》一书中，怀特就利用了来自各个学科的理论范畴，以 19 世纪若干史学家为例，试图论证在历史文本中，包含了论证模式、情节化模式和意识形态等层面。在怀特看来，历史叙事就是一种"言辞的虚构，其内容在同等程度上既是被发现的，又是被发明的，并且其形式与其在文学中的对应物与其在科学中的对应物相比有着更多的共同之处"。② 这里所谓言辞的虚构，与怀特在别的地方所说的"文学制品"含义大致一样。"虚构"一词，并非无中生有、"向壁虚构"之意，而是指历史写作中包含了选择、创造、编排等因素。怀特没有否认历史作品中理所当然地包含了来自史料的成分，但在怀特看来，史学家的工作中更值

---

① Hayden White, "The Historical Text as Literary Artifact," in *Tropics of Discourse*, *Essays in Cultural Criticism*, Baltimore: Johns Hopkins University Press, 1987, p. 94.

② Hayden White, "The Historical Text as Literary Artifact," in *Tropics of Discourse*, *Essays in Cultural Criticism*, Baltimore: Johns Hopkins University Press, 1987, p. 82.

得注意的部分，是他要从史料中选择其中某些进入自己的视野和历史叙事，要将过往历史编排成浪漫剧、喜剧、悲剧、讽刺剧等各种情节模式，并赋予它们以无政府主义的、激进的、保守主义的或自由主义的等意识形态蕴含。他和其他后现代主义史学理论家虽然还承认历史文本中有着"被发现"的因素，然而其理论旨趣更在于阐发他所谓"被发明"的因素。

　　将历史学彻底"文本化"的结果，就是会切断史学家认识和书写过去的工作与客观历史的联系。照着此种思路，有人甚至径直断言："历史就是人们写作并称之为历史的书籍。"① 以怀特为代表人物的叙事主义史学理论，虽然并未否定过去的真实存在和史料对史学家工作的约束作用，但其文本化的理论取向，实际上是将真实不妄的过去存而不论了。叙事主义史学理论在海登·怀特之后最为重要的代表人物安克斯密特就说："这一具有所指功能的过往（指客观的过去——引者）从认识论而言是一个无用的概念。……我们拥有的只是文本，我们也只能在文本之间进行比较。如果我们试图寻找关于过往的最佳描述，只能询问我们自己，在这些文本当中，哪种文本使现有的历史证据得到了最为合理的使用。但我们根本无从比较所选的文本与'过去'本身来检验我们的结论。"② 由于将文本性视作史学家工作不可逾越的樊篱，客观的历史过程或"过去"，就成了史学家所无法把握和领会的了。美国史家林·亨特评论说："对史学家而言，后现代主义一般来说意味着这样一种观点：史学家不能洞穿语言给历史事实蒙上的面纱，换言之，史学家仅能书写文学文本，而非真相。"③ 于是，历史学求真的认识功能、历史学的科学性和客观性，就遭到了排斥和否认。怀特本人在《元史学》中得出的就是这样的结论："选择某种有关历史的看法而非选择另一种，最终的根据是美学的或道德的，而非认识论的……对史学科学化的要求，仅仅代表着表达了对一种特殊的历史概念化形态的某种偏好，其基础要么是美学的，要么是道德的，而它在认识论上的论证仍然有待确立。"④ 怀特的思路大致可以作如下解释：历史研究中固然有着被发现的东西，那就是史料中所包含的成分。这些成分仿佛一张纸上散落着的各个点，而史学家则通过自己的构思，要选择不

① 美国学者汉斯·凯尔纳语，见［波］埃娃·多曼斯卡编：《邂逅：后现代主义之后的历史哲学》，彭刚译，北京大学出版社 2007 年版，第 45 页。
② Frank Ankersmit, "Reply to Professor Zagorin," in Brian Fay, Philip Pomper, Richard T. Vann ed., *History and Theory*: *Contemporary Readings*, Malden, MA: Blackwell Publishers, 1998, p. 212.
③ 转引自［英］理查德·艾文斯：《捍卫历史》，张仲民等译，广西师范大学出版社 2009 年版，第 284 页。
④ ［美］海登·怀特：《序言》，《元史学：19 世纪欧洲的历史想象》，陈新译，译林出版社 2004 年版，第 4 页。

同的论证模式、情节化模式和意识形态蕴涵的组合，来将这些点勾连扫描成不同的图形，形成不同的画面。而最终形成什么样的画面，则取决于史学家个人在审美和道德上的倾向。

后现代主义的一些主要观点在本质上是尼采哲学的翻版：没有真理，只有繁多的解释；没有客观的真实，只有不同的看法；在真理与谬误之间并不存在真正的区别，只是权力关系的不同表达。这是特别需要警惕的。历史认识的客观性和科学性遭到贬斥的同时，相对主义就成了叙事主义史学理论当然的归宿。叙事主义史学理论因其对历史文本的深入考察，而使得史学家对于历史写作和历史文本的特性有了更加丰富的认识。它对于更多的史学家以叙事方式来写作更易为社会公众所接受的历史著作，也有促进之功。但它对历史学认识功能的淡化和对历史学客观性与科学性的否认，动摇了历史学的根基，也在专业史学家群体中遭到普遍的反对。

第二节 史学方法与史学领域的开拓

伊格尔斯在描述 20 世纪 70 年代以来西方史学领域所发生的显著变化时说："历史学的主题已经从社会的结构和历程转移到广义的日常生活的文化上面来。随着新的注意力被给予了个人，历史学便再度采取了一种人情味的面貌，但这一次不是给予上层的权势者而是给予了普通的百姓。"① 实际上，在年鉴学派那里，这样的悄然变化发生得更早。

一、"从地窖到阁楼"的年鉴学派

在布罗代尔时代，年鉴学派第一代两位宗师曾经取得丰硕成果的心态史被边缘化。布罗代尔本人更擅长社会经济史，而对心态、文化并无多大兴趣。在布罗代尔那里得到系统阐述和实践的年鉴学派的学术范式，把历史因素区分成了三个不同的层级，最重要的乃是地理、气候、人口、生态的因素，它们处于第一层级，第二个层级是社会结构，文化、心态和政治的因素处于最不重要的第三层级。第三层级虽未完全遭到忽视，却完全处于年鉴学派整个事业的边缘。但是，按照彼得·伯克的观察，在 20 世纪 60、70 年代，年鉴学派的史学家们"发生了一个重要

---

① ［美］格奥尔格·伊格尔斯：《二十世纪的历史学——从科学的客观性到后现代的挑战》，何兆武译，山东大学出版社 2006 年版，第 11 页。

的兴趣转换。……年鉴派史学家的学术路子，从经济基础走向了文化的'上层建筑'"。① 或者按照年鉴学派局内人自身的说法，他们的研究兴趣发生了"从地窖到阁楼"的变化。此种变化的发生，除了年鉴学派本身心态史传统的强大影响，跟政治、文化、心态不再被视为附属于前两个层级的消极的因素，有着最密切的关联。如同斯通所说："如今很多史学家相信，群体文化甚至个人意志潜在地与物质产出和人口增长等非人化的力量，至少是导致变化的同等重要的原因。没有任何理论上的理由能够证明，后者就应该永远支配前者而非相反，而且表明相反状况的例子的证据积累得越来越多。比如，很显然，避孕既是经济环境的产物，也是心态的产物。早在工业化之前，早于其他西方国家差不多一个世纪，此种做法在法国已广为流传，而彼时除在某些小农庄之外并没有多大的人口压力，这就是证据。我们还知道核心家庭先于工业社会，而且隐私、爱和个人主义的观念是在 17 世纪后期和 18 世纪早期英国传统社会中某些最传统的部分出现的，而不是后来现代化的经济和社会进程的结果。"② 心态和文化，经常无法简单地还原成被社会经济基础决定的消极因素，而是对社会经济有着显著的影响。人们还看到，政治力量、军事征服、大规模暴力的使用，会影响甚至决定经济格局和分配方式。心态、文化和政治的复归，以及随之而来的叙事的历史写作方式的复兴，成了布罗代尔之后年鉴学派第三代和第四代的特色。

在这个阶段，最早在心态史领域作出了杰出贡献的，当属菲利浦·阿利埃斯（1914—1984，也译作阿里耶斯）。阿利埃斯是一位只在业余时间进行历史研究的"星期天史学家"。1960 年，他出版了《儿童的世纪：旧制度下的儿童和家庭生活》（简称《儿童的世纪》），开辟了儿童史研究这一崭新的历史学领域。《儿童的世纪》开篇就说："传统社会看不到儿童，甚至更看不到青少年。"③ 这也是此书的基本论点，其含义是，西方的中世纪没有儿童的观念，儿童的观念是现代社会的产物。所谓儿童的观念，是指认为儿童具有某种特殊的本性，需要把孩子与成人，甚至把儿童与青少年区别开来加以对待的这样一种看法。中世纪时，儿童一旦成长到了可以脱离成人经常性陪伴的阶段，就从属于成人社会，穿着与大人无异（只不过尺码缩小了）的服装，参加成人的各种活动，被作为小大人来对待。中世纪的人们不认为儿童世界与成人世界之

---

① ［英］彼得·伯克：《法国史学革命：年鉴学派，1929—1989》，刘永华译，北京大学出版社 2006 年版，第 62 页。

② Lawrence Stone, "The Revival of Narrative, Reflections on a New Old History," in Geoffrey Roberts, ed., *The History and Narrative Reader*, London and New York: Routledge, 2001, p. 285.

③ ［法］菲力浦·阿利埃斯：《儿童的世纪：旧制度下的儿童和家庭生活》，沈坚、朱晓罕译，北京大学出版社 2013 年版，第 1 页。

间有什么分别，也未意识到儿童成长为成人的过程中需要一个启蒙和教育的过渡阶段。除了传统的文献史料，阿利埃斯还大量利用了从前史家不大注意的材料。比如，他从中世纪以来肖像画的发展中，从儿童出现在其中的频率和方式，儿童是否拥有自己的服装和玩具等，来推断儿童的观念是否存在。他的结论是，儿童的观念是现代产物，并由此将中世纪和现代的家庭观念和家庭模式在很大程度上对立起来。阿利埃斯的研究在后来受到很多人的批评和修正，但它在社会史研究的范畴内，突出地展现了心态史的研究方法和独特价值，对后来的研究产生了示范效应。阿利埃斯研究不同历史时期人们面对死亡时的不同心态的著作《面对死亡的人》，也受到广泛的重视。

　　年鉴学派史家中，随后涉足心态史研究而取得出色成就的，当属雅克·勒高夫（1924—2014）和乔治·杜比（1919—1996）。作为年鉴学派第三代的重要代表人物，勒高夫一生著作宏富，但他以对中世纪尤其是对中世纪社会心态的研究最为见长。他在这个领域最有影响的研究成果，当属《炼狱的诞生》一书。传统基督教中的教义中只有天堂和地狱，是人在此生结束后的仅有的两种可能的归宿。可是中世纪后期出现了炼狱的观念，不能上天堂的人们也可以在炼狱中通过修行得到拯救。勒高夫的研究表明，个人主义和商品交换观念的兴起，是炼狱观念产生的温床，这种观念使得人们获得了通过交换获取再生的机会。勒高夫更早时候的著名论文《在中世纪：教会的时间与商人的时间》，则讨论了教士与商人的不同的时间观念。传统社会中，人们没有也不需要精确的时间观念，很多人不记得自己的准确出生年月和岁数，只根据日月运行来判断大致的时间。勒高夫一开篇就谈道，中世纪的教会坚决反对高利贷，因为若人们由于推迟付款时间而付出更大代价，那么这是在以时间牟利，而时间只属于上帝。"商人的时间首要是获利时机……与商人的时间相反的是教会的时间，它只属于上帝，不可能成为牟利的对象。"① 随着商业交易和制造业的发展，情形发生了变化，比如制呢业就需要工人每日按时上下班，严格计时的需要由此发生，教士的时间与商人的时间越发显出其分别："（教士的时间）由那些宗教日课划分节奏，由钟声宣告，必要时用日晷来指示，它是不准确的和多变的，有时是用那些粗糙的漏壶来计量的。对这种教会的时间，商人与手工业者代之以更准确计量的时间，可以适用于世俗的和非宗教的劳作，那就是钟表的时间。面对教堂钟楼而到处矗立起的这些时钟，它们是城镇崛起运动在时

---

① ［法］雅克·勒高夫：《试谈另一个中世纪——西方的时间、劳动和文化》，周莽译，商务印书馆 2014 年版，第 54—55 页。

间方面的伟大革命。"① 乔治·杜比在家庭史研究方面成就斐然，他最具影响力的著作《三个等级：想象的封建社会》一书，考察了中世纪三个社会等级的起源、演变及其社会功能，其中最为引人注目之处，是杜比使用诸多个案，考察了社会现实的物质因素与心态因素的相互作用。

年鉴学派的学术取向所发生的巨大变化，最为戏剧性地体现在勒华拉杜里身上。他在气候、人口、生态、长时段经济结构等年鉴学派学术模式中第一层级因素的研究方面，可谓硕果累累。可是，这位曾经宣称历史学必须量化、史学家必须首先成为计算机程序员的史学家，在其 1975 年出版的《蒙塔尤》一书中，似乎完全改换成了另外一种形象。蒙塔尤是法国西南部的一个小村庄，13、14 世纪之交，基督教"异端""纯洁派"在这一带颇有影响力。富尼埃主教逮捕讯问了很多"异端"分子。勒华拉杜里在接触审判记录材料时发现，上百个受审对象中有 25 人来自蒙塔尤，占了这个小乡村大约一成的人口。他敏锐地意识到，这批材料"给了村民们以至全村讲话的机会"，虽然这对那些村民本身来说是一桩不幸。勒华拉杜里要做的，就是像一个人类学家一样，通过这批史料来解读这个村落中人们过往生活的方方面面。② 此书分为两个部分，在第一部分中，勒华拉杜里首先考察了蒙塔尤村庄的环境、家庭和家族状况、放牧经济模式等更多属于物质层面的情形。在篇幅更大的第二部分中，勒华拉杜里渐次讨论了更多属于蒙塔尤村民们心态和文化范围的问题，如他们的性观念和性行为，婚姻规则，对妇女、儿童、死亡的态度，村落社会结构，时空观念，宗教观念等。在《蒙塔尤》一书中，虽然勒华拉杜里一开始也像布罗代尔那样考察了生态、经济与社会，但这部书赢得了超出历史学界之外的众多读者。这是因为尤其是在书中的第二部分，勒华拉杜里描绘出了一个个能够在读者心中留下深刻印象的人物，仿佛让读者真切地触摸到了 600 余年前那个小山村中人们的生活和观念世界。勒华拉杜里在开篇的献辞中引用了《奥义书》中的话："……通过一团泥便可以了解所有泥制品，……通过一块铜可以了解所有铜器……"③ 这表明他的研究意图绝非只限于蒙塔尤，而是希望借这个村庄的个案，来达到对更为广阔的那一时代农村生活的物质和精神层面的普遍了解。《蒙塔尤》一书，后来也被视为新文化史和微观史最早的代表性著作，而勒华拉杜里本人史学观念、史学方法的巨大变化，他本人在不同时期的史

① ［法］雅克·勒高夫：《试谈另一个中世纪——西方的时间、劳动和文化》，周莽译，商务印书馆 2014 年版，第 66 页。
② ［法］埃马纽埃尔·勒华拉杜里：《蒙塔尤——1294—1324 年奥克西坦尼的一个山村》，许明龙、马胜利译，商务印书馆 2007 年版，第 1 页。
③ ［法］埃马纽埃尔·勒华拉杜里：《蒙塔尤——1294—1324 年奥克西坦尼的一个山村》，许明龙、马胜利译，商务印书馆 2007 年版。

家形象的惊人转换，可谓欧美史学在那一时期所发生的潮流变迁的具体而生动的体现。

年鉴学派在布罗代尔之后发生的转变，改变了社会史和结构史的支配地位。彼得·伯克将这一转变区分为三种趋势：政治的回归、人类学的转向和叙事的复兴。[1] 实际上，这三种趋势又是彼此相互关联在一起的。政治的回归，意味着事件重新回到历史学视野的核心地位，而事件的呈现离不开叙事。人类学的转向意味着在文化和心态的研究中对意义的探寻，即便像《蒙塔尤》那样不是以单一事件作为研究主题，叙事的手段也必不可少。而在对政治的研究中，文化的视角也以过去不曾有过的方式凸显。在法国革命这一最为引人注目的法国政治史研究领域中所出现的变化，就是显著的例证。早年被布罗代尔网罗至其麾下、后来继承了布罗代尔法国社会科学高等研究院院长一职的傅勒（1927—1997），是以法国大革命修正史学的代表人物而知名。而他最为重要的《思考法国大革命》一书，更多地是从政治文化、革命时期群众的集体想象、对既往法国革命史学的各种解释模式的分析批判来入手的。傅勒的同道莫娜·奥祖夫（1931—　）的名作《革命的节日》，则是"从文化史和人类学的角度研究法国大革命期间的节日，把文化因素纳入了大革命集体行动的分析。该书透视了大革命时期的政治文化，既剖析了革命节日与传统的联系与不同，又揭示了革命节日对于法国革命时期集体行动与集体心态的意义"。[2] 奥祖夫此书被视为法国革命的文化史研究的开山之作。此后，年鉴学派后学如夏蒂埃（1945—　），开拓和推进了书籍史和阅读史的研究。在他看来，以往对于大众文化的研究，过多地关注民众对书籍等文化产品的占有，而忽略了他们在阅读和使用文化产品时的不同方式和创造性。

20 世纪的欧美史学中，很少有哪个学派能够像年鉴学派那样产生持久的、国际性的影响。然而，年鉴学派在进入 20 世纪后期之后，在其影响力远远超出法国而深刻影响到其他国家和地区诸多领域的历史学研究的同时，其史学观念和史学实践已经不再是布罗代尔的史学范式所能够涵盖的了。正如彼得·伯克所说："尽管高等研究院（作为年鉴学派大本营的——引者）依然存在，仍旧拥有认同于年鉴派传统的富有天赋的史学家，但是，说运动实际上已结束并不为过。一方面，我们看到年鉴群体的成员重新发现了政治与事件。另一方面，我们看到如此之多的局外人受到了运动的启发——或是说，他们出于自身的理由并肩而进，结果'学派'甚至'范式'都失去了意义。部分地是由于其成功的结果，运动正在解体

---

[1] ［英］彼得·伯克：《法国史学革命：年鉴学派，1929—1989》，刘永华译，北京大学出版社 2006 年版，第 74 页。

[2] ［法］莫娜·奥祖夫：《革命节日》，刘北成译，商务印书馆 2012 年版，引文见"译者后记"，第 438 页。

之中，其部分原因是出于它的成功本身。"①

二、新文化史、微观史与日常生活史

20 世纪 70、80 年代以来，欧美史学领域所发生的潮流转向，此前在不同的人那里被冠之以"叙事的复兴""历史人类学""社会文化史"等不同的名目。1989 年，美国著名的法国史研究专家林·亨特（1945—　），将她编辑出版的一部会议论文集命名为《新文化史》。自此，这一转向开始被统一称为"新文化史"。照彼得·伯克的说法，"新文化史"之所以"新"，是因为它区别于经典的文化史，不像布克哈特、赫伊津哈等人那样，专注于精英的、高雅的文化，而是聚焦于大众的文化。"新文化史"之所以为"文化史"，一方面，是因为它区别于思想史，"主张把研究重点放在心态、预设或情感上，而不是放在观念或者思想体系上"；另一方面，还因为它不同于社会史，关注的是文化。彼得·伯克还明确地说："到现在，新文化史已经成为文化史实践的主要形式，甚至把它说成是历史学实践的主要形式也不过分。"② 可以毫不夸张地说，"新文化史牢牢地占据了 20 世纪后四分之一时代里西方史学的主流位置"。③

林·亨特在她为《新文化史》所撰写的导论中谈道，在新文化史崛起之前，处于历史学领域主流地位的是社会史。而社会史中则有两种支配性的解释模式，马克思主义的和年鉴学派的，"然而近年来，在曾经极大地促进了社会史崛起的马克思主义和年鉴派史学解释模式中，一个研究重点的重大转移正在发生，这两派史学家对文化史的兴趣愈益浓厚"。④ 年鉴学派"从地窖到阁楼"的学术取向的变化，前面我们已经讨论过，这里再简略讨论一下西欧马克思主义史学所发生的变化。20 世纪 50 年代末以来，马克思主义史学家中就发生了一场自下而上的史学运动，要求史学家把目光从政治领袖和精英转移到下层民众，关注工人、农民、家庭妇女、仆佣等下层民众的生活状况和他们的经历。最为知名和经典的是汤普森的《英国工人阶级的形成》。汤普森此书所产生的超出马克思主义史学之外、并在整个史学领域产生的重要影响，可以概括为两个方面。一方面，是他的价值取向。汤普森以饱含感情的笔触写道："我想把那些穷苦的织袜工、卢德派的剪绒工、'落伍的'手织工、'乌托邦式'的手艺人……都从后世的不屑一顾中解救出来。他们的手艺与传统也许已经消失，他们对新出现的工业社会持敌对态度……

---

① ［英］彼得·伯克：《法国史学革命：年鉴学派，1929—1989》，刘永华译，北京大学出版社 2006 年版，第 101 页。

② ［英］彼得·伯克：《什么是文化史》，蔡玉辉译，北京大学出版社 2009 年版，第 57—58 页。

③ 周兵：《新文化史：历史学的"文化转向"》，复旦大学出版社 2012 年版，第 4 页。

④ ［美］林·亨特编：《新文化史》，姜进译，华东师范大学出版社 2011 年版，第 4 页。

他们的集体主义理想也许只是空想，他们的造反密谋也许是有勇无谋；然而，是他们生活在那社会剧烈动荡的时代，而不是我们。"① 此前的社会史研究中，要么是只见结构不见人，布罗代尔的巨著《15 至 18 世纪的物质文明、经济和资本主义》中名为"日常生活的结构"的第 2 卷中，人们能够看到的是丰富的物质文化史，却无法了解生产了那些物质并置身其中的人们，究竟是如何经历他们自己的生活的。相比之下，突出了人的社会史，关注的又往往是精英人物，普通民众只是以面目模糊的集体姿态现身其中。汤普森所表达的这种对于过往历史上普通民众的深深的同情，对于他们实际生活和经历的浓厚兴趣，要将他们从被历史遗忘的状态中解救出来的伦理立场，给人们留下了深刻的印象；另一方面，汤普森此书的创造性在于，他把"经历"看作工人阶级形成中极为关键的环节。他说："当一批人从共同的经历中得出结论（不管这种经历是从前辈那里得来还是亲身体验的），感到并明确说出他们之间有共同利益，他们的利益与其他人不同（而且常常对立）时，阶级就产生了。"② 关注"经历"，就不仅要关注人们是如何生活的，还要关注他们是怎样看待自己的生活的，他们拥有的是什么样的精神世界。汤普森等马克思主义史家，对底层人民如何经历和看待自己的生活的关注和探究，在价值立场和研究取向上，都启发和影响了后来新文化史的发展。

后现代主义思潮的各种潮流的一个共同特点是强调语言和文化对现实的建构作用。萨义德的《东方主义》研究的主题就是殖民者西方对于被殖民的东方的形象塑造。女性主义思潮以及史学领域内的性别史学的一个核心的论点，就是性别特征和性别认同，在其生理基础之外，还有着不可忽视的社会文化建构的因素在发挥着重要作用。比如说，在一个男性主导的社会和文化中，女性应该表现得如何（如温柔可人）才算是有"女人味"，这样一种女性形象，就在很大程度上是被社会文化的因素建构的。性别史学领域的重要学者琼·斯科特有言："我……并不是说现实'仅只是'一个文本，而是说现实只可能通过语言而获得。所以社会政治的结构并未被否定，只是它们必须通过它们在语言学上的发音才能加以研究。"③ 现实只有通过语言才能得到理解和把握，这一思路也影响了一些马克思主义史学家。威廉·西威尔在《法国的劳作与革命：从旧制度到 1848 年劳工的语言》一书中，探讨了语言对于形成工人的革命意识的决定性作用。斯泰德曼·琼斯在他的

---

① ［英］E. P. 汤普森：《英国工人阶级的形成》下，钱乘旦等译，译林出版社 2013 年版，第998 页。

② ［英］E. P. 汤普森：《英国工人阶级的形成》下，钱乘旦等译，译林出版社 2013 年版，第1—2 页。

③ 转引自［美］格奥尔格·伊格尔斯：《二十世纪的历史学——从科学的客观性到后现代的挑战》，何兆武译，山东大学出版社 2006 年版，第 133 页。

名作《阶级的语言》中论证说，作为一场社会政治运动，宪章运动脱离了社会经济条件就无法得到解释；但是，宪章运动的兴起和衰落，很大程度上取决于宪章运动的拥护者们使用了什么样的政治语言，来解说他们在经济与社会上受到剥夺的处境。琼斯甚至断言："首先是政治语言的话语结构孕育并界定了利益。"[1] 这样一种否认了社会物质条件的首要作用的立场，虽然其研究对象还是工人阶级，却聚焦在工人阶级的语言对于构成其阶级意识和影响其政治策略的重要作用，距离马克思主义的基本立场已经相去甚远，却与新文化史颇为接近了。因为，"新文化史赖以支撑的主要理论是有关现实的文化建构理论"。[2]

社会史领域所发生的变化，为新文化史开启了大门。无论年鉴学派从《蒙塔尤》开始的一系列文化史和心态史论著，还是西威尔和琼斯等马克思主义史学阵营内的语言文化取向的研究，都被视为新文化史早期重要的代表性成就。而新文化史后来的发展，也超出了英国和法国的地域范围，越过了年鉴学派和马克思主义史学的学术畛域，汇聚成史学领域内的一场大潮。新文化史数十年来所涌现的一些重要史家和史学论著，也从不同侧面展现了这一学术范式的成就和特点。

林·亨特本人是从事法国革命史研究的名家。她 1984 年出版的成名作《法国大革命中的政治、文化和阶级》，就颇能反映新文化史的研究取向。在最初研究法国革命时，亨特本来是想按照传统政治史和社会史研究的路数，来分析法国革命时期 4 个城市的地方政治权力结构的。但在研究的过程中，她转而关注这场革命的政治文化。在她看来，"法国大革命的主要成就在于构建了一种全新的政治文化。法国大革命让时人感到震惊，并不是因为它为资本主义发展或政治现代化打下了什么基础。英国人找到了更多鼓励资本主义发展的有效途径，普鲁士人则证实了一个国家可以没有民主，没有革命，但同样可以实现政治现代化。法国大革命对经济增长或政治稳定几乎没什么贡献。然而，它确实开发了民主共和主义在民众动员方面的潜力，并营造了革命变迁中催人奋进的紧张气氛。民族复兴的语言、平等博爱的姿态、共和主义的仪式都不会被很快遗忘。民主、恐怖、雅各宾主义和警察国家在政治生活中也一再出现"。而这场革命的政治文化，"由诸如语言、比喻和体态等象征实践组成。……这些象征实践——修辞的使用、象征物与仪式的传播——在很多方面还是促使了新政治阶级的产生。例如，关于国家新生的议论和联盟的节庆活动都促使新兴的政治精英更统一、更具目的性。另一方面，对新的象征实践的不同接纳态度，也影响了革命政治的运转方式，尤其会影响革命

---

① 转引自［美］林·亨特编：《新文化史》，姜进译，华东师范大学出版社 2011 年版，第 6 页。
② ［英］彼得·伯克：《什么是文化史》，蔡玉辉译，北京大学出版社 2009 年版，第 87 页。

政治的成与败"。① 亨特在此书的前半部分中，运用了包括文学和图像史料在内的多种史料，解析了体现在符号、修辞、画像、仪式等多种多样的象征物之上的政治文化，认为政治文化提供了政治行为的潜在逻辑。此书的后半部分则从地理分布、社会群体归属等不同方面，讨论了人们的革命经历和革命体验的差异性和统一性。她后来的《法国大革命时期的家庭罗曼史》，则援用源自弗洛伊德精神分析理论的"家庭罗曼史"的概念，利用包括文学作品、戏剧、绘画在内的多种史料，考察法国革命时期人们的家庭秩序观念与对国家政治权威的想象之间的关联，以新颖的角度对那一时期的政治文化和大众心态进行了探索。

《新文化史》是 1987 年亨特主持召开的"法国史：文本与文化"学术会议的论文集。在这本文集的扉页上，亨特将此书呈献给娜塔莉·泽蒙·戴维斯（1929—2023），称她为"我们所有人灵感的源泉"。戴维斯是美国史学界法国史研究领域中卓有成就的学者，她的法国史研究始于对里昂的地方史研究，而真正让她声名远播、影响巨大的著作，则是她 1982 年出版的《马丁·盖尔归来》一书。这部著作的主题是法国历史上一个真实发生过的案件。更具体地说，戴维斯先是以史学家的身份，担任法国制作的同名电影的学术顾问，又根据自己对于这一案件相关文献的研究，写成了这部著作。那部在档案基础上展现了一个传奇故事的电影，引发了公众的广泛兴趣的同时，也引发了探讨如何以音像等手段表现过去的影视史学的热门话题。而戴维斯在此基础上写成的专著，更是同时被归为微观史学、历史人类学、后现代史学、新文化史等不同标签下的代表性著作。

故事发生在 16 世纪法国南部的一个小山村。马丁·盖尔出生在一个家境殷实的西班牙巴斯克族移民家庭，他资质平庸而身体羸弱。14 岁时，在家庭安排下，他与同村的女孩贝特朗结婚，8 年后生下了一个孩子。1548 年，24 岁的马丁因为偷了父亲的一点粮食，害怕受到惩罚，离家出走，因为"根据巴斯克的规矩，盗窃行为，尤其是发生在家中的盗窃行为，是不可饶恕的"。② 马丁辗转游历，参加了为西班牙国王菲利普二世作战的军队，受伤后断了一条腿。马丁一去 8 年没有音讯，他的妻子贝特朗一直没有再嫁，直到 1556 年，一个自称马丁·盖尔的男人回到这个村庄。这个假冒马丁·盖尔的人，名为阿诺·迪蒂尔。据戴维斯的推测，这个原本的浪荡子可能是巧遇了马丁的两个战友，并被他们误认为马丁。他设法了解了马丁此前生活的各种情况，经过"谨慎地准备、调查、记忆——也许甚至

---

① ［美］林·亨特：《法国大革命中的政治、文化和阶级》，汪珍珠译，华东师范大学出版社 2011 年版，第 27—29、26 页。

② ［美］娜塔莉·泽蒙·戴维斯：《马丁·盖尔归来（第二版）》，刘永华译，北京大学出版社 2015 年版，第 44 页。

还包括排练——的过程","要为自己假造新身份和新生活"。① 外貌与 8 年前的马丁颇有差异的这位假"马丁",很快就被贝特朗和村子里的其他人接受了,他与贝特朗生了两个孩子,勤劳节俭地过着最正常不过的生活。4 年之后的 1560 年,他因为与马丁的叔叔皮埃尔发生财产纠纷,后者胁迫贝特朗控告他是假冒的马丁,将他带上了法庭,中断了他尽职尽责地做父亲和丈夫的生涯。正当法庭的审判对这位假冒马丁颇为有利的时候,戏剧性的一幕出现了,拖着一条木腿的马丁出现在了法庭上。假马丁最终被处死,这个传奇的故事也被当事的法官和包括著名作家蒙田在内的文人记载并流传下来。

《马丁·盖尔归来》引起热烈反响,固然与故事本身的传奇色彩,以及戴维斯优美流畅的文笔和叙事方式有关。在离奇情节的吸引力之外,公众对此书的兴趣,就像对《蒙塔尤》的兴趣一样,是因为这样的著作似乎让读者能够真切地了解生活在数百年前的那个小山村会是什么样的体验。对史学家而言,此书引起的会是不同的反应。赞许者固然觉得,戴维斯别开生面,成功地再现了几个主人公的生活世界,字里行间时时显示出她对 16 世纪法国乡村社会的洞见。持不同看法者的疑虑主要有两点。一是由于史料的欠缺,戴维斯在描述主人公的生活经历,尤其是在揣测他们的心理世界时,经常使用"或许""可能"这样的字眼。二是这样的研究着眼点在小地方、小人物,不过因为故事的离奇而引人注目。不免有人担忧,这样的研究太走红,历史学是否会步入歧途,日益碎片化。有的史学家就说,如果"马丁·盖尔和马丁·路德的名字一样有名甚至比后者更有名"的话,一定是出了什么问题。② 第一点疑虑实际上涉及的是这样一个问题:史学家在研究中是否能够依据对考察对象及其历史处境的深入了解,做出各种合情合理但只具有可能性的推断。历史研究中经常出现的情形是,史料之间构成的链条并不见得总是那么紧密,而是会出现空隙和断裂。如果只有在确凿无疑的证据链的基础上才能得出结论,历史学研究留给自己的空间未免过于有限;如果允许对史料作更加多元和开放的解读,对这个问题的回答就应该是肯定的。针对第二点,戴维斯本人的回答是:"我希望已经发生的改变是,人们在教马丁·路德们的时候,不再会不考虑或涉及马丁·盖尔们。"这一回答表明了她与"自下而上的历史"相近的价值取向。戴维斯还为微观史超出其具体研究对象之外的意义进行了辩护。在她看来,"倘若一部微观史写得好的话,它应该是一部有着自身深厚内蕴的研究,但同时也会揭示出与在它之外的其他进程和事件的关联……比如,就马丁·盖尔而论,没

① [美] 娜塔莉·泽蒙·戴维斯:《马丁·盖尔归来(第二版)》,刘永华译,北京大学出版社 2015 年版,第 65 页。
② [英] 玛丽亚·露西娅·帕拉蕾丝-伯克编:《新史学:自白与对话》,彭刚译,北京大学出版社 2006 年版,第 75—76 页。

有了早期现代法国国家的司法体系和人们对于社会流动性的广泛期望，他的故事就没有了意义"。① 就此而论，一粒沙中见世界，就是这样的研究所致力于追求的境界，虽然它们碰到的难题往往是对其中的个案究竟在多大程度上具有普遍性的疑问。

在戴维斯的诸多论著中，1987 年出版的《档案中的虚构：16 世纪法国的赦罪故事及故事的讲述者》也是颇为受人关注的一部。书名中的"虚构"，不是指档案中有无中生有的捏造或者虚假不实的情形。戴维斯明确地说，她这里的"虚构"指的是档案中的"构成（forming）、塑造（shaping）和定型（molding）的成分：也就是叙述的技巧"。② 对此我们可以稍作解释：败军之将可以把自己同样的"战绩"说成是"屡战屡败"，也可以说成是"屡败屡战"，后一种说法就有了不屈不挠的悲壮色彩；中国古时候的县官断案，同样的案情判决，想要从重，就说"虽然情有可原，毕竟罪不可恕"，想要从轻，则说"虽然罪不可恕，毕竟情有可原"。同样的一些元素，叙述的方式不一样，故事讲述的方式不一样，给人留下的印象就会大不一样。戴维斯研读了超过 4000 份 16 世纪法国的赦罪书，基本上都是和凶杀案有关的罪犯请求赦罪的文献档案。现代司法制度中，罪行与刑罚之间有着相对明确的对应关系，而在 16 世纪法国的司法实践中，如何编排和讲述一个赦罪故事，则可能让当事人在司法过程中得到非常不同的结果。除了跟当时社会生活的一般条件、司法制度的实践相关，赦罪故事讲述的方式和风格，也受到当时文学样式的影响。戴维斯此书受到重视，除其中所涉及的与社会史、司法制度史、文学史的关联外，还因为她运用了诸多个案和纯熟的史家手法，揭示了文字史料中那些复杂的，包含构成、塑造、定型和叙述技巧的成分。

同样是美国史学界研究法国史的名家，罗伯特·达恩顿（1939—　）研究的重点是旧制度后期 18 世纪的法国文化和启蒙运动。和别的新文化史家一样，达恩顿深受人类学尤其是格尔茨那种聚焦于细节和各种象征符号来探求意义的解释人类学的影响。事实上，他曾经与格尔茨在普林斯顿大学合开一门主题为历史学和人类学的专题研讨课程。1984 年，达恩顿的《屠猫狂欢：法国文化史钩沉》一书出版，其中收入了多篇以 18 世纪法国文化为主题的论文。达恩顿明确地说，他眼中的（新）文化史，就是"以人类学家研究异种文化的同一方式处理我们自己的文明。它是民族志观察入微所看到的历史"。③ 达恩顿更愿意将新文化史视作人类

---

① ［英］玛丽亚·露西娅·帕拉蕾丝-伯克编：《新史学：自白与对话》，彭刚译，北京大学出版社 2006 年版，第 77、76 页。
② ［美］娜塔莉·泽蒙·戴维斯：《档案中的虚构：16 世纪法国的赦罪故事及故事的讲述者》，饶佳荣、陈瑶等译，刘永华校，北京大学出版社 2015 年版，第 4 页。
③ ［美］罗伯特·达恩顿：《屠猫狂欢》，吕健忠译，商务印书馆 2014 年版，第 7 页。

学化的历史或者民族志的历史，在他看来，人类学家通过田野考察来解读异域文化的方式，同样适用于史学家对于文本档案的解读，"因为阅读一个仪式或一个城市，和阅读一则民间故事或一部哲学文本，并没有两样。考据的模式内容或有不同，但是不论采用什么模式，阅读无非是为了寻求意义"。①

达恩顿讨论"屠猫狂欢"的著名论文，是基于这样一份文献：一位名叫孔塔的工人，记述他在 18 世纪 30 年代末在巴黎圣塞佛伦街的一家印刷所当学徒的经历时，讲述了那里发生过的一场翻天覆地的屠猫狂欢的故事。当时学徒工的生活艰苦异常，食宿条件都很糟糕，从天明到天黑都要无休止地干活打杂，还要受到印刷所主人夫妻和别的工人的欺辱虐待。与此形成对照的是，工场主妻子对自己养的猫却关爱有加，让学徒们对人不如猫的状况充满了愤懑之情。学徒们通过惟妙惟肖地半夜扮猫叫，让不堪惊扰的工场主夫妻同意他们去捕杀野猫。学徒们捕杀野猫的同时，悄悄杀死了工场主妻子的宠物。在屠猫的整个过程中，印刷所的所有工人聚在一起，举行对猫的模拟审判，法官、卫兵、牧师、刽子手等角色一应俱全，屠猫行动变成了一场颇具仪式感的狂欢。而此后，工人们还不断回想、谈论和模拟重演这场狂欢的场景。现代读者看到这样一个故事，只会觉得惊讶：这么一件事情怎么就能让工人和学徒们那样乐此不疲、给他们带来那么大的乐趣？达恩顿说："我们笑不出来，这正说明了阻隔我们和工业化之前的欧洲工人之间的距离。察觉到那一段距离的存在可作为从事一项探究工作的起点，因为人类学家已经发现最不透光的地方似乎就是穿透异种文化最理想的入口处。……掌握屠猫狂欢的笑点所在，或许就有可能'掌握'旧制度之下技工文化的要素。"② 达恩顿主要从故事发生的多重语境，来力图理解这一故事。他描述了工场主与学徒、工人与学徒之间的紧张关系，分析了当时的狂欢节等各种仪式和节庆的特点，呈现了猫在当时所具有的多重象征意义（尤其是巫术和淫荡的女人），让这一故事的发生有了合理的解说。这一研究在引发浓厚兴趣的同时，激起了很多人的疑虑。不少人会觉得，相对单薄的史料难以支撑起达恩顿浓墨重彩的解说，这样的研究路数似乎有着对于研究对象的"过度阐释"之嫌。

达恩顿的多部著作，都聚焦于启蒙运动，如《启蒙运动的生意》（1979）、《旧制度时期的地下文学》（1982）、《法国大革命前的畅销禁书》（1995）等。③《百科

① ［美］罗伯特·达恩顿：《屠猫狂欢》，吕健忠译，商务印书馆 2014 年版，第 9—10 页。
② ［美］罗伯特·达恩顿：《屠猫狂欢》，吕健忠译，商务印书馆 2014 年版，第 99—100 页。
③ 这几部著作的中文译本分别为《启蒙运动的生意——〈百科全书〉出版史（1775—1800）》，叶桐、顾杭译，生活·读书·新知三联书店 2005 年版；《旧制度时期的地下文学》，刘军译，中国人民大学出版社 2012 年版；《法国大革命前的畅销禁书》，郑国强译，华东师范大学出版社 2012 年版。

全书》是启蒙运动的《圣经》,历来对这一被认为是集中展现了启蒙思想的巨著的研究,都在展示和分析其中所蕴含的启蒙思想家们的思想观念。而《启蒙运动的生意》,如达恩顿所说,则是要写成以《百科全书》为主角的"一部书的传记"。达恩顿在开篇提出的问题,与此前的研究迥异其趣:"启蒙运动这样伟大的思想运动是如何在社会中传播的?影响的深度和广度如何?贤哲的思想在物质化到书中时,采取何种形式?印刷品的物质基础和生产技术与它的主旨和传播有很大的关系吗?图书市场如何确定其功能?出版商、书商、推销员和文化传播中的其他媒介扮演什么角色?出版如何像生意那样运作?它如何适应革命前欧洲的经济和政治体制?"①

《启蒙运动的生意》一书的写作,源于达恩顿多次提到的自己的幸运——走进了"史学家的梦境"之中。机缘巧合,他发现了一个没有被人使用过的档案宝库。在研究法国革命中某个人物的时候,达恩顿偶然注意到,在瑞士的纳沙泰尔印刷公司可能存有有关此人的档案。实地考察的结果,是那里"还有成百上千我闻所未闻的人们写的大约 50000 封信:这些人都与书有关,是些印刷商、造纸商、走私人、售书商、出版商、做墨水的人、制版的人、银行家、作者,总之,囊括了你所能想象的所有人"。这让达恩顿改变了初衷:"我宁愿写一本书而不是一个人的传记,只要有可能,我要尽力说明书籍是如何出现、如何生产、如何流传、如何被阅读的。而在叙事的过程中,我想要给人讲一个侦探故事。"② 在达恩顿看来,启蒙运动既存在于思想家的沉思中,也存在于出版商以牟利为目的的生意中,而这桩生意在达恩顿的笔下真是一波三折,充满了戏剧性的故事情节。这部启蒙运动的《圣经》,最初的编撰工作就是始于出版商的谋划和提议,达恩顿考察的则是狄德罗之后《百科全书》的命运。书中的主要人物是一个学徒工出身的出版巨头庞库克。起初,大开本、高定价的《百科全书》印数很少,主要卖给外国的王公贵族,法国普通大众几乎无缘得见。开本变小,价格大幅度降低,销售数量惊人地增加之后,这桩有利可图的生意,就引发了印刷商之间激烈的竞争。本来,充满了新的思想气息的《百科全书》,是被当局防范戒备的,为了让当局能够容忍(通常是装作看不见),也为了迎合更多读者的水准和口味,出版商对其中的内容大肆删削增改,甚至某个神父在受雇修订《百科全书》时,还偷天换日,把自己的私货塞进去了不少。这部后世眼中的经典作品,在其产生和流传的过程中,作者之外的审稿人、出版商甚至印刷工人,都留下了自己的痕迹。在达恩顿的记述

---

① [美]罗伯特·达恩顿:《启蒙运动的生意:〈百科全书〉出版史(1775—1800)》,叶桐、顾杭译,生活·读书·新知三联书店 2005 年版,第 1 页。

② [英]玛丽亚·露西娅·帕拉蕾丝-伯克编:《新史学:自白与对话》,彭刚译,北京大学出版社 2006 年版,第 206 页。

中，为了在这桩生意中获利，出版商们钩心斗角，贿赂、敲诈、欺骗、盗取订购人名单，结交显贵以谋求支持等手段屡见不鲜，充满了戏剧性。有趣的是，庞库克的生意还得到了法国国家权力的支持，帮助他在很大程度上独占了这个市场。《百科全书》的读者中，不乏旧制度中的贵族和教士，《百科全书》的出版和流行，离不开法国政府的合谋，这就让人们对启蒙与旧制度之间复杂暧昧的关系有了更加深刻的认识。

传统的对启蒙运动的研究，社会史家关注的是旧制度下的各种体制、阶级和社会群体，思想史家关注的则是伏尔泰、孟德斯鸠、卢梭等大思想家们的著作和思想。达恩顿的研究有别于这两种路数，或者也可以说在一定程度上结合了这两种路数，他想要做的，是"观念的社会史——也即，要理解观念在旧制度下的社会中旅行并'生根发芽'的方式"。[①] 他既要探究思想家的、精英的思想如何表达和流布，还要探究印刷品在现代社会政治变迁中所扮演的角色，普通人的阅读如何改变和反映了他们的精神世界，因为"从书架上拿下一本伏尔泰作品是一回事，深入到 18 世纪的文化生活中去是另一回事"。[②] 达恩顿与法国史家夏蒂埃等人将新文化史的研究扩展到了书籍史（或阅读史）的领域，开启了文化史和社会史研究的新维度。

意大利史学家卡罗·金兹堡（1939—　）也是新文化史阵营中重要的代表人物。他涉猎极广，最初是研究巫术的历史，而他最知名的著作当属 1976 年问世的《奶酪与虫：一个 16 世纪磨坊主的宇宙》（简称《奶酪与虫》）。此书主人公梅诺丘，是 16 世纪生活在意大利弗留里一个小乡村的磨坊主。金兹堡在研究弗留里宗教裁判所的审判材料时，注意到了这位被控为"异端"的磨坊主，他在受审时侃侃而谈，表明了自己的世界观：宇宙原初一片混沌，它经历的演化过程就像牛奶发酵的过程。牛奶发酵，成为奶酪，奶酪放久了会长出蛆虫，天使和人类无非就像是奶酪上长出的蛆虫。金兹堡注意到，从小环境而言，磨坊主是个相对见多识广的职业，而梅诺丘有阅读能力，由审判材料能够感受到他所得到的人文主义滋养。从大的背景而言，那是一个宗教改革和天主教的反宗教改革余波犹在的年代，各种思想和倾向都可能以不同的渠道影响那个小人物。梅诺丘受益于印刷术的发明和宗教改革。"印刷术使他能够将口述传统与书籍相结合，让他有了能够将内心深处的观念和狂想表达出来的言辞；宗教改革让他有了向教区牧师、村民和审讯

---

① 〔英〕玛丽亚·露西娅·帕拉蕾丝-伯克编：《新史学：自白与对话》，彭刚译，北京大学出版社 2006 年版，第 219 页。

② 〔美〕罗伯特·达恩顿：《拉莫莱特之吻：有关文化史的思考》，萧知纬译，华东师范大学出版社 2011 年版，第 223 页。

者们表达自身情感的勇气"。① 如何梳理精英文化和大众文化、印刷文本和口述传统、来自阅读的和来自自身思考的因素，在这个具体研究对象上的交集情形，就成了对金兹堡的研究最构成挑战而又最能彰显其新意的问题。与《马丁·盖尔归来》等著作遇到的情形一样，优雅流畅的文笔、有趣的故事，让遥远年代的普通人的生活和精神世界生动地展现在人们眼前的叙事方式，让《奶酪与虫》在历史学界内外都广受欢迎。但这样的研究又难免被人指责，是在以逸闻轶事来发思古之幽情，将历史学碎片化了。其实，我们从金兹堡这一研究中，不难看出其超出具体案例之外的旨趣。金兹堡在别的地方也明确说："……在人类学中，一篇特定的研究论文的重要性，并不与如此这般的一个部族的重要性相联系，就像是马林诺夫斯基所说的。相反，它是与研究所提出的问题和答案的总的质量相联系的。我在研究磨坊主梅诺丘时就面临这个问题，……我的想法，是要表明研究一个弗留里的磨坊主对于弗留里之外的读者以及潜在的每一个人所具有的意义，因为通过这个例证可以提出更大的问题来。"②

　　新文化史、微观史和日常生活史，是当代史学中三个在研究主题和研究方法上颇有重叠而又彼此并不重合、论者界说不一的史学领域。在价值取向上，它们和自诩为"自下而上的历史学"的那种社会史研究一样，都在不同程度上受到马克思主义史学的影响，关注下层民众，重视人民群众的生活经验。微观史这一专门术语，出现在 20 世纪 70 年代末的意大利，意大利从事微观史研究的主要代表人物有卡罗·金兹堡、乔万尼·列维和卡罗·博尼等人。列维将微观史界定为"本质上是基于缩小观察规模、对档案材料进行微观的分析和细致深入的研究"的一种史学实践。微观史学虽则着眼点往往很小，其学术抱负却不小，"所有微观史研究的统一原则是，相信微观的考察可以揭示出此前人们未能见及的因素"。③ 换言之，成功的微观史研究，一是要以小见大，见微知著，由微观的案例帮助人们了解更为宏观的社会进程和整体结构；二是要为"被其他方法所遗漏了的人们打开历史的大门"，并且要"在绝大部分的生活所发生于其中的那些小圈子的层次上阐明历史的因果关系"。④ 勒华拉杜里的《蒙塔尤》、娜塔莉·戴维斯的《马丁·盖尔归来》和金兹堡的《奶酪与虫》，常常被并举为微观史早期影响最大的 3 部著

---

① Carlo Ginzburg, *The Cheese and the Worms*, *The Cosmos of a Sixteenth-Century Miller*, trans by John and Anne Tedeschi, New York: Dorset Press, 1989, p. xxiv.

② 玛丽亚·露西娅·帕拉蕾丝-伯克对金兹堡的访谈，［英］玛丽亚·露西娅·帕拉蕾丝-伯克编：《新史学：自白与对话》，彭刚译，北京大学出版社 2006 年版，第 251 页。

③ Giovanni Levi, "On Microhistory," in Peter Burke, ed., *New Perspectives on Historical Writing*, 2nd edition, Cambridge: Polity, 2001, pp. 99, 101.

④ 转引自［美］格奥尔格·伊格尔斯：《二十世纪的历史学——从科学的客观性到后现代的挑战》，何兆武译，山东大学出版社 2006 年版，第 111 页。

作。虽则《蒙塔尤》问世早在"微观史"一词之前，但其研究取向和研究方法与微观史的基本主张若合符节，这几本著作也经常被视为新文化史的代表性成就。微观史内部因研究取向的不同，根据其关注的领域主要是在文化还是在社会，也常常被区分为社会的微观史和文化的微观史。① 我们可以说，日常生活史非常接近于社会的微观史，而文化的微观史也可纳入新文化史。只不过，一方面，虽然也有学者因为新文化史面向人民大众的价值取向，而认为新文化史也"属于社会史，是社会史学发展到 20 世纪七八十年代以后逐渐盛行的新形式"，② 但毕竟新文化史是在"叙事的复兴"和"文化的转向"之后发展起来的史学样态，与社会史的研究题材和方法明显不同；另一方面，从新文化史的代表性论著中可以看出，其中固然有着类似《马丁·盖尔归来》那样在研究对象上明显带有地方性、小规模等特征的微观史研究，也有着诸多涉及的时间和空间均有较大跨度、覆盖人群更为庞大的研究，而难以把它们归入微观史的范畴。例如，林·亨特的《法国大革命中的政治、文化和阶级》固然不能纳入微观史的范畴，而彼得·伯克的《欧洲近代早期的大众文化》更是在空间上将欧洲视为一个整体，在时间上横跨了从 1500 年到 1800 年的 3 个世纪。

日常生活史虽然在很大程度上可以视作社会的微观史，但从学术史的角度来看，它主要是联邦德国社会史学发展的产物，虽则其影响超出了联邦德国史学界本身。20 世纪 80 年代，联邦德国社会史的第三代成长起来以后，在继续立足于第二代社会史家"历史的社会科学"研究纲领之外，也有不少人转向了新的研究方向，如性别史、文化史和日常生活史。其中最有影响也引发了最激烈论战的，是日常生活史。日常生活史的倡导者，主要有吕特克、梅迪克等人。在日常生活史研究者看来，"不管是披着现代化理论、还是制度理论的外衣，（现代社会史）的注意力都集中在广泛的社会结构与进程上。至于人们是如何经历与对待这些结构与进程的问题，几乎从来没有被涉及。鉴于社会史的这一局限，有必要通过日常史将我们的观察面扩大到历史上人们的观察与自我解释的方面"。③ 其实，日常生活史的这一取向，是出于很多史家对于社会科学化史学和欧美（包括东欧）马克思主义史学的不满，认为后者在关注进程和结构的同时，忽视了对人的关怀，使得历史学这一人文学科缺少了活生生的人的身影。在他们看来，社会史要关注男男女女们是怎样经历和体验他们的生活的。民主德国史学家库钦斯基就曾批评说，那里的马克思主义史学家们写的高

---

① 周兵：《新文化史：历史学的"文化转向"》，复旦大学出版社 2012 年版，第 89 页。
② 俞金尧：《西欧婚姻、家庭与人口史研究》，现代出版社 2014 年版，第 14 页。
③ 转引自［德］于尔根·科卡：《社会史：理论与实践》，景德祥译，上海人民出版社 2006 年版，第 80 页。

高在上的历史著作可谓汗牛充栋，但对普通人民的生活经历根本没有关心过，例如"他们吃什么，穿什么，住的是什么样子，平日在脑子里想些什么，怎样劳动，什么时候休息和就寝，他们生病了怎么办，他们的婚偶来自哪些人群，他们怎样从一地迁往另一地"。①

日常生活史与"自下而上的历史"一脉相承，都受到马克思主义的影响，在价值取向上关注普通人。日常生活史倾向于强调，与现代化过程中的"理性化""解放""进步"过程相伴随的，是普通人受掠夺、遭苦难的情形。与年鉴学派、"历史的社会科学"把历史过程更多解释为结构性因素作用的结果不同，日常生活史更把历史过程视为普通人能动的实践的产物。与新文化史和微观史相似，一方面，日常生活史常常借助文化人类学和社会人类学的手段，来解释人们的生活经验及其与周边条件、机制之间的关联；另一方面，日常生活史也强调通过密集地呈现社会政治关系的个案，来丰富更大范围的历史解释。

日常生活史在进行理论阐发和具体研究的同时，与秉持"历史的社会科学"研究纲领的史学家们发生了论战。伊格尔斯概括说："然而在 20 世纪 80 年代的德国，社会科学历史学的宣扬者们（他们在号召严格的、概念的和分析的指导路线）和日常历史学的倡导者们（他们认为那类指导路线就意味着是活经验的丧钟，他们热衷相信活的经验才应该是历史学的真正题材）双方发生了一场激烈的辩论。……在梅狄克看来，以精心概括出来的各种问题去研究我们的主题，这种做法本身就歪曲了我们的发现；但在科卡看来，没有这些问题就使得有意义的知识成为了不可能。再者，在科卡来看，孤立于更广阔的语境之外而把注意力只集中在历史的'琐碎'方面，就会使得历史知识成为不可能而且导致历史学的繁琐化。因此就有一种危险，即日常生活史可能退化成为奇闻轶事和发思古之幽情。可是梅狄克认为，'小的是美丽的'，一点都不是指脱离了更大的语境之外的轶闻趣事史……个人却只能是作为一个更大的文化整体的一部分而为人理解。"② 论战的结果对于双方都是有益的，日常生活史固然要考虑到与具体研究相结合的更大的整体和意义，"历史的社会科学"的捍卫者也不得不认可普通个体生活经验进入社会史视野的意义。第二代社会史家的核心人物科卡，就部分地接纳了日常生活史对社会史的批评，提出"社会史既是结构史，又是经历史"。联邦德国社会史受到马克思主义影

---

① 转引自［美］伊格尔斯、［美］王晴佳等：《全球史学史：从 18 世纪至当代》，杨豫译，北京大学出版社 2011 年版，第 283 页。

② ［美］格奥尔格·伊格尔斯：《二十世纪的历史学——从科学的客观性到后现代的挑战》，何兆武译，山东大学出版社 2006 年版，第 107—108 页。

响，它进行研究的一个基本前提就是："个人的活动余地在很大程度上受到经济发展进程、社会运动与政治结构的限制，历史的内容远远超过人们相互之间的图谋。……历史不仅是由行动与经历的关系组成，而且由影响与功能的关系组成。这些关系能压过个别人的追求与努力，而个人主观上并不一定认识到这些关联的存在。"科卡承认，日常生活史"强调了本来无可非议的，但没有得到充分重视的、认真对待与描述以往人们的经历、态度与行为的必要性。……日常史的批评有助于这一面受到其应得的、更大的重视"。但科卡更着重强调的是，"结构与进程不止是经历的总和，它们常常在经历中没有得到反映或只是得到歪曲性的反映。反过来，经历不是完全取决于结构与进程。现实的这两个领域不是相合关系而是相交关系。社会史没有经历史可以说是片面的、不完整的。反过来，社会史作为结构史与进程史，不能在经历史中得到充分的展现，它是远远大于经历史的"。①

新文化史在发展过程中出现的大体情形也与此相似。我们说，新文化史成为20世纪80、90年代欧美史学的主流，并不意味着原来的社会史范式的消失，而更多指的是舞台上主角的转换。新文化史经过20余年的发展，在取得丰硕成果的同时，其发展势头显露出了疲态，此种学术取向的内在缺陷也受到了即便是局内人的反省。针对各种社会史传统注重经济、生态、结构等因素的决定性作用，新文化史强调，社会现实总是通过文化和语言的建构而进入人类生活和历史过程的。新文化史所秉持的社会现实的文化建构论立场，用乔伊斯的话来说，就是在承认"真实可以说是独立于我们有关它的表象之外而存在的"同时，认定"历史从来都不是以话语之外的任何形式而呈现在我们面前的"。② 新文化史由此就将研究的重点，置于语言、修辞、表象等层面。如此一来，"所有的历史都变成了文化的历史。如果把1980年以来出版的凡书名或标题中带有'发明''建构''想象'等字眼的全部历史论著开列出一份清单的话，那么，这份清单肯定会很长，而且五花八门。其中将会包括一大批有关'发明'的著作，例如发明雅典人，发明蛮族，发明传统，发明经济，发明知识分子，发明法国大革命，发明原始社会，发明报纸，发明文艺复兴期间的妇女，发明餐馆，发明十字军，发明色情文学，发明罗浮宫，发明民族和发明乔治·华盛顿，等等"。③ 如此情景，在绚烂之余，也让人们不难感受到新文化史中所潜存的问题。

---

① ［德］于尔根·科卡：《社会史：理论与实践》，景德祥译，上海人民出版社2006年版，第75、78、85、82页。

② 转引自［美］格奥尔格·伊格尔斯：《二十世纪的历史学——从科学的客观性到后现代的挑战》，何兆武译，山东大学出版社2006年版，第140页。

③ ［英］彼得·伯克：《什么是文化史》，蔡玉辉译，北京大学出版社2009年版，第93—94页。

爱德华·卡尔在 1961 年的著名演讲《历史是什么?》中有过这样的名言:"历史学越关注社会,社会学越关注历史,就越有利于这两门学科的发展",那正是社会科学取向的历史学迅速崛起而势不可挡的时候。在《新文化史》的导论中,林·亨特模仿卡尔的句式,提出"历史研究越具有文化性,文化研究越具有历史性,就越有利于这两种研究的发展"。[①] 亨特在 20 世纪 80 年代末抱负满满地说出此话,正当新文化史经过十余年的发展,进入盛期之时。不过又一个十年之后,亨特与别的学者合作,主编了又一本影响颇大的论文集《超越文化转向》。[②] 这位新文化史的标志性人物,又率先开始了对新文化史的反思和调整。亨特等人并不是要否认新文化史的成就和取向,而是重新认识到"社会"的重要性,认识到历史过程无法通过还原成语言文化现象而得到充分解释,主张还是要把文化分析模式和社会分析模式结合起来,才能产生有效的历史解释。一方面,通过扩大文化的内涵和重新纳入社会的因素来进行研究,以使得新文化史进一步的发展能够借此重新焕发生机,这样的思路固然有纠偏的意义,却需要成功的实际研究来体现,而这是新文化史内部尚未能提供出来的;另一方面,社会史在经历新文化史的冲击之后,也不复是原来的模样。就像科卡等人在坚持"历史的社会科学"的基本纲领的同时,要把日常生活史学派所强调的经历史与自身的结构史结合起来一样,社会科学取向的历史学的发展,也不能不考虑文化因素的重要性,考虑到人们毕竟是通过语言、表象、仪式、姿态等中介来认知和参与社会现实的实践的;不能不考虑要把大规模的宏观的社会进程与个体的经历以恰当的方式结合起来,而不是简单地将后者斥为无足轻重而摒弃在历史学的视野之外。

三、全球史

欧美学界认为,全球史指的是将人类社会作为一个整体来考察其历史进程的史学领域和史学方法。

从古典时期开始,东西方的史学家们的视野,就经常及于他们当时所了解的全部世界。然而,真正意义上的全球史,是第二次世界大战之后首先在美国发展起来的。全球史在美国首先是历史教学中出现的一种新的教学方式。"二战"后美国在世界格局中所扮演的重要角色,使得美国越来越深刻地卷入世界事务,而国际社会的相互依存和相互影响日益凸显,冷战时期两大阵营的对峙和新兴国家的不断崛起,这一切都使得美国历史学界感受到,必须从全球的角度来讲授人类发展的历史。全球史早期的开拓者之一斯塔夫里阿诺斯(1913—2004)转向全球史

---

① [美]林·亨特编:《新文化史》,姜进译,华东师范大学出版社 2011 年版,第 21 页。
② Victoria Bonnell and Lynn Hunt, ed., *Beyond the Cultural Turn: New Directions in the Study of Society and Culture*, Berkeley: University of California Press, 1999.

领域，就是因为他认识到，第二次世界大战后美国人卷入的国际事务日益增多，而美国传统历史教学中重头的西方文明史概论课程局限性很大，这种状况必须改变。"在朝鲜战争期间这个想法越发强烈，那么多学生离开学院前往远东，而他们对于即将面对的世界几乎是一无所知。"① 课程教学的需要，推动了以新的视角开展的研究，全球史逐渐成为一个全新的历史编纂的方法论，发展成为一个新的史学流派。

全球史的奠基之作威廉·麦克尼尔（1917—2016）的《西方的兴起：人类共同体的历史》和斯塔夫里阿诺斯的《全球通史》，分别于 20 世纪 60 年代初和 70 年代初问世。② 全球史发展至今已经有半个世纪，在多个方面取得了重大的突破和成就。

首先，全球史的发展在很大程度上挑战和突破了西方中心论。全球史是在批判和突破西方中心论的基础上发展起来的。文艺复兴以来欧洲的迅速发展，以及它逐步在经济、科技、军事、文化等方面所占据的巨大优势，使得整个世界都处在西方的支配之下。这一较长特定历史时期内西方文明相对于其他的文明的有利地位，就让西方中心论成了启蒙运动以来欧美学者看待人类历史和文化的一种似乎毋庸置疑的前提。黑格尔的历史哲学认为理性支配着人类历史，而理性选择人类不同的民族和文明来承担历史使命的行程，就如同自然界的太阳一样，是自东向西运行的。东方不过是理性最初萌芽的所在，而理性的长足进展和最终实现，是分别在希腊罗马的古典世界和日耳曼世界得以完成的。这种看法把历史进程视为单一的、直线的，认为西方才真正具备了现代历史发展的根本动力，是迄今历史发展的最高阶段，而别的民族只有在主动或被动的情况下向西方看齐，才能步入现代文明。现代西方历史编纂的基本模式与此种历史哲学模型如出一辙，用史学家沃尔夫的话来说，那就是："在我们中间，许多人甚至越来越相信，这个西方拥有一部谱系……古希腊产生了罗马，罗马产生了基督教的欧洲，基督教的欧洲产生了文艺复兴，文艺复兴产生了启蒙运动，启蒙运动产生了政治民主制和工业革命。"③ 这样一来，只有欧美的历史才是真正出现了历史性变化和发展的，而其他区域和文明则被视为本质上是停滞和一成不变的。这种根深蒂固的欧洲中心论，

---

① 转引自［加拿大］吉尔伯特·阿勒代斯：《走向世界历史——美国历史学家与世界历史课程的问世》，夏继果、［美］杰里·H. 本特利主编：《全球史读本》，北京大学出版社 2010 年版，第 95 页。

② ［美］威廉·麦克尼尔：《西方的兴起：人类共同体史》上下，孙岳等译，郭方、李永斌译校，中信出版社 2015 年版；［美］斯塔夫里阿诺斯：《全球通史：从史前史到 21 世纪》上下，修订第 7 版，吴象婴等译，北京大学出版社 2012 年版。

③ ［美］埃里克·沃尔夫：《欧洲与没有历史的人民》，赵丙祥等译，上海人民出版社 2006 年版，第 9 页。

也表现在 19 世纪后期以来欧美学界长期持续的学科分界上："史学家研究古代地中海世界和欧洲的政治发展经历，包括欧洲在更大范围世界的扩张；社会学家、经济学家和政治学家考察当时的欧洲社会；东方学家研究美索不达米亚、埃及、波斯、印度和中国等各个复杂的，有文献记载的但是通常被认为停滞不前的社会；人类学家则负责研究非洲、东南亚、美洲和大洋洲无文字记载的民族，这些人通常被认为缺乏任何自有的历史。"①

西方中心论把欧洲历史发展和社会演进的路径，视作人类各个社会应该亦步亦趋的普遍道路，尤其是把西方模式的现代化，视作各个民族概莫能外、唯一可行的发展道路。全球史的研究，从不同的角度改变了这种看法。斯塔夫里阿诺斯就表示过，全球史的研究，应该摈弃任何一种从特定地域历史经验出发的观点，而应该像是从月球上来观察地球一样。他本人的著作，打破了传统的上古、中古和现代的历史分期三分法，而把全球的历史区分为两个时代：1500 年之前人类各地区相对孤立而独立发展的时代和 1500 年以后随着西方的兴起而整个世界日益成为一个联系紧密的整体的时代。斯塔夫里阿诺斯力图摆脱特定区域的视角，而从全球角度考察世界历史进程中的重要发展和各个区域之间的相互影响。麦克尼尔则自陈，青年时代的他曾深深地受到汤因比所描绘的宏大历史图景的吸引，人类历史经历的内在统一性在他心底扎下了根。然而，受到年鉴学派深刻影响的麦克尼尔与汤因比又颇为不同，他更加关注的是物质、技术、生态等因素在历史过程中的重大作用，关注的是这些因素在不同人群和区域之间的流传和影响。麦克尼尔解释自己构思写作了 26 年的《西方的兴起》一书的基本思路时说："简单地说，我的出发点是找出一个特定时代中哪里是最高水平文化中心的所在地，对这种中心进行描述，然后探讨近邻对这样的成就有何反应，这样，由前后相连的历史时期所构成的世界历史的总体框架就形成了。"② 这样一种史学方法，在力图把全球历史进程纳入一个整体来解说的同时，强调了文化的多样性，避免了从单一区域出发看问题的视角。

当代全球史研究领域的领军人物杰里·本特利（1949—2012），将当前对世界史的解释分作了四个学派：现代化学派；世界体系学派；彭慕兰、王国斌等强调西方发展偶然性的理论；"在试图说明世界历史大范围进程时从地理、生态和环境

---

① ［美］杰里·本特利：《新世界史》，夏继果、［美］杰里·本特利主编：《全球史读本》，北京大学出版社 2010 年版，第 46 页。
② 转引自［加拿大］吉尔伯特·阿勒代斯：《走向世界历史——美国历史学家与世界历史课程的问世》，夏继果、［美］杰里·本特利主编：《全球史读本》，北京大学出版社 2010 年版，第 117 页。

分析中而不是政治经济学中汲取了灵感"的第四个学派。① 现代化学派把现代化看作现代历史发展的主题，以欧洲模式的现代化为样板，来解说现代世界历史进程，带有浓厚的西方中心论色彩。而本特利所列举的另外三个学派，都在不同程度上以不同方式，对西方中心论构成了挑战。

以沃勒斯坦（1930—2019）为主将的世界体系学派，受到马克思主义的极大影响，考察的是 16 世纪以来资本主义世界体系形成和演变的历史。沃勒斯坦认为，随着资本主义生产方式的发展，以西北欧为中心的资本主义的世界性经济体系开始形成。这一体系由中心区、半边缘区和边缘区三个部分组成。三个区域分别扮演着不同的角色："中心区利用边缘区提供的原材料（包括用于铸币和饰物的贵金属）和廉价劳动力，生产加工制品向边缘区销售牟利，并控制世界体系中的金融和贸易市场的运转。边缘区除了向中心区提供原材料、初级产品和廉价劳动力，还提供销售市场。半边缘区介于两者之间：对中心区部分地充当边缘区角色，对边缘区部分地充当中心区角色。三种角色中缺掉任何一种，资本主义世界经济体就不可能存在。三种不同的经济角色是由不同的'劳动分工'决定的。"② 于是，资本主义的发生发展从来就不是在单一区域内就能得到解释的，它一开始就是作为一个世界体系而出现的。单纯从欧洲着眼，就无法真正理解资本主义和现代世界。

彭慕兰、王国斌则都是经济史领域中的"加州学派"的代表人物，加州学派以研究中国经济史见长，而在更广泛的领域内也产生了很大影响。本特利将这一学派的立场总结为："欧洲工业化和欧洲的世界统治地位都不是其根深蒂固的条件自然而然或者不可避免地发展所造成的，而是偶然机遇所带来的不可预见的意外结果。"例如，彭慕兰的《大分流：欧洲、中国及现代世界经济的发展》就考察了 18 世纪欧洲和东亚的社会经济状况，尤其是对英格兰和中国的江南地区进行了详细的比较，认为在 19 世纪工业革命之前，欧洲的经济发展比之中国，并没有任何内生的优势。双方的经济发展都面临着相似的困境，而欧洲因为特殊的机遇才得以突破，从而产生中西社会经济发展的"大分流"。而促成此种"大分流"的因素，充满了各种偶然性，而并非西方独有的某些优异特质。

本特利所列举的最后一种以"地理、生态和环境分析"来解说"世界历史大范围进程"的研究取向，可以美国学者戴蒙德为例。戴蒙德并非专业史家出身，而是一位演化生物学家和人类学家。他在《枪炮、病菌与钢铁：人类社会的命运》

① ［美］杰里·本特利：《新世界史》，夏继果、［美］杰里·本特利主编：《全球史读本》，北京大学出版社 2010 年版，第 49 页。
② 庞卓恒：《中译本第一、二卷序》，［美］伊曼纽尔·沃勒斯坦：《现代世界体系》第 1 卷，罗荣渠等译，高等教育出版社 1998 年版，第 5 页。

一书中，试图从地理、生态等因素来探讨，为何地球上的不同区域经历了如此不同的发展进程，为何不同人群在当今世界置身于极为不同的处境。在他看来，在人类历史的漫长时期中，各个大陆非常不同的物种禀赋，对在相应区域居住人群的发展具有重大影响。比如，与亚欧大陆和美洲相比，非洲能够驯化作为粮食来源的植物品种，能够驯化作为劳动工具和肉、奶食品来源的动物品种都极为有限，这对农业和畜牧业的产生造成了极大影响。又比如，亚欧大陆的地理特点是跨越很大的经度，而美洲和非洲的地理特点则是跨越很大的纬度，物种跨越经度传播交流，比跨越纬度交流要容易得多，这也对不同区域文明的发展影响深远。总而言之，这样的视角就不可能把各个区域、各个族群的不同历史发展路径以及西方现代的优势，归结为种族、文化等内在因素的优劣之别。

其次，全球史半个世纪以来的发展所取得的一个重大成就，就是突破了以民族国家为中心的史学研究范式。现代史学的专业化是在民族国家的框架内完成的，民族国家在黑格尔式的历史哲学和兰克所奠定的现代史学模式中，都是考察历史过程最基本的单位。然而，这种围绕着民族国家为中心而展开的历史研究，有着其内在的局限。一方面，虽然总体而言，人类不同群体之间的相互影响，是从古至今日益频繁而深入的，但从人类文明的早期阶段开始，各个国家和社会就不是孤立发展的，它们相互之间的融合、交流、冲突、碰撞，构成各自历史发展的重要动力和线索。脱离了对不同国家和社会之间的相互交往和影响的考察，就无法充分了解特定国家和社会的发展，也常常导致对人类文明发展的共性重视不足，而过于强调不同人群之间的差异和特殊性；另一方面，在影响人类历史进程的因素当中，有诸多重要现象跨越特定国家和社会的范围而发生，这些现象容易被以国家为中心的史学研究忽视，如物种的传播、气候的变化、疾病的蔓延、观念的流传等。

20世纪西方史学的发展过程中，也有着突破以国家为中心的史学范式的尝试。其中最显著的就是年鉴学派的相关研究，布洛赫的《封建社会》是以欧洲整体作为考察对象，而作为比较史学方法的范例，其视野所及还涉及更大范围的人类社会。布罗代尔前后的两部巨著的研究对象分别是地中海世界和全球范围内的资本主义。全球史更是自觉地以"把全球化历史化，把历史学全球化"，作为自身的学术取向。[①]"把全球化历史化"指的是，全球史本身乃是历史学应对全球化这一现代历史条件的时代产物，它要追根溯源，把全球化视作与人类漫长历史相伴随的发展过程，对这一进程进行历史考察。"把历史学全球化"则指的是，要超越民族国家的限制，从全球视野，从人类不同区域、文化、社会的互动出发，来探究人

---

① 参见刘新成：《中文版序言》，［美］杰里·本特利、［美］赫伯特·齐格勒：《新全球史——文明的传承与交流：1000—1800年》第5版，魏凤莲译，北京大学出版社2014年版。

类历史现象。这既意味着把人类历史视为一个整体来看待，又意味着对单个社会乃至单个地方的考察，都需要联系到更为广阔的人类总体发展的背景来加以了解。

本特利总结近年来全球史领域的学术特点时说："近期的世界历史研究虽然承认民族国家在现代的意义，但是却主张在历史研究中不应把民族国家作为理所当然的研究范畴。相反，它关注的是跨地区、大陆、半球、大洋和全球范围展开的一些进程。它不太关注表面上连续发展的个体社会的历史经历和内部组织形式，更多关注的是在超越民族、政治、地域、文化界限的广阔范围内产生影响的历史进程，而这些界限是传统史学所恪守的。"① 近年来，全球史的研究，正是在探究"广阔范围内产生影响的历史进程"方面产生了一系列影响深远的重大成果。"全球史学者的视野空前开阔，他们所关注的不仅是跨越国家和种族的经济互动、技术转移和帝国扩张，而且包括影响各个文明之间互动的自然环境变化、移民潮流、疾病传播、观念和信仰的演变等等，许多被传统史学研究所忽视的重要现象因而被揭示出来。"② 例如，美国学者克罗斯比在他 1972 年问世的《哥伦布大交换——1492 年以后的生物影响和文化冲击》一书中提出了"哥伦布大交换"这一概念。"哥伦布大交换"指的是，哥伦布 1492 年的航海发现以来，东西半球之间人类种族、动植物物种、病菌以及思想文化的相互传播所产生的影响。最早的欧洲殖民者所带来的病菌，给完全没有抗体的美洲原住民印第安人带来了毁灭性的打击；原产美洲的玉米、甘薯、木薯、西红柿、辣椒等植物，进入欧洲和亚洲，比小麦和水稻种植范围更广、单位产量高得多的粮食作物的引进，改变了包括中国在内的广大地区的人口规模、经济结构和生活方式；如此深远的影响还可以列举很多。如今，"哥伦布大交换"已成为被史学界普遍接受的研究成果和被人们广为使用的历史学术语。又如，全球史研究者认为，在公元 600 年之后上千年的时间里，存在着一个以印度洋为中心，将中国、印度、波斯、阿拉伯以及东南亚和东非的一些地区连接起来的"环印度洋网络"，贸易交换、物种交流、宗教文化传播就在这一网络内的发生。"环印度洋网络"的提出，也引起了史学界的热烈反响。这样一些学术创获，只有超出特定国家和社会的视野才可能产生。

最后，全球史在其发展过程中，既提出了旨在从宏观和整体层面来解释人类历史进程的若干饶有新意的论点，又开辟了诸多从不同具体侧面以全球视野来考察人类历史的新领域。麦克尼尔构建其全球史解释框架的出发点，是他的这样一

---

① ［美］杰里·本特利：《新世界史》，夏继果、［美］杰里·本特利主编：《全球史读本》，北京大学出版社 2010 年版，第 62—63 页。

② 刘新成：《中文版序言》，［美］杰里·本特利、［美］赫伯特·齐格勒：《新全球史文明的传承与交流：1000—1800 年》第 5 版，魏凤莲译，北京大学出版社 2014 年版，第 V 页。

个基本认识——"与外来者的交往是社会变革的主要推动力"。① 他的成名作《西方的兴起》所秉持的基本观念是,"促进历史上重大社会变革的主要因素是与拥有新的和不熟悉的技术的外来者的接触",由此得出的一个推论当然就是,"同时代各文明之间的接触应当是世界史学者所研究的关键问题"。② 他后来更为明晰地表述了自己的全球史解释框架:"有文字以来的大部分时间,推动历史变化的主轮是陌生人之间的接触。因为这种接触引起双方重新思考,甚或在某种情况下改变其原有的行为方式。这类接触和反应就产生了文明。像一座喷发的火山,在这一类文明内,出现了极其活跃的创造性的'大都市中心'(metropolitan center)。由于这类'大都市中心'的出现,'文化斜坡'(cultural slope)也产生了。'大都市中心'的地区时有变化,新的'大都市中心'也可能兴起。因为这些变化,随带产生'文化流'(cultural flows)方向和速度的变化,也就是'文化斜坡'基准线的变化。这一类变化又可以作为历史'分期'与'断代'的准绳。"③ 本特利以人类社会跨文化互动的机制作为全球史研究的主题,他提出,与物种传播、疾病传播和技术传播相比,不同人群之间的文化传播来得更为艰难;全球历史运动总的趋势表现为互为因果的三点:人口增长,技术不断进步与传播,不同社会之间的交往日益密切。"具体说来就是:人类在几千年文明史中因种种原因而不断迁徙,逐渐遍布于地球上几乎所有适宜人类居住的地区,形成过几千个社会和文化体系,组成并重组一系列或大或小的商业和交流网络,创造了多种互相借力、互相利用的方式,并造成物种、技术、理念的传播,传播的结果是提升人类的繁衍能力和社会组织能力,造成人口总量增加,而人口增长又将导致交流的数量和质量在更高层面的轮回。"④ 麦克尼尔、本特利等人在从事宏观历史解释时提出的这些颇有创意的论点,引起了历史学界极大的关注和重视。

在宏观的历史解释之外,全球史研究在关注不同人群和文化之间的互动时,从各个具体的层面讨论了诸多互动的形式和具体情形。本特利说,全球史考察"超越了民族、政治、地理或者文化等界限的历史进程,这些历史进程对跨地区、大洲、半球甚至全球范围内的各种事务都产生了影响,其中包括气候变迁、物种传播、传染病扩散、大规模移民、技术传播、帝国扩张的军事活

① [美]威廉·麦克尼尔:《变动中的世界历史形态》,夏继果、[美]杰里·本特利主编:《全球史读本》,北京大学出版社 2010 年版,第 13 页。

② [美]威廉·麦克尼尔:《西方的兴起:人类共同体史》上,孙岳等译,中信出版社 2015 年版,第 18 页。

③ 王晋新:《译者序言》,[美]约翰·R. 麦克尼尔、[美]威廉·H. 麦克尼尔:《人类之网:鸟瞰世界历史》,王晋新、宋保军等译,北京大学出版社 2011 年版,第 17 页。

④ 刘新成:《中文版序言》,[美]杰里·本特利、[美]赫伯特·齐格勒《新全球史文明的传承与交流:1000—1800 年》第 5 版,魏凤莲译,北京大学出版社 2014 年版,第 Ⅷ 页。

动、跨文化贸易、各种思想观念的传播以及各种宗教信仰和文化传统的扩张"。① 可以说，在本特利所列举的这些论题上，全球史研究都取得了不同程度的进展。例如，麦克尼尔本人就高度重视疾病的蔓延对人类历史所产生的巨大影响，而这一点恰恰是过往的史学研究所没有充分意识到的。一个显著的例子就是，在西班牙人以不足 600 人的队伍征服数百万人口的墨西哥的过程中，瘟疫就扮演了至关重要的角色。在阿兹特克原住民重创科尔特斯的军队并将其逐出墨西哥城的那个晚上，欧洲人带来的天花病毒在阿兹特克人中蔓延开来，指挥阿兹特克人击败西班牙人的将领与很多人一起卒于那个"悲伤之夜"。这就让西班牙人有了喘息之机，最后通过各个击破的方式征服了墨西哥。而且，这场对当地人造成巨大灾难的疫病，却对西班牙人毫无影响，这也对原住民族的心理造成了巨大影响。"事实上，正是由于没有认识到，同样的疫病在熟悉它并具有免疫力的人群中流行与在完全缺乏免疫力的人群中暴发，其造成的后果差别巨大，以往的历史学家才未能对此给予足够的重视。"1976 年出版的《瘟疫与人》，就"旨在通过揭示各种疫病循环模式对过去和当代历史的影响，将疫病史纳入历史诠释的范畴"。②《瘟疫与人》一书的论题，涵盖了狩猎时代、农牧业兴起时代的疾病模式，公元前 500 年到公元 1200 年欧亚大陆疾病的大融合，蒙古帝国的铁骑导致的疾病模式的巨变，疾病跨大洋传播和现代医学的实践。此书视野宏阔，堪称从全球视野考察人类特定的互动形式的研究典范。

全球史研究因其研究视野和研究方法所带来的丰硕成果，对历史学研究的诸多其他领域也产生了很大影响。环境史、生态史、疾病史等各个研究领域与全球史的研究互有交叉和重叠，自不待说。在许多领域的研究中，史学家们也自觉地引入全球史的视角和方法，使得这些领域不同程度上出现了"全球的转向"。就思想史研究中的"全球转向"而言，一个例证就是，传统的对于美国革命时期思想观念的研究，考察的是当时西欧尤其是英国的各种观念在美洲大陆的传播和流变，以及美洲大陆各种现实条件所产生的观念的变迁等。美国史学家阿米蒂奇的《独立宣言：一种全球史》，其要旨则是"讲述广大世界如何塑造了一份重要文件以及这份文件一经问世又如何传播到全世界的"。③ 由此可以看出，"全球转向"后的思想史研究，在处理同一论题时，展现的是不一样的视野。

---

① ［美］杰里·本特利：《新世界史》，夏继果、［美］杰里·本特利主编：《全球史读本》，北京大学出版社 2010 年版，第 45 页。

② ［美］威廉·H. 麦克尼尔：《瘟疫与人》，余新忠、毕会成译，中国环境科学出版社 2010 年版，第 3、4 页。

③ ［美］大卫·阿米蒂奇：《中文版序言》，《独立宣言：一种全球史》，孙岳译，商务印书馆 2014 年版，第 1 页。

观察全球史发展动向的学术刊物，首选是英文期刊《世界史杂志》（*The Journal of World History*），《全球史杂志》（*Journal of Global History*）。此外，欧美学术界一些传统更久的刊物表现出对全球史的极大热情，如莱顿大学主办的《旅程》（*Itinerario：Journal of Imperial and Global Interactions*），法国的《现代与当代史评论》（*Revue d'Histoire Morderne et Contemporaine*）。受此潮流影响，德国、中国、智利等国也相继创办了以母语为主的全球史期刊。

进入 21 世纪，世界不同区域的全球史学者纷纷组建交流网络，如欧洲普世史与全球史网络、亚洲全球史家协会、非洲全球史网络等。最活跃的当属 20 世纪 80 年代组建的美国的世界史协会。世界史协会是最早致力于促进全球史研究的学术组织，它通过年度会议、刊物、图书奖励等多种形式，持续推动世界各地全球史学者、教育者的交流。

经历数十年的发展，全球史研究以人与人之间、人与自然之间的互动关系作为其研究焦点，以关注人类共同命运作为其价值取向，展现了其独特的学术魅力。全球史研究奠基在一种历史写作的全球语境之中，诉诸全球视野，构建起全球化叙事，突出历史上民族、国家、文化之间的交流、碰撞与互动。全球史研究中暴露出来的一些问题和缺陷，也受到了学界的重视。例如，麦克尼尔本人的研究遭遇的批评之一，就是他在强调各个人群之间外部互动的同时，却忽视了内部因素。[①] 全球史目前仍然还处于旺盛的发展阶段，它最终能够在多大程度上克服自身的问题，而获得更大的学术成就，还有待进一步的观察。

四、环境史

人类是自然界的一部分，人类创造历史的活动也总是在一定的自然环境下展开，受到自然环境的制约，而人类的活动也总是会对自然环境造成影响。然而，在欧美历史学研究中，尽管总是会在不同程度上涉及人类生活其中的自然环境，但相对于人类活动而言，自然环境长期处于一个不受重视的地位。西方文明中从来就有基督教那种万物为人而设的观念，现代科学兴起以来，主流的西方现代思想是，在人与自然的关系中，人高于自然而与自然相对立，人类通过"拷问"自然而掌握自然规律，可以利用乃至征服自然来服务于自身。这种"人类中心论"成了西方文化传统中根深蒂固而又不断被强化的特点。人类中心论表现在历史学中，就是长期以来史学家关注的是人类的活动，是人与人的互动，而很少会将眼光投射到人与自然的互动上面来。即便是持自然环境决定论的历史哲学和史学模

---

① 参见钱乘旦：《全球史解析——评麦克尼尔的〈世界史〉》，《思考中的历史：当代史学视野下的现代社会转型》，北京师范大学出版社 2015 年版。

式，也不过是将自然环境作为人类活动这一主角的舞台而已。

但环境史的发展并非没有其可以追溯的学术脉络。作为一个学科的历史地理学，就常常被认为与环境史渊源颇深。历史地理学研究的是特定历史时期内的地理以及特定地域地理在一定历史时期内的变迁，人类的活动被视为影响地理变迁的重要因素。19 世纪后期得到长足发展的历史地理学，为后起的环境史学提供了支撑。20 世纪早期历史学的发展，突破了以政治史为中心的传统的史学格局，跨学科研究对史学研究起到了巨大的推动作用，自然环境也在这一背景下以不同形式进入了历史学的视野。年鉴学派以其整体史的宏大构想，将地理、气候、生态等自然环境，视为对历史过程产生决定性影响的长时段要素。但是，在布罗代尔等人笔下所呈现的自然环境，几乎是静止不动的。自然环境的变化尤其是人类活动对自然环境造成的效应，并没有得到他的关注。然而，年鉴学派毕竟让自然环境进入了历史学视野的核心地带。

在其学术渊源之外，环境史兴起更为重要的原因是，20 世纪中后期以来，人类所面临的环境问题越来越严峻，历史学和史学家必须对此作出回应。人类活动一直影响和改变着自然环境，农业活动在长期"靠天吃饭"的同时，早就深刻地改变了自然环境。工业革命更是在短暂的时间内对自然环境造成了巨大的影响和冲击。"农业革命改变了地球的表面，而工业革命则改变了地球的大气层。"① 进入20 世纪，人类的活动加速了自然环境的变化，并前所未有地使得这种变化威胁到人类自身的生存和发展。人类在短时间内，大量地消耗了地球在数十亿年的演化中所形成的化石能源，人口剧增和生活水平的普遍提升，对各种资源造成巨大压力。滥伐森林，空气和土壤污染，海水酸化，大气中臭氧层遭到破坏，全球性气候变化，多次恶性环境污染事件的爆发，人类掌握核能从而成为有能力毁灭整个生物圈的物种……生活在世界上哪怕最偏僻的角落的人们，都不难感受到环境问题已然威胁到人类的健康、生存和发展。在美国，环境意识的出现和环境保护运动的勃兴，与蕾切尔·卡逊（1907—1964）分不开。卡逊原是一个海洋生物学家，她得知一个朋友家原本禽鸟众多的园地中大量禽鸟死亡，原因可能与此前飞机喷洒杀虫剂有关之后，展开了一系列的调查。她在据此写成的《寂静的春天》一书中指出，化学药品的滥用将导致出现没有蝴蝶、燕子和昆虫的"寂静的春天"。卡逊进而提出，人类对环境的破坏已经到了威胁地球上所有生物的地步，人类必须改变其内在的观念和外在的行为，与其他生物一起共同拥有地球。卡逊此书，被

---

① ［美］大卫·克里斯蒂安：《时间地图：大历史导论》，晏可佳等译，上海社会科学院出版社 2007 年版，第 496 页。

后人认为与斯托夫人的《汤姆叔叔的小屋》一样，改变了美国社会。① 它在公众中唤起了环境保护的意识，也使得不同学科的学者重新反思人类中心论的弊端。环保主义成为声势浩大并得到公众广泛支持的文化和政治力量。环境保护运动的兴起，直接促成了人们对历史上的环境变化的关注，环境史由此出现并迅速发展起来。

有人说，有多少个环境史学家，就有多少种对环境史的定义，但这些定义彼此之间并无多大分别。著名的环境史学者唐纳德·休斯说，环境史"是一门历史，通过研究作为自然一部分的人类如何随着时间的变迁，在与自然其余部分互动的过程中生活、劳作与思考，从而推进对人类的理解"。② 约翰·麦克尼尔则将环境史定义为"人类社会与自然其余部分之间关系的历史"。③ 简而言之，环境史的价值取向是将人及其社会视作自然的一个部分，其学术旨趣是探求人类与自然环境中其他部分的互动关系。④

约翰·麦克尼尔在讨论作为一个史学分支和史学研究领域的环境史时，评论说："在专业史学家中，20 世纪最具影响力的创新大多出自欧洲。意大利人发起了微观史学，英国人提出了人类学化的社会史。影响最大不过的，是法国史学家所发明的年鉴派方法，运用所有门类的社会科学来创造他们有时所说的总体史。而环境史则最早成型于美国。"⑤ 的确，环境史研究是 20 世纪 60、70 年代在美国最早发展起来的。而且，到目前为止，尽管环境史研究已成为全球范围内的显学，但环境史研究者最集中的国家仍然是美国；就以国别划分的研究对象而论，环境史得到最为深入细致研究的，也是美国。

环境史研究人与人作为其中一个组成部分的自然环境的互动，这一学术定位决定了环境史的研究主题。在唐纳德·休斯看来，环境史的主题可以宽泛地划分为三大类："(1) 环境因素对人类历史的影响；(2) 人类行为造成的环境变化，以及这些变化反过来在人类社会变化进程中引起回响并对之产生影响的多种方式；

① 参见［美］阿尔·戈尔：《原版引言》，［美］蕾切尔·卡森：《寂静的春天》，吕瑞兰、李长生译，上海译文出版社 2021 年版，第 XI—XXII 页。

② ［美］J. 唐纳德·休斯：《什么是环境史》，梅雪芹译，北京大学出版社 2008 年版，第 1 页。

③ J. R. McNeill, "The Historiography of Environmental History," in Axel Schneider and Daniel Woolf eds., *The Oxford History of Historical Writing*, vol. 5, Oxford: Oxford University Press, 2011, p. 159.

④ 参见包茂红：《环境史学的起源和发展》，北京大学出版社 2012 年版，第 25—53 页。

⑤ J. R. McNeill, "The Historiography of Environmental History," in Axel Schneider and Daniel Woolf eds., *The Oxford History of Historical Writing*, vol. 5, Oxford: Oxford University Press, 2011, p. 159.

（3）人类的环境思想史，以及人类的各种态度借以激起影响环境之行为的方式。"① 前两类涉及人类与自然环境的互动，第三类则与思想文化史有所重叠。约翰·麦克尼尔则更多依据环境史学科三十多年的学术实践，将其区分为三个主要领域："首先是物质的环境史……人类对于自然其余部分的影响以及自然对于人类事务的影响的演化过程……这种形式的环境史将人类历史置于更为丰满的背景——以地球和地球上的生命为背景——之中，并且认识到人类事件是一个更广大的故事中的一部分，人类并非其中唯一的演员。实际上有关这一领域的绝大部分历史研究都关注于最近 200 年，自那时起，工业化及其别的因素极大地增强了人类改变环境的力量"；"其次是政治的或者与政策相关的环境史"，这一领域的研究涉及土地保护、污染治理等，主要是 1965 年之后环境保护成为公共政策和环保组织的议题的情形；第三个领域则是环境的文化史或思想史。②

20 世纪 60 年代后期，一些原本主要研究美国史和其他史学领域的学者开始转向环境史的研究，如罗德里克·纳什、克拉伦斯·格拉肯、唐纳德·沃斯特、唐纳德·休斯等人。纳什在 1967 年出版的《荒野与美国精神》中，首次使用了学科意义上的"环境史"一词，这部著作探究了荒野在美国文化中所具有的意义，讨论了荒野保护运动中发展起来的自然环境观念，强调自然对于人类精神的内在价值。格拉肯的《罗德岛海岸的踪迹：从古代到 18 世纪末西方思想中的自然与文化》，也是对后来的诸多环境史家影响甚大的一部环境思想史。在有关环境的政治史方面，塞缪尔·海斯 1959 年问世的《资源保护与效率的福音：1890—1920 年的进步主义资源保护运动》一书，可谓开先河之作，此书研究进步主义时期资源保护运动的兴起，将环境史的主题引入传统的政治史领域。环境史在美国的兴起，就是在思想史和政治史这两个领域率先取得突破的。

环境史在其奠基阶段，主要研究大范围的人类与环境互动所造成的变化，同时关注重大的环境事件。前一方面的代表性著作，首推克罗斯比的《哥伦布大交换——1492 年以后的生物影响和文化冲击》一书。有趣的是，虽然"哥伦布大交换"如今已是历史学界共同认可并普遍使用的史学概念，但克罗斯比的这部著作在出版时颇费周折才艰难问世，因为好几家出版社都无法接受以物种、病毒、微生物的传播为主题的这样一本书，此书的经历也可作为环境史从艰难起步到发展壮大的一个佐证。后一方面的研究，对尘暴的研究是显著的例证。作为美国历史上一桩引人注目的环境事件，20 世纪 30 年代美国南部大平原上发生的尘暴，吸引

---

① ［美］J. 唐纳德·休斯：《什么是环境史》，梅雪芹译，北京大学出版社 2008 年版，第 3 页。

② J. R. McNeill，"The Historiography of Environmental History," in Axel Schneider and Daniel Woolf eds. , *The Oxford History of Historical Writing*, vol. 5, Oxford：Oxford University Press, 2011, p. 160.

了很多环境史研究者的注意。南部大平原原本生态脆弱，过度的移民和开发，引发了严重的尘暴，而生产方式的调整和各种技术手段的运用，使得尘暴得到了治理。后来成为环境史领军人物的沃斯特，早期就是以对尘暴的研究成名的。他的《尘暴：20 世纪 30 年代的南部大平原》是关于环境事件研究的力作。沃斯特研究尘暴，得出的结论是："尘暴是 20 世纪南部大平原生活中最黑暗的时光。这个名号就标示着一个地方——其边界就像沙丘一样变化不定的一个地区。然而，这也是一个有着全国性甚至全球性意义的事件。在世界粮食问题上广受尊重的权威乔治·博克斯特罗姆将尘暴的发生列为历史上人类铸成大错的三个最糟糕的生态灾难之一。……无法将其归咎于无知无识、人口过多或者社会混乱。它之所以到来，是由于那种文化按照人们设想的方式在运行……尘暴……是某种自觉故意地以主宰和剥夺土地上的全部财富为己任的文化的必然后果。"[1] 读者从中可以清晰地感受到环境史研究尤其在早期研究中常常带有的政治倾向和价值立场。沃斯特本人著述颇丰，研究广泛，涉及环境思想史、环境史理论、以环境史视角重新探究美国西部史等论题。

环境史步入较为成熟的时期之后，与沃斯特同为环境史领域最有影响力的美国环境史家还有威廉·克罗农和理查德·怀特等人。克罗农于 1983 年出版的《大地的变迁：印第安人、殖民者与新英格兰的生态》一书，讨论了来自欧洲的殖民者取代印第安人成为新英格兰地区的主宰者之后，这片土地景观所发生的变化。他的《自然的大都会：芝加哥与大西部》改变了此前环境史研究中城市环境史与乡村或荒野环境史相对孤立的状态，而将芝加哥城市的形成和变化与其所处的广大区域联系起来加以考察。通常人们认为，传统的生活和生产方式，总体上让人与自然处于和谐状态，怀特通过对美洲印第安人及其生活环境的研究，表明印第安人也让环境发生过重大的变迁。不同于沃斯特坚持环境史要以自然为中心、主要研究生态变迁，克罗农和怀特开启了美国环境史研究的"文化转向"。一方面，后一种思路强调，自然环境在拥有其自然属性的同时也是文化建构的产物，例如，食物的选择就深受文化影响；另一方面，这种思路又关注不同群体、阶层、性别和族群及其互动对环境的影响，以及环境变迁给不同社会集团带来的不同后果。环境史的这种取向，受到了新文化史关于现实的文化建构观念的影响，其注重不同社会集团与自然环境的不同互动的思路，又使得环境史的研究带有了社会史的旨趣。[2]

环境史的研究在美国得到长足发展后，世界各地的环境史研究也逐渐兴盛起来，虽然整体发展状况还很不平衡。欧洲的环境史研究是在 20 世纪 80 年代之后才发展起

---

[1] William Cronon, "A Place for Stories: Nature, History and Narrative," in Geoffrey Roberts, ed., *The History and Narrative Reader*, London and New York: Routledge, 2001, p. 410.

[2] 参见高国荣：《近二十年来美国环境史研究的文化转向》，《历史研究》2013 年第 2 期。

来的，受美国环境史研究的很大影响。整体而论，欧洲环境史的发展也有不同于美国之处：一是欧洲的环境史研究更具有全球眼光，至今为止较为通行的全球性的环境史，大都出自欧洲学者之手；① 二是欧洲的环境史研究更注重多学科研究方法的使用，这很大程度上是因为，与美国环境史研究者常常本身出身就是史学家不同，欧洲很多环境史研究者原本是生物学、地质学、化学等各个领域的专家，因为关注环境问题转而从事环境史的研究；三是欧洲的环境史研究比美国更加注重城市环境史，这大致可以归因于欧洲与美国在地理条件和自然环境方面的差异。②

20世纪历史学的研究取向和研究方法，往往受到来自各门自然科学和社会科学的启发，带有跨学科的特点，这一点在环境史领域表现得更为明显。自然科学方法和各种技术手段的使用，给环境史的研究带来了诸多便利甚至是此前意想不到的收获。例如，通过研究土壤不同地层中包含着的花粉孢子，就可以对长时期内气候条件的变化作出较为准确的判断。又如，文学史中的各种材料，可以用来研究不同时代人们的自然观念。环境史研究的魅力和难点，一方面在于环境史所要研究的生态变迁，往往是跨越国家甚至是大陆范围的现象，因而它与全球史颇多交集；另一方面，跨学科研究可能取得的丰硕成果，与很多别的史学分支相比，要求环境史家更要具备复合的知识结构和多种研究能力。这两者都使得环境史研究的前景充满了诱惑力，同时对环境史家的研究视野、知识储备和研究技能提出了严峻的挑战。

沃斯特一直强调，环境史不是历史学一个特殊的分支领域，而是看待历史的一种全新的视角。③ 的确，一旦把人与自然的互动纳入历史学最核心的论域，很多传统的史学议题和史学观念，就会在新的视野下发生变化。沃斯特在讨论"我们为什么需要环境史"时，也谈到了环境史所可能产生的多方面的效应："第一，它能使我们了解资源保护和环境保护主义的兴起，这对当前我们思维的导向是至关重要的。第二，它可以帮助生态学以及其他环境科学提出更富有创见、更加成熟的解决问题的方法。第三，它有助于更深刻、更富批判性地了解我们的经济文化和制度及其对地球的影响。第四，它可以令我们更深刻地了解我们所居住的地方，而我们必须在这些地方寻求更好的生存方式。"④

环境史已走过了半个世纪的发展历程。但是，不少国家和地区的环境史研究

---

① 如［英］克莱夫·庞廷：《绿色世界史：环境与伟大文明的衰落》，王毅译，中国政法大学出版社2015年版；［德］约阿希姆·拉德卡：《自然与权力：世界环境史》，王国豫，付天海译，河北大学出版社2004年版。

② 参见高国荣：《环境史在欧洲的缘起、发展及其特点》，《史学理论研究》2011年第3期。

③ 参见高国荣：《美国著名环境史学家唐纳德·沃斯特教授访谈录》，《世界历史》2008年第5期。

④ ［美］唐纳德·沃斯特：《为什么我们需要环境史》，侯深译，刘北成、陈新主编：《史学理论读本》，北京大学出版社2006年版，第368页。

刚起步不久，对不少区域的环境变迁和不少跨区域的环境史议题的研究，尚待开拓或推进。目前，环境史的发展还处于明显的上升势头，"遗憾的是，这种良好的势头，很大程度上要归功于让人无法乐观的处境，尤其是人们对于世界范围内环境问题的持续焦虑。只要全球气候变化、水资源短缺、土壤侵蚀和盐碱化、城市空气质量、热带地区森林滥伐、生物多样性丧失以及其他一系列问题还在困扰着我们，环境史就会始终吸引着史学家的想象力"。[①] 历史学总是从人们当下的处境出发，来对过去发生兴趣的。环境史研究的深入发展，对于人们思考和解决当下全球性的环境问题，是一个必不可少的条件。

第三节　对当代西方史学的评析

古老的历史学发展到今天，在应对社会发展和时代变化、汲取不同门类知识进展的过程中，萌发出勃勃生机，也面临自身发展中存在的种种困惑和问题。

一、经验研究与理论自觉

历史学研究过去时，它所要依赖的，是过往人们的活动所留存下来的种种痕迹。它注重史料，注重人类现实的生活经验，是一门经验性的学科。但是，历史学研究也离不开各种各样的理论预设和研究方法。历史学的经验研究并不排斥充分的理论自觉，相反，高度的理论素养和理论自觉，对历史学研究而言必不可少。这一情形在20世纪欧美史学的发展历程中有着充分的体现。

"历史"一词在汉语和很多语言中，都有两层意思：既指人类过去所发生的事，又指对前者的记录、编排、整理和解释。也可以说，前者指的是客观的历史过程，后者则是历史学所要做的工作。相对于"历史"的两层含义，欧美学界曾有将历史哲学区分为思辨的历史哲学和分析的历史哲学的二分法，思辨的历史哲学是对历史过程的哲学反思，分析的历史哲学则是对史学家工作的哲学反思。也有人将对历史过程的理论思考与对历史学的理论思考，分别称为"历史理论"和"史学理论"。[②] 历史理论要考察人类历史过程的动力机制、历史的规律与目的、历史过程中各种因素的重要性等问题。史学理论要对历史学这个学科本身来进行考

[①] J. R. McNeill, "The Historiography of Environmental History," in Axel Schneider and Daniel Woolf eds., *The Oxford History of Historical Writing*, vol. 5, Oxford: Oxford University Press, 2011, p. 174.

[②] 参见何兆武：《编者序言》，何兆武主编：《历史理论与史学理论——近现代西方史学著作选》，商务印书馆1999年版，第1—2页。

察：史学家的工作意味着什么，史料的特性究竟是什么，人们凭借过往所留存的史料来企图领会和把握过去的某个面相时，有哪些因素介入了史学家的精神活动之中，如此等等。可以说，历史理论和史学理论两者考察的对象很不一样。

这样的区分很清晰，也很有用，但它未必就完全适用于现实的历史学实践中所产生和运用的各种理论。20世纪欧美史学流派中，最有创造力而又影响最大的，当属年鉴学派。在布罗代尔手上，年鉴学派的理论立场得到了最为系统的阐述，并且贯穿于他的经验研究之中。年鉴学派第一代创始人之一的布洛赫就说过，历史是研究时间中的人类的科学。布罗代尔则说，他所要思考的最为重大的问题就是时间问题。布罗代尔的长时段理论，将历史运动视作沿着三个不同的时间维度而展开。于是，不同维度上的要素在历史过程就扮演着极为不同的角色。地理、生态、气候等长时段的要素决定着人类历史的基本面貌，在一定周期内出现的经济波动、物价变化、人口增长等中时段的要素，直接影响着历史过程，而传统史学最为注重的各种政治军事事件，却被放置到了最为边缘而次要的地方。照布罗代尔的说法，历史事件就仿佛幽暗黑夜中刺破黑暗的萤火虫的亮光，但这亮光倏忽即逝，无助于人们来了解幽暗中的过去。这样一种理论，就很难严格对应于历史理论和史学理论中的哪一种。一方面，它当然包含了与黑格尔、汤因比等人的理论中相似的那些层面，对于历史演进中的动力机制、历史过程中不同因素的相对重要性，都有宏观的看法；另一方面，这种理论对经验的历史研究而言，又有着很强的指导性和可操作性，它完全能够落实到年鉴学派的史学研究之中。在布罗代尔及其众多追随者的著作中，我们都能看到这种层次分明的三分法。整个历史过程被分为三个层面，每个层面分别关注的是什么要素，不同层面的要素在整个架构里面分别扮演什么样的角色，研究和写作的路数都很清晰。可以说，年鉴学派成果丰硕的研究实践，是与它自觉而系统的理论建构紧密地联系在一起的。

20世纪初的新史学运动，在将历史学的范围从传统的政治史扩充到更广大的领域的同时，强调对历史现象进行多学科的综合研究。其要旨就在于，历史学要吸取多学科的问题意识和研究方法的营养。从年鉴学派的第一代创始人到战后联邦德国社会史的领军人物于尔根·科卡，都提出历史学研究要成为以问题为导向的"问题史学"。为什么要提出"问题史学"这样的概念？从年鉴学派和"历史的社会科学"的前提出发，传统的"讲故事"的叙事史学只涉及事件，而事件对有效地理解人类过往的历史而言无关宏旨。人们需要的是以分析的方式，了解形成过往历史过程的各种复杂而交互作用的因素，并且判定不同的因素起了什么不同档次的重要作用。而要做到这一点，历史学就应该是一门提出问题并且设法回答问题的学科。史学家的工作固然离不开对史料的搜集爬梳，可是史料浩如烟海，史学家所能选择来处理的，只能是史料中极其有限的一部分，耗尽一生的精力能够看到的东西也是有限的。而且同样是看同一批有限的材料，人们提出的常常可能是完全不同的问题。一方面，史学家的工作永远都面临这样的可能性：你所看到的史料修正甚至颠覆了你原来的设想。另一方面，过往的史料如同一片幽暗，史学家的问题意识和理论自觉，就仿佛探照灯，决定了他的目光所投射到的，是那片混沌中的具体哪些层面。

在历史学的研究中，与其他许多学科一样，最出色的研究者，往往就是最善于提出有价值的问题的研究者。"问题史学"的提出，针对的是传统的"叙事史学"。可是随着新文化史、微观史、日常生活史而复兴的叙事史学，按照劳伦斯·斯通的说法，是一种"新的旧史学"，它的"新"很大程度上就在于，其研究是以问题意识作为导引的。叙事的写作方式并不见得与问题意识就是不相容的。彼得·伯克就说："要做一个优秀的史学家，首先最为必不可少的，就是想象力、穿透力以及提出恰当问题而又知道到哪儿去寻找答案的天赋。一个史学家完全可能具有所有这些特质，而依旧宁愿在传统的领域内——像是狭义上的政治史——并以传统的方式来进行研究，写作事件的叙事史。"① 史学家不是一面消极反映历史事实的镜子。档案无穷无尽，史学家当然是要进档案馆的，他要面对史料。可是看哪些档案是有选择的，从同一批档案中看到些什么又是有选择的，如果没有明确的问题意识，没有充分的理论自觉，实际上是无法从档案中有效地获取相关的信息的。达恩顿有关屠猫狂欢的著名研究，就是由18世纪初期巴黎学徒工从那样一个事件中所得到的巨大欢乐令我们今天的读者难以理解这一事实出发，以人类学的手法来展开研究的。戴维斯、金兹堡等人讲述奇特人物和离奇故事的叙事史，也包含了他们所提出的问题和试图作出的解答。问题史学固然是要由理论来引领的，但新文化史和微观史中那些"讲故事"的史学研究，也未必没有其问题意识和问题导向。没有对现代早期法国司法制度、权力关系、乡村社会网络、个人认同、财产关系等问题的关注，《马丁·盖尔归来》和《档案中的虚构》就只是发生在过去的奇闻轶事，而不会具备更丰富的蕴含和价值。

历史学的实践，也会向史学家不断提出值得思考的理论问题。口述史学作为一种史学方法得到广泛应用之后，不同国度不同领域的研究者就都发现了一些共同的现象：讲述者常常倾向于在无形之中提升自己所起的作用、所扮演的角色；人们还常常会把自己解释得更加清白无辜，把别人解释得应该承担更大的责任等。而且，人们会很惊讶地发现，在不同的时候给不同的人讲述同一个事的时候，即使记忆力惊人的对

---

① 玛丽亚·露西娅·帕拉蕾丝-伯克对彼得伯克的访谈，［英］玛丽亚·露西娅·帕拉蕾丝-伯克编：《新史学：自白与对话》，彭刚译，北京大学出版社2006年版，第172页。

象讲出来的不同版本之间，也有巨大的差别。所以，很多口述史研究者都认为：记忆之有关现在绝不亚于它有关过去。这样一来，有关历史记忆甚至有关历史学的史料的看法，都会在很大程度上需要重新修正。所以历史学的经验研究与理论自觉总是处在一个互动的过程中。历史学的发展不能排斥理论，而必须和理论齐头并进，没有足够的理论素养和理论自觉，是不能造就出色的史学家和出色的历史学研究的。

二、多元化、碎片化与历史综合

在 20 世纪西方史学的发展过程中，多元化、多样化的态势，在不断地发展、不断地加剧。出现这样的情况有很多原因。首先，史学的多元化发展是现代社会的多元化的反映和写照。照欧美左翼学者的说法，以前的历史主要是以"白的、男的、死的"为中心。那理所当然地，针对西方中心的历史，就该有非西方中心的、后殖民主义的历史；针对男人视角的历史，就有从女性视角出发的性别史；针对只关注人类活动而忽视了自然的历史，就会有环境史；针对关注精英的、处于优越地位的人的历史，就会有让从前沉默的大多数发声的历史，就会有贱民的历史、少数族裔的历史；如此等等，不一而足。历史学总是现在跟过去之间的对话，置身越来越多元的现实世界中，历史学也会随之变得越来越多元。

其次，人类知识不断拓展，历史学要接纳来自不同的学科的影响，接纳不同学科内部越来越花样繁多的不同学派和取向的影响。20 世纪 70、80 年代以来，历史学发生的变化和各种"转向"，就被不少人解释为，从前史学家更多接受的是来自社会学、地理学、经济学、政治学、心理学等学科的影响，而在这个时候，历史学转而主要接受人类学的影响。总的说来，当代欧美史学不像一百多年之前那样，对于接纳来自别的学科的影响是否会危及历史学的自主性充满疑虑，而是更为主动、积极地汲取来自不同学科的滋养。各个学科及其学科内部的多元的影响，对于造就历史学的多元化局面，也功不可没。各个史学领域的交叉发展，也有助于史学的多元发展。如思想史和观念史领域，在 20 世纪 80 年代前后，出现了以昆廷·斯金纳为代表的思想史领域的剑桥学派，强调结合各种政治、思想、语言的语境，来考察思想观念。联邦德国以科赛莱克为代表的"概念史"研究，则注重考察诸如"国家""主权""人民"等概念在现代社会的出现及其演变，将概念演化史置于现代社会政治和经济文化变迁中来加以考察，结合了社会史和思想史的研究取向。历史学呈现多元化的态势，也有很现实的原因，随着高等教育的普及和专业化史学的发展，有一种说法是，正在写作的史学家比从希罗多德到汤因比时代的史学家加起来还要多。历史学从业者的增多，也是历史学日益走向多元的重要因素。

最后，当前历史学的多元化，还体现为传统的史学研究路数在经历各种"转向"

之后依旧保持着旺盛的生命力。比如，计量史学的方法一度被勒华拉杜里等人视作历史学唯一可行的发展方向，但计量史学不能满足人们原本过高的期望，反而成了"叙事的复兴"的一个原因。但这并不意味着量化方法走到了终点。相反，在后来的社会史、经济史乃至书籍史等研究领域中，史学家们在清晰地认识到量化方法有效性的范围之后，量化方法在史学研究中的运用变得更加复杂精致了。再有，我们前面提到，新文化史成为20世纪80年代以来欧美史学转型的主流，并不意味着相对而言更为"传统"的社会史和政治史研究不复存在。相反，以历史社会学这一领域为例，迈克尔·曼对历史上人类社会各种权力类型的研究、对工业资本主义和民族国家首先出现在欧洲的原因的探究，查尔斯·梯利对社会运动的研究、对战争与民族国家兴起之间关系的研究，都是这一领域影响重大的成果。

与多元化相伴随而相形之下颇为受人诟病的，则是史学研究的碎片化。19世纪后期，历史学成为一门专业化的学科之始，就出现了史学家对于越来越小的事情叙述得越来越多的情形，研究古埃及土地制度的与研究英国工业革命的史学家，完全可能出现隔行如隔山的情形。但那个时候碎片化还没有成为严重的问题，因为人们深信，人类的历史归根结底是一个整体。史学家们仿佛在一起要完成一个巨大的拼图，每个人只能够各自在一个微小的角落努力工作，可是史学家们前后相继的不懈工作，终究能够让我们一睹其全貌。"剑桥世界史"的开拓者、英国史学家阿克顿勋爵称之为终极的历史。① 在欧美史学界，碎片化在过去和现在的含义是不一样的。过去人们普遍相信，历史学的宏观的、整体综合的一极与微观的、高度专业化的另一极，终究能够整合为一体。但是经历了后现代主义的冲击，这个前提被根本动摇了，碎片化的研究如果不能被整合，才真正成了问题。有人对马丁·盖尔变得比马丁·路德还有名而忧心忡忡，正是出于这个原因。

可是，欧美史学这几十年来的发展，在越来越专业化、越来越碎片化的同时，有朝着另外一个方向的趋势和变化，那就是人们要从整体上观察历史的愿望越来越强烈，也取得了诸多值得重视的成就。这几十年发展起来的全球史，包括所谓的"大历史"，都在作这样一种努力：要从更宏观的角度，从人与自然之间、不同文明之间的相互关联，来考察人类整体的历史。比如说美国史学家克里斯蒂安的"大历史"，把考察历史的时间参照系，拉回到了130亿年前的宇宙创生，从宇宙大爆炸开始。他的《时间地图：大历史导论》这本书，花了极大的篇幅来讲宇宙演化。有些史学家特别是环境史家反对人类中心的历史，但毕竟历史不能没有人，克里斯蒂安的"大历史"，很大一部分成了没有人的历史。但是，一旦把参照系设定得非常宏大，的确会改变我们考察人类历史的视野。克里斯蒂安就认为：假如

---

① 参见刘北成、陈新编：《史学理论读本》，北京大学出版社2006年版，第37页。

把整个宇宙 130 亿年的历史浓缩成 13 年，可以说，4 年半以前才有了太阳系，才有了地球；4 年前出现了最初的生命；3 星期前恐龙灭绝；50 分钟前，智人在非洲进化；然后，5 分钟之前出现了农业文明；包括中国文明在内的各个古文明出现在 1 分钟之前；工业革命发生在 6 秒钟之前；两秒钟之前发生了第一次世界大战；最后一秒钟之内发生了第二次世界大战、人类登月、信息革命。① 现代文明的历史与宇宙的、地球的、有生命以来的、人类的乃至人类进入文明以来的历史相比，如此的短暂，而又发生了如此之多的惊人变化，的确会让人产生很不一样的感受。一方面，我们在感慨历史学的碎片化；另一方面，近年来又有诸多的论著，表明人们依旧企图对宏观而广泛的历史进程，达成有效的理解。

有关碎片化的问题，我们需要从不同的角度来考虑。一方面，成功的个案研究，如戴维斯和金兹堡等人的研究，在一个个小的个案里面，会触及那个时候的司法制度、社会观念、婚姻制度、财产关系等。这些研究的入口确实很小，如果作者没有更广泛的兴趣、更宽阔的视野、更宏大的眼界，所能写就的就只不过是一桩逸闻趣事。而出色的微观史著作，的确做到了像英国诗人布莱克所说的那样，从一粒沙中见世界。所以专业的、细致的研究，并不见得容不下一个宏大的视野；另一方面，史学家的工作终究还是要考虑到如何把宏观和微观两个层面的研究结合起来的问题，如同彼得·伯克所说："或许史学家要像物理学家那样学会与别样的而显然不相容的概念共存，微观史家的粒子要与宏观史家的长波共存。在历史学中，我们还没能像玻尔那样将互补变成美德。无论这种情形是否能够发生，我们至少应该像某些史学家、社会学家和人类学家所一直在做的那样去追问自己，是否有可能将微观社会的与宏观社会的、经验与结构、面对面的关系与社会系统或者地方的与全球的连接起来。倘若这个问题没有得到郑重其事的对待，微观史学就会成为一种逃避主义，接纳了碎片化的世界而不是让它变得有意义。"②

真正的历史综合要展现整体的历史视野，它不可能是工笔画，而只能是写意画。写意画可以是万里江河图，展示的是极其宏观的格局，工笔画则要把每个细部都画得极其细致。写意画与工笔画之间的关系，不会是工笔画总能够作为哪怕再细小的局部，而被整合到写意画中。可是，人们对于宏观的全球史、整体史和历史综合，总是期待着，它虽然未必能够囊括万物，其视野和解释框架却应该足够宏阔，同时能够包容广大。就仿佛万里江河图必定无法穷尽每一朵浪花，但峡

---

① 参见［美］大卫·克里斯蒂安：《时间地图：大历史导论》，晏可佳等译，上海社会科学院出版社 2007 年版，第 538—539 页。

② Peter Burke, ed., *New Perspectives on Historical Writing*, 2nd edition, Cambridge: Polity, 2001, p. 116.

谷湍流、水势巨变，总是可以在其中找到自己的位置。历史综合与碎片化之间，既不是后者的累积会自动达到前者，也不是前者终归可以涵盖后者。但无论如何，不能简单地把二者对立起来。

三、马克思主义与当代西方史学

马克思主义自诞生以来，就对历史学的发展产生了深刻的影响。在 20 世纪欧美史学的发展历程中，在各个流派和不同史家的史学观念和史学方法中，马克思主义的影响也清晰可见。

20 世纪 70 年代，在讨论马克思主义对史学家的影响时，英国史学家巴勒克拉夫说："首先，它既反映又促进了历史学研究方向的转变，从描述孤立的——主要是政治的——事件转向对社会和经济的复杂而长期的过程的研究。其次，马克思主义使史学家认识到需要研究人们生活的物质条件，把工业关系当作整体的而不是孤立的现象，并且在这个背景下研究技术和经济发展的历史。第三，马克思促进了对人民群众历史作用的研究，尤其是他们在社会和政治动荡时期的作用。第四，马克思的社会阶级结构观念以及他对阶级斗争的研究不仅对历史研究产生了广泛影响，而且特别引起了对研究西方早期资产阶级社会中阶级形成过程的注意，也引起了对研究其他社会制度——尤其是奴隶制社会、农奴制社会和封建制社会——中出现类似过程的注意。最后，马克思主义的重要性在于它重新唤起了对历史研究的理论前提的兴趣以及对整个历史学理论的兴趣。"① 直到今天看来，巴勒克拉夫的判断还是相当准确的。他所提到的马克思主义影响史学家的各个方面，当然是在欧美马克思主义史学中体现得最为明显。例如，他所谈到的第四点，即马克思主义激发了史学家对各种社会制度过渡时期阶级结构和阶级冲突的研究，就在英国马克思主义史学的社会史研究中有着最为充分的体现。但是，受到马克思主义影响的史学家，既理所当然地包括了自觉地站在自身所理解的马克思主义基本立场上来进行历史研究的史学家，还包括了非马克思主义和反马克思主义的史学家。可以说，无论哪种情形，都表明了马克思主义对历史学的巨大影响。我们这里着重讨论欧美马克思主义史学之外的史学发展与马克思主义的关系。

马克思主义对社会科学取向的历史学产生了决定性的影响。马克思说："人们自己创造自己的历史，但是他们并不是随心所欲地创造，并不是在他们自己选定的条件下创造，而是在直接碰到的、既定的、从过去承继下来的条件下创造。"②

---

① ［英］杰弗里·巴勒克拉夫：《当代史学主要趋势》，杨豫译，北京大学出版社 2006 年版，第 21—22 页。

② 《马克思恩格斯文集》第二卷，人民出版社 2009 年版，第 470—471 页。

由这一洞识出发，各种社会科学和历史学研究得到的启发，就是要将自己的重心放在对"社会和经济的复杂而长期的过程的研究"。而对事件的描述和解释，也只有放在这一背景下才能展开。社会科学取向的历史学，反对以描述的方法来研究个体和事件的传统史学，而主张以分析的方法来研究群体和结构。社会科学取向的历史学受到各种社会科学理论的影响，而马克思主义对现代各门社会科学的发展所产生的巨大影响是众所周知的。年鉴学派史学革命的着眼点，就是要揭示决定着人类历史面貌的结构性因素，年鉴学派的基本立场固然有别于马克思主义，但没有马克思主义的影响，年鉴学派的史学观念和史学方法的产生也是难以想象的。

马克思主义对"文化转向"之后的史学潮流，也产生了很大的影响。布罗代尔倾向于认为："多少世纪以来，人类一直是气候、植物、动物种群、农作物以及整个慢慢建立起来的生态平衡的囚徒。"① 布罗代尔和他的一些追随者过度地强调了长时段结构对人类活动的制约作用，到了几乎否定了人类主动性的地步。而新文化史名家彼得·伯克则说："马克思对于人类行动所受到的局限有着犀利的感受。他或许有些过甚其辞，然而眼下的人们是在另一个方向上过甚其辞。"② 大部分新文化史、微观史、日常生活史领域的史家认为，在强调个体的能动性，强调文化对现实的建构作用的同时，不可能忽视宏观历史进程中的结构性因素的巨大作用。新文化史等当代史学潮流，在重新复活叙事的同时，并非简单地回到描述的方法和以个体与事件作为研究对象。戴维斯等微观史名家一再表达的，微观史要有超出其研究对象之外的更为宏大的视野和关怀，以及要结合描述与分析的学术取向，就表明了他们对超出个体和事件之外的持久的、结构性因素的关注。而马克思主义所带给他们的在总体视野和具体思维方法上的启示，也是他们并不讳言的。戴维斯就曾坦言："我依然发现马克思和被马克思之后出现的问题所激励的其他一些人极其有意思，给我以很多启迪。他们使得我们无法将世界仅仅视为文本，而且还提醒我们在理解某一文化时冲突的重要性。"③ 新文化史在风靡近20年之后，出现"超越文化转向"的趋势，更清晰地表明了这一点。

马克思主义深切关注人民大众的生活和命运，同情被压迫民族和人民的价值

---

① ［法］费尔南·布罗代尔：《论历史》，刘北成、周立红译，北京大学出版社 2008 年版，第 34 页。
② ［英］玛丽亚·露西娅·帕拉蕾丝-伯克编：《新史学：自白与对话》，彭刚译，北京大学出版社 2006 年版，第 167 页。
③ ［英］玛丽亚·露西娅·帕拉蕾丝-伯克编：《新史学：自白与对话》，彭刚译，北京大学出版社 2006 年版，第 63 页。

取向，也对当代史学的发展产生了多方面的影响。日常生活史与"自下而上的"社会史，对于历史上人民大众在历史进程中所付出的代价，对于现代化进程给普通民众带来的负面效应，充满了关切和同情。新文化史也因其关注人民大众的学术立场，而带有明显的社会史取向。当代史学中的后殖民史学、性别史学和以各种少数群体为关注对象的史学领域，更是受到马克思主义的直接影响。马克思主义在历史学领域所产生的巨大吸引力，不仅在于它科学地解释了历史进程，还在于其巨大的道义力量。

著名的英国马克思主义史学家霍布斯鲍姆评论说，在当今的史学发展中，马克思主义史学已经与其他的历史思维和历史研究密不可分。一方面，马克思主义史学在不断吸收其他史学流派的优秀成果；"另一方面，马克思主义改变了历史学主流，所以现在已经不可能判断某个特定的作品是由马克思主义者或非马克思主义者所写，除非作者主动地说明他的意识形态立场"。① 的确，马克思主义对当代世界史学研究的巨大影响，不仅反映在不同的马克思主义史学流派那里，同样体现在各种非马克思主义和反马克思主义的史学潮流当中。一个显著的例子就是，当代著名史学家昆廷·斯金纳在谈到马克思主义对他而言所具有的价值和重要性时说道："第一点是在方法论的层面上。在我看来，马克思主义的一个基本假设在我们所有人这里都深入人心，那就是社会存在决定意识。……第二点关系到马克思主义留传给我们的那种社会诊断的方式及其诊断用语。我们显然无法否认，马克思主义给我们带来了讨论任何社会中的社会关系的一套有价值的词汇。如今没有人会认为，他们可以不运用诸多实际上起源于马克思主义的解释性概念——比如，异化或者剥削——就可以对社会领域进行研究。……第三点……马克思的某些预言却前所未有地显示出了他的深邃洞见。"② 斯金纳认为自己的立场不是反马克思主义，而是非马克思主义，他的说法值得重视。在历史学更加关注人与人、人与自然的互动，关切人类的共同命运的全球化时代，马克思主义的理论与方法在史学研究中必将进一步呈现其强大的生命力。

思考题

1. 如何看待后现代主义思潮对历史学发展的利与弊？
2. 简述年鉴学派在布罗代尔之后的变化。

---

① ［英］艾瑞克·霍布斯鲍姆：《论历史》，黄煜文译，中信出版社 2015 年版，第 253 页。
② ［英］玛丽亚·露西娅·帕拉蕾丝-伯克编：《新史学：自白与对话》，彭刚译，北京大学出版社 2006 年版，第 275 页。

3. 阅读并评论一部新文化史的代表作。

4. 全球史与环境史有何交集?

5. 如何看待马克思主义与当代西方史学发展之间的关系?

阅读文献

■ 马克思：《1844 年经济学哲学手稿》，《马克思恩格斯文集》第一卷，人民出版社 2009 年版。

■ 马克思：《路易·波拿巴的雾月十八日》，《马克思恩格斯文集》第二卷，人民出版社 2009 年版。

■ 马克思、恩格斯：《德意志意识形态》，《马克思恩格斯文集》第一卷，人民出版社 2009 年版。

■ 恩格斯：《家庭、私有制和国家的起源》，《马克思恩格斯文集》第四卷，人民出版社 2009 年版。

■ 中共中央宣传部编：《习近平文化思想学习纲要》，学习出版社、人民出版社 2024 年版。

■ 吴于廑主编：《外国史学名著选》上下，商务印书馆 1986 年版。

■ 何兆武主编：《历史理论与史学理论——近现代西方史学著作选》，商务印书馆 1999 年版。

■ 陈启能主编：《二战后欧美史学的新发展》，山东大学出版社 2005 年版。

■ 刘北成、陈新主编：《史学理论读本》，北京大学出版社 2006 年版。

■ 陈恒主编：《西方历史思想经典选读》，北京大学出版社 2008 年版。

■ 徐浩、侯建新：《当代西方史学流派》第 2 版，中国人民大学出版社 2009 年版。

■ 于沛、郭小凌、徐浩：《西方史学史》，高等教育出版社 2011 年版。

■ 张广智主编：《西方史学通史》1—6 卷，复旦大学出版社 2011 年版。

■ 周兵：《新文化史：历史学的"文化转向"》，复旦大学出版社 2012 年版。

■ 晏绍祥：《古典历史研究史》上下，北京大学出版社 2013 年版。

■ 彭刚：《叙事的转向：当代西方史学理论的考察》第 2 版，北京大学出版社 2017 年版。

■ 李剑鸣：《历史学家的修养和技艺》（修订本），商务印书馆 2023 年版。

■ ［古希腊］希罗多德：《历史》上下，王以铸译，商务印书馆 1959 年版。

■ ［古希腊］修昔底德：《伯罗奔尼撒战争史》上下，谢德风译，商务印书馆 1960 年版。

■ ［古罗马］塔西佗：《编年史》上下，王以铸、崔妙因译，商务印书馆 1981 年版。

■ ［英］乔治·皮博迪·古奇：《十九世纪历史学与历史学家》上下，耿淡如译，商务印书馆 1989 年版。

■ ［美］J. W. 汤普森：《历史著作史》上下，孙秉莹、谢德风译，商务印书馆 1996 年版。

■ ［美］唐纳德·R. 凯利：《多面的历史：从希罗多德到赫尔德的历史》，陈恒、宋立宏译，生活·读书·新知三联书店 2003 年版。

■ ［美］海登·怀特：《元史学：19 世纪欧洲的历史想象》，陈新译，译林出版社 2004 年版。

■ ［英］杰弗里·巴勒克拉夫：《当代史学主要趋势》，杨豫译，北京大学出版社 2006 年版。

■ ［英］E. H. 卡尔：《历史是什么？》，陈恒译，商务印书馆 2007 年版。

■ ［波兰］埃娃·多曼斯卡编：《邂逅：后现代主义之后的历史哲学》，彭刚译，北京大学出版社 2007 年版。

■ ［法］费尔南·布罗代尔：《论历史》，刘北成、周立红译，北京大学出版社 2008 年版。

■ ［英］柯林武德：《历史的观念》（增补版），何兆武、张文杰、陈新译，北京大学出版社 2010 年版。

■ ［突尼斯］伊本·赫勒敦：《历史绪论》上下，李振中译，宁夏人民出版社 2015 年版。

■［德］格奥尔格·G. 伊格尔斯:《二十世纪的历史学——从科学的客观性到后现代的挑战》,何兆武译,商务印书馆 2020 年版。

■［加拿大］丹尼尔·沃尔夫:《全球史学史》,陈恒等译,上海三联书店 2021 年版。

外国史学史大事年表

成书时间	外国	中国
约前 484 年		《尚书》
约前 480 年		《春秋》
约前 425 年	希罗多德《历史》	
约前 400 年	修昔底德《伯罗奔尼撒战争史》	《左传》
约前 370 年	色诺芬《长征记》	
约前 355 年	色诺芬《希腊史》	
约前 298 年		《竹书纪年》
约前 275 年	马涅托《埃及史》	
约前 3 世纪末	费边·皮克托《罗马史》	
约前 2 世纪中期	老加图《罗马历史源流》	
约前 120 年	波里比阿《历史》	
约前 90 年		司马迁《史记》
约前 50 年	恺撒《高卢战记》	
约前 43 年	撒路斯提乌斯《喀提林阴谋》	
约前 41 年	撒路斯提乌斯《朱古达战争》	
约前 30—公元 17 年	李维《建城以来史》	
公元 1 世纪下半叶	斯特拉波《地理学》	
82 年		班固《汉书》
约 75—94 年	约瑟夫斯《犹太古史》《犹太战记》《驳阿庇安》	
约 98—117 年	塔西佗《日耳曼尼亚志》《历史》《编年史》	
约 2 世纪 20—30 年代	普鲁塔克《希腊罗马名人传》	
约 2 世纪中叶	阿庇安《罗马史》	
约 150 年	阿里安《亚历山大远征记》	
约 165 年	琉善《论撰史》	
约 221 年	阿非利加《编年史》	
约 285 年		陈寿《三国志》
约 330 年	尤西比乌斯《教会史》	

续表

成书时间	外国	中国
413 年	奥古斯丁《上帝之城》	
429 年		裴松之《三国志注》
约 445 年		范晔《后汉书》
约 542—554 年	普罗柯比《秘史》《战争史》	
约 594 年	都尔主教格雷戈里《法兰克人史》	
636 年		魏徵等《隋书》
642 年		孔颖达等《尚书正义》《春秋正义》
648 年		房玄龄等《晋书》
710 年		刘知幾《史通》
720 年	日本编撰《日本书纪》	
约 731 年	比德《英吉利教会史》	
801 年		杜佑《通典》
约 831 年	艾因哈德《查理大帝传》	
9 世纪末到约 1154 年	《盎格鲁-撒克逊编年史》	
约 914 年	塔巴里《历代先知与君王史》	
10 世纪	马苏第《黄金草原与珠玑宝藏》	
约 1000 年	紫式部《源氏物语》	
1060 年		欧阳修、宋祁等《新唐书》
约 1067 年		欧阳修《新五代史》
1084 年		司马光《资治通鉴》
1145 年	高丽编撰《三国史记》	
约 1146 年	奥托《双城史》	
约 1148 年	安娜·科穆宁《阿列克西亚德》	
1161 年		郑樵《通志》
约 1172 年		朱熹《资治通鉴纲目》
约 1173 年		袁枢《通鉴纪事本末》
1274—1461 年	《法兰西大编年史》	
1307 年		马端临《文献通考》
1348—1405 年	乔瓦尼·维拉尼《佛罗伦萨编年史》	
1377 年	伊本·赫勒敦《历史绪论》	

成书时间	外国	中国
约 1400 年	让·博华萨《英法及其邻国的编年史》	
1440 年	瓦拉《君士坦丁赠礼的辨伪》	
约 1444 年	布鲁尼《佛罗伦萨人民史》	
1525 年	马基雅维里《佛罗伦萨史》	
1550 年	瓦萨里《艺术家传记》	
1561 年	奎恰迪尼《意大利史》	
1566 年	让·博丹《易于理解历史的方法》	
16 世纪后半期	博学史学派形成	
1662 年		顾炎武《天下郡国利病书》
1669 年		顾炎武《日知录》
1676 年		黄宗羲《明儒学案》
1681 年	博叙埃《论世界史》；马比荣《古文书学》	
约 1690 年		阎若璩《尚书古文疏证》
1697 年	皮埃尔·贝尔《历史批判辞典》	
1725 年	维柯《新科学》	
1734 年	孟德斯鸠《罗马盛衰原因论》	
1751 年	伏尔泰《路易十四时代》	
1754—1762 年	大卫·休谟《英国史》	
1759 年	罗伯逊《苏格兰史》	
18 世纪 60 年代	哥廷根学派形成	
1764 年	温克尔曼《古代艺术》	
1772—1800 年		章学诚《文史通义》
1776—1788 年	吉本《罗马帝国衰亡史》	
1780 年		钱大昕《廿二史考异》
1784 年	康德《世界公民观点之下的普遍历史观念》；赫尔德《人类历史哲学的观念》	
1787 年		王鸣盛《十七史商榷》
1795 年	孔多塞《人类精神进步史表纲要》	赵翼《廿二史札记》
19 世纪中叶	普鲁士学派形成	

续表

成书时间	外国	中国
1812—1832 年	尼布尔《罗马史》	
1814 年	法兰西学院首次举办"汉学讲座",开创了西方专业性的汉学研究	
1824 年	兰克《拉丁和条顿民族史,1494—1514 年》	
1827—1828 年	基佐《1640 年英国革命史》	
1830—1842 年	孔德《实证哲学教程》	
1834 年	美国"史学之父"班克罗夫特《美国史》出版	
1837 年	黑格尔《世界史哲学讲演录》	
1841 年	卡莱尔《英雄与英雄崇拜》	
1842 年		魏源《海国图志》
1846—1856 年	格罗特《希腊史》	
1847 年	米什莱《法国革命史》	
1848 年	麦考莱《英国史》	
1850 年	恩格斯《德国农民战争》	
1854—1856 年	蒙森《罗马史》	
1856 年	马克思《18 世纪外交史内幕》;托克维尔《旧制度与大革命》	
1857—1861 年	巴克尔《英国文明史》	
1858 年	德罗伊森《历史知识理论》	
1859 年	德国《历史杂志》创刊	
1860 年	布克哈特《意大利文艺复兴时期的文化》	
1864 年	古朗士《古代城市》	
1867 年	米什莱《法国史》	
1868 年	英国皇家历史协会成立	
1874 年	尼采《论历史的用途与滥用》;格林《英国人民简史》	
1883 年	狄尔泰《人文科学导论》	
1884 年	美国历史学会成立	
1886 年	《英国历史评论》创刊	

续表

成书时间	外国	中国
1891—1909 年	兰普雷希特《德国史》	康有为《新学伪经考》
1893 年	特纳《边疆在美国历史上的重要性》	
1895 年	《美国历史评论》创刊	
1897 年	朗格诺瓦、瑟诺博斯《历史研究导论》	
1899—1900 年	《剑桥近代史》编撰成书	
1900 年	兰普雷希特作《文化史的方法论》同兰克学派展开争论；亨利·贝尔《历史综合评论》出版，后改名《综合评论》	章太炎《中国通史略例》
1902 年		梁启超《新史学》
1904—1906 年	马克斯·韦伯《新教伦理与资本主义精神》	夏曾佑《最新中学中国历史教科书》（后称《中国古代史》）
1912 年	鲁滨逊《新史学》	
1913 年	查尔斯·比尔德《美国宪法的经济观》；乔治·皮博迪·古奇《十九世纪历史学与历史学家》	
1917 年	克罗齐《历史学的理论和历史》	
1918—1922 年	斯宾格勒《西方的没落》	
1919 年	赫伊津哈《中世纪的衰落》；印度建立历史档案委员会	胡适《中国哲学史大纲》
1920—1922 年		李大钊《史学思想史》
1922 年		梁启超《中国历史研究法》
1923 年	卢卡奇《历史与阶级意识》	王国维《观堂集林》
1924 年	马克·布洛赫《国王神迹》	李大钊《史学要论》
1926 年	《德意志史料集成》出版	
1926—1941 年		顾颉刚《古史辨》
1927 年	亨利·皮朗《中世纪城市》	王国维《古史新证》、蒙文通《古史甄微》
1928 年		傅斯年《历史语言研究所工作之旨趣》
1929 年	法国《年鉴》创刊	

续表

成书时间	外国	中国
1930 年		郭沫若《中国古代社会研究》 何炳松《通史新义》
1934—1961 年	汤因比《历史研究》	
1935 年	勒费弗尔《拿破仑时代》	钱穆《先秦诸子系年》
1936 年	亨利·皮朗《中世纪欧洲社会经济史》	
1938 年	联共（布）中央特设委员会编《联共（布）党史简明教程》	翦伯赞《历史哲学教程》
1939 年	马克·布洛赫《封建社会》	
1940 年	《观念史杂志》创刊	钱穆《国史大纲》；陈寅恪《隋唐制度渊源略论稿》
1941 年		范文澜《中国通史简编》
1942 年	尼赫鲁《世界史一瞥》；卡尔·亨佩尔《普遍规律在历史中的作用》	陈寅恪《唐代政治史述论稿》
1946 年	柯林武德《历史的观念》；弗里德里希·迈内克《德意志的浩劫》	
1948 年		柳诒徵《国史要义》
1949 年	布罗代尔《地中海与菲利普二世时代的地中海世界》；卡尔·雅斯贝斯《历史的起源和目标》	中国新史学会成立（1951年定名中国史学会）
1952 年	《过去与现在》创刊	
1954 年		《历史研究》创刊
1960 年	《历史与理论》创刊	
1961 年	爱德华·霍列特·卡尔《历史是什么?》	
1962 年	托马斯·库恩《科学革命的结构》	周一良、吴于廑主编《世界通史》
1962—1994 年	艾瑞克·霍布斯鲍姆 19 世纪漫长的历史"三部曲"《革命的年代》《资本的年代》《帝国的年代》和 20 世纪历史《极端的年代》	

续表

成书时间	外国	中国
1963 年	爱德华·帕尔默·汤普森《英国工人阶级的形成》；威廉·麦克尼尔《西方的兴起》	
1964 年	罗伯特·威廉·福格尔《铁路与美国经济的增长》	
1966 年	联合国教科文组织《人类科学与文化发展史》；米歇尔·福柯《词与物：人文科学的考古学》	
1968 年	格奥尔格·G. 伊格尔斯《德国的历史观》	
1972 年	艾尔弗雷德·W. 克罗斯比《哥伦布大交换——1492 年以后的生物影响和文化冲击》	
1973 年	海登·怀特《元史学：19 世纪欧洲的历史想象》；克利福德·格尔茨《文化的解释》	
1974 年	佩里·安德森《从古代向封建社会的过渡》《绝对主义的系谱》	
1974—2011 年	伊曼纽尔·沃勒斯坦《现代世界体系》	
1975 年	埃马纽埃尔·勒华拉杜里《蒙塔尤》	
1976 年	卡罗·金兹堡《奶酪与蛆虫》；社会科学史学会在美国成立	
1978 年	爱德华·萨义德《东方主义》；昆廷·斯金纳《近代政治思想的基础》；杰弗里·巴勒克拉夫《当代史学主要趋势》	《世界历史》创刊
1982 年	世界史学会在美国成立；印度学者古哈主编《底层研究》第一卷出版	
1984 年	皮埃尔·诺拉主编《记忆之场》（1984—1992）	
1989 年	林·亨特《新文化史》	
1990 年	《性别与历史》《世界历史杂志》创刊	
1992 年		《史学理论研究》创刊

续表

成书时间	外国	中国
1996 年	《环境史》创刊；塞缪尔·亨廷顿《文明的冲突与世界秩序的重建》	
2000 年	彭慕兰《大分流：欧洲、中国及现代世界经济的发展》	
2004 年	《中国历史评论》创刊	
2006 年	《全球史杂志》创刊	
2011 年	丹尼尔·沃尔夫主编《牛津历史著作史》（5 卷，2011—2012）	张广智主编《西方史学通史》（6 卷）
2016 年	《人文史》杂志创刊	
2019 年		中国历史研究院成立
2020 年		《历史评论》创刊

术语译名对照表

比较史学	comparative history
城市史	urban history
大分流	the great divergence
大历史	big history
二手文献（研究材料）	secondary sources
东方主义	orientalism
妇女史	women's history
工业史	industrial history
公众史	public history
共识史学	cosensus history
古代晚期	late antiquity
观念史	history of ideas
宏大叙事	grand narrative
环境史	environmental history
集体传记	prosopography
记忆研究	memory studies
经济史	economic history
军事史	military history
科学史	history of science
口述史	oral history
劳工史	labor history
历史	history
历史的辉格解释	Whig interpretation of history
历史地理	historical geography
历史唯物主义	historical materialism
历史学	historiography
历史主义	historism
计量史学	cliometrics
马克思主义史学	Marxist historiography
民族史	Volksgeschichte
年鉴学派	Annales School

牛津学派	Oxford School
普鲁士学派	Prussian School
全球史	global history
商业史	business history
社会文化史	social and cultural history
史前史	prehistory
世界史	world history
庶民研究	subaltern studies
思想史	intellectual history
外交史	diplomatic history
微观史	microhistory
文化史	cultural history
文化转向	cultural turn
文献材料	documentary sources
文艺复兴	Renaissance
文字材料	literary sources
心理史学	psychohistory
新文化史	new cultural history
新左派史	New Left History
性别史	gender history
研讨班	seminar
一手文献（原始材料）	primary sources
医学史	history of medicine
艺术史	art history
元史学	metahistory
元叙事	metanarrative
原住民史	indigenous history
政治史	political history
宗教史	history of religions

人名译名对照表

[古罗马]	阿非利加，塞克斯图斯·尤利乌斯	Sextus Julius Africanus
[英]	阿克顿勋爵	Lord Acton
[古罗马]	阿里安	Arrian
[法]	阿利埃斯，菲力浦	Philippe Ariès
[英]	艾利森，阿奇博尔德	Archibald Alison
[德]	艾希霍恩，卡尔·弗里德里希	Karl Friedrich Eichhorn
[法兰克]	艾因哈德	Einhard
[荷]	安克斯密特，弗兰克	Frank Ankersmit
[古罗马]	奥古斯丁	St. Augustine
[法]	奥祖夫，莫娜	Mona Ozouf
[美]	巴恩斯，哈里·埃尔默	Harry Elmer Barnes
[英]	巴勒克拉夫	G. Barraclough
[英]	巴特菲尔德，赫伯特	Herbert Butterfield
[美]	班克罗夫特，乔治	George Bancroft
[美]	贝克尔，卡尔	Carl Becker
[意]	比昂多，弗拉维奥	Flavio Biondo
[英]	比德	Bede
[美]	比尔德，查尔斯	Charles Beard
[古希腊]	波里比阿	Polybius
[法]	波佩利尼叶尔，德·拉	de La Popelinière
[德]	伯克，奥古斯特	August Bockh
[法]	博丹，让	Jean Bodin
[比利时]	博兰，让	Jean Bolland
[英]	博林布鲁克子爵	Viscount Bolingbroke
[法]	博叙埃，雅克·贝尼涅	Jacques Bénigné Bossuet
[瑞士]	布克哈特，雅克布	Jacob Burckhardt
[美]	布雷萨赫，恩斯特	Ernst Breisach
[意]	布鲁尼，莱昂纳多	Leonardo Bruni
[法]	布罗代尔，费尔南	Fernand Braudel
[法]	布洛赫，马克	Marc Bloch
[美]	达恩顿，罗伯特	Robert Darnton

［德］	达尔曼，弗里德里希·克里斯托弗	Friedrich Christoph Dahlmann
［德］	德罗伊森，约翰·古斯塔夫	Johann Gustav Droysen
［德］	狄尔泰，威廉	Wilhelm Dilthey
［法］	都尔的格雷戈里	Gregory of Tours
［法］	杜比，乔治	George Duby
［德］	恩格斯，弗里德里希	Friedrich Engels
［法］	费弗尔，吕西安	Lucien Febvre
［苏格兰］	弗格森，亚当	Adam Ferguson
［英］	弗里曼，爱德华·奥古斯塔斯	Edward Augustu Freeman
［法］	伏尔泰	Voltaire
［美］	福格尔，罗伯特	Robert W. Fogel
［德］	富特，爱德华	Eduard Fueter
［美］	格尔茨，克利福德	Clifford Geertz
［德］	格林，雅各布	Jacob Grimm
［英］	格罗特，乔治	George Grote
［意］	葛兰西，安东尼奥	Antonio Gramsci
［英］	古奇	G. P. Gooch
［英］	哈兰，亨利	Henry Hallam
［古希腊］	哈利卡纳苏斯的狄奥尼修斯	Dionysius of Halicarnassus
［德］	赫尔德，约翰·戈特弗里德·冯	Johann Gottfried von Herder
［古希腊］	赫西俄德	Hesiod
［荷］	赫伊津哈，约翰	Johan Huizinga
［德］	黑格尔，格奥尔格·威廉·弗里德里希	Georg Wilhelm Friedrich Hegel
［美］	亨特，林	Lynn Hunt
［德］	洪堡，卡尔·威廉·冯	Karl Wilhelm von Humboldt
［美］	怀特，海登	Hayden White
［英］	霍布斯鲍姆，埃里克	Eric Hobsbawm
［法］	基佐，弗朗索瓦	François Guizot
［英］	吉本，爱德华	Edward Gibbon
［德］	吉泽布雷希特，威廉·冯	Wilhelm von Giesebrecht
［意］	金兹堡，卡洛	Carlo Ginzburg
［德］	聚贝尔，海因里希·冯	Heinrich von Sybel
［美］	凯利，唐纳德	Donald R. Kelley
［德］	康德，伊曼努尔	Immanuel Kant

［英］	柯林武德，罗宾	Robin G. Collingwood
［意］	克罗齐，贝奈戴托	Benedetto Croce
［意］	奎恰迪尼，弗朗西斯科	Francesco Guicciardini
［德］	兰克，利奥波德·冯	Leopolde von Ranke
［德］	兰普雷希特，卡尔	Karl G. Lamprecht
［英］	劳埃德	G. E. R. Lloyd
［法］	勒费弗尔，乔治	Georges Lefebvre
［法］	勒高夫，雅克	Jacuqes Le Goff
［法］	勒华拉杜里，埃马纽埃尔	Emmanuel Le Roy Ladurie
［英］	雷利，沃尔特	Walter Raleigh
［英］	林加德，约翰	John Lingard
［古罗马］	琉善	Lucian
［德］	卢森堡，罗莎	Rosa Luxemburg
［法］	卢梭，让-雅克	Jean-Jacques Rousseau
［美］	鲁滨逊（鲁滨孙），詹姆斯	James H. Robinson
［德］	吕森，约恩	Jörn Rüsen
［苏格兰］	罗伯森，威廉	Willliam Robertson
［法］	马比荣，让	Jean Mabillon
［法］	马迪厄，阿尔贝	Albert Mathiez
［意］	马基雅维里	Machiavelli
［德］	马克思，卡尔	Karl Marx
［古埃及］	马涅托	Manetho
［古罗马］	马塞利努斯，阿米阿努斯	Ammianus Marcellinus
［阿拉伯］	马苏第，阿布·哈桑·阿里	Ali al-Masudi
［英］	麦考莱，托马斯	Thomas Macaulay
［德］	迈内克，弗里德里希	Friederich Meinecke
［德］	梅林，弗兰茨	Franz Mehring
［法］	蒙福孔，伯纳德·德	Bernard de Montfaucon
［法］	孟德斯鸠	Montesquieu
［法］	米涅，弗朗索瓦-奥古斯特	François-Auguste Mignet
［法］	米什莱，儒勒	Jules Michelet
［德］	缪勒，卡尔·奥特弗里德	Karl Otfried Müller
［英］	莫尔，托马斯	Thomas More
［德］	尼布尔，巴特霍尔德	Barthold Niebuhr

[加拿大]	帕尔默，布莱恩	Bryan D. Palmer
[美]	彭慕兰	Kenneth Pomeranz
[法]	匹陶，皮埃尔	Pierre Pithou
[美]	普雷斯科特，威廉·希克林	William Hickling Prescott
[古罗马]	普鲁塔克	Plutarch
[拜占庭]	普罗柯比	Procopius
[法]	饶勒斯，让	Jean Jaurès
[古罗马]	撒路斯提乌斯	Sallustius
[德]	萨维尼，弗里德里希·卡尔·冯	Friedrich Carl von Savigny
[美]	萨义德，爱德华	Edward Said
[古希腊]	色诺芬	Xenophon
[德]	施莱尔马赫，弗里德里希	Friedrich Schleiermacher
[德]	斯宾格勒，奥斯瓦尔德	Oswald Spengler
[英]	斯塔布斯，威廉	William Stubbs
[美]	斯塔夫里阿诺斯，莱弗顿·斯塔夫	Leften Stavros Stavrianos
[古罗马]	苏维托尼乌斯	Suetonius
[法]	索布尔，阿尔贝	Albert Soboul
[古罗马]	塔西佗	Tacitus
[英]	汤普森，爱德华·帕尔默	Edward Palmer Thompson
[美]	汤普森，詹姆斯·韦斯特福尔	James Westfall Thompson
[德]	特赖齐克，海因里希·冯	Heinrich von Treitschke
[美]	特纳，弗雷德里克·杰克逊	Frederick Jackson Turner
[法]	梯也尔，路易-阿道夫	Louis-Adolphe Thiers
[法]	梯叶里，奥古斯丁	Augustin Thierry
[法]	托克维尔，亚历西斯·德	Alexis de Tocqueville
[古罗马]	瓦罗，马尔库斯·泰伦提乌斯	Marcus Terentius Varro
[英]	威廉斯，雷蒙	Raymond Williams
[意]	维柯，詹巴蒂斯塔	Giambattista Vico
[加拿大]	沃尔夫	D. R. Woolf
[美]	沃勒斯坦，伊曼纽尔	Immanuel Wallerstein
[英]	希尔，克里斯托弗	Christopher Hill
[古希腊]	希罗多德	Herodotus
[法]	夏多布里昂，弗朗索瓦-勒内	François-René Chateaubriand
[英]	休谟，大卫	David Hume
[古希腊]	修昔底德	Thucydides

［阿拉伯］	伊本·白图泰	Ibn Battuta
［阿拉伯］	伊本·赫勒敦	Ibn Khaldun
［德］	伊格尔斯，格奥尔格·G.	G. G. Iggers
［古罗马］	尤西比乌斯	Eusebius of Caesarea
［拜占庭］	约达尼斯	Jordanes
［古罗马］	约瑟夫斯，弗莱维乌斯	Flavius Josephus
［意］	助祭保罗	Paul the Deacon
［古罗马］	佐西莫斯	Zosimus

后　记

　　《外国史学史》是马克思主义理论研究和建设工程重点教材，由教育部组织编写，经国家教材委员会审核通过。

　　在教材编写过程中，得到了国家教材委员会高校哲学社会科学（马工程）专家委员会、思想政治审议专家委员会以及教育部原马工程重点教材审议委员会的指导。同时，广泛听取了高校教师和学生的意见建议。

　　本教材由陈恒主持编写。绪论，第二章，陈恒撰写；第一章，徐善伟撰写；第三章，李隆国撰写；第四章，洪庆明撰写；第五章，第六章，陈新撰写；第七章第一节、第二节、第三节、第四节第一目、第二目、第四目、第五目，第九章，彭刚撰写；第七章第四节第三目，张忠祥撰写；第七章第四节第六目，韩琦撰写；第八章，梁民愫撰写。

2018 年 12 月 28 日

第二版后记

按照教材定期修订机制，党的二十大召开后，教育部组织相关高校在第一版基础上进行了修订，形成了本教材第二版。本教材经国家教材委员会高校哲学社会科学（马工程）专家委员会审核通过。

第二版由陈恒主持修订工作，徐善伟、李隆国、洪庆明、陈新、彭刚、张忠祥、梁民愫、韩琦、李任之、陈慧本参加了具体修订工作。

2025 年 8 月

郑重声明

高等教育出版社依法对本书享有专有出版权。任何未经许可的复制、销售行为均违反《中华人民共和国著作权法》,其行为人将承担相应的民事责任和行政责任;构成犯罪的,将被依法追究刑事责任。为了维护市场秩序,保护读者的合法权益,避免读者误用盗版书造成不良后果,我社将配合行政执法部门和司法机关对违法犯罪的单位和个人进行严厉打击。社会各界人士如发现上述侵权行为,希望及时举报,我社将奖励举报有功人员。

反盗版举报电话　(010)58581999　58582371
反盗版举报邮箱　dd@ hep. com. cn
通信地址　北京市西城区德外大街4号
　　　　　高等教育出版社知识产权与法律事务部
邮政编码　100120

读者意见反馈

为收集对教材的意见建议,进一步完善教材编写并做好服务工作,读者可将对本教材的意见建议通过如下渠道反馈至我社。

咨询电话　400-810-0598
反馈邮箱　gjdzfwb@ pub. hep. cn
通信地址　北京市朝阳区惠新东街4号富盛大厦1座
　　　　　高等教育出版社总编辑办公室
邮政编码　100029

防伪查询说明

用户购书后刮开封底防伪涂层,使用手机微信等软件扫描二维码,会跳转至防伪查询网页,获得所购图书详细信息。

防伪客服电话　(010)58582300